Hartwig Ohnimus

Das
Hexagramm-Programm®

Die Krönung aller Therapien:
Heilung durch Rituale und Symbole

Hartwig Ohnimus

Das
Hexagramm-Programm®

Die Krönung aller Therapien:
Heilung durch Rituale und Symbole

Die vom kausalmechanistischen Denken geprägte
universitäre Medizin und Psychologie
befinden sich in der Sackgasse ihrer Fehlentwicklung.

Der esoterische Weg führt wieder
an die Wurzeln abendländischer Heilkunst:
Die zeitlosen Weisheiten der Bibel,
der Tempelschlaf des Asklepios zu Epidauros
sowie das Wissen Jahrtausende alter Mysterienbünde
erschließen das faszinierende Heilwesen der Antike.
Sie bereiten den Boden für ein höchst wirksames Heilungsgeschehen,
das den modernen Menschen voll in die Verantwortung mit einbezieht.

Die Therapie durch das ***Hexagramm-Programm***® ruht auf drei Säulen:

Spirituelle Astromedizin
Offenbarungstherapie®
und
Initiationen in die großen Mysterien des Christentums

1997

Verlag:
L. I. E. B. E.
Lüneburger Institut für Esoterik
und Bewusstseins-Erweiterung e.V.
Goethestraße 32, D 21335 Lüneburg, Tel.: 0 41 31 / 4 28 55

1. Auflage: 1997
2. Auflage: 1998
3. Auflage: 1998
4. Auflage: 2000
5. Auflage: 2004

ISBN 3-930053-01-2

Umschlagsgestaltung: Carmen Schroll, 89143 Gerhausen

*„Es wird die Zeit kommen, wo es als Schande gilt, krank zu sein,
wo man Krankheiten als Wirkung verkehrter Gedanken erkennen wird.“*

(Wilhelm Frhr. von Humboldt, 1767 - 1835)

Diese Zeit ist jetzt gekommen.
Deshalb widme ich mein Buch all jenen Menschen, welche die Verantwortung für ihr Leben und ihre Gesundheit selbst übernehmen wollen.
Es ist mein Anteil zur Errichtung des Reiches GOTTES auf Erden unter der Herrschaft JESU CHRISTI.

(Hartwig Ohnimus)

Inhaltsverzeichnis

Vorwort

von

Dr. Ingrid Müller-Mackert
Präsidentin der Bayerischen Gesellschaft für Ganzheitliche Medizin

---

Ganzheitlich heilen — sich diesen Leitspruch für seinen therapeutischen Weg zu wählen, ist natürlich immer ein großes Wagnis..... Ein großer Anspruch, ein hohes Ziel. Gelingen kann solch ein Bestreben nur, wenn wir uns selbst mit hineingeben, mit in die Ganzheit hineinwagen, selber ganz aufgehen in den Heilvorgang, Einswerden mit der Welt des Klienten, einswerten mit all den Kräften und dem Wissen, das es je gab, eins zu werden mit uns selbst.

Ganzheitlich heilen — lassen wir unsere Gefühle und Assoziationen schweifen — und schon bald spüren wir etwas, was sich bei tieferem Hinfühlen als alte Sehnsucht identifizieren lässt, eine Sehnsucht, die weit über das Bedürfnis nach Hausarzt, Tees und „Naturheilmittelchen verschreiben" hinausgeht. Eine tiefe Sehnsucht, die man vielleicht als Zuhausegefühl identifizieren kann, eine tiefe Sehnsucht, vielleicht nach dem Erlebnis eines Säuglings, der noch nicht trennt zwischen draußen und drinnen, zwischen Mama und Kind, zwischen Du und ich.

Manchmal, in gnadenvollen Momenten, gibt es solch ein Erleben und Empfinden auch im Traum, die Auflösung der Vorstellung zwischen Raum und Zeit, die Erfahrung, wie plötzlich die Grenzen überschritten werden können, Grenzen zwischen Orten und Gegenden, Grenzen zwischen verschiedenen Zeitaltern, Grenzen zwischen mir und der Welt. Plötzlich verbinden sich im Traum Orte, die zwar nicht verstandesmäßig, aber durch gemeinsame Gefühle verbunden sind, so verbindet der Traum die kleine Stube der Großmutter aus Kindheitstagen mit dem kleinen Zimmerchen, das als Studiumsrefugium diente, und gleichzeitig erscheint in diesem Traumbild das Kinderzimmerchen der eigenen Kinder, der nächsten Generation. Alles Orte, die uns lieb und teuer sind, in denen wir ein Stück Heimat zurückgelassen haben, besser gesagt, zurücklassen mussten durch die Grausamkeit der Zeit und der Vergänglichkeit. Doch die Traumrealität verbindet sie wieder, heilt in uns den Schmerz der Vergänglichkeit, lässt Wunder geschehen, die im Wachbewusstsein nicht möglich wären. Der uralte Schmerz des Getrennt-Seins (und das kann auf so viel verschiedenen Ebenen verstanden werden) kann überwunden werden, findet seine Auflösung im Menschen selbst, innerhalb der ungeahnten Möglichkeiten seines Bewusstseins.

Hartwig Ohnimus hat in seinem riesigen Werk tatsächlich einen Weg aufgezeigt, die Selbstheilungskräfte im Menschen wieder wirken zu lassen, indem er Grenzlinien auflöst und Verbindungslinien herstellt zwischen Kulturen, zwischen verschiedenen Heiltraditionen, zwischen verschiedenen Therapieansätzen. Er verbindet auch Altes mit Neuem, Inneres mit Äußerem, Vergangenes mit Zukünftigem.

Letzteres stellt eine wesentliche Säule der Offenbarungstherapie dar, das Erlernte und Erkannte der Vergangenheit und der Gegenwart richtig miteinander zu verbinden, um den Klienten die Möglichkeit zu geben, sich eine Zukunft zu gestalten, die für sie wirklich eine Offenbarung sein kann, eine Zukunft, in der sie wirklich bewusst zum Schöpfer ihres Lebensinhaltes werden, in deren Mittelpunkt sie stehen, und wofür sie endlich auch voll und ganz die Verantwortlichkeit übernehmen wollen. Einfach weil die Zukunft zu einer Erfahrung ihrer selbst, zu einer tatsächlichen Offenbarung wird.

Schön zu lesen sind auch immer wieder die persönlichen Erlebnisse und Erfahrungen des Autors, der sich mit ins Geschehen hineinbegibt, sich selber zeigt, und dadurch viel Mut macht, auch schwierige Situationen im Leben mit Sinn und Verständnis zu erfüllen, statt voll Enttäuschung und Verbitterung in seiner allgemeinen Lebensklage zu erstarren. Das Buch zeigt deutlich, dass der Weg zu sich selbst ein langer und schwieriger ist (so wie auch der Weg durch das Buch durchaus Geduld und Mühe verlangt), und dass es darauf ankommt, zu verstehen, dass der Weg und die Erkenntnis des Weges eigentlich richtiges Leben und Gesunden ausmacht.

Hartwig Ohnimus zeigt auch viele Diagnosemethoden in schön beispielhafter Form auf, die es jedem Interessierten wirklich leicht macht, in diese Materie der „Heilung mit Ritualen und Symbolen“ einzusteigen und sich mitreißen zu lassen.

Auch wenn es einige Formulierungen und Abschnitte geben mag, die den Autor von meinen Ansichten etwas trennt, ist dieses Buch insgesamt wirklich ein höchst wertvolles, beeindruckend kompaktes und unglaublich umfangreiches Werk, das jedem Therapeuten, aber auch jedem Suchenden bestimmt viele Stunden voller Staunen und Tiefe schenken mag. Dieses Buch stellt eine Herausforderung dar, aber die Herausforderungen des Lebens sind es, die unseren Charakter stärken:

„Gutes Holz wächst nicht im Bequemen —
je kräftiger der Wind, desto stärker die Bäume...“

Im März 1997

Ingrid Müller-Mackert

Präsidentin der Bayerischen Gesellschaft
für Ganzheitliche Medizin

Wisst ihr nicht, dass ihr Gottes Tempel seid
und der Geist Gottes in euch wohnt?
Wer den Tempel verdirbt, den wird Gott verderben.
Denn Gottes Tempel ist heilig.
Und der seid ihr!

(1. Korinther, Kapitel 3, Vers 16+17)

1. TEIL

THEORETISCHE GRUNDLAGEN

Der Mensch blickt zum Himmel, um dort das Heil zu erfahren.
Wie im Himmel also auch auf Erden, eine christliche Gebetszeile.
Die schöpferische Sonne spendet Licht, Wärme und Segen.
In Sonnen-, Licht- und Feuerkulten
erfährt der Mensch durch die Sonne Erkenntnis.

Der 1. Teil des Buches beschreibt die theoretischen Grundlagen,
welche zu einer Offenbarung führen,
und er bringt Klarheit und Erkenntnis.

Deshalb ist der 1. Teil der Sonne gewidmet.

Sie sind bestimmt bemüht, Ihre kostbare Zeit mit Weisheit einzuteilen und haben sich vorgenommen, ein Buch von über 500 Seiten zu lesen. Nun, ich halte es deshalb für richtig, Ihnen zunächst einen kurzen Überblick zu geben.

Deshalb nehmen Sie sich bitte Zeit für die nächsten 28 Seiten. Sie erfahren viel über die leichte Art, mit schwierigen Problemen umzugehen, und über die eiserne Konsequenz, wenn es um Inhalte geht. Sie wissen dann, was Sie erwarten dürfen, aber auch, was möglicherweise Ihre Ablehnung begründet.

Dann entscheiden Sie: Zuklappen und fortstellen — oder sich verwickeln lassen bis zur letzten Seite!

Kapitel I

Ein Überblick

Kurzinformation als Leseprobe zur Einführung

„Willst du den Körper heilen, musst du zuerst die Seele heilen!"

(Asklepios, antiker Heilgott)

Im Kapitel I lesen Sie etwas zu den Themen:

Bestandsaufnahme im Gesundheitswesen: Ein Trauerspiel

„Willst du den Körper heilen, musst du zuerst die Seele heilen!" Dieser Satz von Asklepios, dem Heilgott der Antike, der uns als Äskulap bekannt ist, klingt so selbstverständlich. Demokrit, der lachende Philosoph, fügte hinzu: „Heilung erflehen die Menschen von den Göttern. Sie wissen nicht, dass sie die Kräfte in sich tragen."

Dennoch erscheinen diese schlichten Weisheiten in der heutigen Zeit nicht umsetzbar. Wie sieht es denn aus, wenn ein Mensch von einer Grippe heimgesucht wird, mit seinen Rückenschmerzen zum Arzt geht, an Krebs erkrankt ist oder einen Herzinfarkt erleidet? Zwar erkennt der moderne Mediziner das Phänomen, wonach es sogenannte „psychosomatische Krankheiten" gibt, steht dieser Tatsache aber völlig hilflos gegenüber und beseitigt das Symptom. Damit leistet er der Seele in Wahrheit einen schlechten Dienst.

Die Seele obliegt nicht dem Verantwortungsbereich des Mediziners, der nur auf schnelle, oberflächliche und trügerische Erfolge ausgerichtet ist. Aber immer und zu allen Zeiten erkannten die Menschen, dass zuerst die Seele in Not war und der Hilfe bedurfte, und dass ein körperliches Symptom erst der Endpunkt einer langen Kette von traumatischen Erlebnissen, Missverständnissen, Unbewusstheiten und Fehlverhalten war. Wird dies nicht erkannt, und ist der Arzt nicht in erster Linie der Heiler der Seele, dann tritt das Symptom nach seiner erfolgreichen Verdrängung erneut auf, oder es kommt zur Symptomverschiebung, oft auf völlig anderen Ebenen. Die medizinische Versorgung, wie sie heute betrieben wird, hat mit Heilung überhaupt nichts mehr zu tun.

Psychoanalysen sowie übliche Gesprächs- und Verhaltenstherapien führen nicht zur Heilung, weil die an unseren Universitäten ausgebildeten Psychologen nichts von der Seele wissen. Sie haben zwar gelernt, die Psyche zu analysieren, aber schon der erstaunte Einwand, das sei doch die Seele, legt nur die Wissenslücke schonungslos bloß. Nach dem Modell der Griechen bestand die Daseinsform des Menschen aus Soma, Psyche und Nous. Die allgemein bekannte Übersetzung mit Körper, Seele und Geist ist nicht nur ungenau, sondern falsch. Psyche ist gleich Psyche und nicht gleich Seele. Für den unsterblichen Teil im Menschen verwendeten die Philosophen und Heiler der Antike den Begriff „Nous", und sie meinten damit jene unsterbliche Seele, wie sie auch von den Religionen gesehen wird. Das ist etwas völlig anderes als die Psyche.

Die Psyche manifestiert sich in Emotionen. So sind Freude und Leid, Zuversicht und Trauer, Liebe und Hass, sowie Hoffnung, Angst und Depressionen Ausdruck der Psyche. Sie sind an die materielle Daseinsform gebunden, das heißt, wenn der Körper stirbt, dann stirbt auch die Psyche. Solange sich psychotherapeutische Ausbildung innerhalb der Grenzen zwischen Geburt und Tod bewegt, lehrt sie nichts von der unsterblichen Seele. Die Therapeuten sind dann auch nicht in der Lage, metaphysische und alchimistische Vorgänge zu deuten, die in die Krankheit führen; also muss die Behandlung erfolglos bleiben.

Im Gegensatz zur Psyche lässt sich die unsterbliche Seele nicht mit den Methoden unseres kausalmechanistischen Denkens untersuchen, sie lässt sich nicht in ihre Bestandteile zerlegen und analysieren, und man kann sie, Gott sei Dank, auch nicht in einem Reagenzglas aufschütteln, kochen, verdampfen und wieder kondensieren, obwohl dies im übertragenen Sinn durch statistische Erhebungen und durch Psycho-„analyse" immer wieder vergeblich versucht wird. Das mag übertrieben klingen, aber wer sich einmal der Mühe unterzieht, Aufsätze namhafter Psychologen zu studieren, die mit einer erschreckenden Trockenheit empirische Forschungsarbeiten an die Öffentlichkeit bringen, der erkennt sehr bald, dass dort sogenannte Erkenntnisse verkauft werden, die lediglich auf der statistischen Sammlung von experimentell ermittelten Wahrnehmungsdaten beruhen.

Eine durchschnittliche Psychoanalyse zieht sich über sieben bis zehn Jahre hin, wodurch ein krebskranker Patient wenig Aussicht hat, das Ergebnis der Analyse, das ihm möglicherweise die Heilung bringen könnte, zu erleben. Da die psychosomatischen Kliniken sowohl auf der Basis der universitären Psychologie als auch mit dem Einsatz pharmazeutischer Drogen arbeiten, leisten sie auch nur Symptomverdrängungsarbeit, was in der Tatsache gipfelt, dass die Patienten mit beseitigten Symptomen fast ausnahmslos in der folgenden Zeit rückfällig werden und die Kliniken erneut aufsuchen.

Für die Seele sind andere Instanzen zuständig als für die Psyche. Die Kenntnis um die unsterbliche Seele wurde von JESUS CHRISTUS ebenso wie von Buddha und vielen anderen Religionsstiftern verkündet und offenbart. Das Wissen und die spirituellen Handlungen, die zur Heilung führten, wurden immer wieder in geeigneter Form an die Menschen weitergegeben.

Jahrtausendelang wurde dieses alte Wissen von den Mysterienbünden und Arkanbruderschaften gehütet, gepflegt und weitergegeben. So gelangte es über Ägypten, wo der Pharao Echnaton die erste Mysterienschule gegründet hatte, in die Kulturen der Babylonier, der Inder und der Perser. Pythagoras gründete einen religiösen Bund in Unteritalien, seine Lehre um die Wiedergeburt der Seele prägte insbesondere die Kabbala, die Geheimlehre der Juden. Bei den Griechen etablierte sich der Bund der Therapeutes, die heilend durch die Lande zogen, und das Urchristentum bezog seine Inspirationen aus der Bruderschaft der Essener, der auch JESUS CHRISTUS angehörte. Dieses Urwissen gelangte nicht nur über den Weg der institutionellen Kirchen, sondern insbesondere über die Ritter- und Mönchsorden, über die mittelalterlichen Dombauhütten sowie über die Freimaurerei und das Rosenkreuzertum in unsere heutige Zeit.

Aber wohin wendet sich nun ein Mensch, der von einer Grippe heimgesucht wird, einen Herzinfarkt erleidet oder von Rückenschmerzen geplagt wird? Er geht zum Arzt und erlebt dort zwar die notwendige Symptombekämpfung, aber er muss sich bewusst sein, dass dies keine Heilung ist. Um wahre Heilung zu erfahren, muss er die im Krankheitssymptom enthaltene Botschaft der Seele verstehen. Für die Seele sollten die Priester zuständig sein. Geht er dorthin, macht er folgende merkwürdige Erfahrung: Die Vertreter der institutionellen Kirchen werden den Kranken sehr schnell aus ihrem Verantwortungsbereich herausschieben und sich für körperliche Leiden als nicht zuständig erklären. Sie wissen es nicht mehr besser, denn sie haben sich von ihrer eigenen Mystik entfernt und verleugnen damit JESUS CHRISTUS. Jesus hätte so etwas niemals getan!

Ich bin der Meinung, es ist absolut notwendig, dass jene Menschen, die das wahre Wissen um den Heilsweg in sich tragen, sich öffentlich dazu bekennen, sich über die Interessen etablierter Standesorganisationen und auch über geltendes Recht hinwegsetzen, und den Patienten das Wissen zur Heilung weitergeben.

Der antike Heiler Asklepios: Kein Arzt, sondern ein Priester

In der Antike herrschte ein völlig anderes Bewusstsein: Es ist wenig bekannt, dass der griechische Heilgott Asklepios mit seinem Tempel in Epidauros, mit dessen Symbol der aufsteigenden Schlange sich die ärztlichen Standesorganisationen so gerne schmücken, überhaupt kein Arzt war. Asklepios war Priester, inszenierte Rituale und führte so Heilungen durch. Zuerst musste die Seele geheilt werden, körperliche Symptombehandlung trat bei der seelischen Heilung in den Hintergrund. Der rituell eingebundene, meditative Tempelschlaf und die Ankündigung, die am Äskulapstab aufsteigende Schlange würde im Dunkel der Nacht die Wunden der Kranken belecken, bewirkten eine *Hinwendung* zum Symptom und niemals eine *Abwendung*. Wenn heutige Schulmediziner statt dessen die Beseitigung oder Verdrängung des Übels betreiben, so tun sie das Gegenteil ihres Lehrmeisters, dessen Standessymbol sie in gnadenvoller Unbewusstheit und voll aufgeblasenen Stolzes auf Briefköpfen führen oder sich hinter die Windschutzscheiben ihrer Autos kleben.

Die Bibel — man kann sie auch als mythologisches Buch voll tiefenpsychologischer Weisheiten lesen — offenbart auf Symbolebene die Gründe, woran die Menschheit leidet, und weshalb das Individuum erkrankt. Das Essen vom *Baum der Erkenntnis* bedeutet entwicklungspsychologisch die Überbetonung des analytischen Verstandes, der unterscheiden will. Entweder gut oder böse, entweder Tag oder Nacht, entweder Leben oder Tod. So kommt es folgerichtig zu einer einseitigen Bevorzugung des analytischen und empirischen Denkens, ohne zu wissen, dass es eine kosmische Kraft gibt, die eine Gegenrichtung erzwingt, wenn das Pendel zu weit in die eine Richtung ausgeschlagen hat. Unter dem *Baum des Lebens* hätte der Mensch freilich etwas anderes lernen können: Statt des einseitigen *entweder / oder* hätte er etwas erfahren über *sowohl / als auch!* Aber zunächst einmal wurde die Frucht der Erkenntnis gepflückt und sich einverleibt, und so spielen die Menschen dieses sündige Spiel seit Jahrtausenden in allen Bereichen und gehen immer tiefer in die Differenzierung: *Entweder* Astronomie *oder* Astrologie, *entweder* Physik *oder* Metaphysik, entweder Chemie *oder* Alchimie, *entweder* Religion *oder* Mystik. Und im Gesundheitswesen: Entweder Beschäftigung mit Körper und Psyche oder Beschäftigung mit der Seele. So bleibt dieser Teil, der wichtigere, draußen vor der Tür.

Das heutige Krankenunwesen, das ein Gesundheitswesen sein sollte, ist durch Fachärzte noch sehr viel weiter in die Differenzierung gegangen und somit wahrhaft diabolisch, denn die Silbe „dia" steht für die Zahl *Zwei,* für die Teilung, die *ent-zweit* und somit *Zwei-fel* und *Zwie-tracht* bedeutet. Durch ständige Differenzierung ist jede Disziplin bestenfalls nur mit der halben Wahrheit unterwegs und deshalb nicht heil.

Das Lüneburger Institut für Esoterik und Bewusstseins-Erweiterung e.V. hat es sich zum Ziel gesetzt, statt des zwei-felhaften, *dia-bolischen* Weges der Apparatemedizin den *symbolischen* Heilsweg aufzuzeigen. Gleichwohl wie ein Symbol auf das Ganze, auf das Heil gerichtet ist und Bewusstseinsinhalte zusammenführt, ist der symbolische Weg zunächst ein geistiger und auf den Zustand des Heil-Sein gerichtet, woraus sich dann körperliche Gesundheit entwickelt.

Das HEXAGRAMM lehrt:
Die unsterbliche Seele ist nicht die Psyche

Ein dreitausend Jahre altes Symbol, das HEXAGRAMM, das Großsiegel König Salomos, lehrt die Verschmelzung von Himmel und Erde, von Geist und Materie, von Raum und Zeit. Die beiden ineinander verschlungenen Dreiecke zeigen, dass das Wesen des Menschen nicht nur aus der materiellen Ebene aus *Körper, Psyche* und *Denken* besteht, sondern dass seine wahre, unsterbliche Persönlichkeit von oben herab als spirituelles Dreieck aus *Astralleib, Seele* und *Geist* inkarniert.

Wer Heilung erreichen will, muss etwas über seine Seele wissen, besser gesagt: Er muss wissen, dass *er Seele ist.* Das wahre Wesen eines Menschen ist nicht der Körper, der spirituelle Erfahrung sammeln muss und dann irgendwann dem Verfall preisgegeben ist, — nein, die individuelle Persönlichkeit des Menschen ist seine unsterbliche Seele, die zeitweise einen Körper *hat,* damit sie eine materielle Erfahrung macht, um daran spirituell zu wachsen.

Wir gehen von der unbestreitbaren Tatsache der Reinkarnation aus und befinden uns damit im Einklang mit allen Weltreligionen, einschließlich dem Urchristentum. Die gegenteilige Behauptung der Kirchen, wonach eine Lebensspanne von mehreren Jahrzehnten oder manchmal auch nur von wenigen Tagen oder Stunden darüber entscheidet, ob die Seele für alle Ewigkeit zur Hölle fährt oder zum Himmel steigt, ist eine Fehlinterpretation des Neuen Testamentes, die durch JESUS CHRISTUS selbst in jenen wenigen Stellen eindeutig widerlegt ist, welche die Bibelfälschungen zweier Konzile überlebt haben. Die Auslegungen des Klerus widersprechen nicht nur den physikalischen, sondern auch den metaphysischen Naturgesetzen.

Die christliche Botschaft von der Auferstehung nach dem Tode ist zwar *auch* richtig; denn durch die Verkündigung von der Vergebung der Sünden und durch den Akt der Gnade, der das Gesetz des Karmas und den *Zwang* zur Wiedergeburt durchbricht, bekommt die christliche Botschaft erst ihre eigentliche Dimension. Aber hier verstrickt sich die Kirche in ihrem eigenen Sündenfall, wenn sie die Formel *entweder* Reinkarnation *oder* Auferstehung predigt. Dies ist eine Frucht vom sündigen Baum der Erkenntnis und verrät, dass die Kirchen selber tief im Sumpf des biblischen Sündenfalls stecken, denn sie unterscheiden: Auferstehung ist gut, Reinkarnation ist böse.

Alleine die Tatsache, dass der kleine Wolfgang Amadeus Mozart mit anderen Vorerfahrungen und Lebensaufgaben inkarniert als ein armseliges Negerbaby im Kongo, zeigt, dass die Menschen alles andere als gleich geboren werden. Wenn Mozart als sogenanntes Wunderkind Klavierkonzerte geben und ganze Partituren einmal gehörter Orchesterstücke aus dem Gedächtnis zu Papier bringen konnte, so waren dies Fähigkeiten, die er sich in den wenigen Kindheitsjahren niemals hätte aneignen können. Wer mehrere Kinder hat, der weiß auch, mit welch unterschiedlichen Vorerfahrungen die kleinen Seelen inkarnieren — trotz gleicher Eltern und gleicher Umwelt.

Es ist sehr leicht vorstellbar, dass Mozart enorm gelitten hätte, wenn er in eine Familie von Bauhandwerkern hineingeboren worden wäre und sein Leben damit verbracht hätte, Steine zu behauen. Entweder hätte er den Konflikt gewagt und wäre ausgebrochen, oder er wäre mit hoher Wahrscheinlichkeit erkrankt und schon als Kind gestorben, weil seine Seele keine Perspektive gesehen hätte. Das soll kein Werturteil sein, denn auch der umgekehrte Fall ist denkbar: Wenn eine Seele inkarniert, welche ihre handwerkliche Begabung in diesem Leben vervollständigen möchte, als Kind aber gezwungen wird, Geigenunterricht zu nehmen, um dann als Orchestermusiker dem Spott seiner Kollegen ausgesetzt zu sein, so wird auch diese Seele versuchen, sich über Krankheitssymptome Gehör zu verschaffen, damit der Mensch mit seinem Verstand diesen Zustand ändert.

Es geht also darum, ein Symptom als Botschaft der Seele zu begreifen und nicht als eine zu entfernende Belästigung. Die Seele möchte etwas *offenbaren*, nämlich auf einen verfehlten Lebenssinn hinweisen. Ich habe die Erfahrung gemacht, dass *jedes* Symptom seinen Sinn hat — von der kleinsten Unpässlichkeit bis zur lebensbedrohenden Krankheit — und da gibt es keine Ausnahme! Und ich habe weiterhin die Erfahrung gemacht, dass *jeder* aufgeschlossene Mensch, der sich darauf einlässt, den Sinn seiner Krankheit zu hinterfragen, ihn durch eigene Erkenntnisschritte *immer* erfährt.

Spirituelle Astromedizin: Das beste Diagnoseverfahren

Wertvolle Hilfe dabei ist das astrologische Weltbild. Das Geburtshoroskop eines Menschen sagt etwas aus über den Zustand seiner Seele zum Zeitpunkt der Geburt. Ich gehe dabei *nicht* von der Idee aus, das Schicksal liege in den Sternen begründet, genauso wenig bin ich davon überzeugt, die Planeten am Himmel hätten irgendeine Wirkung auf uns Menschen. Das mag vielleicht verwundern, aber die grafische Darstellung des kosmischen Geschehens zum Zeitpunkt der Geburt ist lediglich ein Anzeigeinstrument für die Seelenorgane, vergleichbar mit einer Röntgenaufnahme für Körperorgane. Das Geburtshoroskop dient zur Diagnose der Seele, es gibt auf Grund jahrtausendelanger Erfahrungen mit der Astrologie Auskunft über den Lebenssinn und über die Fähigkeiten, die der Mensch in diese Inkarnation mitbringt, aber auch über seine Unfähigkeiten und Lernaufgaben.

Der Satz des Demokrit macht den Unterschied zwischen den kleinen Mysterien und den großen Mysterien deutlich: „Heilung erflehen die Menschen von den Göttern.......“ Das sind die kleinen Mysterien, die schönen Geschichten für das Volk, welches Hilfe von außen erwartet. „.......sie wissen nicht, dass sie die Kräfte in sich tragen.“ Das sind die großen Mysterien: Göttliche Kräfte sind *in uns!*

Fragen wir uns zunächst: „Was waren das denn wohl für Götter, an welche die alten Griechen damals glaubten? „ Mars, Venus, Saturn, Jupiter und so weiter sind die lateinischen Namen der griechischen Götter, aber gleichzeitig auch die Namen der astrologischen *Prinzipien,* mit denen Astrologen, Therapeuten und Heiler seit Jahrtausenden arbeiten. Alle Eigenschaften, welche die Mythologien den „Göttern“ zuschrieben, sind eigene Seelenanteile, welche nach außen projiziert sind. Und diese „Götter“, waren gemeint.

Aber so, wie wir am Lüneburger Institut den Sternen keine Wirkung zumessen, genauso wenig maßen die antiken Heiler den so menschlichen Göttern des Olymps mit all ihren Fähigkeiten und Unfähigkeiten, mit ihren göttlichen Eigenschaften und menschlichen Trieben eine Wirkung auf das Krankheitsgeschehen zu. Die Aussage des Demokrit ist ganz klar: Diese *„Götter“* sind Kräfte, welche die Menschen *in sich tragen,* wie der zweite Teil des Satzes zum Ausdruck bringt. Wer sich heute noch über die Astrologie lustig macht, zeigt damit nur, dass sein armseliger Verstand sich nicht über die naiven Geschichten der kleinen Mysterien erweitern konnte. Sowohl die Sterne am Himmel als auch die Götter des Olymps sind nur ein *symbolisches Abbild* der unsterblichen Seele, eine Projektionsfläche des wahren göttlichen Geschehens, woran wir lernen dürfen.

Jedes Symptom ist ein Schrei der Seele, wodurch der Mensch sein Fehlverhalten erkennen soll. Eine Krankheit ist also die Reibung zwischen dem Lebenssinn, der sich im Geburtshoroskop *offenbart*, und dem Eigensinn, der sich im Verhalten manifestiert. Daraus mögen Sie erkennen, dass es niemals möglich ist, über das *Schicksal* eines Menschen mit Hilfe der Astrologie eine Aussage zu machen, denn das Individuum besitzt einen hohen Entscheidungsspielraum, und das Schicksal ist immer das *Produkt aus Eigensinn und Lebenssinn.*

Die ***Spirituelle Astromedizin*** als Analogiesystem baut die Brücke zwischen der physischen und der metaphysischen Welt und hilft, Krankheit und Schicksal zu verstehen. Ein Symptom zeigt, dass der Mensch durch sein Verhalten ein göttliches Prinzip verletzt hat. Das astromedizinische Verständnis *offenbart*, dass zum Beispiel Entzündungskrankheiten oder grippale Infekte psychisch verdrängte und nicht ausgelebte Aggressionen sind (verletzter Mars), oder, dass die Seele über Rückenschmerzen kundtut, dass der Mensch einen psychischen Haltungsschaden hat (verletzter Saturn). Hinter der Krankheit Krebs (verletzter Mond) steckt oftmals eine handfeste Mutterproblematik, und beim Herzinfarkt geht es auch ganz sicher nicht um zuviel Rauchen und Essen und zuwenig Sport, sondern um einen Autoritätskonflikt (verletzte Sonne) und um die Ablehnung dessen, was dem Kranken wirklich am Herzen liegt. Dies alles lässt sich astromedizinisch sowohl den Körperorganen als auch den verschiedenen Schicksalsprozessen zuordnen und symbolhaft belegen. Allen großen Philosophen und Heilern, von der Antike bis zum Mittelalter, von Plato bis Paracelsus, von Hippokrates bis Hahnemann, wurde die Äußerung zugeschrieben, dass jener Arzt ein Scharlatan sei, der nicht um die Astrologie wisse. Über die ***Spirituelle Astromedizin*** kann man zunächst intellektuell die notwendigen Ansatzpunkte erkennen, wo der Patient sein Verhalten korrigieren sollte, damit die Seele geheilt werden kann, denn durch sein Verhalten wurden seine Seelenorgane verletzt.

Um die metaphysische Daseinsform der menschlichen Seele dem physischen Intellekt verständlich zu machen, bedient man sich der Symbole, die auf einer neutralen Ebene Inhalte der archaischen Wirklichkeit (Himmel) in die Realität (Erde) transportieren. Sie sind Schlüssel zur Transzendenz. So gab man den Seelenorganen der Menschen Namen von Erscheinungen, die man am Himmel entdeckte. Außer den beiden großen Lebenslichtern, Sonne und Mond, beobachtete man den Lauf der Planeten. Es waren, in der Reihenfolge ihrer Umlaufbahnen um die Sonne: Merkur, Venus, Mars, Jupiter und Saturn. Später kamen Uranus, Neptun und Pluto hinzu.

Der große Schweizer Philosoph und Psychologe des 20. Jahrhunderts, Carl Gustav Jung, hat in seinen jahrzehntelangen Erforschungen verschiedener Kulturen festgestellt, dass die im sogenannten *kollektiven Unbewussten* anzutreffenden Seelenanteile des Individuums mit den Göttergestalten der Mythologien identisch sind. Diese Seelenanteile nannte er „Archetypen" . Ebenso wie alle Menschen aller Kulturen und Rassen gleiche Körperorgane haben, haben sie auch gleiche Seelenorgane. Wenn man zum Beispiel einen Chinesen und einen Indianer auf den Operationstisch packt und aufschneidet, wird man in beiden Menschen gleiche Körperorgane entdecken wie Herz, Lunge, Leber oder Darm, wenn auch in etwas unterschiedlichen Zustandsformen, die aber dennoch die gleichen Aufgaben zu erledigen haben. So ist die Haut des Chinesen leicht gelblich, die Haut des Indianers leicht rötlich, aber beide haben eine Haut, die sie nach außen hin abgrenzt.

Bei der Betrachtung der Seele kommt man zu ähnlichen Ergebnissen: Der schwarz-afrikanische Neger hat ebenso wie der Eskimo eine innere Instanz, nennen wir sie Mars, die für Initiative, Tatkraft, Aggression und Durchsetzung steht. Beide haben eine Venus-Energie, die Charme, Eleganz, Harmonie, Kunst, Sensibilität und Kompromissbereitschaft bewirkt. Jeder Mensch trägt also in seinem kollektiven Unbewussten alle Figuren der Götter seines Kulturkreises und seiner vorangegangenen Inkarnationen in sich als Seelenanteile, die nicht an das eine, begrenzte Leben gebunden sind. Diese inneren Götter sind jene Instanzen, die höchste Aufmerksamkeit verdienen, und die über die Gesundheit des Menschen entscheiden. Planetenprinzipien wirken in uns wesentlich stärker als der Verstand. Es sind *göttliche Kräfte*, die wir in uns tragen.

Krankheitssymptome sind der Ausdruck *verletzter Götter*. Ihre religiöse Einstellung und Ihr Gottesbild, das Sie sich möglicherweise gemacht haben, möchte ich dabei nicht antasten. Wenn ich von „inneren Göttern" rede, dann meine ich nicht GOTT, sondern ich meine jene höchsten seelischen Kräfte.

Die inneren Götter jedenfalls, diese verletzten *Archetypen* (C. G. Jung), greifen in das Schicksal eines Menschen ein, um ihn zu korrigieren. Da sich die heutige universitäre Medizin von ihren eigenen Wurzeln des antiken Heilwesens getrennt hat, kann sie diese Botschaften nicht mehr begreifen, und somit wird die Sache todernst. Ich erkläre in aller Deutlichkeit: *Durch schulmedizinische Handlungen* (Be-handlungen und Miss-handlungen) *werden die inneren Götter erst richtig verletzt* — zum Schaden der Patienten.

An Hand von vier Beispielen zeige ich Ihnen nun, auf welche Weise wir im ***Hexagramm-Programm***® oder der ***Offenbarungstherapie***® vorgehen, im Gegensatz zu allen anderen Behandlungsmethoden und Therapieformen:

Grippale Infekte = Verletzter Mars

Alle Entzündungskrankheiten, insbesondere eine Grippe, sind nicht ausgelebte Aggressionen, das heißt nach astromedizinischem Vokabular: Verletzter Mars. Rufen Sie sich vom Schulunterricht her den Kriegsgott Mars, griechisch Ares, in Erinnerung, jenen ungehobelten, bei den anderen Göttern wegen seiner ungezügelten Aggression verhassten Kämpfer, der stets seine Kräfte mit anderen messen wollte und keinem Konflikt aus dem Wege ging. Niemals gab er nach, niemals machte er einen Kompromiss, und niemals verlor er einen Kampf. *Mars blieb immer Sieger*! Nun ziehen Sie eine Parallele zu Ihrer inneren seelischen Instanz Mars, zu jenem lebensnotwendigen Prinzip in Ihnen, mit dem Sie sich durchsetzen, sich aktiv mit der Umwelt auseinandersetzen, Sport treiben und Konflikte bestehen. Jeder Mensch braucht zum Leben eigene Impulse, kreative Aktionen, initiative Tatkraft und Willen, um auch als Sieger in diesem Lebenskampf hervorzugehen. Das ist Mars-Energie. Als Seelenorgan steuert die Mars-Energie das Immunsystem, das Abwehrsystem des Körpers.

Mein inneres Mars-Prinzip kann ich zum Beispiel leben, indem ich gleich morgens aktiv aus dem Bett springe, meinen Trainingsanzug anziehe, Sport treibe, vielleicht in einem Wettlauf mit einem Freund meine Kräfte messe und sogar als Sieger hervorgehe, abgekämpft wieder nach Hause komme und anschließend heiß und kalt dusche. So habe ich etwas für meine Aktivität und Tatkraft getan, ich kann auch sagen, ich habe dem Gott Mars gedient. Der innere Mars ist somit zufrieden. Es ist leicht nachzuvollziehen, dass ein Mensch, der sich so verhält, mit Sicherheit keine Grippe bekommt, auch dann nicht, wenn er von anderen Infizierten angehustet wird. *Die schulmedizinische Behauptung, wonach ein Grippeerreger diese Krankheit verursacht, ist blanker Unsinn* und wird auch nicht durch die ständige Wiederholung zur Wahrheit. Die Tatsache, dass sich auch auf den Schleimhäuten der Gesunden Tausende von Krankheitserregern befinden, straft diese Theorie Lügen. Die zwar zutreffende Beobachtung, wonach ein Grippekranker sehr viel mehr Krankheitserreger in sich trägt, beruht auf einem sehr einleuchtenden Phänomen, welches Ihnen gleich ganz klar sein wird.

Ich kann mich nämlich auch anders verhalten: Statt aktiven Frühsports schleppe ich mich mühsam aus meinem warmen Bett ins Wohnzimmer und prüfe, ob die Heizung auch genügend Wärme abgibt. Dann überlege ich mir, ob ich mich wasche oder nicht, entschließe mich zu einer lauwarmen Dusche, schlürfe meine Honigmilch und fahre warm verpackt mit dem Fahrstuhl in die Tiefgarage. Dort setze ich mich bequem in mein geheiztes Auto und lasse mich in die Tiefgarage meines Büros chauffieren, betrete den „Bonzenheber", einen Fahrstuhl, der mich in eines der oberen Stockwerke hievt, schlurfe in mein vollklimatisiertes Büro und lasse mich erst einmal tief in den Schreibtischsessel einsinken, um mich von den Anstrengungen des Morgens zu erholen. Ein Mensch, der seine Energien so zurückhält, erlebt Frust (= Frost), er hat kalte Hände und Füße, bewegt sich langsam und starr, friert bei jeder Gelegenheit, und es ist klar, dass er sich bereits auf psychischer Ebene „erkältet" hat. Sie mögen leicht nachvollziehen, dass ein solcher Mensch in Hamburg umkippt, sobald die BILDZEITUNG in Hongkong eine Grippe meldet. Die Schulmedizin nennt das dann die „böse" Hongkong-Grippe.

In Wahrheit ist eine innere Instanz, nämlich der Archetyp Mars, zutiefst verletzt. Man muss wissen, dass der innere Mars als Seelenorgan auch der Herr des Immunsystems ist. Wird dieses Verhalten über Wochen, Monate und Jahre beibehalten, erklärt die Seeleninstanz Mars, der Kriegsgott Mars, den Krieg, und zwar so: Auf den Schleimhäuten jedes Menschen, auch des gesunden, befinden sich, wie gesagt, Krankheitserreger. Jemand mit einem verletzten inneren Mars wird aber von dieser Seelenkraft, die wir „Mars" nennen, unbewusst doch in einen Konflikt verwickelt, und zwar auf der Körperebene. Der Mars beginnt nun sein Zerstörungswerk.

Ein weiteres Beispiel: Ich habe drei Kinder und kann jedes einem astrologischen Prinzip zuordnen: Das Merkur-Kind zum Beispiel ist an allem interessiert, eine kleine Leseratte, das Venus-Kind spielt still und gemütlich mit Bauklötzen oder Puppen, und das Mars-Kind, ein kleiner Sandkastenrocker, möchte auf der Straße „Räuber und Polizei“ spielen. Natürlich kann ich das Mars-Kind daran hindern und befehlen: „Sei doch einmal wie deine Schwester und spiele mit Bauklötzen oder Puppen in der Stube.....“ oder: „Nimm dir ein Beispiel an deinem Bruder und lies einmal ein Buch. Du gehst nicht nach draußen, du hast Stubenarrest!“ Wenn das Mars-Kind gesund ist, dann wird es spätestens am dritten Tag die Wohnung auseinandernehmen, und zwar kräftig. Der *innere Mars* ist aber in jedem Fall gesund und will es auch bleiben; wird das Kind nun in seiner Aktivität gehindert oder gehemmt, so wird der Mars *seine* Wohnung auseinander nehmen — und das ist der Körper, und dort spielt sich das Geschehen nun so ab:

Der Kriegsgott Mars ist frustriert: „Es geschieht nichts Erregendes mehr in dieser Welt. Das Einzige, was mich erregen könnte, sind die Erreger dort auf den Schleimhäuten. Auf in den Kampf!“ Das geschieht natürlich unbewusst. Abwehrzellen des Körpers greifen nun auf die Initiative des Mars hin die Erreger an, die sich bis dato lieb und friedlich in die Schleimhäute eingenistet hatten. Das aber lassen sich jene nicht gefallen, und sie erregen sich nun tatsächlich Sie wehren und vermehren sich und schlagen zurück. Der Körper stellt neue Killerzellen zur Verfügung, wozu er Wärme erzeugen muss, damit die Produktion richtig in Gang kommt. Das Fieber steigt, der Puls rast, und im Organismus findet Mord und Totschlag statt. Unter dem Mikroskop sehen die Erreger und Killer aus wie kleine Monster, und die zum Teil blutenden Schleimhäute bieten unter der Vergrößerung das Bild eines Schlachtfeldes. Aus der ursprünglichen Kälte-Krankheit ist nun eine Hitze-Krankheit geworden, woraus man unschwer das Karmagesetz vom Gleichgewicht der Kräfte erkennen kann.

Die Grippe *ist* eigentlich schon der Heilungsprozess, denn der Mensch war solange un-heil, wie er ein Prinzip, das Prinzip des Seelenorgans Mars (astrologisch = kardinales Feuer), aus seinem Leben entfernt hatte. Mit dem Auftreten des Symptoms ist das Prinzip des Kriegsgottes Mars wieder integriert, wenn auch auf unerlöster Ebene in Form eines Krieges im Körper, aber der Mensch ist wieder „heil“ .

Menschliches Fehlverhalten paart sich nun mit schulmedizinischer Dummheit. Statt diesen Heilungsprozess zu unterstützen und nach dem antiken Grundsatz „Gleiches mit Gleichem“ zu behandeln, wie es auch in der Homöopathie seit alters her üblich ist (Ähnlichkeitsprinzip),statt Feuerkrankheiten mit Hitze zu behandeln, wie es Hippokrates einst beschrieben hatte, oder statt den Grippekranken schwitzen zu lassen, wie der klare Menschenverstand unserer Großmütter noch wusste, geschieht in der heutigen medizinischen Alltagspraxis das Dümmste, was möglich ist, nämlich genau das Gegenteil: Da werden fiebersenkende Mittel verabreicht, das heißt, dem gesunden Organismus wird damit die Möglichkeit genommen, sich mit den Erregern kämpferisch auseinander zusetzen *und zu siegen*. Bei einer Mars-Krankheit muss es immer Sieger und Verlierer geben! Der nun unweigerlich auftretende lebensbedrohliche Zustand wird sehr hilfreich, edel und gut durch Antibiotika beseitigt. Der Name der Mittel ist wenigstens ehrlich: Anti = gegen, bios = Leben. Dass der Organismus damit aber verlernt, sein eigenes Abwehrsystem aufzubauen und zu erhalten, wird geflissentlich übersehen, auch dann, wenn diese bedauernswerten Menschen schließlich in jedem Jahr von mindestens einer Grippe heimgesucht werden. In neuester Zeit gibt es auch grippale Infekte, bei denen der Körper nicht einmal mehr imstande ist, überhaupt Fieber zu erzeugen. Das ist das Ergebnis jahrzehntelanger antibiotischer, d.h. lebensfeindlicher, Einstellung auf Seiten des Patienten und des Arztes.

Um jetzt nicht missverstanden zu werden: Ich halte die Entdeckung des Penicillins für einen Segen, und Antibiotika haben vielen Menschen das Leben gerettet. Aber der leichtfertige Umgang mit diesen Medikamenten durch unbewusste Ärzte, die aus Angst vor eigenen Konflikten in Symptomverdrängungen flüchten, um sich dann noch wegen ihrer schnellen Anfangserfolge beweihräuchern zu lassen, muss in aller Deutlichkeit und schonungslos als Betrug am Patienten entlarvt werden.

Wie sehr sich das antibiotische Verhalten der Mediziner negativ auf breite Bevölkerungsschichten auswirkt, beweist folgender Vorgang: Die längst als besiegt geglaubten Entzündungskrankheiten, welche die Sterbestatistiken vergangener Jahrhunderte anführten, kehren wieder zurück, und zwar direkt an den Tatort. Ich meine nicht die „Killerbakterien“ und „Todesviren“, die in weit entfernten Rinder- oder Schweineställen vereinzelt anzufinden sind, um von der wahren Schweinerei abzulenken. Nein, ich meine die 40 000 Toten, welche Jahr für Jahr zu beklagen sind, die in deutschen Krankenhäusern an Entzündungskrankheiten, mit denen sie sich dort infiziert haben, gestorben sind. Es sind jene Menschen, die wegen einer harmlosen Blinddarmentzündung eingeliefert wurden und an einer Bauchfellentzündung starben, die mit einem Magengeschwür eingeliefert wurden und am Zusammenbruch des Immunsystems starben, oder die zu einer Hüftoperation eingeliefert wurden und dann an einer Lungenentzündung starben. Denn gerade dort, in den Hochburgen schul-medizinischer Ignoranz, haben sich hochaktive Krankheitserreger entwickelt, die gegen Antibiotika resistent sind. In diese „Schweineställe“ sollten wir gelegentlich unsere Aufmerksamkeit lenken!

Das Pendel erzwingt seine Gegenbewegung.

Bandscheibenvorfall = Verletzter Saturn

Das zweite Beispiel bezieht sich auf den Bandscheibenvorfall. Hier will die Seele die Aufmerksamkeit über Rückenschmerzen auf den seelischen Haltungsschaden des Patienten lenken. Zum besseren Verständnis bemühe ich nun Kronos, den Herrn der Zeit, mit seinem lateinischen Namen „Saturn“ . Streng, steif, gradlinig, aufrecht, autoritär und starrsinnig war das Verhalten des olympischen Saturns zu charakterisieren, der als höchster Gott die Welt regierte, bis er von seinen Söhnen Jupiter, Neptun und Pluto (griechisch: Zeus, Poseidon und Hades) entmachtet wurde.

Nun stellen Sie sich bitte folgendes vor: Bei einer ganz alltäglichen Tätigkeit, zum Beispiel beim Aussteigen aus Ihrem Auto, bei der Bedienung eines Computers oder beim Staubsaugen, führen Sie eine unglückliche Drehung aus, und ein stechender Schmerz friert Ihre Bewegungen plötzlich ein. In einer gebeugten und verdrehten, korkenzieherähnlichen Haltung erreichen Sie mit kleinen Trippelschritten das Telefon, bestellen ein Taxi und lassen sich zu einer orthopädischen Praxis fahren. Dort wird der Facharzt Sie als Notfall vorlassen, Sie werden eingehend untersucht, und eine Röntgenaufnahme oder ein Computerhomogramm liefert schließlich den Beweis für die „wahre Ursache“ Ihres Symptoms: Eine Bandscheibe hat ihren angestammten Platz um einige Millimeter verlassen, und das tut weh. Das, was bei oberflächlicher Betrachtung sogar zu stimmen scheint, ist aber dennoch falsch: Der Bandscheibenvorfall ist nicht die *Ursache* Ihres Haltungsschadens, sondern die *Wirkung* eines anderen — eines seelischen Haltungsschadens. Dennoch wird mit einer schmerzstillenden Spritze, einigen Massagen und vielleicht einigen Bädern das Symptom erfolgreich beseitigt. Be-seitigen heißt aber, wie der Name sagt, zur Seite legen. Die Ursache ist damit nicht weg und schon gar nicht geheilt. Wenn so etwas von jener Instanz, nämlich der Schulmedizin, die sich als einzige dazu berechtigt sieht, heilen zu können und zu dürfen, als Heilung verkauft wird, so ist das eindeutig Betrug.

Um Ihnen den seelischen Haltungsschaden bewusst zu machen, möchte ich Sie bitten, Hunde zu beobachten. Ein sehr selbstbewusster Rauhaardackel begegnet einem Schäferhund, der kein Selbstbewusstsein hat. Dieser wird sich, obwohl er vielleicht zehnmal so schwer ist wie der Dackel, wie ein geprügelter Hund krümmen, den Schwanz einklemmen und sich gebeugt und verdreht in einer Demutsgebärde korkenzieherähnlich zu Boden drehen. Vielleicht erkennen Sie an der gleichen Wortwahl das Problem.

Ich gehe in der Gewissheit um die Reinkarnation nun nicht so weit zu behaupten, Sie wären in Ihrem Vorleben ein Dackel oder ein Schäferhund gewesen. Jedenfalls ist mir bei den *Reinkarnationstherapien,* die ich erlebt habe, kein solcher Fall vorgekommen. Dennoch stecken animalische Programme, hier das der Demutsgebärde, im kollektiven Unbewussten jedes Menschen. Beobachten Sie doch einmal, was so ein Rücken tut, wenn sein Besitzer mit einem guten Freund ein angenehmes Telefongespräch führt, und wie er sich verändert, wenn Mama erklärt werden muss, dass sie nächstes Wochenende leider doch nicht auf Besuch kommen kann.

Hat nun jemand ein permanentes Problem mit seinem Selbstbewusstsein, so sieht er in jedem ein ihm überlegenes Wesen, im Chef, im Berufskollegen, in der Schwiegermutter, im Partner, im Sportsfreund und im Skatbruder. Er zerbricht förmlich vor Unterwürfigkeit. Auch äußerlich ist es diesem Menschen anzusehen: Die Schultern fallen etwas nach vorne, das Kinn kippt ein wenig in Richtung Brust, der Rücken biegt sich ein bisschen mehr als normal. Und als Krönung dann vielleicht ein Morbus Bechterew, so als würde der Untertan zur Audienz beim König gebeten.

Astromedizinisch sind Aufrichtigkeit und Haltung ebenso wie die Knochen, speziell die Wirbelsäule, dem Saturn als Herrscher des Steinbocks zugeordnet, und so sprechen wir bei derartigen Symptomen von einem verletzten Saturn. Denn würde der olympische Saturn solch ein katzebuckeliges Verhalten zeigen? Ganz sicher nicht!

„Willst du den Körper heilen, musst du zuerst die Seele heilen!“ Ohne eine metaphysische Heilung des inneren Saturnprinzips wird die Freude über die tollen Erfolge des mechanischen Herumdokterns an der Wirbelsäule mit Massagen, Gymnastik oder Operationen erfahrungsgemäß nur von recht kurzer Dauer sein.

Was könnte getan werden? Statt des Röntgen- oder Computerbildes wäre zunächst ein großer Spiegel zum Zwecke der Selbsterkenntnis angebracht, der dem Patienten in seiner verkorksten Nacktheit seinen Haltungsschaden eindrucksvoll bewusst macht: Denn genauso verdreht und verbogen fühlt sich die durch Angst, Hilflosigkeit und Unterwürfigkeit geschändete Seele in diesem korkenzieherähnlichen Körper, der ihr Tempel sein sollte. Auf einem Polaroid-Foto sollte dieser Zustand eindrucksvoll festgehalten werden, und erst wenn der Patient schriftlich versprochen hat, sich sofort in Therapie zu begeben, um Selbstwert zu entwickeln, dürfte er die erlösende Spritze erhalten, nicht früher.

Es ist natürlich immer wesentlich bequemer, die Schuld nach außen zu projizieren. Der normale unbewusste Patient wird nicht bereit sein, die Verantwortung für das Symptom selbst zu übernehmen. Das schlichte Gemüt, gleichgültig ob Arzt oder Patient, wird sich vielleicht einreden, dass die blöden Autohersteller nicht in der Lage seien, rückengerechte Sitze zu konstruieren — vergisst aber, dass es Millionen Autofahrer gibt, denen die bisherigen Modelle offensichtlich recht gut bekommen. Genauso töricht ist es, die Firmen dafür zu verurteilen, dass sie keine besseren Computerbildschirme und Tastaturen oder keine handlicheren Staubsauger produzieren. Das ist etwa genauso intelligent, wie nach einer durchzechten Nacht am nächsten Morgen in den

Spiegel zu schauen und sein Spiegelbild zu beschimpfen.

Dabei ist es ganz einfach: Die ***Spirituelle Astromedizin*** weiß um eine Zeitachse und eine Themenachse in der Wirbelsäule, das heißt, wann und warum „dem Menschen das Kreuz gebrochen" worden ist: Kreuzbein und Steißbein stehen für vorgeburtliche Erfahrungen, zum Beispiel bei ungewollten Kindern, die Lendenwirbel drücken Selbstwerteinbrüche in der frühen Kindheit aus, und so geht es immer höher über die Brustwirbel bis in den Hals- und Nackenbereich, wo sich häufig die Osteoporose zeigt, der Knochenschwund in der Lebensmitte, auch „Witwenbuckel" genannt. Ob finanzielle Not oder sexueller Missbrauch, jeder Wirbel hat seine Zuordnung. Hier hat die Heilung der Seele zu erfolgen, damit der Mensch wieder aufrecht durchs Leben gehen kann.

Eine medizinische Versorgung, die nur durch Symptomunterdrückung dem Menschen seine äußere Haltung zurückgibt, ohne seine innere Haltung geheilt zu haben, unterscheidet sich nicht von der Tiermedizin. Spätestens, wenn er nach der dritten oder vierten „Heilung" dann doch in tiefer Unbewusstheit (Narkose) wie ein Schwein auf der Schlachtbank (Operationstisch) liegt, ist der Bezug zur Tiermedizin eindeutig.

Ein selbstbewusster Mensch aber mit einem „geheilten inneren Saturn" hat eine gerade Haltung und wird die Ärzte künftig nicht mehr bemühen. Wenn das Symptom eines Bandscheibenvorfalls dazu geführt hat, dass ein Mensch von nun an ein qualitativ wertvolleres Leben führt, mit einer aufgerichteten inneren und äußeren Haltung, mit mehr Zuversicht und Lebensmut —dann hatte die Krankheit ihren Sinn. Dann war das Symptom eine Offenbarung.

Krebs = Verletzter Mond

Bei diesem Thema wird es ernst — todernst; denn viele hunderttausend Menschen sterben in Deutschland Jahr für Jahr an Krebs. Mit sinnlosen Grausamkeiten, welche die Dimension historischer Diktaturen erreicht haben, will man in den Kliniken Heilung erreichen. Doch das wichtigste hat die Schulmedizin nicht erkannt und weigert sich auch, es zu erkennen: *Niemals* ist Krebs ein Problem des Organs, sondern *immer* ein Problem, welches die Seele mit dem Menschen hat. Das habe ich in meiner therapeutischen Arbeit an *jedem* an Krebs erkrankten Klienten festgestellt.

Sobald man einmal begriffen hat, dass die Seele sich über ein Symptom äußert, um Aufmerksamkeit zu erlangen, ist man schon sehr nahe an der *Offenbarung* der Krankheit. Denn die Seele sucht sich für das Symptom genau jenes Organ, welches inhaltlich etwas mit dem Problem zu tun hat. Vereinfacht ausgedrückt ist Prostatakrebs die Antwort der Seele auf eine Ablehnung von Sexualität, Gebärmutterhalskrebs auf ein Problem mit der Rolle als Frau und Mutter, Magenkrebs auf die Struktur des In-sich-hinein-Fressens, Darmkrebs des Nicht-loslassen-Könnens. Wer sich Zeit nimmt und bereit ist, sich darauf einzulassen, erfährt sehr schnell den geistig-seelisch-psychischen Hintergrund seines Symptoms.

Ich möchte nun an Hand eines Beispiels aus meiner Praxis näher auf die Bedeutung der Krankheit Krebs eingehen. Die gleiche Erkrankung könnte bei einem anderen Menschen allerdings völlig andere Ursachen haben. Aber jeder Fall einer Krebserkrankung ist vor dem seelischen Hintergrund in sich logisch und schlüssig, und von dieser Regel gibt es keine Ausnahme. Man muss sich nur die Mühe machen zu forschen.

Eine junge Klientin, etwa 20 Jahre alt, hatte schon immer panische Angst vor Krebs. Sie war in einem Milieu aufgewachsen, in dem das Thema Krebs Tagesgespräch war. Die Mutter der Klientin hatte schon als junge Frau Unterleibskrebs, war dann aber durch eine Operation „geheilt" worden. Jetzt, 20 Jahre später, hatte der Krebs bei der Mutter „plötzlich Metastasen gebildet", die sich über den ganzen Körper „verstreut ausgebreitet" hatten, und sie war schließlich jämmerlich gestorben. Da meine Klientin von ihrem Arzt den Unsinn erzählt bekommen hatte, dass die „Veranlagung zu Krebs erblich sei", hatte sich ihre Angst zur Panik gesteigert. Brav ging sie zur Vorsorgeuntersuchung; sie war immer negativ. Eines Tages konnte ihr Vater ihre Ängste nicht mehr ertragen und eröffnete ihr die Wahrheit: „Deine Mutter war nicht deine Mutter, du bist adoptiert worden." Damit war die Krebsangst weg, beseitigt.

—*Doch nun kam der Krebs!!!*

Wenige Monate später fand man bei meiner Klientin einen Knoten in der Brust. Das war der Grund, weshalb sie zu mir kam. Was war passiert?

Über die ***Spirituelle Astromedizin*** suchte ich nun zunächst das verletzte Planetenprinzip, welches sich in diesem Ereignis spiegelte. Die Klientin sprach fast die ganze Zeit nicht von sich selber, sondern immer nur von ihrem Verhältnis zur Mutter, die ja ihre Stiefmutter war, und das sie aber als *unproblematisch* ansah. Trotzdem: Die Themen zwischen der Mutter und dem Kind, ebenso wie die weibliche Brust als Organ des Nährens, sind dem *Mond* zugeordnet. Das dahinterstehende Thema heißt: Mutterliebe und Geborgenheit. Es ging nun darum, *alle* seelischen Verletzungen zu suchen, die dem Archetypen „Mond" zugeordnet sind, vor allem jene, die unbewusst waren.

Ich versuchte zunächst im Gespräch, das Verhältnis zu ihrer Ziehmutter zu klären, weil ich vermutete, dass deren Tod das krebsauslösende Schockerlebnis gewesen sein könnte. Natürlich bestätigte sie diesen Verdacht sofort, denn das Leiden ihrer Ziehmutter und die Vorstellung, sie selber würde ein ähnliches Schicksal erleiden, hatten deutliche Spuren bei ihr hinterlassen. Aber trotzdem — irgendetwas stimmte nicht.

Wie üblich verließ ich mich lieber auf das Geburtshoroskop statt auf das, was die Klientin erzählte, denn auf Symbolebene erklärt das astromedizinische Bild des Horoskops genau den Grund einer seelischen Verletzung des *Mondprinzips.* Der *Mond* im Horoskop hat eine tiefe Beziehung zur Kindheit, zum emotionalen Berührtsein durch Personen in der frühen Umgebung, die von nicht zu überschätzender Bedeutung für die seelisch-gemüthafte Entwicklung sind. Die *Aspekte zum Mond* sagen aus, wie sich Empfindungen und emotionale Erlebnisse niedergeschlagen haben bzw. immer noch niederschlagen. Sie bilden das Reservoir der Erinnerungen. Der *Mond* stand in ihrem Horoskop an der Spitze des 4. Hauses, welches archetypisch auch dem Tierkreiszeichen *Krebs* (= *Mond*) zugeordnet ist. Außerdem hatte er un-günstige Aspekte zu anderen Planeten. Eine Verletzung *in der sehr frühen Kindheit* lag nahe. Die „Kröte“ musste also im Anfang liegen, das heißt bei der *leiblichen* Mutter und nicht bei der Ziehmutter. Diese Erinnerungen waren aber total verschüttet, weil meine Klientin gleich nach der Geburt zur Adoption freigegeben worden war. Bis vor kurzer Zeit hatte sie ja überhaupt nichts von der Existenz einer leiblichen Mutter gewusst. Eine Gesprächs- oder Verhaltenstherapie wäre somit in sinnloser Plauderei versandet. Also unternahmen wir am dünnen Faden der archetypischen Symbolik des Geburtshoroskops zunächst eine *Regressionstherapie* (Rückführungen in die vorgeburtliche Phase) — und alle Erinnerungen waren wieder da, so als würde sie jetzt erleben.

Nun allmählich kam die wahre Ursache der Verletzungen ans Tageslicht. Als ungeborenes Kind hatte sie den Schock ihrer leiblichen Mutter über die ungewollte Schwangerschaft voll mitbekommen. Alle deren Ängste, alle Wut auf das ungewollte Kind, alle Ablehnung, die Gedanken an eine Abtreibung bis hin zum Entschluss, das Kind wegzugeben, wurden ihr jetzt schmerzlich bewusst. Alle diese negativen Gedanken und Emotionen der leiblichen Mutter waren in die kleine Kinderpsyche während der Schwangerschaft eingeströmt und hatten tiefe Spuren hinterlassen. Todesängste hatte sie ausgestanden. Sie wollte gar nicht geboren werden, mit Händen und Füßen hatte sie sich gegen die Trennung von der Mutter gesträubt, um schließlich doch mit einem Gefühl der Einsamkeit, der Unerwünschtheit, der Schutzlosigkeit, der Hilfsbedürftigkeit und der Unversorgtheit in diese Welt gezwungen worden zu sein. Diese Erinnerungen waren für die Klientin sehr schmerzhaft und waren begleitet von starken körperlichen Reaktionen und vielen Tränen.

Der Säugling wurde damals adoptiert und bekam eine liebevolle Ziehmutter. Die leibliche Mutter geriet in Vergessenheit, und das Problem sank damit tief ins Unbewusste ab.

Erst das plötzliche Wissen darum, dass die Frau, die sie jahrzehntelang für ihre Mutter gehalten hatte, in Wahrheit nicht ihre leibliche Mutter war, ließ die alten Wunden wieder aufreißen. Was seitens des Vaters eigentlich als Beruhigung gegenüber der Krebsangst der Klientin gedacht war, erwies sich nun als neuer Schock. Die *eigene* Mutter, die *leibliche* Mutter, hatte sie einfach fortgegeben! Doch wohin nun mit der wahnsinnigen Wut, die in ihr aufgestiegen war? Es gelang ihr noch einmal, diese tiefen Verletzungen erneut zu tarnen und zu verdrängen, denn sie hatte ja eine liebevolle Ersatzmutter bekommen — bis dann eines Tages ein neuer Auslöser kam: Krebs in ihrer Brust. Eine ganz klare Aufforderung der Seele: *Schau endlich hin*! Damit war es nicht mehr das Thema der Mutter oder der Ziehmutter — sondern ihr eigenes.

Nun könnte man fragen: Wenn ein Kind so etwas schon als Säugling erlebt hat, wo bleibt dann die Gerechtigkeit? Was hat es mit dem Karma auf sich? In der *Reinkarnationstherapie* (Rückführungen in frühere Leben) gingen wir nun noch weiter zurück: Dort versank nun die Klientin in ein fein verwobenes Netz aus Illusionen und inneren Bildern..... sank ein in das Urmeer der Gefühle..... immer tiefer und tiefer ließ sie sich zeitlos treiben..... in das ewig Verschlingende, in das ewig Gebärende..... Und immer wieder stieg das einsame und abgelehnte Kind in ihr auf, die seit Jahrtausenden ungeborgene Seele forderte immer umsonst ihr Recht auf Geborgenheit und Behütetsein..... überfließend vor Schmerz und Trauer. Mit dem ewig gellenden Schrei des verlassenen Kindes hatte sie seit Inkarnationen die Welt erschüttert: „Mama, wo bist du?" Aber der Hilfeschrei des einsamen Kindes verhallte wieder und wieder ungehört in der leeren Welt.

Dieser Teil der *Reinkarnationstherapie* wurde von der Klientin zwar als schmerzhaft, aber als erlösend empfunden. Sie konnte sich all dieses immer wiederkehrende Leid bewusst machen, es verarbeiten und endlich Frieden damit schließen. — Die meisten *Reinkarnationstherapien* enden hier.

Aber (!) das Problem wäre dann erneut be-seitigt, zur Seite gelegt. Denn niemand ist nur hilfloses Opfer, sondern immer irgendwo und irgendwie auch Täter! Es gilt, die wahre Struktur herauszufinden, die in die Krankheit Krebs führt, und das ist *niemals die Opferrolle, sondern immer die Täterrolle*! Krebs ist nämlich abgrundtiefer, eingelagerter Hass! Das sollte man wissen.

So hieß die Aufforderung in der nächsten Reinkarnationstherapiestunde nun nicht mehr: „Gehe durch Raum und Zeit an einen Ort, wo du als kleines Kind verlassen worden bist," sondern: „Gehe durch Raum und Zeit an einen Ort, *wo du dein Kind verlassen hast."* Das Ereignis lag nun nicht in einem früheren Leben, sondern zwei Jahre zurück. Sie war mit 18 Jahren schwanger geworden und hatte eine Abtreibung vornehmen lassen. Diesen Vorfall hatte sie in den Vorgesprächen „vergessen." Diese „Kröte" anzuheben erwies sich als noch unangenehmer, aber es musste sein.

Die Erinnerungen, die nun aus der Tiefe des Unbewussten emporstiegen, schilderte die Klientin etwa folgendermaßen: „Das Fruchtwasser, das Lebenselixier, verschwindet mit rasender Geschwindigkeit in einem Rüssel, ähnlich dem eines Staubsaugers. Die Wände der Gebärmutter kommen aufeinander zu, es ist, als stürze die Welt in sich zusammen. Der kleine ungeborene Körper, kaum größer als eine Maus, wird am Rücken von der Saugdrainage erfasst, die kleinen Händchen, Ärmchen und Beinchen verkrampfen sich, der Kopf fällt auf die Brust. Der Körper wird zu einer runden Kugel, die den Stutzen der Ansaugvorrichtung verschließt. Es wird gezerrt und gezogen, aber das Ungeborene krallt sich an der Gebärmutterwand fest. Der Sog lässt nach, aber gleich kommt das grausame schwarze Loch zurück, erfasst nun den kleinen Körper, um alles in sich hineinzuziehen. Der Leib wird brutal herumgerissen, der linke Arm hineingeschleudert, reißt ab und verschwindet. Pause. Beim dritten Versuch schließlich werden die Eingeweide abgesaugt, der Darm rollt sich rasend schnell ab und verschwindet im Rohr, das Rückgrat bricht, Becken, Beine und Kopf fliegen hinterher. So endet dieses kurze Leben in einer Suppe aus Schleim und Blut in einer kalten unpersönlichen Klinik."

Nun litt die Klientin schrecklich, diesmal an starken Schuldgefühlen infolge ihrer Täterschaft. Nach strenger Auslegung der Karmagesetze hätte ihre Tat schlimme Folgen. Aber im christlichen Abendland gilt das durch JESUS CHRISTUS verkündete hohe Prinzip der Gnade und Vergebung, welches durch den Glauben an Ihn die Karmagesetze außer Kraft setzen kann. Der Sinn unserer Existenz ist es nicht, in einem nicht enden wollenden Kreislauf von Leid und Schmerz gefangen zu bleiben, sondern wir müssen lernen, die Verantwortung für unsere Schuld zu übernehmen und die Botschaft zu verstehen, welche uns die Seele durch all diese Erlebnisse mitteilen will. Und indem wir diesem Wunsch unserer Seele gemäß leben und ihren Auftrag in dieser Inkarnation erfüllen, werden wir frei sein, um aus dem unendlichen Kreislauf des Elends auszusteigen und uns selbst und anderen endlich „Gutes zu tun" .

Für die Klientin nun bestand die Botschaft ihrer Seele darin, ihren *Mond,* ihre weibliche Seite, *erlöst* zu leben. Diese hatte sie bisher pervertiert gelebt, nämlich über Launenhaftigkeit (Luna = Mond), Unzuverlässigkeit, Unselbständigkeit und Mit-macherei, leichte Beeinflussbarkeit, Abhängigkeiten sowie Beleidigsein und so weiter. Dann aber, nachdem ihr all das Leiden in der ***Offenbarungstherapie***® bewusst geworden war, war der Weg frei, die alten zwanghaften Muster hinter sich zu lassen, zu transformieren und andere *Mond-Qualitäten* zu entwickeln und zu leben wie Einfühlungsvermögen, Hingabefähigkeit und echte Liebe. Mit ihrer Gabe eines immensen Gefühlsreichtums spendete sie nun sich selbst und anderen Menschen Trost. Endlich konnte sie damit beginnen, die weibliche Seite zu leben und als Therapeutin mit Frauen in ähnlichen Situationen sinnvoll zu arbeiten. So wurde der Hilferuf ihrer Seele endlich gehört und verstanden, die Seele wurde von den Fesseln irdischen Fehlverhaltens befreit und bedankte sich mit der Heilung des Körpers.

Die am Krebs gestorbene Ziehmutter war übrigens an einem ähnlichen Thema zerbrochen. Auch sie konnte ihre *mondischen* Seelenanteile nicht frei entwickeln, sondern nur in der normierten Rolle als Mutter über das adoptierte Kind ausleben. Auch sie erkrankte ebenfalls mit 20 Jahren an Krebs, ihre Gebärmutter wurde ihr entfernt, und sie konnte keine eigenen Kinder bekommen. Daran hätte sie lernen können. Aber sie adoptierte ein Kind, und damit war der

Konflikt scheinbar gelöst. Sie schlüpfte in die Rolle der Mutter, die ihr der Kosmos versagt hatte, und konnte so ihre Muttergefühle ausleben. Der Krebs war in dieser Zeit still.

Dann aber überschlugen sich die Ereignisse, und die verdrängten Probleme wollten ins Licht: Das Kind wurde erwachsen, und damit wurde ihre Mutterrolle zunehmend vakant. Eine andere weibliche Rolle als die des „Muttertiers" hatte sie niemals entwickelt, obwohl sie zwanzig Jahre lang Zeit dazu gehabt hatte. Jetzt fühlte sie sich überflüssig. Die Tochter wurde nun auch noch schwanger, was sie, die Ziehmutter nie werden konnte. Das war ein handfester Mutter-Kind-Konflikt *(= Mond-Konflikt)* und ein gewaltiger Selbstwerteinbruch. Wut, Hass und Neid lagerten sich bei ihr ein.

Als die Tochter, meine Klientin, dann noch das Kind abtreiben ließ, eskalierten ihre negativen Energien. Nach außen hin wurde der Schein gewahrt, aber in ihrem Inneren vollzog sich der Todesstoß. Das Resultat: Die Krankheit Krebs = Verletzter Mond.

Herzinfarkt = Verletzte Sonne

Doch nun zum vierten und vorerst letzten der hier angeführten Symptome, zum „Herzinfarkt". Wie sehr die heutige seelenlose Apparatemedizin in Unkenntnis jahrtausendelanger astromedizinischer Erfahrungen am Symptom vorbeitherapiert, und welche verheerenden Folgen sich daraus ergeben, wird an diesem Beispiel sehr deutlich. Das Herz gehört astromedizinisch zur Sonne, die das Prinzip des Löwen (ein gesundes Ego) zu realisieren hat. Meistens wurden vor dem Ausbruch des Symptoms bereits Kalkablagerungen (Saturn) diagnostiziert, und der Infarkt (Uranus) unterbricht dann schließlich den Rhythmus.

Mit oberflächlichen und sinnlosen Ratschlägen bei ersten Herz-Kreislauf-Beschwerden wie: „Essen Sie weniger!", „Treiben Sie mehr Sport!" und „Hören Sie auf zu rauchen!" entziehen sich die Primitiv-Mediziner der Verpflichtung, der wahren Krankheitsursache auf den Grund zu gehen. Diese Rat-Schläge bleiben deshalb sinn- und wirkungslos, weil sie mit dem Thema *(Sonne-Saturn-Uranus)* rein gar nichts zu tun haben. Denn Nahrung gehört astromedizinisch zum Prinzip der Venus, Sport zum Prinzip des *Mars* und Rauchen zum Prinzip des *Neptun*. Somit ist das Thema verfehlt. Die Schule benotete ein verfehltes Thema mit der Note Sechs. Man kann nicht ein Symptom, welches „Sonne-Saturn-Uranus" heißt, mit „Mars-Venus-Neptun" heilen, denn: *„Du sollst Gleiches mit Gleichem heilen!"* (Hippokrates).

„Jeder Arzt, der nicht um die Astrologie weiß, ist ein schlechter Arzt!" sagte bereits vor 2500 Jahren der mehrfach zitierte Hippokrates, der Vater der Heilkunde. Wie recht er damit hatte, beweisen die Sterbestatistiken auf grausige Art: Trotz aller Erfolgsmeldungen über immer kompliziertere Behandlungsmethoden wie Bypass-Operationen, Herztransplantationen und Rehabilitationsmaßnahmen gab es 1948 in Deutschland 2600 Herztote, 1980 dagegen schon 125 000 und 1989 bereits 342 000 Sterbefälle wegen Krankheiten des Herzens und des Kreislaufs. Allein in Deutschland sterben zur Zeit jährlich eine halbe Million Menschen an diesen Symptomen.

Wahre Heilung vollzieht sich über das Bewusst machen (Offenbaren) des Sinnes hinter dem Symptom, wie das zum Beispiel im Rahmen des ***Hexagramm-Programm***®s oder in der ***Offenbarungstherapie***® geschieht. Aber dazu müssen wir uns zunächst einmal mit den astrologischen und mythologischen Prinzipien vertraut machen.

Astrologisch vertritt die Sonne das Tierkreiszeichen Löwe, den König der Tiere. Ein Herzinfarkt — verletzte Sonne — ist also ein verletzter Löwe. Wenn Sie wissen möchten, was das Prinzip des Löwen bedeutet, dann schauen Sie in das beste Astrologiebuch der Welt. Kennen Sie es? Brehms Tierleben! Versetzen Sie sich, liebe Leserin, lieber Leser, einmal in die majestätische Art des Königs aller Tiere. Stellen Sie sich vor, wie ein Löwe großmütig und unbekümmert kämpft — nämlich gar nicht. Er legt sich in den Schatten. Die Löwinnen müssen die Beute jagen, und sie legen sich dazu in die Sonne. Die Antilope ist die einzige, die bei dieser Jagd Sport betreibt: Sie läuft von einer Löwin zur anderen, die letzte Löwin macht einige Sätze und schlägt sie. Schafft sie es nicht auf Anhieb, die Antilope zu fassen, so wird ihr das Leben geschenkt. Löwen sind großzügig! Ist die Antilope aber geschlagen, dann endlich erhebt sich der Pascha im Schatten und frisst als erster. Das ist Löwelike.

Auch Herr Jedermann ist irgendwo im Leben Löwe, entweder im Verein, in der Nachbarschaft, im Beruf oder sonst wo. Und dort macht ihm nun jemand sein Revier streitig: Der ehemalige Sportsfreund bemüht sich um einen Vorstandsposten im Verein, und der Hass macht ihn hartherzig: der Nachbar hat ein größeres Auto, der Untergebene will seinen Chefsessel, oder der Gärtner bemüht sich um die Dame des Hauses. Das alles *krampft sein Herz zusammen.* In der Biologie nennt man das Revierkonflikt. Das Tier reagiert hektisch, wird angriffslustig und unberechenbar. Auch Herr Jedermann reagiert bei seinem Revierkonflikt wie ein verletzter Löwe — sein *Herz ist zu Stein* geworden, und er ist nun unberechenbar, wird wild, rast vor lauter Selbstüberschätzung von Termin zu Termin, greift mit ungutem Stolz viel zu große Aufgaben an, und er vollbringt herrschsüchtig überwältigende Leistungen — alles nur, um wieder die Anerkennung als Löwe, als König in seinem Revier, zu erhalten.

In der Natur sind Krankheit und Tod sehr sinnvolle Mechanismen zur Erhaltung der Art. Kann ein Leittier nicht einmal mehr seine eigene Position verteidigen, dann stellt es eine Gefahr für die Gruppe dar. Das jüngere Tier, welches die Führung erobert hat, nimmt diesen Platz völlig zu Recht ein. Für den verletzten Löwen, der sich in der Gruppe nicht mehr unterordnen kann, bedeutet dies sein Ende. Er wird noch einmal sehr wild und wird versuchen, seinen Platz zurückzuerobern, was ihm vielleicht auch noch ein oder zweimal gelingt, aber irgendwann muss er das Spiel aufgeben. Er trennt sich von der Gruppe, wird gruppenfeindlich und unberechenbar und stirbt dann aber endlich sehr schnell *an gebrochenem Herzen*. Das ist in der Natur ein gnadenloser aber sehr sinnvoller Ausleseprozess.

Herr Jedermann wird auch noch einige Male versuchen, sein altes Revier in der Firma, im Vorstand, im Sportverein oder in der Nachbarschaft zurückzugewinnen. Wenn er aber keine Chance mehr sieht und die Probleme über ihm zusammenschlagen, gibt er auf, er fügt sich — und dann erleidet er einen Herzinfarkt!!! Der Herzinfarkt kommt ja nicht mitten in der Stress-Situation, nein, er kommt Weihnachten unter dem Tannenbaum in der Situation der Entspannung, er kommt auf der Ferieninsel während des Urlaubs, oder er kommt nachts in der Erholungsphase.

Wenn Herr Jedermann diesen ersten Herzinfarkt überlebt, hat er von GOTT noch einmal eine Chance bekommen: Er muss sich sagen: „Ich bin kein Tier, ich bin ein Mensch!“

Als Mensch hat er nämlich die Aufgabe, sich zu etwas Höherem zu entwickeln. Ein Tier würde versuchen, sein altes Revier zurückzuerobern, ein Mensch sollte jetzt über sich selbst hinauswachsen. Der Sinn des ersten Herzinfarkts ist, ihm einige Wochen Ruhe zum Nachdenken zu verschaffen. Begreift er das nicht, wird der zweite Herzinfarkt ihm noch einmal einige Monate zum Nachdenken einräumen. Verhält er sich weiterhin wie ein Tier, das sein altes Revier zurückgewinnen will, wird der dritte und letzte Herzinfarkt ihm mehr Ruhe verschaffen, als ihm lieb sein mag: Zwei Meter unter der Erde hat der Mensch Zeit!

Heilung kann Herr Jedermann nur erwarten, wenn er weiß, dass auch er sich in einem gnadenlosen Ausleseprozess befindet und eine höhere göttliche Instanz nicht sein Verhalten als Tier, sondern den menschlichen Individuationsprozeß seiner Seele abprüft. Dazu hat er jetzt Gelegenheit, und wenn er diese nutzt, hat er alle Chancen.

Die *Offenbarungstherapie*® als Einzeltherapie

An Hand des letzten Beispiels möchte ich die ***Offenbarungstherapie***® erklären, die auf alle anderen Symptome und Schicksalsereignisse in gleicher Weise Anwendung findet.

Der Klient, Herr Jedermann, kommt zur Einzeltherapie ins Institut, wo er die nächsten sieben Tage verbringen wird. Die Räume sind angenehm, er hört Meditationsmusik, es wird Weihrauch oder Moosrose verbrannt, und es werden Symbole verwendet, die an Religionen erinnern, wie z.B. ein christliches Kreuz, ein Rosenkreuz und das Buch des Heiligen Gesetzes. Durch die äußere Vorbereitung wird der Klient auf ein „heil-iges" Geschehen eingestimmt, und seine psychischen Zentren sind auf besondere Weise aufnahmefähig. Nach einem kurzen Vorgespräch wird er gebeten, sich hinzulegen und die Augen zu schließen. Auf jeden Fall wird nicht „gequatscht", wie in den Arztpraxen oder den Gesprächs- und Verhaltenstherapien üblich.

Es ist wichtig, dass der Klient bei der ***Offenbarungstherapie***® aus sich heraus Erkenntnisse hat, vor allem muss er erkennen, was das Symptom mit seiner ganz persönlichen Geschichte zu tun hat. Wir nennen ihn auch nicht „Patient", sondern „Klient". Die Bezeichnung Patient hat etwas mit „erdulden" zu tun und entmündigt den Menschen allein schon durch das Wort. Der antike Therapeut war ein „Begleiter", einer, der einen anderen ein Stück des Weges begleitete. Auch in der ***Offenbarungstherapie***® bin ich für sieben Tage Begleiter; doch ich kann diesen Weg nur mit mündigen, verantwortungsbewussten Menschen gehen.

Jede Art von spiritueller Heilung *wendet sich dem Symptom zu* und *verdrängt nicht das Symptom,* wie es in der Schulmedizin üblich ist. Ähnlich wie bei der *Reinkarnationstherapie* gleitet der Mensch in der ***Offenbarungstherapie***® durch Sprache, durch sanfte Meditationsmusik und durch Räucherwerk in einen trance-ähnlichen Zustand. Dieser feine Bereich zwischen dem Wach- und dem Schlafzustand darf niemals durch Hypnose erreicht werden, denn dann unterliegt der Klient ja schon wieder einer Fremdbestimmung, nämlich der des Therapeuten. Der Zustand der Trance ist vergleichbar mit einem Traum, jedoch mit dem Unterschied, dass der Klient weiß, dass er träumt. Der Therapeut hat vollen Zugang zu diesen Bildern, denn der Klient berichtet, was er sieht und erlebt. Aber keiner von beiden, weder der Klient noch der Therapeut, kann sie beeinflussen, ebenso wenig wie man einen Traum beeinflussen kann.

Der Unterschied zwischen der *Reinkarnationstherapie* und der ***Offenbarungstherapie***® besteht darin, dass der Klient in der *Reinkarnationstherapie* in jene Erinnerungen aus früheren Leben verwickelt wird, die inhaltlich mit dem heutigen Symptom etwas zu tun haben. Oftmals sieht er sich dann in einer ähnlichen Situation an einem anderen Ort und zu einer anderen Zeit wieder, und manchmal ist er auch dort Täter, wo er sich heute als Opfer fühlt. In der *Reinkarnationstherapie* sucht man also Ursache und Struktur in der Vergangenheit.

In der ***Offenbarungstherapie***® wirft man symbolisch einen Blick in die Zukunft. Nehmen Sie das bitte nicht allzu wörtlich, es handelt sich hier keineswegs um stupide Propheterie. Aber es gibt eine „Finalität", einen übergeordneten Grund, der in der Zukunft liegt! In GOTTES Schöpfung liegt ein zielgerichteter Gestaltplan, der auf ein ganz bestimmtes „Ergebnis" ausgerichtet, uns aber noch nicht *offenbart* ist.

Ein Beispiel dafür mögen die Singvögel sein, die im Herbst so eine Art depressives Fernweh bekommen. Ihr Symptom erklärt sich *nicht* aus einem Fehlverhalten in der *Vergangenheit,* und eine Rückschau würde keine Lösung bringen, denn die Zugvögel kennen weder zugefrorene Seen noch verschneite Felder. Doch ihr Instinkt veranlasst sie zu einer langen und gefährlichen Reise. Die *Ursache* aber, das Überleben des Winters, liegt in der *Finalität,* in der *Zukunft.*

Menschen verlieren *heute* ihren Arbeitsplatz, ihren Partner oder ihre Gesundheit, damit sich ihnen für *morgen* neue Räume und Chancen eröffnen. Hier gilt es, die *Offenbarung* hinter den Ereignissen zu erkennen.

Alle Offenbarungswissenschaften wie z.B. die Metaphysik, die Alchimie oder die Astrologie, gehen von der Idee eines Gestaltplanes aus. Es wirkt im Kosmos eine Kraft, nennen wir sie GOTT, die will, dass auch Sie, liebe Leserin, lieber Leser, *heil* sind. Das Geschehen, in dem Sie sich möglicherweise durch die missliche Situation Ihrer Krankheit oder Ihres Schicksals befinden, hat einen Sinn. Dieser Sinn hat etwas mit Ihrer ganz individuellen Persönlichkeit zu tun und mit niemand anderem. Sobald sich ein Krankheitssymptom zeigt, ist dies ein Hinweis dafür, dass irgendetwas in Ihrer persönlichen Entwicklung schiefgelaufen ist oder korrigiert werden muss. Es gilt, diesen Sinn herauszufinden, und so werden Ihre Symptome zu einer *Offenbarung.* Aus diesem Grund wird diese Therapie auch die ***Offenbarungstherapie***® genannt.

Zurück zu Herrn Jedermann und seinem gebrochenen Herzen. Es gilt, jenen Anteil herauszufinden, den er selbst dazu beigetragen hat, dass er sich in dieser Situation befindet. Betrachten wir zunächst *seine Schuld:* Diese muss im Herzen liegen! In der folgenden Phantasiereise gilt die volle Konzentration dem einen Punkt in seiner Brust: dem HERZEN.

Der Heilschlaf im Tempel des Asklepios zu Epidauros

Die ersten Bilder gebe ich Herrn Jedermann vor.

Er liegt in tiefer Entspannung, und behutsam führe ich ihn in ein Phantasiegeschehen hinein: „Versetze dich jetzt bitte einmal in die Lage eines kranken Atheners im antiken Griechenland, welcher wahnsinnige Schmerzen in der Herzgegend hat, die in den linken Arm ausstrahlen, und der nun den Heilungstempel des Asklepios in Epidauros aufsucht. Du hast eine lange Reise über staubige Wege zu Fuß oder mit Eselskarren hinter dir, du erreichst die in den Bergen gelegene Heilungsstätte und betrittst nun müde und abgespannt den heiligen Bezirk. Man nimmt dir deine Kleidung ab, du darfst in einem weißen Marmorbad baden, wirst anschließend gesalbt und eingeölt und bekommst einen weißen Umhang, der an ein Priestergewand erinnert. In diesem innerlich und äußerlich gereinigten und geläuterten Zustand wandelst du im Pinienwald des heiligen Bezirks auf und ab, betrachtest dort die Kunstwerke und die Statuen der Götter und bringst dein Opfer im Tempel des Apollo dar.

Am Abend wirst du in das Abaton, den Schlafsaal, geführt, in einen nach allen Seiten hin offenen etwa 70 m langen Tempel. Die Kühle des Schattens versetzt dich in eine angenehme psychische Grundstimmung. Viele Kranke sind hier zugegen, und du suchst dir deinen Platz. Nach einigen Stunden geht die Sonne am Westhorizont hinter den Bergen unter, die Mönche singen in der Abenddämmerung meditative Weisen etwa nach der Art heutiger gregorianischer Gesänge, am Altar und an den Säulen brennen Fackeln, und der Geruch von Weihrauch und Moosrose zieht durch den Raum. Niemand kümmert sich um dich. Du und die anderen Kranken strecken sich nun auf dem Boden aus. Am Osthorizont steigt der Mond auf, wie du durch die offenen Säulen sehr gut beobachten kannst, der Himmel wird dunkelblau, die Sterne beginnen am Firmament zu funkeln, und die Fackeln beleuchten den Tempel.....“

Im Hintergrund ist Meditationsmusik zu hören, und langsam spreche ich weiter: „.....Dann wird der Himmel schwarz, die Sterne strahlen wie Diamanten — und der Mond regiert die Nacht. Die Mönche summen nur noch leise und beenden ihre Gesänge, die Fackeln brennen herunter und verlöschen, und dann herrscht Totenstille im dunklen Heilungstempel zu Epidauros. — Nun erscheint Asklepios, der Priester; schreitet in seinem langen, weißen Gewand gemessenen Schrittes die Reihen der Kranken ab — mit einem Stab in der Hand, an dem sich eine *lebende Schlange* emporwindet.....“

Nach einer kurzen Pause fahre ich fort: „Angesichts der Schlange steigt in dir eine Urangst auf. Niemand will mit der Schlange etwas zu tun haben! Die

Schlange am Baum der Erkenntnis hatte die Menschen überredet, von der begehrenswerten Frucht zu essen, die Weisheit versprach. ‚Ihr werdet wie GOTT sein', hatte die Schlange gesprochen. Und es gingen ihnen tatsächlich die Augen auf. Aber als der HERR Adam fragte: ‚Hast du etwa von jenem Baume gegessen?', antwortete Adam feige: *‚Die Frau, die du mir als Gefährtin gegeben, hat mir vom Baume gereicht.'* Da sprach GOTT, der HERR, zur Frau: ‚Was hast du getan?' Die Frau erwiderte: ‚Die Schlange hat mich betört, und ich aß'. Die Schlange aber schwieg. Die Schlange war listiger als alle anderen Tiere des Feldes, die GOTT, der HERR, gebildet hatte. Die Schlange schob die Schuld nicht weiter......"

Herr Jedermann hat nun etwas Zeit, sich mit dem mythologischen Bild der Schlange auseinander zusetzen. Eine tief im kollektiven Unbewussten verborgene Schuld schlägt ihn in Bann. Schon damals hatte der Mensch nicht die Verantwortung für sein Tun und Handeln übernommen, sondern der Schlange in die Schuhe geschoben. Eine unangenehme Geschichte, auch wenn sie sehr weit zurück liegt. Aber wo schiebt er heute die Schuld auf andere, äußere Umstände?

Dann geht die Phantasiereise weiter: „Die Mönche im Tempel zu Epidauros beginnen wieder zu summen. Durch ihren Gesang, die Fackeln und das Räucherwerk sowie durch die Worte des Asklepios versinkst du ebenso wie die anderen Heilungssuchenden in einen tranceähnlichen Dämmerzustand, in dem Realität und Phantasie zu Illusion und Traum verschwimmen....... Die lebende Schlange windet sich am Stab des Asklepios......." (Pause).

„Du und die anderen Menschen im Heilungstempel zu Epidauros befinden sich nun in tiefer Meditation, als Asklepios, der Priester, erklärt, die Schlange werde nun im Dunkel der Nacht durch die Reihen der Kranken schleichen, um an euren Wunden zu lecken......" Blitzschnell schießen die Gedanken von Herrn Jedermann zu seinem Herzen! Die Vorstellung, dass die Schlange auf seine Brust kriecht, hält ihn trotz des Trancezustandes putzmunter. Sein volles Bewusstsein ist auf jenen Punkt konzentriert, an dem sich sein Symptom befindet: auf sein HERZ.

Herr Jedermann blickt in seiner Phantasiereise nun zur Schlange auf, und dann bekommt die Meditation eine Eigendynamik, mit der die Selbstheilungskräfte aktiviert werden. Was Sie gleich lesen werden, sind die inneren Empfindungen des in Trance befindlichen Klienten.

Schlüpfen Sie, liebe Leserin, lieber Leser, doch jetzt einmal selber hinein in die Identifikation des Herrn Jedermann mit seinem Herzinfarkt, oder in die des kranken Atheners. Vielleicht *fühlen* Sie sich in die Sätze hinein, die der Heilungssuchende während der Therapie in Trance spricht. Ich schlage Ihnen vor, sich einmal ein wenig in jene Stimmung hineinzuversetzen, in der Sie sich dann befinden, wenn Sie durch Meditation einen Zugang zum Innersten Ihrer Seele haben. Vielleicht zünden Sie bei sich zu Hause für den folgenden Text eine Kerze an, brennen ein Räucherstäbchen ab und legen eine sanfte Meditationsmusik auf (zum Beispiel „SPIRITUAL HEALING“ von Sandelan). Schließen Sie einen Moment die Augen und visualisieren Sie den weißen Tempel zu Epidauros — in einem Pinienwald gelegen — die Fackeln — die Mönche — die Gesänge — den Mond mit dem tiefblauen Sternenhimmel — den Priester Asklepios in seinem wallenden Gewand — und den Stab mit der lebendigen, aufsteigenden Schlange.

Dann lesen Sie den folgenden Text sehr, sehr langsam, Satzteil für Satzteil — oder noch besser: Jemand liest Ihnen die Meditation langsam und sehr einfühlsam vor. Wenn Sie diese kleinen Regieanweisungen befolgen, kann es sein, dass sogar diese eine Seite Text eine wunderbare Wandlung bei Ihnen bewirkt. Nehmen Sie diese Botschaften nun mit Ihrem *Herzen* auf:

Da liege ich nun — mit meinem gebrochenem Herzen und verzweifle an meinem Schicksal. Und ich frage mich immer wieder: Warum ist das so? Warum habe ich diesen Herzinfarkt? Warum widerfährt mir das? Warum gerade jetzt? Und warum überhaupt ICH? Ich kann nicht mehr so viele Termine wahrnehmen, ich kann nicht mehr bis spät in die Nacht hinein arbeiten. Gerade heute versäume ich ein rauschendes Fest. Aber — mir kommen jetzt Zweifel — war das überhaupt der richtige Weg, wie ich meine Anerkennung, mein Lebensgefühl bezogen habe? (Pause)

Von weit her dringt die Stimme des Asklepios an mein Ohr: „DENK AN DEIN HERZ!!! Sprich mit deinem Herzen!!!“ Mein Herz tut mir weh, und es zwingt mich, ihm, dem Herzen, Beachtung zu schenken. Ich werde mich jetzt einmal meinem Herzen zuwenden. Ich will versuchen, mit meinem Herzen in Kommunikation zu treten: „Hallo, mein Herz — wer bist du?“

Ich warte und lausche. Aus mir selber heraus erfahre ich die Antwort: Ein Symbol der Liebe. Gedanken schwirren durch meinen Kopf. Wie war das eigentlich, als ich zum ersten Mal verliebt war? Damals hatte ich Herzen in Bäume und Bänke geritzt — oder Herzen mit den Fingern in den Sand gemalt. Mein Herz konnte damals noch vor Freude hüpfen. Mitunter endete eine Liebe auch mal herz-zerreißend, aber mein Herz war daran nicht zerbrochen. Ich war jung, und mein Herz war weich. Ach ja, weiche Herzen brechen eben nicht. (Pause)

Wieder glaube ich zu hören, dass Asklepios sich nähert, und die Schlange zischt in mein Ohr: „DENK AN DEIN HERZ! Sei jetzt dein Herz! DU bist das Herz und musst dem Menschen dienen, dem du gehörst!“ Ich wende mich wieder an mein Herz und befrage es: „Hallo, Herz, wie fühlst du dich?“ Ich verwandle mich in mein Herz, ich bin jetzt mein Herz, und es antwortet — nein, ich antworte dem Menschen, dem ich gehöre: „Schon lange vor deiner Krankheit hattest du etwas auf dem Herzen....,“ (Wut kommt auf), „....aber du wolltest es dir ja nicht eingestehen. Da war dein Stolz, dein verdammter Stolz! Er, der Stolz.... er, dein Stolz, hinderte dich daran, dein Herz zu erleichtern. Da gab es Situationen, die griffen dir ans Herz....., aber du konntest es nicht über dein Herz bringen, darüber zu sprechen. Du konntest dein Herz nicht mehr erleichtern. Und hier, bei mir, deinem Herzen, wurde es immer schwerer und schwerer. Du konntest dein Herz nicht mehr öffnen. Du hast einfach zugemacht! Dein Herz wurde immer enger und enger. Du hast einfach zugemacht! Konntest du überhaupt noch aus vollem Herzen lachen? Konntest du dich noch von Herzen freuen? Nein! Dein Herz war hart geworden. Steinhart! Und es war, als hätte sich ein eisernes Band um dein Herz gelegt. Ein eisernes Band um mich!!! Kalt — hart — und fest...." Ja, und dann ist es passiert: Ein Stich! Ein Schmerz! Ein Bruch!!! So sprach mein Herz zu mir. (Pause)

Jetzt höre ich die weit entfernte Stimme des Priesters aus dem tiefen Inneren des Tempels: „DENK AN DEIN HERZ!!! Dein Herz, Symbol der Liebe, hat dir gesagt: Beschäftige dich mit dem Thema ‚Liebe'. Erzähle mir über die Liebe!" Die Schlange hat sich vom Stab des Asklepios abgewickelt, ist auf mich zugekommen, mir auf die Brust gekrochen, hat sich dort zusammengerollt und drückt mit der ganzen Schwere ihrer zweieinhalb Meter auf mein Herz. Mir fällt etwas ein aus der Bibel: „Liebe deinen Nächsten wie dich selbst!" spricht JESUS CHRISTUS ......wie dich selbst? Ach ja, das ist es. Das hatte ich vergessen! ......wie dich selbst! Ich war immer nur für andere da! Aber in der Bibel heißt es: „Liebe deinen Nächsten wie dich selbst!" (Pause)

Und als draußen am Westhorizont der Mond hinter den Bergen verschwindet und Aurora, die Morgenröte, ihre ersten Strahlenbündel gen Himmel schleudert, da taucht meine Kindheit vor mir auf. Großmutter liest vor, das Märchen vom Froschkönig. Der Königssohn, der ein Frosch war, ist nun entzaubert und fährt mit der Prinzessin in einer Pferdekutsche zum Schloss, um zu heiraten. Plötzlich kracht es hinter ihnen. „Heinrich, der Wagen bricht!" Der Knecht aber antwortet: „Nein, mein Herr, der Wagen nicht. Es ist das Band von meinem Herzen, das da lag in großen Schmerzen."

Au, das tut jetzt weh in der Brust. Aber mir wird alles klar: Auch mein Herz lag in großen Schmerzen. Auch mein Band um mein Herz ist gebrochen. Das war der Herzinfarkt. Es tut weh, verdammt weh! Aber ich bin ja noch am Leben!!! Ich habe eine zweite Chance! Und wenn ich meine Krankheit richtig verstehe, dann wird auch aus meinem Frosch ein Prinz.

Können Sie erkennen, welche *Offenbarung* in diesen Sätzen liegt? Das Herz vertritt das Sonnenprinzip, das Ego. Der Herzinfarkt ist Ausdruck eines kranken und verletzten Egos. Die Hinwendung zum Symptom und dessen Symbolgehalt macht dem Menschen bewusst, was ihm wirklich *fehlt.*

In der ***Offenbarungstherapie***® gab die Seele des Kranken frei, was ihr zum Heil-Sein *fehlt:* Liebe, Selbstbewusstsein, Risikofreude, Herzenswärme, Lebendigkeit, Experimentierfreude und Herzlichkeit. Wieder Löwe sein dürfen im Leben, König der Tiere, darum geht es. Es geht also *nicht* um Essen und Trinken, *nicht* um Rauchen und *nicht* um Sport. Der Kranke hatte ein wahrhaft *gebrochenes Herz.* Daran gilt es zu arbeiten.

Sollten Sie jemals in einer solchen Lage sein, dann schlagen Sie die folgenden aufmunternden Prophezeiungen forscher Schulmediziner getrost in den Wind: „Wir kriegen Sie schon wieder hin. Bald sind Sie wieder ganz der Alte!" Was soll das? Für denjenigen, der so nahe am Rande seines eigenen Grabes gestanden hatte, der bereits beim Teufel auf der Schaufel gesessen war, für den kann es einfach nicht der Sinn sein, nach der Krankheit der Gleiche zu sein wie vor der Krankheit. Da muss sich etwas ändern. Und zwar grundlegend.

Und so könnten Sie Ihr Leben ändern: Vielleicht werden Sie sich mehr um die Familie kümmern, oder ein altes Hobby wiederentdecken, sich um einen neuen Freund oder eine alte Freundin kümmern, Klavierunterricht nehmen, die lang ersehnte Weltreise antreten, mehr mit den Kindern spielen, sich in Malerei versuchen — oder was immer es auch sei. Auf einer ganz realen Ebene gewinnen Sie ein neues Königreich.

Selbsterkenntnis ist heilsamer als jahrelange und vergebliche Symptombehandlung. Denn von nun an kämpfen Sie *nicht mehr gegen* das Symptom an, sondern lernen, sich *mit ihm auszusöhnen* und es vielleicht sogar ein wenig zu lieben. Oder Sie versuchen, wieder einmal zu beten: „Lieber GOTT, *ich danke dir,* dass du mir diesen *Herzinfarkt geschickt* hast. Ich bin zwar auf die Nase gefallen und habe mir schrecklich weh getan, aber ich weiß endlich und gerade noch rechtzeitig, was mir fehlt. Amen." So vollzieht sich Heilung.

Das *Hexagramm-Programm*® als Gruppentherapie

Mit dem ***Hexagramm-Programm***® gehen wir nun noch einen ganz entscheidenden Schritt weiter. Dieses ist keine Einzel-, sondern eine Gruppentherapie, die von zwei Therapeuten geleitet wird. Im tiefen Ritualverständnis und im Einklang mit den Erfahrungen um jene kosmischen Gesetze, die beim Menschen Heilung und Gesundheit erschaffen, wird das ***Hexagramm-Programm***® zum Wendepunkt im Leben jedes Teilnehmers.

Diese Therapiewoche orientiert sich am Heilschlaf des Asklepios im antiken Tempel zu Epidauros und baut auf die GROSSEN MYSTERIEN DES CHRISTENTUMS auf. Der Klient hat die Möglichkeit, sich mit seinem klaren analytischen Verstand zu den metaphysischen Bereichen geistiger Welten und zu den tiefsten, archetypischen Schichten seiner unsterblichen Seele Zugang zu verschaffen. Dieser alchimistische Vorgang wird durch Symbole erwirkt, die in ein feierliches Ritual eingebettet sind. Zu diesem Ritual wird der Raum besonders gestaltet, allen Teilnehmern werden ganz bestimmte, ausgerichtete Plätze zugewiesen, und sie lassen sich auf eine feierliche Handlung ein, deren Ablauf sie vorher nicht kennen.

Etwa sechs Wochen vor dem Seminar beginnt das Vorprogramm. Anhand der exakten Geburtsdaten arbeiten wir für alle Teilnehmer eine astrologische und tiefenpsychologische Persönlichkeitsanalyse aus, die uns Aufschluss darüber gibt, woran sie mit hoher Wahrscheinlichkeit in ihrem Leben immer wieder gelitten haben. Ich kann zwar *niemals* aus einem Horoskop erkennen, *ob* der Mensch erkrankt, aber *wenn* er erkrankt, sehe ich *immer, warum.* Dann erhalten die künftigen Seminarteilnehmer(innen) im Rahmen des Vorprogramms einen Fragebogen, der sich auf ihre Kindheitserlebnisse und heutige Lebensumstände bezieht. Ihre Angaben helfen uns, die Therapie individuell zu gestalten. Sie legen sich ein Tagebuch an und schreiben Träume auf. Dies alles macht die Wand zwischen ihrem Bewusstsein und ihrem Unbewussten durchlässig. Das hat alles seinen Grund:

Denn seit frühester Kindheit wurden die Heilungssuchenden durch Eltern, Kirche und Gesellschaft mit Verhaltensmaßregeln, Ideen, Vorschriften und Glaubenssätzen manipuliert, zum Beispiel so: „Das kannst du nicht!" — „Du bist zu dumm!" — „Eines Tages bekommst du deine Strafe!" Als kleines Kind waren sie total offen. Alles, was die Erwachsenen sagten, war für sie die reine Wahrheit. Und sie ahnten nicht, wie sie dadurch heute noch konditioniert sind. Und so bewahrheiteten sich dann die alten Glaubenssätze: Welche Anstrengungen sie auch immer in ihrem Leben unternommen haben mögen, niemals haben sie das bekommen, nach dem sie sich so sehr gesehnt hatten. Enttäuscht haben sie sich dann in sich gekehrt, wurden immer verschlossener gegenüber der feindlich erscheinenden Umwelt und haben sich nach und nach von den schönen Seiten des Lebens zurückgezogen — bis ihre Seele eines Tages endlich um Hilfe rief: Über Schicksal, über Krankheit, oder über Verlust und Trauer!

Sieben Tage dauert das ***Hexagramm-Programm***® keinen Tag länger und keinen Tag kürzer. Sieben Tage brauchte GOTT, um die Welt zu erschaffen, und sieben Tage brauchen die Menschen, um ihre Innenwelt wieder zu ordnen.

Im Gegensatz zur heute üblichen Heilbehandlung therapieren wir nicht in Krankenhäusern (kranken Häusern) mit Geräteeinrichtungen eines mittleren Industrie-Unternehmens und dem Charme einer Großküche, sondern wir schaffen in unseren oder angemieteten Räumlichkeiten die Atmosphäre eines Heilungstempels mit einem Hauch von Heiligkeit. Derzeit geschieht dies in einem Seminarhotel in einem abgelegenen Museumsdorf. Die Teilnehmerinnen und Teilnehmer, die wir später „Pilgerinnen und Pilger" nennen werden, hören dort sakrale Musik, gehen in Meditationen und in aktive Körperarbeit, sie hören eine gehobene Sprache, sie erleben die Konfrontation mit ihrer Innenwelt, sie lachen und weinen, und sie beobachten und erkennen, wie die Symbole sich wandeln.

Innerlich aufgewühlt gehen die Pilger in den ersten Teil dieser Therapiewoche, und wir führen ihnen ihre alten Wunden und Verletzungen nun schmerzhaft vor Augen. Nicht nur die früheste Kindheit, sondern auch die pränatale (vorgeburtliche) Phase ihres Lebens, und die besonderen Umstände ihrer Geburt werden ihnen voll bewusst. Das kann recht schmerzlich sein. Wir tun diese Arbeit, um die Menschen vorsichtig wieder zu öffnen, geduldig und mit Liebe, aber auch beharrlich und mit der notwendigen Konsequenz.

Im zweiten Schritt der Therapiewoche lenken wir das Licht der Bewusstheit in die Schicksalsprozesse. Es ist wichtig, dass alle Pilgerinnen und Pilger erkennen, *warum* ihre Lebensumstände so gekommen sind, und dass ihre Seele sie durch Krankheit oder Schicksal genau an jene Punkte geführt hat, an denen sie lernen konnten. So geschieht es, dass die Heilungssuchenden in diesem Seminar Aufgaben zu erfüllen haben, die recht merkwürdig erscheinen. So kann es sein, dass sie einige ihre Verhaltensmuster mit schwerer körperlicher Arbeit zerstören müssen. Es kann auch sein, dass jemand seinen Vater töten wird. Gemeint ist natürlich nicht der leibliche Vater, sondern das innere Vaterbild, das er sich geschaffen hat, und das wie ein Virus in seiner Psyche sitzt, jederzeit bereit, sein Verhalten zu bestimmen. Oder es kann sein, dass jemand die Nabelschnur zur Mutter kappen muss, welche die beiden seit Inkarnationen aneinander bindet und fesselt — auch dann, wenn die leibliche Mutter schon seit Jahren tot ist.

Das ***Hexagramm-Programm***® schließt als Einweihungsgeschehen weiterhin eine Sterbeerfahrung ein. Deshalb haben die Pilgerinnen und Pilger in dieser Therapiewoche auch keinerlei Kontakt zur Außenwelt. In der Meditation werden die in ihrem Unbewussten abgespeicherten Erinnerungen an frühere Tode bewusst. Aber das macht frei! Der Tod gehört zum Leben wie der Schatten zum Licht. Die meisten Menschen verdrängen den Gedanken an den Tod, und dennoch ist er allgegenwärtig. Wenn der Mensch geboren wird, steht eines mit Sicherheit fest — dass er sterben wird. Aber wenn er stirbt, steht auch eines mit Sicherheit fest — dass er leben wird. Der Tod ist das Gegenteil des Lebens. Vielleicht kennen Sie den Satz: „Als du geboren wurdest, lachten die anderen, und du musstest weinen. Wenn du stirbst, weinen die anderen, und du darfst lachen!“

Im dritten Schritt des ***Hexagramm-Programm***®s erfahren die Pilgerinnen und Pilger Heilung durch die Kraft der Liebe. Der metaphysische Weg durch die GROSSEN MYSTERIEN DES CHRISTENTUMS führt ebenso wie draußen im Leben in drei Schritten von der *prima materia,* den schachbrettartig angelegten hellen und dunklen Stationen der Polarität, über die *quinta essentia,* vom Licht der Erkenntnis (Quintessenz) geleitet, zum *opus magnum,* dem großen Werk, zum HEXAGRAMM, der alchimistischen *conjunctio oppositorum,* der Vereinigung der Gegensätze.

Das, was sich jetzt hier recht abgehoben anhört, ist ein feierliches Ritual in einem festlich geschmückten Tempel. Die Pilgerinnen und Pilger sind entsprechend darauf vorbereitet worden, sie haben sich innerlich und äußerlich gereinigt und geläutert, sie tragen schneeweiße Gewänder, die an Priestergewänder erinnern, sie halten eine brennende Kerze in der Hand, und vor ihren Augen und Ohren vollzieht sich über mehrere Stunden ein Szenario aus Musik, Worten und Handlungen, das sie psychisch sehr stark beeindruckt und tiefe Spuren in ihrer Seele hinterlässt. Es ist der Augenblick, in dem Heilung geschieht.

Immer wieder berichten uns die Menschen später von unbegreiflichen Bildern, von Kontakten mit Geistwesen, Engeln und Erscheinungen, von Gefühlen des Glücks, der Zufriedenheit und der Geborgenheit, und von ihrer neu aufgebauten Verbindung zu GOTT. Wir nehmen diese rein subjektiven Erfahrungen so hin — ohne die geringste Bewertung.

Das ***Hexagramm-Programm***® ist in seiner Art der rituellen Heilung einmalig. Was auch immer den Menschen in ihrem Leben zugestoßen sein mag, in der klaren Erkenntnis um das Wirken der kosmischen Gesetze können sie sagen: „Deshalb also geschah dies alles!" Sie haben sich liebevoll mit ihrem Schicksal ausgesöhnt, ihr innerer Arzt wird tätig und die Selbstheilungskräfte werden wirksam. Jeder hat seinen individuellen Weg zu GOTT gefunden und geht einer hoffnungsvollen Zukunft entgegen. Das ***Hexagramm-Programm***® ist für viele die entscheidende Wende im Leben.

Errichtung einer Mysterienschule in einem Tempel der Weisheit und Heilung

Alles, was Sie gelesen haben, liebe Leserin, lieber Leser, klingt einfach, klar und einleuchtend, und Sie fragen sich vielleicht: „Warum wird das nicht viel mehr praktiziert?"

Die Antwort ist einfach: Weil den Menschen das mystische Wissen verloren gegangen ist. Hierzu gehören die sogenannten „Offenbarungswissenschaften", wie zum Beispiel Metaphysik, Alchimie, Astrologie und ***Spirituelle Astromedizin.*** Phänomene und Symptome werden durch sie als Teil eines göttlichen Gestaltplanes verstanden, den es zu entschlüsseln gilt. Mystisches Wissen braucht man *nicht zu glauben,* sondern man kann es *beweisen* — aber eben nicht mit den herkömmlichen naturwissenschaftlichen Methoden.

Aber die Offenbarungswissenschaften, die früher zum offiziellen Lehrplan gehörten, wurden nach und nach von den Universitäten verbannt. So konnte es geschehen, dass sich ein materialistisches Weltbild verbreitete, das in der Aussage des US-Physikers und Nobelpreisträgers Steven Weinberg gipfelt: *„Der Mensch war im Bauplan nicht irgendwie vorgesehen. Das menschliche Leben ist bloß eine Farce, geboren aus einer Kette von Zufällen, die dem Urknall folgten."* In einem solchen Weltbild hat ein Schöpfergott keinen Platz mehr, und der Mensch, die Krone der Schöpfung, wird in die absolute Bedeutungslosigkeit gestoßen; auf der anderen Seite finden Entwicklungen statt, in denen der Mensch sich über alles erhebt, wo die Religion an GOTT aber ebenfalls fehlt.

Ein Buch wie dieses kann zwar ein Anstoß sein, solche Fehlentwicklungen zu bemerken und sich wieder für Dinge wie Mystik zu interessieren. Aber wahre Mystik kann man weder erlesen noch erlernen, denn kosmische Gesetze sind nur anwendbar, wenn sie *innerlich* verstanden und erfahren werden.

Den Zugang zur Mystik erreicht man über Kontemplation, betrachtendes Erkennen. Der Schlüssel zur Transzendenz sind Symbole — eingebettet in Rituale. Das Wort *Kontemplation* beinhaltet den Wortstamm *Tempel.* Die beste Möglichkeit, mystisches Wissen wieder zu erlangen, ist eine Mysterienschule innerhalb eines Tempels, in dem sich die Pilgerinnen und Pilger, geschützt vor der Neugier und der Profanität der Masse, zurückziehen können.

Das Lüneburger Institut für Esoterik und Bewußtseins-Erweiterung e.V. hat sich deshalb zum Ziel gesetzt, den Wiederaufbau eines Mysterientempels durchzuführen und in Form eines Heilungszentrums zu betreiben, äußerlich gestaltet nach dem Vorbild des im Alten Testament beschriebenen Salomonischen Tempels, inhaltlich jedoch erweitert um die GROSSEN MYSTERIEN DES CHRISTENTUMS, die im Neuen Testament mit dem Erscheinen JESU CHRISTI offenbar wurden.

Der Tempel soll, wie in alten Zeiten, für jeden Menschen, der in sich den Wunsch zu Vervollkommnung spürt, zugänglich sein, sowohl für Wissenschaftler aus aller Welt, die ihren materiellen analytischen Lehrplänen symbolische und mystische Bausteine hinzufügen wollen, als auch für ganz „gewöhnliche" Menschen, die auf der Suche nach dem Sinn des Lebens sind oder in handfesten Lebenskrisen stecken, gleichgültig ob dies auf einer schicksalhaften Ebene geschieht, oder ob sie unter chronischen Krankheiten leiden.

DIE GROSSEN MYSTERIEN DES CHRISTENTUMS

In der Tempelanlage der wiederentstandenen Mysterienschule werden vor allem Initiationshandlungen auf der Grundlage der GROSSEN MYSTERIEN DES CHRISTENTUMS durchgeführt.

Um die Vorgänge um die Mysterien noch besser zu erklären, wähle ich als Beispiel die Taufe: Der antike Mensch nahm hier an einem Mysterienspiel aktiv teil, welches ihm durch symbolische Handlungen seine innere Reinigung und seine Wiedergeburt zu einem neuen Leben bewusst gemacht hat. Sie können sich nun auf vier verschiedene Weisen mit dem Thema dieses tiefgründigen Wandlungsprozesses auseinandersetzen:

- Sie lesen in der Bibel: „In jenen Tagen trat Johannes der Täufer auf und verkündete in der Wüste Judäa: Kehrt um, denn das Himmelreich ist nahe. Er war es, von dem der Prophet Jesaja gesagt hat: Eine Stimme ruft in der Wüste. Bereitet dem Herrn den Weg! Ebnet ihm die Straßen! Johannes trug ein Gewand aus Kamelhaaren und einen ledernen Gürtel um seine Hüften; Heuschrecken und wilder Honig waren seine Nahrung. Die Leute von Jerusalem und ganz Judäa und aus der ganzen Jordangegend zogen zu ihm hinaus; sie bekannten ihre Sünden und ließen sich im Jordan von ihm taufen.“ (Matthäus-Ev., Kapitel 3). Aber *bewirkt* dieser Text bei Ihnen heute noch irgend etwas? Oder haben Sie da durch den Sinn der Taufe verstanden?
- Oder Sie nehmen an der Taufe eines Kindes in der Kirche teil und hören: „Ich taufe dich nur mit Wasser zum Zeichen der Umkehr.“ Das Kind wird über das Taufbecken gehalten, der Pastor greift hinein und gießt etwas Wasser über den Kopf. Das Baby beginnt von den wenigen Wassertropfen irritiert zu schreien.

  Aber *bewirkt* diese Handlung bei dem kleinen Baby irgend etwas? Oder bei Ihnen als Zuschauer? Es *könnte* der Fall sein, wenn sich die Beteiligten innerlich wirklich darauf vorbereiten und die Feier miterleben.
- Oder Sie informieren sich in einem biblischen Lexikon über die tieferen Hintergründe: „Durch seine Taufe wird der Christ Mitglied seiner Kirche und Kind Gottes. Er ‚stirbt der Sünde' und ersteht zu einem neuen Leben in Gnade. Er erlebt so in sich selbst Tod und Auferstehung Christi, die im Taufritus symbolisch dargestellt sind: Das Untertauchen des Taufwerbers im Taufbecken versinnbildlicht das Begräbnis Christi, sein Heraufsteigen aus dem Wasser bedeutet Christi Hervorkommen aus dem Grab am Oster-

morgen und den endgültigen Sieg über den Tod. Jesus hat seinen Opfertod mit der Taufe verglichen." Sie wissen jetzt etwas über den Sinn der Taufe, aber *bewirkt* dieses Hintergrundwissen bei Ihnen irgend etwas?

- Oder Sie nehmen an einem Mysterienspiel teil. Ein siebenstufiger Einweihungsweg auf der Grundlage der GROSSEN MYSTERIEN DES CHRISTENTUMS, lässt Sie die Verknüpfung zwischen Taufe, Opfertod und Auferstehung erleben. Dann sind Sie stark in die rituelle Handlung verwickelt. *Das wird auf jeden Fall etwas bewirken!*

Das ist die Art und Weise, wie wir Ihnen, liebe Leserinnen und Leser, das mystische Wissen durch INITIATION in einem neuen Heilungstempel vermitteln wollen. Sie werden die GROSSEN MYSTERIEN DES CHRISTENTUMS durch eine aktive Teilnahme *erleben*, Sie werden durch eine Verwicklung in das Geschehen *betroffen sein*, und Sie werden die wahre Bedeutung, das große Mysterium des Geschehens, erfassen können. Dadurch wird in Ihrem Leben eine *tiefgründige Wandlung eingeleitet.*

Vom Anfang und Ende des Leidens

Mystisches Wissen führt uns an den Schatten unserer Ursünde. Das tut sehr weh. GOTT hatte über die Früchte des Baumes, der in der Mitte des Gartens stand, gesagt: „Esst nicht davon, ja rührt sie nicht an, sonst müsst ihr sterben!" Damit ist nicht der physische, sondern der spirituelle Tod gemeint. Denn nun begannen die Menschen zu unterscheiden zwischen Mann und Frau, Tag und Nacht, Licht und Schatten sowie Leben und Tod. Sie vollzogen die Trennung von Geist und Intellekt, das heißt von Metaphysik und Physik, von Alchimie und Chemie, von Astrologie und Astronomie, von Mystik und Religion. Zwar intelligent, aber geistlos (ohne Heiligen Geist) stürzten sie in die Materie und unterschieden sich dadurch kaum noch von den Tieren.

„Die Augen wurden ihnen aber aufgetan, und sie sahen, dass sie nackt waren." Nach dem Verzehr der Frucht vom Baum der Erkenntnis setzten wir Menschen unseren analytischen Verstand über unseren Heiligen Geist, wir setzten das Zählen über das Erzählen, das Fernsehen wurde wichtiger als die Märchen und Mythen, und Archäologie und Geschichte übertrumpften Religionen und Mysterien — aber damit ließen wir die Verbindung zu unserer Seele absterben. Fortan mussten wir im Schweiße unseres Angesichts die Äcker bestellen und unter Schmerzen Kinder gebären. Und da stehen wir heute:

Trotz aller gewaltigen Fortschritte unseres Intellekts beackern wir die materielle Welt wie in biblischer Zeit mit Schweiß und Tränen. Wir glauben nur noch an das, was wir mit unseren Augen sehen, mit unseren Händen berühren und mit unseren Geräten messen können. Fieberhaft suchen wir nach irdischer Gerechtigkeit, weil wir an die göttliche Gerechtigkeit nicht mehr glauben. Und vergeblich versuchen wir, hier auf Erden ein Paradies zu errichten: Weltraumraketen und Kampfbomber sind die höllischen Engel am Himmel unserer irdischen Hölle. Wir haben uns verirrt. Wir müssen umkehren!

Wir alle tragen die Sehnsucht in uns, das Paradies wiederzufinden. Dazu ist es erforderlich, die geistigen und materiellen Welten wieder zu vereinigen. Die Physik muss wieder von der Metaphysik durchströmt sein, die Chemie von der Alchimie, die Astronomie von der Astrologie, und die Religionen müssten wieder durch die Mystik beseelt werden.

Sobald die GROSSEN CHRISTLICHEN MYSTERIEN über die Tiefe des kollektiven Unbewussten bei großen Bevölkerungsschichten wieder in das Wachbewusstsein dringen, sobald der einzelne Mensch wieder seinen persönlichen, individuellen Weg zu GOTT findet, frei von allen Vorschriften und Dogmen, wird sich alles ändern. Dann wird die Mystik in den Alltag der Menschen zurückkehren, den sie einst verlassen hat. Dann werden auch die Priester wieder wie einst um die jahrtausendealte, unsterbliche Seele wissen. Und dann werden auch die Ärzte ein Symptom nicht mehr bekämpfen, sondern es als ein sehr subtil eingefädeltes Heilungsgeschehen im Rahmen eines grandiosen göttlichen Gestaltplanes begreifen. Priester und Ärzte können dann zusammen mit ihrem Wissen und ihrer Tatkraft *das Symptom unterstützen* und — wie einst JESUS CHRISTUS oder Asklepios — aktiv *das Heilungsgeschehen einleiten*. Das ist das Ende des Leidens.

Werden Sie dieses Buch nun zu Ende lesen?

An Sie, liebe Leserin, lieber Leser, stelle ich nun die Fragen: Spricht dieses Buch Sie an? Lassen Sie sich von der frappierenden Klarheit fesseln, mit der die Entstehungsgeschichten von Krankheitssymptomen aufgerollt werden? Wie können Sie damit umgehen, wenn Sie erkennen, dass AIDS der größte Wissenschaftsskandal aller Zeiten ist, und dass die Menschen nicht am Virus sterben, sondern an den Folgen der seelischen und körperlichen Grausamkeiten seitens einer ignoranten Schulmedizin? Vielleicht ruft die erschütternde Erkenntnis, wonach Hunderttausende von Krebspatienten Jahr für Jahr, entgegen anderslautender und bereits wissenschaftlich bewiesener Forschungsergebnisse, mit Stahl, Strahl, Chemie und Morphium regelrecht exekutiert werden, noch schauriges Interesse hervor. Aber wie werden Sie reagieren, wenn Ihnen persönlich eine Operation Erleichterung gebracht hat, und wenn diese *Be-handlung* dann von mir als *Miss-handlung* entlarvt oder als *Betrug am Patienten* bezeichnet wird? Oder wenn Parallelen zwischen medizinischen Praktiken und mittelalterlichem Exorzismus gezogen werden? Oder wenn ich sogar die Denkansätze der Schulmedizin mit Hitlers „Mein Kampf“ vergleiche? Können Sie *wirklich* damit umgehen — auch wenn es Sie selber oder Ihren engsten Kreis betrifft? Sind Sie auch bereit zu hinterfragen, welchen Sinn es haben könnte, dass gerade Sie einen Herzinfarkt erleiden oder vom Krebs heimgesucht werden? Nur dann sollten Sie dieses Buch weiterlesen, denn es macht auf jeden Fall betroffen.

Andererseits zeigt dieses Buch auch den einzig gangbaren Weg zur Heilung auf; es behandelt die großen, fast in Vergessenheit geratenen Gebiete wie die Metaphysik, die Alchimie, die Religiosität, die Spiritualität und die Mystik. Uralte Mysterienweisheiten treten Ihnen in einer sehr verständlichen, teilweise humorvollen, teilweise tiefgründigen Art und Weise entgegen. Das Wissen um die ewigen Gesetze dieser Welt, über Jahrhunderte von höchst verantwortungsbewussten Menschen zeitweise unter Einsatz ihres Lebens streng gehütet, darf und muss heute vorsichtig gelüftet werden, damit die Menschen erkennen, dass und weshalb sie am Abgrund stehen. Aber werden Sie die metaphysischen Gesetzmäßigkeiten anerkennen können, auch dann, wenn Ihnen allmählich klar wird, dass Sie so ziemlich alles in Frage stellen müssen, was bisher als logisch und bewiesen galt? So manche esoterische Auffassung östlicher Herkunft vertritt die Ansicht, die Seele sei inkarniert, um hier auf der Erde *spirituelle Erfahrungen* zu sammeln. Werden Sie dann die alchimistischen Grundsätze westlicher Esoterik akzeptieren können, wonach im Gegenteil die Seele „ins Fleisch“ getreten ist, um *materielle Erfahrungen* zu sammeln?

Was halten Sie von der Idee, jeder Mensch sei für Krankheit und Schicksal selbst verantwortlich? Wie werden Sie mit den spirituellen Bereichen in diesem Buch umgehen, die ja in unserem heutigen, vom kausalmechanistischen Denken geprägten Weltbild, mit Hohn und Ablehnung bedacht werden?

Oder werden Ihre religiösen Gefühle verletzt, wenn ich die Bibel nicht wie die Kirche als religiöses Geschichtsbuch benutze, um den Menschen naive Geschichten der kleinen Mysterien zu erzählen, sondern wenn ich die Bibel als ein mystisches Buch der GROSSEN MYSTERIEN DES CHRISTENTUMS, angefüllt mit tiefenpsychologischen Wahrheiten, zitiere, das uns als Analogie auf Symbolebene auch medizinische Heilung aufzeigt? JESUS CHRISTUS konnte heilen. Wie, das werden Sie wissen, wenn Sie das Buch zu Ende gelesen haben.

Kapitel II

GOTT und die Welt

Ein Ausflug zu den Philosophien

„Ich glaube, dass die Götter, die unser Schicksal formen, unsere eigenen Gedanken sind, die auf die Zellen unseres Gehirns wirken und durch diese auf unsere Umwelt. So erntet der Mensch das, was er sät."

(Ein nicht genannter Rosenkreuzer in einem Brief an seinen Orden)

Im Kapitel II lesen Sie etwas zu den Themen:

Die Gedanken um Gott und die Welt sind so alt wie die Menschheit. Immer spielte dabei eine Rolle, inwieweit das Schicksal des Menschen prädestiniert sei, oder welchen Einfluss er auf sein Leben und seine Gesundheit habe. Ist der menschliche Geist in der Lage, das Schicksal zu beeinflussen?

Gesundheit und Religiosität haben untrennbar etwas miteinander zu tun! Es geht mir mit dieser Behauptung um Gesundheit und um das Verständnis für die unsterbliche Seele und nicht um die Verbreitung einer neuen oder einer etablierten Religion. Liebe Leserin, lieber Leser, sehen Sie den Menschen als ein *duales Wesen.* Normalerweise sind die wenig informierten Zeitgenossen gewohnt, nur die eine, nämlich die *materielle* Daseinsform zu erkennen. Ohne das Verstehen jenes *spirituellen* Anteils, der den physischen Tod überlebt, sind meine weiteren Ausführungen in den folgenden Kapiteln nicht verständlich. Im Laufe der ***Offenbarungstherapie***® wird der Klient seine unsterbliche Seele wiederentdecken. Dazu benötigt er keinen Glauben, aber er wird seine Entdeckung kaum in Worte kleiden können.

Ich bemühe mich zunächst um ein intellektuelles Verständnis der Seele, denn der logische Verstand will auch befriedigt sein.

Bevor ich Ihnen im Kapitel III über das HEXAGRAMM meine eigenen Gedanken darlege, möchte ich hier im Kapitel II mit Ihnen einen kleinen Ausflug in die Philosophien unternehmen, denn solange es Menschen gibt, gibt es auch die Frage: Woher komme ich? Wohin gehe ich?

Beginnen wir also bei den Vorstellungen des Menschen der Neuzeit:

Der Mensch im modernen materialistischen Weltbild

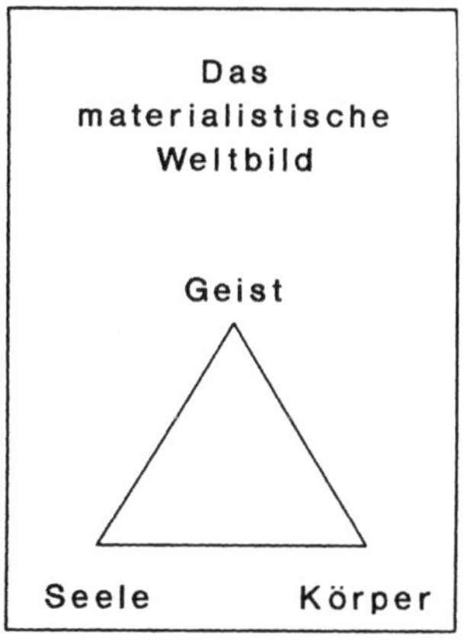

Das in der Philosophie der modernen westlichen Welt vorherrschende Bild über den Aufbau des Menschen sieht so aus: Er besteht aus Körper, aus Seele und aus Geist. Graphisch dargestellt am Modell des Dreiecks erkennt man, dass der Körper und die Seele polaren Ursprungs sind, sich auf einer Ebene begegnen, und dass über dieser Ebene sich sein Geist erhebt, der den Menschen lenkt und steuert. Körper, Seele und Geist müssten sich in Harmonie befinden, so das erstrebenswerte Ziel, und schon sei der Mensch heil und gesund. Sehr schön; es scheint so klar und übersichtlich. Aber....

Sobald man etwas näher hinsieht, eröffnet sich ein heilloses Durcheinander: Wo hört die Seele auf? Wo fängt der Geist an?

Da gibt es eine Aura oder einen Energiekörper. Wohin gehört er, noch zum Körper oder schon zur Seele? Sind Emotionen wie Liebe, Hass, Freude, Trauer, Zuversicht oder Depressionen Ausdruck der unsterblichen Seele oder etwa nur einer Psyche. Sagen Sie jetzt bitte nicht, das sei das Gleiche! Und Träume, entspringen sie dem Bereich des Körpers als Folge eines Völlegefühls nach einem überladenen Abendessen? Oder sind Träume Ausdruck der Seele? Oder etwa des Geistes? Klären wir zunächst die Begriffe an Hand von Lexika.

Wir erfahren, dass der *Körper* ein von allen Seiten begrenzter Raumteil mit drei Dimensionen ist, ein allgemein makroskopisches System, das aus einer sehr großen Anzahl von Molekülen oder Atomen besteht. Das ist klar.

Bei der *Seele* finden wir den Hinweis auf die Übersetzung des griechischen Wortes „Psyche", ein als selbständiges Wesen gedachtes Prinzip, durch welches bei Menschen und Tieren die Lebens- und Geistestätigkeiten vonstatten gehen und bis zum Tode unterhalten werden. Es folgt dann ein Hinweis auf die angenommene oder gedachte Unsterblichkeit der Seele. Hier hat sich im materialistischen Weltbild ein verhängnisvoller Irrtum eingeschlichen, denn Psyche ist nicht gleich Seele: Zwei Begriffe sind miteinander vermischt worden. Unter Psyche verstanden die Griechen eine innere Wesenheit, jenes von Aristoteles beschriebene Lebensprinzip der einzelnen Menschen, Tiere und Pflanzen, das in der Mythologie als die zarte, mit Schmetterlingsflügeln ausgestattete Psyche, die Geliebte des Amor, ihren Ausdruck findet. Psyche hat also etwas mit Gemüt, mit Stimmungen oder mit Emotionen zu tun und nichts mit der unsterblichen Seele, von denen die Religionen reden. Jene unsterbliche Seele ist eher dem griechischen „Nous" zuzuordnen, auf das ich noch komme, und das sich dem materialistischen Verständnis naturgemäß entzieht.

Als Erläuterung für den *Geist* finden wir in den Lexika der heutigen Zeit eigenartigerweise fast dasselbe wie bereits unter Psyche und Seele, nämlich das belebende, beseelende, immaterielle Prinzip im Menschen, weiterhin die denkende und wollende Kraft, und außerdem die leitende Idee eines Volkes oder einer Zeitepoche. Menschen, die mit einem Geist in Verbindung stehen, werden als psychisch oder seelisch krank abgestempelt.

Aus dieser knappen Definition mögen Sie erkennen, wie armselig mit den Begriffen Psyche, Seele und Geist im „geistlosen" materialistischen Weltbild umgegangen wird, und dass der Idee von einem schöpferischen Geist, der auf die Materie einwirkt, keine Berechtigung mehr zuerkannt wird. So sind auch die „Geisteswissenschaften", die sich eigentlich mit diesem schöpferischen Prinzip zu befassen hätten, auf die Erforschung der geschichtlichen und gesellschaftlichen Gegebenheiten entwürdigt worden.

Allein die Tatsache, dass die meisten Lexika der Psyche nur wenige Zeilen, den Psychosen aber breiten Raum zugestehen, wirft ein bezeichnendes Licht auf das materialistische Weltbild. Auch zum Geist wissen die Lexika heute nur noch sehr wenig zu sagen, sehr viel aber zu Geisteskrankheiten. Sie lassen sich auch in epischer Breite zum Begriff des geistigen Eigentums aus. O Geist, wo bist du geblieben? Das materialistische Weltbild hat keinen blassen Schimmer von den Begriffen „Seele“ und „Geist“ und ist in keiner Weise geeignet, Licht in das Dunkel der allgemeinen Verwirrung zu bringen.

Der Mensch im Weltbild der Antike

Das Modell der Griechen ist schon geeigneter, das menschliche Dasein zu erklären. Rein äußerlich ist es dem heutigen materialistischen Weltbild recht ähnlich, denn es gibt hier auch drei Ebenen: Soma, Psyche und Nous. Das schlichte Gemüt gibt sich wie gesagt mit der platten Übersetzung: Körper, Seele und Geist zufrieden. Beim näheren Hinsehen erkennt man aber, dass die Bereiche einander überschneiden.

Der altchristliche Kirchenschriftsteller und Philosoph Origenes schrieb im „Sechsten Brief an die Römer“: „Es gibt eine dreifältige Einteilung des Menschen: Der *Körper (soma)* oder das Fleisch, der niederste Teil unserer Natur, auf dem die alte Schlange durch Erbsünde das Sündengesetz eingegraben hat und durch den wir zu geilen Dingen versucht werden. Der *Geist (nous),* durch den wir Ähnlichkeit mit der göttlichen Natur ausdrücken, in den der allerbeste Schöpfer, nach dem Vorbild seines eigenen Gemüts, mit seinem Geiste das ewige Gesetz der Rechtlichkeit eingraviert hat; durch diesen werden wir mit GOTT verschmolzen und Eins mit GOTT gemacht.

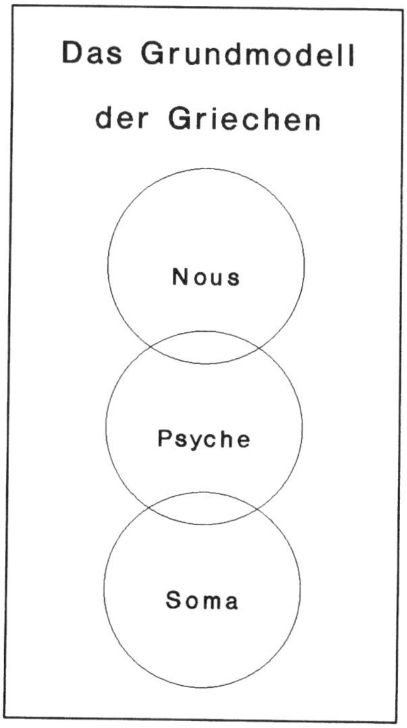

Was den dritten Teil anbelangt, so hält die *Seele (Psyche)* das Mittel zwischen dem Teil, der sich mit dem einen Teil (soma) oder mit dem anderen Teil (nous) verbinden kann.“

Der Mensch im Weltbild der Mysterien

Die antiken Philosophen hatten sich stets die allergrößte Mühe gegeben, die *zweifachen (dualen)* Daseinsformen jeder einzelnen Ebene zu erklären. Ihr Weltbild war von der ägyptischen Philosophie geprägt. Der Grund liegt darin, dass die angesehensten griechischen Philosophen stets an den in Ägypten befindlichen Mysterienschulen studiert hatten, dass die Ägypter aber die heiligen Mysterien sehr viel verschlossener hielten, um sie vor der Profanität zu schützen, so dass heute darüber offiziell weniger bekannt ist.

Ich bitte Sie, liebe Leserinnen und Leser, in den folgenden Ausführungen zu erkennen, dass jede Daseinsform (soma, psyche und nous) *doppelt* vorhanden ist, und zwar einmal materiell, und einmal spirituell.

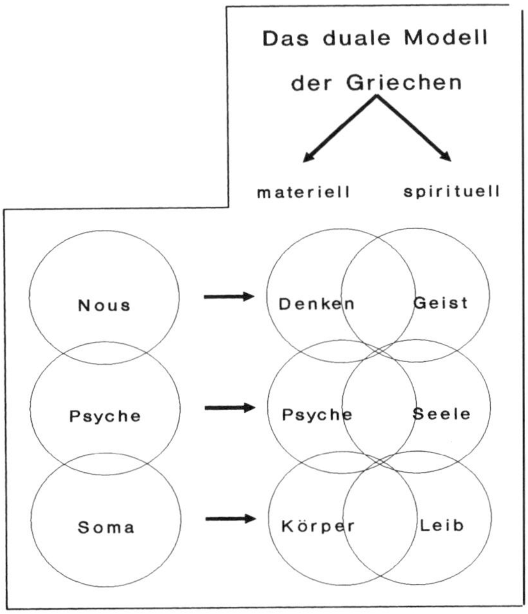

Die materielle Daseinsform ist immer jene, die vergänglich ist, die spirituelle jene, die unvergänglich ist.

Nous unterscheidet sich in das Denken, welches in den Gehirnzellen stattfindet, und in den Geist, der nicht an die Materie gebunden ist.

Psyche beinhaltet einerseits die körper- und umweltbedingten Emotionen, andererseits die unsterbliche Seele.

Soma unterscheidet den materiellen Körper in seinen chemischen Substanzen und den feinstofflichen Astralleib.

Gehen wir also die einzelnen menschlichen Ebenen nach den Lehre der Mysterienschulen durch und beginnen wieder bei der untersten Daseinsform:

Soma = Körper und Leib

Soma als schwerste, niedrigste und grobstofflichste Daseinsform kann durchaus mit „Körper“ übersetzt werden. Über das, was man sehen und anfassen kann, sind sich alle Gelehrten immer einig. Damit ist nicht gesagt, dass die Griechen den Körper als gering erachteten, denn dass ein gesunder Geist nur einem gesunden Körper entspringen kann, war damals noch wesentlich bewusster als heute. Die olympischen Spiele, die ihren Ursprung im antiken Griechenland hatten, sind Ausdruck dieses Denkens.

Doch der Apostel Paulus lehrte die *Dualität* und unterschied zwischen einem *Körper,* der Emotionen kennt (psychicon) und einem *Leib,* der geistiger Natur ist (pneumaticon); dass es einen *materiellen* Körper gäbe, der in einer vergänglichen Substanz errichtet sei, und dass es einen *spirituellen* Körper gäbe, der in einer unvergänglichen Substanz errichtet sei: „Speiretai soma *psychicon,* egeiretai soma pneu-maticon." (1. Korinther, Kap. 15, Vers 44). Es wird gesät ein psychischer Körper, und es wird auferstehen ein geistiger Leib.

Psyche = Psyche und Seele

Die *Psyche* ist die Verbindung zwischen Nous und Soma, zwischen dem Göttlichen und dem Körperlichen. Psyche ist der Bereich der Empfindungen und Emotionen wie Liebe und Hass, Freude und Trauer, Zuversicht und Angst, Illusion und Enttäuschung sowie Hoffnung und Depression. Obwohl die Menschen sich auch damals schon diesen Emotionen ausgeliefert fühlten und äußere Umstände dafür verantwortlich machen wollten, wussten zumindest die Gelehrten dennoch um die Dualität dieser Ebene, wie dies die kretische Doppelaxt symbolisiert. Ihr Bild zeigt, dass eine Schneide der Axt (die Psyche) nach außen und die andere (die Seele) nach innen gerichtet ist: Das heißt, wahre psychische Wandlungen können sich nur dann vollziehen und im Außen manifestieren, wenn die Arbeit im Inneren, an der Seele, geleistet worden ist.

Ein Bild für die Arbeit am inneren Weg — jetzt ist die *Seele* gemeint — war im Altertum das Labyrinth, das mit dem Wort „labor" = Arbeit verwandt ist. Im Inneren des Irrgartens zu Knossos auf Kreta lebte ein Ungetüm, der Minotauros, dem jedes Jahr neun Jungfrauen und neun Jünglinge geopfert werden mussten. Der attische Nationalheros Theseus, so die Sage, drang in das Innerste des Labyrinths ein, welches in seinen unterirdischen Anlagen viele verwundene Gänge hatte, bekämpfte, besiegte und tötete den Minotauros. Den Ausgang fand er mit Hilfe des Fadens der Ariadne. Diese Sage beschreibt den Weg des Menschen in den Irrgarten seiner *Seele,* wo er sich im Innersten mit dem Ungeheuer seiner Emotionen auseinander zusetzen hat, die ihn andernfalls im wahren Leben beherrschen könnten.

Auch Plutarch befasste sich mit der *Dualität der Psyche* und unterschied zwischen *Psyche* und *Seele.* Plutarch erklärte, dass nur der niedere Teil der *zweifachen* Psyche, der in den Körper eingetaucht ist, die „Tierseele" darstellt und „Psyche" genannt wird, während der höhere Teil die *Seele* darstellt. Die *Psyche* ist demnach das *niedere, irdische Begierdeprinzip* im Gegensatz zu jenem Teil, der sich mit dem *göttlichen* Nous verbindet und so zur *Seele* wird.

Jener Teil, der sich mit dem Körper verbindet, ist vergänglich, sterblich, und wir nennen ihn *„Psyche";* jener Teil, der sich mit dem Nous verbindet, bleibt unvergänglich, unsterblich, und wir nennen ihn *„Seele".*

Nous = Denken und Geist

Im Dasein des Menschen schwebte über der Psyche das *Nous.* Die Philosophen der Antike erkannten *Nous* als die Vernunft, die Körper und Psyche steuert, und als den Geist, als die universale Schöpferkraft. *Nous* stellt den höchsten Aspekt dar, der alle Materie und alles Leben durchdringt. Ein Aspekt des *Nous* ist *Logos,* das *Wort* in jener Bedeutung, wie Johannes im Prolog seines Evangeliums schreibt: „Im Anfang war der Logos — das Wort, und das Wort war bei GOTT, und GOTT war das Wort. Alles ist durch dieses geworden, und ohne es wurde auch nicht eines von dem, was geworden ist. In ihm war das Leben, und das Leben war das Licht der Menschen. Das Licht leuchtet in der Finsternis, aber die Finsternis hat es nicht ergriffen."

Die Priester der ägyptischen Mysterienschulen waren nicht nur Lehrer geistigen Wissens, sondern auch Praktiker weltlichen Wissens, und die berühmten Wissenschaftler des Altertums waren entweder Angehörige von Arkanbruderschaften oder hatten zumindest zeitweise eine der Mysterienschulen besucht, so dass ihnen stets die metaphysischen und alchimistischen Gesetze ebenso vertraut waren wie die Gesetze der Physik und der Chemie.

An den ägyptischen Mysterienschulen war deshalb der Aufbau des Weltalls ebenso bekannt wie der Aufbau des Atoms. Da die antiken Wissenschaftler jedoch nicht über die heute üblichen technischen Einrichtungen verfügten — sie kannten weder Fernrohre noch Mikroskope — war die Grundvoraussetzung für das Verständnis von *Nous,* der göttlichen Schöpfungskraft, sich in eingehenden experimentellen metaphysischen und alchimistischen Versuchsreihen mit Elektrizität und Magnetismus zu beschäftigen. „Elektrizität" leitet sich aus einem griechischen Wort her, welches Sonnenkraft bedeutet, und diese positive Urenergie ist gemeint. „Magnetismus" kommt von dem Namen der Stadt Magnesia in Klein-Asien, wo die Wissenschaftler des Altertums ein Mineral entdeckt hatten, welches auf andere Mineralien eine anziehende Kraft ausübte.

Nach dem ältesten esoterischen Grundsatz des Hermes Trismegistos, des dreimal weisen Meisters, wonach die Gesetze, die für den Makrokosmos Gültigkeit haben, auch im Mikrokosmos wirksam sind, ergibt sich, dass *Nous* auch eine Ebene menschlichen Daseins ist, dass es die höchste Ebene beim Aufbau der menschlichen Manifestation darstellt. *Nous* ist in der Lage, alle anderen Daseinsformen wie Körper und Psyche sowie Leib und Seele zu durchdringen und Manifestationen zu erwirken.

Nous wirkt beim Aufbau des Sonnensystems ebenso wie beim Aufbau einer Zelle. Immer haben wir es mit einem positiven Kern und einem negativen Mantel zu tun. Die gleichen Gesetze gelten im Menschen ebenso wie in der einzelnen Zelle, sie gelten in Galaxien ebenso wie im Atom.

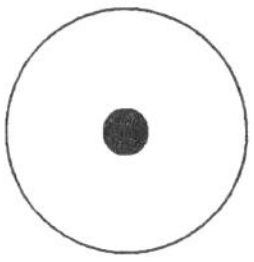

Das alchimistische Symbol des *Nous,* die Scheibe des Sonnengottes RA, das die *Dualität des Nous* (positiver Kern, negativer Mantel) ausdrückt, findet man in Ägypten noch sehr häufig, so im Tempel zu Karnak und im Tal der Könige. Es stammt aus der Zeit des Pharao Amenhotel IV., der als Gründer der ersten monotheistischen Religion unter dem Namen Echnaton in die philosophische Literatur eingegangen ist.

Der etwa 500 Jahre vor Christi Geburt lebende Philosoph Anaxagoras schrieb: „Nous lenkt alle bestehenden Dinge, und es ist auch dort, wo die Dinge sind; in den Massen, welche die innere Welt umgeben und in den Dingen, die voneinander getrennt sind und noch voneinander getrennt werden."

Natürlich können diese wenigen Worte das *Nous* nicht erklären. Selbst wenn ich noch hundert Seiten schreiben würde, *Nous* ist nicht erklärbar, sondern nur erfahrbar. Für einen normal gebildeten Menschen wird es ja auch wohl kaum möglich sein, die Relativitätstheorie von Einstein oder die Quantenphysik zu verstehen, wenn er nicht ein jahrelanges intensives Studium der Physik absolviert hat. Ebenso wenig wird es einem Menschen möglich sein, *Nous* zu begreifen, wenn er nicht ein jahrelanges Studium der Metaphysik und der Alchimie absolviert hat.

Die Metabiologie aus aramäischen Aufzeichnungen zu Zeiten Jesu Christi

Die Dreifaltigkeit des menschlichen Daseins zeigt das materialistische Weltbild (Körper, Seele und Geist) ebenso wie das griechische (Soma, Psyche und Nous), wobei die griechischen Philosophen, beeinflusst durch die ägyptischen Mysterienschulen, stets die *Dualität* aller Ebenen in Betracht zogen: Es gibt immer eine vergängliche und eine unvergängliche Ebene, eine sterbliche und eine unsterbliche Ebene, oder eine materielle und eine spirituelle Ebene, wie immer Sie die Worte wählen mögen.

Interessant sind die aramäischen Aufzeichnungen deshalb, die sich mit dem unsterblichen, spirituellen Wesen des Menschen befassen — im folgenden Text als „Selbst" bezeichnet — weil JESUS CHRISTUS in diesem Umfeld geboren wurde, aramäisch sprach und Seine Botschaften (des Neuen Testaments) in der aramäischen Sprache verkündet hatte. Die Begriffe und Übersetzungen sind etwas anders, aber auch hier ist die Dreifaltigkeit der unvergänglichen Natur erklärt. Günther und Jörn Schwarz schreiben in ihrem Buch „Das Jesus-Evangelium" : (Die Texte in Klammern sind als Erläuterung von mir)

„Das Selbst eines Menschen, oft Seele genannt, ist eine *Dreiheit.* Sie besteht

1. aus dem Geistkern, der unmittelbar von Gott herausgesetzten Individualität (entspricht dem Geist), 2. einem entsprechenden Geistleib, an dessen Gestaltung der Einzigartige (Gott) beteiligt war (entspricht der Seele) und 3. einem feinstofflichen Doppel des materiellen Körpers, das erforderlich ist, damit ein Geistwesen — Geistkern mit Geistleib — über Zeugung und Geburt in einen materiellen Leib eingekörpert werden kann (entspricht dem Leib). Stirbt der materielle Körper eines Menschen, so ist das ausgekörperte Selbst, die oben beschriebene Dreiheit, im selben Augenblick in der geistigen Welt, aus der es gekommen ist. Die geistige Welt ist nicht irgendwo anders, in einem räumlichen Jenseits; sondern der Mensch lebt — auch auf der Erde — mitten in ihr, denn sie umgibt und durchdringt ihn, kurz: sie ist ein Jenseits seiner Sinne."

Das HEXAGRAMM vereint alle Modelle

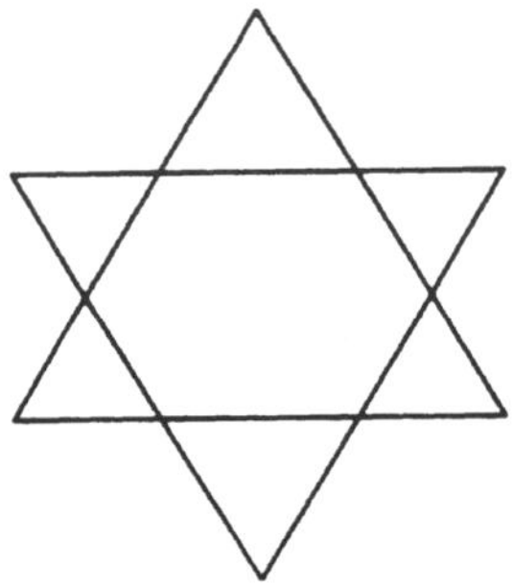

Zur Erklärung der verschiedenen Ebenen des Daseins möchte ich Ihnen jetzt das HEXAGRAMM vorstellen, dessen Modell sich mit meiner persönlichen Überzeugung deckt, weshalb wir es auch im Kopf des Lüneburger Instituts als leitendes Symbol für Esoterik und Bewusstseinserweiterung führen. Es sind zwei ineinander verschlungene Dreiecke. Der sechseckige Stern, der wegen seiner alttestamentarischen Herkunft auch als Juden- oder Davidstern bekannt ist, wurde als Großsiegel König Salomos ein esoterisches und magisches Symbol.

Das HEXAGRAMM überträgt zunächst die Vorstellungen des griechischen Modells mit Soma, Psyche und Nous in die Form des Dreiecks im materialistischen Weltbild, berück-sichtigt dann aber die *Dualität* des materiellen und des spirituellen Daseins. Deshalb sind es *zwei* Dreiecke.

Menschliches Dasein vollzieht sich auf allen *drei Ebenen* (Soma, Psyche, Nous) in *zweifacher* Weise. So lassen sich im Modell des HEXAGRAMMs auch die neuesten Ergebnisse der Forschungen aus den Grenzbereichen der Naturwissenschaften mühelos einordnen, wie zum Beispiel die morphogenetischen Felder, die der englische Biochemiker Rupert Sheldrake entdeckt hat, oder das kollektive Unbewusste von Carl Gustav Jung.

Das heißt, wir unterscheiden zwischen einem *Körper* (materiell) und einem *Leib* (spirituell), wir unterscheiden zwischen der *Psyche* (materiell) und der

Seele (spirituell), und wir unterscheiden zwischen dem *Denken* (materiell) und dem *Geist* (spirituell).

Durch das HEXAGRAMM ist es möglich, sowohl die *Dualität* als auch die *Trinität* aller Daseinsaspekte auf einen Blick zu erfassen. Sehen Sie sich bitte zuerst die beiden Dreiecke getrennt an:

In ihrem Aufbau ähneln sich die beiden Dreiecke, das materielle Dreieck und das spirituelle Dreieck. Das materielle Dreieck besteht aus Körper, Psyche und Denken, das spirituelle Dreieck aus Leib, Seele und Geist.

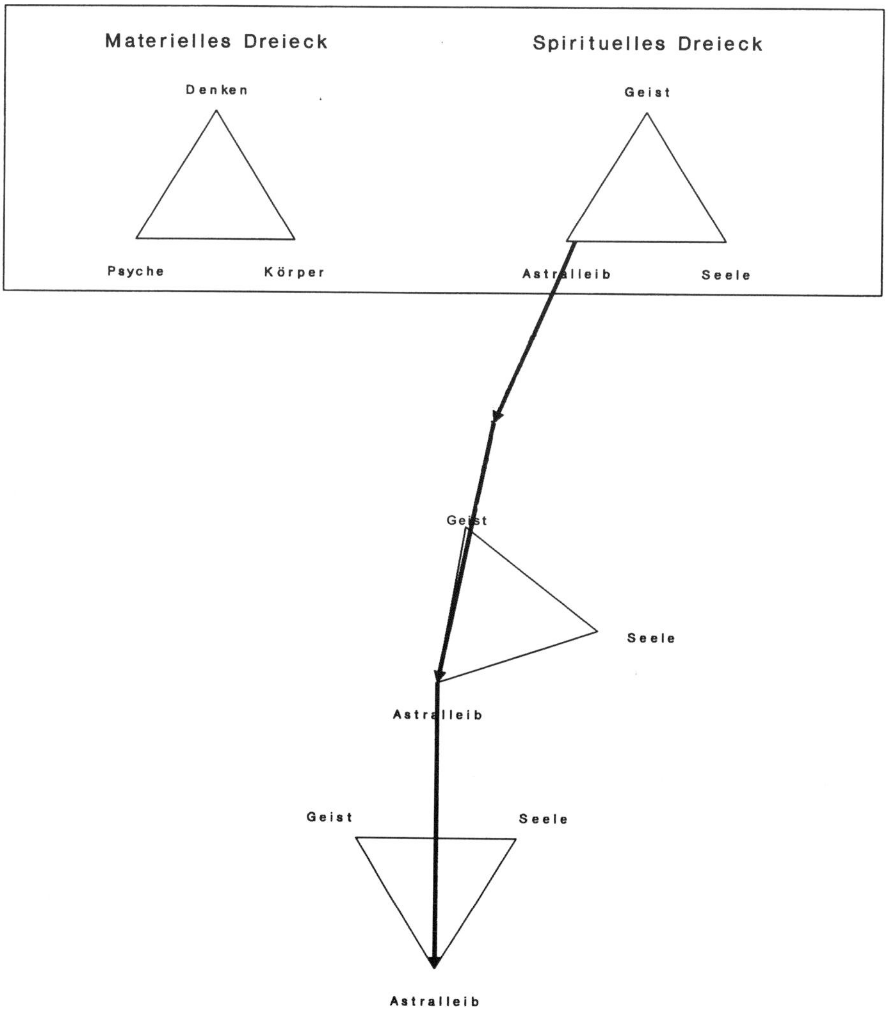

Die unvergängliche Daseinsform des Menschen (das spirituelle Dreieck) entscheidet sich, zur Inkarnation (ins Fleisch) hinabzusteigen, um sich dort mit der vergänglichen Daseinsform (dem materiellen Dreieck) zu vereinigen, so einen neuen Körper aufzubauen und neue Erfahrungen zu sammeln: So senkt sich die Spitze des Astralleibes nach unten und taucht ein in das materielle Dreieck.

Das HEXAGRAMM ist ein Symbol des zeitlosen Ausdrucks der alchimistischen conjunctio oppositorum, der Vereinigung der Gegensätze, die sich in jeder Inkarnation vollzieht, wenn sich die spirituelle Daseinsebene des einzelnen Menschen mit der materiellen Daseinsebene vereinigt, um für die unsterbliche individuelle Seelenpersönlichkeit einen irdischen Tempel zu errichten.

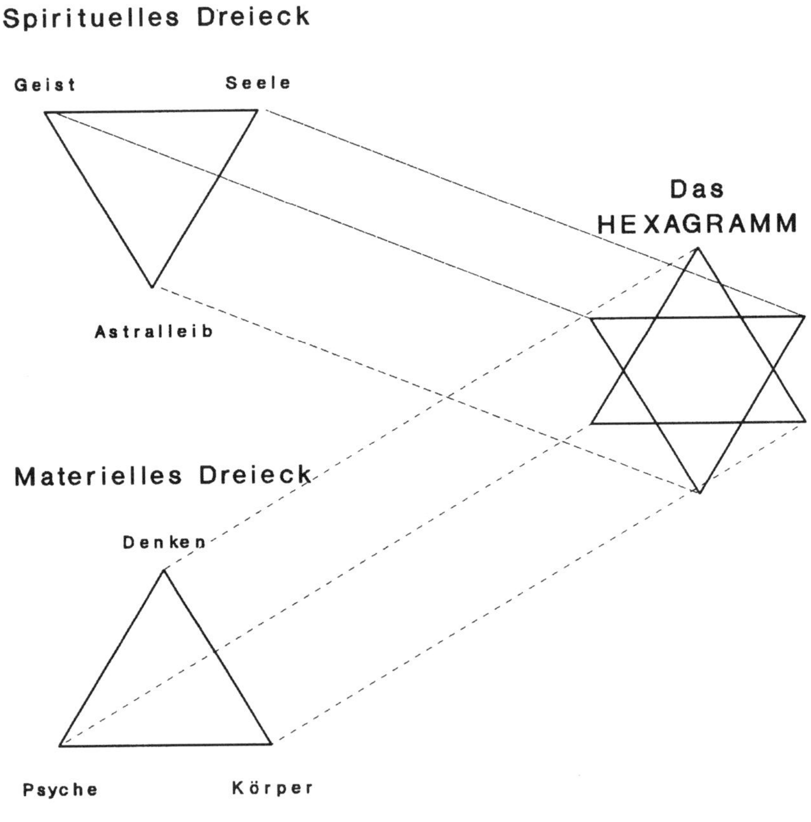

„Es gibt nichts Neues unter der Sonne“, sagte schon der weise Salomo. Das HEXAGRAMM ist bereits dreitausend Jahre alt.

Kapitel III

Das HEXAGRAMM Großsiegel König Salomos

Die sechs Ebenen menschlichen Daseins

„Es gibt nichts Neues unter der Sonne!“

(König Salomo, 993-953 v.Chr.)

Im Kapitel III lesen Sie etwas zu den Themen:

König Salomo, Sohn Davids, ein sich der Prachtentfaltung und den sinnlichen Genüssen hingebender lebensfroher Orientale, dem die Bibel den Umgang mit siebenhundert Frauen und dreihundert Konkubinen zuschreibt, trug rund eintausend Jahre vor der Zeitenwende einen geheimnisvollen Ring am Finger, in dem ein HEXAGRAMM eingeschnitten war, das heute noch auf der Flagge des Staates Israel erscheint.

Jedes Symbol hat eine exoterische und eine esoterische Bedeutung. Die exoterische Bedeutung ist leicht erklärt: Der hebräische Buchstabe „D“, in Keilschrift ausgeführt, bildet ein Dreieck. David, der Vater Salomos, der im Alten Testament die Reihe der Könige eröffnete, unterschrieb so mit dem Anfangs- und Endbuchstaben seines Namens Staatsverträge. Die beiden übereinanderliegenden Buchstaben wurden so zu einer Art Dienstsiegel. Aus ihm leitet sich der jüdische Davidstern ab. Was lag näher, als dass Salomo den Siegelring mit dem Wappen seines Vaters am Finger trug?

Nun aber zu der esoterischen Bedeutung: Diesem *Großsiegel Salomos* wurden „magische“ Kräfte nachgesagt, dabei symbolisiert es nur, ebenso wie das chinesische Yin-Yang-Zeichen, die Verschmelzung von Himmel und Erde, von Geist und Materie, von Raum und Zeit. Salomo galt nicht nur als ein König im Reich der Menschen, sondern auch als ein Beherrscher der Geister. Das mag insofern zutreffen, als Salomo hierbei das gleiche Reich der *Geistigkeit* gemeint hat, von dem JESUS CHRISTUS später sagte: „Mein Reich ist nicht von dieser Welt“ .

Natürlich verleiht das Wissen um kosmische Gesetze den Menschen Einsicht und Weisheit. Vielleicht erinnern Sie sich an das biblische salomonische Urteil: Zwei Dirnen stritten sich um ein Kind. Beide hatten im gleichen Haus in der gleichen Nacht ein Kind geboren. Eines von ihnen starb. Die Mutter des toten Kindes legte dies an die Brust der anderen schlafenden Mutter und tauschte so das tote Kind gegen das lebendige. Beide Frauen standen nun vor dem König. „Mein Kind lebt und deines ist tot!“ sagte die eine, und: „Dein Kind ist tot und meines lebt!“ rief die andere. Da befahl der König Salomo: „Bringt mir ein Schwert,“ und er entschied: „Teilt das lebendige Kind in zwei Stücke und gebt die eine Hälfte der einen und die andere Hälfte der anderen!“ Doch da bat die Mutter des lebendigen Kindes den König, weil sich Mitleid für ihr Kind regte: „Mit Verlaub, mein Herr, gebt ihr doch das lebendige Kind und tötet es nicht.“ Jene aber bestand darauf: „Es gehört weder dir noch mir,“ und rief: „Teilt es auseinander!!!“ Da fällte der König die Entscheidung: „Gebt der anderen das lebendige Kind und tötet es nicht. Sie ist seine Mutter!“ Ganz Israel vernahm das Urteil, das der König gefällt hatte. Man bekam Ehrfurcht vor dem König, denn man sah, dass es Gottes Wille war, der in ihm wohnte. Die ausführliche Geschichte steht in der Bibel im 1. Buch der Könige, Kapitel 3, Vers 16-28.

Drei Weltreligionen verehren Salomo: Das Christentum, das Judentum und der Islam.

Das Christentum verehrt ihn, wenn auch nicht gerade wegen seiner rund eintausend Liebesabenteuer, so doch wegen seiner Weisheit: „Und es kamen aus allen Völkern, zu hören die Weisheit Salomos, von allen Königen auf Erden, die von seiner Weisheit gehört hatten, und alle Welt begehrte Salomo zu sehen, dass sie die Weisheit hörten, die ihm Gott in sein Herz gegeben hatte." (Buch der Könige). Die Bibel widmet Salomo aber noch das Buch der Prediger und das Hohe Lied. Mit seinen wunderschönen Versen aus dem Kapitel 3, Vers 1-8 (Prediger) „Alles hat seine Zeit..." leiten wir stets unsere Seminare über ***Spirituelle Astrologie*** ein.

Das Judentum liebt Salomo wegen des Baus des ersten, großen Salomonischen Tempels auf dem Berg Moria, wo die Bundeslade mit den Gesetzestafeln des Moses nach der Jahrhunderte dauernden Wanderung endlich ihren festen Standplatz erhielt, und wegen der Errichtung eines herrlichen Palastes auf dem Berg Zion.

Und nicht zuletzt hat im Volksglauben des *Islam* der jüdische König Salomo den Ruf eines großen Magiers und Weisen wegen seiner Beschäftigung mit den spirituellen und geheimen Überlieferungen vieler verschiedener Völker.

Salomos Ruhm als weiser Magier lockte sogar die schöne, reiche und magie-kundige Königin von Saba nach Jerusalem, die Gold und Edelsteine für den Tempelbau mitbrachte. Sie wollte den König wohl nicht nur „mit Rätseln versuchen", wie die Bibel schreibt, sondern sie ist selber einer anderen Versuchung auf rätselhafte Weise erlegen: Als sie wieder nach Hause fuhr, war sie schwanger. Der 1974 entmachtete äthiopische Kaiser Haile Selassie I., der Negus, der Löwe von Juda, der letzte Regent der ältesten Monarchie der Welt, gilt als direkter Nachkomme aus der Verbindung der Königin von Saba mit König Salomo.

Aber wozu diese Erläuterungen? Das ***Hexagramm-Programm***® leitet seinen Sinn aus jener spirituellen Ebene ab, die „nicht von dieser Welt" ist, und die sich demzufolge auch der Art und Weise heutiger wissenschaftlicher Forschungen entzieht. Symbole aber sind der Schlüssel zu jener anderen transzendenten, metaphysischen Welt. Am HEXAGRAMM, das untrennbar mit König Salomo und seiner Weisheit verbunden ist, kann man am besten verdeutlichen, wie die materielle Ebene und die spirituelle Ebene des Menschen miteinander wirken.

Der Mensch ist ein *duales* Wesen, er besteht aus *zwei Ebenen,* die wiederum ihrerseits jeweils *eine Dreiheit* bilden: Die *materielle* Ebene gliedert sich in die drei Daseinsformen, Körper, Psyche und Denken, die *spirituelle* Ebene gliedert sich in die drei Daseinsformen Astralleib, Seele und Geist. Die *materielle* Ebene ist sterblich: Körper, Psyche und Denken lösen sich zum Zeitpunkt des Todes auf, die *spirituelle* Ebene überlebt, um sich zu einem späteren Zeitpunkt mit all ihren gesammelten Erfahrungen wieder neu zu inkarnieren.

Leid, Schicksal und Krankheit entstehen immer dann, wenn der Mensch sein Leben ausschließlich auf der materiellen Ebene gestaltet und der spirituellen Ebene nicht gestatten will, ihre Lernaufgaben hier auf der Erde in dieser Inkarnation weiter fortzusetzen und zu erfüllen. Denn die spirituelle Ebene will frei sein, und sie will lernen, um vollkommen zu werden, um *heil* zu werden. Das ist *Heilung*.

Wenn ich mich mit der Art und Weise der heutzutage gebräuchlichen Therapien kritisch auseinandersetze und eine neue Therapie kreiere, dann braucht die Klientin oder der Klient, die/der das ***Hexagramm-Programm***® in Anspruch nimmt, nicht die Hintergründe zu verstehen, muss aber zumindest die Möglichkeit haben, die Denkansätze intellektuell nachzuvollziehen. Schließlich ist ja von wissenschaftlicher Seite eine unschätzbare Vorarbeit geleistet worden, so zum Beispiel in Form der Psychoanalyse von Sigmund Freud, in der Tiefenpsychologie von Carl Gustav Jung und durch die Entdeckung der morphogenetischen Felder durch Rupert Sheldrake, wobei diese Wissenschaftler ebenso wie andere Vorreiter zu ihrer Zeit von den etablierten Wissenschaften immer verhöhnt, verlacht und verunglimpft worden sind und noch werden.

Um Ihnen nun diese Gedankeninhalte näher zu bringen und in einen Gesamtrahmen einzuordnen, gebrauche ich das HEXAGRAMM als Symbol. Jener sechseckige Stern wird uns in diesem Kapitel noch eingehender beschäftigen — insgesamt übrigens dreimal in diesem Buch — und zwar in den Farben von Rot bis Violett, so wie Sie dies auf der Umschlagseite dieses Buches erkennen können.

Das menschliche Dasein vollzieht sich während der Dauer einer Inkarnation immer auf diesen beiden Ebenen der ineinander verschlungenen Dreiecke (der materiellen und der spirituellen Ebene) mit den sechs verschiedenen Daseinsformen, vom grobstofflichen materiellen Körper bis hin zum feinststofflichen Geist. Halten wir uns bei der Betrachtung der Ebenen einfach an eine Skala mit der Bedeutung der Farben, der ich zum besseren Verständnis die Daseinsformen zugeordnet habe: Ähnlich wie die Farben, welche wir mit unseren Augen wahrnehmen können, die vom lang-welligen infraroten Licht bis zum kurzwelligen ultravioletten Licht reichen, erstreckt sich menschliches Leben über diese sechs Ebenen, von der schweren, grobstofflichen Materie bis zum spirituellen, feinstofflichen Geistprinzip.

Das vergängliche materielle Dreieck

Die Farbe Rot = der schwere materielle Körper

Die Farbe Orange = die Emotionen, die Psyche

Die Farbe Gelb = das analytische Denken

Das unvergängliche spirituelle Dreieck

Die Farbe Grün = der feinstoffliche Astralleib

Die Farbe Blau = die unsterbliche Seele und

Die Farbe Violett = der Heilige Geist

Beide Ebenen, die materielle und die spirituelle Daseinsform des Menschen, lassen sich jeweils als Dreieck darstellen, wobei jeweils eine Spitze das Körperprinzip, das Seelenprinzip und das Geistprinzip vertritt. Werfen Sie bitte bei den folgenden Ausführungen von Zeit zu Zeit einen Blick auf das HEXAGRAMM, die beiden ineinander verschlungenen Dreiecke auf der Umschlagseite dieses Buches.

Das vergängliche materielle Dreieck

Das materielle Dreieck ist jenes Dreieck, welches dem materialistischen Weltbild entspricht, und das mit der Spitze nach oben den Himmel zu erreichen sucht. Sie erkennen in dem farbigen HEXAGRAMM auf der Umschlagseite an der rechten Ecke die Farbe Rot, an der linken Ecke die Farbe Orange, und an der nach oben gerichteten Spitze die Farbe Gelb.

Der materielle Körper (Farbe: Rot)

Wir beginnen mit der rechten Spitze des materiellen Dreiecks, der grobstofflichsten Manifestation.

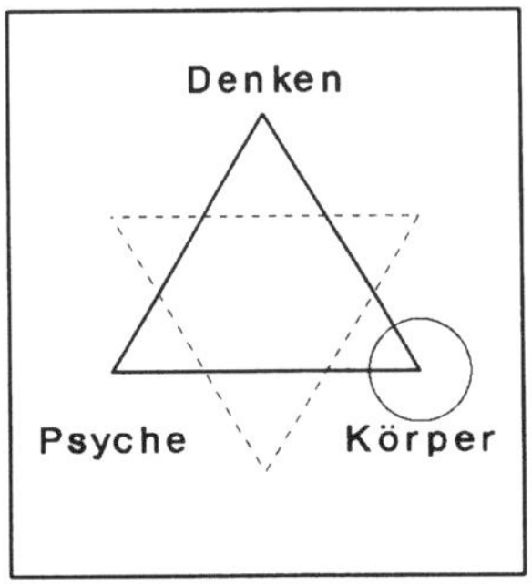

Von Ihrem materiellen Körper haben Sie sicher eine recht klare Vorstellung: Er ist jener Teil Ihrer aseinsform, den Sie sehen und anfassen können. Zu mehr als zwei Dritteln besteht der materielle Körper aus Wasser, der Rest ist eine Handvoll Chemikalien, wie sie überall in der Natur vorkommen oder in der Apotheke besorgt werden können. Zum Körper zählen alle Knochen des Skeletts, die Muskeln und Sehnen, alle inneren und äußeren Organe, die Nerven, die Zähne, die Haare, die Haut und das Blut in den Adern.

Von weiteren Erklärungen zu diesem „makroskopischen System, das aus einer sehr großen Anzahl von Molekülen oder Atomen besteht“, kann ich wohl guten Gewissens Abstand nehmen, zumal ich mich nicht weiter in medizinische Dinge vertiefen will, sondern später der ***Spirituellen Astromedizin*** zuwenden werde.

Derjenige, der Schulmedizin studiert hat, kann ein Lied davon singen, wie über viele Jahre hinweg ein Großteil der Kosten, der Zeit und fast die gesamte Energie des Studiums darauf verwendet werden, sich mit dieser niedrigsten und grobstofflichsten Ebene menschlichen Daseins zu beschäftigen.

Jeder einzelne Mensch opfert der Pflege seines Körpers Tag für Tag sehr viel Zeit, indem er ihn entleert, wäscht, die Zähne putzt, anzieht und füttert. Wir können diese Leistungen nur dann ermessen, wenn wir uns vorstellen, den Körper eines *anderen* Menschen zu entleeren, zu waschen, dessen Zähne zu putzen, ihn anzuziehen und zu füttern. Es wäre wünschenswert, wenn wir der Pflege der anderen fünf Daseinsebenen menschlichen Lebens die gleiche Zeit und die gleiche Aufmerksamkeit geben würden. Dennoch wollen wir den Körper in keiner Weise als gering erachten, denn er ist immerhin der irdische Tempel unserer unsterblichen Seele.

Die Emotionen, die Psyche (Farbe: Orange)

Zur Psyche, die dem körperlichen Aspekt polar gegenübersteht, gehören alle Emotionen wie Freude und Leid, Liebe und Hass, Zuversicht und Verzweiflung, Illusion und Enttäuschung, Hingabefähigkeit und Aggression sowie Hoffnung und Trauer und so weiter. Manchmal fühlen Sie sich himmelhoch jauchzend (manisch) und manchmal zu Tode betrübt (depressiv). Zwischen der roten körperlichen Ebene und der gelben verstandesmäßigen Ebene zerrt das orangefarbene Feuer der Emotionen hin und her.

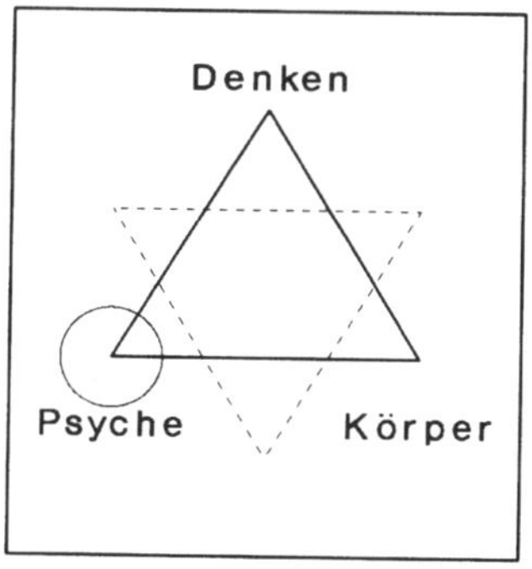

Heutige Mediziner und Psychologen glauben tatsächlich hier schon, wenn überhaupt, die Seele gefunden zu haben und sprechen zum Beispiel bei einer Depression auch von einem *seelischen* Leiden oder sie behaupten, bestimmte Krankheiten seien *seelischen* Ursprungs, doch meinen sie damit *psychischen* Ursprungs.

Richtiger ist die Formulierung *psycho-somatische* Krankheiten. Was aber noch wichtiger ist, und was die Schulmedizin bis heute nicht begriffen hat, ist die Tatsache, dass *alle* Krankheiten psycho-somatische Krankheiten sind — und zwar ohne Ausnahme! Aber darauf gehe ich noch ausführlich ein.

Es ist mir wichtig, dass Sie, liebe Leserinnen und Leser, den Unterschied zwischen *Psyche und Seele* klar erkennen: Die *Psyche* ist das Reservoir an emotionalen
Erinnerungen wie schlechtes Gewissen, Moralvorstellungen oder Blockaden, die an dieses eine Leben gebunden sind. Zu ihr zählen auch die oft falsch verstandenen und überbewerteten „inneren Stimmen", die in den seltensten Fällen

aus höheren Dimensionen, sondern aus Konditionierungen der Kindheit stammen. Sie sind somit schlechte Ratgeber, weil sie in die Fremdbestimmung führen, d.h. dahin, was die Eltern oder die Gesellschaft wollen, und sie zählen somit eher zu den Krankheitserzeugern.

Der Mensch hat auf Grund von inneren Prozessen oder von Umwelteinflüssen am Tag durchschnittlich etwa 40 000 Gedanken, die kurz aufblitzen und dann wieder ins Unbewusste absinken. Dazu gehören auch traumatische Erlebnisse, die verdrängt worden sind, weil sie Schmerzen bereitet haben.

Das „Eisberg-Modell“ von Siegmund Freud

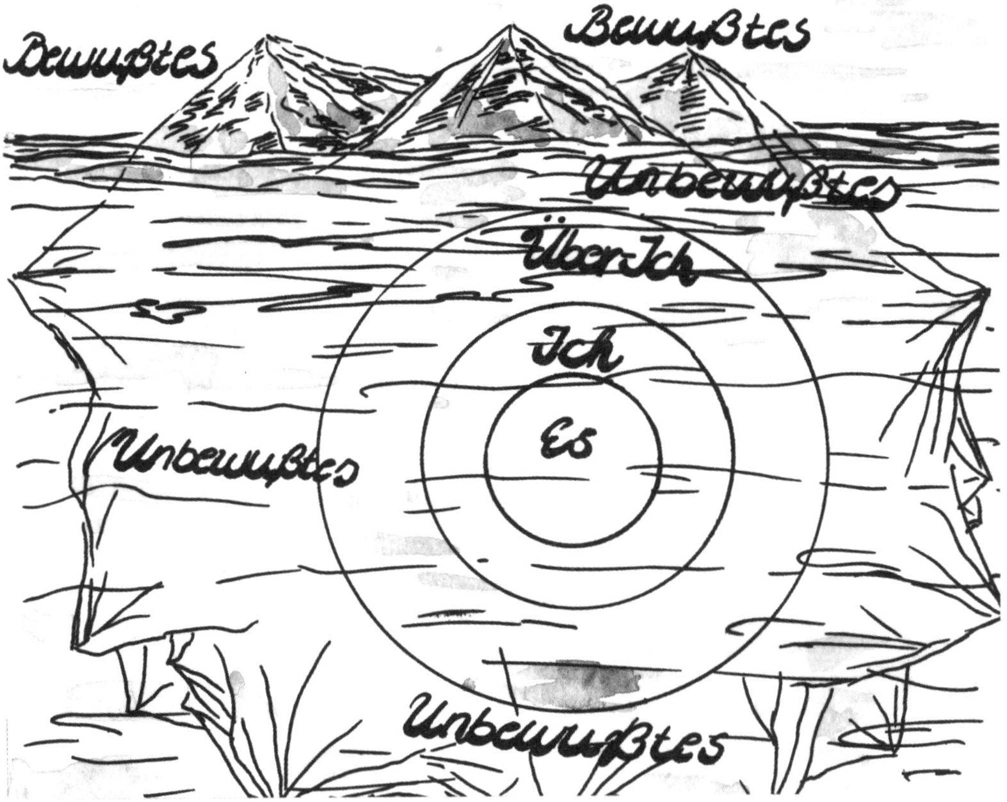

SIGMUND FREUD ist es zu verdanken, dass sich die Menschen nach mehr als zwei Jahrtausenden Pause wieder mit der Psyche beschäftigen. Der 1856 geborene österreichische Psychologe arbeitete als Nervenarzt. Mit seiner suggestiv hypnotischen Behandlungsmethode erreichte er die Bewusstmachung und teilweise auch die Abreaktion von verdrängten und somit unbewusst gewordenen psychischen Inhalten und erforschte auf diese Weise das Unbewusste.

Sigmund Freud hatte die Vorstellung von einem *psychischen Apparat* entwickelt, den Sie graphisch dargestellt in Form eines Eisbergs auf der linken Seite sehen. Auf dieser Theorie errichtete er dann das Lehrgebäude seiner *Psychoanalyse,* wodurch er weltberühmt wurde.

Sigmund Freud hatte nämlich festgestellt, dass nur etwa ein Siebtel bis ein Neuntel der abgespeicherten Informationen bewusst sind. Vergleichbar mit einem Eisberg, der auch nur zu einem sehr geringen Teil oberhalb der Wasserlinie sichtbar ist, lagen bei seinen Patienten auch nur wenige Informationen oberhalb der Bewusstseinslinie.

Die älteste Schicht der Psyche, das was der Mensch an Trieben schon bei seiner Geburt mitgebracht hat, bezeichnete er als das *Es.* Dieses *Es* ist umgeben von Organen der Reizaufnahme und des Reizschutzes. Diese Instanz, dem auch die Selbstbehauptung aufgetragen ist, nannte Freud das *Ich.* Durch den Einfluss von Erziehung, Überlieferung und Umwelt bildet sich dann das *Über-Ich* als eine Art Kontrolleinrichtung. Die von dem *Es* ausgehende Triebenergie, die er *Libido* nannte, vor allem die sexuelle Triebenergie, stößt in dem *psychischen Apparat* auf einen Konflikt mit dem *Über-Ich* und wandelt sich dann zu einem Destruktionstrieb.

Funktionelle psychische Erkrankungen deutete Freud als eine Art innere Kompromisslösung zwischen dem *Über-Ich* (das, was *man* tun darf) und den unbewussten triebhaften Regungen. Bei diesen Symptomen handelte es sich meistens um bereits seit der Kindheit verdrängte sexuelle Probleme. Freud analysierte die Psyche seiner Patientinnen und Patienten über die Traumdeutung und über freie Assoziationen.

Als Freud dann im Jahre 1900 die „Erste wirkliche Psychologie des Traumes" schrieb, fing man an zu lachen, und als er um 1905 gar die Psychologie der Sexualität zu erhellen begann, da fing man an zu schimpfen. Noch im Jahre 1910 meinte ein Geheimer Medizinalrat namens Weygandt auf einem Mediziner-Kongress in Hamburg während einer Diskussion feststellen zu müssen: „Freuds Theorien gehen die Wissenschaft nichts an, sie sind vielmehr eine Angelegenheit der Polizei."

Sigmund Freud hatte ursprünglich in den teilweise noch mit Hypnose durchgeführten Behandlungen entdeckt, dass viele seiner Patienten misshandelte Kinder waren, und dass sie ihre Geschichte in der Sprache der Symptome erzählten. Nachdem er von seiner Entdeckung im Kreise der Kollegen berichtet hatte, wurde er verlacht, weil er fast alle Neurosen und Psychosen in der Sexualität begründet sah. Freud sah sich mit diesem Wissen, das keiner seiner Fachkollegen mit ihm teilen wollte, vollständig alleine gelassen. Diese Einsamkeit hielt er nicht lange aus; damit konnte er nicht leben. Einige Zeit später bezeichnete er die Berichte der Patientinnen und Patienten über sexuelle Übergriffe als bloße Phantasien, die deren frühen Triebwünschen zuzuschreiben seien. Damit hatte er nicht nur seine Patienten, sondern auch die Wahrheit verraten. Der nur für kurze Zeit gestörte Schlaf der Menschheit konnte nun fortgesetzt werden. (Alice Miller: „Das verbannte Wissen", Suhrkamp).

Können Sie erkennen, wie wichtig es ist, mit altem schulmedizinischem Denken völlig zu brechen, um sich neuen Ideen zu öffnen? Auch ein so honoriger und gescheiter Wissenschaftler wie Freud brachte es nicht fertig, mit seinen „Vätern" zu brechen, weder mit den geistigen Vätern seiner Berufssparte noch mit seinem leiblichen Vater. Es gehört zu Freuds persönlicher Tragik, dass er tatsächlich seine eigene Neurose nicht erkannt hat. Wenig bekannt ist, dass er selber das gleiche Schicksal wie seine Patienten durchlitten hat. Freud schrieb in einem Brief an seinen Freund Wilhelm Fließ: „Leider ist mein eigener Vater einer von den Perversen gewesen und hat die Hysterie meines Bruders und einiger jüngerer Schwestern verschuldet."

Sigmund Freud gebührt Dank und Anerkennung für sein epochemachendes Werk, für seinen kühnen Versuch, die Rätsel der Psyche zu lösen.

CARL GUSTAV JUNG, ein ehemaliger Schüler von Sigmund Freud, hatte sich zunächst nach dem Vorbild der Freudschen Psychoanalyse mit dem Unbewussten beschäftigt. Er begründete dann aber seine eigene (Tiefen-) Psychologie als Ganzes der Seele und als ein dynamisches System auf dem Grund des schöpferischen *kollektiven Unbewussten.* Das kollektive Unbewusste gehört zwar zur Seele, und darauf werde ich im Absatz über die *Seele* noch ausführlicher eingehen, aber wir müssen uns hier noch kurz mit den Grundzügen jenes Teiles der Jungschen Psychologie beschäftigen, die zur Psyche, das heißt zum vergänglichen Aspekt des materiellen Dreiecks, zählen.

Rein äußerlich unterscheidet sich das Insel-Modell von C. G. Jung wenig von Freuds Eisberg-Modell. Inhaltlich ergeben sich aber ganz wesentliche Unterschiede.

Aus der Flut des Unbewussten ragt das *Ich* heraus, welches mit Geistesgegenwart gedeutet werden kann. Das *Ich* oberhalb der Wasseroberfläche im Insel-Modell ist das Orientierungsorgan der Psyche. Hier ist all das angesiedelt, was dem Menschen im Wachzustand bewusst ist. Es gliedert sich in vier Ebenen: Empfinden, Denken, Fühlen und Intuition. Das *Ich* mit seinem Gedächtnis dient zur Aufrechterhaltung der Persönlichkeit. Es ist verantwortlich für die Realitätsprüfung der Empfindungen, des Denkens, des Fühlens und der

Intuitionen, und es nimmt die Spannungen zwischen dem Bewusstsein und dem Unbewussten wahr. Letztlich versucht das *Ich,* Inhalte aus dem Unbewussten ins Bewusstsein zu integrieren.

Unterhalb der Trennungslinie des geistesgegenwärtigen Bewussten beginnt dann das Unbewusste, und C. G. Jung schrieb in seinen Gesammelten Werken, „.... es beinhaltet

alles, was ich weiß, aber momentan nicht denke,
alles, was ich einmal gewusst, dann aber vergessen habe,
alles, was ich mit den Sinnen wahrgenommen, aber nicht beachtet habe,
alles, was ich absichtslos dcnkc, fühle und erinnere und
alles Zukünftige, das sich in mir vorbereitet." (Werke, Band 8, S. 215)

Das „Inselmodell" von Carl Gustav Jung

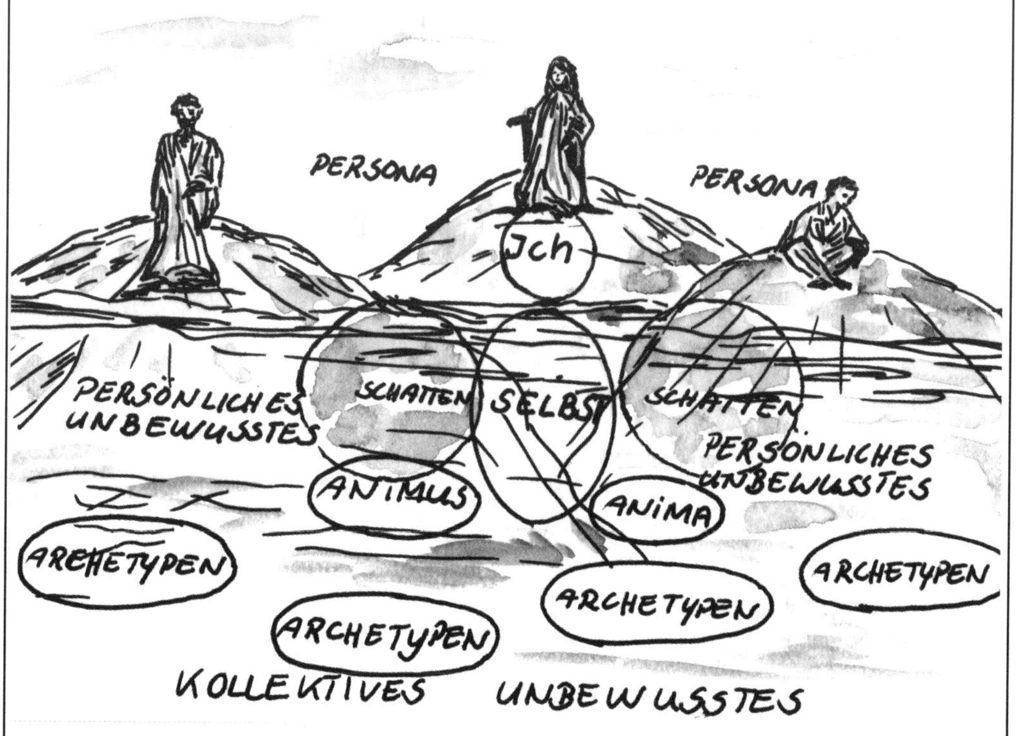

Das Insel-Modell von Jung zeigt zwar in gleicher Weise wie das Eisberg-Modell von Freud, dass der größere Teil des Bewusstseins unter der Wasserlinie, der Bewusstseinslinie, liegt. Ebenso, wie jede Insel ihren eigenen Untergrund hat, so hat auch jeder Mensch sein eigenes *individuelles Unbewusstes.* Der Unterschied zu Freud ist der, dass bei Freuds Eisberg-Modell die einzelnen Eisberge zusammenhanglos im Wasser schwimmen, wohingegen sie beim Insel-Modell durch einen gemeinsamen Untergrund miteinander in Verbindung stehen. Diesem gemeinsamen Meeresgrund gab C. G. Jung den Namen *„kollektives Unbewusstes"* .

Vom *Ich* deutlich unterschieden ist das *Selbst,* dessen größerer Radius die gesamte Psyche (Bewusstes und Unbewusstes) vereint. „Das *Selbst* ist nicht nur Mittelpunkt, sondern auch jener Umfang, der Bewusstsein und Unbewusstes einschließt. Damit ist das *Selbst* eine dem *Ich* übergeordnete Größe." (Werke, Band 7, S. 191)

Das *Ich* schützt sich gegenüber der Umwelt durch eine Maske, Jung nannte sie *Persona.* Die Masken, hinter denen sich der Mensch verbirgt, heißen zum Beispiel „Lehrer", „Mutter" oder „Manager" . Die *Persona* ist die Rolle, in die der Mensch schlüpft. Sie kennen alle jenen Typ des Lehrers, der nicht nur die Kinder in der Schule unterrichtet, sondern auch am Stammtisch in der Rolle des Lehrers bleibt, und der sogar noch nachts im Bett bei seiner Geliebten den Lehrer spielt und alles besser weiß. Wenn die Geliebte dann auch noch in ihre Rolle, vielleicht in die Mutterrolle rutscht, dann bleibt die Liebe wahrhaft auf der Strecke. Und so mancher Manager beharrt auch in der Sandburg an der Nordsee auf seine Rolle als Chef, dessen abgegrenzten Raum niemand unerlaubt betreten darf.

Der *Individuationsprozeß,* das heißt die Selbstverwirklichung, besteht darin, das *Selbst* aus der Suggestivgewalt der falschen Hüllen der *Persona,* zu befreien, die durch eine maskenhaft vorgetäuschte Psyche das *Selbst* verdunkeln.

„Die *Persona* ist ein kompliziertes Beziehungssystem zwischen dem individuellen Bewusstsein und der Sozietät, passenderweise eine Art Maske, welche einerseits darauf berechnet ist, einen bestimmten Eindruck auf die anderen zu machen, andererseits die wahre Natur des Individuums zu verdecken. Diese sattsam bekannte Trennung des Bewusstseins in zwei oft lächerlich verschiedene Figuren ist eine einschneidende psychologische Operation, die nicht ohne Folgen für das Unbewusste bleiben kann." (Werke, Band 7, S. 211)

Ein weiterer wichtiger Begriff aus Jungs Tiefenpsychologie wird uns noch sehr stark beschäftigen: der *Schatten.* Alles das, was der Mensch auf Grund seines Verhaltens, seiner Erziehung, seiner Erfahrungen, seiner Ängste und so weiter nicht im Bewusstsein haben will, stellt er in den *Schatten.* Es sind jene Eigenschaften, die der Mensch mit seinem *Ich* als negativ empfindet. Diese unterdrückten Verhaltensweisen, die er für Fehler hält, projiziert er dann auf andere Menschen, das heißt, sie kommen ihm zunächst in Form einer unerträglichen Gereiztheit im Umgang mit anderen Menschen entgegen, sie können sich aber auch als Schicksalsereignisse oder Krankheitssymptome somatisieren, wenn sie nicht integriert werden.

Bitte lesen Sie sich diesen letzten Absatz über die Schattenintegrierung noch einmal aufmerksam durch, denn genau hier erfahren Sie etwas über das Grundmuster der kosmischen Gesetze, nach denen Krankheit und Schicksal entstehen.

C. G. Jung: „Der *Schatten* ist jene verhüllte, verdrängte, meist minderwertige und schuldhafte Persönlichkeit, welche mit ihren Ausläufern bis ins Reich der tierischen Ahnen hinaufreicht und so den ganzen historischen Aspekt des Unbewussten umfasst. Wenn man bis dahin der Meinung war, dass der menschliche Schatten die Quelle des Übels sei, so kann man nunmehr bei genauerer Untersuchung entdecken, dass der unbewusste Mensch, eben der *Schatten,* nicht nur aus moralisch verwerflichen Tendenzen besteht, sondern auch eine Reihe guter Qualitäten aufweist, nämlich normale Instinkte, zweckmäßige Reaktionen, wirklichkeitsgetreue Wahrnehmungen, schöpferische Impulse u.a.m." (Werke IX 2, S. 281).

Nicht einmal der bisher erwähnte Teil der Jungschen Tiefenpsychologie, der noch nicht über die Grenzen von Geburt und Tod hinausgeht, wird von den meisten Psychotherapeuten, die auf der Freudschen Analyse beharren, akzeptiert. Darauf werde ich im Absatz über die *Seele* aber noch ausführlicher eingehen.

Das analytische Denken (Farbe: Gelb)

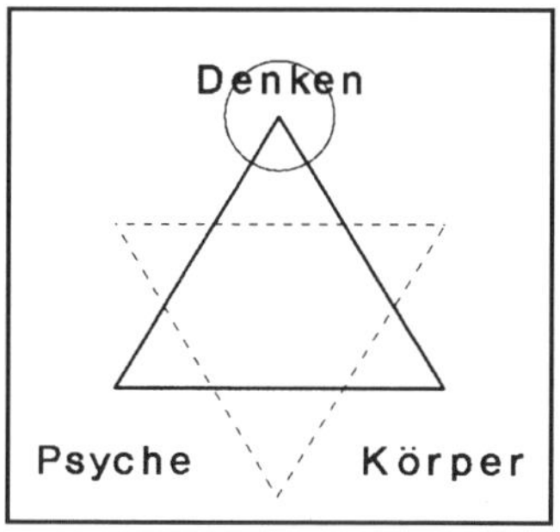

Das analytische Denken, das Urteilsvermögen, der Intellekt oder der logische Verstand — wie immer Sie diese Instanz nennen mögen — bildet im ersten materiellen Dreieck die Spitze, denn es steht über dem Körper und über den Emotionen der Psyche. Mit der Kraft Ihrer Gedanken können Sie zum Beispiel abwägen, eine bestimmte Handlung zu vollziehen, sich entscheiden und Ihrem Körper dann die Anweisung geben, sich vom Stuhl zu erheben und in einen anderen Raum zu gehen, wenn Sie dieses für besser halten als sitzen zu bleiben.

Der im Gehirn formulierte Wille wird über Nervenbahnen zu den Sehnen und Muskeln geleitet, die dann die erforderlichen Bewegungen ausführen. Ihr Urteilsvermögen entscheidet auch darüber, welchen Raum Sie betreten und was Sie dort erreichen wollen. Das Denken erhebt den Menschen über das Tier, und mit ihm gestalten Sie sich Ihre Welt.

Das analytische Denken ist aber nicht gleichzusetzen mit Geist oder Bewusstsein. Schlecht unterrichtete Gemüter unter den Menschen halten ihren Intellekt bereits für Geist — er ist es nicht. Das muss ganz klar unterschieden werden, denn was dabei herauskommt, wenn die Menschen ihre Intelligenz für Geist oder Bewusstsein halten, zeigt die Menschheitsgeschichte auf recht eindrucksvolle Weise:

Nach dem Verzehr der Frucht des Baumes der Erkenntnis trampeln wir wissenschaftsgläubigen Menschen, die wir uns für Ebenbilder Gottes halten, ausgestattet mit allumfassendem Wissen, mit philosophisch geschultem Blick und mit der Anmaßung des Wissens um gut und böse, über die schöne Erde und machen sie uns auf grausame Weise untertan. Das Gefühl der intellektuellen Überlegenheit hat unseren Verstand geblendet und uns den Blick für die feinstofflichen Astralwelten versperrt. Deshalb gibt es in der äußeren Welt kein Korrektiv mehr für unsere Überheblichkeit. Die Materialisten glauben, mehr zu wissen als die Mystiker. Und schon zeigen sich die dunklen, langen Schatten in Form von BSE, AIDS, Krebs......., die der Kosmos auf die Menschheit senkt, damit die grelle Verblendung endlich ausgelöscht wird.

So stolz wir auch auf unser Denken und Handeln sind, auf unser massenhaftes und doch geringfügiges Wissen, das wir uns so mühsam erworben haben — die Menschheit steht so nahe am Abgrund ihrer Existenz wie niemals zuvor.

Welche grandiosen Werke haben wir Menschen nur alle ausgeführt! Die ganze Natur haben wir uns nutzbar gemacht! Bis zu ihren letzten Gründen sind wir Wissensdurstigen vorgedrungen, wollten nichts mehr glauben, was wir nicht selber sehen konnten, nicht selber ertasten konnten — und doch war alles umsonst: All dieses intellektuelle Wissen, für dessen Ansammlung und Speicherung ein Gelehrter schätzungsweise 100.000 Stunden seines Lebens verschwendet, ist innerhalb von 15 Minuten nach Eintritt des Herzstillstands unwiederbringlich gelöscht.

* * *

Somit ist das erste, das materielle, das rot-orange-gelbe Dreieck aus *Körper, Psyche und Denken* vollendet.

Diese grobstoffliche Daseinsform zerfällt, wenn der Mensch stirbt. Das wissen wir alle: Der *materielle Körper* wird verbrannt oder er geht in Verwesung über. Die Atome und Moleküle können nicht mehr beieinander bleiben, da der Astralleib, jene Energie, welche die Materie strukturiert und zusammengehalten hat, aus dem Körper ausgetreten ist.

Auch die *psychischen Emotionen* wie Liebe und Hass, Hoffnung und Trauer, Freude und Weinen, können nicht mehr empfunden werden, nachdem der physische Tod eingetreten ist, weil auch die Seele, die individuelle Persönlichkeit des Menschen, die materielle Daseinsform verlassen hat.

Und das *analytische Denken,* das Urteilsvermögen, der Verstand, der Intellekt hört nach dem Ableben auf zu existieren, weil das Denken im Gegensatz zum Geist an die Materie gebunden ist, der Geist aber seinen irdischen Tempel aufgegeben hat.

Der unkultivierte Mensch, der sich ausschließlich mit seiner materiellen Daseinsform identifiziert, hat natürlich zeitlebens ein gewaltiges Problem: Er begreift nie, dass die unsterbliche Seele, die ja seine eigentliche Persönlichkeit ausmacht, die materielle Daseinsform nur benutzt, um sich im Leben zu bewegen, *dass sie aber nicht die materielle Daseinsform ist!* Ich benutze ja auch ein Auto, um mich im Leben zu bewegen, *aber ich bin nicht das Auto!* Materialisten sind Menschen, die glauben, sie seien ihr Auto. Wer sich so mit seinem Gefährt identifiziert, hat natürlich ein Problem, wenn das Auto zum Schrottplatz muss.

Vielleicht mag dieses kleine Beispiel Sie, liebe Leserinnen und Leser, ermuntern, sich Ihrer unvergänglichen Bereiche, denen wir uns auf den nächsten Seiten zuwenden, bewusst zu werden.

Das unvergängliche spirituelle Dreieck

Das spirituelle Dreieck ist nicht physischer, sondern metaphysischer Natur. Die Schwingungszahlen der Farben sind höher: Grün für den Astralleib, Blau für die unsterbliche Seele und schließlich Violett für den Geist.

Metaphysik ist die Lehre vom Jenseits der Sinneswelt, jener Bereiche, die eigentlich den Großteil unserer Existenz ausmachen. Unsere spirituelle Innenwelt ist in Wahrheit die geheime Quelle unseres irdischen Daseins. Alles, was wir innerlich noch nicht gelöst haben, projizieren wir nach draußen, woraufhin dann diese „Fehler" uns von außen entgegenkommen in Form von Krankheit oder Schicksal.

Von den etablierten Wissenschaften können wir hier keine Klärung erwarten, denn diese haben nur mit dem Draußen zu tun, mit dem Greifen, mit dem Begreifen. Wenn Krankheits- oder Schicksalsprozesse auftreten, dann nur aus dem Grunde, weil wir keine Kenntnis von unserer spirituellen Innenwelt haben, oder weil wir uns nur am materiellen Außen orientieren. Eine Heilung kann deshalb niemals aus den Wissenschaften heraus kommen, denn diese können immer nur Symptome darstellen und behandeln, sie kommen nie an die Wurzeln der Krankheit im metaphysischen Bereich heran. Zwar können Salben, Medikamente und Operationen zeitweilig Symptome im Außen lindern, aber sie können nicht heilen; denn der Kern der Krankheit liegt tief im

Inneren.

Als Beispiele für Krankheit kennen Sie bisher die Grippeerreger, den Bandscheibenvorfall, den Krebs und den Herzinfarkt als *physische* Ursache von Krankheitssymptomen, das verletzte innere Mars-, Saturn-, Mond- oder Sonnenprinzip als *metaphysische* Ursache. Ob wir das wollen oder nicht, wir tragen die volle Verantwortung für alles, was in unserem Leben geschieht. Deshalb ist es sinnvoll, sich mit den metaphysischen Bereichen der Innenwelt zu beschäftigen.

Eigentlich gibt es gar keine Krankheit, sondern nur einen kranken Menschen. Das Symptom ist immer individuell, niemals kollektiv! Es ist egal, ob ein Organ krank ist, ob die Beziehung krank ist, oder ob die Finanzen krank sind. Eine Krankheit ist immer nur ein Gleichnis einer Wirklichkeit, die sich im Inneren abspielt. Um das zu verstehen, braucht man *Erkenntnis.*

Wir wenden uns jetzt der feinstofflichen Daseinsform zu, die den physischen Tod überlebt, dargestellt durch das spirituelle, grün-blau-violette Dreieck. Schauen Sie sich bitte dazu noch einmal das HEXAGRAMM auf der Umschlagseite an. Von oben her, vom Himmel kommend, mit seiner nach unten gerichteten Spitze, dem fein-stofflichen Astralleib, vereinigt es sich mit dem materiellen Dreieck für die Dauer dieser Inkarnation.

In diesem Kapitel führe ich Sie, liebe Leserinnen und Leser, an die Gedanken hervorragender Wissenschaftler dieses Jahrhunderts heran, zum Beispiel an jene des Schweizer Arztes, Psychologen und Philosophen Carl Gustav Jung oder an jene des englischen Biochemikers Rupert Sheldrake. Sie stehen stellvertretend für eine ganze Reihe von aufgeschlossenen Wissenschaftlern, die sich ohne Rücksicht auf das Unverständnis ihrer im verstaubten Denken eines kausalmechanistischen Weltbildes steckengebliebenen Berufskollegen dem Transzendenten, dem Metaphysischen, dem Alchimistischen, dem Spirituellen zugewendet haben.

Die folgenden kleinen Ausflüge in die Grenzbereiche der Wissenschaften können und sollen natürlich im Rahmen dieses Buches, in dem es um das ***Hexagramm-Programm***® geht, nicht erschöpfend sein. Aber dennoch möchte ich diese Erkenntnisse, die für die Mystiker schon immer eine Selbstverständlichkeit waren, anklingen lassen.

Der feinstoffliche Astralleib (Farbe: Grün)

Der erste Aspekt des spirituellen Dreiecks ist der Körperaspekt. Er wird auch als *Astralleib, Energiekörper, Aura oder Chakren* bezeichnet. Alle Namen bedeuten so ziemlich dasselbe:

Die verschiedenen esoterischen und philosophischen Schulen berichteten zu allen Zeiten und in allen Kulturen von einem feinstofflichen Energiesystem.

Der Name „Energiesystem" soll hier stehen als Sammelbegriff für verschiedene feinstoffliche Schwingungsebenen, die physikalisch kaum messbar sind, und die als Gegenstück zum materiellen Körper das energetische Grundmuster zum Aufbau der Materie enthalten. Sie sind Träger der vitalen Lebenskraft. Sogar die Kirche unterscheidet zwischen Körper und Leib.

Nicht nur Menschen und Tiere haben einen Astralleib, sondern auch Pflanzen und Mineralien. So ist bei der Entstehung eines Kristalls dessen Form davon abhängig, wie sich in der Vergangenheit ähnliche Kristalle gebildet haben. Es hat also den Anschein, als habe die *Materie ein Gedächtnis.* Alte Alchimisten beschrieben Versuche mit Leinöl, welches sie in einem geschlossenen Behälter, etwa zur Hälfte gefüllt, der Sonnenbestrahlung ausgesetzt haben. Nach ungefähr 36 Stunden begann das Leinöl, sich mit dem Sauerstoff der Luft zu verbinden. So lange hatte das Leinöl gebraucht, um vom Licht zu *lernen.* Es beendete seine Tätigkeit erst, nachdem der gesamte Sauerstoff verbraucht war. Dies wäre nicht verwunderlich, wenn nicht das Leinöl bei einem erneuten Versuch bereits nach einer Stunde damit begonnen hätte, sich mit dem Sauerstoff zu verbinden.

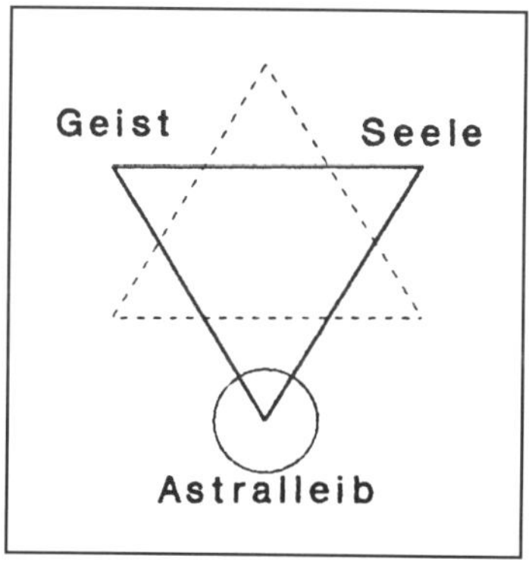

Die Kirlian-Fotografie, mit der zuerst die Strahlung der *Aura* eines lebenden Blattes sichtbar gemacht wurde, ist eine russische Erfindung. Amerikanische Wissenschaftler haben mit einem Spezialverfahren die Aura einer Kaulquappe fotografiert — und bekamen das Bild eines Frosches. Aber auch moderne deutsche Wissenschaftler versuchen, sich diesem Phänomen zu nähern: Der Münchner Physiker Michael Strzempa-Depré, hat in Experimenten an Organismen das Vorhandensein sogenannter *Essenzelektronen* nachgewiesen, die bei Eintritt des Todes abstrahlen und den Organismus verlassen.

Der englische Biochemiker RUPERT SHELDRAKE, Professor an der Universität in Cambridge, gilt als der Entdecker der *morphogenetischen Felder* und liefert damit eine moderne Erklärung für den Astralleib. „Morphe" bedeutet Form, „genese" bedeutet Entstehung. Sheldrake geht davon aus, dass alle Formen in der Natur durch formbildende Felder bestimmt werden. Dies gilt für alle Daseinsformen, von den Mineralien über Pflanzen und Tiere bis hin zum Menschen. Die Organisationsmuster verkörpern eine Art Gedächtnis der Natur, das die Erfahrungen aller Individuen einer Art speichert. (Rupert Sheldrake: „Das Gedächtnis der Natur", Pieper).

Wenn Termiten einen Hügel mit vielen verwundenen Gängen und Kanälen bauen, so vollzieht sich dies nach einem individuellen Plan. Jeder Bau ist anders. Rupert Sheldrake berichtet, er habe während der Bauzeit das Werk durch eine absolut undurchlässige Platte getrennt, so dass zwischen den Termiten keinerlei Kommunikation stattfinden konnte. Als er nach Fertigstellung des

Hügels die Platte entfernte, stellte er fest, dass alle Gänge beider Seiten exakt aneinander angeschlossen waren. Die einzelnen Lebewesen mussten also irgendwie von dem Gesamtbauwerk gewusst haben. Sheldrake warf die interessante Frage auf: Ist der Plan in den Termiten? Oder sind die Termiten im Plan?

Jedes Individuum steht durch die sogenannte *morphische Resonanz* mit diesen *morphogenetischen Feldern* in Verbindung, durch welche sowohl seine Entwicklung und Form als auch seine charakteristischen Verhaltensweisen gesteuert werden. Sheldrakes zahlreiche Experimente mit Blaumeisen, Tauben, Schafen, Affen und freilebendem Wild beweisen eine bislang unerklärliche Steigerung des Lernverhaltens unter morphischer Resonanz.

Östliche Philosophien und Naturreligionen beschäftigen sich seit Jahrtausenden mit der menschlichen Aura. Zentrale Punkte im Astralleib, in diesem Energiesystem, bilden die etwa 80 000 *Chakren und Nadis,* mit denen in der indischen Kultur gearbeitet wird. Indianische Eingeborene Nordamerikas kennen diese Energiewirbel als *Medizinräder.* Hellsichtige Menschen können entweder die sieben Hauptchakren als trichterförmige Spiralen aus feinstofflichen Farben wahrnehmen, oder sie sehen den gesamten Menschen in einer strahlenden eiförmigen Hülle, die besonders an der linken Schläfe eine deutlich sichtbare Ausbeulung aufweist.

Die Entdeckung der morphogenetischen Felder ist nach meiner Auffassung der wichtigste Schritt, den die Wissenschaft unternimmt, um jenem Phänomen auf die Spur zu kommen, die von den Mystikern als *Astralleib, Energiekörper, Aura, Chakren* und so weiter beschrieben werden. Es ist aber immer wieder frustrierend festzustellen, dass solche geradezu revolutionären Entdeckungen auf der Seite der etablierten Wissenschaften Unverständnis, Skepsis und Aggression hervorrufen, die alternativen Wissenschaften hingegen diese Revolution kaum oder gar nicht registrieren, denn ihnen sind diese Erkenntnisse seit Jahrtausenden bekannt.

Schon der alte Hippokrates arbeitete mit morphischer Resonanz, wenn er postulierte, Gleichem mit Gleichem zu begegnen, oder Feuer mit Feuer zu heilen, das heißt eine fiebrige Grippe (Feuerkrankheit) mit Schwitzen (Feuer) zu behandeln. Auch im 20. Jahrhundert wird mit morphischer Resonanz gearbeitet, wie zum Beispiel in der Homöopathie.

Homöopathische Mittel in Niedrigpotenzen gehören zu den Arzneimitteln, die den Astralleib ansprechen. Es handelt sich hierbei um Heilmittel, die so oft potenziert (d.h. „verdünnt“) worden sind, dass sie keine nachweisbare Ursubstanz mehr ent-kalten.

Damit Sie eine ungefähre Vorstellung von der homöopathischen Niedrig-Potenz D 20 bekommen, nenne ich folgendes Beispiel: Wenn die Ursubstanz eines Schlangengifts im Verhältnis von 1 : 100 000 000 000 000 000 000 (eine 1 mit 20 Nullen) verdünnt (potenziert) wird, erhält man das homöopathische Mittel Lachesis in der Potenz D 20. Vergleichsweise bedeutet das: Über dem

Atlantik lassen Sie einen Tropfen dieses Schlangengiftes in den Ozean fallen und versuchen nun bei der Entnahme einer Wasserprobe auf den Malediven diese Ursubstanz nachzuweisen. Das entspricht der homöopathischen Potenz D 20.

Die noch weitaus wirkungsvolleren Hochpotenzen wie z.B. D 200 oder sogar C 1000 haben eine Potenzierung, die sich unseren Vorstellungen völlig entzieht. Es wird keine Substanz, sondern eine „Information" verabreicht. Diese Information kann logischerweise nicht den Körper erreichen, sehr wohl aber den *Astralleib,* denn dieser ist Informationsträger der vitalen Lebenskraft und der energetischen Grundmuster zum Aufbau und somit auch zur Heilung des Körpers.

Die unsterbliche Seele (Farbe: Blau)

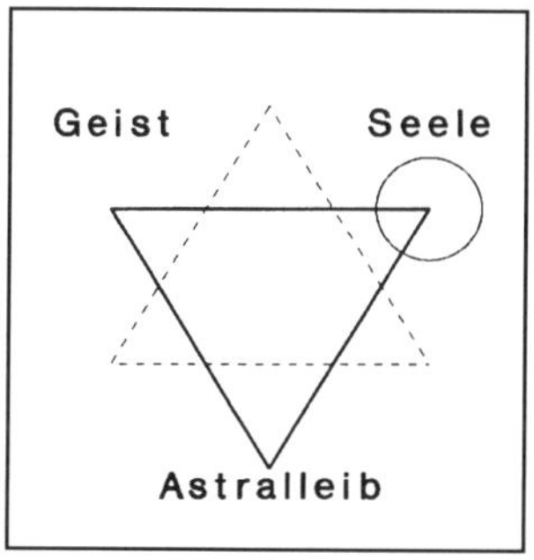

Im spirituellen Dreieck erheben sich Geist und Seele über den Astralleib und stehen einander polar gegenüber. Im Gegensatz zur *Psyche* im materiellen Dreieck, die mit dem Körper zusammen stirbt, wenn die Inkarnation vollendet ist, bleibt die *Seele* unvergänglich. Die Seele ist die Summe aus psychischen Emotionen, Erfahrungen und Erkenntnissen, die in vorangegangenen Inkarnationen gesammelt worden sind. In einer Reinkarnationstherapie können Erinnerungen an frühere Leben bewusst gemacht werden.

Der namhafteste Wissenschaftler, der sich außerhalb der Religionen und Mysterienbünde mit der menschlichen Seele befasst hat, ist der bereits erwähnte Schweizer Tiefenpsychologe CARL GUSTAV JUNG. Zwar hat C. G. Jung in seiner Terminologie nie klar zwischen Psyche und Seele unterschieden, dennoch ergibt sich die Unterscheidung durch die Wahl der Begriffe bezüglich der inhaltlichen Themen. So spricht Jung überwiegend von der *Psyche,* wenn er das *persönliche Unbewusste* beschreibt und von der *Seele,* wenn er sich mit dem *kollektiven Unbewussten* befasst. Mit dessen Entdeckung hat sich C. G. Jung über die bisherigen Grenzen, die in den Wissenschaften durch Geburt und Tod gesetzt waren, hinweggesetzt und damit den Weg zu den Mysterien freigemacht.

Betrachten Sie noch einmal Jungs Inselmodell auf der Seite 75. Dort befindet sich in den tiefer gelegenen Regionen das *kollektive Unbewusste,* über das auch eine Verbindung zu den anderen Inseln besteht. Diese sehr wichtige, vermutlich ent-scheidendste Entdeckung, die Jung gemacht hat, ist seitdem mit seinem Namen untrennbar verbunden. Das ist der bedeutsamste Schritt, den er über Freud hinaus getan hat. „Eine gewissermaßen oberflächliche Schicht des

Unbewussten ist zweifellos persönlich. Wir nennen sie das *persönliche Unbewusste.* Dieses ruht aber auf einer tieferen Schicht, welche nicht mehr persönlicher Erfahrung und Erwerbung entstammt, sondern angeboren ist. Diese Schicht ist das sogenannte *kollektive Unbewusste.*" (Von den Wurzeln des Bewusstseins).

Gerhard Wehr schreibt: „C. G. Jung hat sich vor allem bei den Gnostikern der ersten nachchristlichen Jahrhunderte, bei den mittelalterlichen Mystikern und nicht zuletzt bei den spätmittelalterlichen Alchimisten und Rosenkreuzern gründlich umgesehen, deren zum Teil schwer zugängliche Schriften gesammelt und durchgearbeitet."

Das *kollektive Unbewusste* beheimatet weltweit verbreitete Bilder und Motive, Symbole und Mythologien, die *ohne* historische Tradition und ohne Migration (Wanderung) entstanden sind. Es handelt sich hier um jenes archaische Urbewusstsein, das jederzeit und überall von allen Rassen und Kulturen gespeist wird und nicht nur kollektive Vorstellungsmuster aus der Vergangenheit enthält, sondern auch die in die Zukunft reichenden *Archetypen.*

Aus der Idee heraus, dass alle einmal da gewesenen Systeme auch alle nachfolgenden Systeme beeinflussen, befinden sich in der Seele Informationen in Form geistiger Urbilder, in Form von *Archetypen.* Es sind ganz reale Gedächtnisinhalte, die aber nicht im Gehirn gespeichert sind, und die von allen Kulturen dieser Welt stammen. Dieses Bewusstseinsfeld, welches bildlich betrachtet die ganze Erde umspannt, wird von den östlichen Religionen „Akasha-Chronik" genannt. Wenn die morphogenetischen Felder (Rupert Sheldrake) den Aufbau der Materie steuern, dann steuert diese „Bibliothek des Wissens" den Aufbau der Seele. Das *kollektive Unbewusste* oder die Akasha-Chronik oder die Bibliothek des Wissens ist also ein Schwingungszustand aus Feldern, die durch seelische Erfahrungen entstehen und umgekehrt.

Der durch Jung bekannt gemachte Begriff *Archetypus* kommt von dem Wort *„arche"*, was „Idee" oder „Muster" bedeutet, und *„typus"*, was „Ausprägung" oder „Form" bedeutet. Auf der Grundlage der *Archetypen im kollektiven Unbewussten* arbeiten die Weisheitssysteme dieser Welt wie zum Beispiel Astrologie, Tarot und I Ging. Das Muster (arché), das heißt die Idee (zum Beispiel eines Vierecks oder eines Dreiecks) und die der Form (typus) strukturverleihende Kraft wirken nun als Arché-typ zusammen und bilden die individuelle Ausdrucksform einer Gestalt. So wird aus der Idee Materie. Die in der Bibel erwähnte *Arche* des Noah war eine göttliche Idee, welche die Ausprägungsformen, die *Typen* der einzelnen Arten, über die Sintflut hinweg durch Raum und Zeit transportierte.

Archetypen äußern sich in verschiedenen Symbolen und drängen nach Verwirklichung. Archetypen sind die Grundmuster der Götter, der Kulturen, der Träume, der Märchen und der Mythen. In den nächsten Kapiteln werde ich die archetypischen Grundmuster im Menschen an Hand der griechischen Götter näher erklären, die mit ihren lateinischen Namen Eingang in die Astrologie gefunden haben (Zeus = Jupiter, Ares = Mars, Aphrodite = Venus, Hermes = Merkur, Kronos = Saturn und so weiter), und die wir in der *Reinkarnations-* und der ***Offenbarungstherapie***® sowie im ***Hexagramm-Programm***® mit heranziehen.

Wie im Großen, so im Kleinen (Hermes Trismegistos): Was für den Wald gilt, das gilt auch für den Baum. Was für das Kollektiv gilt, das gilt auch für das Individuum. Zwei der bekanntesten Archetypen Jungs sind *Anima* (das ist der weibliche Seelenanteil des Mannes) und *Animus* (das ist der männliche Seelenanteil der Frau). C. G. Jung spricht von einer „angeborenen psychischen Struktur", die die wechselseitige Ergänzungsbedürftigkeit von Mann und Frau in körperlicher wie in geistiger Weise signalisiert. So werden diese Bilder dem Menschen gleichsam „eingeboren" . Die *Anima* ist demnach eine Seelenerfahrung des Mannes, getränkt mit seiner individuellen Geschichte und Vorgeschichte. „Sie enthält Inhalte der Vergangenheit und ersetzt das im Manne, was er von seiner Vorgeschichte wissen sollte. Alles schon gewesene Leben, das noch in ihm lebendig ist, ist die Anima" (Jung: Erinnerungen..., S. 290). Das Gleiche gilt umgekehrt für den *Animus* der Frau.

Im Hinblick auf die ***Spirituelle Astromedizin*** halte ich mich in diesem Buch an jene Archetypen, welche die griechische Mythologie zum Inhalt haben, weil diese ein geschlossenes Weltbild abgeben. So zeigt zum Beispiel die *Anima,* der weibliche Seelenanteil des Mannes, in seinem Geburtshoroskop dargestellt durch den Planeten *Venus,* die Art und Weise seiner Sehnsucht nach Ergänzung und Partnerschaft, die er auf eine Frau, seine Geliebte, projiziert; und der *Mond* zeigt die Erwartungshaltung von Geborgenheit, die er auf die Mutter projiziert. Umgekehrt entspricht der *Animus,* der männliche Seelenanteil einer Frau, entweder dem Ordnungshüter *Saturn* oder dem Kriegsgott *Mars.* Der Planet *Saturn* drückt dann im Geburtshoroskop ihr individuelles Vaterbild aus, der *Mars* zeigt durch seine Stellung im Haus und Zeichen ihre Projektion auf das Phantasiegebilde eines Geliebten.

Wie in einem tiefen, dunklen See schlummern die einzelnen Seelenorgane, die *Archetypen,* diese persönlichen Anteile der kollektiven Energiekräfte, und die Strömung des Lebens bringt mal das eine und mal das andere Bild an die Oberfläche. Es bewirkt dort etwas, und dann sackt es wieder in die Tiefe des Unbewussten ab. Mit Hilfe der ***Spirituellen Astromedizin*** sagen auch die anderen Planeten durch ihre Stellung im Geburtshoroskop exakt aus, welche „Seelenorgane" wie in Erscheinung treten wollen. In der ***Offenbarungstherapie***® gelingt es uns deshalb gemeinsam mit dem Klienten, die Ursachen im Denken und Handeln herauszufinden, die in die Krankheit geführt haben. In allerkürzester Zeit können Mechanismen erkannt werden, wozu eine klassische Psychoanalyse oft mehrere Jahre benötigt.

Der Heilige Geist (Farbe: Violett)

JESUS CHRISTUS als höchster eingeweihter Meister der Mysterien war in der Lage, mit Seinem *Heiligen Geist* die *Gesinnung* eines Kranken in der Weise zu verändern, dass er gesund wurde. Und wenn der geheilte Mensch dann zu Ihm kam, um sich zu bedanken, dann hat Er abgewehrt und gesagt: „Nicht *ich* habe dich geheilt, dein *Glaube* hat dich geheilt." Damit ist klar und eindeutig gesagt, dass Heilung niemals aus dem Materiellen, sondern nur aus dem Spirituellen erwächst. *Glauben* heißt ja, dass der Mensch einen *Sinn* gefunden hat, den er für die *Wahrheit* hält.

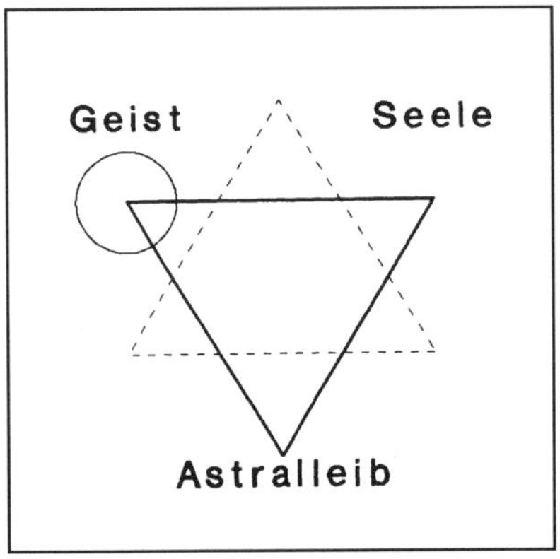

Die Kenntnis dieser einfachen, uralten und höchsten Mysterienweisheiten ist die wichtigste Voraussetzung für wahre Heilung. Das geheime Wissen um die Existenz des *Heiligen Geistes* im Inneren des Menschen wurde über die Jahrtausende von einigen wenigen Orden und Logen, von Mysterienschulen und Arkanbruderschaften streng gehütet. In rituellen Einweihungshandlungen erhält der Neophyt sehr allmählich und stufenweise Zugang zu diesem höchsten Schwingungszustand, zum *Heiligen Geist* oder zum *Christusbewusstsein.*

Im ***Hexagramm-Programm***® gehen wir über das Symptom alle sechs Spitzen des HEXAGRAMMs durch, vom Körper über die Psyche zum Denken, bis wir endlich die falsche Grundeinstellung finden, die zu Krankheit oder Schicksal geführt hat. Durch innere Energiearbeit gehen wir weiter über den Astralleib, durch Rückführungen in die Vergangenheit zur Seele, um dann schließlich im Ritual durch den *Heiligen Geist* Heilung zu erfahren. Der Weg zur Heilung liegt immer verborgen im individuellen „Himmelreich" oder „Gottesreich", das ja *inwendig* ist. JESUS CHRISTUS hat immer gesagt: „Das Himmelreich ist in eurem Inneren!"

Dass der *Heilige Geist* irgendwo im Himmel sitzt, wie uns die Kirche glaubhaft machen will, ist durch keine einzige Bibelstelle gerechtfertigt. Der *Heilige Geist* ist der Geist GOTTES — zuerst auch Lebenshauch genannt. Nachdem GOTT den ersten Menschen aus dem Staub der Ackerscholle gebildet hatte, „blies er ihm in seine Nase den Odem des Lebens ein" (Genesis, Kapitel 2, Vers 7). So ward der Mensch zu einem lebendigen Wesen. Dieser Vorgang gilt nicht für die Tiere. Im Alten Testament unterrichtet der *Heilige Geist* den Menschen, leitet ihn im sittlichen Leben und legt ihm das rechte Verhalten nahe: „In eine auf Bosheit sinnende Seele kehrt die Weisheit nicht ein, noch wohnt sie in einem Leib, der sich der Sünde hingibt. Denn der *Heilige Geist,* der Lehrmeister, flieht vor der Falschheit, entfernt sich von unverständigen Gedanken und wird verscheucht, wenn Unrecht naht. (Buch der Weisheit, Kapitel 1, Vers 4+5). Der *Heilige Geist* ist also die immer wirkende Kraft GOTTES *im Menschen!*

Im Neuen Testament wird noch deutlicher vom *Heiligen Geist* gesprochen als dem Bindeglied zwischen dem Menschen einerseits und JESUS CHRISTUS und GOTT andererseits: „Keiner kann sagen ‚HERR JESUS CHRISTUS' außer im Heiligen Geist“ (1. Korinther, Kapitel 12, Vers 3). Oder: „Der Beistand aber, der Heilige Geist, den der Vater senden wird in meinem Namen, er wird euch alles lehren und euch an alles erinnern, was ich euch gesagt habe.“ (Johannes, Kapitel 14, Vers 26). Dieser Geist ist heilig, weil er von GOTT kommt, der die Quelle aller Heiligkeit ist.

Der wichtigste Schritt im ***Hexagramm-Programm***® ist es, während des Rituals die Klientinnen und Klienten zumindest für eine kurze Zeit den Kontakt mit ihrem *Heiligen Geist* zu ermöglichen, oder sie in das *Christusbewusstsein* hineinzuführen. Den Zugang zum *Heiligen Geist* erreicht man über Kontemplation. Der Schlüssel zu dieser hohen Schwingung sind Symbole, eingebettet in einem feierlichen Ritual, durch das Heilung geschehen kann. In dieser Feierstunde werden den Suchenden uralte Mysterienweisheiten vom Gleichgewicht der Kräfte und den in ihnen verborgenen Geheimnisse des Lebens offenbart.

Hier werden keinerlei Anstrengungen unternommen, irgendetwas zu verändern, sondern es geht um das *Zulassen,* um das *Geschehen-Lassen* und um die Bereitschaft, über das *Christusbewusstsein die Heilung aus dem Geist* anzunehmen, die von *innen* kommt. Das Geheimnis liegt in der Absichtslosigkeit. Im ***Hexagramm-Programm***® ist die Teilnahme an einem Ritual ein ganz entscheidender Glaubensakt: *Dein Wille geschehe, wie im Himmel, so auf Erden.*

Im Gegensatz zum analytischen Verstand, der alles verstehen und begreifen will, stellt der *Heilige Geist* diese Ansprüche nicht. Es ist jene nicht beschreibbare Energie, die ich im Modell der Griechen als Nous erläutert habe: das „Wort“ (Logos) des Johannes, die Schöpferkraft Gottes. Kommt der Mensch mit diesem Schwingungszustand für einen Augenblick in Berührung, dann mögen vielleicht Begriffe wie *Wunder* oder *Erleuchtung* zutreffend sein. Die Bibel berichtet an vielen Stellen von *Erscheinungen,* die dann das Leben eines Menschen grundlegend verändert haben. Das ist der Grund, weshalb der antike Priester *Asklepios* seine *Heilungen* in einem *heiligen Tempel* vollzogen hat. Das Wort *Kontemplation* = betrachtendes Erkennen, beinhaltet den Wortstamm *Tempel.*

Der *Heilige Geist* entzieht sich den Möglichkeiten einer weiteren Beschreibung, gleichwohl wie das violette Licht bei höherer Schwingung ins ultraviolette Licht übergeht und sich damit der Sichtbarkeit entzieht.

Kapitel IV

Reinkarnation oder Auferstehung?

Karma, Tod, Wiedergeburt und Erlösung

Nikodemus, Ratsherr der Juden: „Wie kann ein Mensch geboren werden, der alt ist? Kann er noch einmal in den Schoß seiner Mutter eingehen und geboren werden?"

Jesus Christus: „Wahrlich, wahrlich,.... was geboren ist aus dem Fleisch, ist Fleisch, und was geboren ist aus dem Geist, ist Geist."

Nikodemus: „Wie kann dies geschehen?"

Jesus Christus: „Du bist der Lehrer Israels und verstehst das nicht?"

(Johannes-Evangelium, Kapitel 3)

Im Kapitel IV lesen Sie etwas zu den Themen:

Das Karmagesetz = das Gesetz des Ausgleichs

Vor GOTT sind alle Menschen gleich. Vor dem Gesetz sind alle Menschen gleich. Gleichheit ist angesagt. Wir fordern gleiche Löhne! Gleiche Chancen in der Berufsausbildung für alle! Der Lebensstandard der neuen Bundesländer muss sich dem der alten Bundesländer angleichen. Bald haben wir gleiches Geld in Europa. Überall ist die Rede von Angleichung, Harmonisierung und Gleichstellung.

Das klingt alles sehr edel, ist aber unsinnig: Die Menschen sind nicht gleich und werden es niemals sein. Denn als GOTT die Welt geschaffen hatte, da hatte er sie vielfältig geschaffen, jedes Wesen „nach seiner Art." Und so sollen wir nicht Un-gleiches gleich machen wollen.

JESUS CHRISTUS hat uns vorgemacht, die Ungleichheit zu sehen und zu lassen, wie sie ist. Er ließ sich von einer Samariterin (mit denen die Juden keinen Kontakt hatten) das Wasser reichen, Er setzte sich mit den (verhassten) Zöllnern an einen Tisch, und Er ließ sich von einer Prostituierten die Füße waschen und Seinen Körper salben. JESUS CHRISTUS hatte weder versucht, aus Samaritern Israeliten zu machen, noch aus Zöllnern Pharisäer, oder aus der Nutte eine Nonne — es sei denn, der Mensch vollzog die Wandlung aus eigenem Antrieb. Denn JESUS CHRISTUS wusste um das individuelle Karma dieser Menschen, und es war Ihm *gleichgültig.* Das soll nicht etwa heißen, dass es Ihm egal war, sondern die Individualität, sowie die Lern- und Lebensaufgaben waren für JESUS CHRISTUS *gleich-gültig, d.h. in gleicher Weise gültig.*

In diesem Sinne waren die Menschen, die Pharisäer, die Zöllner, die Israeliten, die Samariter und die Prostituierten vor JESUS CHRISTUS gleich, und so sind wir Menschen auch alle vor GOTT gleich — in unserer Ungleichheit.

Dennoch gibt es ein Gesetz des Ausgleichs im Kosmos, das Gesetz des Karmas. Es ist, wie ich meine, das wichtigste kosmische Gesetz, dem sich alle anderen Gesetze unterzuordnen haben. Karma bedeutet Ausgleich. Karma ist das Gesetz des Ausgleichs. Auf den Tag folgt die Nacht, auf den Sommer folgt der Winter, auf das Leben folgt der Tod — zwei Seiten der gleichen Medaille. Das ist aber etwas ganz anderes als Gleichmacherei.

Jede Bewegung erzeugt eine Gegenbewegung. Das Pendel einer Standuhr leistet eindrucksvollen Anschauungsunterricht: Je mehr sich das Pendel in die eine Richtung bewegt, desto mehr Energie hat es, in die andere Richtung auszuschlagen. Es geht hier nicht um Gut und Böse, und es geht schon gar nicht um Moral. Es geht um Ausgleich, um Karma — mit dem Ziel, endlich, nach vielen langen Leben voller Schmerzen, Entbehrungen und Enttäuschungen, die Mitte zu finden, die berühmte alchimistische *„conjunctio oppositorum",* die Vereinigung der Gegensätze.

Wenn ein Mensch zum Beispiel zu sehr Egoist war, muss er lernen, auf den anderen einzugehen. Hat er sich aber zu sehr nur nach anderen Menschen gerichtet, und hat er seine Seele durch diese Fremdbestimmung verletzt, dann muss er lernen, künftig mehr an sich selber zu denken. Standen Themen von Besitz, Geld und Eigentum zu sehr im Vordergrund, will die Seele lernen loszulassen und schafft sich Situationen, in denen der Mensch geliebte Partner oder Dinge aus seinem Leben entlassen muss. Wer umgekehrt nur leitbildhaften Vorstellungen nach Veränderung im Leben fanatisch nachgejagt ist, der wird lernen müssen, auch Beständigkeit zu integrieren.

Man kann diese Themen lange fortsetzen. Ein Leben voller sexueller Ausschweifungen zieht ein Leben in Askese nach sich, die Verdrängung der Triebe über längere Zeiten führt in Exzesse. Sadismus und Masochismus bedingen einander. Ein Alkoholiker wird zum Abstinenzler, der Saubermann zum Säufer, der Mörder zum Mönch, der Priester zum Räuber. Die Nonne wird zur Nutte und die Nutte wird zur Nonne. So vollzieht sich Karma — bis das Pendel des Schicksals endlich die Mitte findet und zur Ruhe kommt.

Leider ist uns in der heutigen Zeit das Verständnis für dieses wichtige kosmische Gesetz, *das Karmagesetz,* verlorengegangen. Plötzlich kommt Wertung ins Spiel: ein Pol ist gut, ein Pol ist böse. Die Folge ist, der Mensch fühlt sich schuldig und wird un-heil. Dieses Unheil wird durch die moralisierenden Kirchen noch verstärkt, weil sie eine Seite der Medaille, die zur gleichen Münze gehört, (Nonne/Nutte, Saubermann/Säufer) mit dem Begriff „Sünde“ besetzen. Es ist wohl richtig, dass der Mensch schuldig wird, aber nicht den *Menschen* oder der *Gesellschaft* gegenüber, sondern nur GOTT gegenüber, oder der *Einheit,* oder der *Heilheit* gegenüber, weil er die *Ganzheit* nicht achtet und nur einen der beiden Pole bedienen will.

Unter diesem Gesichtspunkt der Karmagesetze sind die institutionellen Kirchen tief in den Sündenfall ihrer eigenen Lehre verstrickt: *Vor dem Sündenfall* war es dem Menschen im Paradies verboten, vom Baum der Erkenntnis zu essen, d.h. zwischen Gut und Böse zu unterscheiden, denn er war dafür offensichtlich noch nicht reif. Alles was war und geschah, war gottgewollt und somit gut, so wie GOTT jeden Schöpfungstag der polaren Welt (Himmel und Erde, Licht und Finsternis, Wasser und Land, Sonne und Mond) mit den Worten schloss: „Und er sah, dass es gut war.“ *Nach dem Verzehr der Frucht* vom Baum der Erkenntnis malte sich der Mensch an zu behaupten, das Licht sei gut und die Finsternis sei böse, oder der Saubermann sei gut und der Säufer sei böse, oder die Nonne sei gut und die Nutte sei böse, oder das Leben sei gut und der Tod sei böse......

Diese Wertung finden wir ganz extrem in unseren Kirchen, weil die klerikalen Theologen das Polaritäts- und Karmagesetz nicht begreifen, und somit gegen GOTTES Gesetze verstoßen. Wie viel Leid wäre der Menschheit erspart geblieben! Denn gleichwohl, wie Goethe den Mephisto sprechen lässt: „Ich bin ein Teil von jener Kraft, die stets das Böse will und stets das Gute schafft,“ so ist die Kirche, die stets das *Gute will,* mitverantwortlich für das *Böse in der*

Welt: für die mittelalterlichen Kreuzzüge, für den modernen Materialismus und für die Rückkehr satanischer Praktiken. Die dunklen Schatten kirchlicher Absonderungen (=Sünde) zwingen das Pendel in die Gegenrichtung.

Dabei ist es ganz einfach: Entscheidet der Mensch, dass einatmen gut sei, ausatmen aber böse, kann er nicht leben. Sobald er tief eingeatmet hat, ist er dem Kosmos das Ausatmen „schuldig" . Er kann es einen Augenblick verdrängen, aber dann geht es nicht mehr.

Was immer der Mensch auch tut, er macht sich schuldig. Selbst wenn er *nichts* tut, macht er sich schuldig. Auch der Versuch, einmal *nicht* zu atmen, scheitert. Fehler, Schuld und Sünde sind unvermeidbar. Solange der Mensch in dieser polaren Welt lebt, in welcher die Karmagesetze gelten, gibt es nur eine Lösung: Der Mensch bedient *beide Seiten.*

Der physische Tod = das Gesetz der Polarität

Der Friedhof voller weißer Chrysanthemen.

Der Tod in Weiß.

Einen Augenblick sind die Toten und die Lebenden zusammen am selben Ort.

Sie suchen einander, sie denken aneinander,
doch sie können einander nicht erreichen.
Irgendwo eine entsetzliche Ohnmacht, eine unheimliche Auseinandersetzung.

Mit einem Mal denke ich an meinen Tod, ein bisschen zaghaft und beklommen.

Angst vor dem Tod und Freude am Leben — so dicht beieinander.
Der Tod ist der rücksichtslose Spielverderber,
der alles Vergnügen verseucht, der alle Sicherheit zernagt,
und der das Organ abdreht, mit dem ich meine Lebensfreude einatme.
Keiner weiß Rat. Auch die Wissenschaft nicht.
Man vergisst. Man schweigt.
Der Verkehr geht schnell vorüber, wenn der Leichenzug vorbei ist.
Aus meinem Denken darf ich die Gedanken an den Tod nicht ausräumen.
Das wäre Vogelstraußpolitik.
Alles läuft letztlich auf die Frage hinaus:

IST DER TOD DAS ENDE ODER NICHT ?

Im Anfang schuf GOTT den Himmel und die Erde. Damit hatte GOTT eine Welt der polaren Gegensätze geschaffen. Das ging so weiter: GOTT trennte das Licht von der Finsternis. GOTT nannte das Trockene Erde und das zusammengeflossene Wasser Meer. Und schließlich wurden Leuchten am Gewölbe des Himmels, um zu unterscheiden zwischen Tag und Nacht: Sonne und Mond. (Genesis).

Im Garten Eden, im Paradies, schuf GOTT ebenfalls eine in der Einheit ruhende und dennoch polare Welt: „Und GOTT der Herr ließ aus dem Erdboden allerlei
Bäume aufsprießen, lieblich zum Anschauen und gut zur Nahrung, den *Lebensbaum* aber mitten im Garten und auch den *Baum der Erkenntnis von Gut und Böse.“* (Genesis, Kapitel 2, Vers 9). Das Geheimnis des Bauplans der Welt liegt in der Einheit der Gegensätze; und die sollte gewahrt bleiben, und so sprach GOTT: „Von allen Bäumen des Gartens darfst du essen, nur vom Baum der Erkenntnis von Gut und Böse darfst du nicht essen; denn am Tage, da du davon isst, *musst du sterben.“* (Vers 16+17).

Der Mensch aber wollte das Geheimnis der Schöpfung erkennen und aß von den Früchten des Baums der Erkenntnis. Er benutzte dazu seinen analytischen Verstand. Doch in diesem Moment zerstörte er die Einheit, er *sonderte* ab. Aus diesem Wort „sonder“ lässt sich das Wort „Sünde“ ableiten. Der Sündenfall ist somit der Fall des Menschen in die Absonderung.

Licht und Finsternis, Tag und Nacht, Himmel und Erde, Wasser und Land, Sonne und Mond — sie gehören immer zusammen. Eines ist ohne das andere nicht denkbar. Auch Gut und Böse, Leben und Sterben gehören zusammen, und der Mensch *muss immer beides tun!* Das Leiden beginnt dort, wo der Mensch *wertet,* den einen Pol bevorzugt und den anderen ablehnt; wenn er den Wert des Lebens höher ansetzt als den Wert des Todes. Denn durch diese einseitige *Wertung schafft der Mensch Karma* und zwingt kosmische Gesetze zum Ausgleich!

Jede einseitige Entwicklung ist zum Scheitern verurteilt. Nirgends im Kosmos gibt es Linearität, es gibt nur Zyklen. Immer wieder versucht der Mensch vergeblich, an lineare Entwicklungen zu glauben, sein ganzes Weltbild ist auf Fortschritt und Zukunft aufgebaut. Er träumt von ewiger Jugend, ewigem Glück und ewigem Leben, aber das ist absurd. Die Erfahrungen des Lebens belehren ihn täglich eines Besseren, jede einseitige Bewegung wird in eine Gegenbewegung umgepolt:

Wenn es lange genug Tag war, kommt die Nacht, und dann wieder der Tag. Wenn es lange genug Sommer war, dann kommt der Winter, Blumen wachsen und vergehen, Tiere werden geboren und sterben wieder, auch die Sterne im Kosmos entstehen und stürzen wieder in sich selbst zusammen, und auf die Aufwärtsbewegung des Flügelschlags einer Mücke folgt wieder die Abwärtsbewegung. Und da glaubt immer noch jemand, dass *er* eine Ausnahme sei?

„Als du geboren wurdest, stand unumstößlich fest, dass du sterben wirst."

Der Mensch beschäftigt sich in seinem Leben fast ausschließlich mit dem Kampf gegen den Tod. Die Erhaltung seines Lebens, die Verbesserung seines Lebens, die Verlängerung seines Lebens sind zentrales Thema. Da ist es auch kein Widerspruch, sondern zwingende Konsequenz, dass er sich ständig vom Tod bedroht fühlt. Er will leben, sich entfalten, will Macht und Stärke haben, aber er hat Angst vor dem Tod, denn der Tod entlarvt wortlos alle seine Phantasien, der Tod zerstört alle seine Illusionen, der Tod ist der große Spielverderber seines Lebens. Alles Tun und Handeln ist zum Scheitern verurteilt, niemand kann dem entrinnen. Das ist die Tragik jedes Einzelnen. Niemand besiegt seine Angst vor dem Tod dadurch, dass er ihn vergisst, ihn leugnet, ihn bekämpft. Der Mensch hat nur eine Chance: Er muss sich mit dem Tod konfrontieren. Er muss ihn kennen lernen, ihn annehmen, und er muss *den Tod lieben* lernen.

Der Augenblick, da der Mensch die Erde verlässt, um in eine andere Dimension einzugehen, ist von äußerster Wichtigkeit, weshalb die Kirchen früher einer alten Tradition zufolge die letzte Ölung, das Sterbesakrament, eingeführt hatten. Der Pfarrer versuchte, den Christen auf die große Reise vorzubereiten und sein Bewusstsein wenigstens jetzt auf die wichtigsten Fragen im Leben und im Sterben zu lenken, um seinen Glauben an GOTT wiederzufinden und um die Vergebung der Sünden zu bitten. Stattdessen gibt es heute die Krankensalbung, die mitunter zu einer Besserung des Gesundheitszustands führt. Das scheint auf den ersten Blick zwar sehr edel zu sein, in Wahrheit ist es Sünde, denn der Sterbende wird über seinen bevorstehenden Tod möglichst im Unklaren gelassen, und für die Seele wird nichts mehr getan.

Für jeden religiös eingestellten Menschen, wie auch für jeden Esoteriker, ist klar, dass der Tod niemals das Ende bedeutet, sondern dass er nur eine Durchgangsstation in eine andere Dimension ist, zu der wir Lebenden normalerweise keinen Zugang haben. *„Was für die Raupe das Ende der Welt ist"*, sagte der amerikanische Dichter Richard Bach, *„nennt der Meister einen Schmetterling."*

Über den Tod, über das Sterben und über das, was danach passiert, gibt es ausführliche Literatur. Hervorzuheben sind die Bücher von Dr. Elisabeth Kübler-Ross, jener Ärztin, die durch ihren großen Einsatz für humanes Sterben als

„Hebamme nach drüben" bekannt geworden ist. Die Berichte der Reanimierten (Menschen, die als klinisch tot galten) gleichen einander auf so wunderbare Weise, dass der Fortbestand menschlicher Existenz auf einer spirituellen Ebene mit einer erhöhten Bewusstheit als zweifelsfrei angenommen werden darf. Einen „Reiseführer ins Jenseits" gibt es von Lotte Ingrisch: „Wir haben einen Reiseführer nach Italien, den Fidschi-Inseln und Afghanistan. Aber wir haben schon lange keinen ,Reiseführer in den Tod' mehr. Dabei ist dies unsere wichtigste Reise, und wir treten sie bereits im Moment unserer Geburt an. Ohne Kompass, ohne Landkarte, und fast immer mit falschem Gepäck. Da wir außerdem das Ziel schamlos verleugnen und am liebsten gar nicht ankommen möchten, ist es kein Wunder, dass wir uns fortwährend verirren." (Lotte Ingrisch: „Reiseführer ins Jenseits", Österreichische Staatsdruckerei).

Sowohl das tibetanische Totenbuch als auch das ägyptische Totenbuch, welche zur Primärliteratur gezählt werden, sind solche Reiseführer ins Jenseits. Im ägyptischen Totenbuch steht sinngemäß: Nach dem Tode gelingt nur denjenigen Menschen der Eintritt in die ewigen Schöpfungskreisläufe, die zu Lebzeiten den Individuationsprozess an sich selbst verwirklichten, und die versuchten, im Einklang mit den elementaren Mächten der Schöpfung zu leben. Aus den Texten geht ausdrücklich hervor, dass man sie schon zu Lebzeiten kennen soll und nach den Gesetzen der kosmischen Ordnung leben muss. Wer dieses innere Gleichgewicht nicht anstrebt, der fällt im Todeszustand seinen eigenen destruktiven Mächten zum Opfer. Wer aber Stabilität und Gleichgewicht schon zu Lebzeiten erlangt, der meistert auch erfolgreich das Todesschicksal. Ausgedrückt wird dies in der Abwägung des Herzens beim Jenseitsgericht.

Kleine Kinder gehen abends ungern ins Bett, weil sie sich vom Spiel des Tages nicht trennen können. Einige nehmen ihr Schicksal an und schlafen dann friedlich ein. Andere sträuben sich und wollen weiterspielen, doch irgendwann fallen sie um. Und je länger sie herumgezetert haben, desto unausgeschlafener sind sie am nächsten Morgen.

Auch die meisten Erwachsenen können sich vom Spiel des Lebens nicht trennen und versuchen, den Tod aus ihrem Bewusstsein zu verdrängen. Und wenn es dann soweit ist, krallen sich diese bedauernswerten Wesen in ihrer Todesangst fest an ihren Körper, den sie für ihre einzig mögliche Existenz halten. Aber irgendwann fallen auch sie endlich um, nachdem sie jahrelang versucht hatten, ihr inzwischen wertloses Leben mit allen möglichen Mitteln irgendwie zu verlängern. Sogar nach Eintritt des Todes klammern sich diese erdgebundenen Seelen so sehr an das äußere stoffliche Leben und können sich auch dann immer noch nicht von ihren Erdenkörpern trennen, sondern sie irren noch lange an den Stätten ihres irdischen Tun und Handelns umher. Unzufrieden, unausgeschlafen und wenig erholt kehren sie dann später zurück in den Morgen eines neuen Lebens, mit Ängsten beladen und in einem kränkelnden

Körper.

Wir müssen wieder lernen zu sterben, damit wir leben können. Das ist keineswegs eine neue Erkenntnis. Schon der griechische Philosoph Platon (427-347 v. Chr.), ein Schüler von Sokrates, lehrte:

> „Wenn sich die Seele aber befleckt und unrein vom Körper trennt, weil sie eben immer mit ihm zusammen war und ihn gepflegt und geliebt hat und von dem Körper und von seinen Lüsten und Begierden bezaubert gewesen ist, so dass ihr nichts anderes wahr zu sein schien als das Körperhafte, was man betasten, sehen, essen, trinken und zur Befriedigung der Liebe gebrauchen kann, während sie aber gewohnt war, das Unsichtbare und durch Philosophie Fassbare zu hassen, zu scheuen und zu fürchten, eine so beschaffene Seele wird sich nicht rein absondern können. Durchdrungen vom Körperhaften ist sie gleichsam mit ihm zusammengewachsen. Dieses Körperartige ist doch wohl etwas Niederdrückendes und Belastendes, etwas Erdartiges, das es an sich hat, dass sie sich beschwert fühlt. Hier irrt die Seele dann an den Denkmälern und Gräbern umher, in deren Nähe dann auch wirklich allerlei dunkle Erscheinungen von Seelen gesehen worden sind, solcher Seelen, die sich nicht in freiwilliger Reinheit vom Körper losgelöst haben, sondern am Sichtbaren noch teilhaben, weshalb sie dann auch gesehen werden."

Schließen wir das Kapitel über den Tod mit einem Vers des weisen Salomo, der da sprach: „Besser ein guter Name als gutes Öl, besser der Todestag als der Geburtstag." (Prediger, Kapitel 7, Vers 1).

Der mystische Tod = die Niederfahrt zur Hölle

„Ich glaube an Gott, den Vater, den Allmächtigen,
den Schöpfer des Himmels und der Erde.
Und an Jesus Christus.............gekreuzigt, gestorben und begraben,
hinabgestiegen in das Reich des Todes,
am dritten Tage auferstanden von den Toten,
aufgefahren in den Himmel,
er sitzt zur Rechten Gottes, des allmächtigen Vaters,
von dort wird er kommen zu richten die Lebenden und die Toten."

Warum um alles in der Welt wird eigentlich an den alten heiligen Texten von inkompetenter Seite immer wieder herumgefummelt? Im Urtext des apostolischen Glaubensbekenntnisses heißt es nach den Worten: „.....gekreuzigt, gestorben und begraben" nicht wie im heutigen Glaubensbekenntnis: *„.....hinabgestiegen in das Reich des Todes...."* sondern: ***„....niedergefahren zur HÖLLE...."*** . Das ist etwas ganz anderes.

Zum Thema HÖLLE herrscht in kirchlichen Kreisen allgemeines Durcheinander und große Verwirrung. Betrachten wir zunächst die einzelnen Auffassungsunterschiede:

- *Das Urchristentum* kannte die HÖLLE als einen Aufenthaltsort der Verdammten und der Sündigen, an dem die Schuld abgearbeitet und abgetragen werden konnte; eine klare Aussage.
- *In der katholischen Kirche* gilt die HÖLLE als Ort *ewiger* Verdammnis. Im Jahre 1439 wurde dann das Dogma vom *Fegefeuer* zusätzlich „erfunden“ . Auf der einen Seite sollte die Schwere der Strafe deutlich bleiben (=HÖLLE), auf der anderen Seite wollte man dem göttlichen Prinzip der Gnade und Vergebung Rechnung tragen *(=Fegefeuer).*
- *In der evangelischen Kirche* gibt es kein *Fegefeuer,* wobei man sich aber auch uneinig ist, ob die HÖLLE nun Ewigkeitscharakter hat, oder ob sie nur ein vorübergehender Ort der Reinigung und Läuterung ist.

Dass *beides* möglich ist, können die Theologen nicht erkennen, weil sie nicht gelernt haben, in Polaritätsgesetzen zu denken. Das apostolische Glaubensbekenntnis war ganz eindeutig: *erst* in die HÖLLE, *dann* in den HIMMEL. Jedem Menschen steht dieser Weg offen, der bereit ist, den christlichen Weg zu gehen. Das meinte JESUS CHRISTUS, als Er sprach: „Ich bin der Weg. Wer mein Jünger sein will, *der folge mir nach.“*

Die Konsequenz dieser Uneinigkeiten ist, dass die meisten Menschen falsche Vorstellungen von der Seele nach Eintritt des Todes haben, d.h. die Seele kann sich nicht richtig vorbereiten und muss deshalb in düsteren Regionen des Jenseits umherirren und unnötige Qualen erleiden.

Beispiele und Erfahrungen aus der *Reinkarnationstherapie* beweisen das eindeutig. Ein Selbstmörder z.B. macht die schaurige Entdeckung, dass er zwar seinen Körper getötet hat, mit dem er denken und handeln konnte, dass sein Bewusstsein aber an seinem Platz ausharren muss, ohne Möglichkeit, seine ungelösten Probleme in der materiellen Welt zu bereinigen.

Nach der Überlieferung der meisten esoterischen Schulen, die sich auch mit meiner persönlichen Auffassung deckt, hat die Seele nach Eintritt des Todes das Bedürfnis nach Läuterung und Reinigung. Sie kennen die vier Buchstaben am Kreuz von Golgatha: I.N.R.I., Jesus Nazarenus Rex Judaeorum = Jesus der Nazarener, König der Juden. Für die Bruderschaft der Essener, der JESUS CHRISTUS angehörte, hatten diese vier Buchstaben zusätzlich noch eine andere Bedeutung: I.N.R.I., Igne Natura Renovatur Integra = durch Feuer wird die Natur vollständig erneuert. Das alchimistische Element des Feuers ist in allen esoterischen Schriften ein Symbol für Reinigung. Doch das heißt nicht, dass die HÖLLE nicht auch Ewigkeitscharakter haben *kann,* je nach Schwere der Schuld.

Den Vorgang der Läuterung können Sie sich vorstellen wie den Ablauf einer Datenverarbeitung: Unsere Psyche sammelt die emotionalen Bilder und Erfahrungen dieses Lebens von der Zeugung bis hin zum Tod. Die „Bewegungsdaten“ eines Lebens werden in einer Bibliothek archiviert und fließen beim Eintritt des Hirntods in die Chronik der unsterblichen Seele ein. Der verstorbene Mensch hat hierbei den subjektiven Eindruck, als würden alle seine wichtigen Lebensstationen noch einmal wie in einem Film in irrsinniger Geschwindigkeit vor seinen inneren Augen ablaufen. Dieser Vorgang deckt sich übrigens auch mit der modernen Sterbeforschung und den Aussagen Reanimierter.

Jetzt, nachdem die „Informationen“ der Psyche in den „Datenbestand“ der Seele „überspielt“ worden sind, beginnt die eigentliche „Datenverarbeitung“. *Und das ist die HÖLLE!* Die Seele erkennt jetzt die schrecklichen Fehler, die sie in der letzten Inkarnation begangen hat, welche Aufgaben sie sich gestellt hatte, und was sie davon geleistet oder nicht geleistet hat. *Das* ist die HÖLLE. Sie fühlt noch einmal alle Schmerzen, die sie erlitten hat und fühlt auch jene Schmerzen, die sie anderen zugefügt hat. *Das* ist die HÖLLE. Die Seele erkennt die Themen, an denen sie möglicherweise schon seit Jahrtausenden vergeblich gearbeitet hat und sie weiß nun, dass sie wieder neu inkarnieren muss, um sich abermals den unerledigten Aufgaben zu stellen. *Das* ist die HÖLLE.

Die HÖLLE ist also in uns, und diese haben wir zu durchschreiten, bevor wir das wahre Leben finden. Alle Mythologien dieser Welt beschreiben den Weg der Metamorphose, das heißt den Weg der Auflösung, Umwandlung und Vergeistigung, mit unterschiedlichen Worten und Bildern, aber mit gleichem Inhalt. Ob der Aufenthaltsort der Seelen der Toten nun HÖLLE heißt, wie in der christlichen Mythologie, oder „Kidrontal“, wie in der jüdischen Mythologie, oder „Hades“, wie in der griechischen Mythologie — wir finden nur unterschiedliche Worte und Bilder mit dem gleichen Inhalt.

Es ist schon sehr schlimm, wenn die Menschen nicht gelernt haben, den *physischen Tod* ins Leben zu integrieren; aber weitaus schlimmer ist es, wenn die Menschen nicht auf den *mystischen Tod* vorbereitet worden sind und nicht die richtige Vorstellung von dem recht schmerzhaften Reinigungs- und Läuterungsprozess haben, den sie beim Aufenthalt in der HÖLLE durchleben müssen.

Die antiken Mysterien hatten den Sinn, den Menschen schon zu Lebzeiten mit den Dingen vertraut zu machen, die nach dem Tode geschehen. Ein kleiner Auszug aus den griechischen Mysterien von Eleusis, wo die Menschen einen Blick in die HÖLLE werfen durften, mag einen Einblick in das Zwischenreich der Metamorphose ermöglichen:

Nachdem die Neophyten zuvor in die KLEINEN MYSTERIEN von Eleusis eingeweiht worden waren, wurden sie zu Mysten, das heißt: zu Verschleierten, um an den GROSSEN MYSTERIEN teilzuhaben. Nach Einbruch der Dunkelheit wurden die Mysten mit Fackeln in der Hand von ihren Paten zum Eingang eines unter-irdischen Labyrinths geführt. Sie wurden dort entkleidet und mussten ein Tierfell anlegen — wie Adam beim Verlassen des Paradieses. Dann mussten sie ihre Fackeln löschen, und es herrschte völlige Finsternis. Dies stellte den Zustand des Menschen dar, der nur seinen vom *äußeren Licht* erhellten Verstand hatte, der aber von tiefster Finsternis erfüllt wird, sobald das äußere Licht erlischt. Eine solche Kreatur weiß nichts von ihrem *inneren Licht,* von ihrem einstigen höheren Dasein, weil ihr die wahren Erkenntnisse der Einweihung noch nicht aufgegangen sind.

In dieser Finsternis, einer *Vorstufe* zur HÖLLE, wurden die Mysten mit den Irrungen und Verwirrungen ihres Denkens, ihres analytischen Verstandes konfrontiert. Einen letzten Hauch des Grauens dieser Mysterienspiele erleben Kinder heutzutage in den Geisterbahnen auf Jahrmärkten. Dieser Teil der antiken Einweihungsriten von Eleusis galt der *Psyche,* noch nicht der *Seele.* Die Mysten hörten hier unheimliche Geräusche, schauriges Stöhnen und schreckliche Schreie. Krachende Donnerschläge, von deren Gewalt die Gewölbe erbebten, ließen die Furchtsamen zusammenfahren, grelle Blitze zerrissen die Finsternis und zeigten ihnen grauenvolle Erscheinungen, so dass sie von Schwindel und Entsetzen erfasst wurden. Ängstliche Naturen versuchten umzukehren und durch das Labyrinth den Ausgang zu suchen. Sie waren für immer verloren.

Jene, welche den Mut hatten und bereit waren, weiterzugehen, erblickten im schwachen Licht der Krypta weitere schreckliche Szenen ihrer *Psyche:* Alle Emotionen des bisherigen Lebens wurden ihnen in hochverdichteter Form bewusst: Sie sahen die von Furien gepeinigten Verdammten, hörten ihre Klageschreie, ihre fruchtlose Reue und Töne der Angst und der Sehnsucht nach dem verlorenen Paradies. Den Mysten wurde erklärt, dass ihr bisheriges irdisches Lebens ja nur ein Traum gewesen war, und dass die Fratzen, die sie hier anstarrten, die Darstellungen jener vergänglichen Freuden und Leiden seien, die sie vom wahren Leben abgehalten hatten.

Als nächste Station kamen sie in die eigentliche HÖLLE, in das Plutonium, in die Welt des Pluto (griechisch: Hades). Hier galt die Aufmerksamkeit nicht mehr der *Psyche,* sondern der unsterblichen *Seele.* Die Mysterienspiele von Eleusis fanden in einer Zeit statt, da die Eingeweihten um den *Zwang* zur Reinkarnation wussten und gemäß den Prophezeiungen auf Erlösung hofften, die erst einige Jahrhunderte später durch JESUS CHRISTUS erfüllt worden sind. Die Mysten wurden dort mit den Versäumnissen ihrer unsterblichen Seele aus *allen* vergangenen Leben konfrontiert. Hier, in der HÖLLE, würde sich entscheiden, ob der ewige Kreislauf der Reinkarnationen nun ein Ende habe oder nicht. Pluto, der finstere Herrscher über das Reich der Toten, saß mit einer Stachelkrone auf dem schwarzen Thron aus Ebenholz, neben ihm Persephone, von einem schwarzen Schleier der Trauer bedeckt. Schmerz und Trauer fanden hier ihren erschütternden Ausdruck. Plötzlich sprang ein großes Doppeltor auf, und strahlendes Licht (das sich ankündigende Christentum) drang in die finstere Halle des Pluto. Es erscholl der Ruf: „Dionysos ist da!" Persephone fuhr aus tiefem Schlaf auf und schrie: „LICHT!" Sie wollte dem Licht entgegeneilen, doch Pluto ergriff sie und zwang sie auf ihren Sitz zurück. Sie fiel hin und starb. Mit einem Schlage verlosch alles Licht, und die Mysten waren wiederum von tiefster Finsternis umgeben.

Die ersehnte Erlösung war noch nicht da. Nach einer sehr langen Pause sprach eine Stimme aus der Dunkelheit: „Sterben ist Wiedergeborenwerden!" Das war das Ende des mystischen Todes.

Doch danach durften die Mysten dennoch den Himmel schauen, das heißt, etwas über ihren Heiligen Geist erfahren: Sie wurden nun wieder nach oben geführt, ihnen wurde das Tierfell abgenommen, und sie badeten in geweihtem Wasser. Dann erhielten sie weiße Gewänder und wurden in einen gewaltigen Tempel geführt, der im Glanze tausender Fackeln erstrahlte. Ein in Purpur gekleideter Hierophant (Hoherpriester) las aus alten steinernen Tafeln hermetische Geheimnisse vor, die sich auf den Prozess der Wiedergeburt bezogen. Dann öffnete sich im Tempel das Tor zum Allerheiligsten, welches im hellsten Licht erstrahlte. Himmlische Töne versetzten die Gemüter der Neophyten in Entzücken, herrliche Düfte durchwürzten die Luft, und sie erblickten in lieblichen Hainen und blumigen Wiesen den ewigen Frühling des Elysiums. Die heilige Weihe war vollendet, die Mysten waren nun zu Eingeweihten geworden. Die Schrecken des Todes waren überwunden, die dunklen Rätsel gelöst, und das „Große Licht von Eleusis" war in ihnen aufgegangen.

Der Dichter Homer schrieb:

> „Selig allein ist nur von den sterblichen Erdenbewohnern, wer dies schaute.
> Doch der, der ohne Weihe und fremd noch jenem Heiligen starb,
> hat nimmer teil an jenem Lose,
> sondern ein Toter nur ist er im dumpfigen Wuste des Nachtreichs."

Die Wiedergeburt im Fleisch

Nach den vorangegangenen Gedanken über die Karma- und Polaritätsgesetze und über den physischen und mystischen Tod möchte ich nun an das Thema Wiedergeburt herangehen. Den Satz aus dem vorletzten Kapitel über den physischen Tod: „Als du geboren wurdest, stand unumstößlich fest, dass du sterben wirst", können Sie auch umdrehen; dann lautet er: „Als du gestorben warst, stand unumstößlich fest, dass du geboren wirst."

Wir müssen unterscheiden zwischen der Wiedergeburt *im Fleisch* (Reinkarnation) die in diesem Abschnitt behandelt wird, und der Wiedergeburt *im Geist* (Auferstehung), die einige Seiten später beschrieben wird. In kontroversen Diskussionen darüber übersieht man oft, dass gegensätzlich erscheinende Standpunkte einander nicht ausschließen, und, wie Sie bald erfahren werden, sich einander sogar bedingen.

Jedes kleine Baby kommt als beschriebenes Blatt auf die Welt — mit einem ganzen Bündel von Erfahrungen und mit neuen Lernaufgaben. Ich bin überzeugt, dass die Seele sich unter diesem Gesichtspunkt das Umfeld, die Eltern und den Zeitpunkt der Inkarnation auswählt. Das gilt auch dann, wenn Kinder in Elternhäuser hinein-geboren werden, in denen sie z.B. misshandelt werden; dann will die Seele eben genau diese Erfahrung machen, entweder um eigenes Karma abzutragen, oder um anderen Menschen zu ermöglichen, deren Karma abzutragen. Jedenfalls ist die Seele mit den leidvollen Erfahrungen, die ihr bevorstehen, einverstanden.

Wir werden eben nicht alle gleich geboren. Es ist ein Unterschied, und das kann niemand leugnen, ob ein Mensch als kleiner Negerjunge in Somalia geboren wird und nur wenige Monate leidvollen Lebens vor sich hat, bevor er verhungert oder verdurstet; ob jemand als hübsches Mädchen in Amerika zur Welt kommt, ein glitzernder Stern im Showgeschäft wird und eine Liebesbeziehung mit dem Präsidenten der U.S.A. eingeht, um schließlich mit einer Überdosis Schlaftabletten diese Inkarnation zu beenden; oder ob jemand als Wolfgang Amadeus Mozart geboren wird, als bestauntes Wunderkind sich zu einem Genie entwickelt, um die Verbindung von Musik und Mystik zur Perfektion zu bringen.

Der Sinn der Inkarnation ist ja gerade, dass die unsterbliche Seele in einem Körper neue materielle Erfahrungen sammelt, um über einen oft leidvollen Weg *heil (=heilig)* das heißt ganz zu werden. Trotzdem gibt es auch jene vielen Leben, in denen scheinbar gar nichts passiert, diese Warteschleife, diese „Ausruh"-Inkarnationen, wie ich sie nenne; Leben, in denen Menschen geboren werden, heranwachsen, heiraten, Kinder bekommen, alt werden und sterben. Das war's. Auch diese Leben haben Sinn.

Das Verständnis um die Vorerfahrungen der Seele ist ein wichtiger Baustein der *Reinkarnationstherapie.* Die Wiederentdeckung des *Lebenssinns* ist ein wichtiger Baustein der ***Offenbarungstherapie***®. Denn wenn der Mensch diese Zusammenhänge nicht versteht, dann arbeitet er weiterhin mit seinem analytischen Denken, mit seinem *Eigensinn,* gegen seine Seele, gegen seinen *Lebenssinn* an. Natürlich entsteht dann Reibung!

Treten während eines Lebens Krankheits- oder Schicksalsprozesse auf, dann möchte die Seele einen Ausgleich schaffen für etwas, das in der persönlichen Entwicklung schiefgelaufen ist, wo das Pendel in eine Richtung zu weit ausgeschlagen ist. Die Seele möchte *Karma abbauen.* Das Karma muss nicht unbedingt im Hier und Jetzt entstanden sein, es kann auch aus früheren Leben kommen. Der unbewusste Mensch mit seinem schlichten Gemüt oder seinem analytischen Verstand sträubt sich oft gegen das unerbittliche Gesetz des Karmas, wodurch dann eine noch stärkere Reibung entsteht. Prägen Sie sich also bitte deshalb folgenden wichtigen Satz ein: *Krankheit und Schicksal sind die Reibung zwischen Eigensinn und Lebenssinn.*

Alle Weltreligionen (Buddhismus, Hinduismus, Islam) sind von der Reinkarnation überzeugt. Das galt auch im Urchristentum. Für JESUS CHRISTUS und Seine Jünger jedenfalls war dies die selbstverständlichste Sache der Welt, so selbstverständlich, dass sie in den Evangelien nicht besonders erklärt werden musste. Denn was sollte sonst wohl folgender Vorgang zu bedeuten haben?

Als JESUS CHRISTUS in die Gegend von Cäsarea Philippi kam, fragte Er Seine Jünger: „Für wen halten die Leute den Menschensohn?“ Sie erwiderten: „Einige für Johannes den Täufer, andere für Elias, andere für Jeremias oder für einen von den Propheten.“ (Matth. 16, Vers 13). Spätestens hier hätte JESUS CHRISTUS einhaken müssen und fragen: „Was soll der Unsinn?“ Johannes der Täufer war gerade enthauptet worden, und es war allgemein bekannt, dass Jeremias über sechshundert Jahre und Elias über achthundert Jahre tot war. Aber Jesus akzeptierte das und Er sprach zu ihnen: „Ihr aber, für wen haltet ihr mich?“ Simon Petrus antwortete: „Du bist der Messias, der Sohn des lebendigen Gottes.“

Petrus, jener Jünger, der als der „Fels“ galt, auf den JESUS CHRISTUS später Seine Kirche bauen wollte, war ja nun, wie aus anderen Bibelstellen hervorgeht, erwiesenermaßen nicht gerade der schnellste im Denken. Aber Simon Petrus war diesmal pfiffig und gab die richtige Antwort: „Du bist der Messias, der Sohn des lebendigen Gottes.“ Jesus entgegnete ihm: „Selig bist du, Simon, denn nicht *Fleisch und Blut* haben dir das offenbart, sondern *mein Vater, der im Himmel ist.“* Jesus wollte damit zum Ausdruck bringen, dass man mit materialistischen Vorstellungen (Fleisch und Blut) diese Fragen niemals angehen kann, sondern dass dazu eine höhere Ebene des Bewusstseins vonnöten sei (mein Vater im Himmel).

Nun, die Autoritäten der heutigen Zeit denken da anders, zumal wenn sie zu einem erweiterten Bewusstsein keinen Zugang haben. Die Frage der Reinkarnation müssen wir aber klären, bevor Sie sich weiter mit der *Reinkarnationstherapie* befassen, die später in die ***Offenbarungstherapie***® überleitet, denn sonst steht hinter jedem Satz, den Sie hier lesen, ständig der Zweifel: „Ja, kann das denn auch stimmen?“

Die *„Autoritäten des Fleisches“,* die Professoren der modernen Medizin an den Universitäten, können nur „in Fleisch und Blut“ denken, um die biblischen Worte zu benutzen. Sie sehen sich ja immer noch in der Rolle, die einzige für Heilung berechtigte und zuständige Instanz zu sein, und so gilt auch heute noch der Satz des berühmten Pathologen und Anthropologen Professor Rudolf Virchow (1821-1912), der an der Berliner Charité, lehrte und forschte: „Meine sehr verehrten Damen und Herren,“ wandte er sich an Hunderte von Studentinnen und Studenten, die ihm bei seinen chirurgischen Eingriffen zuschauten, „Tausende von Menschen habe ich operiert und ihnen die Leiber geöffnet, und Tausende von Leichen habe ich seziert, aber eine Seele habe ich niemals finden können. Also gibt es sie nicht!“ Begeisterter Beifall. Offenbar hat nicht einer der Studenten still vor sich hingebetet: „O GOTT, wirf Hirn herunter!“ . Denn GOTT warf kein Hirn herunter. Ganz sicher hätte er es getan, zumal „Charité,“ auf deutsch „Barmherzigkeit“ heißt. Und weil GOTT barmherzig ist und dennoch kein Hirn herunterwarf, konnte sich dieser Unsinn in den Köpfen der Mediziner festsetzen — und die Psychologen sind gleich mit eingeschlossen. So wissen sie bis heute bestenfalls etwas über die Psyche, aber nichts über die Seele.

Die anderen, die *„Autoritäten des Geistes“,* die für die Beantwortung der Fragen bezüglich einer Seele zuständig sind, sind die Vertreter der Kirchen. Gerade jenen Bischöfen, die mit Vehemenz gegen jede Art von Bewusstseinserweiterung zu Felde ziehen, fehlt das erweiterte Bewusstsein, das vonnöten wäre, um zu hören, was „mein Vater im Himmel ihnen sagt.“ Zwar predigen sie von den Kanzeln her die Existenz einer unsterblichen Seele; aber wie kann eine Seele unsterblich sein, wenn sie aus dem Nichts entsteht und keinerlei Vorerfahrungen hat? Es ist nicht einmal möglich, mit einem offiziellen Vertreter der Kirche ein ernsthaftes Gespräch über Reinkarnation zu führen, weil es, wie ich erlebt habe, sofort im Ansatz abgeblockt wird. Die Institution Kirche verleugnet heute eines ihrer ehemaligen Dogmen!

Die Frage nach der Reinkarnation wurde aber zu allen Zeiten in der materialistischen Welt recht merkwürdig behandelt, und auch die Kirche zähle ich nun zur materialistischen Welt, denn sie hat sich schon vor langer Zeit ihrer eigenen Mystik entledigt. Der Evangelist Johannes, der einzige Evangelist übrigens, der JESUS CHRISTUS persönlich kannte — er war der Jünger, „den der Herr liebte“ — berichtet in der Bibel, was Jesus über die Reinkarnation gesprochen hatte:

Nikodemus, ein angesehener Mann aus dem Kreise der Pharisäer, Ratsherr der Juden, der auch die geistliche Elite des alten Israel vertritt, schleicht sich nachts zu Jesus, weil er offensichtlich nicht gesehen werden will, denn er hat ein Problem. Und er eröffnet das Gespräch mit Jesus mit den Worten: „Meister, wir wissen, du bist von Gott gekommen...“, was ja sonst gar nicht die Art der Pharisäer war, denn sie zweifelten ja Jesus immer an: („Dieser Mensch ist nicht von Gott“). Aber Nikodemus hat da eine ganz bestimmte Frage, die ihn bewegt, und dann werden Vorurteile schon einmal über Bord geworfen. Er fragt also: „Wie kann ein Mensch geboren werden, der alt ist? Kann er noch einmal in den Schoß seiner Mutter eingehen und geboren werden?“

Und Jesus antwortet ihm: „Wahrlich, wahrlich,“ und unterscheidet dann zwischen zwei Daseinsebenen: „Wenn einer nicht geboren wird aus Wasser und Geist, kann er nicht eingehen in das Reich Gottes. Was geboren ist aus dem *Fleisch, ist Fleisch,* und was geboren ist aus dem *Geist, ist Geist* ....“

Jesus merkt, dass Nikodemus Schwierigkeiten hat im Begreifen des Zusammenspiels der *spirituellen* und der *materiellen* Ebene. Die Ebene des Fleisches ist klar (das ist die *materielle* Daseinsebene) und für jeden nachvollziehbar: „Was geboren ist aus dem Fleisch, ist Fleisch.“ Aber was ist mit der Geburt aus dem Geiste (das ist die *spirituelle* Daseinsebene)? Dort, wo ich Ihnen die Vereinigung des *spirituellen* Dreiecks mit dem *materiellen* Dreieck am Symbol des HEXAGRAMMs erklärt habe, benutzt Jesus ein sehr schönes Bild aus der Natur für die Erklärung der *spirituellen* Daseinsform des Menschen: „Der Wind weht, wo er will; du hörst sein Brausen, weißt aber nicht, woher er kommt und wohin er geht. So ist es mit jedem, der geboren ist aus dem Geist.“

Nikodemus begreift das immer noch nicht, und Jesus entgegnet ihm (man kann Sein Kopfschütteln über so viel Unverstand förmlich vor dem geistigen Auge sehen): „Und *du* bist der Lehrer Israels und verstehst das nicht?“ Er unterstreicht das Thema noch einmal: „Wenn ich vom Irdischen zu euch sprach, und ihr glaubt nicht, wie werdet ihr glauben, wenn ich zu euch vom Himmlischen spreche?“

Wenn Sie lange nicht in der Bibel gelesen haben, so nehmen Sie doch dies einmal zum Anlass, damit wieder zu beginnen. Sie finden diese Geschichte zum Thema der Reinkarnation im Johannisevangelium, Kapitel 3. Es ist wirklich schade, dass der meistverkaufte Bestseller der Welt, die Bibel, zugleich auch das am wenigsten gelesene Buch der Welt ist, zumal Sie dort einen wahren Schatz an Weisheiten finden.

Es hat sich in den letzten zweitausend Jahren nichts geändert: Stellen Sie sich bitte einmal vor, es spräche sich herum: JESUS CHRISTUS ist auf die Erde zurückgekehrt, Er lebt da oder dort. Ich vermute, dass die Oberhäupter der Kirchen (die Pharisäer von heute) diesem Ereignis nicht gerade mit großer Begeisterung entgegensähen, denn sie müssten dann viele ihrer Glaubensvorstellungen aufgeben, und das könnte zu großen Unruhen führen. Die Kirche würde den wiedergeborenen Christus wohl ebenso verleugnen, wie die Pharisäer damals Jesus verleugnet haben.

Und wieder würde sich einer der Bischöfe aufmachen, nachts, damit er nicht gesehen würde, und er würde zu JESUS CHRISTUS hingehen, denn er hätte ein Problem, dasselbe übrigens wie vor zweitausend Jahren. Und wieder würde er das Gespräch mit Ihm eröffnen mit den Worten: „Meister, wir wissen, du bist von Gott gekommen als Lehrer...“, und dann die gleiche Frage stellen — nur in anderer Verpackung: „Wie hältst du es mit der Reinkarnation?“ Und wieder würde JESUS CHRISTUS erklären, dass es da einen Teil gibt, der aus dem Geist geboren ist, und einen Teil, der aus dem Fleisch geboren ist, und nur der Teil, der aus dem Geist geboren ist, könne das Himmelreich schauen.

Das *gleichschenklige Kreuz,* als esoterisches Symbol wesentlich älter als das Kreuz des Christentum, misst den alchimistischen Gegensatzbalken Feuer und Wasser (waagerecht) sowie Luft und Erde (senkrecht) gleiche Bedeutung zu. Das asymmetrische Kreuz, das JESUS CHRISTUS auf sich genommen hatte, symbolisiert die Welt, die aus dem Lot geraten ist: die zum Himmel gerichtete *Geistsymbolik (Luft) ist verkürzt,* und die nach unten gerichtete *Erdsymbolik ist verlängert.*

Wie sollte nun ein Bischof einer Institution, die seit zweitausend Jahren dieses Kreuz verehrt, an dem die *Erde* den größten und der Gegenpol, die *Luft,* den kleinsten Anteil hat, die Worte JESU CHRISTI nachvollziehen können: „Was geboren ist aus dem *Fleisch, ist Fleisch,* und was geboren ist aus dem *Geist, ist Geist* ...." Und abermals würde JESUS CHRISTUS den Kopf schütteln und sich traurig abwenden: „Und *du* willst Bischof meiner Kirche sein und verstehst das nicht?" Sie sehen also, es hat sich nichts geändert. Die Vertreter unserer Kirchen verstehen nichts mehr von der Reinkarnation.

Aber *warum* haben die Kirchen mit der Reinkarnationslehre überhaupt so große Schwierigkeiten? Erlauben Sie mir bitte, einen Moment vom Thema abzuschweifen, denn ich bin dieser Frage nachgegangen. Ebenso wie sich die moderne Medizin von ihren eigenen Wurzeln abgeschnitten hat, hat sich auch die kirchliche Theologie sehr früh von ihren eigenen Wurzeln abgeschnitten. Gehen wir zurück in das vierte Jahrhundert nach Christi Geburt:

Während der Christenverfolgung hatten die Gläubigen ständig in Lebensgefahr geschwebt, und in diesem gedrückten Klima hatten sich Tugenden wie uneingeschränkte Bruderliebe, Opferbereitschaft und Standhaftigkeit entwickelt. Im Februar des Jahres 313 gewährte Kaiser Konstantin der Große durch das Mailänder Toleranz-Edikt Religionsfreiheit und beendete damit die bereits Jahrhunderte andauernde Christenverfolgung. Endlich verschwand der Druck, der so lange auf den Gemeinden gelastet hatte. Gleichzeitig trat aber ein neues Problem auf: Durch die Religionsfreiheit entstand nun ein Kontakt zwischen Christen und Heiden, es zeigten sich Tendenzen zur Verweltlichung, und so kam es zu Auseinandersetzungen innerhalb der Christen. Der liberale Kaiser, der an den kirchlichen Dingen sehr interessiert war, griff in diese kontroversen und dogmatischen Diskussionen ein und fühlte sich sogar berechtigt, in innerkirchlichen Angelegenheiten mitzusprechen. Einige Jahre später, auf dem Konzil von Nizäa am 20. März 325, ließ sich Konstantin der Große als eine Art „Mitbischof" feiern, und als Gegenleistung für das Toleranz-Edikt stellte sich die Kirche in den Dienst Kaisers und des Staates und grenzte sich nicht mehr klar ab.

56 Jahre später, am 1.Mai 381, sanktionierten die Bischöfe auf dem II. Ökumenischen Konzil das von Kaiser Theodosius erlassene Edikt, in dem er alle römischen Untertanen zur Annahme des christlichen Trinitätsgedankens auffor-

derte. Im Klartext bedeutete es: Das Christentum wurde Staatsreligion. Doch das kaiserliche Edikt enthielt noch mehr Sprengstoff: Den heidnischen Kulturen wurde jegliche staatliche Unterstützung entzogen und deren Religionsausübung nun eingeschränkt. Aus der Christenverfolgung war nun eine Heidenverfolgung geworden. So etwas bekommt man natürlich nicht geschenkt. Unterwürfig revanchierte sich der römische Klerus durch die Streichung mehrerer christlicher Dogmen, die an einen heidnischen Ursprung erinnern könnten. Neben den wunderschönen Lichtkulten wurde auch das christliche Reinkarnations-Dogma gestrichen.

Nochmals 170 Jahre später berief Kaiser Justitian im Jahre 553 jenes berühmt-berüchtigte ökumenische Konzil nach Konstantinopel ein, wo mehrere Sakramente aus der christlichen Lehre endgültig entfernt worden sind, u.a. das Reinkarnations-Sakrament. Im Anschluss daran wurde im Vatikan sämtliches Schrifttum, welches sich mit Reinkarnation befasste, verbrannt, vernichtet oder überarbeitet. So wurde der Reinkarnationslehre, die für JESUS CHRISTUS so selbstverständlich war, der endgültige Garaus bereitet.

Um so erfreulicher ist es, wenn einige Stellen wie das Nikodemus-Gespräch oder die zitierten Verse aus dem Matthäus-Evangelium dennoch überlebt haben. Jene andere Textstelle aus dem Johannes-Evangelium, wo wegen genau dieser Frage mit Steinen nach Jesus geworfen wurde, liest sich für denjenigen sehr eindrucksvoll, der analog zu denken vermag und ahnt, welcher Art die Steine sind, die heute nach JESUS CHRISTUS geworfen werden. Die Juden sagten zu Jesus: „Nun erkennen wir, dass du einen Dämon hast. Abraham ist gestorben und die Propheten, und du sagst: Wenn einer auf mein Wort achtet, wird er den Tod nicht kosten in Ewigkeit." Jesus antwortete den Juden: „...Abraham, euer Vater, jubelte, dass er meinen Tag sehen werde; er sah ihn und freute sich." Da sagten die Juden zu ihm: „Noch nicht fünfzig Jahre bist du alt und hast Abraham gesehen?" Jesus sprach zu ihnen: „Wahrlich, wahrlich, ich sage euch: Ehe Abraham ward, bin ich." Da hoben sie Steine auf, um nach ihm zu werfen; Jesus aber verbarg sich und ging hinaus aus dem Tempel. (Kapitel 8, ab Vers 52).

Die Reinkarnation, die Vereinigung zweier Dreiecke

Wie und wann sich die spirituelle Daseinsform mit der materiellen Daseinsform verbindet, kann ich Ihnen natürlich nicht mit letzter Sicherheit beweisen, aber vielleicht können Sie folgende Hypothese annehmen:

Jede Körperzelle, ob Knochen-, Blut- oder Hirnzelle, ist ein kleiner eigenständiger Baustein, der *alle* Informationen beinhaltet, die erforderlich sind, um einen kompletten Menschen zu schaffen. Sie sind als Erbinformationen in den Genen abgespeichert. Aber welche Kraft nun bewirkt, in welcher Form sich die einzelnen Zellen anordnen und auf einen Großteil ihrer Fähigkeiten verzichten, kann die Wissenschaft bisher nicht schlüssig beantworten.

Unmittelbar zum Zeitpunkt der Zeugung tritt der feinstoffliche Astralleib (die grüne nach unten gerichtete Spitze des spirituellen Dreiecks), welcher der körperlichen Ebene am nächsten ist, zu der befruchteten Eizelle hinzu. Der feinstoffliche Astralleib ist der *Bauplan,* der bei der Zellteilung bewirkt, dass die Zellen ihr Bewusstsein und ihre Aufgabe erhalten. Der konstituierende Faktor des Astralleibes sorgt dafür, dass sich identische Zellen zu Verbänden zusammenschließen und die ihnen zugedachte Aufgabe aufnehmen. Die Knochenzelle wird für die Stützung und den Schutz der Organe sorgen, das rote Blutkörperchen wird Sauerstoff transportieren, die Gehirnzelle wird Informationen speichern und so weiter. Das gilt für alle Zellen, von den Tränendrüsen bis zu den Fußnägeln.

Auch das äußere Aussehen des Menschen wird jetzt über den feinstofflichen Astralleib festgelegt. Da der Astralleib viele tausend Inkarnationen alt ist, sind auch die körperlichen Erfahrungen gespeichert. Ebenso wie sich Freude und Leid, Glück und Trauer sowie Zuversicht und Verzagtheit in das Gesicht eines Menschen eingraben, so führt auch eine starre oder gebeugte Geisteshaltung zu einer starren oder gebeugten Körperhaltung. Wenn Sie einen Menschen zwanzig Jahre lang nicht gesehen haben, erkennen Sie ihn wieder, obwohl er alle seine Körperzellen mindestens dreimal ausgewechselt hat. Und so dürfen wir annehmen, dass auch die äußere Erscheinung eines Menschen den Erscheinungen seiner Vorleben sehr ähnlich ist. Auch körperliche Merkmale bis hin zu Missbildungen werden durch den Eintritt des Astralleibes zum Zeitpunkt der Empfängnis programmiert. Dass sich diese Programme auch in den Genen abbilden, ist kein Widerspruch.

Reinkarnation bedeutet Wiedereinfleischung. Der Apostel Paulus sagte, jede Kreatur habe ihr eigenes Fleisch. So besteht auch der Mensch aus unterschiedlichen Arten von Fleisch. Das Herz ist aus einem besonderen Fleisch, die Leber ist aus einem anderen Fleisch, und die Nieren bestehen wiederum aus einem anderen Fleisch. In der antiken Menschenkunde wusste man darum, dass das Fleisch Träger der Seele ist, und dass jedes Organ Sitz einer bestimmten Seelenqualität ist. Der Ausspruch, einen Menschen auf „Herz und Nieren zu prüfen", hat seinen Ursprung in der Erkenntnis, dass ein Mensch zwar ein gesundes Herz aber kranke Nieren haben kann. Das könnte dann bedeuten, dass er zwar ein gesundes Ego hat, aber einen gestörten Sinn für Gerechtigkeit und Partnerschaft. Schädigungen der Haut, wie dies zum Beispiel bei der Neurodermitis der Fall ist, deuten auf ein krankhaftes Abgrenzungsproblem hin, was ein Neugeborenes durchaus schon als Hypothek einer vergangenen Inkarnation mit in dieses Leben hineinbringen kann. Diese Menschenkunde schlägt sich in der ***Spirituellen Astromedizin*** nieder.

Von dem Augenblick der Befruchtung an ist der feinstoffliche Astralleib immer in dem oder um den materiellen Körper, ähnlich wie die Atmosphäre um die Erde ist. Der Astralleib ordnet und steuert den Aufbau des Körpers.

Die Reinkarnation der unsterblichen Seele

Die unsterbliche Seele (die blaue Spitze des spirituellen Dreiecks) tritt zum Zeitpunkt der Geburt mit dem ersten Atemzug in das kleine Menschenwesen ein, und zwar nicht in den Körper, sondern in den feinstofflichen Astralleib. Wegen ihrer sehr viel höheren Schwingung ist die Seele nicht in der Lage, den grobstofflichen materiellen Körper zu durchdringen, ebenso wie das Sonnenlicht nicht in der Lage ist, in die Erde einzudringen. Und dennoch gelangt das Sonnenlicht in die Sichtbarkeit, sobald es in die Atmosphäre eintritt, wie auch die Seele in die Sichtbarkeit gelangt, sobald sie den Astralleib durchflutet.

Die Seele hat nun alle „seelischen" Erfahrungen aus der Summe aller Vorleben mitgebracht, die dem Menschen aber normalerweise nicht bewusst sind, da er dieses immense Informationspotential niemals verkraften würde. Dennoch ist die Seele die wahre Persönlichkeit des Menschen. Bestimmte gravierende Erfahrungen aus vorangegangenen Inkarnationen können wir teilweise und gezielt — und nur in Ausnahmefällen und mit Vorsicht und Verantwortung — im Rahmen einer *Reinkarnationstherapie* bewusst machen.

Aber warum kennen wir normalerweise unsere Vorleben nicht? Es steckt schon ein sehr tiefer Sinn dahinter, dass der Mensch die Erfahrungen seiner früheren Inkarnationen bei seiner Geburt zunächst vergisst. Der griechische Philosoph Plato schrieb dazu, *„..... dass die Seele der substantielle Träger des Lebens ist; sie existierte vor der Geburt und lebt nach dem Tode weiter. Bei der Geburt verliert sie ihre Erinnerungen und trinkt beim Eintritt ins Leben vom Fluss des Nicht-Erinnerns. Bei Gebrauch der Sinne kommt das alte Wissen Schritt für Schritt zurück. Alles Lernen ist demnach im Grunde ein Erinnern an altes Wissen."*

Vielleicht wird Ihnen hier verständlich, wieso Mozart mit vier Jahren sein erstes Klavierkonzert gegeben hatte, wieso er mit zehn Jahren ganze Partituren von Konzerten, die er nur einmal gehört hatte, aus dem Gedächtnis niederschreiben konnte, wieso er also Fähigkeiten hatte, die sich ein Kind in so kurzen Jahren niemals hätte aneignen können. Er hatte diese Fähigkeiten einfach aus seinen Vorleben mitgebracht.

Und wann inkarniert der Heilige Geist (die ultraviolette Spitze des spirituellen Dreiecks)? Ich weiß es nicht ganz genau. Vielleicht inkarniert das Christusbewusstsein nur bei besonderen Menschen vollständig, bei anderen nur in außergewöhnlichen Situationen, und bei manchen vielleicht niemals. Bei JESUS CHRISTUS kam während der Taufe im Jordan der Heilige Geist in Form einer Taube vom Himmel auf ihn nieder. Ebenso wie das ultraviolette Licht aufgrund seiner hohen Schwingung zwar vorhanden ist, aber vom menschlichen Auge nicht wahrgenommen werden kann, so ist der Heilige Geist immer bei uns, und dennoch können wir ihn normalerweise nicht wahrnehmen.

Immer dann, wenn wir eine Intuition, eine spirituelle Erleuchtung oder das unbeschreibliche Gefühl einer Einheit mit GOTT oder dem Kosmos haben, dann hat sich der Heilige Geist für einige kurze Augenblicke inkarniert. Auch während des Schlafes und ganz besonders bei initiatischen Träumen zeigt sich das Christusbewusstsein zuweilen. In tiefen Meditationen kann ebenfalls der Kontakt mit dem Heiligen Geist hergestellt werden.

In der ***Offenbarungstherapie***® und über die Initiation während des Rituals im ***Hexagramm-Programm***® kann der Kontakt mit dem Christusbewusstsein erreicht werden. Dann sind für wenige Augenblicke alle sechs Punkte des HEXAGRAMMs harmonisch beieinander.

Ich bin davon überzeugt, dass bei den Avataren, den Religionsstiftern und einigen heutigen großen spirituellen Meistern der Heilige Geist voll und ununterbrochen inkarniert ist. Unsere Aufgabe ist es, dass wir normale Menschen uns diesen Zustand durch innere Arbeit und spirituelle Exerzitien erarbeiten.

Karma, Tod und Wiedergeburt: Das ewige Rad des Schicksals

Tod und Wiedergeburt – zwei Seiten der gleichen Medaille. Doch da ist ein kleiner Unterschied: Wenn Sie sterben, liebe Leserinnen und Leser, dann stehen Ihre Angehörigen um Sie herum und weinen, Sie aber dürfen lachen. Wenn Sie geboren werden, dann stehen Ihre Angehörigen um Sie herum und lachen, aber Sie müssen weinen.

Das Gesetz des Karmas und der Reinkarnationen ist unerbittlich. Unentwegt dreht sich das Rad des Schicksals. Eine Reinkarnation folgt auf den Sturz in die Hölle, wieder und wieder bekommen Sie Chancen, und immer wieder begehen Sie Fehler, wieder werden Sie schuldig, und wieder stürzen Sie in die Hölle. Und wieder werden Sie inkarniert......

Es ist vergleichsweise die Situation eines Hamsters, der in einem sich drehenden Rad auf der Stelle tritt: Der *unbewusste Mensch* läuft im Rad, ohne von der Stelle zu kommen, und er findet das in Ordnung, denn er weiß nichts von dem ewigen Rad seines Schicksals — dem Zwang zur Reinkarnation. Der *bewusste Mensch weiß* um diese Situation und sucht nach dem Ausgang, der in die Freiheit führt. Das wäre die Auferstehung, die von JESUS CHRISTUS in Aussicht gestellte Wiedergeburt des Geistes.

Aber bis dahin dreht sich das ewige Rad des Schicksals und der Inkarnationen immer weiter, liebe Leserinnen und Leser, solange bis Sie absolut makellos sind — bis Sie *heil* sind. Solange auch nur die geringste Unvollkommenheit an Ihnen ist, werden Sie immer wieder in den Strudel der Leidenschaften geraten und dort an einem Stück Materie hängen bleiben. Ein dünner, langer, zäher Faden, der von Monat zu Monat immer kürzer wird, wird Sie wieder in einen Mutterleib, in eine Gebärmutter zwingen, unter Schmerzen werden Sie geboren, alle Ihre Vorleben werden Sie vergessen, und Ihre Lernaufgaben beginnen von neuem.

Die Gesetze der Polarität, des Karmas und der Reinkarnationen sind unerbittlich.

Die Wiedergeburt im Geist: Auferstehung durch die Gnade Gottes außerhalb des Gesetzes

25 800 Jahre benötigt der Zeiger der Weltenuhr, um einen Rundlauf zu vollenden. Dann geschieht etwas Neues.

Drei Zyklen bestimmen unser Leben. Die Drehung der Erde um ihre eigene Achse dauert einen Tag. Der ellipsenförmige Umlauf der Erde um die Sonne ist der zweite Zyklus und dauert ein Jahr. Aber ähnlich wie ein Brummkreisel, der sich sehr schnell um seine eigene Achse dreht, dabei eine ellipsenförmige Bewegung um eine Lampe beschreibt, und dessen Achse sich sehr langsam mal zu der einen und mal zu der an deren Seite neigt, so zeichnet auch der in den Kosmos ausgedehnte Äquator der Erde einen Kreis in die Fixsterne. Dieser dritte Zyklus, das große platonische Jahr, wird am Frühlingspunkt beobachtet, dem Zeitpunkt der Tag-und-Nacht-Gleiche, der langsam durch den Kosmos zieht und einen Weg in den Himmel schreibt.

Exakt zum Zeitpunkt des Lebens Jesu Christi begann ein neues platonisches Jahr. Der Frühlingspunkt, der sich rückwärts durch den Tierkreis bewegt, sprang von 0 Grad (=Widder) auf 360 Grad (= 30 Grad Fische). Die Dimension der Verkündigung der christlichen Lehre hat somit wahrhaft kosmische Dimension, deren Ausmaß die Entwicklung der Menschheit für die nächsten sechsundzwanzigtausend Jahre prägen wird. Ich habe Zweifel, ob die Außergewöhnlichkeit dieser Zeitqualität den kirchlichen Theologen überhaupt bewusst ist.

Über Jahrtausende hatten sich die alten Naturreligionen entwickelt und konzentriert. Im Zeitalter des Zwillings (etwa 6000 - 4000 v.Chr.) wurden die Mythen nur mündlich erzählt und weitergegeben. Im Zeitalter des Stiers (etwa 4000 - 2000 v. Chr.), als auch der Stier das Opfertier wurde, manifestierten sich die Mythen so weit, dass sie in Schriften und Kulthandlungen materiellen Ausdruck fanden. Und im darauffolgenden Widderzeitalter (den letzten 2000 Jahren v.Chr.), als der Widder zum Opfertier wurde, gab es die ersten monotheistischen Religionen, die den EINEN GOTT zum Inhalt hatten. Im Alten Testament sind noch ganz klar die Naturgesetze zu erkennen (die Sintflut, die neun Plagen, die Zerstörung des Tempels), und ein wertender und strafender GOTT setzte das Karmagesetz grausam und gnadenlos durch (Auge um Auge, Zahn um Zahn).

Dann aber, genau in dem Augenblick, als der Zeiger der Weltenuhr auf 0 stand und ins *Fischezeitalter* hinüberglitt, da genau wurde JESUS CHRISTUS geboren, Er wurde im *Jordan getauft (Fischesymbolik),* er sammelte *Fischer* als seine Jünger um sich herum und machte sie zu *Menschenfischern.* Durch Sein Erscheinen brach plötzlich die neue Botschaft mit voller Kraft herein: *Die Gnade* GOTTES *außerhalb des Gesetzes!!!*

Das, was Buddha fünfhundert Jahre zuvor angedeutet hatte, nämlich die Möglichkeit, die Karma-Gesetze und das Rad der Inkarnation zu verlassen, wurde in der christlichen Mystik zur Realität. JESUS CHRISTUS sprach: „Was du in sieben Jahren an Sünden auf dich geladen hast, das wird dir in sieben Tagen vergeben werden.“ Einzige Vorbedingung war: Der Mensch musste sich selbst erkennen und bezeugen: „Ja, ich habe gesündigt.“ Zum ersten Mal in der Geschichte der Menschheit war das Gesetz des Karmas durchbrochen. Das neue Weltenjahr hatte begonnen.

Das ist die frohe Botschaft von der Aufhebung des Karmas durch die Gnade GOTTES außerhalb des Gesetzes. Erstmals hat der Mensch die Chance, frei zu sein von Ursache und Wirkung, frei vom Zwang zur Reinkarnation! Die Bedeutung der christlichen Botschaft ist von solch gewaltiger Dimension, dass alle anderen Ereignisse sich hinfort an diesem Zeitpunkt messen lassen müssen: Ob der Bau der Pyramiden, ob der Untergang des Römischen Reiches, oder ob die Gründung der Vereinigten Staaten von Amerika — alle Zeitangaben beziehen sich auf eine Jahreszahl *vor* Christi Geburt oder *nach* Christi Geburt.

Die Gnade GOTTES außerhalb des Gesetzes, die Verkündung der Vergebung der Sünden durch JESUS CHRISTUS und die daraus resultierende Auferstehung — das sind die Boten der absoluten Zeitenwende der Menschheit!

„....von dort wird Er kommen zu *richten* die Lebenden und die Toten," sagt das christliche Glaubensbekenntnis. *Richten* heißt nicht verurteilen, sondern *aufrichten!* „Denn ich bin nicht in die Welt gekommen, um zu richten, sondern um sie zu retten!" (Johannes-Ev., Kapitel 12, Vers 46).

Heilung durch Offenbarung

Was aber haben diese philosophischen Betrachtungen in einem Buch zu suchen, welches eine neue Therapieform behandelt?

Eine Krankheit entsteht *niemals von außen* durch Viren, Umweltgifte oder Lebensumstände, sondern *immer von innen* her durch falsches Denken und Handeln. Der Grund dafür kann sehr weit zurückliegen, manchmal sogar in früheren Leben. Und auch eine Heilung kommt *niemals von außen* durch eine operative oder medikamentöse Beseitigung eines Symptoms, niemals durch Gesprächstherapie oder Psychoanalyse, sondern *ausschließlich von innen* durch eine Änderung der Gesinnung.

JESUS CHRISTUS sprach: „Hört und versteht es: Nicht was in den Mund hineingeht, verunreinigt den Menschen, sondern was aus dem Munde herausgeht, verunreinigt den Menschen." Hierauf traten seine Jünger hinzu und sprachen: „Weißt du, dass die Pharisäer Anstoß nahmen, als sie das Wort hörten?" Er antwortete: „Lasst sie! Blinde sind sie, Führer von Blinden. Wenn aber ein Blinder einen Blinden führt, werden beide in die Grube fallen." (Matthäus Evangelium Kapitel 15, Vers 10-14).

Die *Reinkarnationstherapie* arbeitet mit der Seele, den persönlichen Anteilen des kollektiven Unbewussten, sie macht die Fehler des Individuums in der Vergangenheit bewusst, betreibt eine Selbsterkenntnis im Sinne: „Ja, ich habe gesündigt!" und nimmt damit einen Teil der Reinigung und Läuterung schon vorweg, die andernfalls nach dem Tode in der HÖLLE, in der Metamorphose, im *Fegefeuer,* im „Reich des Hades" abgearbeitet werden müsste.

Die ***Offenbarungstherapie***® aber vollzieht sich über den Heiligen Geist im Menschen, durch die *Offenbarung* des Sinnes einer Krankheit. Der Klient kämpft dann nicht mehr gegen das Symptom an, denn er weiß, dass er immer verlieren wird, solange er den Sinn seiner Krankheit nicht einsieht und sie bekämpft. Eine tiefe Dankbarkeit für das Symptom durchfließt ihn sodann, denn ihm wurde der in den Schmerzen innewohnende Kern der Heilung *offenbart.*

Im ***Hexagramm-Programm***® löst sich während des Rituals die Wand zwischen dem Heilungssuchenden und GOTT auf, und GOTTES Gnade bricht über ihn herein — die Gnade GOTTES außerhalb des Gesetzes. Wahre Heilung und der Glaube an GOTT sowie an die Vergebung der Sünden sind untrennbar miteinander verbunden.

Kapitel V

Spirituelle Astrologie

Die Philosophie der Königin der Wissenschaften

„Wenn die Menschen, deren Bildung zu wünschen übrig lässt, bis in die jüngste Zeit glaubten, sie könnten sich über die Astrologie lustig machen und sie als Pseudowissenschaft längst als begraben ansehen, so steigt die Astrologie heute über die Tiefe der Seele des breiten Volkes wieder auf. Sie steht wieder vor den Pforten unserer Universitäten, die sie vor Jahrhunderten verlassen hat."

(Carl Gustav Jung, 1875 - 1961)

Im Kapitel V lesen Sie etwas zu den Themen:

Das menschliche Grundbedürfnis, den Sinn der Welt und des eigenen Schicksals zu begreifen, wird weder von den einseitig kausalmechanistisch geprägten Naturwissenschaften noch von der Dogmatik der institutionellen Kirchen befriedigt. Aus dieser Konkurrenzhaltung heraus erklärt sich auch wieder die Gemeinsamkeit, nämlich die offene Feindschaft, die von Wissenschaft und Kirche der Astrologie gegenüber gezeigt wird. Die Kritiker, die sich meistens nicht einmal die Mühe gemacht haben, die Astrologie zu erlernen, vergessen so gerne, dass die Astrologie als einstige Königin der Wissenschaften bis ins 18. Jahrhundert hinein an den Lehrstühlen der großen Universitäten Europas, ja sogar an der päpstlichen Hochschule in Rom gelehrt worden ist. Jene Männer, auf die sich auch heute noch die Naturwissenschaftler berufen, wie Nikolaus Kopernikus, Galileo Galilei oder Johannes Kepler, waren in erster Linie Astrologen

Spirituelle Astrologie ist eine Philosophie und dient zur Erkenntnis von GOTT und der WELT, und damit auch zur Selbsterkenntnis. Im Gegensatz zu den Religionen, die sich auf ein bestimmtes Gottesbild festlegen, erhebt die ***Spirituelle Astrologie*** diesen Anspruch nicht. GOTT wird als der allmächtige Schöpfer aller Welten betrachtet.

Physikalische Forschung reicht hinaus in die Weiten des Weltraums und in das Innerste der Atome, aber den Gestaltplan, der hinter allem steht, kann die Wissenschaft nicht einmal erahnen. Wir leben in einer Zeit, in der die Menschen hin- und hergerissen werden zwischen materialistischem Atheismus und tiefverwurzeltem Glauben, und dennoch taucht immer wieder die Frage auf: „Was ist der Sinn des Lebens?“ Da dieses weder ein Buch über Astrologie noch über Philosophie ist, sondern eines über Therapie und Heilung, kann die Erläuterung der Philosophie, welche der ***Spirituellen Astrologie*** zugrunde liegt, nur sehr kurz ausfallen, dennoch möchte ich Ihnen, liebe Leserinnen und Leser, die wesentlichen Grundzüge erläutern, denn die ***Spirituelle Astrologie*** enthüllt Ihnen nicht nur den geheimen Bauplan der Welt, sondern auch den Weg zur Heilung.

Das Mysterium der Zahlen

Um ein Horoskop zu erstellen, muss eine enorme Rechenarbeit geleistet werden, die ein hohes Verständnis der Mathematik erfordert. Der antike Astrologe musste aus den ellipsenförmigen Umlaufbahnen der Planeten deren Stellung und Winkel zu den Fixsternen und Galaxien mühsam errechnen, wozu er sich der Zahlen als Raum- und Zeitmaßangabe bediente. Ohne Zahlen ist Mathematik nicht denkbar. Heute erledigt ein Computer diese enorme Arbeit in Bruchteilen von Sekunden. Der moderne Astrologe gibt nur den Zeitpunkt und den Ort der Geburt vor, schon erscheint das fertige Radixhoroskop auf dem Monitor oder dem Plotter; Zahlen als Rechengrößen haben für ihn kaum noch Bedeutung.

Aber Zahlen sind nicht nur eine Rechengröße, Zahlen sind auch ein Mysterium. Zahlen sind Wesenheiten, Archetypen, die einen Inhalt vermitteln, und ohne das Verständnis um das Mysterium der Zahl bleibt der Sinn der ***Spirituellen Astrologie*** im Verborgenen. Deshalb müssen wir uns zunächst mit dem Sinn und der Bedeutung der wichtigsten Zahlen auseinandersetzen, bevor wir in die Philosophie weiter einsteigen können.

Die Welt, in der wir leben, ist eine Schöpfung GOTTES. GOTT offenbart sich über die Wesenheit der Zahlen und über die heilige Wissenschaft der Geometrie. ***Spirituelle Astrologie*** ist die Geometrie des Makrokosmos und des Mikrokosmos. Und so lesen Sie gleich etwas über Zahlen, und zwar über die göttliche *Ein-heit,* über die polare Welt der *Zwei-heit,* der Polarität, über die *Dreier-Schritte* der Entwicklung zum Sinn, über die *vier* alchimistischen Elemente und über die Metaphysik der *12* Tierkreiszeichen. Wir alle, jeder von uns, ist ein Teil dieser Gottesentfaltung, und wir alle tragen die Signatur der Zahlen tief verborgen in unserer Seele. Alle diese Bausteine und Zahlen wollen erkannt und gelebt werden.

Das Mysterium der Zahl O = GOTT vor der Schöpfung

Die Zahl Null entzieht sich jeglichem logischen Verständnis. Wenn wir in der Mathematik die Null zu einer Zahl addieren oder von ihr subtrahieren, geschieht keinerlei Veränderung. Multiplizieren wir mit der Null, dann ist das Ergebnis ein Nichts. Dividieren wir durch die Null, ist das Ergebnis Alles, nämlich Unendlich. Anfang und Ende sind das Gleiche. Jeder Computer versagt bei der Division mit der Null.

Das geometrische Symbol der Zahl Null, die 0, ist ein Kreis, und er bringt diesen absolut spannungslosen Zustand zum Ausdruck. Im Tarot ist die Karte 0 der Narr, denn sie hält uns zum Narren. Ist die 0 der Anfang oder das Ende des Spiels? Ist der Narr jener naive Irre, der auf den Abgrund zuläuft und dabei verträumt in den Himmel schaut? Oder ist der Narr jener Weise, der alle Bilder des Tarots integriert hat, und der nun auf den Abgrund zugeht und zum Himmel schaut, aber mit dem Bewusstsein: Alles, was geschieht, ist gottgewollt und somit gut.

„Im Anfang war der Logos — das Wort. Und das Wort war bei GOTT, und GOTT war das Wort." So beginnt das Evangelium des Johannes. Johannes beschreibt den Zustand vor der Schöpfung. Es herrscht absolute Stille. Deshalb auch die Worte: *„Im* Anfang.....", und nicht: *„Am* Anfang.....". Im hebräischen Urtext, auf den sich Johannes bezieht, heißt es ohnehin *„Im Ursprung"*. *„Am* Anfang....." wäre der Beginn einer Zeitstrecke, die irgendwo ein Ende haben müsste, und sei es in der Unendlichkeit. *„Im* Anfang....." hingegen bedeutet nicht unendlich viel Zeit, sondern die Abwesenheit von Zeit. Raum und Zeit gab es vor der Schöpfung nicht.

„Niemand hat GOTT je gesehen. Dieses ist das Zeugnis des Johannes." Mit diesen Worten endet der Prolog jenes Evangelisten, der als einziger JESUS CHRISTUS persönlich kannte. Dieses ist das Mysterium der Zahl 0.

Das Mysterium der Zahl 1 = Es werde Licht!

Johannes fährt in seiner Betrachtung fort: *„In* ihm war das Leben, und das Leben war das Licht der Menschen." Das heißt: Im noch nicht offenbarten GOTT liegen alle schöpferischen Kräfte in der Einheit (= 1), in einem vollkommenen Gleichgewichts- und Ruhezustand, nur als Potenz, als Kraftmöglichkeit.

Die Zahl 1 ist nicht nur der kleinste Teil der Zahlenreihe, sie ist die Wesenheit, die aus dem *Ursprung (aus der O) herausgetreten* ist. Die 1 ist in jeder anderen Zahl enthalten. Das geometrische Symbol der 1 ist der Punkt. Aus einem Punkt kann man alle geometrischen Figuren machen: jede Linie, jedes Dreieck oder jedes Viereck besteht aus einer Reihe von Punkten.

Tief im Weltraum, wo es keine Planeten, Gesteinsbrocken oder Staubpartikel gibt, herrscht Finsternis, eine unendliche Schwärze, obwohl der Raum vom Sonnenlicht durchflutet ist. „Das Licht leuchtet in der Finsternis, aber...."

In der Alchimie ist das Gold Symbol für die Zahl 1. Die Tarotkarte 1 stellt den Magier dar, den Vertreter des männlichen Sonnenprinzips der Schöpfung. Der Magier ist der Herrscher der Wirklichkeit, der Welt, in der ge-wirkt wird (aktiv), im Gegensatz zur materiellen Welt, die er-wirkt ist (passiv).

Das *astrologische Symbol* für die Zahl 1 ist die *Sonne,* dargestellt durch einen Kreis, der einen Punkt in der Mitte hat. Über den philosophischen Begriff des „Nous", über das Symbol mit dem Punkt im Kreis, haben Sie bereits etwas gelesen. Jedes Atom, jede Zelle, jedes Sonnensystem und jede Galaxie ist nach diesem Prinzip gebaut: Ein negativer Mantel mit einem positiven Kern. Die sichtbare Daseinsform ordnet sich kreisförmig um einen Punkt. Der Punkt aber ist das Zentrum, das Leben. Und Leben ist immer inwendig. Das *astrologische Symbol* der Sonne zeigt das Urprinzip der Weltenschöpfung, die Kraft, die die Welt trägt und erhält, der Mittelpunkt alles Schaffenden. Der *astrologische Aspekt,* der der Zahl 1 zuzuordnen ist, ist die Konjunktion, das heißt, alle Energien liegen noch beieinander und beinhalten alle Möglichkeiten.

Und so beschreibt Johannes den Zustand der Einheit: „Das Licht leuchtet in der Finsternis, aber die Finsternis hat es nicht ergriffen."

Das Mysterium der Zahl 2 = Die Entstehung der Welt

Mit der Zahl 2 entsteht die Welt.

Im Alten Testament beginnt die Genesis mit folgendem ersten Satz: „Im Anfang schuf Gott den Himmel und die Erde." (1. Buch Moses, Vers 1). Himmel und Erde sind zwei Gegensätze. Dieser Dualismus, diese Zweiheit, bestimmt die gesamte Schöpfung. „Da *trennte* Gott das Licht von der Finsternis. Gott nannte das Licht Tag, die Finsternis aber Nacht. Das war der erste Tag."

„Es entstehe ein festes Gewölbe inmitten des Wassers, und es bilde eine *Scheidewand* zwischen den Wassern." Die Zwei-Teilung wird immer weiter fortgesetzt: „Gott bildete das feste Gewölbe und schied zwischen den Wassern *oberhalb* und *unterhalb* des Gewölbes. Gott nannte das feste Gewölbe Himmel." Das war der zweite Tag.

Die Polarität, die Welt der Zweiheit, entfaltet sich weiter: „Es werde Wasser unterhalb des Himmels an einem Ort gesammelt, und das Trockene werde sichtbar. Gott nannte das Trockene Erde, und das zusammengeflossene Wasser nannte er Meer." Jeder Schöpfungstag schließt mit den Worten: „Und Gott sah, dass es gut war." Das war der dritte Tag.

Der für das Verständnis der ***Spirituellen Astrologie*** so wichtige Schöpfungstag ist der vierte, an dem sich zu den drei Dimensionen der räumlichen Schöpfung nun die 4. Dimension der zeitlichen Schöpfung hinzugesellt: „Gott sprach: ‚Es sollen Leuchten werden am Gewölbe des Himmels, um zu scheiden zwischen der Nacht und dem Tag, und *sie sollen als Zeichen dienen sowohl für die Festzeiten als auch für die Tage und Jahre'."* (Es wird zwischen einer *Zeitqualität* = „Festzeiten" und einer *Zeitquantität* = „Tage und Jahre" unterschieden.) „Gott setzte Leuchten über die Erde an das Gewölbe des Himmels zu beherrschen Tag und Nacht und zu *trennen* Licht und Finsternis. Gott sah, dass es gut war. Es ward Abend, und es ward Morgen: vierter Tag."

Geometrisches Symbol für die Zahl 2 ist die Linie, die zwei Punkte, Anfang und Ende, miteinander verbindet, oder die eine Daseinsform in zwei Teile trennt. Mit der Division durch die Zahl 2 werden alle Zahlen in zwei Qualitäten *geteilt,* denn es gibt *gerade* und es gibt *ungerade* Zahlen.

Alchimistisches Symbol für die Zahl 2 ist das Silber, das dem Gold polar gegenübersteht. Im Tarot stellt die Karte 2 die Hohepriesterin dar, die weibliche Urmutter alles Geschöpften. Ihr Gesicht befindet sich hinter einem Schleier, dem Schleier der Maya, der Illusion — um ein Bild aus dem Sanskrit zu zeigen. Denn die materielle Welt ist *nicht* die Wirklichkeit, sie ist *nur* Realität. Realität ist aber Illusion, wie wir später noch sehen werden.

Astrologisches Symbol für die Zahl 2 ist der Mond, der Sonne polar gegenüber-stehend. Der Mond reflektiert das Licht der Schöpfung. Nur durch Reflexion tritt die Schöpfung überhaupt in die Sichtbarkeit und Erfahrbarkeit. Wenn der Weltraum-fahrer von seiner langen Reise durch die Finsternis des lichtdurchfluteten Kosmos wieder in die Atmosphäre der Erde eintaucht, gelangt er durch die kleinen materiellen Partikelchen ins nunmehr sichtbare Licht. Der *astrologische Aspekt* der Zahl 2 ist die Opposition, wenn sich zwei Energien polar gegenüberstehen. Der Kreis (die Einheit) ist zwei-geteilt, polar. Für einen Segler bedeutet die Opposition: Der Wind kommt von vorne.

Das chinesische Yin-Yang zeigt, dass die Polaritäten Weiß (=1) und Schwarz (=2) im Kreis (=O), enthalten sind. Innerhalb der Polarität beinhaltet das Schwarze das Weiße und das Weiße wieder das Schwarze.

Die materielle Welt ist somit Ausdruck der Zwei-heit, des Zwei-fels und der Zwie-tracht. Wenn die Zahl 1 der Ausdruck der *sym-bolischen* Welt der Archetypen und Ideen ist, dann ist die Zahl 2 der Ausdruck der *dia-bolischen* Welt der Materie. Ja, wir leben in einer *diabolischen Welt.* Vielleicht mag Ihnen, liebe Leserinnen und Leser, die Erkenntnis, dass GOTT eine *polare, diabolische* Welt der Gegensätze geschaffen hat, einen leichten Schauer über den Rücken jagen. GOTT jedenfalls sah seine polare (diabolische) Schöpfung und fand, „.....dass es gut war." Wir alle, auch die institutionellen Kirchen, haben von den *Früchten des Baumes der Erkenntnis* gegessen, und somit unterliegen wir alle der Magie dieser Früchte; wir alle machen das, was GOTT verboten hat: wir unterscheiden zwischen Gut und Böse.

Das *Mysterium der Zahl 3 = Dynamische Entwicklung*

Aller guten Dinge sind drei. Jeder Pol hat einen Gegenpol, und daraus entfaltet sich ein Ergebnis. Das Zusammenwirken des aktiven männlichen Prinzips mit dem passiven weiblichen Prinzip hat das Entstehen eines Kindes zur Folge. Die Spannung bekommt nun ihren Sinn, die alchimistische conjuctio oppositorum, die Vereinigung der Gegensätze führt zum opus magnus, zum Großen Werk. Das meinte Johann Wolfgang von Goethe in seinem Faust, als die Hexe im Hexeneinmaleins erklärt: „...aus zwei mach drei..."

Das Mysterium der Zahl 3 ist das Leben, die Veränderung und die Entwicklung. Materie gibt es in drei Zustandsformen: fest, flüssig und gasförmig. Das Leben, die Entwicklung lässt das Wasser einmal zu Eis gefrieren, sich wieder zu Wasser verflüssigen oder zu Wasserdampf verflüchtigen. Und so kennt die *Astrologie* auch die drei Zustandsformen *kardinal (=ursprünglich), fix (=fest, stabil) und labil (=veränderlich).*

In den Märchen hat der Held immer drei Prüfungen zu bestehen, bevor er zum Ziel kommt. In allen Mysterienbünden und Orden führen drei Schritte zur Meisterschaft. So spricht JESUS CHRISTUS auch von drei Schritten: Suchet, so werdet ihr finden. Bittet, so wird euch gegeben. Klopfet an, so wird euch aufgetan. Der dritte Schritt ist immer der entscheidende. Im Tempel gibt es den Vorhof, das Heiligtum und das Allerheiligste. Der Neophyt wird in drei Grade eingeweiht: Lehrling, Geselle, Meister.

Gottheiten pflegen sich in der Dreieinigkeit zu offenbaren. Andere Kulturen kennen zum Beispiel Osiris, den Gott der untergehenden Sonne, dessen Leiche zerstückelt wurde, Isis, welche die Teile wieder zusammenführte, und Horus, den Gott der aufgehenden Sonne. Brahma (der Schöpfer), Schiva (der Zerstörer) und Vischnu (der Erhalter) sind die Repräsentanten der indischen Trinität. Auch die griechischen Götter hatten sich die Welt dreigeteilt: Jupiter (griechisch: Zeus) beherrschte den Himmel, den Olymp, Neptun (griechisch: Poseidon) beherrschte das Meer, und Pluto (griechisch: Hades) beherrschte die Toten, er war der Herr der Unterwelt. Und in die christliche Trinität gehören eigentlich GOTT sowie die beiden polaren Prinzipien JESUS CHRISTUS, sitzend zur Rechten Gottes, und Luzifer, sitzend zur Linken Gottes.

In der *Astrologie* gilt die Zahl 3 als Jupiter-Zahl, benannt nach dem Herrn des Olymps, der als entwicklungsfähiger, großzügiger und vertrauenswürdiger Herrscher galt. In den *astrologischen Aspekten* wird die Drei-Teilung des Kreises als Trigon (Dreieck) gezeichnet. Jeder Segler liebt den Wind aus einem 120-Grad-Winkel.

In der ***Spirituellen Astrologie*** halten wir uns an die drei Schritte jeder Entwicklung: Der Beginn, der Urzustand, gilt mit Blick auf die Schöpfungszahl 1 als *kardinal,* die volle Entfaltung in der Welt gilt mit Blick auf das Objekt der Schöpfung als *fix,* und die Veränderung gilt mit Blick auf das Ergebnis und die Zahl 3 als *labil.* Am Beispiel des Feuers, das an späterer Stelle in diesem Kapitel noch einmal wiederholt wird, kann man diese drei Schritte am ehesten nachvollziehen: Das Feuer in seinem Urzustand ist der zündende Funke *(=kardinal),* seine stärkste Daseinsform ist die Glut *(=fix),* und in seiner veränderlichen Form zeigt sich das Feuer als Flamme *(=labil).*

Das Mysterium der Zahl 4 = Die Entfaltung der Materie

Wenn sich die Zahl 2 mit sich selber beschäftigt, ist das Ergebnis immer 4. 2+2=4, oder 2x2=4, oder 2^2= 4. Das heißt: Die Welt der Polarität tritt mit sich selber in Beziehung; es entfaltet sich die Materie.

Im Hebräischen haben die Buchstaben Zahlenwerte zwischen 1 und 400. Das Alte Testament offenbart über die Zahlenmythologie GOTTES Schöpfung auf ganz wunderbare Weise: Die ursprüngliche Schöpfungsidee (=1) verhält sich zur materiellen Welt (=4) wie die Zahlen 1:4. Das ist die alchimistische Quadratur des Kreises. Der Baum des Lebens heißt hebräisch *ets hachajim,* der Zahlenwert seiner Buch-staben ist 233 (70+90 und 5+8+10+10+40). Der Baum der Erkenntnis, mit dem auch der Tod in die Welt kam, heißt hebräisch *ets hadaäth tob wara,* (ets = Baum, tob = gut, ra = böse), der Zahlenwert seiner Buchstaben beträgt 932 (70+90 und 5+4+70+400 und 9+6+2 und 6+200+70). Der Zahlenwert 233 des Baumes des Lebens verhält sich zum Zahlenwert 932 des Baumes der Erkenntnis wie 1:4, und wieder stoßen wir auf die Quadratur des Kreises.

Die *biblische Schöpfung* vollzieht sich also nach dem mathematischen Prinzip des Verhältnisses 1:4. Das gleiche Prinzip finden wir auch in der *wissenschaftlichen Erklärung der Schöpfung;* denn das Atomgewicht des Wasserstoffs (1,0078) verhält sich zum Atomgewicht des Heliums (4,003) fast exakt wie 1:4. Diese chemischen Elemente waren die aller ersten Bausteine der Schöpfung: Wasserstoff-Atomkerne (1) verschmolzen zu Helium (4).

Geometrisches Symbol für die in die Entfaltung gegangene materielle Welt ist das Quadrat, ein Viereck. Die Tarotkarte 4 stellt den Kaiser dar, den männlichen Herrscher der materiellen Welt, der auf einem viereckigen Würfel sitzt, Arme und Beine im rechten Winkel hält. In der Hand hält er den Reichsapfel mit dem Kreuz (4 über der 1).

Kirchen, Tempel und Logen werden als Rechteck dargestellt, ebenso die Bundeslade, welches die Gesetzestafeln Gottes aufnimmt. Ein esoterisches Symbol für die Vierheit der Welt ist auch das gleichschenklige Kreuz, oder das Leidenskreuz in der christlichen Darstellung.

Astrologisches Symbol für die Zahl 4 ist der Saturn in seiner Bedeutung als äußerer Tod, und der *astrologische Aspekt,* welcher der Zahl 4 zugrunde liegt, ist das Quadrat, bei dem sich die Energien „in die Quere kommen“. Der Kreis ist vier-geteilt, und trifft ein Wind im Winkel von 90 Grad auf ein Segelschiff, dann besteht Gefahr.

Die materielle Welt, in der wir leben, ist eine Welt der Vier-heit. In ihr gibt es vier Dimensionen, vier Himmelsrichtungen und vier Jahreszeiten. Folgerichtig kennt die Alchimie vier Elemente — *Feuer, Luft, Erde und Wasser* —

welche die *Astrologie* in gleicher Weise verwendet.

Vier Evangelisten sind erforderlich, um die Inhalte der christlichen Botschaft (=1) in die Welt (=4) hinauszutragen. Sie tragen die Signatur der astrologischen Prinzipien: Der tatkräftige Evangelist Markus (=Element Feuer) berichtet sehr lebendig über die „Taten“ JESU CHRISTI, über Seine „Gewalt über Dämonen“ und eine Vielzahl von Auseinandersetzungen. Der geisteswissenschaftliche Evangelist Johannes (=Element Luft) schreibt sein Evangelium im hohen Alter von über 100 Jahren vornehmlich an die Adresse der griechischen Mysterienschulen in einer verklärten, mystischen Art, wobei er von den Wundern JESU CHRISTI als Zeichen in ihrer sinnbildlichen Bedeutung und ihrer Beziehung zur Offenbarung berichtet. Der real-materialistische Evangelist Lukas (=Element Erde), ein griechischer Arzt, zeigt eine Vorliebe für die Stellung JESU CHRISTI zu den irdischen Gütern und bemüht sich um die Einhaltung einer chronologischen Reihenfolge. Und der gefühlsbetonte Evangelist Matthäus (=Element Wasser) berichtet in kunstvoll geordneten Erzähl- und Redestücken und versucht insbesondere die Juden davon zu überzeugen, dass sich die messianischen Erwartungen des Alten Bundes erfüllt haben.

Das Mysterium der Zahl 12 = Die Vollendung

Wenn man sechs gleichgroße Kugeln in einem Kreis anordnet, so dass sie einander berühren, dann entsteht in der Mitte ein Freiraum, der eine siebte Kugel aufnehmen kann, welche die sechs anderen in gleicher Weise berührt. Wenn man 12 gleichgroße Kugeln zu einem Ball anordnet, so dass sie einander berühren, dann entsteht in der Mitte ein Hohlraum, der eine 13. Kugel aufnehmen kann, welche die 12 anderen in gleicher Weise berührt. Das Mysterium der Zahl 12 ist, dass die 13 in die Unsichtbarkeit geht.

Nachdem JESUS CHRISTUS Seine 12 Jünger in der rechten Weise um sich herum angeordnet hatte, konnte Er in die Unsichtbarkeit gehen und die materielle Welt verlassen. Leonardo da Vinci stellte dieses Mysterium in seinem Gemälde „Abendmahl“ sehr eindrucksvoll dar: In der Reihenfolge des Tierkreises sehen wir rechts von Ihm

Simon = Widder, Thaddäus = Stier, Matthäus = Zwilling, Phillipus = Krebs, Jakobus (der ältere) = Löwe und Thomas = Jungfrau; dann links von Jesus nun Johannes = Waage, Judas = Skorpion, Petrus = Schütze, Andreas = Steinbock, Jakobus (der jüngere) = Wassermann und Bartholomäus = Fische.

JESUS CHRISTUS, der Dreizehnte, starb an einem Freitag, dem 13. Aber 12 Apostel führten Sein Werk fort.

4 x 3 = 12. Die vier Elemente der vollendeten Schöpfung (= 4) beginnen eine Entwicklung (= 3), und so entsteht am Himmel der Zodiak, der *astrologische Tierkreis* mit seinen 12 *Zeichen.* In der Mitte, in der Unsichtbarkeit, be-

findet sich GOTT. Die Bibel fordert auf, die Sterne am Himmel als Zeichen zu deuten: „Gott sprach: ‚Es sollen Leuchten werden am Gewölbe des Himmels, um zu scheiden zwischen der Nacht und dem Tag, und *sie sollen als Zeichen dienen'.*" (Genesis).

Die Bibel beginnt mit astrologischen Prinzipien, und sie schließt auch mit astrologischen Prinzipien. In der Offenbarung des Johannes werden uns die allerhöchsten kosmischen Gesetze über den Bauplan der Welt mitgeteilt. Das „Himmlische Jerusalem" ist jene Entwicklungsstufe der Menschheit, die sich aus den Ver-strickungen des Sündenfalls der Polarität gelöst hat.

Johannes beschreibt im Kapitel 21 der Offenbarung seine gewaltige Vision: „Und ich sah einen neuen Himmel und eine neue Erde; denn der erste Himmel und die erste Erde sind vergangen, und das Meer ist nicht mehr. Und ich sah die heilige Stadt, das neue Jerusalem, hernieder steigen aus dem Himmel von GOTT her....... GOTT wird abwischen alle Tränen, und der Tod wird nicht mehr sein....... Und es kam einer der sieben Engel....... entrückte mich im Geist auf einen hohen Berg und zeigte mir die Heilige Stadt Jerusalem, die von GOTT aus dem Himmel hernieder stieg,....... Sie hatte eine mächtige hohe Mauer und hatte zwölf (!) Tore, und auf den Toren zwölf (!) Engel, und Namen darauf geschrieben, nämlich die Namen der zwölf (!) Stämme der Israeliten: Von Osten (=Aszendent) sind es drei Tore, von Norden (=Immun Coeli) drei Tore, von Süden (=Medium Coeli) drei Tore, von Westen (=Deszendent) drei Tore. (Jeweils drei Tore = dynamische Entwicklung). Und die Mauer der Stadt hat zwölf (!) Grundsteine, und auf ihnen die Namen der zwölf (!) Apostel des Lammes. Und der mit mir sprach (der Engel) hatte einen goldenen Messstab, um die Stadt, ihre Tore und ihre Mauer zu messen. Und die Stadt ist im Viereck gebaut (vier Elemente = Materie), ihre Länge so groß wie ihre Breite. Er maß bei der Stadt mit dem Stab zwölftausend (!) Stadien; ihre Länge, Breite und Höhe (drei Dimensionen, drei Schritte) sind gleich. Und er maß ihre Mauer mit hundertvierundvierzig (!) Ellen — eines Menschen, das heißt eines Engels Maß......."

Solche Angaben sind immer verschlüsselte spirituelle Botschaften: 12 Tierkreiszeichen müssen die Menschen erlernen. Sie manifestieren sich in 12 Lebensbereichen (in 12 astrologischen Häusern). 12 Tierkreiszeichen x 12 Häuser = 144 Qualitäten. 144 symbolische Lernaufgaben hat der Mensch im Laufe seiner Inkarnationen zu lösen. Das sind die „Ellen nach dem Maß eines Engels", nach denen der Mensch gemessen wird, und die auch jeder astrologischen Deutung stets zu Grunde liegen. In dieser Vollendung endlich erreicht die Seele das himmlische Jerusalem.

Zahlen sind Mysterien, und sie sind eine Erklärung der Gottesentfaltung und Seiner Schöpfung. Und so können wir jetzt beginnen, die Zahlen zu deuten. Mit diesem Wissen erkennen Sie GOTT und die WELT — und sich selbst!

Die Philosophie der *Spirituellen Astrologie*

Ist Ihnen aufgefallen, liebe Leserinnen und Leser, dass in dem bisher Gesagten der Mensch mit keinem Wort erwähnt worden ist? Was Sie gelesen haben war reine Metaphysik aus dem Reich der Archetypen, der Bibeltexte, der Wesenheiten der Zahlen, der Gleichnisse, der geometrischen Figuren und der mythologischen Bilder sowie den „Leuchten", die GOTT werden ließ, damit sie „als Zeichen dienen" . Aber von Menschen war bisher noch nicht die Rede.

Vor diesem Hintergrund der ewig geltenden Gesetze und der Beobachtung des Geschehens am Himmel entwickelte sich über die Jahrtausende das Weltbild der Astrologie, die Sie nun auf eine spirituelle Art und Weise dargelegt bekommen. Betrachten Sie jetzt bitte die Graphik auf der nächsten Seite: Sie erkennen hier noch einmal die Struktur der Welt der Archetypen, die Welt des Geistes oder der Ideen, wie sie sich im Rhythmus der Zahlen 0, 1, 2, 3, 4 und 12 von GOTT ausgehend in die Welt hinaus entfalten. Und Sie werden dieses Grundmuster später immer und immer wieder auf den verschiedenen Ebenen erkennen, bis hinein in den Heilsweg der ***Offenbarungstherapie***®.

Die Zahl O
G O T T
Der Kreis der Unendlichkeit

Spirituelle Astrologie beginnt mit einem Kreis. Die Erde ist rund wie eine Billardkugel. Sie hat die Form einer O, umgeben von einem weiteren Kreis, ebenfalls in Form einer O: dem Tierkreis. Er ist der Kreis der Unendlichkeit: Anfang und Ende sind eins. Im Mittelpunkt, noch nicht sichtbar, ist der Mensch. Um ihn herum ist sein materielles Umfeld: die Erde. Über ihm, im äußeren Kreis, befindet sich der Sternenhimmel.

Die Philosophie der *Spirituellen Astrologie*

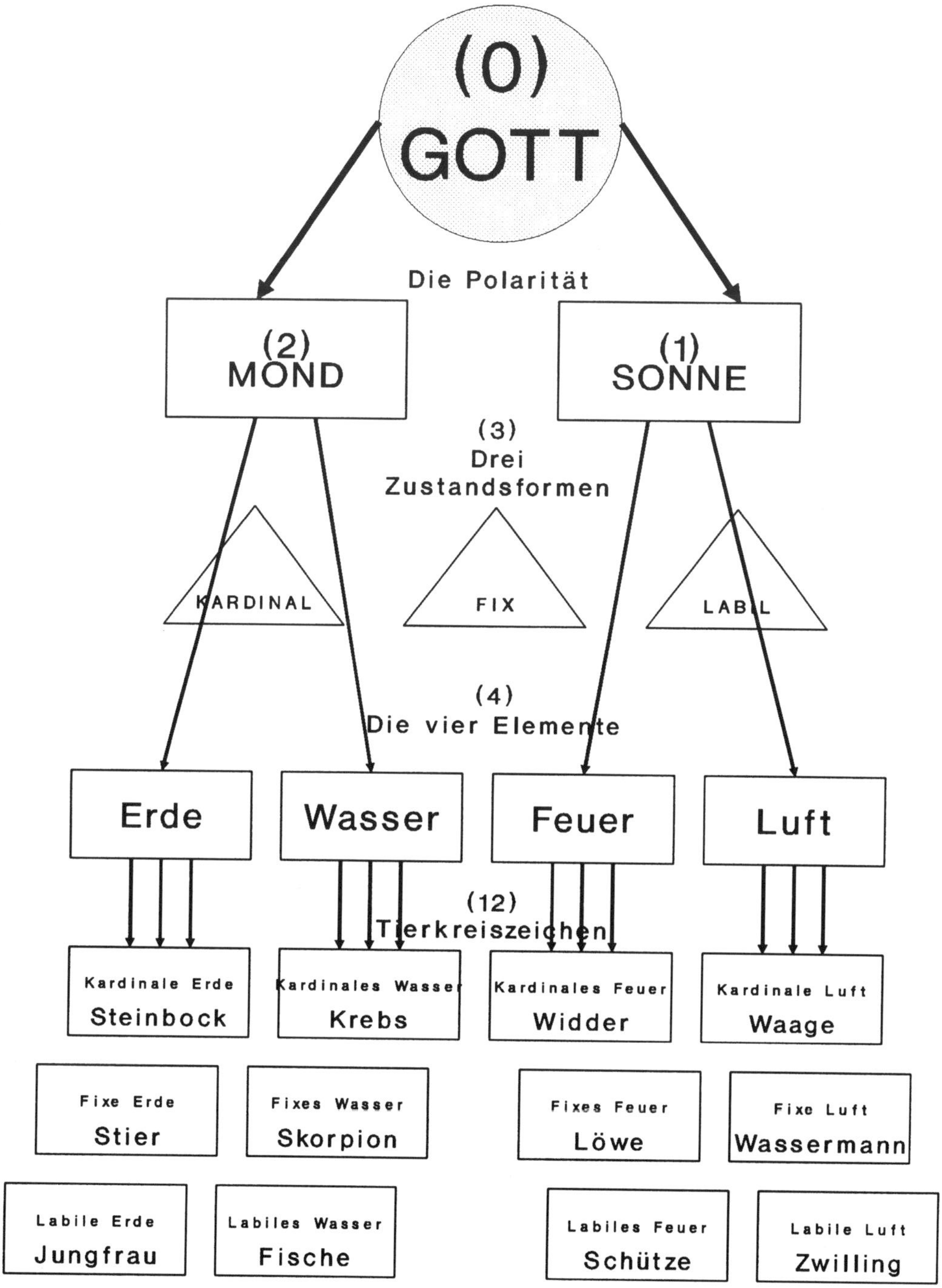

Jeder Mensch auf der Welt hat dieses Horoskop — als ein Symbol des nicht ausgeschöpften Potentials. Alles befindet sich als Möglichkeit in der absoluten Ruhe.

Der Mensch im Kosmos — der Punkt im Kreis. Natürlich erinnert diese Darstellung an das Symbol des *Nous* (siehe Seite 63). Aber der Punkt ist noch nicht sichtbar, denn der Mensch ist noch nicht geboren. Der Punkt (der Mensch), nur Geist und Energie, ist eine Ansammlung von schöpferischen Kräften; er befindet sich mitten im Kreis der Vollkommenheit, der Ewigkeit, der Unendlichkeit.

Die Zahl 1
Die Sonne = Die Einheit = Das Paradies
Der Mensch tritt auf

Dann tritt der Punkt im Kreis in die Sichtbarkeit: Das *Symbol der Sonne* (Punkt im Kreis) manifestiert die Schöpfung. Alles Leben nimmt seinen Anfang im Kern der Zelle. Mikrokosmos = Makrokosmos: Der Mensch steht im Mittelpunkt des Weltalls, und sein Licht leuchtet in der Finsternis. Aus seiner Mitte heraus strahlen belebende, erneuernde, schöpferische und gottähnliche Kräfte. Die Bibel beschreibt das so:

„Da bildete Gott, der Herr den Menschen aus dem Staub der Ackerscholle und blies in seine Nase den Odem des Lebens; so ward der Mensch zu einem lebendigen Wesen. Darauf pflanzte Gott, der Herr, einen Garten in Eden, gegen Osten, und versetzte dorthin den Menschen." (Genesis, Kapitel 2, Vers 7+8). GOTT setzte den Lebensbaum (Zahlenwert = 1) in die Mitte des Gartens, und den Baum der Erkenntnis von Gut und Böse (Zahlenwert = 4). *Ein* Strom entsprang zur Bewässerung des Gartens (Zahlenwert = 1), und er teilte sich in vier Arme (Zahlenwert = 4).

Das Paradies mit dem Menschen war geschaffen und von da an bestand die *Möglichkeit* zur Entfaltung in die materielle Welt (Zahlenwert = 4), aber sie war noch nicht ausgeschöpft.

„Gott der Herr sprach: ‚Es ist nicht gut, dass der Mensch allein sei; ich will ihm eine Hilfe machen als sein Gegenstück'," (Vers 18). „Da ließ Gott der Herr einen Tiefschlaf fallen auf den Menschen (Adam), so dass er einschlief, nahm ihm eine Seite (nicht: Rippe!) und verschloss deren Stelle mit Fleisch. Gott, der Herr, baute die Seite, die er dem Menschen entnommen hatte, zu einer Frau und führte sie zu ihm.... Beide aber, der Mann und seine Frau, waren nackt; doch sie schämten sich nicht voreinander." (Vers-21- 25).

Wieder geschah ein polarer Schöpfungsakt (Mann und Frau), aber die Menschen lebten noch in der *Ein-heit,* im Paradies. Sie wussten noch nicht um die polare Welt, denn sie waren nackt, und sie erkannten ihre Unterschiedlichkeit nicht („....sie schämten sich nicht voreinander“).

Der Punkt im Kreis ist das *Symbol der Sonne*. Die gesamte Schöpfung bildet eine Einheit, und der nunmehr belebte Mensch, eine lebende Seele, ist Mittelpunkt eines unendlichen nicht ausgeschöpften Potentials.

Die Zahl 2
Der Sturz in die Polarität
Sonne und Mond

Auf der Grafik zwei Seiten zuvor sehen Sie, dass sich GOTT weiter in die Sichtbarkeit mit den zwei Prinzipien *Sonne und Mond* entfaltet, die einander polar gegenüberstehen.

Die Mysterien unserer abendländischen Kultur haben die Vorstellung entwickelt, dass GOTT sich entfaltet hat in zwei Polaritäten: in die aufsässige, sich empörende und diabolische Kraft des Luzifer, der sich von der Einheit lossagt, und in die milde, gnadenbringende, symbolische Kraft des Christus, der die Einheit wiederherstellen wird. Es liegt also in der Absicht GOTTES, den Menschen in Versuchung zu führen — deshalb wurde Luzifer geschaffen — damit auch der Mensch sich gegen die Ordnung auflehnt, schuldig wird, hinausgeht in die Welt, Erfahrungen sammelt, Erkenntnisse gewinnt, seine Schuld bereut und schließlich gestärkt und gewachsen und mit Hilfe JESU CHRISTI in die *Einheit* zurückkehrt. Für den „verlorenen Sohn“ wird dann ein Fest bereitet, wie die Bibel an anderer Stelle berichtet — und für den Daheimgebliebenen, niemals schuldig gewordenen, nicht!

Das Alte Testament beschreibt den Zerfall der Einheit mit einem sehr schönen Bild: GOTT, der Herr, gebot dem Menschen: „Von allen Bäumen des Gartens darfst du essen, nur vom Baum der Erkenntnis von Gut und Böse darfst du nicht essen; denn am Tage, da du davon isst, musst du sterben“ (Genesis, Kapitel 2, Vers 16+17). Der Verzehr der Frucht vom Baum der Erkenntnis war entwicklungspsychologisch der Fall des Menschen in die Polarität. Natürlich war das von GOTT so beabsichtigt, denn wozu hätte er sonst den Baum der Erkenntnis überhaupt gepflanzt? Der Mensch wollte werden wie GOTT, er wollte unterscheiden zwischen Gut und Böse, musste aber von dann an unterscheiden zwischen Tag und Nacht, Licht und Schatten, Leben und Tod, und damit trennte er sich von GOTT, von der Einheit. Seitdem lebt der Mensch in einer polaren Welt der Gegensätze.

Im inhaltlichen Kern ähneln sich alle Mythologien: Es ist gleichgültig, ob GOTTES Lieblingsengel Luzifer (= Lichtbringer) hinabstürzt und den Menschen das Licht = Erkenntnis bringt, ob Prometheus dem Zeus das Feuer klaut und den Menschen somit Licht = Erkenntnis schenkt, oder ob der Mensch selber nach der Frucht der Erkenntnis greift. Der Gebrauch des analytischen

Verstandes, des Lichts der Erkenntnis, bedeutet zwar einen gewaltigen Schritt in der Entwicklungsgeschichte der Menschheit — aber er bedeutet auch eine riesige Verantwortung, die zu tragen der Mensch nicht in der Lage war. Noch nicht. Da sprach GOTT, und dabei schwingt so etwas wie Hochachtung mit: *„Ja, der Mensch ist jetzt wie einer von uns geworden,* da er Gutes und Böses erkennt. Nun geht es darum, dass er nicht noch seine Hand ausstrecke, sich am Baum des Lebens vergreife, davon esse und ewig lebe." (Kapitel 3, Vers 22). Das Paradies wurde verschlossen und durch die Kerubim und die flammende Schwertklinge bewacht.

Außenwelt = Innenwelt. Der Bruch in die polaren Prinzipien fand auch im Inneren des Menschen statt. Durch die ***Spirituelle Astrologie*** ersehen wir, dass das Prinzip der Einheit (der Göttlichkeit) zerfallen ist in das männliche, schöpferische, ausstrahlende *Sonnenprinzip* und das weibliche, rezeptive, empfangende *Mondprinzip.* Beide Prinzipien sind im Horoskop eines Menschen dargestellt als *Sonne* und *Mond.* Beide großen Lebenslichter sind Daseinsformen der Entfaltung GOTTES. *Sonne und Mond,* das heißt Zeugen und Gebären, oder Schöpfen und Empfangen.

Die *Sonne* vertritt die männliche, kreative Aktivität im Menschen, der *Mond* die weibliche, passive Erwartungshaltung, gleichgültig, ob es sich um das Horoskop eines Mannes oder einer Frau handelt.

Die *Sonne,* das eine der beiden großen Lebenslichter, ist das größte Gestirn am Firmament und weist in der Deutung auf das Reich der Ideen, des Geistes und der Kreativität hin. Der Stand der *Sonne* im Tierkreis zeigt den Mittelpunkt des Lebens, die Vitalität, die Kraft und die Erkenntnis. Die *Sonne* steht im Horoskop für das bewusste Ego. Im allgemeinen sind den Menschen jene Eigenschaften bewusst, die sich mit dem Stand der Sonne decken, und es fällt ihnen leicht, sich damit zu identifizieren.

Der *Mond,* das andere der beiden großen Lebenslichter, zeigt nun die Reaktion darauf. Der *Mond* als Himmelskörper hat keine eigene Energie, sondern er spiegelt die Sonne. Die Stellung des Mondes im Horoskop reflektiert die Gefühlswelt, die Erwartungshaltung und die Beeindruckbarkeit. Der „innere" *Mond* repräsentiert ebenso wie draußen im Leben die Nachtseite, die Welt der Träume, in der sich aber die Regeneration und die Reinigung der Seele vollzieht. Der *Mond* ist die Antenne für die Stimmungen, für das Klima und für die seelische Grundhaltung.

Die deutsche Sprache ist recht unsensibel, denn in fast allen anderen Sprachen ist die Sonne männlich und der Mond weiblich. So wie die *Sonne* gleichsam im Rampenlicht der Betrachtung steht und damit auch sichtbare Anerkennung erfährt, führt der *Mond* ein Schattendasein, und sein Beitrag wird bei vordergründiger Betrachtungsweise oft als ebenso nebensächlich eingestuft wie die Hausfrauenarbeit, die wie selbstverständlich zu funktionieren hat. Auf Grund des Verzehrs der Frucht des Baumes der Erkenntnis neigen wir in der materialistischen Welt dazu, dem aktiven Sonnenprinzip stets den Vorrang vor dem passiven Mondprinzip einzuräumen.

Um zu einer neutralen Bewertung zu finden, erzähle ich Ihnen eine kleine Begebenheit zwischen zwei antiken Berühmtheiten: Aristoteles und Plato. Daran können Sie erkennen, wie sich ein Leben darstellt, wenn der Mensch mehr seine männlich-produktiven Sonnen-Energien (Aristoteles) lebt oder umgekehrt mehr seine weiblich-rezeptive Mond-Energien (Plato):

Der *(Sonnenmensch)* Aristoteles, ein intelligenter Wissenschaftler mit einer schlanken, hochgewachsenen und aufrechten Figur und mit einem markanten, energischen Kinn, stolziert am Strand entlang — und trifft auf seinen einstigen Lehrer, den *(Mondmenschen)* Plato, einen kleinen, etwas dicklichen Philosophen mit einem runden Vollmondgesicht, der am Strand mit Sand und Wasser spielt. Aristoteles schaut verächtlich auf Plato hernieder und fragt: „Was treibst du da eigentlich?“ Plato blickt freundlich zu Aristoteles auf und antwortet: „Ich habe hier ein Loch gegraben, und mit meinen Händen trage ich nun das Wasser des Meeres dort hinein.“ Aristoteles wirft seinen Kopf in den Nacken und lacht höhnisch. „Warum lachst du, mein Freund?“ fragt Plato. Aristoteles antwortet überheblich: „Ja wenn du logisch denken könntest wie ich, dann würdest du erkennen, dass dein Tun völlig sinnlos ist. Der Ozean ist so unendlich groß, und dein Loch ist so lächerlich klein. Niemals wirst du es schaffen, den Ozean in dein Loch zu befördern.“ Daraufhin geht Aristoteles stolz weiter. Nach einiger Zeit hört er, wie Plato weit hinter ihm aus vollem Halse lacht. Aristoteles kehrt noch einmal um, geht zu Plato und fragt: „Was hast *du* eigentlich zu lachen?“ Plato sitzt noch an seinem Platz. „Lass mich dich vorher etwas fragen, dann werde ich dir antworten. Womit beschäftigst *du* dich eigentlich im Moment?“ Aristoteles macht eine weit ausladende Geste und sagt: „Ich denke über das Weltall nach. Mit meinen Gedanken werde ich den Kosmos erfassen.“ „Genau das habe ich mir gedacht,“ antwortet Plato, schüttelt sich vor Lachen und fährt fort: „Ja, wenn du fühlen könntest wie ich, dann würdest du bald erahnen, dass dein Tun völlig sinnlos ist. Der Kosmos ist so unendlich groß, und dein Hirn ist so lächerlich klein. Niemals wirst du es schaffen, den Kosmos in dein Hirn zu befördern.“

Soviel zu *Sonne und Mond,* zu den beiden großen Lebenslichtern, die in uns leuchten. *Beide* wollen gelebt werden, denn wenn wir nur das eine oder nur das andere leben, dann sind wir schon un-heil.

Die Zahl 3
Drei Zustandsformen der Schöpfung
Kardinal — fix — labil

Nach dem Fall in die Polarität beginnt Entwicklung. Die Spannung der Polarität zwischen dem Mann (1) und der Frau (2) bringt das Kind (3) hervor. Das Kind ist etwas völlig Neues. Die Spannung zwischen einem +Pol (1) und einem –Pol (2) bringt ebenfalls etwas Neues hervor: den elektrischen Strom (3). Ein Weizenkorn (Initiative = männlich = 1) fällt auf die Erde (Passivität = weiblich = 2) und das Ergebnis ist eine neue Pflanze (Sinngebung = 3).

Die Zahl 3 steht für den Schöpfungsakt: Das Sonnenprinzip (1) und das Mondprinzip (2) bringt die Welt hervor. 1+2=3. Das All ist durch die Zahl 3 vollendet: Der Raum hat drei Dimensionen: Länge (1), Breite (2) und Höhe (3); die Zeit wird in drei Zuständen begriffen: Vergangenheit (1), Gegenwart (2) und Zukunft (3).

Auch das Ergebnis eines Schöpfungsaktes unterliegt dem Gesetz der Zahl 3. Das Kind (3), welches aus der Polarität Mann (1) und Frau (2) hervorgegangen ist, vollzieht sein Leben in den drei Schritten: Geburt (1), Lebensmitte (2) und Tod (3). Dann entsteht etwas völlig Neues, das wieder der Beginn einer weiteren Entwicklung ist.

Wir Menschen aber neigen dazu, an *linearen* Entwicklungen festzuhalten, obwohl wir tagtäglich feststellen, dass es nicht möglich ist. Jede Entwicklung ist einem *Zyklus* unterworfen.

Die ***Spirituelle Astrologie*** beschreibt die drei Zustandsformen der Entwicklung mit *„kardinal"* für den Beginn, mit *„fix"* für die volle Entfaltung, und mit *„labil"* für das Ende einer Entwicklung. Diese drei Schritte sind von größter Wichtigkeit für das Verständnis des übernächsten Abschnitts, wenn sich die vier Elemente zu den 12 astrologischen Prinzipien der Tierkreiszeichen entwickeln.

Die Zahl 4
Die vier alchimistischen Elemente
Feuer — Luft — Erde — Wasser

Ein weiterer Baustein der Astrologie sind die *vier alchimistischen Elemente.* Werfen Sie bitte jetzt noch einmal einen Blick auf die vorstehende Grafik zur Philosophie der ***Spirituellen Astrologie*** auf der Seite 129.

Die schöpferische Sonnenenergie zerfällt in die kreativen Elemente *Feuer und Luft,* die rezeptive Mondenergie zerfällt in die empfangenden Elemente

Erde und Wasser.

Damit sind nicht die heute gebräuchlichen chemischen Elemente gemeint. Die Elemente, welche die Astrologie verwendet, kommen aus der Alchimie. Zum besseren Verständnis gebe ich Ihnen vorab einen kurzen Einblick in den alchimistischen Denkansatz.

Das *Feuer* der Sonne schenkt uns das Licht des Tages, es ist Symbol für Kraft, Hoffnung und Stärke, aber auch das Element des Krieges und des Blitzes. *Feuer* erlaubt sowohl die Zubereitung von Speisen als auch die Zerstörung des Besitzes. Feuer ist auch Triebhaftigkeit. Die Hitze der Flamme desinfiziert, und somit steht Feuer auch symbolisch für innere Reinigung.

Die *Luft* hat ausgleichenden Charakter, sie ist Träger von Schallwellen, sie erschließt uns die Welt der Gerüche, sie überwindet die Schwerkraft und ist somit Symbol für Freiheit und Beweglichkeit, für Phantasie und Schwerelosigkeit. Im Gegensatz zur Erde und zum Wasser ist Luft komprimierbar. Die Luft steht gleichsam unverbindlich und dennoch verbindend zwischen den Polen oben und unten.

Die *Erde* ist der feste Grund, auf dem Schlösser, Tempel und Kirchen errichtet werden, und sie verkörpert irdischen Besitz. Der materielle Mensch ist von der Erde genommen und wird wieder zu Erde werden. Das Element Erde ist Symbol für Bodenständigkeit, Gründlichkeit und Grundsätzlichkeit.

Und das *Wasser* ist der Quell des Lebens und die Wiege der Menschheit: Aus dem Ozean entstammt alles Lebendige. In der Natur folgt das Wasser dem Gefälle der Landschaft nach unten, wobei es sich den vorgegebenen Landschaftsformen anpasst. Das Wasser ist auch Symbol für spirituelle Reinigung, von der christlichen Taufe bis zu den Fußwaschungen Christi.

Die vier alchimistischen Elemente sind schon seit Jahrtausenden in der Metaphysik, in der Psychologie und in der Medizin bekannt.

Die Einteilung des menschlichen Temperaments nach den vier alchimistischen Elementen in Choleriker (= Feuer), Sanguiniker (= Luft), Melancholiker (= Erde) und Phlegmatiker (= Wasser), die erstmals der griechische Arzt Hippokrates (460 - 377 v.Chr.) beschrieben hat, bekommt in neuester Zeit wieder Gültigkeit. Der Schweizer Tiefenpsychologe C. G. Jung hat diese hippokratische Lehre aufgegriffen und postulierte vier Grundtypen menschlichen Temperaments. Jung beschreibt die Eigenschaften des *Ego-Typus (= Feuer)* mit Lebendigkeit, Durchsetzung, Vitalität und Kraft und zieht die Parallele zu Kobolden. Dem *Kommunikations- und Denktypus (= Luft)* ordnet Jung die Eigenschaften Interesse, Vielseitigkeit und Flexibilität zu, die in den Märchen und Mythen durch Sylven und Elfen vertreten sind. Der *real-materialistische Typus (= Erde)* steht für Festigkeit, Verlässlichkeit, Realismus und Ordnung, was in den Märchen und Mythen die Erdgnome und Zwerge besorgen. Und der *gefühlbetonte Typus (= Wasser)* hat jene Eigenschaften, die in den Märchen und Mythen von Nixen und Nymphen gelebt werden wie Gefühl, Einfühlung, Beeindruckung und Anpassung.

Unter dem Gesichtspunkt der vier alchimistischen Elemente beobachten Sie doch einmal die Natur und analog dazu die Natur der Menschen:

Den *Choleriker = Feuer* erkennen Sie an seiner Lebendigkeit, der Kraft und der Vitalität, dem roten Kopf, dem hohen Blutdruck, der Unfähigkeit abzuwarten und an seiner ständigen Konfliktbereitschaft. Einerseits bringen Feuertypen sehr viel in Gang, andererseits verhält sich so mancher Choleriker wie das Rumpelstilzchen im Märchen, das sich selber in zwei Teile zerreißt, nämlich dann, wenn es seine Feuerkraft nicht nach außen ableiten kann, die dann in Selbstzerstörungsprozesse übergeht.

Dem *Sanguiniker = Luft* entspricht der Typ des „Hans-Dampf-in-allen-Gassen“, er ist derjenige, der Luftschlösser baut und lieber ein Baumhaus bewohnt statt eine Wohnung im Parterre. Doch er ist so unzuverlässig und so ungreifbar wie die Sylven und Elfen in den Märchen. Eine moderne Form des Sanguinikers ist der Daniel Düsentrieb aus Entenhausen, jener Wissenschaftler, der total unregierbar ist, aber dennoch die genialsten Erfindungen hervorbringt — auch wenn sie nicht zu gebrauchen sind.

Der *Melancholiker = Erde* ist der real-materialistische Typ, der sich ungern bewegt, weder im Geist noch im Körper. Versuchen Sie einmal, so einem Erdgnom vorzuschlagen, plötzlich einen Ortswechsel in eine andere Stadt vorzunehmen; das wird zu einem echten Problem. Erdtypen sind aber für unsere Gesellschaftsordnung besonders wertvoll, denn sie gelten als ausgesprochen zuverlässig: Gerne vollenden sie jene Arbeiten, die andere begonnen und nicht zu Ende gebracht haben — auch dann, wenn sich dies bereits als falsch herausgestellt hat.

Der *Phlegmatiker = Wasser,* feinfühlig wie die Nixen und Nymphen, ist ein gefühlsbetonter Mensch, der es schwer hat, sich abzugrenzen, oft vom Mitgefühl ins Mitleid rutscht und so zum Schuttabladeplatz für den Seelenschmerz der anderen wird. Im heutigen Sprachgebrauch wird „phlegmatisch“ mit faul und träge assoziiert, was aber von Hippokrates so nicht gemeint war. Hingebungsvoll wie das Wasser, das sich seiner Umgebung total anpasst, besteht beim Phlegmatiker aber auch eine Neigung zu „zerfließen“.

Die Zahl 12
Die Entfaltung der 12 Tierkreiszeichen
Widder — Stier — Zwilling — Krebs — Löwe — Jungfrau
Waage — Skorpion — Schütze — Steinbock — Wassermann — Fische

Ich möchte jetzt ein riesengroßes Gebiet ganz kurz abhandeln: Alleine der Grundkursus zur ***Spirituellen Astrologie*** an unserem Lüneburger Institut umfasst 40 Unterrichtsstunden, und die astrologische Literatur hat einen unvorstellbaren Umfang angenommen, so dass Sie sich jederzeit noch sehr viel ausführlicher informieren können. Wenn ich dies jetzt hier sehr kurz und knapp auf wenigen Seiten vornehme, werde ich einprägsame Bilder und Formulierungen verwenden, die bei Ihnen möglicherweise Begeisterung auslösen, sofern es andere betrifft, die aber Empörung oder Ablehnung hervorrufen, sobald Sie sich selber betroffen fühlen.

Die vier Elemente gibt es nun in den drei Daseinsformen: *kardinal, fix* und *labil. Kardinal* bedeutet immer die Ursprungsform im Anfang, *fix* bedeutet die Entfaltung auf der Höhe der Lebenskurve, und *labil* bedeutet den Abschluss einer Entwicklung; er trägt aber schon die Instabilität in sich und zeigt den Übergang zum nächsten Element an. So entstanden durch die Beobachtungen der vier Elemente in der Natur in ihren drei Zustandsformen die 12 Tierkreiszeichen, deren Qualität sich auf alle Lebensbereiche, auch auf die Natur des Menschen, übertragen lässt. Auf der auf Seite 129 dargestellten Tafel können Sie verfolgen, wie sich die 12 Tierkreiszeichen aus den vier Elementen entfalten.

Beginnen wir also mit den drei Zustandsformen des ersten der vier Elemente, des *Feuers.*

Kardinales Feuer (= WIDDER) ist in seiner Anfangsenergie wie der zündende Funke, der eine sofortige Änderung einer Situation bewirkt. Kardinales Feuer ist auch prasselndes Feuer, welches zerstörerisch wirkt. Übertragen wir diese Naturbeobachtung auf das Verhalten eines Menschen, so wird der *Widder* morgens um halb sechs aus dem Bett hüpfen, zu einer Zeit, da ein Krebs noch einmal die Decke über den Kopf zieht. Lärmend betreibt der *Widder* Frühsport in der Wohnung, beschädigt dabei die Möbel, trinkt voller Unruhe seinen Kaffee mit trippelnden Schritten, verbrüht sich dabei den Mund, stürzt dann kauend die Treppe hinab, knallt mit der Haustür, streift beim Einbiegen in die Hauptstraße mit seinem Gefährt den Laternenpfahl, gerät schließlich außer Sichtweite — und endlich ist Ruhe.

Das *fixe Feuer (= LÖWE)* ist zum Beispiel die Glut eines Kamins. Es ist Feuer, welches seine größte Hitze entwickelt, aber in sich ruht. Und so vertritt der *Löwe* auch eine gehörige Portion Faulheit. Wenn Sie es nicht glauben, dann beobachten Sie doch einmal, wie der Löwe in der Natur kämpft: Der Löwe legt sich in den Schatten. Die Löwinnen (!) legen sich in die Sonne. Eine Antilope springt in Todesangst von einer Löwin zur nächsten (sie ist übrigens die einzige die Sport treibt), die letzte Löwin setzt zum Sprung an und — wenn sie die Beute verfehlt, wird der Antilope das Leben geschenkt. Löwen sind großzügig. Ist das Opfer aber getötet, ja dann erhebt sich der Pascha im Schatten und frisst als erster. Ein *Löwe* ist also eine Autorität mit Dominanz(gehabe). Majestätisch lässt er sich gerne bedienen.

Labiles Feuer (= SCHÜTZE) geht schon in das nächste Element, in das Luft-Element, über, und die lodernde Flamme ist auch nicht mehr so heiß wie die Glut. Der *Schütze* ist ein solches feurig labiles Element. Stellen Sie sich bitte vor, eine Olympiade wird eröffnet, und hunderttausend Menschen befinden sich im Stadion. Abgehetzte Läufer (Widder) bringen das Feuer, am Eingang steht der *Schütze.* Jovial lässt er sich die Flamme reichen, schreitet pathetisch in das Stadion und entzündet unter brausendem Beifall der Zuschauer die olympische Flamme, so als wäre dies schon seine Siegerehrung. Doch nicht ein Schweißtropfen benetzt seine Stirn.

Es folgen die drei Zustandsformen des leichten Elements *Luft,* des zweiten der vier Elemente.

Beobachten wir die Luft: *Kardinale Luft (= WAAGE)* im Herbst sorgt dafür, dass frischer Wind in die Wälder kommt. Die Bäume haben sich geschminkt, sie stehen im Oktober in ihrem farbenprächtigsten Laub, noch schöner als im Sommer. Und so ist auch die *Waage,* die sich gerne ästhetisch und farblich abgestimmt kleidet — nach einer Kosmetikbehandlung noch schöner als im Sommer ihres Lebens. Harmonie um jeden Preis führt jedoch zur Schönfärberei, und so wird eine *Waage,* wenn sie schwer krank im Bett daniederliegt, so dass nur noch die kleine weiße Nasenspitze aus den Kissen hervorlugt, auf die Frage: Wie geht es dir? antworten: Danke, gut!

Die *fixe Luft (= WASSERMANN)* finden wir an einem kristallklaren Wintertag im Februar: Blauer Himmel, hoch oben schwebt eine Möwe. Kennen Sie übrigens das Buch von Richard Bach „Die Möwe Jonathan" oder den wunderschönen Film dazu? Dort erfahren Sie etwas über den *Wassermann,* der kein Wasserzeichen ist, wie man annehmen könnte, sondern ein Luftzeichen. Die Möge Jonathan war genial, sie wollte hoch hinaus, stieg auf in luftige Höhen, konnte keine Autorität über sich dulden, stürzte ab, erlitt Unfälle und musste sich dennoch immer wieder mit den Autoritäten auf dem Müllplatz auseinandersetzen. Für einen *Wassermann ist* eine normale Wohnung fast unerträglich. Wenn das Geld für ein Penthouse nicht reicht, so ist ein Taubenschlag die angemessene Unterbringung, wo man kommen und gehen kann, wann man will.

Das Frühlingsgeschehen, die Qualität der *labilen Luft (= ZWILLING),* wird von Biologielehrern so gerne genommen, um am Beispiel der Bienchen den Kindern auf harmlose Art Sexualkunde zu vermitteln. Genauso kindlich und harmlos ist auch das Sexualverhalten eines *Zwillings,* nämlich unverbindlich und heiter — ein warmer Händedruck, und das war es für die nächsten drei Wochen. Wie ein Schmetterling flattert der *Zwilling* von Blüte zu Blüte, hier ein Schwätzchen, dort ein Schwätzchen, ohne sich irgendwo festzusetzen. Es gibt ja noch so viel zu erkunden in dieser Welt.

Auch das dritte Element, das schwerste unter ihnen, die *Erde,* gibt es in den drei Zustandsformen.

Kardinale Erde (= STEINBOCK) finden wir in ihrer Ursprungsform als Stein, als Felsen, hoch verdichtet als Kristall oder gar als Diamant. Stolz lebt der *Steinbock* in den höchsten Spitzen der Alpen. Betrachten Sie einmal die Autorität dieses Tieres, wie es auf einem Felsvorsprung erhobenen Hauptes seinen Blick über die Welt schweifen lässt, und Sie erfahren viel von der Kühle und der Einsamkeit eines im Zeichen des *Steinbocks* Geborenen. Er hat nichts gemein mit den kauenden Kühen, denen unten auf der Wiese das Gras ins Maul wächst. Einem *Steinbock* wird nichts geschenkt. Lieber ernährt er sich von Moosen und Flechten. Das macht zwar hart, aber perfekt.

Die Wiese mit den kauenden Kühen im Tal gehört zur *fixen Erde (= STIER):* Ein fruchtbarer Ackerboden in einer bayrischen Landschaft. Steht eine Kuh unversehens auf der anderen Seite des Weidezaunes und fühlt sich ausgeschlossen, wird sie sich keinen Meter fortbewegen, sie leidet unter der Trennung: Ein *Stier* (eigentlich sollte das astrologische Zeichen „Kuh" heißen und nicht „Stier") ist ein gemütliches Gruppenwesen, das Körperkontakt liebt. Bevorzugter Platz ist das Sofa aus Loriots heiler Welt. Das Verhalten der *Stiere* konnten Sie jedes Jahr einmal hervorragend beobachten: auf dem Parteitag der CSU mit Franz Josef Strauß: Schulterschluss, dankbarer Blick zum Nebenmann. Zusammen sind wir stark. Zusammen werden wir es schaffen.

Labile Erde (= JUNGFRAU) ist Sand. Wenn das Erdelement ins nächste Element, ins Wasser, übergeht, befinden wir uns am Strand. Feinsandig. Kleinkariert. Und so ist auch die *Jungfrau.* Den ganzen Tag ist sie mit der Desinfektionsflasche unterwegs, um alles abzutöten, was sie bedrohen könnte. Das Fehlen eines winzigen Zackens einer Briefmarke aus einer Sammlung hat katastrophale Folgen. Andererseits eignet sich eine *Jungfrau* hervorragend zum Restaurieren alter Möbel, dic zu verfallen drohen, weil sie mit einer unendlichen Akribie jedes Wurmloch aufspüren und säubern wird. „Ich bin es nicht gewesen," spricht die Jungfrau, „ich wasche meine Hände in Unschuld." Die Fenster sind geputzt, die Gardinen zurückgezogen, und die Nachbarn können sehen, dass es hier sauber zugeht.

Die Elementenlehre schließt mit dem letzten der vier alchimistischen Elemente, mit dem Element des *Wassers.*

Kardinales Wasser (= KREBS) ist die Quelle oder das Urmeer, also Wasser in seiner ursprünglichen Form, welches neues Leben hervorbringt. Und so steht auch im Leben eines *Krebses* das Thema Mutter und Kind stets im Mittelpunkt. Zu dieser Symbolik gehört: Geborgenheit bieten und Geborgenheit erwarten. Hilflos, mit großen runden Augen, blickt der im Zeichen des *Krebses* Geborene erwartungsvoll in die Welt. „Komm, mach etwas mit mir," bittet der *Krebs,* „ich bin zu allem zu gebrauchen." Ja, der *Krebs* ist unselbständig, aber rührend hilfsbereit. Er eignet sich für alle pflegerischen und heilenden Berufe, weil der Umgang mit noch Schwächeren ihn seine eigene Hilflosigkeit vergessen lässt. „Ich liebe dich, weil ich dich brauche." Oder: „Ich brauche dich, weil ich dich liebe." Das sind seine liebsten Sätze.

Was haben der Kratersee und der Sumpf gemeinsam? Beide sind *fixes Wasser (= SKORPION).* Das stehende Gewässer finden wir in Mooren und Sümpfen, aber auch in einem kristallklaren Kratersee, in dem man baden könnte. Man muss nur wissen: Er ist unendlich tief. Und darunter schlummert ein Vulkan. Der *Skorpion* ist das in der heutigen Zeit am wenigsten verstandene Zeichen. Und die Menschen reagieren mit Abwehr, so als würden sie tatsächlich einem Skorpion gegenüberstehen. Ein *Skorpion* beherbergt in seiner Seele eine enorme eingeschlossene Energie: Magie. Der Skorpion ist das einzige Lebewesen außer dem Menschen, welches seinem Leben selber ein Ende setzen kann. Tiefgründige Erfahrungen, der Kampf gegen sich selber, und das Streben nach leitbildhaften Vorstellungen prägen die *Skorpione.* Ein Mensch, der mit einem *Skorpion* eine Beziehung gehabt hat, ist nicht mehr der gleiche, der er vorher war: meistens besser. Wem es gelingt, sich aus einem Sumpf zu befreien — der ist irgendwie gewachsen.

Und das letzte Zeichen gehört zum *labilen Wasser (= FISCHE).* Der Wassertropfen, der nach seiner langen Reise von der Quelle durch den Bach, den Fluss und den Strom nun schließlich erschöpft im Ozean ankommt, sollte doch am ersehnten Ziel seiner Wünsche glücklich sein. Die *Fische* sind Symbol für das grenzenlose Meer. Aber der *Fisch,* der Wassertropfen, hat Identifikationsprobleme: „Ja, gibt es mich noch?" fragt er. „Oder gibt es mich schon nicht mehr?" Natürlich ist er noch da, aber er kann sich nicht mehr definieren. Ein *Fisch* weiß nicht, weshalb er geboren wurde, was er auf dieser Welt überhaupt soll, seine Existenz ist ein bedauerlicher Irrtum, und ein Teil seiner Seele bleibt immer zurück im Kosmos. Das bewirkt ein Gefühl der Heimatlosigkeit, macht ihn aber auch hellsichtig, hellhörig, feinfühlig und spirituell — und hochgradig verletzlich, sofern er um diese Dinge nicht weiß. Eine feste Beziehung mit einem *Fisch* zu unterhalten ist vergleichsweise so, als würde man versuchen, einen Pudding an die Wand zu nageln.

Meditation über den Tierkreis

Das, was Sie soeben gelesen haben, war nicht immer sehr spirituell, dafür war es aber kurz und einprägsam.

Wenn Sie sich, liebe Leserin, lieber Leser, soeben irgendwo angesprochen gefühlt haben, dann vielleicht aus dem Grunde, weil Ihre Sonne zum Zeitpunkt Ihrer Geburt in jenem Zeichen gestanden ist, und weil Ihnen diese Eigenschaften dann auch bewusst sind. Aber — das ist nur ein winziger Teil von Ihnen. *Jeder Mensch hat in seinem Horoskop alle* Tierkreiszeichen. *Niemand* darf von sich sagen, dass jene Eigenschaften, die über den Widder, den Krebs oder den Skorpion zu lesen waren, für ihn gottlob nicht zuträfen. Das wäre weit gefehlt. Durch den Stand der Sonne mag dieses Zeichen eine gewisse Dominanz haben, aber der Mond zum Beispiel steht meistens woanders, und das Gefühl zeigt sich dann in jener Färbung, die das Tierkreiszeichen hat, in dem der Mond steht. Auch das Häusersystem, insbesondere der Aszendent, kann bestimmten Tierkreiszeichen eine enorme Dominanz verleihen.

Der Tierkreis selber aber ist rund und schön — und alle Eigenschaften sind in Ihnen, auch wenn sie sich zu widersprechen scheinen. Scheinbar völlig gegensätzliche Deutungen haben durchaus ihre Richtigkeit. „Entweder/oder" gibt es in der Astrologie nicht, sondern nur ein „Sowohl/als auch". Die Feindeutung eines Horoskops geht dann auf diese Dinge exakt ein.

Das astrologische Weltbild ist über die Jahrtausende entstanden durch Beobachtung der Natur. Was wir heute „Tierkreis" nennen, hatte ursprünglich nichts mit Tieren zu tun, denn viele Sternzeichen sind ja gar keine Tiere. Die von der Erde aus betrachtete scheinbare Umlaufbahn, welche die Sonne im Laufe eines Jahres durch den Zodiak, die Sternzeichen, beschreibt, wurde ursprünglich nach dem germanischen Gott „Tyr" benannt.

Der „Tyr-Kreis" war als *Kreis* (= Einheit) dem Gott *Tyr* geweiht. Die Sonne durchwandert im Laufe eines Jahres eine gedachte Bahn am Himmel, die Ekliptik, und die Menschen setzten den Stand der Sonne in Bezug zur Zeitqualität auf der Erde. Die Ekliptik, der astrologische Jahreskreislauf, beginnt zur Tag- und Nachtgleiche etwa am 21.3., wenn die Samenkörner ihre Schale sprengen, die kleinen Lämmer geboren werden und die jungen Keime den Boden aufbrechen (Widder), gefolgt von den saftigen Wiesen

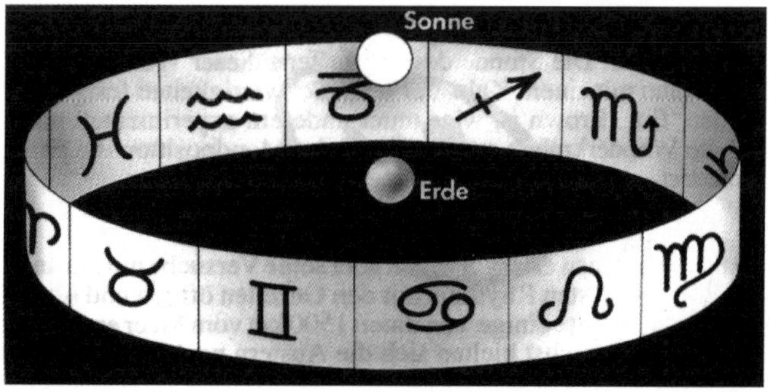

(Stier) und den heiteren Schmetterlingen (Zwilling). Im Sommer werden die jungen Tierkinder geboren (Krebs), die Natur zeigt ihre größte Prachtentfaltung (Löwe), und die Menschen müssen die Ernte einbringen und Vorsorge treffen (Jungfrau). Die harmonischen Herbstfarben verkünden, dass der Tierkreis zur Hälfte durchschritten ist (Waage), die Blumen sterben und werden zu Kompost (Skorpion), und die Adventszeit verkündet die Geburt des Heilands (Schütze), der in der dunkelsten und kältesten Zeit (Steinbock) geboren wird. Bizarre Eiskristalle und Schneeflocken (Wassermann) schmelzen dahin, lösen sich auf und werden zu Wasser (Fische), um neuem Leben zu helfen, wieder die Schalen zu sprengen (Widder).

Auf diese Weise erhielten alle 12 Tierkreiszeichen durch die Beobachtung der Natur ihre Namen und ihre Bedeutung. Die 12 Tierkreiszeichen sind somit eine Gottesentfaltung, eine kosmische Ordnung, die Sie in jedem Horoskop in gleicher Reihenfolge vom Widder bis zu den Fischen kreisförmig angeordnet finden. Jeder Mensch hat alle 12 Tierkreiszeichen um sich herum angeordnet. In der Mitte, in der Unsichtbarkeit befindet sich sein höheres Selbst. Und so gibt es auch keine guten und keine schlechten Horoskope.

Um den Tierkreis auch innerlich zu verstehen, biete ich Ihnen die Möglichkeit zu einer kleinen Meditation. Besorgen Sie sich eine schöne Musik, zum Beispiel DIE MOLDAU von Smetana, denn dort spüren Sie den Fluss von der Quelle bis zum Ozean, der auch der Fluss Ihres Lebens sein könnte. Die Länge dieser schönen Musik beträgt etwas über 12 Minuten.

Vielleicht liest Ihnen jemand den folgenden Text vor. Machen Sie es sich also bequem, verinnerlichen Sie sich den Vorspann, starten dann die Musik, schließen die Augen und nehmen sich dann etwa eine Minute Zeit für die jeweiligen Texte, die Sie sehr, sehr langsam sprechen oder hören. Sie werden die Erfahrung machen, dass die Musik genau zu dem Text und dessen Stimmung passt.

Alles hier hat einen Anfang und ein Ende. Der heutige Tag, dein Leben und die Welt. Und jedem Ende wohnt ein neuer Anfang inne. —Das Leben eines Menschen kannst du am besten überschauen, du kannst es einteilen, und es vollzieht sich in Perioden von jeweils sieben Jahren, vergleichbar mit den 12 Monaten in ihrem Rundlauf eines Jahres. Und wenn der Tag vollendet ist, beginnt ein neuer, wenn das Jahr vollendet ist, beginnt ein neues. Warum sollte dein Leben da eine Ausnahme sein?

(Musik starten)

Höre hinein in die Musik und bekomme ein Gefühl dafür, wie du den astrologischen Tierkreis durchschreitest, ein Gefühl für den Lauf der Zeitqualität deines Lebens, vom Beginn bis zum Ende, vom Widder bis zum Fisch, vom April bis zum März.

Die erste Siebenjahresperiode beginnst du im Frühlingspunkt des Tierkreises. WIDDER! Aufbruch der Kräfte! Ungestüm und voller Energien trittst du hinaus in den wechselvollen April deines neuen Lebens. Was du zum Leben brauchst, das nimmst du dir einfach. Dein Hauptinteresse gilt jetzt deinem Körper, den du dir aufbaust.

In der zweiten Siebenjahresperiode empfindest du dich als Teil deiner Familie, es herrscht der STIER, es ist der Mai deines Lebens, und du lernst Gemütlichkeit kennen ebenso wie Tradition und Besitz. Draußen rottest du dich mit anderen zusammen und spielst mit Freunden in der Gruppe. Zusammen seid ihr stark, zusammen werdet ihr das Leben schon meistern.

Mit der dritten Siebenjahresperiode betrittst du den ZWILLING im Tierkreis, sie ist geprägt von Freunden und Abwechslung, Gesprächen, Diskussionen und Ansammlung von Wissen. Die Schule ist zentrales Thema. Es ist der Frühsommer deines Lebens, und wie ein bunter Schmetterling fährst du am liebsten mit dem Fahrrad hinaus in die Natur.

In der vierten Siebenjahresperiode, astrologisch dem KREBS zugeordnet, gibst du diese Selbständigkeit auf und schaffst dir dein eigenes Zuhause. Wenn du eine Frau bist, wirst du vielleicht Mutter, bist du ein Mann, gründest du eine Familie. Bleibst du alleine, dann beeindruckt dich deine Arbeit. Jedenfalls weißt du nun, wohin du gehörst.

Die fünfte Siebenjahresperiode beschert dir Ansehen und Würde. In deinem Leben ist es jetzt August geworden, und du bist in den besten Jahren. Die Sonne bestrahlt dein Leben, du kannst dich ausruhen wie ein LÖWE, Urlaub machen und bist dennoch kreativ und schöpferisch. Andere bedienen dich. Das Leben ist jetzt ein Spiel, und du spielst darin den König.

In der sechsten Siebenjahresperiode heißt es, die Ernte einfahren. Die Qualität der JUNGFRAU ist kritisch, abwägend, warnend. Wie ist deine Altersversorgung? Die Kräfte schwinden, sie werden wohl nicht ewig reichen. Du musst nun für den Winter deines Lebens vorsorgen, das heißt, vorsichtig mit deinen Möglichkeiten umgehen.

Die siebente Siebenjahresperiode ist der goldene Oktober deines Lebens. Die WAAGE schafft den Ausgleich, und die Sonne neigt sich wieder dem Horizont entgegen. Der Herbst färbt die Bäume in Farben, die schöner sind als die des Sommers. Doch hin und wieder legen sich schon die ersten Herbstnebel auf dein Gemüt, und du tanzt wie das bunte Blatt, sich von den Zweigen lösend, deinem Ende entgegen.

In der achten Siebenjahresperiode herrscht SKORPION, der einzige Selbstmörder im Reich der Tiere. So gärt die Erkenntnis in deinem Bauch, dass auch du der Metamorphose unterliegst. Der Gedanke an den Tod verurteilt alle deine Bemühungen zum Scheitern. Der November ist die Trauerzeit des Jahres. Volkstrauertag — Buß und Bettag — Totensonntag. Ist der Tod das Ende oder nicht?

Die neunte Siebenjahresperiode bringt in dir den SCHÜTZEN hervor, den Missionar, der du schon immer warst. Es ist die Adventszeit deines Lebens, vielleicht hast du Enkel, und du erlebst strahlende Kinderaugen und Besinnung. Es war ein schönes Leben, das du Optimist bisher geführt hast. Vielleicht machst du noch eine Weltreise, um philosophisch fremde Kulturen zu erkunden.

In der zehnten Siebenjahresperiode wird es kalt. Der STEINBOCK steht einsam auf den Gipfeln der höchsten Berge. Die Tage sind kurz, und die Nächte lang. Deine Knochen beginnen zu schmerzen, und du beschränkst dich auf das Wesentliche im Leben. Nun bekommst du Struktur — ob du das willst oder nicht.

In der elften Siebenjahresperiode, im WASSERMANN, kommst du von den höchsten Gipfeln der Berge zurück, nunmehr glitzernd und skurril — als

Schneeflocke schwebst du wie Konfetti in der kristallklaren, stahlblauen Februarluft. Wer ein so bewegtes Leben führt wie du, setzt sich über alles hinweg. Karneval, Intuitionen, Geistesblitze! Und in dieser klaren Erkenntnis kannst du tiefe Wahrheiten finden.

Die zwölfte und letzte Siebenjahresperiode der FISCHE ist nun da. Der Tierkreis deines Lebens ist vollendet. All das ist ja schon einmal gewesen, es ist erlebt und erlitten, durchfühlt und durchschritten. Du bist nun wie der Wassertropfen, der voller Sehnsucht ins Meer zurückfließen möchte. Der Tropfen, der sich selbst nicht mehr kennt, und der nicht mehr weiß: Ja, gibt es mich noch? Oder gibt es mich schon nicht mehr? Aber eines weißt du: Ich bin endlich angekommen. Ich bin jetzt eins mit allem.

Die Deutung eines Horoskops

Am frühen Morgen des 10. Oktober 1938, einen Tag nach Vollmond und etwa zweieinhalb Stunden vor Sonnenaufgang, genau zu dem Zeitpunkt, da im östlichsten Band der Silhouette von Berlin zwei Sterne — Mars und Neptun — das nächtliche Himmelszelt erklommen, tat ich meinen ersten Schnaufer, mit dem meine Seele um 3 Uhr 59 in meinen Körper einzog. Im Dunkel der Nacht näherte sich der noch volle Mond dem Westhorizont und bereitete sich auf den Untergang vor.

Den soeben beschriebenen Vorgang am Himmel über Berlin am 10. Oktober 1938 können Sie in meinem eigenen Geburtshoroskop nachvollziehen:

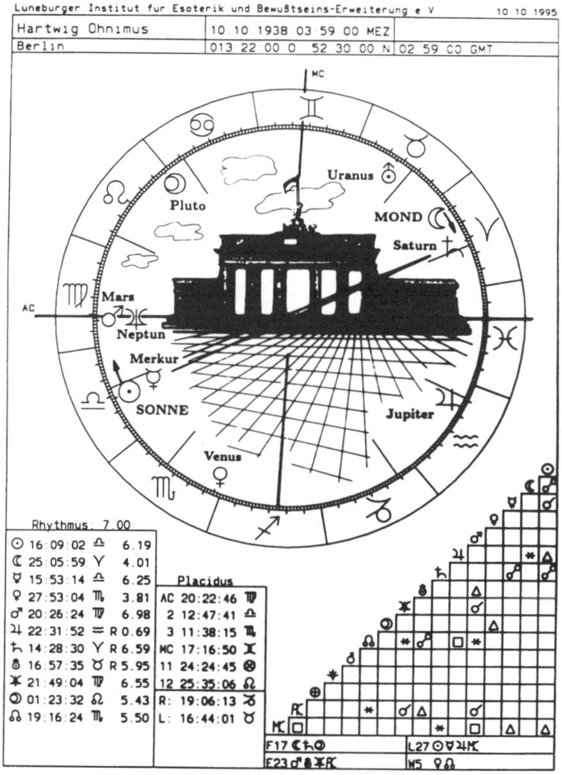

Die waagerechte Linie, links im Osten mit „AC" (=Aszendent) gekennzeichnet, ist der Horizont. Die Sonne (das ist der Kreis mit dem Punkt in der Mitte), steht links unten in der Waage und befindet sich noch unter dem Horizont in der Tiefe der Nacht. Ihr gegenüber nähert sich der Mond im Widder auf der rechten Seite dem Westhorizont. Direkt auf dem Horizont erkennen Sie den Mars mit seinem Pfeil und den Neptun mit seinem Dreizack vor dem Hintergrund der Jungfrau.

Alle Himmelskörper bewegen sich im Laufe von 24 Stunden im Uhrzeigersinn über das Firmament. Das Horoskop ist wie eine Blitzlichtaufnahme des Kosmos zum Zeitpunkt der Geburt.

Diese Konstellation will — bildlich gesehen — aus der Unbewusstheit der Nacht in die Bewusstheit des Tages drängen.

In diesem Buch ist viel von Astrologie die Rede, und viele Menschen, die sich für Astrologie interessieren, glauben, durch die Sterne sei das Schicksal vorherbestimmt. Das ist Unsinn. Aus dem Geburtshoroskop kann der spirituelle Astrologe den *Lebenssinn* erkennen, aber das Tun und Handeln des Menschen ist sein *Eigensinn.* Beide zusammen ergeben das *Schicksal.*

Ich greife immer wieder auf astrologische Prinzipien zurück. Sie, liebe Leserin oder lieber Leser, brauchen aber keinerlei astrologische Vorkenntnisse zu haben, um die folgenden Ausführungen zu verstehen. Ich weiß, dass die Planeten und das Häusersystem erst später im Kapitel IX — ***Spirituelle Astromedizin*** — beschrieben werden. Trotzdem deute ich das Horoskop so durch, als wüssten Sie schon alles, damit Sie auch gleich an die Themen Krankheit und Gesundheit herankommen. Den Nicht-Astrologen erkläre ich hier die Prinzipien kurz, klar und einfach; für die Astrologen unter Ihnen füge ich von Zeit zu Zeit die Tierkreiszeichen, Planeten oder Häuser in Klammern an, damit Sie erkennen, auf welche Bausteine ich mich beziehe. Das geschieht überall in diesem Buch. Auf diese Art und Weise bekommen Sie, liebe Leserinnen und Leser, gleichzeitig einen Sinn für Symbolik.

Es ist wie mit dem Multiplizieren: Ein Kind lernt: 2 x 3 = 6. Die Lehrerin erklärt es, die Lösung wird mit Bausteinen nachvollzogen und schließlich begriffen. Dann kommt eine neue Aufgabe: 4 x 5 = ? Das Kind steht vor einem scheinbar unlösbaren Problem. Es folgen neue Bausteine, neue Erklärung und neues Verstehen. Aber 7 x 3 = ? Irgendwann sagt es „Klick!“, und ab dann kann das Kind multiplizieren und von jetzt ab *alle* Multiplikationsaufgaben lösen.

Mit der Astrologie ist es genauso. Wenn ich die Prinzipien anführe, und Sie verstehen nichts von Astrologie, bitte ich Sie, das zunächst einmal zu *glauben.* Irgendwann macht es auch bei Ihnen „Klick!“, und ab dann werden Sie *wissen,* dass es nur so sein kann und nicht anders. Vielleicht lesen Sie dieses Buch einmal durch und werden an die astrologischen Prinzipien einfach noch *glauben,* und später, nachdem Sie sich mit Astrologie und Mythologie ein wenig mehr beschäftigt haben, lesen Sie das Buch noch einmal, und da werden Sie den Unterschied feststellen: Dann werden Sie *wissen,* dass alles so ist.

Die Themen am Aszendenten

Alle Menschen, die etwa zwischen dem 24.9. und 23.10. geboren sind, gehören ja dem Tierkreiszeichen Waage an. Für den Waage-Geborenen ist das Leben eine festliche Theaterveranstaltung, die nur dazu inszeniert ist, um ihn, den Waage-Menschen, zu erfreuen. So neigt er dazu, sich immer die schönen Seiten des Lebens herauszusuchen, z.B. den flirtenden Kontakt mit anderen und ein charmantes Plaudern, auch wenn man seine eigenen Probleme dazu etwas schminken muss. Etwas überspitzt dargestellt verhält sich der Waage-Geborene etwa so wie ein Österreicher, der zu jener Zeit auf auserwählte Exemplare der Damenwelt zusteuerte mit den Worten: „Küss' die Hand, g'nä Frau, und dem Herrn Gemahl ein fesches Heil Hitler!“

Der *Aszendent* aber, in meinem Falle Jungfrau, gibt Auskunft über die Rolle, die der Mensch im Laufe seines Lebens zu spielen hat. Der Aszendent ist für den Schicksalsverlauf eines Menschen viel wichtiger als der Stand der Sonne.

Das Leben ist wie ein richtiges Theater. Der Schauspieler mag von seinem Verhalten her eine „Waage“ sein, die Rolle aber, die er zu spielen hat, lautet „Jungfrau“, ob ihm das nun passt oder nicht. Und nur die Art und Weise, wie er seine Rolle spielt, entscheidet über Erfolg oder Misserfolg. Es klingt so banal und einfach, und dennoch wird es so selten verstanden: Immer dort, wo Menschen in Schicksalsprozesse oder Krankheitsgeschehen verwickelt sind, haben sie ihren Aszendenten nicht oder falsch gelebt. Doch das Aszendententhema wird immer wieder eingefordert.

Mein Aszendent war also Jungfrau, und damit lag schon einmal das wichtigste Thema fest: Die Jungfrau gehört zur labilen Erde. In der Natur wäre dies der feine Sand, und deshalb gilt eine Jungfrau auch als so kleinkariert, dass man das Muster kaum noch erkennt. Gefühle lässt ein Jungfrauen-Aszendent nur dann passieren, wenn sie „klinisch erprobt und für harmlos befunden“ worden sind. Das Hauptanliegen aber ist, das Leben zu untersuchen, kritisch zu beobachten, methodisch zu analysieren und wissenschaftlich zu bearbeiten — vielleicht ein Lehrer zu werden.

Mars und Neptun standen beide in Konjunktion an meinem Aszendenten und sind somit zusätzliche Energien, die dem Anliegen zugute kommen können. Das heißt vereinfacht ausgedrückt, dass dem Anliegen ans Leben, nämlich Lehrer zu sein, der Kriegsgott Mars zur Seite steht, den Sie ja aus Kapitel I als Initiator für Kriegsschauplätze bereits kennen. Es ist also eine hohe Durchsetzung im Leben möglich, aber auch Aggression und Zerstörung. Weiterhin hat mir der Kosmos den Neptun (griechisch: Poseidon) mit in die Wiege gelegt, den Meeresgott, der in der Antike in seinem ausgedehnten Unterwasserpalast auf dem Meeresgrund gelebt hatte, umgeben von Delphinen und phantastischen Meerungeheuern, und dem es trotz zahlreicher Versuche niemals gelungen war, seine Macht über das Meer hinaus zu erweitern. Die Qualitäten des Neptun reichen etwa von der Schnapsflasche bis zum Guru.

Das Thema, welches sich hinter einer Mars-Neptun-Konjunktion verbirgt, können Sie sich am besten veranschaulichen, wenn Sie die Planeten tatsächlich personifizieren und sich vorstellen, wie die mythologischen Gestalten, Mars und Neptun, förmlich aneinander gebunden sind (Konjunktion): Der Kriegsgott Mars tobt vor Wut, zieht sein Schwert und brüllt: „Auf in den Kampf, Torero!“, wobei der Neptun, noch mit einigen Resten von Algen und Seetang behangen, sich beim Mars unterhakt und lallend einstimmt: „Nimm mich mit, Kapitän, auf die Reise!“ Bei einer solchen Konstellation geht die *Durchsetzung* (Mars) *baden* (Neptun), wie der Volksmund sagt, oder *Aktivitäten* (Mars) erweisen sich als *Schlag ins Wasser* (Neptun), oder *neue Vorhaben* (Mars) gehen *den Bach herunter* (Neptun).

Unmittelbar nach meiner Geburt durfte ich den Mars schon in der *Projektion* erleben, das heißt im Gegenüber. Man kann die Themen seines Horoskops *in sich selber* erleben, sie können aber ebenso auch *von außen auf einen zukommen.* Das war hier der Fall: Meine Mutter hatte Brustentzündung. Bei der Wahrnehmung meines Grundanliegens (= Aszendent) stieß ich auf einen Kriegsschauplatz, denn Sie entsinnen sich aus dem Kapitel I, dass Entzündungskrankheiten dem Kriegsgott Mars zugordnet sind. In der Hitlerzeit wurde ja für junge Mütter viel bewegt, und so gesellte sich der Marssymbolik (meiner fieberkranken Mutter) die Neptunsymbolik hinzu in Form der Säuglingsschwester Auguste, einer Alkoholikerin (Neptun), die soff wie ein Loch. Ich war das liebste Kind der Welt, solange Schwester Auguste sich um mich kümmerte. Als sie nach etwa sechs Wochen verschwand, brüllte ich los (Mars) und hörte, von einigen Schlafpausen abgesehen, erst nach einem Jahr wieder auf. Der Schwindel (Neptun) flog auf: Auguste hatte mir großzügigerweise stets von ihrem Cognac (Neptun) ein wenig abgegeben, was ich ihr mit meinem gesunden Schlaf honorierte.

Mit etwa fünf bis sechs Jahren galt ich als verträumtes (Neptun) Kind, ich konnte Wirklichkeit und Realität nicht auseinanderhalten und erzählte phantasievolle (Neptun) Geschichten, die unrealistisch waren. (Damals könnten es, wie bei allen Kindern in diesem Alter, noch karmische Erlebnisse aus früheren Leben gewesen sein). Aber so etwas stößt in der Umwelt auf Ablehnung und Entzug der Anerkennung — damals wie heute. Damals hatte ich mich noch zurückgenommen und geschwiegen, allerdings mit dem Erfolg, dass ich eine Lungenentzündung (Mars im Kommunikationsbereich) bekam, an der ich fast gestorben wäre (Neptun). Heute nehme ich mich nicht mehr zurück, sondern kämpfe (Mars) für Transzendenz und Spiritualität (Neptun) und bleibe gesund.

Nach der überstandenen Lungenentzündung behielt ich im körperlichen Bereich mein labiles und geschwächtes Abwehrsystem (Neptun/Mars), weil ich im psychischen Bereich meine Durchsetzungs- und Aggressionsschwäche behalten hatte. Weitere Symptome zeigten sich in Form einer Mandelentzündung (Mars in Kommunikationsbereich), der ein Brutalmediziner mit einer Entfernung der Mandeln zu Leibe rückte. Ich sehe ihn noch vor mir sitzen, die Ärmel aufgekrempelt wie ein Schlachter, als er mir bei nur örtlicher Betäubung beide Mandeln aus meinem Rachen schnitt und rupfte, weil er wusste, dass jene Körperteile, die im Ascheimer liegen, sich nie wieder entzünden können. Dafür vereiterten die Kieferhöhlen (Mars im Kommunikationsbereich), wodurch die Seele kundtat, dass sie nun wirklich die Nase voll hatte, doch dieser Scharlatan wies mich erneut in seine Klinik ein, um dort mit Kieferhöhlenspülungen (Neptun) meine Nase wieder leer zu machen.

Meine körperlichen Symptome verschwanden schlagartig, als ich endlich wagte, auf einem völlig anderen Gebiet zu rebellieren: Ich suchte und fand den Konflikt (Mars) in der Schule (Jungfrau). Ich hatte ein unbestimmtes Gefühl (Neptun), dass alles das, was es dort zu lernen gab, total unwichtig war. Es ist zu viel Wissen, das zur Unwissenheit führt, und ich rebellierte gegen diesen Unsinn, mit dem wir befrachtet wurden. Doch wenn unser Musiklehrer davon sprach, dass klangvolle Akkorde dadurch entstehen, dass die Schwingungszahlen der einzelnen Töne wie beim Bruchrechnen ganze Zahlen zum Ergebnis haben, dann war ich fasziniert, konnte aber den trockenen Unterricht der Algebrastunden nicht mehr ertragen. Im Kunstunterricht lernten wir, welche (scheinbar unsinnige) Mühe sich die mittelalterlichen Dombauhütten bei den Kirchenbauten mit der Einhaltung der geometrischen Gesetze gemacht hatten, um die Proportionen nicht nur nach den statischen Erfordernissen, sondern nach den „mystischen Zahlenverhältnissen", nach dem goldenen Schnitt, nach dem pythagoreischen Lehrsatz und so weiter zu berechnen. Aber fortan wurde der geistlose Geometrieunterricht für mich unerträglich.

Die Harmonie der Sphären schlug mich in ihren Bann: Harmonische Zahlen, auf die Zeitachse abgetragen, ergeben Musik. Harmonische Zahlen, auf die Raumachse abgetragen, ergeben Architektur. Solche Erkenntnisse trafen mich wie der Bis (Mars) einer Viper (Neptun). Verglichen mit diesem Wissen waren 99 Prozent des anderen Unterrichtsstoffes unsinniger Ballast. Ich ließ meinen Emotionen von Wut, Zorn und Hitzigkeit (Mars) gegen die Lehrer (Jungfrau) freien Lauf — und war gesund.

Niemand kann seinen Aszendenten leiden. Ich mochte meinen auch nicht. Und auf einer ganz realen Ebene bedeutete das: Ich konnte keine Lehrer leiden. Lehrer wurden für mich die Ausgeburt an Pedanterie, Bürokratismus und Kritiksucht (das ist die Palette der unerlösten Jungfrau), ihre verdammten Nörgeleien und Besserwissereien verdarben mir (so glaubte ich) meine gesamte Kindheit. Der Opportunismus, die Unterwürfigkeit und die Kriecherei (Jungfrau) der anderen Schüler steigerten meine Ablehnung ins Unbeschreibliche. Damals war mir natürlich nicht bewusst, dass dies *mein eigenes Thema* war, das ich wieder einmal in der *Projektion* erlebte. Wenn mir damals jemand erzählt hätte, dass ich Jahrzehnte später eine lehrerähnliche Tätigkeit ausführen würde, so hätte ich ihn für verrückt erklärt.

Wie gesagt, von zwei Ausnahmen abgesehen, konnte ich keine Lehrer mehr leiden. Sie, die Lehrer, konnten mich dann eines Tages auch nicht mehr leiden, und so endete meine Schulzeit weit vor dem Abitur. Das als problematisch empfundene Zeichen meines Aszendenten Jungfrau = Lehrer = Schule, war zunächst einmal erfolgreich beseitigt. Nun ging es um die Berufswahl.

Ein Kind hat noch ein sehr feines Gefühl für die Chancen und Möglichkeiten, die es in die Wiege gelegt bekommen hat. Damals, im zarten Kindesalter, als meine Freunde Lokomotivführer, Pilot oder LKW-Fahrer werden wollten, träumte ich davon, ein Pastor zu sein, der Predigten (Jungfrau) von der Kanzel in der Kirche (Neptun) herunterwettert (Mars). Das hätte genau in die Archetypik gepasst: Mit dem Anspruch, als Priester andere Menschen zu erziehen (Lehrer = Jungfrau), ging es auch um eigene Durchsetzung (Mars) und um den Umgang mit Religion, Mystik und Transzendenz (Neptun). Sicher haben Sie bemerkt, dass ich mich zumindest auf analoger Ebene heute mit etwas Ähnlichem beschäftige.

Der Ansatz war da, *aber....* Diesen Berufswunsch äußerte ich nicht. Das Wörtchen „aber“ verkehrt die allerbesten Vorsätze wieder ins Gegenteil. Mit einem Jungfauen-AC passt man sich der Umwelt an. So begann der Weg in die Irre. Märchen, Mythen und Heldenreisen beschreiben den Entwicklungsweg oft in drei Schritten: Der Held muss sich immer dreimal bewähren. Auch in dem Gleichnis des verlorenen Sohnes führt der Weg zunächst einmal in die Irre.

Der 1. Schritt: Der Weg in die Irre

Es liegt mir fern, nun mein ganzes Leben vor Ihnen auszubreiten. Es geht mir aber um die Erkenntnis in der ***Spirituellen Astrologie***, dass niemals Voraussagen über Krankheit und Schicksal gemacht werden können, sondern dass jeder Mensch sich sein Schicksal selber kreiert!

Wesentlich bequemer ist es nämlich, und das gilt übrigens für *alle* Menschen, das Sonnenzeichen zu leben statt das Zeichen des Aszendenten. Die Sonne (das Ego, die Ausstrahlung) steht in meinem Horoskop in der Waage. Ästhetisch sollte das Leben von nun an sein, und voller Harmonie. Die Waage buhlt förmlich um Anerkennung durch andere, und sie ist feige, wenn es um die wahren eigenen Bedürfnisse geht. Angesichts der Tatsache, von der Schule geflogen zu sein und vorzeitig auf der Straße zu stehen, schien mein Berufswunsch, Pastor zu werden, völlig unangebracht. Ich versuchte also, das Beste, Schönste und Friedvollste (Waage) aus der Situation zu machen.

Die Sonne befindet sich in meinem Horoskop im 2. Haus, das archetypisch dem Stier zugeordnet ist, dem Haus des Geldes, des Besitzes und des Selbstwerts. Die Sonne hat eine Konjunktion mit dem Merkur (griechisch: Hermes), dem Schutzpatron der Händler und der Taschendiebe. Es gibt Astrologen, die diese Bausteine (Sonne/Merkur in Haus 2) als „Banker-Konstellation“ bezeichnen. Mitte der fünfziger Jahre, als allerorten das Bruttosozialprodukt gebacken wurde, erhielten glatte (Waage), anpassungsfähige und strebsame (Jungfrau) Typen Aufmerksamkeit und Zuwendung. Aber dort, wo Anerkennung winkt, ist immer äußerste Vorsicht geboten. Doch das wusste ich damals nicht. Ich trat an, um Karriere zu machen, weil es da Anerkennung gab.

Mit einem Horoskop wie dem meinem ist dies auch möglich, und es ging auch sehr lange gut. Später machte ich mich selbständig. Das 6. Haus, in welchem der Beruf gedeutet wird, steht im Tierkreiszeichen Wassermann, dem u.a. auch die Datenverarbeitung zugeordnet ist. Die Waage-Sonne konnte ich wegen meiner eigenen Entscheidungsschwäche gut über einen Beratungsberuf ausleben, und so war ich mit Anfang vierzig ein sogenannter „Erfolgsmensch“ geworden: Ich besaß ein gut gehendes Beratungsunternehmen (Waage-Sonne) auf dem Gebiet der EDV (Wassermann im Haus 6). Ich führte eine glückliche Ehe (Mond in Haus 8 = emotionale Geborgenheit in der Ehe), zur Familie gehörten vier gesunde Kinder (Schütze in Haus 4 = Großzügigkeit) und die Besitzverhältnisse waren fundiert (Sonne in Haus 2 = Besitz).

Ich hatte mein Horoskop also phantastisch realisiert, ohne es je gekannt zu haben: Es hätte eine richtige Ausruh-Inkarnation werden können, so eine Art kosmische Warteschleife. *Aber (!)* der wichtigste Punkt im Leben, und das vergessen auch die meisten Astrologen, *der allerwichtigste Baustein ist und bleibt der Aszendent!!!* Wird der Aszendent nicht gelebt, fordert das Schicksal ihn ein: Zuerst als leise Erinnerung, dann schon kräftiger und schließlich gnadenlos.

Ein antiker Hierophant sagte zum Jüngling zu Sais: „Nimm einen Ton aus einer Harmonie, nimm eine Farbe aus dem Regenbogen, und alles, was dir bleibt, ist nichts — solang das schöne All der Töne fehlt und das der Farben." Wird der Aszendent und mit ihm der Kindheitstraum (Pastor oder Heiler = Neptun am AC in der Jungfrau) nicht gelebt, ist es, als fehle ein Ton in der Harmonie der Sphären.

Diese jahrelang in mir schlummernde Ahnung formte sich allmählich zur Gewissheit, und in mir erwachte damals, als ich etwa vierzig Jahre alt war, der Wunsch, das Phantastische zu erforschen und einen Blick hinter den Schleier der Mysterien (Neptun) zu wagen. Ich fand Organisationen, die als Nachfolger der alten Mysterienschulen noch heute existieren, und die im wahrsten Sinne des Wortes ein „Schattendasein" führen. So trat ich in den Alten Mystischen Orden vom Rosenkreuz (A.M.O.R.C.) ein, begann mit dessen Studien und wurde Mitglied einer Freimaurerloge. Die dort initiierten Rituale, die allegorisch den Weg des Menschen auf dieser Erde zum Inhalt haben, lösten in mir nun erst recht Unbehagen aus. In der Homöopathie kennt man ein solches Symptom als Anfangsverschlimmerung. Da gab es außer dem Vielen, was ich alles noch hätte lernen können (Jungfrau), was es zu untersuchen und zu verstehen galt, noch etwas anderes: Ich fühlte eine Sehnsucht nach Spiritualität (Neptun am AC), eine Sehnsucht, die Transzendenz, das Hintergründige zu erfahren, eine Sehnsucht nach Ritualen und ähnlichem — für einen Materialisten wie mich damals natürlich völlig unklare Spinnereien (auch das ist Neptun). Aber ich ahnte jetzt, wie weit ich von meinem Weg der eigentlichen Bestimmung abgekommen war. Sollte das, was ich im materiellen Leben so alles trieb — der erfolgreiche Beruf, die große Familie, das schöne Haus, die dicken Autos, die weiten Reisen — erkauft mit einem 15-Stunden-Arbeitstag, erkauft mit Wochenendarbeit, mit Stress und Hektik, mit Unfreiheit und Sorgen, ja sollte das wirklich der tiefe Sinn meines Lebens gewesen sein? Ich erkannte: Das Dreieck meines Lebens war nicht mehr im rechten Winkel! Der Akkord meines Daseins klang disharmonisch, weil mir nur einzelne Töne aus dem Orchester meines Lebens ins Bewusstsein gekommen waren. Ich hatte nur einzelne Farben meines Regenbogens gelebt.

Da ich daran aber nichts änderte — ein Mensch mit der Sonne im zweiten Haus wie ich ist konservativ und bequem — machte der Neptun, oder besser ausgedrückt, das Neptunprinzip als verletztes Seelenorgan in mir, sich in einer recht unerlösten Form bemerkbar: Unklarheiten und Schwindeleien (Neptun) in der Ehe, Illusionen (Neptun) über meine Finanzen und Betrügereien (Neptun) in der Firma. Überall zeigten sich Auflösungsprozesse (Neptun). Natürlich setzte ich alle meine Kräfte (Mars) ein, um dem entgegenzuwirken, um wieder Klarheit und Erfolg in mein Leben einziehen zu lassen.

Und schon kamen die ersten körperlichen Symptome, die sich bei einem solchen Lebenswandel naturgemäß einstellen: Unruhe, Nervosität, Schlaflosigkeit, Schweißausbrüche und Überlebensangst. Hinzu trat die Symptomatik der Ereignisse: Immer häufiger geriet ich in Verkehrsstaus, ohne zu ahnen, dass die verstopften Autobahnen, die Transportbahnen des Staates, mir aufzeigen wollten, wie sehr meine eigenen Blutbahnen, die meine Lebensenergie transportierten, verstopft waren. Ein alter esoterischer Satz lautet: Außenwelt = Innenwelt. Die Symbolik der Geschehnisse zeigte mir, dass das Vorwärtskommen auf meinem Weg blockiert war. Ich saß fest. Innen wie außen. Ich spürte den Energiestau nun auch körperlich.

Und wenn mitten im Autobahnstau im Fahrzeug vor mir ein penetranter Urlauber in buntem Freizeithemd und kurzer Hose diese Situation auch noch genoss, indem er seinen Strohhut in den Nacken schob, sein linkes Bein zum Fenster herausbaumeln ließ und das Radio auf volle Lautstärke drehte, dann war die Projektion komplett. Selbst wenn der Verkehr wieder zum Fließen käme, dieser unangenehme Zeitgenosse würde noch viele Kilometer vor mir sein und mich behindern! Mein Blutdruck erreichte seinen Höchststand, und in meinem Hirn formierten sich Mordgelüste.

Eine ***Offenbarungstherapie***® wäre spätestens zu diesem Zeitpunkt angesagt gewesen. Da hätte ich die *Projektionen* durchschauen können, dass mir dieser liebe Mensch nur meine verdrängten, nicht gelebten Eigenschaften spiegelte: Urlaub machen, ausspannen, fröhlich sein und die Situationen so annehmen, wie sie sind. Sicher hätte ich in der Therapie auch die andere Projektion durchschaut, nämlich selber Lehrer zu werden, statt diese zu verteufeln.

Aber alle diese deutlichen Hinweise des Kosmos gingen an mir vorüber, ohne Spuren zu hinterlassen.

Der zweite Schritt: Saturn als Vollstrecker des Karmas

Dann meldete sich *Saturn,* der kosmische Karmavollstrecker. Nach der griechischen Mythologie entmachtete Saturn (griechisch: Kronos) seinen eigenen

Vater Uranus: Mit der linken Hand packte er die Genitalien des Vaters, mit der rechten Hand entmannte er ihn. Aus dem Schaum der ins Meer geworfenen Geschlechtsteile entstieg die Venus (griechisch: Aphrodite, die Schaumgeborene). Später fraß Saturn seine eigenen Kinder, weil ein Orakel ihm das gleiche Schicksal vorhergesagt hatte. Saturnenergie ist also nicht zimperlich, weshalb die Kirche ihn als *Satan* verteufelte. In der Vulgärastrologie ist Saturn schlechthin der Bösewicht vom Dienst. Bei Saturn denkt der Mensch deshalb an alles Dämonische, Widerwärtige, Bösartige, Entsetzliche und an Panik.

Saturn steht in meinem Geburtshoroskop im 8. Haus im Widder in Opposition zu Sonne und Merkur im 2. Haus in der Waage, das heißt in Opposition zu jener Konstellation, die das angenehme Leben konserviert hat. Im Jahre 1981 ging der *transitierende* Saturn gleichsam in Form eines satanischen Prüfers durch die Waage über den Punkt, wo in meinem Geburtshoroskop im 2. Haus die Sonne steht, und er geriet damit gleichzeitig in Opposition zu seiner eigenen Ausgangsstellung. Es war die Zeit der Prüfung: Wurde die Sonne, das Ego, richtig gelebt?

Nächtliche Schweißausbrüche (Haut = Saturn) sowie zeitweise auftretende heftige, stechende Schmerzen in der Brust (Herz = Sonne) und im linken Arm, totale Zerfahrenheit, Niedergeschlagenheit, Depressionen und innere Unruhe (Uranus) waren die Botschafter der Endzeit dieser Art des Lebens. Wenn ich auf meinen vielen Geschäftsreisen abends erschöpft ein Hotel aufsuchte, dann vergewisserte ich mich, ob auch die Portierloge die ganze Nacht besetzt blieb, schloss das Zimmer nicht mehr ab und überprüfte das Telefon an meinem Bett, denn wenn mich nachts plötzlich der bereits erwartete Herzinfarkt (Sonne / Saturn / Uranus) ereilen würde, dann sollte schnelle Hilfe ungehindert Einlass finden. Ich war von meiner Wichtigkeit noch so total überzeugt, dass mir meine Rettung als höchstes Gebot der Stunde erschien. Im Kosmos aber dachte man da schon ganz anders.

Allmählich und unter dem Eindruck häufiger werdender depressiver Phasen (Saturn) begann ich mich mit dem Gedanken vertraut zu machen, diese böse Welt vorzeitig zu verlassen. Ich durchschaute den Irrsinn, an dem ich selber feste mitgearbeitet hatte und stand nun am Rande meines eigenen Abgrunds (Saturn). Wenn ich *plötzlich und unerwartet* (was übrigens niemals stimmt) aus der vollen Tatkraft meines Schaffens (was ebenfalls nicht stimmte) herausgerissen worden wäre — gleichgültig ob per Unfall oder Herzinfarkt — ein „ehrenvolles Andenken in Dankbarkeit und Liebe“ wäre mir gewiss gewesen. Hier an dieser Stelle ist Ironie angebracht. Diese Art von Liebe ist eine Form des Irrwegs.

Hätte ich mich damals der Schulmedizin anvertraut, wie sie sich jetzt auf der Spitze ihrer Erfolge darstellt, dann wäre ich heute nicht mehr am Leben. Natürlich hätten Medikamente den Zeitpunkt meines Herzinfarkts hinausschieben können, natürlich hätte man den „Gott“ Saturn durch Schulmedizin noch einmal betrügen können, aber sieben Jahre später, beim Saturn-Sonne-

Quadrat, hätte das Schicksal (der Saturn nun als Satan) erbarmungslos zugegriffen — es hätte *zugreifen müssen.* Dessen bin ich mir absolut sicher.

Niemals wäre ich auf die Idee gekommen, dass hinter meinen Symptomen *ein tiefer Sinn verborgen* sei. Niemals hätte ich es für möglich gehalten, dass jedes Schicksal *eine Offenbarung gewesen war, die mir mit ihren Hinweisen offenbaren* wollte, wo mein Eigensinn meinem Lebenssinn zuwider lief. Niemals hätte ich geglaubt, dass in jedem Symptom der Keim der Heilung verschlossen liegt. Niemals hätte ich es für möglich gehalten, dass GOTT, oder die Seele, oder mein Schutzengel oder wer auch immer, mit mir eine ganz eindeutige Sprache sprach: *Denk an dein Herz!*

Sicher haben Sie gemerkt, dass die Offenbarungen aus dem Kapitel I, dem Überblick, auch eigene Erfahrungen und Prozesse beinhalteten. Aber damals begehrte ich noch auf! Dabei ging es in Wahrheit um *mein gebrochenes Herz,* dessen ich mir aber immer noch nicht bewusst war. Mit dem analytischen Verstand hätte ich niemals eingesehen, wo ich *ein hartes Herz* hatte. Ich, der sich für die Firma, die Familie, die Kunden, die Banken und die Mitarbeiter aufgeopfert hatte, ich, der bis spät in die Nacht hinein gearbeitete hatte, damit die Familie bestens versorgt war und sich alles leisten konnte, ich, der seine persönlichen Wünsche immer hinten angestellt hatte — ich sollte ein hartes Herz haben???

Wie bereits angedeutet, überließ ich mein Schicksal nicht der Schulmedizin, denn sonst wäre dieses Buch nicht mehr entstanden! In einer alternativen Therapie zeichnete sich mein eigentliches Lebensziel ab: Es kam mir spät, sehr spät, aber nicht zu spät, ins Bewusstsein, und ich nahm mir vor, meine Firma aufzugeben und einen seelsorgerischen oder heilenden Beruf zu ergreifen.

Darauf reagierte die Umwelt natürlich mit Unverständnis und Ablehnung: „Der dreht jetzt völlig ab!“ Oh, wie oft bekam ich diesen Satz zu hören. Für einen solchen Beruf hatte ich keine Ausbildung, keine Erfahrungen und keine Zeit. Und wenn ich jetzt wieder ganz von vorne anfangen wollte, dann war der Lebensstandard einfach nicht zu halten. So kamen Ängste auf, Zweifel machten sich erneut breit, und Festhaltemechanismen verhinderten den neuen Weg. Erneut verstrichen wertvolle Jahre durch mein Zögern. Ich ging auf Ende vierzig zu, und ich zögerte, zögerte und zögerte.

Langsam, aber mit faszinierender Präzision, schritt Saturn, der kosmische Karmavollstrecker, durch mein Geburtshoroskop. Im Jahre 1987 erreichte der Saturn-Transit die Individuationsachse IC—MC. Dort stand Saturn gleichwohl wie der leibhaftige Satan in Opposition zu meinem Lebensziel (MC) und besorgte Stück für Stück den Rest:

Die Banken kündigten die Kredite für meine Firma, ich musste alle Mitarbeiter entlassen und konnte einen Konkurs nur durch außergerichtliche Vergleiche abwenden, die meine Ersparnisse und Lebensversicherungen verzehrten. Meine Ehe ging in die Brüche, unser Haus wurde zwangsversteigert, die

Familie brach auseinander, und meine Frau ging mit meinem kleinsten sechsjährigen Sohn, der mir besonders ans Herz gewachsen war, nach Südafrika. In der Zeit, als meine gleichaltrigen Freunde über vorzeitige Pensionierung und Frührente sinnierten, ging mein gesamter Besitz dahin und meine Altersversorgung zum Teufel. Ich saß da, ohne Beruf, aber mit einem Berg alter Schulden aus der Firma und mit einer Unterhaltsverpflichtung für Frau und Kinder.

Mein damaliges Lebensziel, an dem ich fast ein halbes Jahrhundert gearbeitet hatte, war restlos zerstört. Ich kam mir vor wie Theseus, als er sich im Labyrinth zu Knossos verirrt hatte, in einem dunklen Gang stand, den Weg durch eine Mauer versperrt, und nun erkannte: „Hier ist mein Weg zu Ende."

Hätte ich damals noch eine rein materialistische Lebensauffassung gehabt, wäre ich an den desolaten Prozessen zerbrochen. Erst sehr viel später erkannte ich, dass nicht der Saturn als Planet am Himmel, der dort draußen im Makrokosmos analog zu meiner Innenwelt seine Bahnen zieht, mein Lebenswerk zerstört hat, sondern jene innere Kraft, jener Seelenanteil in mir, der den Namen Saturn trägt. Es war einer jener *Götter,* von dem *die Menschen Heilung erflehen,* und nicht wissen, *dass sie die Kräfte in sich tragen* (Demokrit).

Da ich mich aber schon mit geistigen Prinzipien identifizieren konnte, die kraftvoll, strahlend, unzerstörbar und unsterblich sind, war ich unverwundbar. Bei Menschen, die sich nur mit ihrem physischen Körper und den materiellen Dingen des Lebens identifizieren, gewinnt immer der Gedanke des Todes die Oberhand. Der Vorteil der geistigen Arbeit liegt im metaphysischen Leben, welches Stärke, Kraft und Seelengröße erschafft.

Aber war das, was ich erlebte, die Hilfe vom Kosmos? Ja! Denn das Schicksal griff immer genau zur rechten Zeit ein, nämlich dann, wenn ich auf meinem Weg zögerte. Freiwillig hätte ich mich aus dem Geschäftsleben nie zurückgezogen, das schöne Haus verkauft und meine Familie fortgeschickt. Dazu wäre ich auch viel zu feige gewesen. Und so hat diese entscheidenden Dinge das Saturn-Prinzip, der Satan, das Schicksal, besorgt.

So gesehen durfte ich den Saturn, den Saturn meiner Seele, lieben und begrüßen, mich riesig freuen, dass er mir endlich die Möglichkeit gegeben hatte, auf die Nase zu fallen. Erst dadurch war der Weg frei zur Weiterentwicklung und zum Fortschritt.

Bei mir steht Saturn im 8. Haus, dem Bereich der Wandlung, der Stirb- und Werdeprozesse und der Krisenbewältigung. Nehmen Sie das doch einmal zum Anlass, in Ihr eigenes Horoskop zu schauen, wo Saturn steht, und Sie erfahren etwas über den Bereich, in dem „das Mindeste, das in Ihrem Leben gelernt werden will“, angesiedelt ist.

Deshalb bin ich GOTT, dem Kosmos, dem Schicksal, oder wie immer Sie das nennen mögen, für sein Eingreifen auch dankbar. Es kommt nämlich nicht darauf an, was der Mensch erlebt, sondern wie er damit umgeht. Für den Außenstehenden sind solche Zeiten der Wandlung Zustände der Zerstörung, des Absterbens und der Trennung. Aber ich habe sehr oft sinngemäß gebetet: „Lieber Gott, ich danke Dir, dass ich die Firma los bin. Ich danke Dir, dass das Haus versteigert ist. Und ich danke Dir, dass ich jetzt alleine lebe, denn ohne Deine Hilfe hätte ich es nie geschafft — einfach, weil ich aus mir selbst heraus dazu niemals den Mut aufgebracht hätte!“

Der dritte Schritt: Transpersonale Planeten weisen den Weg

Saturn ist auch der Hüter der Schwelle, der in den Tempeln den Zugang zum Allerheiligsten bewacht. Saturn ist die Grenze zwischen dem Ego und dem Kollektiv. Und so zeigt er sich auch im Kosmos: Saturn ist der äußerste Planet im Sonnensystem, der mit bloßem Auge wahrzunehmen ist. Außer Sonne und Mond sind die fünf Planeten Merkur, Venus, Mars, Jupiter und Saturn ohne Fernglas sichtbar. Diese sieben Prinzipien, die auch in den sieben Wochentagen, den sieben Weltwundern sowie den sieben guten und sieben schlechten Jahren ihren Ausdruck finden, bestimmten die klassische Astrologie, die in Saturn ihre Grenze fand.

Aber alte Überlieferungen der jüdischen Mystik wussten schon von 12 Planetenprinzipien. Doch erst fast zweitausend Jahre später, zur Zeit der französischen Revolution, wurde *Uranus* als erster der drei zur Zeit bekannten Planeten jenseits von Saturn entdeckt, dann *Neptun* und schließlich im Jahre 1930 *Pluto.* Die inneren Planeten bezeichnet man deshalb auch als *persönliche* Planeten, sie sind somit Energien, auf die der Einzelmensch Einfluss nehmen kann, wohingegen die äußeren Planeten, die jenseits von Saturn ihre Bahnen ziehen, als *unpersönliche, transpersonale* oder *kollektive* Energien bezeichnet werden. Wegen ihrer langen Umlaufzeiten von 84 Jahren (Uranus), 170 Jahren (Neptun) und 250 Jahren (Pluto) haben diese *transsaturninen* Planeten in den Horoskopen vieler Menschen gleicher Generation auch eine gleiche Stellung im Tierkreis, woraus ein kollektiver Auftrag abgeleitet werden kann, aber eine unterschiedliche Stellung in den Lebensbereichen.

Uranus, Neptun und *Pluto* sind also jene Energien, die es zu betrachten gilt, wenn sich ein Mensch in seiner persönlichen Entwicklung *jenseits von Saturn* befindet. Das bedeutet: Alle gravierenden Fehler des Individuums sind begangen worden und als solche erkannt, das Karma (dieses Lebens) ist vollstreckt, und persönliche Ego-Ansprüche bestehen jetzt nicht mehr. Das ganze Spiel beginnt noch einmal von vorne — auf einer höheren Ebene. Die Karten sind neu gemischt. Somit ist es die rechte Zeit, sich von anderen Sternen, von transsaturninen, transpersonalen Energien, leiten zu lassen.

Lassen Sie sich nun die kollektiven Kräfte der drei transpersonalen Planeten *Uranus, Neptun* und *Pluto* zunächst an den Mythologien erklären, dann, wie sie zuerst schicksalhaft scheinbar von außen in mein Leben hereinbrachen und ich sie in der Opferrolle erleben musste, und dann aber, wie ich sie nach ihrer Transformation jenseits von Saturn nun mit erweitertem Bewusstsein „als Meister meines Lebens" kollektiv für das Wohl der Menschheit nutze.

Beginnen wir bei *Uranus*. Der Ahnherr der Götter, griechisch Uranos, verkörperte, lange bevor es den Olymp gab, sehr deutlich die Grundzüge des schöpferischen und unsteten Urprinzips. Seine Schöpfungen waren alle sonderbar, verrückt oder unnormal, wie z.B. die drei hundertarmigen Riesen oder die drei unberechenbaren Cyklopen, deren Namen übersetzt Donner, Blitz und Glanz heißen. Mit Donner, Blitz und Glanz bricht Uranus als kollektive Energie tiefgreifend und umwälzend in verkrustete Strukturen ein, wenn Änderungen von innen heraus nicht mehr zu erwarten sind. Ähnlich wie die Royalisten zur Zeit der französischen Revolution mit etwas völlig Neuem konfrontiert wurden, nachdem sie es sich gerade bequem eingerichtet hatten, so zerstört Uranus total überraschend und voller Dynamik alte Wertvorstellungen.

Uranus ist Herrscher des Tierkreiszeichens Wassermann, durch den in meinem Horoskop die Spitze des 6. Hauses, d.h. des Berufs, geht. In diesem Lebensbereich, in meiner Firma, dort, wo ich König war, habe ich diese elementare Kraft am eigenen Leib als Opfer erfahren, nachdem ich mich nicht mehr bewegt hatte und nun über das Schicksal mit etwas Neuem konfrontiert wurde. Hätte ich mich abermals, ebenso wie der französische König, gesperrt, dann hätte der Herzinfarkt, der auf der gleichen Symbolkette (Uranus/Sonne/Saturn) liegt, meinem Treiben ein endgültiges Ende bereitet.

Wie kann die Energie des *Uranus* in meiner Seele nun jenseits meiner Egoansprüche für das Kollektiv, für die Menschheit im allgemeinen, genutzt werden? Schauen wir wieder in mein Geburtshoroskop: Dort hat Uranus sein eigentliches Domizil im Wassermann, durch den das 6. Haus, d.h. der Beruf zum Geldverdienen geht, verlassen und steht im 9. Haus. Mit anderen Worten: Uranus hat sich in den Bereich der Religion, der Philosophie und der Sinnfindung begeben, um hier nach seiner Art eine Revolution auszulösen. Aus dem bisher Gelesenen haben Sie, liebe Leserinnen und Leser, vielleicht erkannt, dass ich heute meinen Beruf als Leiter des Instituts, mit dem ich meine Lebensgrundlage bestreite (6. Haus), auch dazu benutze, um falsche priesterliche Autoritäten (9. Haus) vom Sockel zu stürzen, wo immer diese anzufinden sind, insbesondere im Bereich des Gesundheitswesens. Dort, wo eine Änderung wie in der Schulmedizin von innen nicht mehr zu erwarten ist, sprenge ich die verkrusteten Strukturen von außen. Meine in meiner Seele bislang ungenutzte Uranus-Energie leistet nun einen Beitrag dazu, dass es jenen medizinischen Platzhirschen, die sich so bequem eingerichtet haben, und die sich gegen Veränderungen wehren, (bildlich gesprochen) ebenso ergehen wird wie den französischen Royalisten. Uranus zerbricht deren Starrheit und zeigt beim Widerstand explosive Züge!

Nehmen Sie dieses doch auch einmal zum Anlass, liebe Leserinnen und Leser, in Ihr Horoskop zu schauen: Von woher kommt Uranus? Wohin geht *Uranus*? Sie erfahren etwas darüber, welche Grenzen Sie in Ihrem Leben sprengen sollten.

Neptun, der griechische Meeresgott Poseidon, der zweite der transpersonalen Planeten, vernebelt in unerlöster Form den klaren analytischen Blick und fördert die Möglichkeit der Verwirrung, der Täuschung und der Planlosigkeit. Durch meine Passivität kamen Lüge und Betrug in mein Leben bis hin zur Agonie, und ich erlebte diese Energie als Opfer in Form von Auflösungsprozessen in allen meinen Lebensbereichen, denn Neptun steht in meinem Horoskop am Aszendenten.

In erlöster Form aber ist *Neptun* die Suche nach GOTT. Hier wird Liebe zur Agape. Neptun herrscht über das Reich der Tiefe, der Urbilder, der Archetypen, des Meeres, des tiefen Wassers und des Unbewussten. Alles ist vielschichtig und fließend. Das Prinzip der Verfeinerung, der Auflösung und der Transzendenz kann man am Wassertropfen lernen, der nach einer langen Reise sehnsuchtsvoll ins Meer zurückkehrt, dort unterscheidungslos aufgeht und sich dann fragt: Ja, gibt es mich noch — oder gibt es mich schon nicht mehr?

Als Herrscher des Tierkreiszeichens Fische steht *Neptun* in meinem Horoskop am Aszendenten und will dort vor allem diese Art von Spiritualität aus dem Unbewussten (aus der Tiefe der Nacht) heraus in die Bewusstheit (die Klarheit des Tages) bringen. Als überpersönliche, transpersonale Planetenenergie wird mein Seelenanteil Neptun der Menschheit im allgemeinen auf dem Gebiet der Seelenarbeit dienen, und ich werde später etwas hinterlassen, was nicht materiell ist, was weder greifbar noch bewertbar ist. Diese schwer fassbare Qualität, die ich vielleicht mit „Glaube, Liebe und Hoffnung" umschreiben möchte, trage ich in die Welt hinaus. Und weil der Aszendent der wichtigste Punkt im Horoskop ist, nehme ich diesen Auftrag besonders ernst.

Suchen Sie Ihren *Neptun* in Ihrem Horoskop, und Sie erfahren etwas über die Sehnsüchte Ihrer Spiritualität und Ihre Fähigkeit, „hinter die Dinge zu schauen."

Nun fehlt noch *Pluto,* der Dritte im transsaturninen Trio. *Pluto,* der Herrscher des Tierkreiszeichens Skorpion, vertritt jene Energie, die in der Mythologie von (griechisch) Hades, dem Herrn der Unterwelt, verwaltet wurde. Pluto, der Gott des Totenreichs, herrschte rücksichtslos, unbarmherzig und gnadenlos zusammen mit seiner Königin Persephone über das Reich der Toten und der Schatten. Er bewohnte einen mächtigen, unterirdischen, düsteren Palast, der die Seelen der Toten beherbergte, wohin er auch Kore, die Tochter Demeters, entführte, woraufhin auf der Erde das Leben erstarb und Hungersnöte ausbrachen. Und so verkörpert Pluto auch noch in der heutigen Zeit den „Schatten" der Menschen, all das, was wir nicht in uns haben wollen: *Gewalt, Sexualität und Tod.* Diese Schatten treten uns Tag für Tag in der BILD-ZEITUNG und der Tagesschau des Fernsehens wieder von außen entgegen: *Gewalt* bei den rechtsextremen Gruppen, *Sexualität* in den Königshäusern und in der feinen Gesellschaft, und der *Tod* auf den Kriegsschauplätzen weit draußen in der Welt. Aber Gewalt, Sexualität und Tod *in uns selber?* Niemals! In der astrologischen Deutung ist es *Pluto* zu verdanken, dass jeder Mensch erkennen kann, dass er auch dieses Prinzip als Schatten in sich trägt.

Die Menschheit verdankt *Pluto* nach der Schattenbearbeitung aber weiterhin das Prinzip der Metamorphose, der Wiedergeburt, jenes alchimistische Prinzip, das den Abstieg ins Dunkel vor den Aufstieg ins Licht setzt. Somit ist Pluto auch der Phönix aus der Asche, die Grundform jeder wahren Einweihung.

Wo *Pluto* steht, dort herrscht eine Energieentfaltung auf plutonische Art, die der Entfesselung der Atomkraft gleichkommt. Auch das hatte ich als Opfer erleben dürfen, als der transitierende Pluto über meine Mondknotenachse ging, als er bildlich gesprochen das Tor des Weges meiner Inkarnationen kreuzte und mir die karmischen Fesseln der letzten Jahrhunderte vor die Füße warf: Es war nämlich nicht das erste Mal, dass ich von meinem Weg abgekommen war. Der plutonische Weg zum Himmel führt stets über den Sturz in die Hölle, wie dies auch im christlichen Glaubensbekenntnis als Individuationsprozeß für die Befreiung der Seele seinen Ausdruck findet: „.....gekreuzigt, gestorben und begraben, *niedergefahren zur Hölle,* am dritten Tage wieder auferstanden von den Toten, *aufgefahren 'gen Himmel..... "* .

Durch die Metamorphose in meinem Leben war es mir möglich, diese transpersonale Seeleninstanz *Pluto* zu integrieren. Pluto steht in meinem Horoskop im 11. Haus im Löwen, im Bereich der Ideen, der Befreiung und der Intuitionen. Das 11. Haus ist auch ein Lebensbereich, wo sich Gleichgesinnte zu freiheitlichen Gruppen zusammenfinden, womit wieder Thema und Lebensbereich klar vorgegeben sind: In der Gruppentherapie, die ich Ihnen noch genau erkläre, im ***Hexagramm-Programm®***, der Krönung aller Therapien, kommen Menschen zusammen, um Heilung zu erfahren. Dort arbeiten wir an jenen Angelegenheiten, die den Klienten „wahrhaft am Herzen" liegen (= Löwe), aber zunächst auf eine plutonische Art, das heißt mit jenen Urkräften des kollektiven Unbewussten, die C. G. Jung auch als „die Hölle" bezeichnet hatte. In den ersten Tagen dieses Intensivseminars werden Schatten aufgedeckt und das Unterste nach oben gekehrt. Meine Pluto-Energie verlangt von den Teilnehmern eine totale Umwandlung von innen und außen.

So veranstalte ich diese Therapien gerne in der Karwoche vor Ostern und in der Trauerzeit im November, denn für die Bearbeitung der Schattenthemen herrscht dann eine Todeserfahrung in anderem Gewand: Es geht um den richtigen Umgang mit Magie, denn Krankheit und Schicksal sind stets das Ergebnis einer *Imagination,* eine Art von *Magie* an sich selber, sie sind das Ergebnis der Kraft der „Ein-Bildung." Und weiterhin geht es um die Auferstehung zu etwas Neuem und um die Transformation der Macht. Die plutonische Energie erzwingt extreme und tiefgründige Wandlung, nicht nur oberflächliche Veränderungen. Im ***Hexagramm-Programm®*** gibt es keinen Mittelweg.

Der *Pluto* in Ihrem Horoskop, liebe Leserinnen und Leser, sagt Ihnen auch etwas über Auftrag und Chancen Ihrer eigenen Krisenbewältigungen.

Als mir dies alles so nach und nach bewusst wurde, begann ich damit, mein Anliegen, meinen Lebenssinn, zu überdenken. Anstatt wie bisher für mich selbst und die Befriedigung meiner Bedürfnisse zu arbeiten, entschloss ich mich, an einer unermesslich großen Arbeit teilzunehmen und formulierte mein neues Ziel: „Ich will daran mitarbeiten, das Reich GOTTES auf Erden unter der Herrschaft JESU CHRISTI zu errichten!"

Ich konzentrierte mich wieder auf mein *Aszendenten-Thema,* korrigierte meinen *Eigensinn* durch meinen *Lebenssinn* und setzte meine Erkenntnisse Stück für Stück ins Leben um: Spiritualität ist seitdem mein oberstes Gebot (Neptun am AC), ich bin bereit, dafür aktiv und konfliktbereit zu kämpfen (Mars am AC), und dieses Anliegen in Form eines geistig-spirituellen (Neptun) Lehrers (Jungfrauen-AC) zu realisieren. Ich legte für mich noch ein persönliches Besitzlosigkeitsgelübde ab, um dem Auftrag Sonne im 2. Haus in Opposition zu Saturn im 8. Haus genüge zu tun. (Saturn = das Mindeste, was in diesem Leben gelernt werden will).

Dann endlich kam unmittelbar danach positive Hilfe vom Kosmos: Die Arbeit in den Logen und Orden hatten mein Bewusstsein erweitert, ich geriet an die richtigen Therapeuten, die mir meine eigenen Schattenthemen bewusst machten, ich lernte bei den richtigen Lehrern die Ausübung meines neuen Berufs, und ich fand meine spirituelle Führerin in einer materiellen Welt:

Zusammen mit Margarete, meiner Freundin und verständnisvollen Wegbegleiterin durch die Metamorphose, gründete ich 1990 das Lüneburger Institut für Esoterik und Bewußtseins-Erweiterung, abgekürzt: L.I.E.B.E., auf der Basis eines gemeinnützigen Vereins. Dem Institut gaben wir den Auftrag, die Offenbarungswissenschaften, die von den heutigen Universitäten verbannt sind, zu erforschen, zu pflegen und zu verbreiten. Wir haben uns dabei selbst eine Satzung auferlegt, welche die soeben beschriebenen Prinzipien manifestiert.

Auch dieses Buch kommt dem genannten Auftrag nach. Es führt zurück an die Quellen der antiken, abendländischen Heilkunst, über Asklepios zu JESUS CHRISTUS, und schließlich transportiert es dieses Gedankengut in das heutige Wassermannzeitalter. Sie erfahren ein völlig neues und dennoch sehr altes Therapiekonzept, welches unwahrscheinlich wirksam und heilsam ist. Das Buch legt aber auch schonungslos die Fehlentwicklungen und die Irrwege der Schulmedizin und der Psychoanalyse dar, damit jeder Mensch sich aus diesem Terror befreien und mit dem neuen Wissen umgehen kann, sofern er innerlich dazu bereit ist.

Auf dem Gebiet der spirituellen Heilung werden Sie selten jemanden finden, der nicht durch eigene Lebenskrisen gegangen ist. Kaum jemand hat nicht auch selber schwere Fehler begangen, hat seinen Eigensinn über den Lebenssinn gestellt und musste entsetzlich leiden. Aber diese Erkenntnis und die Tatsache, durch die Metamorphose gegangen zu sein und desolate Sterbeprozesse überlebt zu haben, macht den spirituellen Führer ehrlich.

Jener zwar auch ehrliche, aber hausbackene, puritanische Priester, der sich streng an seine Lehre hält, wird niemals einen wertungsfreien Blick in die tiefen Abgründe der menschlichen Seele werfen können, ebenso wenig wie der von der Sonne und dem Segeln braungebrannte positiv denkende Psychotherapeut mit einer Patientin auf gleicher Ebene arbeiten kann, die mit ihrem zwölften Selbstmordversuch gerade wieder einmal gescheitert ist.

Die Esoterik kennt den Begriff des *kranken Heilers.* Damit ist nicht gesagt, dass nur jemand heilen kann, der selber mager, schwindsüchtig und von Hustenanfällen geschüttelt seinen demutsvollen Blick flehend zum Himmel wendet — nein, der Heiler sollte schon gesund und *heil sein,* aber er sollte sich zumindest auch einmal im Labyrinth verirrt haben oder am Abgrund seines Lebens gestanden sein und erkannt haben, dass dort sein Weg zu Ende ist. Hier sollte er dann in sich gekehrt und umgekehrt sein. Ohne Worte kommt dann die stille Botschaft herüber zum Klienten: „O ja, ich kenne das, ich kann dich sehr gut verstehen."

Kapitel VI

Der Abstieg des Heilwesens

Der diabolische Weg vom Heilungstempel zum Krankenhaus

Alles hat seine Zeit: Ein jegliches hat seine Zeit
und jedes Vorhaben unter dem Himmel hat seine Stunde.
Geboren werden und sterben, pflanzen und ausrotten, was gepflanzt ist,
töten und heilen, niederreißen und aufbauen,
weinen und lachen, klagen und tanzen, Steine zerstreuen und Steine sammeln,
Umarmung — und sich lösen aus der Umarmung,
finden und verlieren, aufbewahren und wegwerfen,
zerreißen und reparieren, schweigen und reden,
lieben und hassen, und Krieg und Frieden hat seine Zeit.

(König Salomo, Buch der Prediger, Kapitel 3, Vers 1-8)

Im Kapitel VI lesen Sie etwas zu den Themen:

Ich stelle Ihnen jetzt zwei Modelle vor, die einander ausschließen: hier in diesem Kapitel den **DIABOLISCHEN WEG IN DIE KRANKHEIT**, und im übernächsten Kapitel den **SYMBOLISCHEN WEG IN DIE HEILUNG**. Sie werden sich am Schluss des Buches zu einem dieser beiden Wege entscheiden, denn *beide* Wege können Sie nicht gehen, jedenfalls nicht gleichzeitig.

Verknüpft mit der mythologischen Figur des *Asklepios* (Äskulap), des griechischen Gottes der Gesundheit und der Heilkunde, zeigte die Antike im 5. Jahrhundert vor Christi Geburt den Menschen einen Heilsweg durch Seelenentwicklung auf und erwirkte auf einer ganz realen Basis „wahre Wunder". Man errichtete in *Epidauros* auf dem Peloponnes einen heiligen Bezirk mit mehreren Tempeln, großartigen Monumenten, ausgewählten Kunstwerken und einem Theater für 14 000 Zuschauer, das sogar heute wieder genutzt wird. Der heilige Platz, der Großaltar des Asklepios sowie die Tempel der Artemis und der Aphrodite, ein monumentaler Brunnen und das Abaton (der Schlafsaal für die Meditationen) waren Bauwerke von so vollendeter Harmonie, Schönheit und Architektur, wie sie leider nur in der Antike zu finden sind. Ein berühmtes und prachtvolles rundes Gebäude aus weißem Marmor, die sogenannte Rotunde (Tholos) mit ihrem unterirdischen mysteriösen Labyrinth war die Wohnstätte der Schlangen. Außerdem gab es dort eine Bibliothek, ein Gymnasion und vieles mehr. Alle Gebäude waren im Stil von Tempelhallen errichtet und mit einer Mannigfaltigkeit feinverarbeiteter Dekorationsmotive geschmückt.

Die Tradition der reinen Geistheilung durch einen Bewusstseinswandel und durch Hinzuziehung der höchsten kosmischen Gesetze wurde von eingeweihten Priestern weiterhin gepflegt. Vierhundert Jahre nach der Gründung des Asklepieions wurde Epidauros von den Römern besetzt, Ärzte verwandelten das einstige Heiligtum in eine riesige Tempel- und Badelandschaft in der Art, wie Sie es heute noch zum Beispiel in dem von den Römern erschaffenen Baden-Baden sehen können. Seit dieser Zeit arbeitete man mit Medikamenten und medizinischen Instrumenten, und man zog eine Symptombeseitigung dem Heilgeschehen vor. Damit war nun auch in Epidauros, dem *ersten und letzten* wahren Asklepieion, die von Hippokrates vorgezeichneten Schritte getan, die zu einer Entartung der Heilmethoden führten und schließlich in die seelenlose Apparatemedizin mündeten.

Am Ende dieser Entwicklung entstanden schließlich Krankenhäuser, eine Vielzahl hässlicher viereckiger Bauten, bei denen sich nicht einmal mchr dic Fenster öffnen lassen. Menschen, die Heilung erflehen, liegen heute wie zum Beispiel im Klinikum von Aachen in einem Umfeld, das äußerlich einer Ölraffinerie gleicht und innen den Charme einer Großküche ausstrahlt. Wen wundert es, wenn dort keine Heilung mehr geschieht? Der Abstieg des Heilwesens geschah genau nach den Gesetzmäßigkeiten der Zahlenmythologie und der Astrologie, die Sie grafisch dargestellt auf der Tafel mit der Überschrift: **DER DIABOLISCHE WEG IN DIE KRANKHEIT** auf der Seite 179 zu finden.

Die Zahl 0
Idee und Mythos
Der Gott Asklepios in der Mythologie

Asklepios war Sohn des antiken Gottes Apollo und Koronis, der allerschönsten Tochter des Königs von Tessalien. Da die schöne Jungfrau aber die göttliche Liebe um eines Sterblichen willen verachtete, während sie schon die Frucht der Liebe des lichten Gottes im Leibe trug, tötete Apollo den Widersacher in einem Wutanfall und erteilte seiner Schwester Artemis den Auftrag, ihre Pfeile auf die schwangere und unehrerbietige Koronis zu richten. Aber im selben Augenblick, als die armen Eltern die Leiche der schönen Koronis verbrannten, rettete Phoibos den werdenden Asklepios aus den Flammen und brachte ihn zum Zentaur Chiron, dem berühmten Heiler, Musiker und Knabenerzieher, der ihn in der Kunst des Heilens unterrichtete.

Asklepios überholte schnell seinen berühmten Lehrer und erzielte selber wundervolle Heilungen. Im 13. Jahrhundert vor Christi Geburt, kurz vor dem Trojanischen Krieg, bestieg Asklepios zusammen mit Herakles den Olymp, wo es ihm sogar gelungen war, Tote wieder zum Leben zu erwecken.

In der altgriechischen Kunst wird Asklepios, der menschenfreundlichste aller Götter, als reifer Mann dargestellt, mit einem schönen Bart, dichtem Haar und sanftmütigem, großartigem Wesen. Er trägt ein weißes Himation, das seine Brust frei lässt. Seine Physiognomie zeigt erstaunliche Ähnlichkeit mit Zeus, aber seine Güte verklärte seine Kraft und seinen Ernst. Erkennungszeichen des Asklepios ist der Stab mit der ihn umwindenden Schlange, den er in der Hand hält.

Der Gelehrte Origenes aus Alexandrien schrieb im Jahre 248 n. Chr. in seinem berühmten Verteidigungswerk des Christentums, dass Asklepios „als der würdigste Vertreter aller (antiken) Götter angesehen wird, der nahe an das Christusbild herankommt und gewissermaßen zu Ihm führt."

Als Asklepios aber das Maß überschritten hatte (diese erste Tugend der Griechen) und einen nach dem anderen wieder ins Leben zurückholte, erhob Pluto, der Gott des Hades (der Unterwelt) die Stimme und klagte vor Zeus. In der Furcht, die Welt könne nun ins Wanken geraten, ergriff Zeus seinen Donnerkeil und schmetterte Asklepios, den warmherzigsten und sanftmütigsten aller Götter, nieder. Mit seiner Fähigkeit, Menschen zum Leben zu erwecken, erweckte er sich dann auch selber wieder und bestieg den Olymp. Durch diesen Märtyrertod und seine Aufnahme bei den Göttern wurde Asklepios zum Symbol für Heilung und Gesundheit, er galt als Retter der Menschen — er wurde zum Mythos.

Ohne das Wissen um die GROSSEN MYSTERIEN DES CHRISTENTUMS sind die Worte des Origenes und der Vergleich des „Gottes" Asklepios mit JESUS CHRISTUS nicht verständlich. Der Mythos des Asklepios entstammte aus verborgenen Quellen der antiken Mysterienschulen, deren Propheten die Zeitenwende ahnten. Mit JESUS CHRISTUS realisierten sich die Prophezeiungen, und Er verkündete das Prinzip der Gnade und Vergebung, das in der Überwindung der Polaritäts- und Karmagesetze seinen göttlichen Ausdruck fand.

Um Ihnen, liebe Leserinnen und Leser, die Parallelen zwischen Asklepios und JESUS CHRISTUS aufzuzeigen, führe ich Sie nun abermals an den Beginn der Bibel: Dort gab es zwei Bäume, den Baum des Lebens, und den Baum der Erkenntnis. Hier war der Mensch, wie ich der Wichtigkeit wegen schon einmal betont habe, mythologisch zum ersten Mal schuldig geworden. Er wollte das Geheimnis ergründen, das die Welt im Innersten zusammenhält, ein Wissen, das aber nur GOTT vorbehalten war. Er ignorierte die eine Seite des Paradieses, *den Baum des Lebens,* Symbol für das helle, strahlende Geistprinzip, und verbündete sich mit der anderen Seite, *der Schlange vom Baum der Erkenntnis,* Symbol für das dunkle, diabolische Materieprinzip und zerstörte damit das paradiesische Gleichgewicht. Dieses Ungleichgewicht versuchte er hinfort durch eine selbstgerechte Anmaßung und Überbewertung seines Wissens zu kompensieren, das er dann auch noch für Geist hielt.

Das Symbol der *Schlange an einem Holzstab* tritt uns in der Bibel beim Auszug der Juden aus Ägypten erneut entgegen. Moses, ein Eingeweihter der großen Mysterien Ägyptens, hatte den Auftrag von GOTT, die Knechtschaft des jüdischen Volkes zu beenden. Um dem Willen GOTTES Nachdruck zu verleihen, warf er auf Geheiß GOTTES dem Pharao einen *Holzstab* vor die Füße, der sich in eine *Schlange* verwandelte. Später, nachdem sich die Juden in der Wüste undankbar gezeigt hatten, wurde abermals *die Schlange an einem Holzstab* als Symbol ihrer Schuld vor ihnen aufgerichtet, ehe ihnen Heilung zuteil wurde. (Aufblick zur ehernen Schlange, 4. Buch Moses, Kapitel 21, Vers 4 - 9).

„Und wie Moses die Schlange in der Wüste erhöht hat, so muss der Menschensohn erhöht werden, damit jeder, der an ihn glaubt, in ihm das ewige Leben hat," schrieb der Evangelist Johannes (Kapitel 3, Vers 14+15). Die *Schlange,* hebräisch *nachasch,* hat den Zahlenwert 358 (50+8+300), *Messias,* hebräisch *maschiach,* hat den gleichen Zahlenwert 358 (40+300+10+8).

In den GROSSEN MYSTERIEN DES CHRISTENTUMS steht das Symbol der

SCHLANGE für die Schuld und die Sünde der Menschen, oder Jesus für die Schuld und die Sünde der Welt, die er auf sich genommen hat. Das HOLZ steht für den Baum des Lebens, für das Prinzip für Sinn und Geistigkeit. Beide zusammen vereinigen die Gegensätze und sind somit ein Symbol für Heilung und Erlösung. Der Stab des Asklepios und das Kreuz von Golgatha haben somit einen inneren mythologischen Zusammenhang.

Die Errichtung des Asklepieions zu Epidauros fällt zeitlich in die Mitte zwischen Moses und Jesus und schlägt damit eine Brücke zwischen dem Alten Testament und dem Neuen Testament. Die biblische Symbolik, der HOLZSTAB MIT DER SCHLANGE, wurde als ÄSKULAPSTAB in der abendländischen Kultur zum Sinnbild für spirituelle Heilung.

Weitere Ähnlichkeiten im Mythos des Asklepios mit dem Lebensweg JESU CHRISTI lassen erkennen, dass Asklepios die Botschaft JESU CHRISTI vorbereitet hat:

- JESUS CHRISTUS wurde wie Asklepios als Sohn einer „Sterblichen“ und eines „Gottes“ geboren.
- Die Umstände ihrer Geburt waren für beide alles andere als erfreulich.
- Beide waren warmherzig, sanftmütig und menschenfreundlich, was von den Göttern noch keiner gewesen war.
- Beide verliehen ihrer göttlichen Kraft Ausdruck, indem sie *über die Konfrontation* wunderbar heilen konnten: Asklepios verhalf den Pilgern mit dem Symbol der Schlange, die nachts im Schlaf die Wunden beleckte, zum Erkennen der eigenen Schuld, das dann die spontane Heilung erwirkte. JESUS CHRISTUS forderte von den Heilungssuchenden die Erkenntnis: „Ja, ich habe gesündigt!“ Und dann sprach Er: „Steh auf, nimm dein Bett und gehe!“

Die frohe Botschaft, die sowohl JESUS CHRISTUS als auch Asklepios verkündeten, dass die Sonne größer ist als der Mond, dass das Licht stärker ist als die Finsternis, dass die Gesundheit stärker ist als die Krankheit, oder dass das Leben stärker ist als der Tod, diese Botschaft wurde nicht verstanden, denn sie hätte die Überwindung von Krankheit und Schicksal, die Aufhebung des Zwangs zur Reinkarnation sowie die Außerkraftsetzung der Karmagesetze bedeutet. Als beide, Asklepios damals tausendzweihundert Jahre vor Christi Geburt und später JESUS CHRISTUS, als sichtbares Zeichen der Vereinigung der Gegensätze sogar Tote zum Leben erweckten, war das Maß der Geduld der etablierten Machthaber überschritten: Jupiter, der sonst so sonnige, großzügige, gerechte und joviale Vertreter des Olymps, schenkte aus Angst, die Welt könne ins Wanken geraten, seinem Widersacher aus dem Hades, dem dunklen, kalten, grausamen und engherzigen Pluto Gehör; er gab dem Polaritätsgesetz den Vorrang und zerschmetterte Asklepios. Auch die Hohenpriester der Juden, die Vertreter der geistigen Welt Israels, verziehen JESUS CHRISTUS nicht die Erweckung des Lazerus, verbündeten sich mit dem dunklen Machtprinzip der römischen Besatzung und verurteilten Ihn zum Tode.

Aber Asklepios erweckte sich selbst, bestieg den Olymp und wurde zum Mythos als Retter der Menschen. Jesus verließ Sein Grab, begab sich in die Hölle und fuhr auf zum Himmel.

Die Zahl 1
Einheit = Heilung
Im Anfang waren die Heilungstempel in Epidauros

Siebenhundert Jahre sind seit dem Mythos des Asklepios vergangen, und wir befinden uns nun im fünften Jahrhundert vor Christi Geburt. Das Asklepieion von Epidauros gibt es bereits seit fast einem Jahrtausend, und die Priester, welche das Mysterienwissen im Verborgenen gehütet hatten, unternahmen einen zweiten Versuch, das heilige Wissen zum Wohle der Menschheit in der materiellen Welt zu manifestieren und bauten die Kult- und Heilungsstätte aus. Sie wurde zu einem grandiosen Ort der Heilung, aber auch zu einem geistigen Kulturzentrum mit einem Theater, einem Odeon, einem Stadion, einem Gymnasion, einer Bibliothek usw., wo sich jeder Pilger erholen, läutern und neu beleben konnte.

Lassen Sie nun einmal das Bild des heiligen Bezirks, der Rekonstruktion des antiken Asklepieions von Epidauros, auf sich wirken und fragen Sie sich, ob Sie hier in diesem Heilungstempel gesund werden könnten?

Durch die Prophyläen, den Haupteingang, betrat der Pilger den heiligen Bezirk. Ihm wurde seine Kleidung abgenommen, er wurde gereinigt, gebadet und gesalbt, und er bekam ein weißes Gewand, wie dies hier von allen Menschen getragen wurde. Schon in der Morgendämmerung waren die Tempel voll von Pilgern, sie sangen Hymnen, priesen mit Andacht GOTT und dankten.

Während der Vorbereitungsphase für die Heilung durfte der „um Heilung flehende Kranke" in dem bewaldeten heiligen Bezirk umherlaufen und sich die Kunstwerke anschauen, welche in ihrer Schönheit und Harmonie die Allmacht und Güte des Asklepios bekundeten. Er konnte harmonische Musik hören, rhythmische Tänze verfolgen und durfte den Theateraufführungen von Tragödien und Komödien beiwohnen, die tiefe moralische Begriffe und metaphysische Wahrheiten bezeugten. Alleine diese Vorbereitungen führten oft schon zur Läuterung des Gemüts und zur Heilung.

Der Tempel des Asklepios war immer, Tag und Nacht, zugänglich. Dies war unerhört für die Menschen in der Alten Welt, die gewohnt waren, dass die Tempel nur an Feiertagen offen waren. Demgegenüber war der Tempel des Asklepios immer offen für die Dankesbezeigungen und Lobgesänge der Gläubigen. Das Opfer, welches dargebracht werden musste, bedeutete: die Therapie war bezahlt. Der Asklepios-Tempel war ein großartiges Heiligtum, in welchem das Kultbild des Gottes in übernatürlicher Größe aus Gold und Elfenbein aufgerichtet war. Asklepios saß auf dem Thron, er stützte die eine Hand auf den Stab mit der umwindenden Schlange und hatte die andere Hand auf den Kopf eines Drachens gelegt. Die Decke des Tempels zierten Hohlkehlen, Ornamente und goldene Sterne. Der Boden war schachbrettartig mit weißen und schwarzen Marmortafeln ausgelegt – in der gleichen Bedeutung, wie sie dem musivischen Pflaster im salomonischen Tempel gleichkommt.

Derjenige, der sich mit heiligen Baustrukturen (Vorhalle, Hauptraum und Allerheiligstes), mit den Maßverhältnissen zueinander, mit der Geometrie der pythagoreischen Gesetze der ganzen Zahl und dem Goldenen Schnitt beschäftigt, erkennt, dass die biblischen Anweisungen GOTTES für den Salomonischen Tempel (1. Buch Könige, Kapitel 6) auch für den Tempel des Asklepios in Epidauros genauestens beachtet worden sind. Das ist eine Besonderheit, die für andere antike Tempel nicht zutreffend ist. Jedenfalls wurden die heiligen Anweisungen bei späteren Asklepieien sträflich missachtet.

Anschließend kam der Heilungssuchende an der runden Tholos vorbei, deren wahre Bestimmung für die Öffentlichkeit bis auf den heutigen Tag geheim geblieben ist. Dieser geheimnisvolle, labyrinthische Bau, umgeben von 26 dorischen Säulen, durfte von den Pilgern nicht betreten werden.

Im Inneren der Tholos, auch Rotunde genannt, bildeten korinthische Säulengänge konzentrische Kreise. Dort befand sich außer dem Speiseraum der Priester das Allerheiligste für die Gottesdienste und die Geheimlehren der Mysterien. Das unterirdische Labyrinth war der Aufenthaltsort der Schlangen, und mit hoher Wahrscheinlichkeit bewachten sie dort auch das Grab des Asklepios.

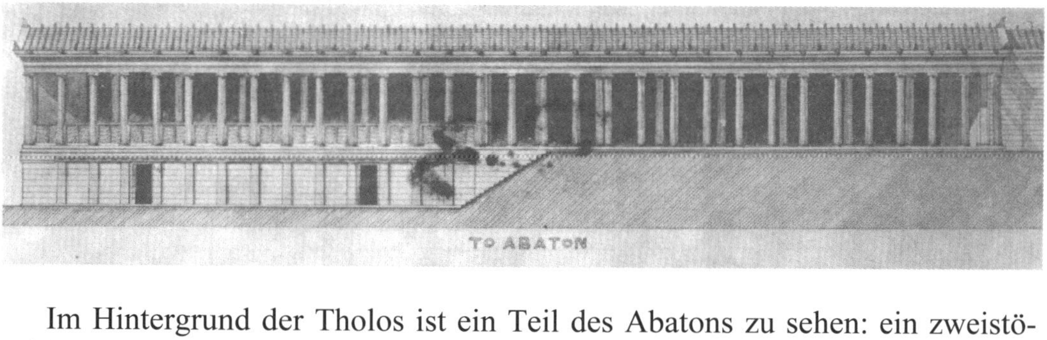

Im Hintergrund der Tholos ist ein Teil des Abatons zu sehen: ein zweistöckiger Tempel mit einer Länge von 70 m. Hier erfolgte der berühmte antike Heilschlaf des Asklepios, das letzte und wichtigste Stadium der Heilung durch

„Inkubation“ (die ausschließliche Bedeutung des Wortes Inkubation war in der Antike „die Eingebung von orakelhaften Offenbarungen im Traum an einer heiligen Stätte“). Die vorangegangenen Läuterungen und heiligen Dienste führten zu einer Erhöhung des Glaubens in spirituelle Dimensionen und zu einer Vergeistigung des Denkens, so dass die Kranken bereit und aufnahmefähig waren, im Tempelschlaf die Heilkraft des Göttlichen zu empfangen.

Die antiken Heiler betrachteten die spirituelle Natur als die wahre Natur des Menschen. Vollständige Harmonie und Gesundheit galt als der natürliche Zustand, die beständig und unerschütterlich blieben, solange der Mensch im Einklang mit der göttlichen Harmonie und der Ordnung, die das Weltall regieren, lebte.

Krankheiten entstehen durch Feinde der physischen Harmonie — so ist es überliefert — die „phantastisch und dennoch gefährlich“ sind, weil sie zuerst das Gemüt des Menschen angreifen und ihn in unbewusste Ängste, Bösartigkeiten und schreckliche Leidenschaften stürzen. Wenn er ungewappnet und charakterschwach ist, setzen sie sich in seinen Sinnen und Gedanken fest und verbreiten sich im ganzen Körper.

Dass der Geist *(nous)* das allerhöchste Prinzip bei der Bildung des Organismus ist, hatten Asklepios und seine Priester erkannt, und sie haben die Wechselwirkung von *soma, psyche* und *nous* genauestens geprüft. Und genau dort setzten sie mit der Heilung an: „Krankheit,“ so ist es überliefert, „kann *niemals* bis zum Körper (soma) gelangen, solange sie nicht durch die Psyche des Menschen geht — bewusst oder unbewusst.“

Da nun aber die Keime der Krankheit hauptsächlich in der Psyche stecken, musste auch die Art der Behandlung eine geistige sein. Der Kranke, der anfällig wurde, weil er auf sein Gemüt nicht achtete — sei es, dass er es nicht verstand, sich klar abzugrenzen, oder sei es, dass seine geistige Widerstandsfähigkeit abgenommen hatte, oder dass sein Glaube an das Göttliche zu schwach war — der ging zum Asklepieion, um Heilung zu erlangen. Er wollte dort seinen gerechten und harmonischen Zustand wiedergewinnen, wo die höhere Geistigkeit der Priester und die besonders religiöse, geistige und künstlerische Umgebung ihm helfen könnten. Über das *nous* wurde die *psyche* geheilt; über eine *Änderung der Mentalität* (griechisch: *meta noia* = Gemütswechsel) geschahen dann auch *somatische* (körperliche) Heilungen.

In der geistigen und heiligen Strahlung, die vom Asklepieion, dem höchst religiösen und harmonischen Zentrum ausging, und in dem tiefen Glauben der Pilger an das Göttliche und die göttliche Harmonie, erhoben und vergeistigten sich die Menschen zu hoher Spiritualität, so dass sie aufnahmefähig wurden für die Kraft des göttlichen Geistes, der sie neu belebte und umbildete.

Die Priester des Asklepios spiegelten durch ihre hohe Geistigkeit und ihren engen und dauernden Kontakt mit der göttlichen Quelle die gewaltige Wirkung des Göttlichen und erreichten mit dieser Kraft übernatürliche Heilungen. Wie aus den bekundeten Fällen zu ersehen ist, schlief der Kranke nach seiner äußeren und inneren Reinigung und nach der Darbringung seiner Opfer im Tempel des Asklepios schließlich im Abaton. Im tranceähnlichen Zustand „sah“ er nachts im Tempel einen Traum, in dem meistens der Heilgott selbst oder die Schlange auftrat; und als er erwachte, war er bereits geheilt. Die *Meditation* im Abaton, von der auch das Wort *Medizin* abgeleitet ist, trug den Namen „Enkoimisis“, das heißt übersetzt „Hineinschlafen“ .

Ausgrabungen förderten sechs marmorne Stelen ans Tageslicht. Auf zweien dieser Stelen sind 43 Heilungsfälle in allen Einzelheiten beschrieben. Es sollen aber sehr viel mehr Stelen gewesen sein, möglicherweise Hunderte. Über die Ergebnisse der Heilungen dürften keinerlei Zweifel angebracht sein, denn jeder einzelne Fall wurde auf feierlichste und verantwortungsvollste Weise in die marmornen Stelen geprägt.

Die aufgezeichneten Heilungen sind erstaunlich und schaffen für heutige Verhältnisse ein großes wissenschaftliches Problem, weil sie die Errungenschaften der modernen Medizin weit übertreffen. Es handelt sich um völlig unheilbare Leiden, die augenblicklich geheilt wurden, und zwar ohne Medikamente und andere materielle Mittel, sondern nur mit der „wunderbaren göttlichen Kraft“, welche die Priester des Asklepios erkannten und von alters her in geheimer Tradition bewahrten.

So berichten die Stelen von einem *stummen Kind,* das mit der Bitte um Heilung ins Heiligtum gebracht worden war. Dort wandte sich ein Priester an den Vater des Kindes und forderte ihn auf zu versprechen, dass er ein Jahr nach der Heilung seines Sohnes die Kosten begleichen würde. Die Antwort gab jedoch der Sohn selbst, der bereits geheilt war.

Ein anderer Knabe hatte eine *schreckliche Wunde* an seiner großen Zehe. Als er sich außerhalb des heiligen Bezirks auf einer Bank ausruhte, schlief er ein. Da erschien eine Schlange aus dem Abaton, beleckte mit der Zunge die Wunde und kehrte ins Abaton zurück. Der Knabe erwachte geheilt und berichtete, ihm sei im Traum ein blonder Jüngling erschienen, der ein Heilmittel auf seine Wunde gelegt habe.

Ich führe noch weitere exakt aufgezeichneten Fälle von Heilungen an, die Ihnen, liebe Leserinnen und Leser, möglicherweise als „Wunder“ erscheinen mögen, die Sie aber am Schluss des Buches nach Kenntnis des ***Hexagramm-Programm***®s und der ***Offenbarungstherapie***® als möglich und „normal“ ansehen werden. Ich habe auch erlebt, dass *einer* aus der Familie diese Therapie gemacht hatte, woraufhin sich auch das *Umfeld,* also *andere Menschen,* geändert haben und geheilt worden sind. Ein entsprechender Fall geschah in Epidauros:

In den Überlieferungen heißt es wörtlich: „Eine Frau aus Lacedämonien namens Arata litt an *Wassersucht.* Während nun diese in ihrer Heimat blieb, ging ihre Mutter nach Epidauros zum Heiligtum, um den Gott um ihre Tochter anzuflehen. Als sie nun im Abaton schlief, sah sie folgenden Traum: Ihr schien, Asklepios habe ihrer Tochter den Kopf abgeschlagen und den Körper so aufgehängt, dass der Hals nach unten kam. Nachdem dann viel Flüssigkeit herausgeronnen war, nahm der Gott den Körper herunter und brachte ihn zum Stehen, um den Kopf und den Hals wieder anzupassen. Nachdem sie nun diesen Traum gesehen hatte, ging sie nach Lacedämonien in ihr Haus zurück, wo sie ihre Tochter gesund wiederfand und von ihr erfuhr, sie habe denselben Traum gesehen." (Aufgezeichnet auf der Stele B, Zeilen 1-6).

Um die Kosten der Therapie und die dargebrachten Opfer ranken auch unter den heutigen Archäologen die seltsamsten Spekulationen, denn der Gott Asklepios war mitunter recht witzig. So wird berichtet: „Eine Frau aus Athen namens Ambrosia, die *auf einem Auge blind* war, kam zum Asklepios, um geheilt zu werden. Wie sie nun alles im Heiligtum besichtigte, machte sie sich über einen der Heilungsfälle lustig, indem sie meinte, es sei unwahrscheinlich und unmöglich, dass Lahme und Blinde nur durch Träume gesunden könnten. Wie sie nun im Abaton schlief, sah sie folgende Vision: Ihr schien, sie sähe plötzlich den Gott vor sich, der ihr sagte, er würde sie wohl heilen, aber es sei nötig, dass sie aus Dankbarkeit ein silbernes Schwein dem Heiligtum widme, als Denkmal ihrer Dummheit. Nachdem er das gesagt hatte — so die Vision — spaltete er ihr den Augapfel und goss eine Arznei hinein. Als es nun Tag wurde, ging sie gesund aus dem Abaton hinaus." (Stele A, Zeilen 33-41).

Erlauben Sie mir bitte, liebe Leserinnen und Leser, dass ich an dieser Stelle die Beschreibungen der antiken Heilungen kurz unterbreche, denn Sie sollen das Geschehen nicht einfach als „nicht nachvollziehbare Wunder" abtun, sondern Ihr analytischer Verstand möchte auch befriedigt sein. So haben Sie die Möglichkeit, die im zweiten Teil des Buches beschriebene ***Offenbarungstherapie***® besser zu verstehen:

Die Frau namens Ambrosia war *auf einem Auge blind.* Wenn Ambrosia erblindet, ist natürlich die Frage erlaubt: *„Was wollte diese Frau nicht sehen?"* Das Symptom gab eine klare Antwort: *Eine Seite wollte sie nicht sehen!* Welche Seite wohl, denn sie war ja nur auf *einer Seite* blind? Das ist leider nicht überliefert, aber da sie sich über *die Träume lustig machte* nehme ich an, es war die *linke Seite,* die sie *ausgeblendet* hatte. Bei dieser Dame funktionierte offensichtlich die emotionale Seite nicht so gut.

Kennen Sie dieses wunderschöne Lied von Matthias Claudius?

„Seht ihr den Mond dort stehen?
Er ist nur halb zu sehen,
und ist doch rund und schön.

So sind wohl manche Sachen,
die wir getrost belachen,
weil unsere Augen sie nicht seh'n."

Nun, Asklepios hätte stunden-, tage- oder wochenlang mit dieser Frau über die andere Seite, die sie ausgeblendet hatte, philosophieren können, aber es hätte nichts genützt. Asklepios erschien den Menschen ja auch nur im Traum, das heißt, jener Teil des eigenen Unbewussten, den wir „das höhere Selbst" oder „die innere Göttlichkeit" nennen, personifizierte sich im Traum als der Heilgott Asklepios. Die unendliche Weisheit des Unbewussten schickte also dieser Ambrosia aus sich selbst heraus eine Imagination, in der ihr die *Spaltung ihres Augapfels,* das heißt: die diabolische Spaltung ihrer Sichtweise, bewusst wurde. Das war die Heilung durch *meta noia,* durch Bewusstseinswandel.

Da der dumme Verstand die Inhalte der großen Mysterien ohnehin nicht erfasst, erhielt sie noch eine schöne Geschichte aus den kleinen Mysterien: die Arznei verschloss die Wunde. Da Dummheit aber offensichtlich nicht weh tut, soll sie zumindest Geld kosten: Die Spende eines silbernen Schweins wird sie ewig an ihre einseitige Sichtweise erinnern und vor Rückfällen bewahren. Glauben Sie mir, liebe Leserinnen und Leser, so tiefgründig arbeitet auch das Unbewusste sogenannter „einfacher" Menschen.

Der innere Bewusstseinssprung war nun vollzogen, Ambrosia konnte von nun an auch die *andere Seite sehen,* was sich äußerlich dadurch zeigte, dass das Symptom der einseitigen Blindheit nicht mehr nötig war.

Der griechische Archäologe Thedoros Papadakis, der sich sehr um die Erforschung der Geschichte des Asklepieions verdient gemacht hat, schrieb dazu: „Ob wir heute nicht auch ein silbernes Schwein opfern müssten? Vielleicht doch, wegen unseres oft schwankenden Glaubens an die Allmacht des Geistes und unserer wohlgefälligen Beharrung auf irdischen Werten und Gütern."

Es gibt unter den Altertumsforschern aber auch Leute, die den Priestern vorwarfen, sie wären geldgierig gewesen. Dieser Vorwurf ist ungerecht, denn das Geld und die Opfergaben wurden niemals für die Priester selber verwendet, sondern zum größten Teil für die Errichtung der Monumente verbraucht, die wir bis heute bewundern können. Sogar die Abrechnung der Baukosten befinden sich auf den Inschriften einiger Stelen.

Herzensgüte und Uneigennützigkeit spiegeln sich in folgender Geschichte wider: „Ein kleiner Junge aus Epidauros, namens Efphanis, an Lithiasis (Steinen) leidend, schlief im Abaton, und da glaubte er plötzlich, der Gott sei ihm erschienen und habe ihn gefragt: ‚Was willst du mir geben, wenn ich dich heile?' ‚Zehn Knöchelchen' (von einem Spielzeug aus Knochen), antwortete er. Worauf der Gott ihm lachend versicherte, dass er ihn heilen werde. Und als es

Tag wurde, kam dieser aus dem Abaton vollständig geheilt heraus.“ (Stele A, Zeilen 68-71).

Der große zeitgenössische amerikanische Schriftsteller Henry Miller schrieb in seinem Buch „Der Koloss von Maroussi“, das er der Stätte in Epidauros gewidmet hat: *„Nach meiner Meinung gibt es nichts Mysteriöses um die Heilungen, die hier gelungen waren, in diesem großen Heilungszentrum der antiken Welt. Hier wurde der Heilende selbst geheilt, ein erster und sehr bedeutender Schritt in der Entwicklung der Heilkunst, die hier nicht ärztlich sondern religiös war.“*

Und der griechische Philosoph Plato, der die Heilkunde hoch schätzte und der Meinung war, dass der Zustand der Gesundheit der einzig natürliche und harmonische sei, und dass er nur vorübergehend von krankhaften Disharmonien gestört werden könne, sagte über Asklepios: *„Die Heilkunde muss tatsächlich imstande sein, unter den im Körper einander stark bekämpfenden Elementen Freundschaft und gegenseitigen Eros zu bewirken. Unser Ahn Asklepios hat die Mittel gefunden, zwischen diese (Elemente) Eros und Harmonie einzuführen, und ich stimme mit ihm überein. Und so hat er unsere Wissenschaft gegründet.“*

Die Zahl 2
Hippokrates von Kos und der Sturz in die Polarität
Abspaltung und Leugnung der göttlichen Geistigkeit

Nach der Eroberung Trojas erlitt Asklepiades Podalirios im 12. Jahrhundert vor Christi Geburt Schiffbruch. Er war ein Sohn des Gottes Asklepios, kämpfte im trojanischen Krieg und blieb nun auf der Insel Kos. Dort gründete er die Generation der Asklepiaden von Kos, aus der als 18. Nachfolger im Jahre 460 vor Christi Geburt Hippokrates hervorging.

Und mit Hippokrates von Kos begann der Abstieg des Heilwesens !!!

Während der ersten Jahrhunderte waren die Behandlungsmethoden im Asklepieion zu Kos ursprünglich, wie vom Heilgott Asklepios vorgegeben, das heißt unvermischt und rein geistig, wie dies für das Asklepieion in Epidauros und auch für die etwa 300 anderen Asklepieien galt, die im Laufe der Zeit entstanden waren. Im Asklepieion zu Kos, wo der berühmte Hippokrates wirkte, jener griechische Vater der Heilkunde, auf den die Mediziner bis in dieses Jahrhundert hinein ihren hippokratischen Eid abgelegt hatten, bahnte sich aber eine andere, fatale Entwicklung an.

Das Asklepieion zu Kos lag 4 km südwestlich der Hafenstadt Kos auf einem etwa einhundert Meter hohen und von Pinien bewachsenen Hügel. Der Blick von dem heiligen Hain, der das Asklepieion umrahmte, hinaus auf das blaue Meer war von einmaliger Schönheit. Auch hier war es ähnlich wie in Epidauros üblich, dass die Kranken die Möglichkeit hatten, sich seelisch und körperlich zu akklimatisieren. Die Therapien in Kos bestanden aus Fasten, Badekuren, Opferungen, Schlafkuren und Traumdeutungen.

Im Asklepieion zu Kos begann der Lebensweg des berühmten Hippokrates; hier war sein ursprüngliches Wirken. In den ersten Schriften, noch geprägt vom Geiste des Asklepios, schrieb er, dass *„die Gesundheit das Ergebnis der Unterwerfung unter die Gesetze der Seele“* sei.

Aber bald genügten ihm die Kenntnisse der geistigen Heilungen nicht mehr. Hippokrates wandte sich mehr den weltlichen Wissenschaften zu, er verließ das antike Griechenland, die Wiege der Weisheit und Vernunft, und begab sich auf mehrjährige Reisen nach Asien und Afrika. Er studierte die damalige Lehre der Materie und die Lehre der Naturerscheinungen. Die philosophische Lehre der Harmonie der Zahlen des großen Eingeweihten Pythagoras studierte er nicht in dessen Mysterienschule, sondern sie brachte ihm — auf reine Mathematik reduziert — ein General (Melissos) bei. Hippokrates verfasste später viele medizinische Schriften, von denen 57 erhalten sind.

Im Jahre 430 v.Chr. brach in Athen eine Pestepidemie aus. Infolge der Belagerung der Stadt durch die Spartaner im peleponnesischen Krieg war die Situation der in Athen eingeschlossenen Menschen vernichtend. Perikles hatte daraufhin Hippokrates zur Rettung der Stadt gerufen. Hippokrates fand eine furchtbare Lage vor: die Toten lagen in den Straßen und in den Tempeln, die Lebenden befanden sich mangels Nahrung in einem hoffnungslosen Zustand. Ihm fiel aber auf, dass alle Schmiede, die sich in der Nähe des Feuers in großer Hitze aufhielten, gesund geblieben waren. Daraufhin ordnete er an, an verschiedenen Stellen in der Stadt große Feuer zu entzünden, die Toten zu verbrennen und nur noch abgekochtes Wasser zu trinken. Die Bakterien konnten sich nun nicht weiter ausbreiten, was damals ja noch unbekannt war, und die Pest begann zurückzuweichen. Hippokrates hatte noch das Glück, Perikles, eines der letzten Opfer der Stadt, persönlich kennen zu lernen.

Es ist menschlich völlig verständlich, dass diese heroischen Taten des Hippokrates die Herzen der Schulmediziner heutiger Zeit mit ihren beschränkten Behandlungsmethoden weitaus höher schlagen lassen, als dies die sanfte und tiefgründige Art des heiligen Asklepios vermocht hätte. Denn wer möchte das nicht: die Pest bekämpfen, eine Stadt vor dem sicheren Tode retten und als Held gefeiert werden.

Von da an war Hippokrates ein berühmter Mann, und die Könige seiner Zeit holten sich bei ihm Rat. Gleich nach der Rettung Athens wurde er zum König von Mazedonien gerufen, der unter Persönlichkeitsspaltung litt. Ihm konnte Hippokrates auch nicht helfen. (Vielleicht wäre es auch besser gewesen, er wäre nach Epidauros gereist).

Hippokrates kehrte in seine Heimat nach Kos zurück und führte im Asklepieion systematische Untersuchungs- und Behandlungsmethoden ein. Er beschäftigte sich fortan mit Anatomie, Physiologie, Pathologie, Chirurgie und Diätvorschriften. Er beseitigte Symptome auf der Basis der vier Elemente durch *Feuer* (wie er es in Athen getan hatte), durch *Wasser* (Trinkkuren mit Quellwasser), durch *Luft* (Bewegungstherapien und Atemübungen) und *Erde* (Heilerde und Schlammpackungen).

Dann aber kämpfte er erbittert gegen „den Aberglauben und die Mystik“ an, die er von den Priestern der Asklepieien kannte, monierte ihre „unzureichenden Hygienekenntnisse,“ griff ihre „primitiven Behandlungsmethoden“ an und warf ihnen schließlich vor, dass sie sich bei der „Behandlung kranker Menschen mit Zauberei und Hypnotismus“ beschäftigten. Damit war das bekannte Asklepieion zu Kos das erste und einzige Asklepieion seiner Zeit, das *kein* Asklepieion mehr war. Andere Asklepieien folgten später dem unseligen Beispiel von Kos.

In Epidauros hingegen wurde noch mehrere Jahrhunderte hindurch mit allerbestem Erfolg höchst spirituell geheilt. Erst sehr viel später, als mit dem Verfall der griechischen Hochkultur die Geistigkeit und der Glaube an die göttliche Allmacht nachgelassen hatte, fing man auch in Epidauros an, hilfsweise Gebrauch von medizinischen Mitteln zu machen, um schließlich während der Besatzungszeit durch die Römer zu den modernen hygienischen, diätischen und chirurgischen Mitteln nebst Badekur, Abführmitteln, Senfpflastern usw. zu greifen.

Der Körper konnte natürlich auch repariert werden ohne Intervention des Geistes mit nur materiellen Mitteln oder Medikamenten; diese Heilungen konnten aber nur vorübergehender Natur gewesen sein, da nicht zugleich die bewirkende Ursache in der Seele des Menschen geheilt worden war. Gleichwohl wie JESUS CHRISTUS heute aus Seiner Kirche ausgetreten sein mag, so war damals Asklepios aus seinen Asklepieien ausgetreten.

Der weitere Abstieg des Heilwesens vollzog sich exakt nach den metaphysischen Gesetzmäßigkeiten der Zahlenmythologie und der Astrologie. Betrachten Sie bitte die Tafel auf der nächsten Seite mit dem Titel: **DER DIABOLISCHE WEG IN DIE KRANKHEIT**.

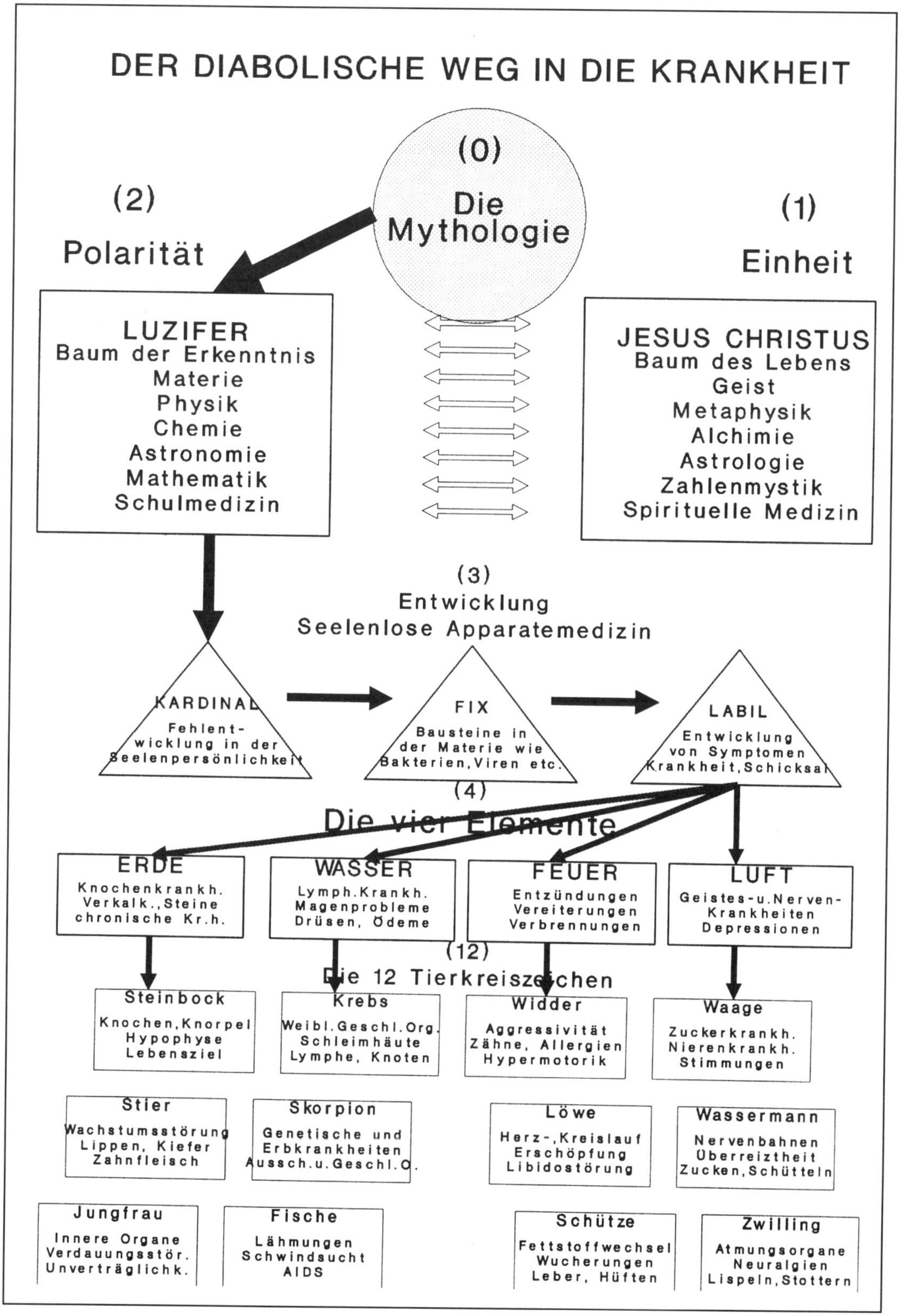
DER DIABOLISCHE WEG IN DIE KRANKHEIT
(0)
Die Mythologie
(2)
Polarität
(1)
Einheit
LUZIFER
Baum der Erkenntnis
Materie
Physik
Chemie
Astronomie
Mathematik
Schulmedizin
JESUS CHRISTUS
Baum des Lebens
Geist
Metaphysik
Alchimie
Astrologie
Zahlenmystik
Spirituelle Medizin
(3)
Entwicklung
Seelenlose Apparatemedizin
KARDINAL
Fehlentwicklung in der Seelenpersönlichkeit
FIX
Bausteine in der Materie wie Bakterien, Viren etc.
LABIL
Entwicklung von Symptomen Krankheit, Schicksal
(4)
Die vier Elemente
ERDE
Knochenkrankh. Verkalk., Steine chronische Kr.h.
WASSER
Lymph.Krankh. Magenprobleme Drüsen, Ödeme
FEUER
Entzündungen Vereiterungen Verbrennungen
LUFT
Geistes-u.Nerven-Krankheiten Depressionen
(12)
Die 12 Tierkreiszeichen
Steinbock
Knochen, Knorpel Hypophyse Lebensziel
Krebs
Weibl.Geschl.Org. Schleimhäute Lymphe, Knoten
Widder
Aggressivität Zähne, Allergien Hypermotorik
Waage
Zuckerkrankh. Nierenkrankh. Stimmungen
Stier
Wachstumsstörung Lippen, Kiefer Zahnfleisch
Skorpion
Genetische und Erbkrankheiten Aussch.u.Geschl.O.
Löwe
Herz-, Kreislauf Erschöpfung Libidostörung
Wassermann
Nervenbahnen Überreiztheit Zucken, Schütteln
Jungfrau
Innere Organe Verdauungsstör. Unverträglichk.
Fische
Lähmungen Schwindsucht AIDS
Schütze
Fettstoffwechsel Wucherungen Leber, Hüften
Zwilling
Atmungsorgane Neuralgien Lispeln, Stottern

Die Früchte des Baumes der Erkenntnis taten ihre Wirkung: Nach und nach spalteten die Wissenschaften ihre geistigen Inhalte ab, sie beschäftigten sich immer mehr mit der Materie und immer weniger mit dem Geist, nicht nur in der Medizin. So trennten sich Metaphysik und Physik, Alchimie und Chemie, Astrologie und Astronomie, Zahlenmystik und Mathematik und so weiter. Die einseitige Bevorzugung der materialistischen Wissenschaften zog die Unfähigkeit nach sich, einen göttlichen Gestaltplan zu erkennen.

Diesen Weg der Abspaltung und der Leugnung der göttlichen Geistigkeit nenne ich diabolisch, denn in dem Wort dia-bolisch steckt die Zahl Zwei des Zweifels und der Zwietracht, und er führt in die Absonderung und Aufspaltung und schließlich zum einseitigen Verhaftet-Sein mit der Materie. Konsequente Folge ist eine unübersehbare Differenzierung in Fachgebiete im medizinischen Bereich, denen der Blick für das Ganze völlig verloren gegangen ist. Noch niemals während aller Kulturepochen wurde das Vorhandensein geistiger Welten so permanent und militant geleugnet wie in der Neuzeit.

Den meisten modernen Ärzten ist die Einheit von Körper, Geist und Seele völlig fremd, der Körper wird sogar noch in einzelne Bereiche zerlegt und zum Fachgebiet erklärt. So gibt es Fachärzte für Augenheilkunde, für Frauenheilkunde, für Hals-, Nasen-, Ohrenheilkunde, für Innere Medizin, für Kardiologie, für Haut- und Geschlechtskrankheiten, für Lungen- und Bronchialheilkunde, für Orthopädie, für Urologie, für Zahnheilkunde und so weiter und so weiter. Alleine bei den Fachärzten für Innere Medizin gibt es wieder Unterfachärzte für Endokrinologie, Gastroenterologie und Nephrologie. Die Differenzierung macht auch beim Facharzt für Chirurgie nicht halt: so gibt es Fachärzte für Hirnchirurgie, für Herzchirurgie, für Kieferchirurgie, für Lungenchirurgie und für Gesichtschirurgie, nur um einige zu nennen.

Auch im Zuständigkeitsbereich „der Seele", die es ja nach Professor Rudolph Virchow nicht gibt, tummeln sich Fachärzte für Neurologie und Psychiatrie in geradezu erschreckender Unbewusstheit, die sich ihrerseits wieder spezialisiert haben auf Alterspsychiatrie, Kinderpsychiatrie, Neuropsychiatrie usw.

Immer mehr Ärzte haben überhaupt keinen Kontakt mehr zum Menschen, so die Fachärzte der Anästhesiologie, der Laboratoriumsmedizin und der Radiologie.

Der diabolische Weg in die Differenzierung befindet sich derzeit auf der Höhe seiner Blüte, und trotz sensationeller Forschungs- und Behandlungsergebnisse entfernt sich die Medizin immer weiter vom wirklichen Heilen und begnügt sich mit Symptombehandlungen und Reparaturen. Die Fehlentwicklung liegt sowohl in jedem einzelnen Patienten begründet als auch im Kollektiv. In der kollektiven Fehlentwicklung liegt die Verantwortung bei den Universitäten. Dort beginnt der diabolische Weg durch die Abspaltung der Geisteswissenschaften. Der Medizin- oder Psychologiestudent ist am Ende seiner mehr-jährigen Ausbildung zwar vollgestopft wie eine Weihnachtsgans mit dem Wissen über die Funktion der Organe, mit Tausenden von lateinischen Namen für die verschiedenen Sorten Menschenfleisch oder mit Statistiken über Verhaltensmechanismen bestimmter Personengruppen in bestimmten Situationen, aber er ist so verblendet, dass er den Gedanken, ein Symptom könne einen höheren Sinn haben, einfach für absurd hält.

Vor diesem Hintergrund wird auch folgendes Phänomen erklärbar: Das Krankenunwesen, das sich immer noch „Gesundheitswesen" nennt, verschlingt in Deutschland Jahr für Jahr einen Betrag von vierhundert Milliarden Mark. Uns ist einfach der Blick für die Größe dieser Menge Geld verloren gegangen. Das sind 400 000 Millionen Mark. Damit Sie aber eine Vorstellung davon bekommen, wie viel das ist, hilft ein Vergleich mit den Rüstungsausgaben: Mit einem winzigen Bruchteil in Höhe von nur 50 Milliarden Mark ist der Staat in der Lage, 350 000 Soldaten unter Waffen zu halten und Panzer, Flugzeuge und Schlachtschiffe zu finanzieren. Wir geben also achtmal soviel Geld für die Bekämpfung der inneren Feinde aus wie für die Abwehr atomar hochgerüsteter äußerer Feinde. Trotz dieses schwindelerregenden (!) Aufwands ist die Schulmedizin aber nicht in der Lage, die entscheidende Frage zu beantworten: **WARUM ERKRANKT DER MENSCH?**

Den Grund für eine Erkrankung in Grippeviren, Autositzen oder Umweltgiften zu suchen ist oberflächlich und führt nicht weiter, denn ein Symptom manifestiert sich immer nur dann, wenn es in der persönlichen Entwicklung etwas zu korrigieren gibt.

Liebe Leserinnen und liebe Leser! Erfahren Sie jetzt etwas über die Entstehung von Krankheit:

Die Zahl 3
Die Frage nach dem Sinn:
WARUM ERKRANKT DER MENSCH?

Sie werden sich entsinnen, dass sich jede Entwicklung in *drei Schritten* vollzieht. Ich möchte hier ganz klar die Ursachen der Fehlentwicklung herausarbeiten, die in die Krankheit führen.

Der Mensch leidet oder erkrankt dann, wenn er nicht bereit ist, die Verantwortung für sich selber zu übernehmen. Das Alte Testament beschreibt dies in einem so schönen mythologischen Bild:

Der Mensch im Paradies war mit GOTT eins, er war *heil*. Die Schlange aber sprach unter dem Baum der Erkenntnis: „Sobald ihr davon esst, werden euch die Augen aufgehen, und ihr werdet wie GOTT sein, da ihr Gutes und Böses erkennt." Das klang verlockend, die Frucht war eine Lust zum Anschauen und es war begehrenswert, weise zu werden. Und die Schlange behielt recht, denn „da gingen beider Augen auf."

Das Essen vom Baum der Erkenntnis führte *nicht* zur Vertreibung aus dem Paradies, wie Sie vielleicht bis jetzt noch geglaubt hatten. Kirchliche Theologen behaupten, die Menschen hätten ein Verbot missachtet, und die Vertreibung sei nun die gerechte Strafe. Es wäre zu einfach. Lesen Sie in der Bibel im 1. Buch Mose das 3. Kapitel einmal *genau* durch, und Sie kommen zu folgender Erkenntnis:

GOTT fragte den Adam: „Hast du etwa von jenem Baume gegessen, von dem ich zu essen dir verboten habe?" Die einzig richtige Antwort wäre gewesen: „JA!" Doch was tat der törichte Adam? Er zeigte erst auf Eva und dann auf GOTT und antwortete feige: „Die FRAU, die DU mir als Gefährtin gegeben hast, hat mir vom Baume gereicht und ich aß." Das war eine Ungeheuerlichkeit! Der Mensch schob die Schuld von sich, erst auf die Frau und dann auf GOTT. Dann fragte GOTT die Frau: „Und was hast du getan?" Die Frau antwortete und richtete ihren Zeigefinger auf die Schlange: „Die SCHLANGE hat mich betört, und ich aß."

Jetzt erst folgten die Strafen, denn die Menschen hatten ihre Prüfung nicht bestanden. Bei einer spirituellen Auslegung der Bibel kann man es nicht einfach dabei belassen und behaupten, wenn die Menschen gehorcht hätten und nicht schuldig geworden wären, dann wären sie noch heute im Paradies. Schließlich war es ja in GOTTES *Absicht* gelegen, dass der Mensch sich in der polaren Welt der Gegensätze bewährt. Die ganze Schöpfung ist polar — Himmel und Erde, Licht und Finsternis, Erde und Meer, und schließlich Sonne und Mond — Sie erinnern sich. Auch die beiden polaren Bäume, der Baum des Lebens und der Baum der Erkenntnis, haben ihren Sinn. In jeder Polarität steckt die Versuchung, und die war ja wohl *beabsichtigt.* Deshalb ist auch das Gebet des Vaterunser, welches JESUS CHRISTUS den Menschen geschenkt hat, von den kirchlichen Theologen falsch übersetzt worden. Es heißt nicht: „.....und führe uns *nicht* in Versuchung", sondern „.....und führe uns *in der* Versuchung". In der aramäischen Muttersprache JESU CHRISTI heißt es sogar wörtlich: „und lass retten uns aus unserer Versuchung."

Das bedeutet: Die Versuchung war gottgewollt und somit gut, damit der Mensch sich aufmache und hinaus ins feindliche Leben gehe, um sich zu entwickeln. Vielleicht war GOTT auch ein wenig traurig und besorgt um seine Schützlinge, wie eine Mutter, die ihre Kinder vorher noch warm anzieht, bevor sie in die Kälte hinausschickt. Denn die Bibel schreibt: „Gott der Herr machte Adam und seiner Frau Fellröcke und bekleidete sie. Dann sprach er: *Ja, der Mensch ist jetzt wie einer von UNS geworden, da er Gutes und Böses erkennt'.*" (1. Buch Moses, Kapitel 3, Vers 21). Schwingt da nicht sehr viel Hochachtung für den Menschen mit? Der Mensch ist jetzt gottähnlich geworden! Er ist gewachsen und muss von jetzt an *lernen, Verantwortung zu tragen.*

Stellen Sie sich bitte vor, liebe Leserin oder lieber Leser, Sie wären jetzt die Eva oder der Adam im Paradies und richteten Ihren Zeigefinger auf GOTT, den Partner oder die Schlange, und nun betrachten Sie einmal, was drei andere Finger tun: Sie zeigen auf Sie zurück! Und dieses Spiel treiben die Menschen vom Anbeginn der Zeiten bis auf den heutigen Tag. Erinnern Sie sich bitte an die Beispiele aus Kapitel I: Solange der Grippekranke seinen Finger auf jemanden richtet, der ihn angesteckt hat, *muss* das Schicksal ihm ein neues Symptom schicken. Solange der Mensch mit Rückenschmerzen seinen Finger auf die Autositze richtet, *muss* die Seele einen Bandscheibenvorfall kreieren, damit er merkt, dass es *sein* Problem ist. Solange die junge Frau wegen ihrer Krebsangst ihren Finger auf die Mutter und deren Schicksal richtet, *muss* der Kosmos auch ihr die Krankheit schicken, damit sie lernt, dass das Thema bei ihr selber ist und nicht woanders. Und wenn Herr Jedermann seinen Zeigefinger auf den Chef, den Kollegen, den Nachbarn oder den Gärtner richtet, dann *muss* er einen Herzinfarkt erleiden, damit er endlich begreift, dass er es selber ist, der ein krankes Ego hat.

Sehen Sie sich bitte jetzt noch einmal die Graphik auf Seite 179 an mit einem besonderen Augenmerk auf die drei Dreiecke KARDINAL, FIX und LABIL: Der *kardinale* Fehler liegt in der Fehlentwicklung der Persönlichkeit: Der Mensch sucht die Schuld für sein Missgeschick woanders als bei sich selber und entzieht sich somit seiner Verantwortung. Der *kardinale* Fehler in der Persönlichkeitsentwicklung des Patienten beginnt nun dort, wo er selber nicht bereit ist, die Botschaft seiner Krankheit zu entschlüsseln. Die Seele als höhere Instanz ist aber erfinderisch. Sie sucht sich in der materiellen Welt neue *fixe* (d.h. feste) Bausteine, die dem gleichen Prinzip zugehörig sind, um den Menschen über Krankheit und Schicksal auf sein Fehlverhalten hinzuweisen. Wenn dies nichts nützt, geschieht der dritte Schritt: Das Wort *labil* wird auch oft mit „veränderlich" übersetzt. Dies bedeutet, dass sich das Symptom in völlig anderen Lebensbereichen neu manifestieren kann, was aber auch wieder dem gleichen Prinzip zugehörig ist. Man nennt so etwas „Symptomverschiebung" . Wird diese geistig-spirituelle Fehlentwicklung nämlich nicht erkannt, so führt der diabolische Weg weiter über die seelenlose Apparatemedizin zu immer neuen Symptomen und somit in eine nahezu unendliche Differenzierung von Krankheit und Schicksal.

Denken Sie bitte an das erste Beispiel aus dem Kapitel I. Vom Arzt kann man heute nicht erwarten, dass er den Grippekranken darauf aufmerksam macht, dass er sein kardinales *Feuer* nicht gelebt hat, weil er um diese Zusammenhänge einfach nicht weiß. Anstelle den Patienten *anzufeuern,* sich einen Lebensbereich zu suchen, in dem er *Sieger* sein kann (der Mars auf dem Olymp blieb stets der Sieger), zerstört der Arzt durch Medikamente sein Abwehrsystem. Der Patient müsste aber die Verantwortung für sich selber übernehmen und sich ein *schlagkräftiges* Abwehrsystem aufbauen, innen wie außen. Gibt er diese Verantwortung an den Arzt ab, dann sucht sich die Seele in der Materie weitere *fixe,* das heißt feste Bausteine wie Bakterien, Umweltgifte oder Feuer, und es *entwickeln* sich weitere Krankheitssymptome oder Schicksalsprozesse, die entweder Entzündungskrankheiten, Verletzungen oder Verbrennungen zum Inhalt haben, oder die zu einer chronischen Immunschwäche ausarten.

Die anderen Beispiele aus dem Kapitel I lassen sich genauso darlegen: Der *körperliche Haltungsschaden* wird mit Schmerzmitteln behandelt, so dass der Patient keine Veranlassung mehr hat, an seinem *seelischen Haltungsschaden* zu arbeiten. Bandscheibenvorfälle pflegen sich ja auch zu wiederholen, oftmals erscheint eine Operation unumgänglich, und wenn er es immer noch nicht schafft, sich *aufzurichten,* endet die Geschichte schlimmstenfalls im Rollstuhl.

Das Problem mit der eigenen *Weiblichkeit* wurde bei der Mutter der Klientin schulmedizinisch mit der Entfernung der *Gebärmutter* beseitigt. Durch die Adoption eines fremden Kindes glaubte sie dann, ihre *Weiblichkeit* hinreichend entwickelt zu haben. Als sie dann aber bei ihrer Tochter plötzlich die Abtreibung erlebte, projizierte sie alle Schlechtigkeiten dieser Welt auf sie, erkannte aber *nicht ihre eigenen* lebensfeindlichen Strukturen, die ihr ein eigenes Kind vorenthalten hatten. Das war die eigentliche Ursache ihres Todes.

Und Herrn Jedermann mit dem *Herzinfarkt,* dessen Lebensweg verstopft war, wurde durch eine Bypassoperation vorgegaukelt, nun wäre der freie Fluss seiner *Herzensangelegenheiten* wieder gewährleistet. Ein Herzinfarkt, den man überlebt, ist eine Chance, das eigene kranke Ego zu erkennen. Hier ist dann vom Patienten in seinem eigenen Interesse ein hohes Maß an Eigenverantwortlichkeit gefordert. Die Seele verschafft ihm in der Rehabilitation Wochen und Monate zum Überdenken und Verändern. Wird diese Aufgabe nicht geleistet, und Herr Jedermann verlässt sich auf die einfältigen Aussagen der Mediziner („...in drei Monaten sind Sie wieder ganz der Alte“), wird er vielleicht noch eine zweite Chance durch einen zweiten Infarkt bekommen, denn er sollte ja nicht der „Alte“ *bleiben,* sondern er sollte ein „Neuer“ *werden.* Nutzt Herr Jedermann diese Zeit auch nicht, dann wird ein dritter Herzinfarkt ihm mehr Zeit zukommen lassen, als ihm lieb ist. Unbegrenzt — zwei Meter unter der Grasnabe.

Ich weiß, diese Themen sind nicht sehr angenehm, aber ich denke, ich habe den Sinn der Frage beleuchtet: **WARUM ERKRANKT DER MENSCH?**

Die Zahl 4
Die Quadratur
Symptome manifestieren sich in der Materie

Die (diabolische) Zahl 2 der Spaltung (der Wissenschaften) tritt mit sich selber in Beziehung. 2+2=4, 2x2=4, 2^2=4. Das Ergebnis ist immer = 4. Krankheitssymptome verfestigen sich, manifestieren sich in der materiellen Welt. Der bislang gesunde Mensch wird nun zum *Patienten,* was übersetzt zum „Erduldenden", zum „Erleidenden" heißt. Das teuflische System tritt seinen Siegeszug an. Verfolgen Sie bitte weiter die Tafel auf Seite 179:

Schon der alte Hippokrates, von dem die Einteilung in die vier alchimistischen Temperamentstypen Choleriker (=Feuer), Sanguiniker (=Luft), Melancholiker (=Erde) und Phlegmatiker (=Wasser) stammt, hat auch eine grobe Zuordnung der verschiedenen Krankheitssymptome zu den alchimistischen Elementen vorgenommen.

Zu den *Feuerkrankheiten* gehören alle Entzündungen, Vereiterungen, Verbrennungen usw., die sich dann manifestieren, wenn der Mensch seine *cholerische* Feuerenergie nicht situationsangepasst in die Materie umsetzen kann. Hier gilt es zu lernen, die Feuerenergien weder zu unterdrücken noch ungezügelt auszuleben, sondern sinnvoll zur eigenen Durchsetzung zu nutzen.

Luftkrankheiten sind zum Beispiel alle Geistes- und Nervenkrankheiten, zu denen auch die Depressionen zählen. Depressionen sind ja das Gegenteil von Kompressionen. Wenn also ein Mensch seine luftige *sanguinische* Temperamentsgrundlage nicht richtig auslebt, zu viele Kompromisse macht, deshalb unter Druck (=Kompression) gerät, schafft die Seele über die Depression den erforderlichen Ausgleich und leitet dann über Schicksalsprozesse den längst fälligen Bewusst-Werdungsprozess ein.

Zu den *Erdkrankheiten* gehören alle Verkalkungen, Verhärtungen, Versteinerungen usw. Der Mensch hat sich in den Jahrmillionen aus dem Mineralreich über das Pflanzenreich und das Tierreich schließlich zum Menschen entwickelt, und es kann nicht der Sinn sein, dass einige Menschen dann so bewegungsunfähig sind, als würden sie noch im Mineralreich leben. Die falsch gelebte *melancholische* Komponente wird dann über jene Körpersymptome ins Bewusstsein der Betroffenen gebracht.

Zu *Wasserkrankheiten* neigen Menschen mit einer stark ausgeprägten *phlegmatischen* Temperamentsgrundlage, deren Symptome sich dann über Schwellungen, Ödeme, Wassersucht und Erkrankungen des Lymphsystems zeigen. Hier gilt es zu lernen, zwischen Mitleid und Mitgefühl sauber zu trennen, nicht alle Emotionen aufzusaugen wie ein Schwamm und klare Abgrenzungen zur Umwelt zu schaffen.

Die Zahl 12
Der Tierkreis ist geschlossen
.... und am Ende steht das Krankenhaus

Wenn die Angehörigen der sogenannten Heilberufe in eine unübersehbare Differenzierung gehen, ist es dann nicht logisch und folgerichtig, dass auch die Objekte ihres Tuns und Handelns, die Krankheiten, ebenfalls in eine unübersehbare Differenzierung gehen?

Der astrologische Tierkreis besteht aus 12 Archetypen, die alle zusammen eine geschlossene Einheit bilden. Am Bild einer Torte lässt sich dies veranschaulichen. Eine Torte wird in der Regel in 12 Stücke aufgeteilt. Aber sie ist nur so lange „heil", wie alle 12 Stücke beieinander sind. Ebenso ist der Mensch nur dann „heil", solange er alle 12 Prinzipien in sich integriert hat. Durch sein Tun und Handeln, durch die Anpassung an die Umwelt, durch seine Erziehung, durch seine Wertvorstellungen und so weiter neigt der Mensch dazu, eines dieser Tortenstücke abzulehnen — meistens ist es das Thema seines Aszendenten — weil er glaubt, dies würde von der Umwelt abgelehnt werden. Das ist dann seine eigene Interpretation von *gut* und *böse.*

Nehmen wir ein Beispiel: Jedes Baby, welches geboren wird, muss die Mutter verletzen, wenn es zur Welt kommt, oder es muss ihr zumindest bei der Geburt Schmerzen bereiten. Das ist ein Naturgesetz. Später lernt das Kind (nicht alle, sondern einige), dass es Mama niemals weh tun darf, und dass man sich eigentlich überhaupt nicht durchsetzen darf, wenn andere dadurch einen Schmerz oder einen Nachteil haben. So verhält sich der Erwachsene später immer nett, freundlich und angepasst, hat es aber verlernt, seine eigenen Ansprüche wahrzunehmen und durchzusetzen. Bildlich gesprochen entfernt er in diesem Falle das Tortenstück, welches den Namen „Widder" trägt und archetypisch für die eigene Durchsetzung steht, stellt es beiseite und rückt die anderen Tortenstücke so zurecht, dass die Torte *scheinbar heil aussieht. Diese Schein-Heiligkeit* ist natürlich Betrug, denn die Torte ist nicht heil, und der Mensch ist weder nett noch freundlich oder angepasst, wie es *scheint,* sondern er hat hinter einer perfekten Maske unterdrückte Aggressionen. Ein Stück (Torte) fehlt. Und dieses eine fehlende Stück kommt dann durch die Krankheit wieder zurück, zum Beispiel in Form von Entzündungen, Verbrennungen oder Fieber. Das heißt im Klartext: *Krankheitssymptome sind die Manifestation nicht gelebter Prinzipien!*

Die gedankenlos gestellte Frage an den Kranken: „Was *fehlt* Ihnen?" hat plötzlich seinen Sinn. Es *fehlt* wirklich etwas. Es fehlt ein Prinzip.

Wir gehen jetzt noch einmal die 12 archetypischen Prinzipien einzeln durch, und zwar in der Weise, dass wir jedes einzelne unter drei Gesichtspunkten betrachten:

— Was sollte mit diesem Tierkreiszeichen *in erlöster Form gelebt* werden?
— Wie kommt es zu *gesundheitsschädigenden Dispositionen?*
— Zu welchen *physiologischen Schädigungen* führt die Verdrängung?

Was Sie jetzt lesen, hat noch nichts mit individuellen Horoskopen zu tun, sondern es ist zunächst reine Archetypik. Das heißt, wenn Sie, liebe Leserin oder lieber Leser, ein Stier, ein Krebs oder ein Wassermann sind, dann treffen diese nachstehenden Beschreibungen höchstwahrscheinlich auf Sie nicht zu. Denn mit der Aussage: „Ich bin ein......“ drücken Sie aus, in welchem Zeichen Ihre Sonne zum Zeitpunkt Ihrer Geburt gestanden hat. Dort, wo die Sonne steht, herrscht aber immer Bewusstheit, so dass der Mensch hier selten über Krankheitssymptome korrigiert werden muss.

Da aber alle Menschen, fast ohne Ausnahme, dazu neigen, ihren eigenen Aszendenten abzulehnen, der ihnen als Lernaufgabe zu Beginn des Lebens bildlich gesprochen „in die Wiege gelegt“ worden ist, *kann* es sein, dass das eine oder andere Krankheitsbild Ihres Aszendenten oder des gegenüberliegenden Zeichens, des Deszendenten, tatsächlich auf Sie zutrifft, sofern Sie Ihr Aszendententhema falsch leben. Aber auch andere Bausteine des Horoskops können Sie durch Ihr Verhalten verletzen. Niemals sind die gesundheitsschädigenden Dispositionen im Geburtshoroskop prädestiniert, sondern die physiologischen Schädigungen sind nur das Ergebnis aus der Reibung zwischen Lebenssinn und Eigensinn, sofern Sie diese Prinzipien nachhaltig verletzen. Dann beginnt **DER DIABOLISCHE WEG IN DIE KRANKHEIT**.

WIDDER:

Im Tierkreiszeichen des Widders sollten *in erlöster Form* feuriges Temperament, Tatkraft, Initiativkraft, Mut, Durchsetzung, Direktheit, Ehrlichkeit und Ritterlichkeit gelebt werden.

Werden diese Prinzipien verdrängt, dann zeigen sich die *gesundheitsschädigenden Dispositionen* zunächst auf der psychischen Ebene durch Wut, Zorn, Hitzigkeit, Raserei, Hektik, Ungeduld, Grobheit, Egoismus, Triebhaftigkeit, Unausgeglichenheit, Gewalttätigkeit, Exzesse und zügellosen Ärger.

Im Körperlichen können sich die *physiologischen Schädigungen* in Form von Verletzungen aufgrund übersteigerter Aggressivität, Allergien, Neuralgien, Migräne, Schlaflosigkeit, Entzündungen, Verbrennungen, Hitze, Schwindel, Trockenheit, Fieber, Bluthochdruck, Gehirnblutandrang, Hypermotorik, Gehirnentzündung, Kahlheit, Kopfschmerzen, Zahnschmerzen oder Zahngeschwüren manifestieren.

STIER:

Das Tierkreiszeichen des Stiers wird *in erlöster Form* durch Zusammengehörigkeitsgefühl, Gruppensinn, körperliche Geborgenheit, Sinnlichkeit, Konsolidierung, Solidität, Gemütlichkeit, Bodenständigkeit und materielle Sicherheit gelebt.

Werden diese Prinzipien verdrängt, dann zeigen sich die *gesundheitsschädigenden Dispositionen* zunächst auf der psychischen Ebene durch unbewusste Halsstarrigkeit, Grübeln, Üppigkeit, Gefräßigkeit, Gier, Plumpheit, Unbeweglichkeit, Hartnäckigkeit, Sturheit, Materialismus, Trägheit, Engstirnigkeit, die Vereinnahmung anderer sowie in übersteigertem Besitzdenken.

Im Körperlichen können sich die *physiologischen Schädigungen* in Form von Kropf, Diphtherie, Kehlkopfentzündungen, Krupp, Mandelentzündung, Polypen, Schulterschmerzen, Stoffwechselkrankheiten, Wachstumsstörungen, Fettleibigkeit oder Drüsenschwellungen des Halses manifestieren sowie durch Störungen im Bereich des Kiefers, der Lippen und des Zahnfleisches.

ZWILLING:

Das Tierkreiszeichen des Zwillings sollte *in erlöster Form* durch Brüderlichkeit, Kameradschaft, Pflege von Beziehungen, Nachbarschaft, Heiterkeit, Offenheit, Beweglichkeit, Vielseitigkeit, Flexibilität und Kontaktbereitschaft gekennzeichnet sein.

Werden diese Prinzipien verdrängt, dann zeigen sich die *gesundheitsschädigenden Dispositionen* zunächst auf der psychischen Ebene durch Ruhelosigkeit, Nervosität, Oberflächlichkeit, Geschwätzigkeit, Schnippigkeit, Unstetheit, Neugier, Ungläubigkeit, Zerstreutheit und Zerrissenheit.

Im Körperlichen können sich die *physiologischen Schädigungen* in Form von Bronchitis, Asthma, Lungenentzündung, Lungenkrebs, Schwindsucht, Sprachstörungen, Lispeln, Stottern, Schreibkrampf, Heuschnupfen, Neuralgien, Nervenkrankheiten, Rippenfellentzündung oder Blutarmut manifestieren.

KREBS:

Im Tierkreiszeichen des Krebs sollten *in erlöster Form* Hingabefähigkeit, Gefühls-tiefe, Einfühlungsvermögen, Augenblicksnähe, Gefühlsreichtum, Trost spenden und Mütterlichkeit gelebt werden.

Werden diese Prinzipien verdrängt, dann zeigen sich die *gesundheitsschädigenden Dispositionen* zunächst auf der psychischen Ebene durch einen Mangel an Lebenskraft, durch Unversöhnlichkeit, Launen, Misstrauen, Trägheit, Beeinflussbarkeit, Naivität, Rührseligkeit und durch übersteigerte Fürsorge. „Die ewig Gebärende und Verschlingende“ gehört ebenso hierher wie Unselbständigkeit, Mitmacherei, Dummheit, Abhängigkeit, Haltlosigkeit und Beleidigt-Sein.

Im Körperlichen können sich die *physiologischen Schädigungen* in Form von Verdauungsstörungen, Magenkatarrh, Schluckauf, Blähungen, Wassersucht sowie in Form von Brust-, Magen- und Gebärmutterkrebs, weiterhin durch Störungen im Wasser- und Elektrolythaushalt, im Bereich der Schleimhäute oder durch Erkrankungen der Drüsen und Lymphe manifestieren.

LÖWE:

Das Tierkreiszeichen des Löwen wird *in erlöster Form* durch Selbstbewusstsein, Risikofreude, Vitalität, Lebendigkeit, Experimentierfreude, Herzlichkeit, Unbekümmertheit, Großmut, Souveränität, Selbständigkeit, Führungsqualitäten, Organisationsgabe und ein gesundes Ego gelebt.

Werden diese Prinzipien verdrängt, dann zeigen sich die *gesundheitsschädigenden Dispositionen* zunächst auf der psychischen Ebene durch unbewusstes Dominanzgehabe, durch Impulsivität, Arroganz, Selbstsucht, Übervitalität und Übereifer, weiterhin durch Selbstüberschätzung, Überheblichkeit, Selbstgefälligkeit, unguten Stolz, Herrschsucht, Eigenliebe und Verschwendung sowie durch ein krankes Ego.

Im Körperlichen können sich die *physiologischen Schädigungen* in Form von Erschöpfungszuständen, Libidostörungen (Lebenskraft), Herzfunktionsstörungen, Herzinfarkt, Kreislaufstörungen, Angina pectoris, Gehirnhautentzündung, Bluthochdruck, Fieber, in vermehrter Blutfülle eines begrenzten Körperbezirks (Hyperämie), in Rückenmarksschwindsucht oder durch Augenbeschwerden manifestieren.

JUNGFRAU:

Im Tierkreiszeichen der Jungfrau sollten *in erlöster Form* Genauigkeit, Ordnung, Präzision, Sorgsamkeit, Überlegtheit, Vernünftigkeit, Liebe für das Detail, Sinn für Wirtschaftlichkeit, Sparsamkeit und Gründlichkeit, Klugheit, Pflichtbewusstsein und Verlässlichkeit gelebt werden.

Werden diese Prinzipien verdrängt, dann zeigen sich die *gesundheitsschädigenden Dispositionen* zunächst auf der psychischen Ebene durch unbewusste Ängstlichkeit, Selbstsucht, Kritiksucht, Mangel an Sympathiegefühl, Keuschheit, Misstrauen, Reinlichkeitswahn und Überanpassung sowie durch Skepsis, Pedanterie, Bürokratismus, Nörgeleien und Besserwisserei, Lehrmeisterei, Pessimismus, Opportunismus, Unterwürfigkeit und Kriecherei.

Im Körperlichen können sich die *physiologischen Schädigungen* in Form von einer ausgeprägten Unverträglichkeit bestimmter Nahrungsmittel, weiterhin in Bauchfellentzündung, Ernährungsmangel, Ruhr, Koliken, Durchfall, Cholera, Typhus, Blinddarmentzündung oder in Form eines Bandwurms manifestieren.

W A A G E :

Das Tierkreiszeichen der Waage ist *in erlöster Form* gekennzeichnet durch Freundlichkeit, Höflichkeit, Charme und Eleganz sowie Geschicklichkeit im Umgang mit anderen, Kompromissbereitschaft, Stilgefühl, Diplomatie, Schöngeistigkeit, Ausgeglichenheit und Frieden.

Werden diese Prinzipien verdrängt, dann zeigen sich die *gesundheitsschädigenden Dispositionen* zunächst auf der psychischen Ebene durch Unentschlossenheit, Aufsichbezogenheit, Schönfärberei, Empfindsamkeit, Entscheidungsschwäche, Unehrlichkeit, Melancholie, Parfümiertheit, Geziertheit und vor allem durch Handlungsschwäche und Fremdbestimmtheit.

Im Körperlichen können sich die *physiologischen Schädigungen* manifestieren in Form von Störungen, die sich aus einer Fremdbestimmung durch die Umwelt ergeben, wie Depressionen und Essstörungen als Folge von Liebeskummer; weiterhin in Harnverhalten, Nierenentzündung, Nierensteinen, Harnvergiftung (Urämie) oder in der Zuckerkrankheit (Diabetes).

S K O R P I O N :

Das Tierkreiszeichen des Skorpion wird *in erlöster Form* durch tiefe Wandlungsfähigkeit, tiefes Einlassen in die Schattenthemen des Lebens, Regeneration, Idealismus, Vorstellungskraft und Identifikationsfähigkeit sowie durch den Instinkt für eigene und anderer Leute Schwachstellen (Psychotherapeut) gelebt.

Werden diese Prinzipien verdrängt, dann zeigen sich die *gesundheitsschädigenden Dispositionen* zunächst auf der psychischen Ebene durch unbewusste Tyrannei, Eifersucht, Zerstörungssucht, Quälerei, Sadismus, Masochismus, Drogen, Extremismus, Abhängigkeit, Hörigkeit, Missgunst, Rachsucht, Sabotage, Intrige, Verbissenheit, Selbstzerstörung, Fanatismus, Vampirismus und Schmarotzertum.

Im Körperlichen manifestieren sich die *physiologischen Schädigungen* in Form von Erbkrankheiten aufgrund genetischer Defekte, Erkrankungen des Knochenmarks, der Milz, weiterhin durch Tumorbildung, Platzangst, Hämorrhoiden, Darmkrebs, Entzündung der Harngänge, Prostataleiden, Sucht (harte

Drogen), Nasenbluten, Nasenkatarrh oder durch Nasenschleimhautentzündungen und in allen Erkrankungen im Bereich der Ausscheidungs- und Geschlechtsorgane.

S C H Ü T Z E :

Im Tierkreiszeichen des Schützen sollten *in erlöster Form* Humor, Enthusiasmus, Weitblick, Begeisterungsfähigkeit, Organisationsgabe, Vertrauen, Optimismus, Idealismus, Toleranz, salomonische Gerechtigkeit, Lebensfreude, Großzügigkeit und Zufriedenheit gelebt werden.

Werden diese Prinzipien verdrängt, dann zeigen sich die *gesundheitsschädigenden Dispositionen* zunächst auf der psychischen Ebene durch Übertreibungen, Arroganz und Überheblichkeit, Problemblindheit, Undifferenziertheit, Unsachlichkeit, Moralismus, Hochstapelei, Angeberei, Waghalsigkeit, Großspurigkeit, Wucher und Selbstüberschätzung.

Im Körperlichen können sich die *physiologischen Schädigungen* in Form von Wachstumsstörungen, Fettsucht, Leberkrankheiten, Hüftschmerzen, erhöhter Schmerzempfindlichkeit, Fettstoffwechselstörungen, umweltbedingte Krankheiten oder Schenkelverletzungen manifestieren.

S T E I N B O C K :

Das Tierkreiszeichen des Steinbocks sollte *in erlöster Form* durch Bescheidenheit, Sparsamkeit, Treue, Klarheit, Reinheit, Stabilität, Sicherheit, Gradlinigkeit, Durchhaltevermögen, Ehrlichkeit und Verantwortlichkeit sowie Ausdauer und Gründlichkeit gelebt werden.

Werden diese Prinzipien verdrängt, dann zeigen sich die *gesundheitsschädigenden Dispositionen* zunächst auf der psychischen Ebene durch unbewusste Beschränkung, Trockenheit, Sarkasmus, Geiz, Machtstreben, verneinende Lebenseinstellung, Unbeweglichkeit, Schematismus, Autoritätshörigkeit, Rechthaberei, Profilierungssucht, Engstirnigkeit und Minderwertigkeitsempfinden sowie durch Augenblicks-ferne, Gefühlskälte, Animusbesessenheit, Starrheit, Formalismus oder Monotonie.

Im Körperlichen können sich die *physiologischen Schädigungen* in Form von Todesangst, Atemnot, Ekzemen, Schuppenflechte, Neurodermitis, Schweißausbrüchen, Rheuma, Beinverrenkungen, Rückenschmerzen, Verkalkung, Bandscheibenvorfall, Knochenerkrankungen und -brüchen, Osteoporose, multiple Sklerose sowie durch die Alzheimer Krankheit manifestieren.

WASSERMANN:

Das Tierkreiszeichen des Wassermanns sollte *in erlöster Form* durch Mut zum Neuen, skurrilen Einfallsreichtum, Erfindungsgabe, geistige Kreativität, absolute Freiheit, Intuitionen und Geistesblitze gelebt werden.

Werden diese Prinzipien verdrängt, dann zeigen sich die *gesundheitsschädigenden Dispositionen* zunächst auf der psychischen Ebene durch Verantwortungslosigkeit, Flucht vor Konfrontation, durch Absonderung als Sonderling, weiterhin in Form von Nervosität, Hypersensibilität, Überempfindlichkeit, Ruhelosigkeit, Exzentrik, Zerfahrenheit, Zerrissenheit und Unberechenbarkeit.

Im Körperlichen können sich die *physiologischen Schädigungen* in Form von Unfällen, Nervenlähmungen, nervösen Überreaktionen, Zuckungen, Schütteln, Epilepsie, Krampfadern, Beschwerden im Bereich der Unterschenkel und der Waden, durch nervöses Leiden, Brüche oder Depressionen manifestieren.

FISCHE:

Das Tierkreiszeichen der Fische zeigt sich *in erlöster Form* durch humanitäres Wirken, Beten, Demut, spirituelles All-eins-Sein, Offenheit, Träume, Selbstlosigkeit und Ahnungsvermögen.

Werden diese Prinzipien verdrängt, dann zeigen sich die *gesundheitsschädigenden Dispositionen* zunächst auf der psychischen Ebene durch Empfindlichkeit, Mangel an Lebenskraft, Einsamkeit, Illusionen, Verschlossenheit, Alkohol, Wahn, Heimlichkeiten, Täuschung, Illusionen, Kriecherei, Unehrlichkeit, Schleimigkeit, geistige Lähmung und Sucht.

Im Körperlichen können sich die *physiologischen Schädigungen* zeigen in Form von Substanzabbau, Leiden im Bereich von Füßen und Zehen, Vergiftungen, Schwellungen, weiterhin in Form von schleichenden Krankheiten, Schwindsucht, Tumoren, Lähmungen oder Aids.

Kapitel VII

Schulmedizin Betrug am Patienten

Der Heilungstempel wurde zu einer Räuberhöhle

„Ist es nicht schrecklich, dass der menschlichen Klugheit so enge Grenzen gesetzt sind und der menschlichen Dummheit überhaupt keine."

(Konrad Adenauer, 1876 - 1967)

Im Kapitel VII lesen Sie etwas zu den Themen:

Wenn Säulen stürzen: Die Tempelreinigung

Schulmedizin ist Betrug am Patienten! Dieses Kapitel bin ich meinem Mars am Aszendenten schuldig; denn andernfalls riskiere ich eine Lungenentzündung. Aber dieses Kapitel VII, welches sich ausgesprochen unangenehm liest und streckenweise auch recht polemisch klingt, hat einen ganz ernsten und vor allem auch spirituellen Hintergrund:

Im zweiten Teil dieses Buches beschreibe ich spirituelle Heilmethoden wie die ***Offenbarungstherapie***® und das ***Hexagramm-Programm***®. Damit diese feinstofflichen Schwingungen überhaupt eine Resonanz in Ihnen hervorrufen, ist es erforderlich, dass Sie in Ihrer inneren Haltung mit dem heutigen Gesundheitswesen vollständig brechen, ruht es doch auf den Säulen der grob-

schlächtigen „Schulmedizin“ und paradoxen „Psychologie“, und es gilt, diese beiden Säulen zum Einsturz zu bringen.

Vergleichen Sie zunächst rein äußerlich die vollendete göttliche Schönheit des antiken Heiligtums des Asklepios auf den Seiten 138 - 139 mit der diabolischen Geschmacklosigkeit moderner Kliniken, die eher einer chemischen Fabrik als einem Krankenhaus gleichen.

Das hier gezeigte Klinikum der Rheinisch-Westfälischen Technischen Hochschule Aachen ist ein abschreckendes Beispiel, aber kein Einzelfall.

Viel schlimmer ist jedoch, was an grotesken Ungeheuerlichkeiten im Inneren dieser „kranken Häuser“ geschieht, so dass ich Ihnen durch wenige Informationen und Denkanstöße einiges bewusst machen muss, bevor Sie etwas über die hochspirituellen Wege der Heilung erfahren.

Jeder spirituelle Weg beginnt mit einer tiefgründigen Wandlung und nicht mit einer oberflächlichen Veränderung. Inneres Wachstum ist angesagt, und das fordert unweigerlich das Zerbrechen bestehender Muster und das Loslassen von Vertrautem.

Die Bibel, ein Buch höchster Weisheit, hat für alle Vorgänge eine Analogie, ein Gleichnis. Der Salomonische Tempel, einst im Auftrag GOTTES von den Juden gebaut, verkam zu einer Räuberhöhle. Dem Heilungstempel des Asklepios ist es ähnlich ergangen. Die Bibel gibt aber auch Anweisung, wie damit umzugehen sei: „.....er (JESUS CHRISTUS) ging in den Tempel und begann, die Verkäufer und Käufer aus dem Tempel hinauszutreiben, warf die Tische der Geldwechsler um, sowie die Stände der Taubenverkäufer und duldete nicht, dass jemand ein Gerät hindurchtrug durch den Tempel. Und er lehrte sie und sprach: ‚Steht nicht geschrieben: Mein Haus soll ein Bethaus heißen für alle Völker? Ihr habt es aber zu einer Räuberhöhle gemacht'!“ (Markus 11, 15-17).

Der Zeitpunkt dafür, dass das System von selber in sich zusammenbricht, ist ausgesprochen günstig. „Ein jegliches hat seine Zeit, und jedes Vorhaben unter dem Himmel hat seine Stunde...“ beginnt Salomo im Buch der Prediger, Kapitel 3, Vers 1, seine Betrachtungen zur Qualität der Zeit. Fragen wir also: „Welche Zeit ist es?“ Die Antwort lautet: „Zum ersten Mal seit seiner Entdeckung geht der Planet Pluto durch das Tierkreiszeichen des Schützen, was nur vier Mal innerhalb von tausend Jahren geschieht. Wenn der Herr der Unterwelt (Pluto) den Olymp (Schütze) besteigt, darf man davon ausgehen, dass sich Grundlegendes verändert, auch in bezug auf unser Gesundheitswesen. Somit ist es die rechte Zeit, die Säulen zum Einsturz zu bringen.“

Mir ist völlig klar, dass diese Aussagen eines unbekannten Davids von den etablierten Goliaths milde belächelt werden; doch sie vergessen ganz, dass sie auch die Homöopathie milde belächeln, denn die Medikamente enthalten ja kaum nachweisbare Substanz. Dennoch sind sie hochgradig wirksam. Auch dieses Buch enthält kaum nachweisbare Substanz, dennoch: das richtige Mittel zum richtigen Zeitpunkt, und ein Tropfen bringt das Fass zum Überlaufen.

Schulmedizin kann nicht heilen

Beginnen wir bei der Liquidierung des falschen Glaubenssatzes, Schulmedizin könne heilen.

Mit Bedacht habe ich die Worte des ersten deutschen Bundeskanzlers an den Anfang gestellt, mit denen er erschreckt festgestellt hatte, dass der menschlichen Dummheit keine Grenzen gesetzt sind. Dass dieser Umstand gerade auf einem Gebiet zutreffend ist, wo es im allgemeinen am allerwenigsten erwartet wird, mag überraschen. Trotz aller Siegesbotschaften über Erfolge und Leistungen der modernen Medizin, mit denen uns die Medien dauernd überschütten, gilt es noch einmal, die nackte Tatsache herauszuarbeiten: *Schulmedizin kann nicht heilen!* Wenn sie nach wie vor dennoch behauptet, sie sei die einzige Instanz, die heilen könne und dürfe, ist dies schlichtweg Betrug am Patienten!

In Anlehnung an eine Analogie, die Thorwald Dethlefsen in einem seiner Vorträge verwendet hat — von mir ein wenig ausgeschmückt —, würden Sie auf einem anderen Gebiet den Betrug sofort durchschauen: Sie befinden sich mit Ihrem Fahrzeug auf der Autobahn, und es meldet sich ein Symptom: Das rote Licht am Armaturenbrett zeigt, dass in Ihrem Motor mit dem Ölstand etwas nicht in Ordnung ist. Sie wenden sich an den Pannendienst und vertrauen Ihr Problem einem „gelben Engel" an. Der untersucht Ihr Fahrzeug, findet nichts, schraubt dann aber das Birnchen heraus, damit Sie durch sein Leuchten in Zukunft nicht mehr gestört werden. Sie setzen Ihre Fahrt fort. Natürlich haben Sie es einige Zeit später mit einem weitaus größeren Schaden zu tun. Nun ist die Frage: Fühlen Sie sich betrogen? Ich nehme an, Sie durchschauen den Betrug und entscheiden sich für JA.

Ich erzähle die Geschichte noch einmal und tausche nur sehr wenige Worte aus: Sie befinden sich auf Ihrer Lebensbahn, und es meldet sich ein Symptom. Heftige Kopfschmerzen zeigen Ihnen an, dass mit Ihrer Durchsetzung etwas nicht in Ordnung ist. Sie wenden sich an den Gesundheitsdienst und vertrauen Ihr Problem einem „weißen Engel" an. Der untersucht Ihren Körper, findet nichts, verschreibt Ihnen dann aber ein Medikament, damit Sie durch die Schmerzen in Zukunft nicht mehr gestört werden. Sie setzen Ihre Lebensreise fort. Natürlich haben Sie es einige Zeit später mit einem weitaus größeren Schaden zu tun. Ich stelle die Frage erneut: Fühlen Sie sich betrogen?

Ich hoffe, Sie bleiben bei Ihrem JA! Unwissenheit schützt nicht vor Strafe. Vom Automechaniker erwarten Sie, dass er weiß, welche Bedeutung die rote Lampe hat, nämlich, dass Ihnen Öl *fehlt.* Weiß er es nicht, so ist er ein schlechter Mechaniker. Warum aber nehmen Sie den Arzt in Schutz und erwarten nicht auch von ihm, dass er weiß, welche Bedeutung Ihre Kopfschmerzen haben, nämlich die, dass Ihnen Ihre lebensnotwendige Durchsetzung *fehlt.* Weiß er es nicht, so ist er ein schlechter Arzt. Würde er aber die gesamte kosmische Ordnung als übergeordnete Einheit erkennen, hätte er an Hand der Astrologie und der Astro-Medizin schnell herausgefunden, *was dem Patienten fehlt.*

Das passiert übrigens auf allen Gebieten: Ob der Patient nun Kopf-, Fuß- oder Rückenschmerzen hat, ob er an Herzinfarkt, Krebs oder Lungenentzündung leidet — immer verbündet sich der Arzt mit dem Patienten *gegen* das Symptom, um es zu *beseitigen,* und niemals wird ein Symptom als willkommene Botschaft aus metaphysischen Sphären begrüßt, das einen Inhalt transportiert, um einen wahrhaft heilenden Selbsterkenntnisweg einzuleiten.

Die schnellen Anfangserfolge, welche die allopathische Behandlung zweifellos aufweisen kann, täuschen heute aber nicht mehr über die Tatsache hinweg, dass lediglich die Symptome beseitigt sind. *Be-seitigen* aber heißt, dass die Symptome noch da sind, wie eh und je. Sie sind nur auf die Seite gelegt, beseitigt, um zu anderer Zeit und an anderer Stelle springlebendig wieder zum Vorschein zu kommen. Dieses Phänomen ist sogar dem Täter bekannt, und er hat dafür einen Fachausdruck: Symptomverschiebung.

Der Sturz der „Götter in Weiß“

„Heilung erflehen die Menschen von den Göttern; Sie wissen nicht, dass sie die Kräfte dafür in sich tragen.“ Diese Worte sind zweieinhalbtausend Jahre alt.

Im ersten Teil des Satzes des Demokrit, des lachenden Philosophen der Antike: „Heilung erflehen die Menschen von den Göttern.....“ waren natürlich die richtigen Götter gemeint, die Götter des Olymps, und nicht jene selbsternannten Götter in Weiß, die den *Schein* erwecken, *heilen* zu können, und so im wahrsten Sinne des Wortes *Schein-Heilige* sind. Demokrit war sehr wohl bewusst, dass nicht einmal die Götter des Olymps heilen konnten, und deshalb fügte er den zweiten Halbsatz hinzu, der für eine wahre Heilung so wichtig ist: „.....sie wissen nicht, dass sie diese Kräfte in sich tragen.“

Die Selbstheilungskräfte existieren also im Inneren des Menschen! Die äußeren Götter des Olymps waren so eine Art Projektionsfläche, welche die Masse der Menschen immer benötigt — damals wie heute. Asklepios, der Heilgott der Antike, konfrontierte über das Symbol der Schlange die Kranken mit ihrer eigenen Schuld, er verhalf ihnen durch Religiosität und Meditation im Tempelschlaf zu einem Bewusstseinswandel *(meta noia),* der ihre Seele heilte, und er mobilisierte dadurch ihre „Kräfte, die sie in sich tragen“ .

Die heutige Ärzteschaft hat sich von den Wurzeln ihres eigenen Berufsstandes abgeschnitten. Eigentlich sollte es eine Selbstverständlichkeit sein: „Willst du den Körper heilen, musst du zuerst die Seele heilen!“ Die Priester des modernen Gesundheitswesens wissen überhaupt nicht, was die Seele ist. Problemblind belächeln sic dic *Meditationen,* die der Ursprung der *Medizin* waren, und sie haben die Rituale verworfen. Die Be-handlung wurde zur Misshandlung, und ähnlich wie im mittelalterlichen Exorzismus beschränkt sie sich nur noch auf das mechanistische Verdrängen von Symptomen — durch Bekämpfen, Betäuben, Verbrennen, Herausschneiden oder Amputieren.

Hippokrates, der alles andere als ein spiritueller Heiler war, und der den Priestern des Asklepieions in Epidauros den Kampf angesagt hatte, war dennoch wesentlich bewusster als die heutigen Mediziner. Hippokrates forderte vor zweieinhalbtausend Jahren die *unbefangene* Beobachtung von Krankheitssymptomen — welcher Arzt kann das heute noch? Die meisten Krankheiten führten nach seinen Erkenntnissen zu einer Krise, bei der entweder die Krankheit oder der Patient sein Ende findet. Die pythagoreische Vorausberechnung des Tages, an dem diese Krise eintreten sollte, war ein kennzeichnendes Element der hippokratischen Theorie. Wenn in den Krisen die natürliche Hitze (das Fieber) den krankhaften Stoff des Körpers überwindet und ausscheidet, dann ist der Patient geheilt. Das ist etwas völlig anderes als Symptombekämpfung.

Aber lassen wir den alten Hippokrates selber ruhig noch etwas zu Worte kommen: Die Tätigkeit des Arztes habe sich mehr auf die Prognose und Prophylaxe (Vorhersage und vorbeugende Maßnahmen) der jeweiligen Krankheit zu konzentrieren. Die *Natur* sei der wesentliche *heilende Faktor*. Die *Therapie* habe damit in den *Hintergrund* der ärztlichen Behandlung zu treten. Welcher doch so gerne im Vordergrund stehende Arzt weiß das noch? Und wenn, richtet er sich danach?

Stattdessen wird Jahrhunderte lang die hippokratische Eidesformel nachgeplappert: „Ich schwöre bei dem Gott Apollo, dem Gott des Lichtes, bei Asklepios, dem Gott der Heilkunst, bei Hygieia, der Göttin der Gesundheit, und bei allen Göttern, die ich als Zeugen haben will......" Halt!!! Es stimmt nicht vorne und nicht hinten.

Wie sehr die heutige medizinische Forschung in breiter und geschlossener Front an den eigentlichen Themen vorbeiforscht, mögen Sie an zwei Beispielen erkennen: Man hat festgestellt, dass die Wahrscheinlichkeit, einen Herzinfarkt zu bekommen, in Südfrankreich niedriger ist als in Deutschland. Es wurde weiter „geforscht", womit man die Gebiete eingrenzen konnte und kam zu dem Ergebnis, dass insbesondere die französischen Weinbaugebiete förderlich für das Herz-Kreislauf-System seien. Jetzt versuchen diese Primitivlinge, aus der chemischen Zusammensetzung des französischen Rotweins jenen Stoff herauszufiltern, der herzinfarkthemmend ist. *O Herr, wirf Hirn herunter!* Auf die naheliegendste Idee kommt niemand: Vielleicht ist die Lebenseinstellung eines südfranzösischen Weinbauern eine andere, und vielleicht könnte der am Bruttosozialprodukt backende Bundesrepublikaner dort etwas darüber lernen, bevor er sich eine Chemikalie verpassen lässt.

Kürzlich geisterte eine andere Meldung durch die Presse: *„Brustkrebs: Die Zahl der Erkrankungen hat sich in 20 Jahren fast vervierfacht. Und: Die betroffenen Frauen werden immer jünger. Zumindest für junge Mütter gibt es aber einen natürlichen Weg, das Brustkrebsrisiko deutlich zu reduzieren: Stillen. Denn bei Frauen, die gestillt haben, sinkt die Wahrscheinlichkeit, an Brustkrebs zu erkranken, um 30 bis 50 Prozent im Vergleich zu kinderlosen Frauen oder zu Müttern, die nicht gestillt haben (US-Studie). Die Ursache ist noch unklar."* Da wird rein empirisch Datenmaterial gesammelt und statistisch ausgewertet. Jahrelange Forschungsarbeit gipfelt in der Erkenntnis: „Die Ursache ist noch unklar.“ Sind die Wissenschaftler wirklich so primitiv, dass sie sich nicht einmal in die psychische Verfassung einer stillenden Mutter hineinversetzen können? Können sie sich nicht vorstellen, was den nicht stillenden Frauen *fehlt,* die niemals ein kleines Baby an ihre Brust gelegt haben? Nur wenn man die Seele einfach ignoriert, bleibt die Ursache unklar.

Ja, Wissenschaftler sind wirklich so primitiv. Dafür werden über tausend sogenannte krebserregende Stoffe in grausamen und sinnlosen Tierversuchen nachgewiesen, um vom Thema abzulenken: dass *hinter jedem Brustkrebs ein Konflikt mit der Weiblichkeit steckt.*

Die Liste dieser sinnlosen Forschungsarbeiten könnte Bibliotheken füllen. Ich will es dabei belassen. Aber ich habe eben nur zwei Krankheitssymptome ausgewählt, Herzinfarkt und Krebs, die zusammen Jahr für Jahr in Deutschland von über einer Million Menschen vorzeitig das Leben fordern — und das mit seit Jahren stark steigender Tendenz. Dahinter verbergen sich eine Million Einzelschicksale, wo vorwiegend Männer mit Herzsymptomen von Ängsten gepeinigt durchs Leben hetzen, wo über Frauen das Damoklesschwert einer unheilbaren Krankheit hängt. Und die Mediziner tappen wahrhaft im Dunkeln, blind wie Maulwürfe.

Ärzte wissen nichts, aber auch rein gar nichts, über die Entstehungsgeschichten der Symptome, sondern sie suchen weiterhin die Schuldigen in den äußeren Umständen. So vergeht kein Frühjahr, in dem nicht irgendwelche medizinischen Institute vor Pollenallergien „warnen“ und Schreckensmeldungen in die Medien schleusen wie: „Wenn die Natur krank macht.“ Man muss sich diesen Unsinn nur einmal auf der Zunge zergehen lassen. Blütenpollen gab es schon, bevor es Menschen gab. Niemals „macht“ die Natur krank, sondern der Mensch ist krank, ganz besonders der, der einen solchen Unsinn behauptet.

Schulmedizin als Urheberin von Krankheiten

Die Statistiken belegen diesen schulmedizinischen Irrsinn recht eindrucksvoll. Die Monatszeitschrift „Der Naturarzt“ berichtete im Heft 5/1993: „Das wissenschaftliche Institut der AOK Deutschland stellte fest, dass in Gegenden größerer Arztdichte nicht nur die Krankheitshäufigkeit anzusteigen schien, sondern auch die Sterblichkeit.“ Das gibt zu denken.

Allopathische Mittel zu verschreiben ist zwar die primitivste, aber auch die häufigste Behandlungsmethode der Ärzte. Im Gegensatz zu den von der Schulmedizin verpönten homöopathischen Medikamenten, die Gleiches mit Gleichem behandeln, wenden sich alle in den normalen Arztpraxen verschriebenen Mittel immer *gegen* das Symptom. Sie sind sehr wirkungsvoll, aber nur am Anfang, weil sie tatsächlich zum Beispiel die Verstopfung beseitigen, die

Kopfschmerzen entfernen oder die Depressionen lindern. Aber dieser Sieg ist ein Pyrrhussieg. Es gilt endlich zu begreifen, dass die eingeschlagene Richtung falsch ist. Letztlich führt nämlich jedes Abführmittel zur Verstopfung, jedes Kopfschmerzmittel erzeugt Kopfschmerzen und alle Psychopharmaka führen erst richtig hinein in die Depressionen. Deshalb steigt auch der Tablettenverbrauch ins Uferlose, unabhängig davon, ob der Patient die Mittel teilweise selber bezahlen muss oder nicht. Denn er ist abhängig gemacht worden, er ist süchtig, ohne zu ahnen, weshalb.

„Bittere Pillen!“ Ich zitiere aus dem gleichnamigen Buch von Langbein, Martin, Sichrovsky und Weiss (Verlag: Kiepenheuer & Witsch): „Jeder Bundesbürger bekommt so vom Arzt pro Jahr durchschnittlich 10 Medikamentenpackungen verschrieben. Dazu kommen noch frei verkäufliche Arzneimittel. Jeder Deutsche kauft zusätzlich jährlich 10 Packungen beim Apotheker. Das bedeutet: Ein Mensch, der durchschnittlich lange lebt, schluckt im Laufe seines Lebens rund 30 000 Tabletten.“

Mindestens jeder zehnte Patient, der ein Krankenhaus aufsucht, erleidet schwere Nebenwirkungen durch die ihm dort verabreichten Präparate. Auch jeder zehnte Patient, der in ein Krankenhaus eingewiesen wird, landet dort wegen der Einnahme von Medikamenten. Die Zahl der Medikamentenabhängigen liegt alleine in Deutschland in Millionenhöhe.

Es geht hier immer und immer wieder um das gleiche Thema: *Der Denkansatz ist falsch!* Sobald durch irgendeine Methode, ob nun Chirurgie oder Allopathie oder was auch immer, ein Symptom verdrängt worden ist, kehrt es wieder. Und nicht nur das: Das Gegenteil wird erreicht. Die Forschung spricht heute von bereits über 40% durch schwere Arzneinebenwirkungen und ärztliche Behandlung verursachte Erkrankungen (Der Naturarzt, Heft 5/93).

Für diesen Bereich nenne ich zwei weitere Feststellungen als Beispiele von vielen: Der erste Fall: Trotz Vitamin-D-Prophylaxe zeigte ein Kind im ersten Lebensjahr rachitische Symptome. Der Grund? Die Mutter hatte während der Schwangerschaft hochdosiert Calcium eingenommen, jenes Mittel, welches eigentlich *gegen* Rachitis verschrieben wird. Der zweite Fall: Ärzte in den USA und Kanada haben beobachtet, dass die Kinder von Müttern, die während der Schwangerschaft hohe Dosen an Vitamin C eingenommen hatten, nach der Geburt Skorbut entwickelten, also genau die Symptome, die durch einen *Mangel* an Vitamin C entstehen.

Die verbreitete Unsicherheit bezüglich der ärztlichen Kunst hat sich zudem in Patientenkreisen schon lange herumgesprochen, nur zu den Medizinern selbst scheint dieser Umstand noch nicht vorgedrungen zu sein. Was hier steht, ist das, was die meisten Menschen schon längst wissen: Im Jahre 1948, also nach einem verlorenen Krieg, erklärten 80% der Deutschen, sie fühlten sich gesund, und nur 20% fühlten sich krank. Vierzig Jahre Schulmedizin, die zu der erfolgreichsten Epoche der Medizin schlechthin zählen, haben diese Zahlen ins Gegenteil verkehrt: 1988 fühlten sich nur noch 20% gesund, aber 80% litten an irgendeiner Krankheit oder einem Symptom oder fühlten sich subjektiv krank.

Jahr für Jahr sterben 40 000 Menschen in deutschen Krankenhäusern an Entzündungskrankheiten, *mit denen sie nicht eingeliefert worden sind,* und deren Erreger gegen Antibiotika resistent geworden sind. Die Tendenz ist stark steigend. Dieses eine Symptom bedeutet ein Vielfaches an Toten im Vergleich zu den Toten im Straßenverkehr.

Im Juli 1993 strahlte das ARD-Programm in der Reihe „Zeichen der Zeit" einen Film von Aart C. Gisolf aus: „Der Tod kommt zurück — Das Ende der Antibiotika" . Endlich wurden die Nebenwirkungen des hochgelobten Allheilmittels gezeigt. Längst tot geglaubte Bakterien sind inzwischen resistent gegen die vermeintlich unschlagbare Biowaffe und bedrohen plötzlich auch unser keimfreies Mitteleuropa. *Trotz* Vorsorge durch Tabletten, so der aufschlussreiche Fernsehfilm, kehren immer mehr Ferntouristen krank nach Hause zurück mit Malaria, Cholera und so weiter. Ich gehe noch einen Schritt weiter: Nicht *trotz, sondern wegen* der Vorsorge durch Tabletten.

Schweinepest und Rinderwahn sind nur die Spitze des Eisbergs. Wenn die Menschen nicht in allerkürzester Zeit die Eigenverantwortlichkeit für ihre Gesundheit übernehmen, steht die Menschheit am Rande einer gigantischen Katastrophe. Viele Bakterien sind bereits gegen mehr als zehn verschiedene Antibiotika resistent, und die Medizin scheint den atemberaubenden Wettlauf zwischen der Resistenzentwicklung der Mikroben und der Entwicklung neuer Produkte durch die Pharmaindustrie zu verlieren. Der Tübinger Mikrobiologe Professor Volkmar Braun hält das Wiederauftreten von Seuchen für wahrscheinlich, ähnlich der Pest, die im 14. Jahrhundert alleine in sechs Jahren 30 Millionen Opfer dahinraffte, und der damit ein Drittel der Bevölkerung von Mitteleuropa und Nordafrika zum Opfer fiel. Doch die Schlüsse, die daraus gezogen werden, sind wieder der Schnee von gestern: Noch stärkere Forschungsarbeit, noch schnellere Diagnosen und noch intensivere Entwicklung von sicheren Impfstoffen.

Wann ist endlich Schluss mit diesem Wahnsinn? Jetzt! Es ist die rechte Zeit, dem Moloch des Krankenunwesens (gemeint ist unser Gesundheitssystem) sein wohlverdientes Ende zu bereiten. Alle gutgemeinten Absichten zur Kostendämpfung und zur Finanzierbarkeit des Systems zögern den Sterbeprozess nur auf schmerzliche Weise hinaus, denn diese Scheinlösungen bewegen sich immer auf den bequemen, ausgetretenen Pfaden, wohl darauf bedacht, dass jeder Vorschlag *innerhalb* des anerkannten Denksystems bleiben muss, denn jede wahre Innovation, die sich *außerhalb* des etablierten Weltbildes bewegt, würde sofort massive unabsehbare Folgen für den Initiator nach sich ziehen.

Exorzismus in der Schulmedizin

Obwohl die Schulmedizin mit Religion überhaupt nichts mehr zu tun haben will, unterscheidet sie sich im Ergebnis in keiner Weise vom mittelalterlichen Exorzismus. Mit einer Verspätung von fünfhundert Jahren bedient sie sich heute der gleichen schwarzmagischen Praktiken wie damals die mittelalterliche Kirche: Denn es ist gleich-gültig, ob das Symptom oder die Krankheit durch Penicillin oder durch Exorzismus ausgetrieben wird. Es handelt sich in jedem Falle um eine Austreibung. Es gibt kaum noch einen inhaltlichen Unterschied zwischen dem massiven pharmazeutischen Beschuss des Patienten mit Antibiotika und dem Besprühen des Besessenen mit Weihwasser. Statt *exorziert,* wird jetzt *desinfiziert.* Ob Teufel oder Krankheit — es ist immer der gleiche dumme Denkansatz: „Raus damit aus dem Körper!"

Es mag für die Denkansätze der Schulmedizin ganz sicher geschmackvollere Vergleiche geben als mit jenen aus Adolf Hitlers „Mein Kampf" ; dennoch lohnt es sich, darüber einmal nachzudenken:

In einem SPIEGEL-Gespräch zur Titelgeschichte „Der göttliche Teufel" erklärt der Berliner Philosoph Rüdiger Safranski: „Der Nationalsozialismus hat sein Verbrechen geschichtsphilosophisch legitimiert. Er hat die konventionelle Moral durch eine Hypermoral ersetzt, den alles legitimierenden Kampf der Herrenrasse gegen das Minderwertige. So konnte Himmler vor seinen SS-Schergen in Posen sagen: ‚Wir sind anständig geblieben.' .... Wer wirklich einmal ‚Mein Kampf' liest, der entdeckt darin keine Wirrnis, sondern eine unglaubliche Logik. Hitler sagt: Der Planet ist von Bazillen befallen, und der Bazillus ist der Jude. Die Alternative ist die, dass der Planet entvölkert durch die Nacht des Weltraums kreist, oder die Menschheit schafft es, das Leben auf ihm zu erhalten. Das ist schwarze Metaphysik. Das ist das Drehbuch. Das ist die Einladung an ein Volk, an einem metaphysischen Abenteuer teilzunehmen." (DER SPIEGEL, Nr. 52 vom 23. 12. 1996, Seite 144).

Spätere Geschichtsbücher werden vielleicht über die durch nichts gerechtfertigte Wissenschaftseuphorie der letzten Jahrzehnte des zweiten Jahrtausends mit genau den gleichen Worten etwa so schreiben: „Die damalige Medizin hat ihre Behandlungsmethoden sowohl ethisch als auch wissenschaftlich legitimiert. Sie hat die konventionelle Moral durch eine Hypermoral ersetzt, den alles legitimierenden Kampf der Götter in Weiß gegen die Krankheitserreger. So konnten die Ärzte nach Beendigung der Kampfhandlungen zu den Hinterbliebenen sagen: ‚Wir sind anständig geblieben.' .... Wer wirklich einmal wissenschaftliche Abhandlungen liest, der entdeckt darin keine Wirrnis, sondern eine unglaubliche Logik. Der Arzt sagt: Der Patient ist vom Krebs befallen, oder vom HIV-Virus infiziert. Die Menschheit ist von krebserregenden

Stoffen und Umweltgiften sowie von Bazillen, Bakterien und Viren heimgesucht. Die Alternative ist die, dass der Planet entvölkert durch die Nacht des Weltraums kreist, oder die Menschheit schafft es, das Leben auf ihm zu erhalten. Das ist schwarze Metaphysik. Das ist das Drehbuch. Das ist die Einladung an ein Volk, an einem metaphysischen Abenteuer teilzunehmen."

Der jaulende Aufschrei der getretenen Hunde klingt förmlich in meinen Ohren. Aber, bitte, einen Moment innehalten und darüber nachdenken! Der Einwand, Hitlers Exorzismus habe Millionen von Menschen das Leben gekostet, der schulmedizinische Exorzismus aber nicht, soll die Ernsthaftigkeit nicht herunterspielen. Im übrigen stimmt er auch nicht ganz. Denn wie oft haben sich die Mediziner schon geirrt! Bakterien und Bazillen wurden zunächst einmal überhaupt nicht zur Kenntnis genommen, als der ungarische Arzt Ignatz Semmelweis die Infektiosität des Kindbettfiebers nachwies; Hunderttausende von Frauen mussten erst qualvoll sterben, ehe man sich zu einer Korrektur der Ansichten herabließ. Dann schlug das Pendel in die andere Richtung aus: Es ist gar nicht so lange her, da wurden harmlose Darmbakterien als schlimme Feinde bekämpft und exorziert, bis man schließlich merkte, wie lebenswichtig sie waren. Niemand weiß, wie viele Menschen daraufhin an Pilz-Erkrankungen der Organe innerlich erstickt sind. Der jahrzehntelang gepflegte bedenkenlose Umgang mit Antibiotika wird heute sogar in der Fachpresse kritisiert. Wie viele Menschen werden noch an Immunschwäche sterben müssen, weil sie kein intaktes Abwehrsystem mehr haben? Und was wird sein, wenn sich eine der letzten ‚weiße Kühe', die sich Chemotherapie nennt, tatsächlich als wirkungslos herausstellt? Es spricht so viel dafür. Dann aber ist die Anzahl der qualvoll Exekutierten schon in den Millionen!

Ein Sinneswandel kündigte sich bereits Ende des letzten Jahrzehnts an. Am Beispiel von AIDS veröffentlichte Professor Peter Duesberg in Amerika folgendes: „Eigentlich müssten die neuesten US-Studien in der medizinischen Fachwelt wie eine Bombe einschlagen. Besagen sie doch, dass die bisherigen Vorstellungen vom AIDS-Virus unhaltbar geworden sind..... Also nicht das HIV-Virus verursacht die Krankheitsbilder, sondern ein immungeschwächter Organismus lässt das fast immer vorhandene HIV-Virus — neben anderen — aktiv werden." Und an anderer Stelle: „Ohne Zweifel liegen die Ursachen in den Auswüchsen der Industriegesellschaft. Diese Wahrheit darf jedoch nicht ausgesprochen werden. Stattdessen sucht man einen Schuldigen und hat ihn auch gefunden. Der Feind, der aus dem Nichts auftauchte und die Welt über Nacht ins Verderben stürzte....." (raum & zeit spezial 4, Ehlers-Verlag).

Fasst man die Aussagen zusammen, ergibt sich folgendes Bild:

- HIV macht kein AIDS und ist nur eine Gefahr bei einem ohnehin vorgeschädigten Immunsystem;
- AIDS-Kranke sind Menschen, deren Immunsystem meistens durch

psychedelische Drogen (Psychopharmaka) und pharmazeutische Drogen (vor allem Antibiotika) zerstört wurde;

- AZT, das patentierte Medikament, kann den Ausbruch nur kurzfristig hinauszögern, schädigt aber den Organismus auf schwerste Weise;
- Prophylaxe und Heilung von AIDS-Kranken gibt es in der schulmedizinischen Behandlung nicht, sondern liegt in einer naturheilkundlichen Sanierung und einer Änderung des Lebensstils.

Weiterhin gibt es eine umfangreiche Studie von dem Deutschen Dr. Gerhard Orth, Leutkirch, aus der hervorgeht, dass die Menschen nicht an AIDS sterben, sondern an der Therapie. (Das gleiche gilt auch für Krebs.) Seine Ergebnisse mit 100 Patienten sahen so aus:

- Alle Patienten, die aus den Fängen der orthodoxen AIDS-Therapie befreit wurden, waren zu retten;
- Patienten, die orthodox behandelt wurden, starben an Unterernährung infolge einer totalen Verpilzung;
- die Verpilzungen wurden hervorgerufen durch Antibiotika und AZT.

AIDS ist die Antwort des Kosmos auf vorangegangene Jahrzehnte antibiotischen Verhaltens und schulmedizinischer Exorzismen (anti = gegen, bios = Leben), die das Immunsystem breiter Bevölkerungsschichten zerstört haben. Die offizielle AIDS-Theorie erweckt aber den Eindruck, als hinge das Überleben der Menschheit vom chemischen Exorzismus des HIV-Virus ab. Wer auszusprechen wagt, man müsse die Selbstheilungskräfte auf andere psychische oder naturheilkundliche Weise stimulieren, wird als verantwortungslos scharf zurechtgewiesen oder als kriminell eingestuft. Dr. Duesberg hat angeboten, sich selber offiziell HIV-infiziertes Blut einspritzen zu lassen, um seine Thesen zu beweisen, doch davon wurde kein Gebrauch gemacht.

Dr. Bob Owen veröffentlichte in Amerika das Buch „Roger's Recovery from AIDS“ (in Deutschland: Geheilt von AIDS, Waldthausen-Verlag). Er beschreibt, wie ein schwer AIDS-kranker Arzt ohne Medikamente seine Gesundheit wiederfindet. Beide Ärzte, der behandelnde und der als mitdenkender Patient fungierende Arzt, kamen zu einer von der Schulmedizin abweichenden Meinung. Sie wurden daraufhin verfolgt und mussten die USA verlassen.

Der AIDS-Skandal ist lediglich die Spitze eines Eisbergs. Der gleiche mittelalterliche Exorzismus wird auch hier in Deutschland innerhalb der ärztlichen Standesorganisationen gegen die wenigen Ärzte mit klarem Menschenverstand angewandt, und zwar beispielsweise beim Thema Krebs:

Aus dem Bereich der alternativen Heilung wird die Vermutung immer wieder geäußert, beschrieben und bewiesen, dass viele hunderttausend Menschen, die Jahr für Jahr an Krebs sterben, noch leben könnten, wenn man sich mit der Idee anfreunden könnte, dass Krebs eine seelische Ursache hat. Die „Alternativen" bewegen sich *außerhalb des anerkannten Denksystems,* sind somit zunächst keine Gefahr und werden deshalb nicht für voll genommen. So haben es die „Götter in Weiß" leicht, ängstlichen Krebspatienten gegenüber diese wahren Erkenntnisse als unwissenschaftlich abzutun und sie der gnadenlosen Apparatemedizin zu übergeben. Den meisten Ärzten muss man fairerweise zugestehen, dass sie es nicht besser wissen und im guten Glauben handeln, das Beste für ihre Patienten zu tun. *Denn sie werden über neue medizinische Forschungsergebnisse einfach nicht informiert!*

Sobald aber ein bekannter Arzt äußert, dass seelische Ursachen vorlägen, oder wenn er sogar von Operationen abrät, wird die Sache für die etablierten Platzhirsche gefährlich. Diese Mediziner kommen ja mit Argumenten, die sich *innerhalb des anerkannten Denksystems* bewegen. Auf wissenschaftlich einwandfrei geführte Beweise und medizinisch sachlich fundierte Argumente wissen die in ignoranter Problemblindheit Erstarrten nur die gleiche Antwort, die sie bei ihren Patienten auch praktizieren, und die heißt: Exorzismus. Das geschieht zum Beispiel so:

Als vor Jahren der *Krebsarzt Dr. Issels* seinen Patienten riet, sich *nicht* durch Operationen und Bestrahlungen verstümmeln zu lassen, sondern sanfte alternative und sehr erfolgreiche ganzheitliche Heilmethoden anbot, da wurde nach der Art „Aktenzeichen XY ungelöst" zur bundesweiten Hatz auf diesen honorigen Mann geblasen. Er wurde der Scharlatanerie bezichtigt und bekam Berufsverbot. Von seinen arroganten Berufskollegen ins Gefängnis gebracht, beschrieb Dr. Issels in seinem Buch „Mein Kampf gegen den Krebs" (Bertelsmann) ein Gespräch mit dem Zentralausschuss der Ärzteschaft: „Wozu sollen wir noch länger diskutieren? Es geht einfach nicht, dass irgendein Arzt hergeht und eine Klinik für Krebskranke eröffnet. Dazu fehlen Ihnen alle Voraussetzungen. Und erst recht geht es nicht, dass ein praktischer Arzt behauptet, er könne solche Patienten mit Erfolg behandeln, *die von den ersten Autoritäten ihres Fachs für unheilbar erklärt worden sind.* Wir werden Ihre Klinik schließen." „Wer will meine Klinik schließen?" fragte ich (Dr. Issels) am Rande meiner Beherrschung. „Wir, der Zentralausschuss. Es reicht uns. Endgültig."

Professor Hackethal (Auf des Messers Schneide) hatte es gewagt, an Prostatakrebs erkrankte Männer *nicht* zu operieren. Er war in seiner Wortwahl schon etwas griffiger. Er wies nach, dass die Patienten „total kaputt behandelt" werden, bezeichnete die Vorgänge in den Kliniken völlig zu Recht als „Hokuspokus-Medizin", durchgeführt von „Taschendieben" und „Quacksalbern" . Er verlor die Zulassung zur Abrechnung mit den Kassen und wurde ebenfalls verurteilt, weil er, wie es in der Anklageschrift hieß, zu einer „erheblichen Verunsicherung der Patienten" beigetragen hatte. (Dafür war es ja wohl auch höchste Zeit.)

Der *Internist Dr. med. Ryke Hamer* hatte an der Universitätsklinik in München an zunächst 200 Krankheitsfällen seine „Eiserne Regel des Krebs“ entdeckt, wonach der Krebs eine Erkrankung nach einem biologischen Schock ist, und zur Diskussion gestellt. Er wurde ultimativ aufgefordert, „abzuschwören“ oder die Klinik sofort zu verlassen. Letzteres geschah. Nachdem er an der Universität Tübingen seine Theorie an unzähligen Krankheitsverläufen nachgeprüft und mit Computertomographien des Gehirns wissenschaftlich untermauert hatte, verfasste er darüber seine Habilitationsschrift. Erfolg: Er wurde für verrückt erklärt und erhielt Berufsverbot!

Dr. Hamers Theorien wurden niemals widerlegt, sondern vielmehr haben sie auf naturwissenschaftlicher und medizinischer Grundlage bewiesen,

— dass ein seelischer Konflikt einen „Kurzschluss“ im Gehirn verursacht,

— dass dieser „Kurzschluss“ an den Körperorganen unkontrolliertes Zellwachstum auslöst,

— dass man diesen „Kurzschluss“ im Gehirn finden kann, und

— dass das krankhafte Zellwachstum stoppt, sobald der Konflikt gelöst ist.

Auch gegen diesen Wissenschaftler läuft eine beispiellose, unfaire, durch die Medien inszenierte Verleumdungskampagne, die im Sommer 1995 einen vorläufigen Höhepunkt hatte und Ende Mai 1997 zur Verhaftung Hamers führte. Ein unter Verfolgungswahn leidender Staatsanwalt und ein inkompetenter und inhaltlich total überforderter Kölner Amtsrichter, der im Gerichtssaal eine jämmerliche Figur abgab (ich war als Beobachter anwesend), verurteilten Dr. Hamer in einem Schauprozess, der einer Demokratie unwürdig war, zu einer mehrjährigen Gefängnisstrafe ohne Bewährung.

Mit Mars und Neptun am Aszendenten nehme ich das Recht für mich in Anspruch, folgende Meinung zu äußern, welche diese seltsamen Vorgänge in ein logisch verständliches Licht rücken:

Ein Krebspatient verursacht von der Diagnose bis zum Tod Kosten in Höhe von durchschnittlich DM 200 000,--. Und das soll nach dem Willen der etablierten Schulmedizin auch so bleiben! Eine Therapie, welche die seelischen Ursachen aufdeckt und heilt, kostet nur ein Prozent (1%!) davon. Was würde nun geschehen, wenn jährlich „nur“ hunderttausend Krebskranken plötzlich bewusst würde, die Verantwortung für sich selber zu übernehmen und sich entschlössen, ihre Seele zu heilen, statt sich langsam und grausam exekutieren zu lassen? Der jährliche Umsatzausfall betrüge zwanzig Milliarden Mark, und die wirtschaftlichen Folgen für Arzt & Co. wären fatal.

Wenn es Gruppen gibt, und alles spricht dafür, die daran interessiert sind, dass die Wahrheit *nicht* ans Tageslicht kommt, die wahrscheinlich auf den Lehrstühlen der Universitäten und den Chefsesseln der Industrie sitzen, und die eine panische Angst davor haben, es könne offenbar werden, dass sie Milliarden DM in die Luft verpulvert haben, und die ahnen, dass sie für den vorzeitigen Tod von Millionen verantwortlich sind, dann mögen wir erkennen, dass diese Gruppen es nicht aushalten können, sich nachträglich noch als Idioten beschimpfen zu lassen. Also werden sie zwangsläufig alle Denkansätze zur Humanisierung der grausamen Exekutionstherapie im Keim ersticken. Dann sind sie aber auch verantwortlich dafür, dass der Menschenstrom in die als Krankenhaus getarnten Schlachthäuser nicht abebbt.

Psychologie heute — ein Hühnerhof für die Seele

„Willst du den Körper heilen, musst du *zuerst* die Seele heilen!“ Eigentlich sollte die Psychologie im Gesundheitswesen einen höheren Rang einnehmen als die praktische Medizin. Die Psychologen hätten die Möglichkeit zu beweisen, dass *alle* Krankheiten einen psychischen Konflikt oder einen emotionalen Schock zum Inhalt haben. Doch die Psychologen ahnen nicht einmal, dass sie den unendlichen Grausamkeiten der schulmedizinischen Therapien eine Ende bereiten könnten. Tatsächlich begnügen sie sich damit, hin und wieder durch Chemotherapie geschädigte und durch Kobaltbomben misshandelte Patienten überwiesen zu bekommen, um sie „für die nächste Runde“ wieder zu stabilisieren.

Die heutige Psychologie hat ebenso wie die Schulmedizin die Existenz einer Seele niemals begriffen. Zwar war es mit der Psychoanalyse nach Sigmund Freud möglich, unbewusste Vorgänge bewusst zu machen, aber der Denkansatz war stets, ebenso wie in der Schulmedizin, eine „Objektivierung der Seele“ oder eine „Analyse der Psyche“ zu erreichen. Die Psychologie krankt stets an den Grenzen, die sie sich selber gesetzt hat. Sie ist begrenzt in der materialistischen Vorstellung eines „psychischen Apparats“, der ihrer Ansicht nach Bestandteil des materiellen Körpers ist.

Was in den modernsten Errungenschaften der Psychologie, den Fachkliniken für „Psychosomatik“ oder „Verhaltensmedizin“, abläuft, spottet jeder Beschreibung: Gehorsam dem kausalmechanistischen Weltbild folgend werden die Patienten zunächst einmal ähnlich wie Legehennen in verschiedene Boxen verteilt, die zum Beispiel so heißen:

— Abteilung 1: Magersüchtige Patienten
— Abteilung 2: Patienten mit Schmerzstörungen
— Abteilung 3: 50 + Gruppe mit Altersproblemen
— Abteilung 4: Depressive Patienten
— Abteilung 5: Fettsüchtige Patienten
— Abteilung 6: Angstpatienten

Niemand kommt auf die Idee, dass sich hinter der Bulimie der magersüchtigen Patientin aus Abteilung 1 vielleicht die gleiche verletzte Venus verbirgt wie bei der fettsüchtigen Patientin aus Abteilung 5. Man begnügt sich damit, Abteilung 1 beim Essenfassen zu beobachten und die Toiletten abzusperren. Vielleicht ist der Patient aus Abteilung 2 mit seinen Schmerzstörungen das Produkt der Abteilung 6 aus dem Vorjahr, bei dem sich die beseitigte Angst nun als Schmerz in den Körper eingelagert hat. Und der Patient, der aus einer unbewussten Todesangst Depressionen hat, wird sich zwischen Abteilung 3, 4 und 6 zu entscheiden haben.

Das „Menschenmaterial" ist ähnlich wie das liebe Federvieh auf die Boxen verteilt und die „Produktion" beginnt: Viermal am Tag ist Medikamentenausgabe! Und das in einer psychosomatischen Klinik! Aber wenn eine Patientin ihrem Therapeuten einen Traum erzählen will, erhält sie zur Antwort: „Träume sind Schäume, sie sind weniger Realität als der Tag." Nichts wird vertieft. Alles bewegt sich innerhalb der engen Grenzen des „psychischen Apparats", der zum Funktionieren gebracht werden soll und läuft somit — wie der Name „Verhaltsmedizin" verrät — höchstens auf eine modifizierte und klinisch erweiterte Verhaltenstherapie hinaus, die ja ohnehin schon einen Gipfel an Unbewusstheit darstellt.

Um sich einen esoterischen oder spirituellen Anstrich zu geben, wird dann ein bisschen meditiert und ein bisschen Yoga gemacht. Einmal in der Woche ist ein Gespräch von 45 Minuten Dauer mit einem Therapeuten angesagt, und dann gibt es wieder ein bisschen Musikentspannung in der Gruppe, ein bisschen PLG (Problemlösegruppe) und ein bisschen Genusstraining (jeden Tag etwas Gutes tun) — und alle fühlen sich sauwohl: die Ärzte, die Patienten und das Personal. Aber es kommt nichts dabei heraus: In der Regel kommen fast alle Patienten bereits im nächsten Jahr wieder, bis zu siebenmal im Durchschnitt! Warum? Weil das ganze System nicht stimmt.

Wie leicht es für einen normalen Menschen sein kann, von einer psychosomatischen Klinik in die Psychiatrie zu gelangen, zeigt folgender Vorgang: Eine Dame war in eine psychosomatische Klinik wegen Depressionen und Antriebslosigkeit eingewiesen worden, nachdem sie jahrelang ihre körperlich und psychisch kranke Mutter bis zu deren Tod gepflegt hatte. Als sie früher einmal schwanger gewesen war, bestimmte ihre Mutter wörtlich: „Ich erlaube dir nicht, dass du ein Kind bekommst! Du hast nur für mich da zu sein!" Ausgestattet mit einem Waage-Aszendenten hatte sie nicht die Kraft, sich gegen diese Ungeheuerlichkeit zur Wehr zu setzen. Dieser eine Satz soll auch nur den Hintergrund eines lebenslangen Leidens aufhellen. Nach dem Tod der Mutter brach diese Patienten zusammen, lief von dann ab nur noch desorientiert und antriebslos hin und her, oder sie setzte sich einfach hin und bewegte sich nicht mehr.

Nach einigen Wochen Aufenthalt in einer sehr bekannten psychosomatischen Klinik bei Hamburg dämmerte es ihr allmählich, dass *alle* Patienten hier so gehalten wurden: auch sie liefen nur antriebslos hin und her, oder sie setzten sich hin und bewegten sich nicht mehr. Innenwelt gleich Außenwelt. In der nächsten Therapiesitzung (einmal pro Woche 45 Minuten) sprach sie das Thema an. „Ich habe das Gefühl, ich komme hier in der Therapie nicht weiter. Mein Problem liegt woanders: meine Mutter ist gar nicht tot. Denn nachts steht sie plötzlich vor mir am Bett und sagt: ‚Ich gehe erst, wenn du mit mir kommst.' Sie mögen jetzt denken, dass ich spinne, aber das ist der Grund meiner Blockaden." „Was wollen Sie tun?" fragte der Psychologe. Sie gab die einzig richtige Antwort: „Ich habe eine wahnsinnige Wut auf meine Mutter! Ich glaube, ich bin von ihr immer noch besetzt. Geben Sie mir einen Raum, eine Matratze und einen Knüppel, damit ich sie verprügeln kann. Ich muss meine Mutter töten." Sie wurde zurechtgewiesen: „So etwas tun wir hier nicht! Setzen Sie Ihren klaren Menschenverstand ein: *Ihre Mutter ist tot, akzeptieren Sie das endlich!"* „Aber meine Wut macht mich fast ohnmächtig. Und ich muss doch wissen, *wieso* und *warum* alles passiert ist," wehrte sie sich noch einmal und bat: „Bitte, dann machen Sie Rückführungen mit mir." „Wir leben im Hier und Jetzt und fragen nicht nach dem Wie und Warum," bekam sie zur Antwort.

Nach einer längeren Denkpause fragte der Psychologe: „Sie scheinen mit dem Aufenthalt hier nicht zufrieden zu sein. Was wollen Sie eigentlich bei uns? Warum sind Sie hier?" „Mein Ziel wiederfinden," sagte die Patientin. Jetzt wurde der Mann väterlich: „Mein Ziel wiederfinden.....," wiederholte er und fügte hinzu: „Seien Sie nicht enttäuscht, wenn Sie hier bei uns Ihr Ziel nicht finden." Sie gab einen letzten, traurigen Hilferuf von sich: „Aber, was soll ich denn machen?" Der Psychologe sah auf die Uhr. Die Zeit war abgelaufen. Er sagte in sehr versöhnlichem Ton: „Dann kommen Sie eben nächstes Jahr wieder. Viele kommen mehrmals."

Die Patientin verließ den Therapieraum. Draußen im Aufenthaltsraum sah sie, wie die anderen Patienten dumpf und verblödet die Zeit totschlugen. Aber es ging ihnen gut, sie waren zufrieden. Seit Stunden saßen sie antriebslos vor dem Fernseher und konsumierten eine Sendung nach der anderen. *Consumo ergo sum* (Ich konsumiere, also bin ich). Sie schaukelten hin und her und kicherten über die Späßchen eines Quizmasters auf Kosten der Kandidaten. Einen Augenblick lang stieg in ihr die innere Bestie auf, die die ganze Einrichtung zertrümmern wolltc. Aber sie wusste: das bedeutete die Einweisung in eine geschlossene Anstalt. Und so wurde ein sehr gesunder Heilungsansatz noch einmal unterdrückt. Zurück blieb die ohnmächtige Wut und die Erkenntnis: „Wenn ich, die von der Sozialhilfe lebt, nur einen Bruchteil jenes Geldes hätte, das *mein* wochenlanger Aufenthalt in dieser Klinik hier kostet, dann könnte ich mir einen esoterischen Therapeuten leisten und hätte wohl wirklich eine Chance zum Gesundwerden."

Die von den Universitäten verbreitete Psychologie ist seit Ende des letzten Jahrhunderts in den engen Grenzen der großväterlichen Kinderschuhe eines Sigmund Freud steckengeblieben. Als der Schweizer Tiefenpsychologe Carl Gustav Jung, ein Schüler Freuds, in den dreißiger Jahren diese Grenzen überlief und über Verbindungen zwischen dem „kollektiven Unbewussten" und den Märchen, Mythen und Religionen nachdachte und forschte, erntete er seitens der etablierten Psychologie nur Gelächter und Hohn. Dass es sich bei den auf den Tarotkarten dargestellten Bildern ebenso wie bei mythologischen Bildern der antiken Götter und den gleichnamigen astrologischen Planetenprinzipien um sogenannte „Archetypen" handelt, um *Repräsentanten göttlicher Ur-Ideen,* die als Seelenorgane im Menschen jeder Kultur und Rasse anzufinden sind, blieb für die Psychologen deutscher Universitäten genauso unverständlich wie es den Hühnern der Legebatterien unverständlich bleibt, wenn ein Schwan auf einem Bauernhof aus einem Ei schlüpft.

Um zu verstehen, wie eine Patientin, mit esoterischem Bewusstsein ausgestattet, auf ihren Psychiater oder Psychoanalytiker wirkt, braucht man nur einmal einer Henne ein Entenei unterzulegen und zu beobachten, wie die Henne sich verhält, sobald das Entenküken auf den Teich schwimmen geht: Das Huhn ist total entwurzelt und versteht die Welt nicht mehr. Im Gehirn der Hühner ist offenbar jener Teil nicht angelegt, der dafür Verständnis hat, dass eine Ente oder ein Schwan auf das Wasser gehen muss, ebenso wie im Gehirn solcher Psychologen jener Teil nicht angelegt ist, der über die engen Grenzen von Geburt und Tod hinausgehen kann, und der eine unsterbliche Seele und einen göttlichen Gestaltplan für möglich hält.

Da die Psychologen die Sprache der Seele bis heute nicht verstanden haben, konnten sie auch niemals zu deren Heilung beitragen, denn sie halfen durch Psychoanalyse, Verhaltenstherapie und Verhaltensmedizin kräftig mit, die Seele zum Schweigen und zum Funktionieren innerhalb der gesellschaftlichen Norm zu bringen.

Nicht einmal das „Schatten-Konzept" von Carl Gustav Jung fand an deutschen Universitäten Verständnis. Mit ihrer sich selbst auferlegten Eingrenzung halten die Psychiater und Psychologen nur solche psychischen Vorgänge für die Wirklichkeit, die mit den fünf Sinnen wahrgenommen und in Eiweißmolekülen des Gehirns abgespeichert werden. Da sie sich niemals vorstellen können, dass zwar der Intellekt Materie braucht, um wirksam zu sein, dass aber Bewusstheit *nicht* an Materie gebunden ist, bleiben sie weiterhin innerhalb ihres Hühnerauslaufs und begackern jedes neue Ei ihrer sinnlosen statistischen Erkenntnisse.

Es mag ja ganz interessant sein zu erfahren, welches Essverhalten Menschen mit Darmkrebs haben, oder welche Urlaubsgestaltung Menschen bevorzugen, die Rückenprobleme haben, oder welche Weinsorten Menschen trinken, die keinen Herzinfarkt bekommen — aber es führt keinen Schritt weiter. Welchen Sinn sollte es haben zu erfahren, dass Lehrer die höchste Lebenserwartung haben (obwohl sie sich zeitlebens ärgern müssen), und dass Ärzte mit großem Abstand die höchste Selbstmordrate und Suchttendenz aufzuweisen haben (obwohl sie an der Quelle der Gesundheit sitzen)? Sinn hätte es nur, einmal in die Tiefe zu gehen und zu fragen, weshalb sich gerade die Seele eines Arztes bevorzugterweise aus diesem Leben vorzeitig entfernen will. Vielleicht käme dann ein Stückchen Erkenntnis, dass sein Tun und Handeln bis dahin sinnlos war. Und das wäre *meta noia,* Bewusstseinswandel, eine neue Chance, ein neues Leben!

Wo sind denn die Psychologen, die einmal mutig aufstehen und fordern: „Überlasst uns zehn oder hundert (freiwillige) Krebspatienten. Wir werden mit ihnen arbeiten und beweisen, dass sie eine höhere Überlebenschance haben als bei Stahl und Strahl!"? Aber nein, die Psychologen bleiben in Deckung und machen sich damit als Schreibtischtäter zu Helfershelfern einer großangelegten Exekutionstherapie.

Ich komme noch einmal zurück zum Schattenkonzept. Ebenso, wie sich die Schulmedizin nach der Beseitigung von Symptomen mit dem Phänomen der Symptomverschiebung herumplagen muss, plagt sich die Schulpsychologie nach Beseitigung von Neurosen ebenfalls mit Schattenthemen herum. Sich über viele Jahre hinziehende psychotherapeutische Behandlungen mit nur mäßigem Erfolg legen ein deutliches Zeugnis ab. Meistens können die Therapeuten die Symptomverschiebung gar nicht begreifen, weil ihnen einfach das Handwerkszeug zum Erkennen von Analogien fehlt. Ich finde es aber hochinteressant, wie die Psychologen unter ihrer eigenen Schattenbildung leiden:

Alles, was der Mensch nicht bereit ist zu akzeptieren oder zu ertragen, verdrängt er aus seinem Bewusstsein, und es sinkt ab ins Unbewusste, in den Schatten. Unsere Psychologieprofessoren und -lehrer, vollgestopft mit sinnlosem Universitätswissen und bewegungsunfähig wie Weihnachtsgänse, gefangen in den engen Grenzen ihres kausalmechanistischen Hühnerhofs, erklären die Tiefenpsychologie C. G. Jungs kurzerhand für unwissenschaftlich, verdrängen sie aus ihrem Bewusstsein, verschieben sie in den Schatten des Unbewussten und ziehen sich auf das materiell Messbare und wissenschaftlich Anerkannte zurück. Auch das ist eine Form von Exorzismus.

Und nun kommt die Ironie des Kosmos. Ich glaube ohnehin, einige der Geistwesen, die uns leiten, sind kleine Witzbolde: Da nichts in dieser Welt verschwindet, und schon gar nicht der abgelehnte Schatten, tritt ihnen dieser Schatten nun in Form einer schillernden psychotherapeutischen Arbeit in der sogenannten Eso-Welle entgegen. Hier wird plötzlich mit Astrologie, I Ging, Tarot, Märchen, Mythen sowie Traumreisen und so weiter gearbeitet — und geheilt! In diesem exzentrischen Bereich von Heiligen und Scheinheiligen, von Gurus, Sekten und Scharlatanen, von Wünschelrutengängern und Kartenlegerinnen, auf inneren Reisen ins Nirwana oder auf Astralreisen zu den Plejaden — dort finden sehr viele Menschen plötzlich eine schnellere und wirkungsvollere Heilung als in einer jahrelangen geisttötenden Psychoanalyse auf

Krankenschein. Diese Eso-Szene mag jedem Universitätsprofessor einen kalten Schauer über den Rücken jagen, aber die Menschen, die sich dort um das Heil anderer Menschen bemühen, haben den heutigen Medizinern und Psychologen eines voraus, was *jenen fehlt: Sie wissen um die Seele.*

Eine deutliche Warnung an die Institutionen

Ein Grundrecht in unserem Staat ist das Recht auf freie Meinungsäußerung. Aber in der Praxis darf man wohl alles sagen und schreiben, nur eines darf man nicht: Man darf den Menschen nicht „bewusst“ machen. Ein bewusster Mensch nämlich durchschaut einen hintertriebenen Manipulationsmechanismus.

Interessengruppen mit großer Lobby wie Universitäten, Ärzteschaft, Pharma- und Geräteindustrie und Medien sind derart miteinander verfilzt, dass sie ein enormes Machtmonopol besitzen. Die Industrie vergibt Forschungsaufträge an die Universitäten, und die dort ausgebildeten Ärzte wenden die Geräte und Medikamente an, wodurch die Refinanzierung gesichert ist. Die Medien leben von der Werbung, weshalb sie ihren besten Kunden (der Industrie) gegenüber niemals eine kritische Haltung einnehmen können, sondern die Konsumenten in dem illusionären Glauben wiegen, dass alle nur das beste wollen. Die „Solidargemeinschaft“ aus Arbeitnehmern und Arbeitgebern bezahlt dies alles gerne und hat sich auch damit abgefunden, dass Gesundheit auch in Zukunft noch sehr viel teurer werden wird.

So vergeht kein Tag, an dem nicht die unbewusste amorphe Masse Mensch durch Rundfunk, Presse und Fernsehen Angst eingejagt bekommt: Hinter jedem harmlosen Symptom *könnte* sich eine schlimme Krankheit verbergen, und *sicherheitshalber* sollte man genauestens alle Möglichkeiten abprüfen lassen und sämtliche nur denkbaren *Vorsorgeuntersuchungen* in Anspruch nehmen. Ununterbrochen wird „der Teufel an die Wand gemalt“, und dieser negative Medienterror zwingt jeden, der nicht absolut stabil ist, sich ständig mit Krankheit zu beschäftigen. So reißt der Patientenstrom nicht ab, und damit bleiben die Heerscharen gedankenloser, treuer und abhängiger Konsumenten der Ärzteschaft sowie der Pharma- und Geräteindustrie erhalten — ein ewiger Kreislauf. Jeder verdient, und alle sind zufrieden.

Wenn ein einzelner Mensch diesen Mechanismus durchschaut, sich wieder auf sein Selbstheilungspotential besinnt und dem System fernbleibt, so wird das toleriert. Doch sobald „eine Bewegung“ entsteht, die möglicherweise von den etablierten Gruppen nicht mehr zu kontrollieren ist, so ist deren Toleranzgrenze überschritten.

Beispiele aus der Vergangenheit zeigen, was geschieht, wenn jemand trotzdem den Mut aufbringt, gegen das perfekt funktionierende System anzugehen.

Von Oscar Wilde stammt folgender Ausspruch: „*Früher gab es die Streckfolter —heute gibt es die Presse!*“ Zeitlich angepasst erweitere ich die Streckfolter auch auf Rundfunk und Fernsehen. Einige Seiten zuvor habe ich die Geschehnisse um Dr. Issels, Prof. Hackethal und Dr. Hamer angeführt, die genau das getan haben: sie arbeiteten human und kostendämpfend — für manche wohl *zu* kostendämpfend. Durch die Medien wurde ein Kesseltreiben gegen diese Männer veranstaltet, das vom Berufsverbot über Landesverweis bis ins Gefängnis führte.

Trotz der Schwierigkeiten, die auch auf mich zukommen können, habe ich dieses Buch geschrieben, halte Hunderte von Vorträgen und veranstalte Seminare wie das ***Hexagramm-Programm***®. Denn ich will dazu beitragen, dass sehr viele Menschen bewusst werden und die in ihnen schlummernden Selbstheilungskräfte erkennen. Diese Menschen sind dann auch bereit, Eigenverantwortung zu übernehmen, auch in bezug auf ihre Gesundheit. Die Folge wird sein, dass sie aus dem von den Institutionen verordneten Gesundheitssystem ausscheren werden. Dieses Buch und vor allem auch der Inhalt der Seminare enthalten genügend Sprengstoff, um die Menschen wachzurütteln, und das könnte für die verfilzten Interessengruppen unangenehm sein.

Früher gab es einmal eine Parole: „Stellt euch vor, es ist Krieg, und niemand geht hin!“ Mein Buch fordert zu etwas ähnlichem auf, nur mit einem Unterschied. Hinter meiner Aufforderung steckt ein schlüssiges Therapiekonzept, mit dem der Patient wirklich aus dem etablierten Gesundheitssystem aussteigen kann: Die meisten der Teilnehmerinnen und Teilnehmer an den Seminaren mit dem ***Hexagramm-Programm***® der letzten Jahre nehmen die institutionellen Gesundheitseinrichtungen wie Krankenhäuser, Kurheime, Psychosomatische Kliniken, Arztpraxen, Psychotherapeuten und vor allem Medikamente nicht mehr in Anspruch! Nur noch in ganz seltenen Ausnahmefällen ist eine sehr kurze Reparatur-Medizin erforderlich, denn niemand ist völlig ohne Fehler.

Die selbstbewussten Menschen, die diesen Weg gehen, müssen einem massiven Druck standhalten. Hier einige Beispiele:

- Eine Dame, die jahrzehntelang von einem Internisten mit Medikamenten vollgepumpt worden war, verabschiedete sich nach dem ***Hexagramm-Programm***® von ihrem Arzt mit der Bemerkung, sie brauche nun keine Rezepte mehr. Sie erhielt die drohende Voraussage: „Ihr Zusammenbruch kommt wie das Amen in der Kirche. Aber dann wird es zu spät sein.“ Der Zusammenbruch kam nicht, und die Dame erfreut sich auch heute, nach mehr als zwei Jahren, immer besserer Gesundheit.
- Ein anderer Klient, ein fast sechzigjähriger Mann, der wegen schwerer Depressionen mehrere Therapien und eine jahrelange erfolglose Behandlung bei einem Neurologen hatte über sich ergehen lassen, erzählte diesem eines Tages, dass er sich zu einer alternativen Therapie angemeldet habe und sag-

te: „Vielleicht brauche in dann nicht mehr zu Ihnen wiederzukommen." Nach ganz massiven Warnungen schloss der Neurologe das Gespräch mit den Worten: „Wer einmal wie Sie in diesem Zustand war, wird die Schwelle meiner Praxis immer wieder überschreiten." Drei Jahre später überschritt er die Schwelle noch einmal, aber nur, um ihm zu berichten, dass er in diesen drei Jahren nie wieder Depressionen gehabt habe.

- Eine an Lymphdrüsenkrebs schwer erkrankte Frau hatte sich aus einer sehr bekannten Krebsklinik heraus zum ***Hexagramm-Programm***® angemeldet, hatte in eigener Verantwortung die Chemotherapie abgelehnt und nun darum gebeten, einige Tage früher entlassen zu werden, um an dem Seminar teilnehmen zu können. Daraufhin wurde sie brutal mit der Botschaft bombardiert, dass ihre Lebenserwartungen nur noch wenige Monate betragen würden. Selbstbewusst hatte sie geantwortet: „Dann ist es um so besser, wenn ich diese Erfahrung noch machen darf." Dabei versuchte sie, die Ärzte anzulächeln, die wie folgt reagierten: „Ihnen wird Ihre Fröhlichkeit noch vergehen!" Heute, Jahre später, sind die Knoten zwar noch da, aber sie lebt, und es geht ihr gut. Als sie noch einmal zur Kontrolle eine Tomographie machen lassen wollte, wurde ihr dies mit der Bemerkung verweigert: „Wozu? Sie lehnen unsere Therapie ja doch ab!" Sie hat die Tomographie *nicht* bekommen.

Obwohl Sie im Kapitel XI, Klientengeschichten, noch sehr viele weitere Schicksale lesen werden, sind dies ja global gesehen alles nur Einzelfälle. Niemand aus den etablierten Institutionen hat etwas dagegen, wenn irgendwo ein bisschen meditiert wird, wenn hier und da die psychosomatischen Ursachen von Krankheiten erörtert werden, oder wenn es hin und wieder „Spontanheilungen" gibt; doch ein möglicher Flächenbrand wird auf jeden Fall schon im Ansatz verhindert.

Aber ich bin da sehr zuversichtlich, dass sich eine gute Sache ihren Weg bahnt. Die kosmischen Zeichen stehen günstig, so dass der Idee zum Durchbruch verholfen wird: Der Planet Pluto geht während der nächsten 12 Jahre durch das Tierkreiszeichen des Schützen und das bedeutet: *Niemand,* weder aus den etablierten Kreisen des heutigen alten Gesundheitswesens, noch aus Kreisen der Industrie, der Universitäten und der Medien, noch aus anderen Richtungen, die daran interessiert sind, die Menschen weiterhin in Abhängigkeit zu halten und mit Konsum abzulenken, *niemand* wird sich der Entwicklung mehr entgegenstellen können — *ohne die eigene Vernichtung zu riskieren!!!* Astrologisch betrachtet werden in einer solchen Zeit die falschen Propheten gestürzt, und die Verantwortlichen vor ihre Richter befohlen.

Das alte Gesundheitswesen kollabiert ohnehin an sich selber, sobald die Patienten aufwachen! Das Gewitter am Himmel hat sich bereits zusammengebraut (Wassermannzeitalter und Pluto im Schützen). Die Frage ist nur noch:

Bringt es Entladung oder Zerstörung? Die dunklen Wolken sind am einst sonnigen Himmel der Heilungstempel, die zu Räuberhöhlen geworden sind, bereits aufgezogen, und die Durchsetzung dieser Erkenntnisse ist ebenso sicher, wie der entladende Blitz der Wolke entfährt.

Die Verantwortung der Patienten

Die Arbeit wäre nur halb getan, würde ich der anderen Seite der Medaille den Rücken kehren. Ein esoterisches Grundprinzip besagt, dass Opfer und Täter etwas miteinander zu tun haben. Wenn ein Klient zu mir kommt und sich beklagt, er wäre ständig das Opfer irgendwelcher Täuschungen und Betrügereien, dann suche ich *sein eigenes* Täuschungs- und Betrugspotential, was ich in einem solchen Fall auch *immer* finde, wenn auch mitunter auf einer anderen Ebene. Das ist zwar nicht sehr angenehm, aber ungemein heilsam.

Hier ist es nicht anders: Wenn sich die Patienten zu recht beklagen, insbesondere nach dem Studium der vorherigen Seiten, sie seien arme Opfer des Betrugs am Patienten, so beginnen wir jetzt, das Betrugspotential auf der Seite der Patienten ausfindig zu machen. Und das ist gewiss nicht schwer. Betrachten wir nur einmal den Selbstbedienungsladen „Gesundheitswesen“ :

Aus dem Buch „Die Gesundmacher“ von Heidi Schüller (Rowohlt-Verlag), die im Jahre 1972 Mitglied der deutschen Olympiamannschaft und bis 1984 Oberärztin an der Universität Köln gewesen ist, und die zeitweise als Gesundheitsministerin im Schattenkabinett einer SPD-geführten Bundesregierung galt, zitiere ich folgende Absätze:

> 1. „Ein typisches Beispiel einer ‚ultimativ ausreizbaren' Altersdiagnostik ist die Behandlung der Altersosteoporose, vom Volksmund ‚Knochenschwund' genannt.... Doch erst seit man die ‚Knochendichte' messen kann, ist die Osteoporose zu einer regelrechten Modekrankheit avanciert. Mittels teurer Gerätschaft (zwischen 50 000 und 200 000 DM) werden willige Patienten in den Orthopädiepraxen nun mit Daten und Bildchen versorgt. Ständige Kontrollmessungen werden anberaumt. Doch mit welchen Konsequenzen? Da es bisher keine gesichert wirksame Therapie gibt, werden die meisten Kassenpatienten mit der Aufforderung wieder nach Hause geschickt, doch künftig drei Gläser Milch zu trinken (wegen des darin enthaltenen und für den Knochenaufbau hilfreichen Calciums). Dennoch wird ständig weiter kontrolliert und gemessen. Inzwischen hat sich dieser Unfug herumgesprochen, allzu viele Ärzte nutzen diese zusätzliche Einnahmequelle.“ (Seite 65).
>
> 2. Hier geht es um die Linderung anderer Symptome des Bewegungsapparats. „Dabei gibt es eine große Palette von einfachen physikalischen Maßnahmen, die der Patient oft sogar zu Hause im eigenen Badezimmer oder in jedem öffentlichen Schwimmbad anwenden könnte (Bewegungstherapie in warmem Wasser, lokale Wärmebehandlung, Wechselbäder und Massagen). Doch manche spritzenverwöhnte Dauerpatienten empfinden eine Aufforderung

zu eigener Initiative schon als Zumutung: ‚Wie, jetzt soll ich mich auch noch selbst bewegen', fragte jüngst eine 100-kg-Dame, als eine orthopädische Kollegin ihr eine Spritzenpause verordnen wollte.“ (Seite 80).

3. Heidi Schüller schließt das Thema ‚Der Gesundheitstraum' mit einer sehr vernünftigen Überlegung: „Wir sind nicht alle gleich, und leben auch nicht alle mit den gleichen Risiken. Wer im gepanzerten Mercedes mit Airbag an der Kreuzung einen Frontalunfall mit einem Trabi baut, hat einfach größere Chancen, nur leicht verletzt zu sein, als sein Unfallpartner im Elaste-Plaste-Trabi. Das ist schon heute die Realität. Vielleicht haben beide Unfallopfer noch annähernd die gleichen Behandlungschancen im Krankenhaus, aber ihr Verletzungsgrad — die Voraussetzung zur Erhaltung ihrer Gesundheit — wird bereits bei der Einlieferung in die Klinik grundverschieden sein. Und dennoch hat noch niemand den Mercedes mit Airbag für alle gefordert.“ (Seite 82).

Haben Sie etwas gemerkt? Sie, liebe Leserinnen und liebe Leser, Sie sind jetzt angesprochen. Auch ich werde mich mit Vehemenz dafür einsetzen, dass es wirklich um einen völlig anderen Standpunkt geht, den Patienten und Klienten einzunehmen haben.

Erinnern Sie sich bitte an das Beispiel des Bandscheibenvorfalls aus der einleitenden Übersicht im Kapitel I. Wie kann so eine Geschichte weitergehen? Ein ehemaliger sehr „guter Feind“ (weil er Schulmediziner ist), der sich inzwischen zu einem sehr „guten Freund“ von mir entwickelt hat (weil er einen Individuationsprozess durchlaufen hat), ist Orthopäde. Er hatte in unserem Institut einige Seminare absolviert.

Mit diesem neuen Bewusstsein vor dem astromedizinischen Hintergrund begrüßt er, der Orthopäde, nun einen neuen, alten Patienten, der wieder einmal mit einem Bandscheibenvorfall kommt, und es entwickelt sich etwa folgender Dialog: „Es gibt jetzt zwei Möglichkeiten, Sie zu behandeln: Schulmedizin oder Humanmedizin. Was wollen Sie?“ Der Patient bittet um eine Erklärung. „Die schulmedizinische Versorgung kennen Sie ja schon aus der Vergangenheit. Sie sind ja mit Ihrem Bandscheibenvorfall nicht zum ersten Mal hier. Das wäre: schmerzstillende Spritze, Röntgen, anschließend Massagen, Packungen, Bäder und Krankengymnastik. Dies alles übernimmt anstandslos die Kasse. Das sind übrigens mehrere tausend Mark. Ich würde mit Ihnen echt Kohle machen. Aber ich sage Ihnen gleich: das wäre reine Tiermedizin. All dieses medizinische Wissen, dass ich Ihnen hier vorgeschlagen habe, wurde zunächst in Tierversuchen ausprobiert, bevor wir damit Menschen behandeln durften. So, ist das klar?“

„Und das andere,“ fragt der Patient. „Wie nannten Sie das?“ „Ich weiß auch nicht, wie ich es nennen soll. Ich sage mal Humanmedizin. Das heißt, ich könnte Sie wie einen Menschen behandeln. Sie bekommen dann keine Spritze, sondern ein leichtes homöopathisches Mittel für Ihre Schmerzen. Das ist nicht ganz so wirkungsvoll, hat aber keine Nebenwirkungen. Dann müsste ich Sie bitten, sich beim Standesamt Ihres Geburtsortes nach dem exakten Zeitpunkt

Ihrer Geburt zu erkundigen. Ich berechne anschließend hier in der Praxis Ihr Horoskop, und wir schauen dann einmal, wo dort das Steinbock-Prinzip angesiedelt ist, das astromedizinisch zur Wirbelsäule gehört, oder wo Ihr Saturn steht, das ist der Herrscher des Steinbocks.....“ Der Patient legt nun schon den Kopf ein wenig schief, aber der Arzt fährt fort: „Denn ich vermute, Sie haben irgendwo in Ihrem Leben ein Autoritätsproblem, vielleicht eine unbewusste Verdrängung bezüglich Ihres Vaters oder des Partners oder des Chefs, oder ganz einfach ein mangelndes Selbstbewusstsein. Wir werden das herausfinden. Dafür kann ich bei der Krankenkasse nur eine Beratung abrechnen (etwas mehr als zwanzig Mark). Aber ich würde das trotzdem mit Ihnen so machen. Falls Sie eine Therapie gebrauchen, mache ich Ihnen dann später einen Vorschlag. Das Ganze dauert ein wenig länger, und Sie müssten an Ihrer Heilung aktiv mitarbeiten. Aber Sie haben die Chance, das Problem mit Ihrer Bandscheibe für alle Zeiten zu lösen.“

Der Patient hat interessiert zugehört. So lange und so nett hat noch nie ein Arzt mit ihm gesprochen. Er ist fast gerührt. Aber dann kommt die Frage des Arztes: „Also, was wollen Sie? Wie werden Sie sich entscheiden? Beides geht nicht. Entweder — oder.....“ Der Patient ist unschlüssig und sagt: „Bitte, noch einmal, nur in einem Satz: Wie war der Unterschied?“ Der Arzt, im Hinterkopf das volle Wartezimmer, ist jetzt schon etwas ungehaltener: „Also, wollen Sie nun behandelt werden wie ein Mensch oder wie ein Schwein?“

„Ach, Herr Doktor, das ist ja hochinteressant, was Sie da erzählen“, antwortet dann der Patient. „So hatte ich das noch niemals gesehen. Die Sache hat nur einen Haken.....“ Der Patient zieht nun schon die Schultern leicht hoch. „Am Samstag geben Bolles eine Party, wir sind eingeladen. Da wird getanzt, *und meine Frau tanzt doch so gerne.“* Der Feigling windet sich jetzt wie ein Wurm und schiebt schon wieder seine Frau vor. Krummer Rücken = mangelnde Aufrichtigkeit. „Geben Sie mir doch *dieses eine Mal* noch die Spritze und die schulmedizinische Behandlung, wie Sie das sonst auch gemacht haben, das war ja immer so gut. *Aber das nächste Mal,* dann machen wir das so, wie Sie es eben gesagt haben.“ Über das jammervolle Bild des in sich zusammengesunkenen Häufleins Mensch macht die Seele noch einmal auf das Problem aufmerksam. Aber es wird kein „nächstes Mal“ geben.

Der Patient, ausgestattet mit der schmerzstillenden Spritze, richtet sich wieder auf, tippt sich vielleicht mit dem Finger an die Stirn und wird diese Praxis nicht wieder betreten. Aber Jahre später, wenn er sich endlich nur noch wie ein Wurm krümmen kann, wird ein Kollege die dann unvermeidbare Bandscheibenoperation mit allen Risiken und Kosten durchführen müssen. Dann liegt er wahrhaft wie ein Schwein im OP und lässt dumpfe Tiermedizin über sich ergehen. Kostenpunkt: einige -zigtausend Mark!

Es macht also wenig Sinn, weiterhin die Schuld einfach nur den Medizinern zuzuschieben, denn sie sind das, *wozu Sie, die Patienten,* sie gemacht haben. Es hat weiterhin keinen Sinn, die Politiker für die Misere verantwortlich zu machen, denn sie führen nur das aus, *was Sie, die Wähler,* mit Ihrem Anspruchsdenken von ihnen erwarten.

Dieses Buch wendet sich also in erster Linie nicht an die Ärzte, um sie zu beschimpfen, sie seien Betrüger, auch wenn ich es getan habe, es wendet sich auch nicht an die Politiker und beschwert sich bei denen, sie würden nicht dem Willen des Wählers Rechnung tragen — nein, *das Buch wendet sich an Sie,* an die Patientinnen und Patienten: *Wacht endlich auf!*

Sinn hat es nur, wenn Sie, die Patienten, erwachsen werden und die Verantwortung für Heilung und Gesundheit selbst übernehmen. Natürlich wird es auch dann immer noch Ärzte geben, die ähnlich einer Autoreparaturwerkstatt notwendige Instandsetzungsarbeiten am Körper durchführen müssen, denn von Menschen, das heißt von Patienten, werden immer Fehler gemacht, wenn dann auch wesentlich weniger. Und diese Fehler könnten mit herkömmlichen Methoden repariert werden, wenn der notwendige Bewusstseinsschritt vollzogen ist.

.....und ein Dank an die Schulmedizin

Aber wir haben nun noch etwas zu erledigen: und das ist das Prinzip des Verstehens, der Gnade und der Vergebung.

Als Esoteriker sollten wir wissen, dass wir für *alles,* was in unserem Leben geschieht, *selbst verantwortlich* sind, insbesondere für unsere Gesundheit. Und wir haben uns auch selbst die Ärzte und Therapeuten bewusst oder unbewusst erzogen. Von ihnen gilt es jetzt, sich in Liebe und Dankbarkeit zu verabschieden; vor allem auch in der Erkenntnis, dass wir auf sie *möglicherweise* zurückgreifen müssen, wenn wir auf dem spirituellen Weg *Fehler machen.* Auch nach dem Besuch der allerbesten Fahrschule besteht zumindest die Möglichkeit, doch noch einmal eine Reparaturwerkstatt in Anspruch nehmen zu müssen, wenn man eine der Verkehrsregeln übersehen hat.

Der Assistenzarzt in einer Unfallklinik, der in der Ambulanz Notdienst leistet, verrichtet eine Reparaturmedizin, die immer notwendig sein wird, und er hat praktisch keinen Spielraum, um irgendetwas zu verändern. Auch von dem Facharzt mit eigener Praxis, der aus finanziellen Gründen auf die Überweisung von Patienten durch den Hausarzt angewiesen ist, und der sich auf einen winzigen Ausschnitt *der Materialkunde des menschlichen Organismus* beschränkt hat, wird keine bewusstseinserweiternde Veränderung zu erwarten sein.

Nehmen Sie Schulmedizin in Anspruch, wenn dies überlebensnotwendig ist. Auch ich würde bei einer akuten Blinddarmentzündung nicht ein Räucherstäbchen entzünden oder mir Oshos Kundalini abschütteln, sondern ich würde mich ins nächste Krankenhaus unters Messer begeben. Nur, dabei belasse ich es nicht. Ich weiß dann, dass ich tief gestürzt bin, und ich werde mich fragen, was das Symptom für mich bedeutet. Warum ich? Warum jetzt? Warum so? Also, was will mir meine Seele sagen? Dahinter steckt ein Thema. Dennoch würde ich mich bei dem Chirurgen zu bedanken haben.

Wenn Sie Autofahrer sind, dann wissen Sie, dass es eine Fahrschule und eine Reparaturwerkstatt gibt. Jemand, der dauernd mit seinem Auto irgendwo gegenknallt — und es spielt dabei keine Rolle, wer die Schuld hat — wird sich irgendwann einmal mit den Verkehrsgesetzen beschäftigen müssen, damit er die Regeln kennt und weiß, wie und wodurch Unfälle geschehen. Dieses Buch versteht sich auch nicht als Reparaturwerkstatt für Verkehrsunfälle auf der Straße des Lebens, sondern als Fahrschule. Hier lernen Sie die kosmischen Gesetze und Regeln kennen, nach denen Krankheit und Schicksal entstehen. Und wenn ihnen ein unbewusster Monteur noch einmal ein Pflaster auf das rote Licht Ihrer Ölstandskontrollleuchte kleben will, dann lassen sie ihn. Sie wissen es nun besser und ergründen die Ursache.

Ebenso, wie Sie der erneute Besuch einer Fahrschule nicht davon befreit, sich bei der Werkstatt zu bedanken, wenn sie Ihnen Ihr verbeultes Auto wieder instand gesetzt hat, entbindet Sie die Beschäftigung mit spirituellen Heilmethoden nicht von der Verpflichtung, sich bei der Schulmedizin für deren Leistungen zu bedanken. Denn mitunter retten diese Maßnahmen Ihnen das Leben. Deshalb möchte ich mich an dieser Stelle dafür bedanken, dass es eine Schulmedizin gibt, die in Extremsituationen Leben rettet.

Zwei Säulen, wahrscheinlich die wichtigsten, auf denen der moderne Gesundheitstempel ruht, sind nun zerstört. So etwas tut immer weh. Und ich schließe deshalb das Kapitel über die Reinigung des Heilungstempels des Asklepios, der zu einer Räuberhöhle geworden ist, mit einem Wort von Johann Wolfgang von Goethe:

> Und solang' du dies nicht hast, dieses „Stirb und Werde!“
> bist du nur ein trüber Gast auf unserer dunklen Erde.

Es stürzt eben nicht der ganze Tempel in sich zusammen, wenn zwei seiner Säulen fallen, sondern er wird restauriert. Und die Halle steht schöner, größer und weiter da als je zuvor.

2. TEIL

PRAKTISCHE ANWENDUNGEN

**Ist die Sonne untergegangen, kommen Dunkelheit, Kälte und Not.
Da erscheint ein anderes Licht am Himmel, das Trost spendet:
Der Mond, aus dem Schoß der Nacht geboren,
verarbeitet und reflektiert die schöpferische Kraft der Sonne.**

**Der 2. Teil des Buches beschreibt die praktischen Anwendungen,
welche zu Heilung und Gesundheit führen,
und er reflektiert das theoretische Wissen in der Materie.**

Deshalb ist der 2. Teil dem Mond gewidmet.

Kapitel VIII

Umkehr zu GOTT

DER SYMBOLISCHE WEG ZUR HEILUNG
durch Seelenentwicklung

Die Jünger hatten, als sie selber eine Heilung versuchten, Misserfolg. Jesus wurde zornig: „*O du ungläubige, unbelehrbare Generation! Wie lange muss ich noch bei euch sein? Wie lange muss ich euch noch ertragen? Bringt ihn her zu mir!*“ Jesus heilte den kleinen Jungen.

(JESUS CHRISTUS, Matthäus Kap.17, Vers 15--17)

Im Kapitel VIII lesen Sie etwas zu den Themen:

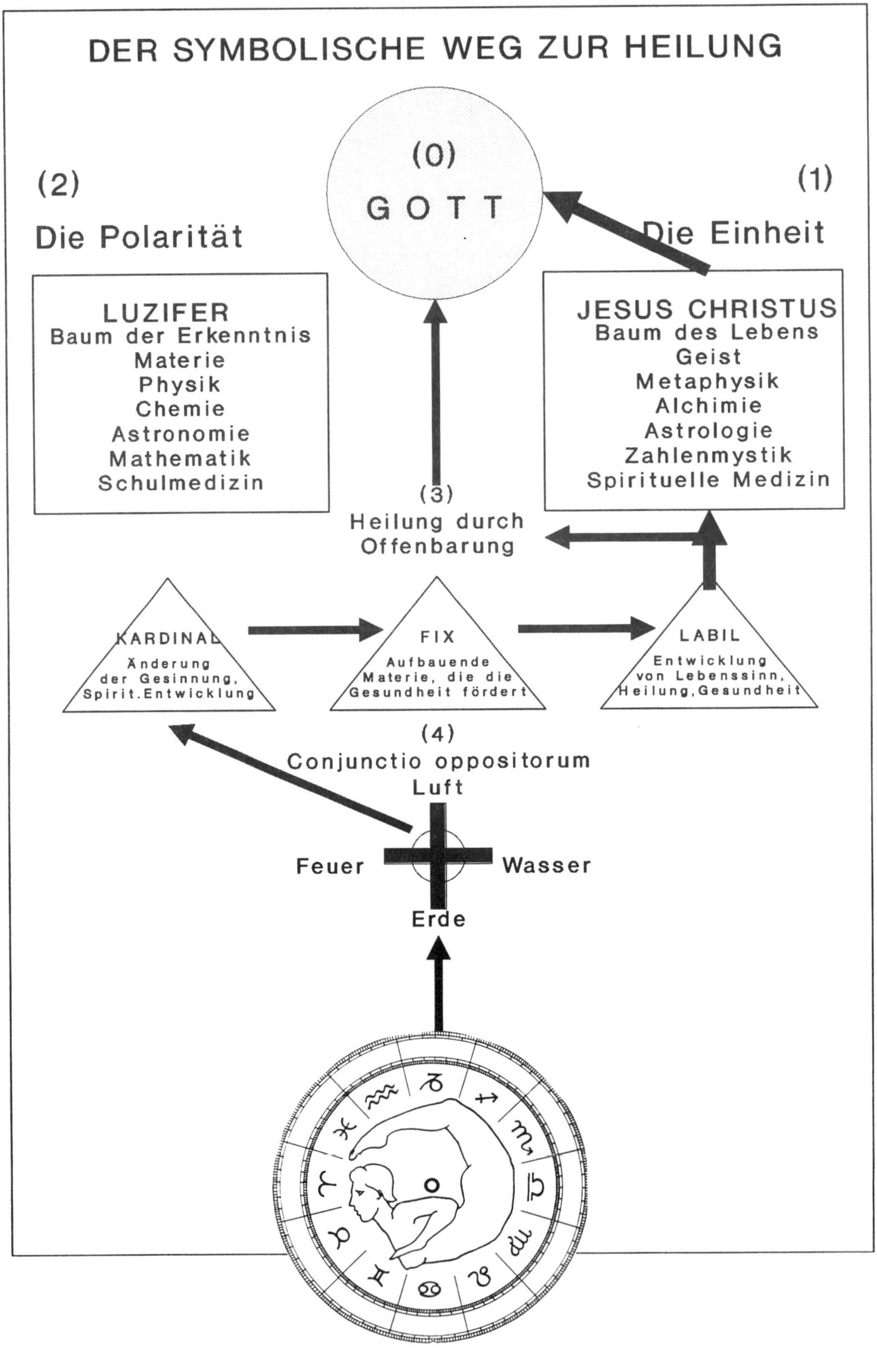
DER SYMBOLISCHE WEG ZUR HEILUNG
(0)
G O T T
(2)
Die Polarität
(1)
Die Einheit
LUZIFER
Baum der Erkenntnis
Materie
Physik
Chemie
Astronomie
Mathematik
Schulmedizin
JESUS CHRISTUS
Baum des Lebens
Geist
Metaphysik
Alchimie
Astrologie
Zahlenmystik
Spirituelle Medizin
(3)
Heilung durch
Offenbarung
KARDINAL
Änderung
der Gesinnung,
Spirit.Entwicklung
FIX
Aufbauende
Materie, die die
Gesundheit fördert
LABIL
Entwicklung
von Lebenssinn,
Heilung,Gesundheit
(4)
Conjunctio oppositorum
Luft
Feuer
Wasser
Erde

Betrachten Sie bitte die Tafel auf der linken Seite. Diese trägt den Titel: „**DER SYMBOLISCHE WEG ZUR HEILUNG**“ .

Ebenso wie bei der „Philosophie der ***Spirituellen Astrologie***“ (Seite 129) und dem „**DIABOLISCHEN WEG IN DIE KRANKHEIT**“ (Seite 179) finden Sie hier wieder die gleichen Bausteine aus der Zahlenmythologie: Die Zahl 0 bedeutet GOTT, die Zahlen 1 und 2 für *Einheit* und *Polarität* stehen einander polar gegenüber, die Zahl 3 bringt die Entwicklung *kardinal, fix und labil,* die Zahl 4 zeigt die vier Elemente *Feuer, Wasser, Luft und Erde,* und in der Zahl 12 entfaltet sich der Tierkreis der *zwölf Prinzipien.*

Doch **DER SYMBOLISCHE WEG ZUR HEILUNG** verläuft umgekehrt! Der Weg führt von unten nach oben, vom Menschen zurück zu GOTT:

- Ausgangspunkt ist nun der Mensch, ganz unten in der Grafik, zerschlagen und zerstückelt in der Vielheit der Prinzipien. Sie finden ihn in den *Tierkreis* gelegt. So bleibt der Mensch in der Mitte, im Mittelpunkt der Betrachtung. Die 12 Tierkreiszeichen außen herum sind die „Seelenorgane“, die sich mit all ihren Themen und Lernaufgaben aus den vielen, vielen früheren Existenzen in den Astralleib inkarniert haben, und die immer wieder auf sich aufmerksam machen, damit der Mensch endlich Bewusstheit erlangt. Jede Körperregion liegt in einem Tierkreiszeichen, vom Kopf im Widder bis zu den Füßen in den Fischen. Der Mensch ist als Mikrokosmos das Abbild des Makrokosmos.
- Die *vier alchimistischen Elemente* (Feuer, Wasser, Luft und Erde) sind auf der Tafel **DER SYMBOLISCHE WEG ZUR HEILUNG** darüber zu einem uralten esoterischen Symbol angeordnet: zum Kreuz. Auf dem Weg in die Krankheit waren sie in vier Quadrate nebeneinander angeordnet, hier befinden sie sich in Kreuzform, jenem Symbol, das die *conjunctio oppositorum,* die Vereinigung der scheinbar unvereinbaren Gegensätze zeigt. Das Gegensatzpaar Feuer—Wasser und das Gegensatzpaar Luft—Erde schneiden sich in einem fünften Punkt, der Quintessenz, der fünften Erkenntnis.
- Die *drei Zustandsformen* (kardinal, fix und labil) stehen auf dem **SYMBOLISCHEN WEG ZUR HEILUNG** ebenfalls als Symbole da: Dreiecke bedeuten Entwicklung. Ist das Schicksal nun vorherbestimmt, oder hat der Mensch Einfluss auf den Ablauf der Dinge? Obwohl das schlichte Gemüt stets geneigt ist zu glauben, die Sachzwänge der Materie bedingten als Ergebnis das Schicksal, so gilt es hier zu erkennen: *Niemals* wirkt die Materie auf den Geist, sondern *immer* wirkt der Geist auf die Materie. Hier entscheidet sich, ob das materialistische Weltbild die Entwicklung bestimmt und den Menschen in das Leid zwingt, oder ob das spirituelle Weltbild die Entwicklung formt und die Heilung einleitet.

- Bei den beiden einander gegenüberstehenden *Prinzipien der Polarität* führt der Heilungsweg über die Zahl 1. Vergleichen Sie bitte noch einmal die beiden Wege: Der **DIABOLISCHE WEG IN DIE KRANKHEIT** (Seite 179) führte von oben nach unten *links* herum über Luzifer, den Baum der Erkenntnis, über die materiellen Wissenschaften wie Physik, Chemie, Astronomie, Mathematik und Schulmedizin unaufhaltsam in Krankheit und Schicksal. Der **SYMBOLISCHE WEG ZUR HEILUNG** (blättern Sie bitte noch einmal zurück) führt nun *rechts* herum von unten nach oben über JESUS CHRISTUS, den Baum des Lebens, über die spirituellen Disziplinen wie Metaphysik, Alchimie, Astrologie, Zahlenmystik und Spirituelle Medizin zur Einheit, zur Heilung und zu GOTT.

Sie sehen also ganz klar, liebe Leserinnen und Leser, Sie müssen sich entscheiden, in welche Richtung Sie zu gehen gedenken. Einatmen oder Ausatmen — beides zu gleicher Zeit geht nicht.

Wenn Sie sich plötzlich in einer akuten lebensbedrohlichen Situation befinden oder wegen eines Unfalls die Schulmedizin als Reparaturwerkstatt vorübergehend beanspruchen müssen und deshalb den diabolischen Weg beschreiten, ist das in Ordnung, sofern Sie das nur tun, um Zeit zu gewinnen. Aber Sie sind gut beraten, wenn Sie möglichst bald wieder den symbolischen Weg betreten, die „Fahrschule" aufsuchen, in der Sie die Verkehrsregeln für die Fahrt durchs Leben lernen.

Die *Gesetzmäßigkeiten* sind zwar überall die gleichen, und damit ist jeder Ablauf vorherbestimmt. Aber über *den Umgang mit den Gesetzen und den Weg,* den Sie gehen, entscheiden Sie selber. Das Ergebnis ist Ihr grandioser Handlungsspielraum, der alle Chancen dieser Welt für Sie bereithält. Und in diesem Sinne tragen Sie selber die volle Verantwortung für Krankheit und Schicksal!

Jeder Heilsweg ist eine „Initiation", der Beginn einer Einweihung. Sie werden in diesem Buch viele dieser Wege kennen lernen, die auf der westlichen, abendländischen Kultur beruhen, und ganz am Schluss auch einen, der die wenig bekannten GROSSEN MYSTERIEN DES CHRISTENTUMS zum Inhalt hat. Wenn Sie die folgenden Anweisungen beachten, die Ihnen nur dann recht banal vorkommen, solange Sie noch den Wunsch haben, irgendwelche Symptome oder Schicksalsprozesse schnellstmöglich zum Verschwinden zu bringen, und wenn Sie diese Übungen in ihr Leben integrieren, dann legen Sie bildlich gesprochen einen Schalter um, und Sie können sich mit der Zeit ein sinnvolles Leben und absolute Gesundheit schaffen.

Der Weg in die Stille:
Gebete und Meditationen leiten die Heilung ein

Das Gebet

„Und wenn ihr betet, so sollt ihr nicht wie die Heuchler sein; denn sie stehen gern in den Synagogen und an den Straßenecken und beten, damit sie gesehen werden von den Menschen...... Wenn aber *du* betest, so gehe in deine Kammer, schließ die Tür zu und bete zu deinem Vater im Verborgenen; und dein Vater, der im Verborgenen sieht, wird dir vergelten." (Matthäus-Ev., Kapitel 6, Vers 5+6.)

Wenn Sie zu Beginn Ihrer täglichen Meditationen (= in die Mitte gehen) das VATER UNSER beten, werden Sie erstaunt feststellen, dass dieses uralte Gebet, dessen Text JESUS CHRISTUS uns in der Bergpredigt gegeben hat, die Menschen durch den astrologischen Tierkreis führt:

UNSER VATER
(Der Beginn, die Anrufung = WIDDER)

DU IM HIMMEL
(Der Himmel ist die Heimat = STIER)

GEHEILIGT WERDE DEIN NAME
(Namensgebung = ZWILLING)

ES KOMME DEIN REICH
(Erwartungshaltung = KREBS)

ES GESCHEHE DEIN WILLE
WIE IM HIMMEL AUCH AUF ERDEN
(Durchsetzung des Willens = LÖWE)

UNSER TÄGLICHES BROT GIB UNS HEUTE
(Vorsorge treffen = JUNGFRAU)

UND VERGIB UNS UNSERE SCHULD
WIE AUCH WIR VERGEBEN HABEN UNSEREN SCHULDIGERN
(Ausgleich schaffen = WAAGE)

FÜHRE UNS IN DER VERSUCHUNG
(Versuchung = SKORPION)

UND ERLÖSE UNS VON DEM BÖSEN
(Vergebung und Erlösung = SCHÜTZE)

DENN DEIN IST DAS REICH, DIE KRAFT
(Die Kraft GOTTES = STEINBOCK)

UND DIE HERRLICHKEIT
(Herrlichkeit = WASSERMANN)

IN EWIGKEIT.
(Auflösung der Zeiten = FISCHE)

A M E N .

Sie werden noch viel über „Gebet“ und „Magie“ lesen; die meisten Gebete sind nämlich gar keine Gebete, sondern sie sind Magie. Das VATER UNSER aber ist ein absolut reines Gebet. Alleine durch die Formulierung: „Dein Wille geschehe...“ können Sie niemals etwas falsch machen.

Gehen Sie in die Kirche, in den Tempel oder in die Synagoge, wann immer Ihnen danach ist. Doch JESUS CHRISTUS hat immer wieder hervorgehoben, dass wir das Glück niemals außen finden werden, sondern dass *das Himmelreich inwendig* ist. Wenn Sie wirklich mit GOTT oder JESUS CHRISTUS sprechen wollen, dann ziehen Sie sich also zurück in „Ihre Kammer“ . Richten Sie sich in Ihrer Wohnung einen „heiligen Bezirk“ ein, ein Allerheiligstes, ein Sanktuarium, einen kleinen Altar, oder wie immer Sie es nennen wollen, ganz nach Ihrem Geschmack. Einen kleinen Beistelltisch decken Sie mit einer möglichst weißen, schwarzen oder einfarbigen Decke ab, stellen zwei Kerzen dazu, einen Kerzenlöscher, dann ein Gefäß zum Abbrennen von Räucherkegeln oder Räucherstäbchen und ein Symbol, das Ihnen „heilig“ erscheint und Sie mit Ihrer Religion verbindet, wie zum Beispiel ein Henkelkreuz, ein christliches Kreuz oder ein Rosenkreuz. Dann legen Sie das Buch des Heiligen Gesetzes auf, die Bibel.

Aber nun kommt das Allerwichtigste, was in den meisten Meditationsanweisungen vergessen wird: *ein Spiegel!* Selbsterkenntnis ist einfach nicht möglich, ohne dass Sie sich selber im Spiegel betrachten! Der Spiegel sollte so groß sein, dass Sie Ihren Kopf und Ihre Schultern wie auf einer Porträtaufnahme selber sehen können.

Wenn Sie mit anderen Menschen in Gemeinschaft leben, ist es meistens besser, Sie verwahren Ihr „Allerheiligstes“ vor der Entweihung und bringen die Utensillilien nach den Meditationen wieder an einem sicheren Ort unter. Wenn Sie sicher sind, dass Ihr heiliger Bezirk als solcher geachtet wird, können Sie durchaus auch alles aufgebaut lassen.

Dann reservieren Sie sich Zeit! Gebete und Meditationen sollten Sie jeden Tag etwa zur gleichen Zeit durchführen. Da der Abend oftmals unterschiedlich verplant wird, empfiehlt sich der Morgen, indem Sie fünfzehn oder dreißig Minuten früher aufstehen. Über einen eventuellen Mangel an Schlaf brauchen Sie wirklich keine Gedanken zu verschwenden, denn Sie werden später selber die Erfahrung machen, dass Sie mit sehr viel weniger Schlaf auskommen, sobald Sie spirituell an sich arbeiten. Wenn Sie Hausfrau sind, können Sie Ihre Meditationen auch vormittags durchführen, sobald Mann und Kinder das Haus verlassen haben.

Bereiten Sie sich auf das Gebet oder die Meditation gut vor; es ist üblich, sich vorher die Hände zu waschen und ein Glas Wasser zu trinken. Innerlich und äußerlich gereinigt und geläutert betreten Sie dann Ihr Heiligtum.

Die Meditation

Am besten meditieren Sie nach dem Gebet über den Punkt im Kreis. Sie kennen das Symbol schon aus der Beschreibung des *Nous* im Kapitel II auf der Seite 63, der später im Symbol des HEXAGRAMMs im Kapitel III als violette Spitze des spirituellen Dreiecks beschrieben wurde. Der *Heilige Geist* oder das *Christus-Bewusstsein* befindet sich tief in Ihrem Inneren.

Setzen Sie sich vor Ihren Altar, möglichst mit Blickrichtung gen Osten, entweder auf einen Stuhl, einen Meditationshocker oder auf den Boden im Lotussitz, so wie es Ihnen angenehm ist, aber achten Sie auf eine gerade und aufrechte Haltung. Entzünden Sie die Kerzen, brennen ein Räucherstäbchen oder -kegelchen an, schließen dann die Augen und gehen in die Stille. Sie schließen den äußeren Kreis, indem die Geräusche, die von außen an Ihre Ohren dringen, unwichtig werden, ebenso wie die Farben und Formen, die Sie noch vor Ihren geschlossenen Augenlidern sehen. Dann schließen Sie den inneren Kreis, denn auch das Pulsieren Ihres Herzens wird nun unwichtig, Ihre Gedanken kommen langsam zur Ruhe, und Sie konzentrieren sich jetzt nur noch auf den Punkt in Ihrer Mitte.

Ihr Körper befindet sich bald in einem Zustand, als würde er schlafen: alle Organe sind zur Ruhe gekommen. Die Psyche befindet sich ebenfalls in einem Zustand, als würde sie schlafen: keine Emotionen wie Liebe und Hass, Freude und Trauer oder Angst und Zuversicht sind noch zu spüren. Auch das Denken befindet sich in einem Zustand, als würde es schlafen: dem analytischen Verstand ist dies alles viel zu langweilig geworden; er hat sich schon vor einiger Zeit verabschiedet. Aber mit Ihrem Bewusstsein sind Sie hellwach und konzentrieren sich auf den einen Punkt in Ihnen .

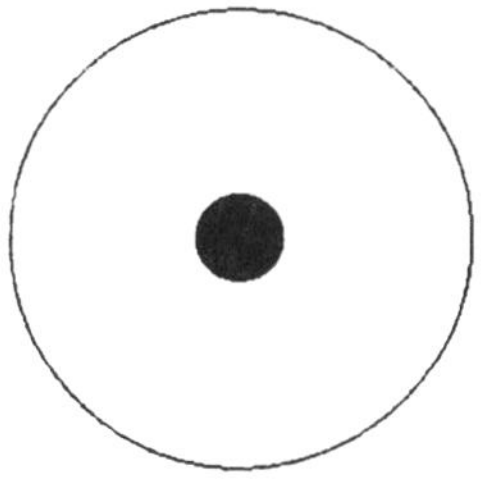

Dieses Symbol, der Kreis mit dem Punkt, wird Ihnen immer wieder entgegentreten — in der Physik als Atom, in der Biologie als Zelle, in der Astronomie als Sonne, in der Astrologie als Horoskop und in der Mystik als Symbol für den *Heiligen Geist.* Im Kern, im Zentrum, ruhen alle Ideen GOTTES. Von dort aus treten sie schöpferisch nach außen in die Welt. Der Kreis bezeichnet die Ewigkeit, der Punkt in der Mitte den Keim der Schöpfung, der jederzeit bereit ist, sich aktiv ins Leben zu entfalten.

„Im Anfang war der Logos — das Wort, und das Wort war bei GOTT, und GOTT war das Wort. Alles ist durch dieses geworden, und ohne es wurde auch nicht eines von dem, was geworden ist. In ihm war das Leben, und das Leben war das Licht der Menschen. Das Licht leuchtet in der Finsternis, aber die

Finsternis hat es nicht ergriffen."

Später öffnen Sie wieder Ihre Kreise, lassen die alltäglichen Gedanken und die Geräusche von außen wieder zu, öffnen die Augen, betrachten sich im Spiegel, und wenn Sie mögen, schreiben Sie Ihre Gedanken und Eindrücke in Ihr Tagebuch.

Die Zahl 12
Das Horoskop ist ein Kreis mit einem Punkt

Meditation über das eigene Geburtshoroskop

Wir betreten jetzt den **SYMBOLISCHEN WEG ZUR HEILUNG**, der beim Tierkreis der Archetypen beginnt. Medium heißt Mitte. Meditation ist die Beschäftigung mit der Mitte. Betrachten Sie bitte noch einmal die Tafel auf der Seite 226. Ganz unten erkennen Sie wieder den Kreis (den Tierkreis) mit dem Punkt in der Mitte.

Wie auf der Tafel „Der diabolische Weg in die Krankheit" (Seite 179) dargestellt war, ist der „in Sünde befindliche Mensch", der tief in Krankheits- oder Schicksalsprozesse gefallen ist, einst aufgebrochen vom Paradies, von der *Einheit* GOTTES, von der Gesundheit, er hat unterschieden zwischen Gut und Böse, ist hinausgegangen auf den *diabolischen* Weg der Zersplitterung, ist gestürzt in die materielle Welt der vier Elemente und steht schließlich vor einer unübersehbaren Vielfalt von Schicksalsereignissen und Krankheitssymptomen. Nun, wenn der Leidensdruck groß genug ist, so groß, dass er endlich bereit ist zu begreifen, worauf es im Leben ankommt, kann er einkehren und umkehren. Das war auch Ihr Weg bisher in diesem Leben.

Wenn Sie über Ihr eigenes Horoskop meditieren, dann beschäftigen Sie sich mit Ihrer eigenen Mitte — und somit auch mit GOTT. Ich erkläre Ihnen jetzt eine Übung, eine Meditation über das eigene Horoskop. Die Disziplin des spirituell arbeitenden Menschen im Alltag erfordert es, diese kleine tägliche Übung über eine längere Zeit konsequent durchzuführen. Dafür gibt es einen Grund, auf den ich zurückkommen werde.

Sie befinden sich in Ihrem persönlichen Allerheiligsten. Gereinigt und geläutert haben Sie die Kerzen angezündet. Nach einer Weile der Einstimmung, vielleicht mit einer Meditationsmusik im Hintergrund, nehmen Sie ihr Horoskop, stellen es vor sich auf, betrachten eine Weile dieses Mandala, diese Arena Ihres jetzigen Lebens, schließen dann die Augen und beginnen mit der Meditation. Vielleicht wissen Sie inzwischen über die Beschäftigung mit der Astrologie und ihrem Horoskop, welchen Teil aus dem runden Kuchen Ihres Mandalas Sie nicht leben wollten und beiseite gestellt haben. Vielleicht hat das Schicksal Sie auf dieses Prinzip auf schmerzhafte Weise aufmerksam gemacht, vielleicht ist es als Krankheitssymptom wiedergekommen und erwirkt durch einen körperlichen Schmerz Beachtung. Nun aber wollen Sie dieses Urprinzip freiwillig integrieren. Dann lassen Sie Ihre Gedanken fließen — etwa so:

> Der einzige Ausweg, dem Kreislauf von Krankheit und Schicksal zu entgehen, ist, meine Mitte zu finden. Ich schaue auf mein Horoskop, auf das Theater meines jetzigen Lebens. Das bin ich.
>
> Ich stelle mir jetzt vor, der Kreis, der Tierkreis, ist der Ausdruck ewig geltender Gesetze; ich bin der Punkt in der Mitte, ein Licht inmitten des Ewigen. In meiner Mitte leuchtet mein Licht in einem strahlenden Weiß. Um diese Mitte herum liegen als Häusersystem die Bereiche meiner materiellen Welt, das ist die Bühne, das sind die Kulissen meines Lebens: Familie, Beruf, Freizeit, Freunde und Bekannte. Noch etwas weiter weg von der Mitte sind die Planeten, meine Eigenschaften, die Schauspieler, die Akteure meines jetzigen Lebens — es sind alles Teile von mir selber! Ganz außen im Tierkreis sind alle archetypischen Eigenschaften dargestellt, die es gibt, die göttlichen Gesetze. Das alles zusammen ist das Drehbuch meines Lebens — der göttliche Bauplan dieser Inkarnation.
>
> Die Lebensbereiche im Inneren sind wie Prismen, sie zerbrechen das weiße Licht, das ich ausstrahle, und zerlegen es in Farben, und ganz außen auf dem Tierkreis erscheint das gebrochene Licht in der Art und Weise, wie ich lebe und wie andere mich sehen. So trete ich in „Erscheinung“ .
>
> Für mich ist die Welt, mein Horoskop, nun ein farbiger, bunt schillernder Ball. Dennoch ist alles nur eine Illusion, gleichwohl wie ein Theaterstück auch nur eine Illusion ist. In meinem Inneren bin ich nämlich weiß. Rein. Nur, ich weiß es nicht! Weil ich schlafe! Weil ich gefangen bin in den Träumen meines Lebens um mich herum, die ich Realität nenne.
>
> Das weiße Licht in der Mitte finde ich durch die Vereinigung aller Farben. Aber dazu muss ich wach sein. Wach sein ist alles!

Versuchen Sie immer wieder, Ihre Mitte zu finden, denn nur dort finden Sie den *Heiligen Geist* oder das *Christus-Bewusstsein.* Jenes schöpferische Prinzip, welches symbolisch mit dem Punkt in dem Kreis dargestellt wird, befindet sich tief in Ihrem Inneren. Und dazu werden Sie erwachen!

Die Mitte zu finden ist wahre Meditation. Nochmals: dort, in Ihrem Inneren, bei GOTT, finden Sie Heilung. Das ist nicht etwa eine Frage des Glaubens, sondern eine Frage des Wissens. Machen Sie Ihre eigenen Erfahrungen und vergegenwärtigen Sie sich immer wieder: *Ohne* dieses in Ihnen wohnende schöpferische Lebensprinzip wären Sie mausetot, wären Sie eine Leiche — und noch nicht einmal das.

Mitunter beklagen sich die Menschen und sagen: „Wie oft habe ich diese Übungen und die Meditationen schon gemacht, aber ich spüre nichts.“ Das mag sein, aber das beweist nicht, dass ich die Unwahrheit geschrieben habe. Ich verleihe meiner persönlichen Überzeugung dann Ausdruck mit etwa folgenden Worten: „Die Dichte des Dunstes deines materiellen analytischen Denkens, die dich umgab, war zu undurchdringlich, als dass sich die Gegenwart GOTTES schon jetzt offenbaren konnte. Mach weiter so und halte durch! Eines Tages wirst du belohnt, und dann werden nur noch wenige Augenblicke genügen, in denen du betest oder meditierst, und sogleich werden der Segen des Himmels, unsagbares Glück und strahlende Gesundheit über dich hereinbrechen!“

Die Zahl 4
Die alchimistische conjunctio oppositorum

Wir gehen jetzt auf dem **SYMBOLISCHEN WEG ZUR HEILUNG** (siehe Seite 226) weiter nach oben, und es ist für Sie unbedingt wichtig, dass Sie täglich weitere spirituelle Übungen ins Leben integrieren. Diese Exerzitien können Sie nicht aus Büchern erfahren, sondern sie werden in einer Mysterienschule, einem Orden oder in einem spirituellen Zentrum empfangen.

Die Übungen verfolgen die Absicht, den Gesinnungswandel auch in der materiellen Welt zu manifestieren. Wenn Sie alles, was Sie in diesem Buch gelesen haben, auch wirklich in Ihr Leben integrieren und sich dazu auch die folgenden Anweisungen zu Herzen nehmen, dann leben Sie in Harmonie mit den kosmischen Gesetzen und dann brauchen Sie nach einiger Zeit nie mehr einen Arzt oder einen Heilpraktiker für sich zu bemühen. Ich bin mir durchaus über den Inhalt dieser Aussage im klaren!

Ich stelle Ihnen *vier Übungen* vor, deren äußere Formen ich jetzt zwar beschreibe, deren wahren Inhalte aber auch in diesem Buch nicht mitteilbar sind. Doch wenn Sie sich dazu Ihr eigenes spirituelles Bewusstsein schaffen und diese kleinen Exerzitien mit dem nötigen Ernst regelmäßig durchführen, werden Sie wahre Wunder erleben! Aber zuvor erfahren Sie noch einige wichtige Prinzipien:

Ein Gedanke ist ein lebendiges Wesen!

Die Wirkung erzielen Sie mit der Kraft Ihrer Gedanken. *Ein Gedanke ist ein lebendiges Wesen!* Die allgemein verbreitete Unkenntnis über diese Tatsache ist die wahre Ursache für Schwierigkeiten, Missgeschicke, Schicksal und Krankheit. Einfältige Gemüter sagen, Gedanken könne man weder sehen noch anfassen, und sie spüren deshalb auch nicht, wie Gedanken aufbauen oder zerstören. Sie erlauben sich dann, destruktive Gedanken zuzulassen und wundern sich auch noch darüber, was ihnen im Leben so alles zustößt. Deshalb sollten

Sie jeden negativen Gedanken sofort durch einen positiven ersetzen. Die folgenden Exerzitien führen Sie deshalb bitte stets in Gedanken an Leben, Licht und Liebe aus. Das wahre Wissen um das Bewusstsein beginnt mit der Erkenntnis, dass *Gedanken lebendige wirkende Wesen* sind.

Die vier Übungen sind weder physikalisch, chemisch oder biologisch mit dem heutigen Stand der Wissenschaft erklärbar, denn es sind metaphysische, alchimistische und spirituelle Übungen, die auf einer sehr viel höheren Schwingungsebene wirken, als dies die materiellen Messinstrumente zulassen. Dennoch gelten die gleichen Gesetze:

Stellen Sie sich vor, eine Kompanie Soldaten, bestehend aus 50 Männern, gelangt an eine Brücke, die für Fahrzeuge bis zu 20 t zugelassen ist. Der Kompaniechef befiehlt den Leuten, nicht mehr im Gleichschritt zu gehen, weil er weiß, dass dieses Häuflein von Menschen, das zusammen nur etwa drei bis vier Tonnen wiegt, die Brücke zum Einsturz bringen kann, wenn sich die Schwingungen aufschaukeln. Auch spirituelle Schwingungen schaukeln sich auf und sind höchst wirksam, wenn sie konsequent und regelmäßig angewandt werden. Schon eine einzige Inkonsequenz, Unkonzentriertheit oder Disziplinlosigkeit wird die Schwingung und damit die Wirkung in sich zusammenbrechen lassen.

Die materielle Welt manifestiert sich in der Natur. Der Mensch braucht die Natur, aber die Natur braucht den Menschen nicht. Mit diesen vier Übungen lernen Sie, liebe Leserinnen und Leser, ganz allmählich, dass die materielle Welt nicht mehr *Sie beherrscht,* sondern dass *Sie die Materie beherrschen,* indem Sie sich harmonisch einfügen und das integrieren, was Ihnen fehlt.

Übung Nr. 1: Die Sonne begrüßen

Um den Sinn dieser Übung noch besser zu verstehen, möchte ich Ihnen die folgende kleine Analogie nicht vorenthalten: Natürlich können Sie es glauben, wenn man Ihnen erzählt, ein Baum bestünde aus den materiellen Bausteinen *Erde* und *Wasser,* er ernährt sich von *Erde* und *Wasser,* und wenn er stirbt und verfault, dann ist er wieder *Erde* und *Wasser.* Wenn Sie aber sein Holz verbrennen, dann werden Sie feststellen, dass sehr viel *Luft* darin eingeschlossen war, und vor allem *Feuer!!!* Mit dem Holz eines großen Baumes können Sie mehrere Monate Ihren Kamin heizen und sich wärmen. Wie hat er das getan? Schon in seinem Samenkorn war der Plan enthalten, *die Sonne einzufangen.*

Weil wir Menschen auf der Erde leben, ja sogar Teil der Erde sind (von der Erde bist du genommen, zu Erde wirst du werden), und weil wir zu drei Vierteln aus Wasser bestehen, sind wir auch im Sinne der astrologischen Prinzipien *negativ,* was nicht wertend gemeint ist. Wir sind *Wasser* und *Erde.* Was uns *fehlt,* ist *Feuer* und *Luft,* die Kraft des Zentrums, die Kraft der Sonne, die *positiv* ist. Um einen Ausgleich herzustellen, nehmen wir die positive Kraft des Universums in uns auf.

Wenn Sie die Übung nicht im Freien machen können, dann stellen Sie sich einen schönen Platz vor. Nun konzentrieren Sie sich auf die beiden Elemente, die Ihnen fehlen:

Das *Feuer* ist symbolisiert durch die aufgehende Sonne, und Sie stellen sie sich in intensiven roten Farben vor. Ihr *Feuer* ist die Energie, welche die anderen Elemente zu wandeln vermag. Das *Feuer* macht aus einem festen Stoff einen flüssigen, und aus einem flüssigen einen gasförmigen. Die Sonne ist der Ursprung aller Lebenskraft, sie strahlt absichtslos aus sich heraus und bescheint die Sünder ebenso wie die Heiligen.

Die *Luft* holen Sie in sich hinein, indem Sie ganz tief durch die Nase einatmen und sich vergegenwärtigen, dass *Luft* Leben bedeutet. GOTT blies dem Menschen seinen Odem (=Atem) in die Nase und belebte ihn; Jesus hauchte Seine Jünger an und machte sie so zu Aposteln. Vom ersten bis zum letzten Atemzug leben Sie von *Luft.* Heben Sie nun die Arme über den Kopf und bringen die Hände zusammen. Halten Sie die Luft etwa eine halbe Minute an, ohne dass es Ihnen unangenehm wird, und dann lassen Sie die Arme in einer kreisenden Bewegung langsam sinken, wobei Sie durch die Nase hörbar ausatmen. Wiederholen Sie die Übung und führen Sie sie insgesamt dreimal aus.

Übung Nr. 2: Spirituelles Heilwasser trinken

Eine weitere Übung arbeitet mit der Einbeziehung des Wassers als Informations-träger, wie dies ja auch in der Homöopathie üblich ist, wo eine Heilung grundsätzlich ohne irgendwelche Medikamente oder Substanzen geschieht. Auch bei dieser Übung geht es nicht darum, das Wasser zu einem Heilwasser mit irgendwelchen Geräten aufzubereiten, die in der Esoterikszene massenhaft angeboten werden, sondern das Wasser mit Ihren eigenen positiven Energien aufzuladen und es dann mit entsprechendem Bewusstsein als Ihr eigenes Heilwasser zu trinken.

Füllen Sie jeden Morgen gleich nach dem Aufstehen ein Glas mit Wasser, Brunnen- oder Leitungswasser, nehmen es in beide Hände, berühren das Glas mit Ihren Fingerkuppen und konzentrieren sich auf schöpferische und aufbauende Gedanken. In etwa drei Minuten atmen Sie 12 mal sehr tief durch die Nase ein und aus, Sie nehmen also pro Minute vier tiefe Atemzüge, und dabei holen Sie mehr Luft, als Sie eigentlich brauchen. Nun richten Sie Ihren Blick auf das Wasser in der Vorstellung, dass Sie aus Ihren Lungen heraus über Ihre Schultern, die Arme, die Hände und die Finger dorthinein positive heilerische Energien schicken. Sie können dies auch mit der vorgenannten Übung der Sonnenanbetung kombinieren und die schöpferische Sonnenkraft dem Wasser anvertrauen. Damit haben Sie sich nun Ihr individuelles Heilwasser hergestellt, was Ihnen gut tun wird.

Anschließend trinken Sie das Wasser langsam aus, indem Sie das Glas genau 12 mal an den Mund führen, fühlen, wie es sich im Körper verteilt und alle Verspannungen und Disharmonien löst und ausschwemmt. Nehmen Sie sich auch dafür wieder zwei bis drei Minuten Zeit und glauben Sie fest daran, dass Sie nun genau das vom Kosmos bekommen, was Ihnen fehlt. Das Wasser hat nun sein eigenes Bewusstsein, und es weiß selber, was es nun zu tun hat. Sie können darauf vertrauen, und es genügt, wenn Sie sich dabei beobachten. Wenn Sie wissen, dass Sie irgendwo ein krankes Organ haben, konzentrieren Sie sich darauf, wie das Wasser genau dort seine Heilkraft wirken lässt; aber tun sie dies *absichtslos!* Das ist schwer.

Benutzen Sie die Übung des Wassertrinkens ebenso wie die Begrüßung der Sonne dazu, Sonne und Luft einzufangen. Damit fangen Sie LEBEN ein — und LICHT — und LIEBE! Vielleicht wird dann an Ihrem Grabe später einmal, wenn Sie die irdischen Hüllen abstreifen, statt eines klerikalen Pastors ein spiritueller Führer stehen, der dann spricht: „Aus dem *Licht* bist du gekommen, von *Licht* hast du dich ernährt, und zu *Licht* wirst du nun werden!"

Übung Nr. 3: JESUS CHRISTUS intonieren

Diese Übung ist eine Vokalintonation. Sicher kennen Sie die Praktiken östlicher Religionen, Mantren zu singen, zum Beispiel ein langgezogenes „Oom", ein ständig wiederholtes „Haare Krishna, Haare, Haare" oder ein „Om Namah Shivaya" und so weiter. Ein Mantram hat eine ganz bestimmte Bedeutung und löst im Inneren des Menschen einen Entwicklungsprozess aus.

Doch weshalb in die Ferne schweifen und „an fremden Küsten räubern" (C. G. Jung), wenn unser Kulturkreis eine viel höhere Energie zu bieten hat. Natürlich sollte man sich über die Konsequenzen im Klaren sein, die eine solche Vokalintonation bewirkt. Mit der Vokalintonation von JESUS CHRISTUS treten Sie mit der Christus-Energie in Kontakt, Sie beschreiten allegorisch den siebenstufigen christlichen Einweihungsweg, der symbolisch bei der Taufe beginnt und bei der Himmelfahrt endet.

Mir ist durchaus bewusst, dass Sie mit diesen Worten zur Zeit noch nicht sehr viel anfangen können. Doch wenn Sie dieses Buch zu Ende gelesen haben, worin Ihnen immer wieder — teils offen, teils verdeckt — einige Weisheiten der

GROSSEN MYSTERIEN DES CHRISTENTUMS offenbart werden, bekommen Sie eine Ahnung davon, dass dieser Weg bei einem klaren Entschluss beginnt und in die allerhöchste Spiritualität führt.

Vokalintonationen haben auch dann ihre Wirkung, wenn der analytische Verstand sie nicht versteht, und deshalb folgen Sie einfach den nächsten Zeilen:

Stellen Sie sich wieder aufrecht mit ausgebreiteten Armen hin mit Blickrichtung gen Osten. Bei aufgehender Sonne wirft Ihr Körper jetzt einen Schatten hinter Sie in Form eines Kreuzes. Der waagerechte Balken hat die Bedeutung *Feuer* und *Wasser,* der senkrechte Balken die Bedeutung *Luft* und *Erde.* Es ist das Kreuz Ihres Lebens, von dem Jesus gesagt hat, dass derjenige, der dieses Kreuz *nicht* auf sich nimmt, *niemals* Sein Jünger sein kann.

Atmen Sie dann tief aus, legen die beiden Handflächen vor dem Herzen wie zu einer Gebetsstellung aneinander und sprechen oder denken dabei: „Ja, ich nehme dieses Kreuz auf mich." Etwa zehn bis zwölf Sekunden atmen Sie nicht und verweilen solange in dem ausgeatmeten Zustand, wie es Ihnen keine Mühe macht. Dann lassen Sie die Arme sinken, holen tief Luft und intonieren dabei „JESUS CHRISTUS" in vier langgezogenen Silben, wobei Sie die Arme langsam von unten nach oben über dem Kopf erheben und zusammenbringen. Nehmen Sie sich für jede Silbe etwa fünf Sekunden Zeit und singen Sie laut: „Jeeeeee — suuuuuus — Chriiiiiii — stuuuuus," wobei Sie Ihre Stimme in einer Ihnen angenehmen Tonhöhe belassen. Versuchen Sie, mit *einem* Atemzug auszukommen. Dann lassen Sie die Hände bis zum Herzen in die Gebetsstellung sinken, die Handflächen berühren wieder einander, und Sie atmen normal weiter. Wiederholen die Übung ein zweites und ein drittes Mal. Beobachten Sie, welche Erfahrungen Sie mit der Zeit machen, wenn Sie mit der Christus-Energie in Kontakt kommen. Sie werden sich wundern!

Übung Nr. 4: Das HEXAGRAMM visualisieren

Symbole haben auf den Menschen, der damit umgeht, eine Wirkung. Dabei ist es nicht entscheidend, ob die Bedeutung des Symbols bekannt ist oder nicht. So sind gewisse Symbole geeignet, Heilungsprozesse einzuleiten. Hier spielen Magie und Imagination eine sehr große Rolle.

Sie erinnern sich an die Beschreibung des HEXAGRAMMs und an die Bedeutung der sechs Spitzen der beiden Dreiecke. Nun stellen Sie sich vor, Sie treten von vorne in das materielle Dreieck ein. Ihr rechter Fuß ist die rote Spitze in der Bedeutung Ihres physischen Körpers, der linke Fuß ist die orangefarbene Spitze in der Bedeutung Ihrer Psyche, Ihrer Emotionen, und darüber ihr Kopf ist die gelbe Spitze in der Bedeutung des Denkens, des analytischen Verstandes. Mehrere Male gehen Sie in dieser Vorstellung das *materielle Dreieck* im Uhrzeigersinn durch und visualisieren vor Ihrem geistigen Auge tatsächlich ein Dreieck in diesen Farben und dieser Bedeutung. Machen Sie sich dabei klar, dass dieses Dreieck vergänglich ist und bedanken Sie sich bei dieser vergänglichen Daseinsform.

Dann visualisieren Sie das *spirituelle Dreieck,* indem Sie beide Arme, ebenfalls gespreizt, gen Himmel strecken und mit Ihrer Vorstellung in die linke Hand gehen, welche die violette Spitze in der Bedeutung des Heiligen Geistes darstellt; dann lenken Sie Ihr Bewusstsein in die rechte Hand und damit in die blaue Spitze des spirituellen Dreiecks in der Bedeutung Ihrer unsterblichen Seele, Ihrer Jahrtausende alten Persönlichkeit; und schließlich konzentrieren Sie sich auf Ihr Wurzelchakra, den Ort, wo Ihre Geschlechtsorgane sitzen, und visualisieren dort die grüne Spitze in der Bedeutung des feinstofflichen Astralleibs, welcher sich nach unten in die Materie senkt. Gehen Sie auch das *spirituelle Dreieck* mehrere Male im Uhrzeigersinn durch und machen Sie sich dabei eindringlich klar, dass Sie ein spirituelles Wesen sind, das schon vor dieser Inkarnation existiert hat und auch den kommenden physischen Tod überleben wird.

In Ihrem Gehirn haben sich jetzt zwei Dreiecke in einer kristallinen Struktur gebildet, die Sie jetzt in Ihrer Vorstellung so ineinander schieben, dass nun ein HEXAGRAMM entsteht; alle sechs Spitzen einen Kreis. Als letztes legen Sie Ihre Hände auf Ihr Herz, auf den siebten Punkt, der von allen anderen Punkten gleichweit entfernt ist, auf Ihre Mitte — auf GOTT. Dann verneigen Sie sich gen Osten und beenden die Übung. Dieses Exerzitium hat den Sinn, Ihnen immer wieder bewusst zu machen, dass Sie nicht nur aus der *materiellen* Daseinsform bestehen. Wenn Sie sich nämlich ausschließlich mit der materiellen Daseinsform identifizieren, dann wird immer der Gedanke des Todes die Oberhand gewinnen, weil das materielle Dreieck schwach und verwundbar ist und eines Tages stirbt. Die *spirituelle* Daseinsebene ist aber kraftvoll, strahlend und unzerstörbar.

Die Zahl 3
Causa finalis, Heilung durch Offenbarung

Wir setzen jetzt den **SYMBOLISCHEN WEG ZUR HEILUNG** fort.

Es ist weder möglich noch sinnvoll, liebe Leserinnen, liebe Leser, ein Buch zu schreiben und dort alle Symptome zusammen mit Vorschlägen über den dahinterliegenden Sinn aufzuführen. Die Botschaft, die sich hinter dem Symptom verbirgt, ist individuell für die Situation des Menschen und für die Zeitqualität gedacht, in der er sich befindet, und sie muss deshalb auch individuell über das Horoskop gedeutet werden.

Dennoch habe ich im Kapitel I — Ein Überblick — vier Symptome angeführt und erläutert, die eine gewisse Verbreitung haben. Ich begann mit harmlosen Infektionskrankheiten, die typisch für unsere Zeit sind. Die meisten

Menschen unseres Kulturkreises machen im Laufe ihres Lebens mehrere solcher „grippalen Infekte“ durch, und das ist eben typisch für die Geisteshaltung breiter Bevölkerungsschichten, die dahinter steckt. Dann hatte ich mich mit Rückenproblemen befasst und schließlich den beiden Symptomen zugewandt, welche die Statistik der Todesursachen anführen: Krebs und Herzinfarkt. Am Ende des Kapitels VII — Der Abstieg des Heilwesens — hatte ich tabellarisch und beispielhaft eine ganze Reihe von Krankheiten herausgesucht, die *gesundheitsschädigenden Dispositionen* genannt und die möglichen *physiologischen Schädigungen* aufgeführt. Die Auswahl und die Art der Umgehensweise mit den Symptomen hatten natürlich nicht das Ziel, Heilung einzuleiten, sondern sie sollten nur als Beispiele für den ersten Schritt einer Bewusstwerdung von Fehlentwicklungen aufzeigen. Nun möchte ich Ihnen weitere, vorerst allgemein gehaltene Anregungen geben:

Zunächst einmal gehen Sie bitte bei *jedem* Schicksalsereignis oder Krankheitssymptom davon aus, dass *immer* ein Sinn dahinter steckt, auch wenn Sie ihn nicht erkennen können. Sie wissen, dass GOTT sogar die Menschen warm angezogen und mit Fellröcken bekleidet hatte, als sie das Paradies verlassen mussten, also können Sie auch sicher sein, dass LIEBE dahinter steckt, wenn Ihr Leben korrigiert wird. Und dann möchte ich Sie noch mit einem Gedanken vertraut machen, der Ihnen im ersten Moment vielleicht irreal erscheinen mag: Die Ursache für Ihr Symptom kann in der Zukunft und nicht in der Vergangenheit liegen!

Unser vorherrschendes kausalmechanistisches Weltbild kennt nur eine lineare Verkettung aus Ursache und Wirkung. Liegt die Wirkung in der Gegenwart, dann sehen wir die Ursache immer in der Vergangenheit. Für Wirkungen, die in der Zukunft liegen können, sehen wir die Ursachen immer in der Gegenwart, vielleicht in der Vergangenheit. Die Argumente lauten etwa so: Ich bin *heute* krank, weil ich *letzte Woche* mit Viren in Berührung gekommen bin. Ich werde *später* im Alter unversorgt sein, wenn ich *heute* dafür nicht vorsorge. Immer herrscht die lineare Achse Vergangenheit — Gegenwart — Zukunft.

Können Sie sich aber umgekehrt für Ihr *heutiges* Symptom eine Ursache vorstellen, die *in der Zukunft* liegt? Das macht Schwierigkeiten. Aber für die alten Griechen in der Antike war das kein Problem, denn sie kannten noch vier Arten von Ursachen:

> Die causa materialis (den stofflichen Grund),
> die causa formalis (den formgebenden Grund),
> die causa efficiens (den bewirkenden Grund) und
> die causa finalis (den bestimmenden Grund).

Wir können am Verhalten unserer Zugvögel die *causa finalis* erklären: Jeden Herbst machen sie sich zu einer Reise über Tausende von Kilometern auf, bei der sehr viele ihrer Artgenossen überhaupt nie ankommen, weil sie unterwegs gefangen werden oder an Erschöpfung sterben. Diejenigen, die ihr Ziel erreichen, haben auf der langen Reise ein Drittel ihres Gewichts verloren. Warum tun die Vögel das? Warum nehmen sie diese Strapazen freiwillig auf sich? Wenn sie nämlich logisch denken könnten wie wir Menschen und sich nur auf ihre Beobachtungen und Erfahrungen des *vergangenen* Sommers verlassen würden, dann müssten sie zu dem Entschluss kommen, *nicht* in den Süden zu fliegen. Über *die* Erfahrungen, die sie dann allerdings machen, werden sie ihren zurückkehrenden Artgenossen nicht mehr berichten können — denn es gibt sie dann nicht mehr. Doch der Instinkt der Zugvögel ist, Gott sei Dank, stärker als ihr logischer Verstand, und wir Menschen sollten auch wieder lernen, mehr auf unsere innere Stimme zu achten.

Wenn wir als Angehörige des Atomzeitalters unser Leben von Sätzen leiten lassen wie: „Weil die Natur das so eingerichtet hat," oder: „Weil GOTT das so gewollt hat," dann müssen wir uns Ironie und Spott gefallen lassen. Die Welt sähe aber anders aus, wenn auch Politiker und Wissenschaftler zu diesem Glauben zurückkehren könnten.

Ohne den Finalitätsbegriff jedenfalls, ohne die Erkenntnis einer *causa finalis,* einer Ursache, die in der Zukunft liegt, ohne den Glauben daran, dass es etwas Höheres gibt, das über Ihnen waltet und Ihnen etwas *offenbaren* möchte, werden Sie niemals eine Erweiterung Ihres Bewusstseins erfahren können. Ohne zumindest eine Sinnhaftigkeit für möglich zu halten, nach der hinter einem Symptom, welches Sie als Strafe empfinden, auch göttliche Liebe stehen könnte, werden Sie niemals Heilung erleben.

Ich werde Ihnen jetzt ein ganz banales Beispiel geben, welches, so hoffe ich, Ihnen die *causa finalis,* das erstrebenswerte Ergebnis in der Zukunft, als Ursache für ein heutiges Symptom näher bringt:

Für meinen Hund namens Dino, einer schwarzen Mischung aus einer Vielzahl reinrassiger Hunde, dessen Bewusstsein nur so weit reicht, wie seine Nase lang ist (und wie dies eben unter Hunden üblich ist), bin ich als sein „HERR" so eine Art höhere Gewalt, der er sich unterzuordnen hat, ob ihm das nun passt oder nicht. Und der Hund wird meine Handlungsweise auch niemals begreifen. Ich bin für den Hund vergleichsweise wie der GOTT des Alten Testaments für die Menschen: Selbstherrlich, liebend, lobend und strafend.

Ich gehe mit Dino spazieren. Er trägt kein Halsband und besitzt keine Leine, und ich gewöhne es ihm an, an einer belebten Straße links neben mir zu gehen, indem ich „bei Fuß!" sage. Dino aber sieht plötzlich auf der anderen Straßenseite eine Hündin, und wie ein geölter Blitz schießt er über die Fahrbahn. Ich springe hinterher, packe meinen Hund am Fell im Nacken und schüttle ihn hin und her wie einen Lederlappen. Wenn sich der Hund verständlich machen könnte, würde er jammern: „Welch ein ungerechtes Schicksal beutelt mich hier! Ich wollte doch nur die Hundedame beschnuppern. Was ist denn daran so schlimm? O Gott, wie bist du hart und ungerecht!" Das passiert im Abstand mehrerer Tage und Wochen drei oder viermal, und jedes Mal ist der Hund der festen Überzeugung, ein grausames Schicksal packe ihn im Nacken und verderbe ihm seine Lebensqualität. Ob dieses nun zweimal oder 17 mal so passiert, hängt davon ab, wann das Tier begreift, dass mein Wort „bei Fuß!" ernst gemeint ist, und es sich daran hält.

Was wären denn die Alternativen, wenn Dino nicht begreifen würde? Entweder würde er eines Tages vom Auto überfahren werden, und die Sache wäre erledigt. Oder ich müsste das Tier anleinen; das wäre die andere Konsequenz. Wenn er dann sogar noch an der Leine zerrt, weil er über die Straße rennen will, werde ich ihm ein Stachelhalsband kaufen. Und wenn sein Verhalten weiterhin so wäre, dass das Ausgehen zu einem Problem wird, käme er immer seltener nach draußen. Aber Dino würde nie verstehen, dass er all dieses Schicksal nur deswegen erleidet, weil er seine Lektion, das Wort „bei Fuß!", nicht gelernt hat.

Da ich aber meinen Hund *liebe* — und damit komme ich zum wichtigsten Teil des Verstehens — *da ich meinen Hund liebe,* möchte ich ihm die Freiheit lassen, umherzutollen, wo immer das möglich ist; ich möchte ihm die Freude schenken, vorweg laufen zu dürfen, Bäume zu beschnuppern, andere Hunde zu begrüßen, ein Eichhörnchen auf einen Baum zu jagen oder in einem Fluss zu schwimmen. Deshalb muss ich ihn *heute* strafen, damit er *morgen* frei sein kann.

Sie sehen, ich strafe den Hund nicht, um meine Aggressionen abzubauen, sondern weil ich ihn *nicht an die Leine legen* möchte. Ich strafe ihn aus einer höheren Einsicht heraus, zu welcher der Hund keinen Zugang hat. Denn wenn ich den armen Dino kräftig durchschüttle und ihn sehe, wie er bedauernswert, von meiner höheren Macht gebeutelt, dort schlaff herunterhängt und seine Situation bejammert, dann glauben Sie mir bitte, dass das auch mir wehtut. Aber es hat keinen Sinn, mit dem Hund zu diskutieren oder ihm das verständlich zu machen. Selbstherrlich, wann immer ich das für richtig halte, lobe, strafe und liebe ich das Tier, gleichwohl wie der GOTT des Alten Testaments die Menschen gelobt, gestraft und geliebt hat. Und wenn ich Dino zum wiederholten Male am Fell packe und so kräftig durchschüttle, dass er vor Schmerzen aufjault, dann denke ich dabei: „Ich will, dass du deine Lektion *endlich begreifst!* Ich strafe dich, damit du später frei bist, *weil ich dich liebe."*

Das meint *causa finalis.* Schauen Sie sich, liebe Leserin, lieber Leser, Ihr eigenes Leben einmal vor diesem Hintergrund an: Das Schicksal, die Wirkung oder die Krankheit zeigen sich *heute,* die Ursache oder der Sinn dafür liegt *in der Zukunft.* Vielleicht werden auch Sie heute durch Krankheit und Schicksal gebeutelt, *damit Sie endlich begreifen,* und damit auch Sie in Zukunft frei sein können. Jedes Symptom trägt in sich als *Offenbarung* den Kern der Heilung, und den gilt es zu entdecken. Aber so ganz ohne „religio", ohne irgendeine wie auch immer geartete Gottesvorstellung, werden Sie dabei nicht auskommen.

Wir betrachten jetzt auf der Graphik mit dem Titel **DER SYMBOLISCHE WEG ZUR HEILUNG** auf der Seite 226 die drei Schritte, die durch Dreiecke dargestellt sind: KARDINAL, FIX und LABIL; dieser Weg führt zur Heilung durch Offenbarung. Beachten Sie bitte auch den Pfeil zu GOTT, das heißt, Sie halten dabei ständig Kontakt mit GOTT!

Beginnen wir im Dreieck KARDINAL: Beim Auftreten eines Symptoms können Sie zunächst ruhig einmal die Vergangenheit befragen, denn das eine schließt das andere nicht aus: Warum bekomme ich dieses Symptom? Oder: Was will mir meine Seele sagen? Je nach Ihrer religiösen Einstellung können Sie die Frage auch abwandeln: Wo habe ich gegen kosmische Gesetze verstoßen? Oder: Durch welche meiner Verhaltensweisen habe ich Karma geschaffen, das es nun abzubauen gilt? Aber am sinnvollsten ist immer die Frage: *Was fehlt mir?* Das ist nämlich eine Frage, die schon in die Zukunft reicht. Welches Prinzip habe ich bisher abgelehnt und nicht gelebt und soll nun durch das Symptom integriert werden?

Normalerweise kann der Mensch die Antwort bei sich nur schwer finden, denn sie liegt im Unbewussten. Wenn der Fehler bewusst wäre, gäbe es kein Symptom. Schicksal und Krankheit wollen ja gerade etwas aus der Unbewusstheit in die Bewusstheit anheben. Aus dem Kapitel III — Das HEXAGRAMM — wissen Sie noch um die verschiedenen Schichten des Unbewussten, und es hat nun keinen Sinn, im Rahmen einer Freudschen Psychoanalyse in den oberen Schichten des „psychischen Apparats“, wie er es nannte, herumzusuchen (in der orangefarbenen Spitze des *materiellen* Dreiecks), was übrigens durchaus zehn Jahre in Anspruch nehmen kann, wobei sich dann bei schlimmen Symptomen naturgemäß die Überlebensfrage stellt. Vielmehr müssen Sie, wenn Sie überhaupt analysieren wollen, sehr viel tiefer in die Welt der Archetypen des kollektiven Unbewussten hinabsteigen (in die blaue Spitze des *spirituellen* Dreiecks), dorthin wo sich die archaischen Grundmuster aus der Welt der Kulturen, der Träume, der Märchen und der Mythen befinden, um die persönliche „Schuld“ (Fehlentwicklung) herauszuarbeiten, was über die *Reinkarnationstherapie* geschieht.

Sobald dies in einigen wenigen Sitzungen geleistet ist, kommt die Frage nach der *causa finalis,* der Ursache, die in der Zukunft liegt: Was will GOTT mir sagen? Oder: Was hat GOTT mit mir vor? Fragen Sie GOTT doch selber, und wie Sie von JESUS CHRISTUS wissen, können Sie Ihn nur in Ihrem Inneren finden. Begeben Sie sich in Meditation; dort erhalten Sie auch Antworten. Sie entsinnen sich vielleicht an die Erläuterung des Heilschlafs des Asklepios und der ***Offenbarungstherapie***® aus dem Kapitel I und an die Erkenntnis des Patienten mit dem Herzinfarkt nach der Herzmeditation: „Lieber GOTT, ich danke dir, dass du mir diesen Herzinfarkt geschickt hast. Ich bin zwar auf die Nase gefallen und habe mir schrecklich weh getan, *aber ich weiß endlich und gerade noch rechtzeitig, was mir fehlt.* Amen.“

Diese *Offenbarung* aus dem Spirituellen Bewusstsein oder dem Heiligen Geist (der violetten Spitze des *spirituellen* Dreiecks) und der ständige Kontakt zu GOTT führen schließlich zu dem längst fälligen Bewusstseinswandel, der dann die Selbstheilungskräfte mobilisiert. Der Mensch erhält seine Gesundheit zurück durch eine Änderung der Gesinnung!

Der Schlüssel zu dieser hohen Ebene sind Rituale mit allegorischen Handlungen, die ich im Kapitel XII über das ***Hexagramm-Programm***® noch näher erkläre.

Wie kann dies geschehen? Wir kommen auf der Tafel auf Seite 226 nun zum zweiten Dreieck mit der Bezeichnung FIX: Nachdem Sie Ihre Gesinnung geändert haben, oder nachdem der „Schalter" im Unbewussten durch Erkenntnis, durch Meditation oder durch Rituale, letztlich durch die Rückkehr zu GOTT, umgelegt ist, fließen Ihnen über das Resonanzgesetz *fixe,* das heißt feste Bausteine aus der Materie einfach zu, die Ihre physische und psychische Gesundheit fördern. Aber ich sollte Ihnen noch das Resonanzgesetz kurz erklären: Lateinisch *sonare* heißt tönen, *resonare* zurücktönen. Das Resonanzgesetz können Sie auch an einem sehr bekannten Sprichwort erfahren: Wie man in den Wald hineinruft, so schallt es heraus.

Wenn Sie sich vor ein Klavier legen und einen bestimmten Ton singen, dann werden Sie es erleben, dass das Klavier genau mit diesem Ton antwortet; Sie haben im Klavier die diesem Ton zugeordnete Saite zum Schwingen gebracht. Bei einem anderen Ton würde das Klavier auch mit einem anderen Ton antworten. Das heißt: Sie können von außen (vom Klavier) nur etwas erfahren, was in Ihnen ist. Die Außenwelt spiegelt Ihnen also nur Ihre eigenen Schwingungen. Mögen Sie die Töne nicht leiden, die Ihnen das Klavier zurückwirft, so können Sie das Klavier dafür nicht verantwortlich machen. Es gibt nur einen Weg: Sie ändern Ihren Ton.

Kein Mensch kommt auf die Idee, morgens in der Toilette sein eigenes Spiegelbild zu beschimpfen — das wäre ja zu offensichtlich. Aber jeden Tag gehen Sie in solche Projektionen, indem Sie woanders Lieblosigkeit, Härte, Ablehnung oder Manipulation entdecken, die nur den Sinn haben, Ihre eigenen fehlentwickelten Eigenschaften der Lieblosigkeit, Härte, Ablehnung oder Manipulation zu spiegeln. Auch der Unfall, die Krankheit oder das Schicksal ist nur der Spiegel der Seele. Außenwelt = Innenwelt. Und nur eines heilt: Der Mensch muss sich ändern! Haben Sie das geleistet, dann senden Sie andere Schwingungen aus, und über das Resonanzgesetz erfahren Sie durch die *fixen* Bausteine der Außenwelt ein anderes Schicksal.

Das dritte Dreieck LABIL sagt etwas aus über die Veränderung. Spirituelle Entwicklung ist keine einmalige Angelegenheit, sondern ein immerwährender Prozess, der ins tägliche Leben integriert werden muss.

Haben Sie sich einmal überlegt, welche Mühen und Aufwendungen die Menschen auf sich nehmen, um die *materielle* Daseinsebene sehr angenehm zu gestalten? Die Tätigkeit in Ihrem Beruf dient fast ausschließlich dem Zweck, die materiellen Voraussetzungen im Leben zu schaffen. Auch für die Pflege des Körpers opfern Sie sehr viel Zeit und Geld in Form von Arztterminen, vollwertiger Nahrung und sportlicher Betätigung. Für die Pflege Ihrer Psyche besuchen Sie kulturelle Veranstaltungen wie Theater, Oper, Kino, Kunstgalerien und erbauen sich vielleicht an klassischer Musik. Den Intellekt bedienen Sie mit Gesprächen und Diskussionen sowie mit einem Überangebot an Informationen in Form von Büchern, Zeitschriften und Fernsehsendungen. Ihr *materielles* Dreieck aus Körper, Psyche und Denken ist also bestens versorgt, aber all das dient in wenigen Jahrzehnten nur noch dem Fraß der Würmer.

Doch was tun Sie für Ihre *spirituelle* Entwicklung? Was tun Sie für Ihre Seele? Wie viel Zeit reservieren Sie sich für Ihre wahre unsterbliche Persönlichkeit, die diese Inkarnation überdauert? Wie viele Minuten, von Stunden will ich ja gar nicht reden, opfern Sie für die tägliche Meditation? Welche spirituellen Übungen und Exerzitien gehören sonst noch fest zu Ihrem Tagesablauf? Oder warten Sie immer ab, bis Ihre Seele um Hilfe ruft? Und dann? Kehren Sie wenigstens dann in sich, oder rennen Sie gleich wieder zum Arzt mit dem Wunsch, die Unpässlichkeit so schnell wie möglich zu entfernen?

Solange Sie Ihrer *spirituellen* Entwicklung nicht eindeutig den Vorrang vor Ihrer *materiellen* Entwicklung einräumen, können Sie natürlich niemals im Ernst erwarten, dass Ihnen auch noch *Offenbarung* zuteil wird — von Heilung ganz zu schweigen! Hier, genau an diesem Punkt, wird Esoterik ehrlich.

Hier entscheidet sich der SYMBOLISCHE WEG ZUR HEILUNG. Man kann einfach nicht zu den tiefsten Geheimnissen des Universums vordringen, wenn man ein gewöhnliches und stinknormales Leben führt. Die spirituelle Ebene hilft und unterstützt nachhaltig nur jene Menschen, die Reinheit, Liebe, Gerechtigkeit und Wahrheit erstreben.

Die Zahl 2
Abschied von östlichen Weisheitssystemen

Der **SYMBOLISCHE WEG ZUR HEILUNG** kann nicht über Schulmedizin, Mathematik, Astronomie, Chemie und Physik, also über den Weg der stofflichen Materie führen, den wir seit dem Verzehr der Früchte des Baumes der Erkenntnis hinreichend gegangen sind, und über dem Luzifer als rechtmäßiger Herrscher der materiellen Welt thront, sondern nur über den geistigen Weg der

Spiritualität, d.h. über Spirituelle Medizin, Zahlensymbolik, Astrologie, Alchimie und Metaphysik. Dieser Weg ist dem Baum des Lebens zugeordnet, über dem JESUS CHRISTUS thront, dessen Reich „nicht von dieser Welt" ist.

Nun sind ja auch noch andere spirituelle Wege denkbar, die ebenfalls zurück in die göttliche Einheit führen sollen. Doch hier gabelt sich noch einmal der Weg. Hier tut sich eine Falle auf:

Vielleicht ist Ihnen schon aufgefallen, dass in meinem Buch bisher niemals die Rede war von AYURVEDA, FENG SHUI, I GING, QI GONG, REIKI, SHIATSU, TAI CHI, TANTRA, YOGA oder ZEN. Mit den nun folgenden Ausführungen werde ich innerhalb der neuen Esoterikwelle wahrscheinlich einen Sturm der Entrüstung hervorrufen, doch auf der *diabolischen* Ebene der Zahl 2 erlaube ich es mir hier in diesem Kapitel, an dieser Weggabelung, noch einmal in die Differenzierung und Wertung zu gehen, indem ich „Gutes" und „Böses" unterscheide.

JESUS CHRISTUS drückte sich beim Abschied von Seinen Jüngern sehr klar und eindeutig aus: „Ich bin der Weg, die Wahrheit und das Leben; *niemand kommt zum Vater außer durch mich."* (Johannes-Ev., Kapitel 14, Vers 6). Diesen Weg, der den Monotheismus voraussetzt, kennen östliche Weisheitslehren nicht. Das wäre nicht weiter schlimm, wenn die vom Osten her ausschwirrenden „Meister" nicht immer wieder versuchen würden, die „Suchenden" hier im Westen von diesem klaren und direkten Weg abzubringen, ihnen dafür undifferenzierte, *„universale* Licht-, Ton- oder Heilströme" anpreisen und glauben machen wollen, östliche und westliche Wege vermischen zu können. Oder können Sie das hinduistische Kastensystem übernehmen und JESUS CHRISTUS durch die „esoterische Hierarchie der aufgestiegenen Meister" ersetzen? Für denjenigen, der nicht wachsam ist, kann der spirituelle Weg zurück zu GOTT so kurz vor dem Ziel in einer erneuten diabolischen Verzweigung enden.

Die antiken Mysterienschulen Ägyptens und Griechenlands haben schon Jahrhunderte vor Christi Geburt erkannt, dass die östliche Lehre der Vielgötterei eine naive Religionsform ist, die durch die spirituelle Weiterentwicklung des Menschen schon lange überholt ist. Sie haben die Auseinandersetzung zwischen den ihnen offenbarten Wahrheiten und den Verfechtern der althergebrachten Religionen nicht gescheut. Dies bildete die Grundlage der abendländischen Kultur mit der freien Entfaltung des Geistes und der Vernunft.

Ex oriente lux — das Licht kommt aus dem Osten! Ein uralter Leitsatz westlicher Mystik. Östliche Gurus schmücken sich so gerne mit dem Ruhm, *sie* seien das Licht, das da gemeint ist. Sie sind es *nicht.* Zwar ist jede ordentliche Kirche so gebaut, dass die Gemeinde zum Altar gen Osten blickt, zwar verneigen sich die Menschen gen Osten, um die aufgehende Sonne als Symbol des „Einen GOTTES" zu begrüßen, aber keinem der ernst zu nehmenden Mystiker ist es je in den Sinn gekommen, in diesem hohen Licht einen Babaji, einen

Maharishi, einen Maitreya, einen Osho, einen Sai Baba, einen Singh oder einen Usui zu erblicken. Bei aller Hochachtung vor der geistigen und teilweise bestimmt auch sehr sinnvollen Arbeit dieser Leute meine ich, dass da Ebenen verwechselt werden. Um wieder auf den Boden der Tatsachen zurückzukehren, empfehle ich den westlichen Anhängern östlicher Weisheitslehren immer, sie mögen sich doch bitte bei ihrem nächsten Indienbesuch ebenfalls nach Osten verneigen, um dann in dem von Indien aus gesehenen östlichen Kalifornien z.B. eine Chris Griscom zu erblicken, um von ihr der Weisheit letzten Schluss zu erfahren. So ist das mit dem Osten also nicht gemeint!

Östliche Mythologien und Weisheitssysteme sind bestimmt geeignet, Selbsterkenntnisschritte bei Chinesen, Japanern und Indern zu vollziehen, aber für den normalen Mitteleuropäer ist es jetzt wirklich an der Zeit, sich von den fernöstlichen Weisheitssystemen mit all ihren faszinierenden Gurus zu verabschieden, die so klangvolle Namen in der esoterischen Szene haben. Der Grund dafür liegt darin, dass der im Westen geborene Mensch seit Inkarnationen im Monotheismus fest verwurzelt ist. Er hat zu den fernöstlichen Mythologien keinen Zugang.

Für den Inder, der von frühesten Kindesbeinen an mit Brahma, Shiva und Vishnu vertraut ist — um nur drei Prinzipien, drei Archetypen des Hinduismus zu nennen, den Schöpfer, den Zerstörer und den Erhalter — bauen diese mythologischen Bilder die Brücke zum Unbewussten. Fest verankert im Selbst und befreit von aller materiellen Verunreinigung, erlangt der Yogi, der so mit dem spirituellen Bewusstsein in Berührung kommt, die höchste Stufe seines vollkommenen Glücks.

Aber Sie, als Mitteleuropäer, werden Sie auch über Brahma, Shiva und Vishnu die Himmelsleiter erklimmen können? Ich glaube es nicht. Oder kennen Sie etwa die indische Lehre von den Zyklen des Universums, nach denen der Schöpfergott Brahma alle vier Milliarden und 320 Tausend Jahre aus dem Schoß der Urwasser eines sich entfaltenden Lotus entsteigt, erwacht und in diesem Zeitraum alle Welten bildet, um dann wieder einzuschlafen, worauf die Welten wieder verschwinden, um an einem neuen Brahmamorgen von neuem zu erscheinen? Oder sind Sie mit Shiva vertraut, der auf einem hohen Berg sitzend über das Wesen der Schöpfung Brahmas nachsinnt und alles Abgelebte zerstört, dessen Antlitz die Züge tiefer Weisheit und vollkommener Ausgeglichenheit zeigt, weil er von den Gesetzmäßigkeiten des universellen göttlichen Plans weiß? Und kennen Sie auch den ruhigen und schönen Gott Vishnu, der auf der kosmischen Schlange der Ewigkeit mit allen Zeichen der Königswürde thront? Im scheinbaren Chaos der Schöpfung und Zerstörung (Brahma und Shiva) bietet Vishnu allen Wesen Zuflucht, und er richtet die Ordnung der Dinge wieder auf, wenn sie einmal zusammenbricht. Und wissen Sie um die Bedeutung der Symbole, die er in seinen vier Armen hält: Die heilige Keule, Symbol der Urkraft der Welt; die kreisrunde Wurfscheibe (bekannt als Chakra), Symbol der Macht über den Kreis des Universums; das Muschelhorn,

Symbol für die Urzeit; und die Lotusblüte, Symbol des ewigen Sieges des Lebens? Wenn Sie dies alles wissen und in sich spüren, oder wenn Ihnen die Figuren aus der Bhagavad-gita mehr vertraut sind als die biblischen Gestalten, dann bleiben Sie gerne auf dem indischen Pfad.

Ich bleibe jedoch sehr skeptisch, wenn ich höre, dass der Buchhalter Franz Lehmann aus Hannover auf den klangvollen Namen „Arjuna“ hört, sich auf einem fernöstlichen Weisheitspfad befindet, sich mit einem sanften, wohltuenden, aber demutsvollen Erlöserblick und einem ständig einherleiernden „Om Nama Shivaya“ auf den Lippen als Kanalarbeiter betätigt (Reiki: Ich bin ein Kanal) und in „sessions“ „healing“ verabreicht, oder sogar zur telefonischen Fernheilung befähigt ist, nachdem er in einem Wochenendseminar von einer Ernährungsberaterin in den „Meistergrad eingeweiht“ wurde.

Ich komme ja auch nicht auf die absurde Idee, einem Bewohner von Sri Lanka die Skorpionsymbolik der Astrologie durch die Analogie eines kalten, feuchten und moderigen Novembertages zwischen Buß- und Bettag und Totensonntag auf einem Friedhof zu erklären, wo die Spinnen Fliegen fangen und in einen Kokon einnähen, um lebende Nahrung zu haben, weil der Inder sich in diese Stimmung überhaupt nicht hineinbegeben kann. Auch das astrologische Bild des Steinbocks, der in den höchsten Gipfeln der Alpen unter einer verkrusteten Schneedecke nach Nahrung sucht, während sich weiter drunten im Tal träge Kühe auf der Weide die Bäuche vollschlagen, ist für den Mann aus Calcutta nicht nachvollziehbar. Auch zum astrologischen Bild des Stiers hat ein Inder, der die weiße Kuh anbetet, etwa den gleichen Zugang wie der Teufel zum Weihwasser.

Im Buch der Wandlungen des chinesischen I Ging ist ein System von Gleichnissen für die ganze Welt aufgebaut, und es gehört zu den bedeutendsten Schriften der Primärliteratur. Die 64 Bilder des chinesischen I Ging sind übrigens keine „Hexagramme“, wie in einigen Übersetzungen zu lesen ist, was nur beweist, wie wenig sich der Übersetzer in seinem eigenen Umfeld auskennt. Diese 64 Bilder des I Ging drücken die Welterfahrung der Chinesen aus, die wir nur schwer nachvollziehen können.

Sehen wir uns einige dieser Irrwege an, die sich zur Zeit allergrößter Beliebtheit erfreuen:

In den AYURVEDA-Gesundheitszentren von **MAHARISHI** können Sie gerne Ihre Seele in Einklang bringen mit symmetrischen Massagen, Kräuterdampfbädern oder Entschlackungskuren, nur hüten Sie sich vor der ebenfalls von MAHARISHI angebotenen Meditation. Zur **TM (Transzendentalen Meditation)** wird dem Meditierenden ein *Mantram* gegeben, ein Wort aus dem Sanskrit, das er dann jeden Morgen für sich aussprechen muss. Ein Mantram, das gesprochen, gedacht oder mit dem meditiert wird, ist eine kurze geistige Formel, die Schöpfungskraft hat (Im Anfang war das Wort), und welche Bewusstwerdungsprozesse auslöst, die inhaltlich mit diesem Wort in Beziehung stehen, egal, ob der Meditierende die Bedeutung kennt oder nicht. Er weiß nicht, worauf er sich einlässt, und vor allem kennt er die Auswirkungen nicht.

Mit der feierlichen Vergabe des Mantrams steht der Meditierende in Verbindung mit dem „Meister" MAHARISHI, er wird Jünger seiner Gemeinschaft. Durch die ständige Wiederholung des Mantrams in der Meditation (steter Tropfen höhlt den Stein) gräbt es sich mit der Zeit wie ein Brandmal in das Gehirn des Meditierenden, so dass er nicht mehr in der Lage ist, seinen spirituellen Weg unabhängig von MAHARISHI zu gehen. Beobachten Sie einmal sehr kritisch die auflösenden Persönlichkeitsveränderungen bei einem Menschen, von dem Sie wissen, dass er zehn Jahre oder länger TM betrieben hat, und bilden Sie sich Ihre eigene Meinung.

Durch **REIKI** soll uns weisgemacht werden, wir alle könnten so heilen wie JESUS CHRISTUS, ohne auch nur den geringsten Entwicklungsschritt getan zu haben. Der „christliche Mönch Dr. Mikao Usui," so heißt es in der Geschichte von Reiki, „wurde eines Tages von seinen Schülern gefragt, mit welcher Methode Jesus geheilt hätte. Denn in der Bibel heißt es, dass Jesus durch bloßes Handauflegen Krankheiten besiegt." Dr. Usui war bekümmert, dass er keine solche Heilmethode lehren konnte und begab sich auf die Suche. Statt in der Bibel zu suchen, wie man es von einem angeblich „christlichen Mönch" erwarten dürfte, wurde er in alten Sanskrit-Schriften fündig. Dann fiel auch noch ein Lichtstrahl durch sein Stirn-Chakra, ihm erschienen indische Symbole, und Reiki war geboren. Die Methode wurde von Amerikanern aufgegriffen, „wissenschaftlich geklärt" und vermarktet.

Die R.A.I., eine der drei einander bekämpfenden Reiki-Organisationen, ist inzwischen die größte ideelle Heilerorganisation der Welt. Sie distanziert sich zumindest von den Reiki-Behandlungen an Fernsehern und Waschmaschinen und gibt vor, die *christliche* Seite von Reiki zu vertreten, wo immer die auch sei. So wird gelehrt, der Reiki-Therapeut sei nur der „Kanal" für göttliche Energie, und die sei sauber. Was ist aber, wenn der Kanal nicht sauber ist? Und wer kann schon von sich behaupten, er sei ganz rein! Was am Ende eines Kanals herauskommt, ist eben nur so sauber oder so schmutzig wie der Kanal selbst. Der Blick in einen realen Abwasserkanal verschafft oftmals Klärung. Mit anderen Worten: Die Reiki-Heiler, die an sich selber oft keine therapeutische Klärungsarbeit leisten, geben ihre eigenen Probleme an die Klienten weiter. Würde Reiki nicht funktionieren, wäre es harmlos; das Schlimme daran ist, dass die Klienten tatsächlich vorübergehende Linderung erfahren können, die sich erst später möglicherweise ins Gegenteil verkehrt. Der Reiki-Geber fühlt sich prächtig, denn er wird tatsächlich gereinigt — allerdings auf Kosten seines Klienten. Und dieser ist nicht mehr bereit, einen eigenen Entwicklungsschritt zu gehen, sondern er verlässt sich auf die „Heilkraft" von Reiki, wodurch eine symbiotische Abhängigkeit entstehen kann.

Die Idee, dass durch Handauflegen Heilung eingeleitet werden kann, ist so alt wie die Menschheit, aber mit JESUS CHRISTUS hat Reiki nicht das Geringste zu tun. Weshalb versuchen Sie es, liebe Leserinnen und Leser, nicht einmal anders: Statt einer Reiki-Behandlung legen Sie Ihrem kranken Kind sanft Ihre Hände auf, *ohne* irgendein System und *ohne* eine Bindung an Symbole, dafür aber mit einem stillen Vaterunser auf den Lippen. Wenn dies in absichtsloser Liebe geschieht, werden Sie staunen!

Gerne können Sie die Zentren der **SANYASSINS (OSHO)** aufsuchen und deren zum Teil recht gutes therapeutisches Angebot annehmen. Aber hüten Sie sich davor, selber Sanyassin zu werden und einen fremden Vornamen anzunehmen! Ein Name verändert das Schicksal des Menschen! Die Kabbala lehrt, dass jeder Buchstabe eine Zahl ist. Kosmische Gesetze verwandeln Namen in Ziffern und konstruieren aus den Verhältniszahlen geometrische Körper (Pythagoras). Diese kristallinen Formen und Gebilde gestalten unser Inneres, sie machen die Seele zu einem Gebäude aus Linien und Achsen und schaffen dadurch Schicksal. „Nomen est omen," sagte man in der Antike, und der französische Schriftsteller Balzac schrieb: „Die Namen werden im Himmel vergeben. Man wird dort oben benannt, bevor man hier unten lebt. Ich bin felsenfest davon überzeugt, dass zwischen Namen und Persönlichkeit tiefe geheime Beziehungen walten." Wenn sich ein Mensch anmaßt, in kosmische Gesetze einzugreifen, indem er Ihnen einen anderen Namen verpasst, betreibt er schwarze Magie.

Menschen, die nicht zu ihrem eigenen Geburtsnamen stehen, stehen auch nicht zu ihrer karmischen Herkunft. Wer seine individuellen Wurzeln verleugnet, missachtet seine Seele. Und wer seine Seele verleugnet, wird keinen Zentimeter auf dem spirituellen Weg der Selbsterkenntnis gehen. Im Gegenteil, solches Handeln kann in höchstem Maße gefährlich sein, weil es zu einer Persönlichkeitszerstörung führt.

Die absurdeste Unterwanderung des Christentums und zugleich auch ungeheuerlichste Anmaßung geht von **MAITREYA** aus. Der für die Öffentlichkeitsarbeit zuständige englische Journalist und Redakteur *Benjamin Creme* behauptet allen Ernstes, der wahre CHRISTUS sei nicht JESUS, sondern MAITREYA, ein „aufgestiegener Meister", der „den Jünger Jesus von der Taufe bis zur Kreuzigung überschattet habe. Eine „Überschattung" ist keine Inkarnation, sondern eine magische Fremdbesetzung. Benjamin Creme zufolge habe MAITREYA als höchste Energie nicht nur JESUS, sondern auch BUDDHA und KRISHNA überschattet, sei nun endlich selber auf die Erde hinabgestiegen, lebe seit Mai 1982 unerkannt in London und warte nur auf den geeigneten Augenblick, die Weltherrschaft anzutreten. Angehörige der „esoterischen Hierarchie" (ein Begriff aus der Theosophischen Gesellschaft) seien bereits in die Machtzentren der Welt (UNO, Regierungen, Vatikan und Banken) eingeschleust.

Man könnte dies als schlechten Witz abtun, wenn die Leute nicht über einen riesigen Werbeetat verfügen würden und nicht durch Bücher, Kundgaben, Zeitschriften, Anzeigen, Fernsehauftritte und groß angelegte Werbekampagnen hervorträten. Die beträchtliche Anhängerschaft unterliegt offensichtlich einer okkulten mentalen Manipulation, wie sie auch bei der Scientology Church vermutet wird, oder die mit den magischen Praktiken der Thule-Gesellschaft vergleichbar ist, die hinter Hitler stand. Für einen Nicht-Okkultisten sind diese Machenschaften schwer durchschaubar und nicht zu verstehen, aber sie funktionieren!

Die pantheistische Selbsterlösungslehre, in der MAITREYA als „Weltlehrer“ auftritt, sieht ihr Zentrum in *Sanat Kumara in Shambhala,* eine östliche Mystik westlich verpackt, was ich mit einem Wolf im Schafspelz gleichsetze. Die Lehre hat für die gutgläubigen, aber blauäugigen Esoteriker eine wahnsinnige Faszination, denn sie steht im völligen Gegensatz zum Christentum, und viele Suchende fühlen sich durch die Praktiken der Kirchen verletzt. Die Lehre soll das Heil-Sein durch hinduistische Selbstentdeckung ermöglichen und nicht auf religiösem Wege.

Ähnlich wie Marx und Lenin („Religion ist Opium für das Volk“) sollen Gebete durch Magie ersetzt werden. So behauptet MAITREYA, das Gebet sei eine Form „astraler Anrufung“, welche die „Hilfe der Hierarchie als Mittler der Gottheit“ bewirke. Dann ist das Gebet aber kein *Geben* mehr, sondern ein *Fordern.* Im Klartext bedeutet das: schwarze Magie! Sogar im Tischgebet solle man nicht GOTT für die Nahrung danken, sondern die heidnische „Große Mutter“ oder *Gaia* als Quelle der Nahrung verehren.

Entweder ist MAITREYA die Ausgeburt eines krankhaft neurotischen Gehirns des *Benjamin Creme,* und das Ganze ist eine Farce — oder es gibt ihn wirklich. Wenn das zutrifft, dann ist MAITREYA mit Sicherheit der in der Apokalypse angekündigte *Antichrist.*

Das waren nur wenige Beispiele von vielen, die ich nicht alle aufzählen kann; denn zu Hunderten laufen Schwindler aller Rassen herum, die sich als „Eingeweihte“ oder „Meister“ gebärden, doch keiner von ihnen weiß, wo die Glocke wirklich hängt, die da läutet. Die Diebe, die der Seele die Kraft stehlen, sind schlimmer als die Diebe der Erde. Sie locken die Menschen wie Irrlichter in die Moräste einer trügerischen Hoffnung.

Es ist zwar richtig, dass auch C. G. Jung wesentlich dazu beigetragen hat, das Interesse der westlichen Menschen an der Spiritualität Asiens zu erhöhen. Seine Beschäftigung mit den geistig-religiösen Traditionen des Ostens drängte sich ihm infolge des Bedürfnisses einer ganzheitlichen Schau der Welt und des Menschen auf. Aber bereits im Jahre 1930 schrieb Jung, in der Begegnung zwischen Ost und West könne zwar eine Heilkraft verborgen sein, aber auch eine gefährliche Infektion: „Die geistigen Bettler unserer Tage sind leider allzu geneigt, sich das Almosen des Ostens anzueignen und seine Art und Weise blindlings nachzuahmen. *Das ist die Gefahr, vor der nicht genug gewarnt werden kann......* Wir müssen vielmehr lernen, (das unsere) zu erwerben, um (es) zu besitzen. Was der Osten uns zu geben hat, soll uns bloß Hilfe sein bei einer Arbeit, die wir noch zu tun haben. Was nützt uns die Weisheit der Upanishaden, was die Einsichten des chinesischen Yoga, wenn wir unsere eigenen Fundamente wie überlebte Irrtümer verlassen und uns wie heimatlose Seeräuber an fremden Küsten diebisch niederlassen." (C. G. Jung aus: Das Geheimnis der Goldenen, Blüte XVII). Dies ist eine eindeutige Sprache!

Zusammenfassend möchte ich betonen, dass die Gefährlichkeit der östlichen Weisheitslehren im Anpreisen eines Weges liegt, der zur „Erleuchtung" führen soll, aber *ohne* die Betrachtung des eigenen Schattens oder der eigenen Schuld, *ohne* eine Arbeit an sich selber im Sinne eines Bewusstseinswandels und *ohne* die Bitte um Gnade um Vergebung durch den „EINEN GOTT" .

Die Faszination östlicher Lehren liegt in dem Drang nach spiritueller Vervollkommnung im Sinne von Selbsterlösung durch Abkehr von der materiellen Welt. Doch wir Europäer sollten nach westlicher Lehre Alchimisten sein, die *in der Materie* und *mit der Materie* spirituell arbeiten. Wir sind nicht dazu berufen, stumpf vor uns dahinzudämmern, diese Welt illusionär als „Maya" zu erklären und ihr den Rücken zu kehren, um sie in Schmutz und Elend versinken zu lassen, wie wir das in der östlichen Welt vielfach beobachten können.

Das griechische Volk hatte vor 2500 Jahren die höchste geschichtliche Leistung vollbracht, die das Abendland überhaupt aufzuweisen hat: Das Geschehen, welches wir heute „Antike" nennen, bildet die Grundlage der abendländischen Kultur. Über zwanzig Jahrhunderte zehren davon. Eine kleine Anzahl von Menschen hatte damals die blinden, unberechenbaren Götzen des Orients entthront, die jahrtausendelang die Welt regiert hatten. Griechenland rang sich aus den mythischen Irrungen des Orients zum Gedanken empor, dass das *Universum eine Ordnung* hat, welches der Mensch *durch Vernunft begreifen* kann. Gehen wir deshalb mit Verstand und Vernunft an das nächste Kapitel:

Die Zahl 1 Arbeit mit westlichen Einweihungslehren

Wir sind jetzt beim letzten und wichtigsten Schritt auf dem Wege zurück in die göttliche Einheit angelangt. In der Graphik mit der Überschrift **DER SYMBOLISCHE WEG ZUR HEILUNG** auf Seite 226 finden Sie im rechten Kasten einige Vorschläge, sich mit kosmischen Gesetzen zu befassen.

Beginnen wir bei dem Thema **METAPHYSIK.** Sie ist die Wissenschaft von den ersten Prinzipien des Seienden und die Grundlage jeder Philosophie. Die Worte Meta-Physik bedeuten, was *hinter* der Physik steht. Sinn der *Metaphysik* ist die Suche nach dem Übernatürlichen, dem Überweltlichen, dem Übervernünftigen. „Gott würfelt nicht!“ sagte Einstein. Hinter allem steht ein Gestaltplan, den es zu offenbaren gilt.

Metaphysik wird zum Beispiel heutzutage bei den Freimaurern betrieben, die sagen: „Wir bauen den Tempel der Humanität, und die Steine, derer wir bedürfen, sind die Menschen.“ Niemand kann im Ernst glauben, dass hier ein materielles Bauwerk gemeint ist, wo lebendige Menschenleiber aufeinandergeschichtet werden. Aber jeder Bruder fühlt sich als ein Teil des Ganzen, so wie die Körperzelle ein Teil des menschlichen Organismus ist, oder wie der Mensch ein Teil des Kosmos ist. Und der Teil beinhaltet immer alle Informationen des Ganzen. So bekommen ganz normale Bauhandwerkzeuge eine Doppelbedeutung, eine physische und eine *metaphysische:* Der Spitzhammer dient nicht nur dazu, Steine zu behauen, sondern auch, um die Ecken der eigenen Unvollkommenheit abzuschlagen; das Winkelmaß misst nicht nur den rechten Winkel am Bau, sondern es hält zu einer rechtwinkligen Lebensweise an; und der Zirkel schlägt nicht nur den Kreis der Vollkommenheit, sondern er prüft auch das eigene Gewissen ab.

Freimaurerei ist jenes westlich orientierte esoterische Lehrsystem, welches vom modernen Menschen noch am ehesten in die Realität umzusetzen ist: Fast alle großen Philosophen, Dichter und Denker der letzten zweihundertfünfzig Jahre waren Freimaurer und standen, wie zum Beispiel der Dichter Johann Wolfgang von Goethe als Minister, auch im öffentlichen Leben ihren Mann. Auch die Gründer der Vereinigten Staaten von Amerika, ihres Zeichens hohe Militärs, waren fast ausschließlich Freimaurer, ebenso wie eine große Anzahl ihrer späteren Präsidenten.

Zu allen Zeiten gab es unseriöse Literatur über Freimaurerei, die in der ersten Hälfte dieses Jahrhunderts in der Dolchstoßlegende und in der zweiten Hälfte in dem Buch „Geheimgesellschaften“ gipfelten. Die Autoren, die alle immer wieder voneinander abgeschrieben haben, machten sich niemals die Mühe, den Wahrheitsgehalt der falschen Information zu überprüfen, was in jeder Bibliothek möglich gewesen wäre.

In der seriösen Literatur über Freimaurerei wird oft darüber spekuliert, ob die Freimaurerei in Deutschland die Aufklärung und in Frankreich die Revolution hervorgerufen habe, oder ob Aufklärung und Revolution die Freimaurerei überhaupt erst ermöglicht haben. Angesichts des erheblichen Altersunterschieds von fast 3000 Jahren, welche die Freimaurerei älter ist als diese Vorgänge, erübrigt sich jede Spekulation.

Es gibt heute zwei große Richtungen in der Freimaurerei: die mehr humanistisch orientierten „Alten Freien und Angenommenen Maurer“ (A.F.u.A.M.) und der mehr christlich orientierte „Freimaurer Orden“ (F.O.), die aber zusammen mit einigen anderen, kleineren Lehrsystemen in einer gemeinsamen Großloge organisiert sind. Jeder „freie Mann von gutem Ruf" hat die Möglichkeit, nach einer gewissen Zeit des Kennenlernens und der gegenseitigen Prüfung, in den Bund der Freimaurer aufgenommen zu werden — allerdings keine Frau.

Ohne diese Einschränkung können Sie die Studien der **ALCHIMIE** z.B. im Orden der „Rosenkreuzer" betreiben. Ganz im Gegensatz zur naturwissenschaftlichen Chemie ist die Grundlage der Alchimie die Erkenntnis, dass das Universum ein lebendiges Ganzes ist, dass es gewissermaßen die Manifestation göttlicher Weisheit, göttlichen Bewusstseins und göttlichen Lebens ist, und dass nichts isoliert existiert. Alles, was existiert, besteht aus drei „wesentlichen Bestandteilen" (alchimistisch: Salz, Sulfur und Mercurius, astrologisch: kardinal, fix und labil), auch als „philosophische Prinzipien" bezeichnet, oder gleichzusetzen mit Körper, Seele und Geist. Die Alchimie sucht *das Gold GOTTES.*

Der Ursprung der Alchimie, die nach der okkulten, mystischen Lehre des Hermes Trismegistos „hermetische Kunst" genannt wird, ist Ägypten. Die Araber griffen die Alchimie auf, sie entartete unter ihnen zu einer Beschäftigung mit dem Ziel der Transmutation von Metallen, die in der Herstellung materiellen Goldes gipfelte. Durch Paracelsus kehrten dann schließlich wieder die spirituellen und durch Jacob Böhme die mystischen Inhalte zurück.

Es gibt sehr viel Literatur über dieses Thema, doch im Sinne eines Einweihungsweges leider nur wenig Wertvolles. Oftmals heißt es im Titel schon Alchemie, mit „e" geschrieben, was bereits auf die soeben beschriebene arabische Abart (arabisch: *alcem)* hinweist. Im Innenteil wird zwar sehr wortreich behauptet, man sei keine primitive Vorstufe der Chemie, dennoch ergießen sich die Autoren immer wieder in labormäßiger Beschäftigung mit der pflanzlichen und mineralischen Alchemie, mit Erzen, Mixturen und Essenzen, mit Metalltransmutationen (aus Blei wird Gold) sowie mit der Herstellung des Steins der Weisen. Das reinste natürlich vorkommende Metall, *das Gold,* so wird behauptet, bestehe aus den drei alchemistischen Substanzen Sal (= Salz, Materie, Asche), Sulfur (= Schwefel, verbindend, Öl) und Merkur (= Geist, Leben, Alkohol) zu gleichen Teilen. Diese „drei wesentlichen Bestandteile" offenbaren sich in der uns zugänglichen Form in den vier (mit der Astrologie identischen) Elementen Feuer, Wasser, Luft und Erde. So erfahren Sie dann tatsächlich sehr viel über *Alchemie,* aber leider nichts über *Alchimie.*

Die *Alchimie,* mit „i" geschrieben, zu erklären, ist mit Wort und Schrift kaum möglich. Sie ist ein magischer Vorgang, bei der sich der Wahrheitssuchende in die innere Märchenwelt versetzt und die Kräfte seines eigenen Wesens erforscht. Wahre *Alchimie* hat nichts mit der vergeblichen Mühe zu tun, Blei in Gold zu verwandeln. Sie sucht umfassende Kenntnis der Gesetze des

Werdens und Vergehens der Materie zu erlangen. Diese Kenntnis kann weder durch ein Buch noch durch ein Lehrsystem vermittelt werden, denn sie ist das Ergebnis unablässiger Beschäftigung des Alchimisten mit der Materie, die er stufenweise reinigt und veredelt.

Sogar in der labormäßigen Arbeit unterscheidet sich rein äußerlich die Arbeit des *Alchimisten* gar nicht von der des *Alchemisten.* Beide haben ihre Reagenzgläser vor sich und experimentieren mit Feuer, Wasser, Luft und Erde. Aber im Inneren des Alchemisten (mit „e“) ist der Wunsch, der Anspruch und die Absicht, die Transformation und Mutation der Elemente zu erreichen mit dem Ziel, das Gold oder den Stein der Weisen zu finden. Der Alchimist (mit „i“) hat diesen Anspruch *nicht!* Ähnlich wie ein Blinder, der Blumen pflanzt, bewässert und von Unkraut befreit, ohne sie jemals zu Gesicht zu bekommen, und dennoch die schönsten Züchtungen hervorbringt, einfach weil er seine Blumen liebt, so beschäftigt sich der Alchimist mit der Materie um der Materie willen, weil er sie liebt. Und wenn er plötzlich Gold vor sich hat, dann zeigt ihm die Materie, dass er sich selber spirituell veredelt hat.

Jeder Mensch lebt in der Materie, und so entspricht die Umwandlung der Materie der Umwandlung seiner Umwelt. Für den Alchimisten heißt das, dass er zum Eingeweihten wird, sobald sich seine Umwelt wandelt. So gesehen sind wir nämlich alle, die wir in dieser Welt leben und arbeiten, Alchimisten. An der Veredelung unserer Umwelt, den „Früchten“ unserer Arbeit, können wir den Grad unserer spirituellen Entwicklung erkennen.

Nun gibt es Literatur über die *Alchimie,* die jedem Menschen zugänglich ist. Aber die großen Geheimnisse finden Sie immer dort, wo Sie sie am allerwenigsten vermuten: Die Bibel beschreibt im Ostergeschehen mit der Kreuzigung die alchimistische *conjunctio oppositorum,* die Vereinigung der Elemente Feuer und Wasser, Luft und Erde. Durch diesen Vorgang vollzieht sich die Überwindung des Leidens und die Wiedergeburt im Geist. An anderer Stelle erklärt die Bibel im 21. Kapitel der Offenbarung des Johannes (analog zu 21. Tarotkarte = das Universum) das alchimistische *opus magnum,* das heißt die Vollendung des großen Werkes der Transmutation des Menschen. Dort sind vom Amethysten bis zum Topas 12 alchimistische Mineralien beschrieben, welche die Grundsteine des himmlischen Jerusalem schmücken, in dessen Mitte sich das Gold befindet. Mit dieser Symbolsprache ist die Verwandlung und Verklärung der Menschheit zu einer vollkommenen Welt gemeint. Die Texte der Bibel sind allerdings verschlüsselt und nur dem Eingeweihten verständlich. Das Ziel ist, über die vier Elemente der materiellen Welt das fünfte Element, die *quinta essentia,* zu erfahren, die als Quintessenz (=Erkenntnis) Eingang in den heutigen Sprachgebrauch gefunden hat.

Auch heute noch wird uns Menschen wahres *alchimistisches* „Gold“ angeboten: das sind die ewig gültigen Weisheitslehren. Wir müssen lernen, durch Arbeit an uns selbst, unser Gespür so zu entwickeln, dass wir fähig sind, in dieser Flut von Informationen die geheimen Botschaften zu entschlüsseln und somit das „Gold“ aus dem Unrat herauszuwaschen. Das Gold der Wahrheit steckt nämlich in ganz alltäglichen Lebensereignissen! Das zu erkennen ist reine *Alchimie.*

Das Prinzip der Herstellung des „Steins der Weisen“ ist also nicht mitteilbar. Dennoch können Sie sich mit *Alchimie* heutzutage zum Beispiel im Schutze des Ordens vom Rosenkreuz beschäftigen, aber achten Sie darauf, dass Sie auch wirklich an den Alten Mystischen Orden vom Rosenkreuz (A.M.O.R.C. = Antiqus Mysticus Ordo Rosae Crucis) geraten und nicht an ein kopiertes Lehrsystem oder eine Splittergruppe, die nur das Wort „Rosenkreuzer“ in ihrem Namen führt.

Und bedenken Sie immer: Ein Meister kann Ihnen nur den Weg zeigen; das Geheimnis muss jeder für sich selber entdecken.

Die **KABBALA** hat ihren Ursprung in der theosophisch jüdischen Mystik. Sie geht zurück auf das intuitive Erfassen der übersinnlichen Welt durch den Rabbi Simeon ben Jochai, der im Jahre 150 n.Chr. die „Thronherrlichkeit Gottes von einem Hofstaat“ umgeben sah. Im 9. Jahrhundert wurde daraus im *„Sepher Jezirah“* (Buch der Schöpfung) eine Weltentstehungslehre, in der die Zahlen, *„Sephirot“,* eine Hauptrolle spielten, die kosmologisch gedeutet zu metaphysischen Begriffen wurden. So entstand später dann die Lehre von den *„zehn Sephirot“* als den zehn Grundkräften zwischen GOTT und der Weltordnung. Als Zusammenfassung erschien um 1300 das grundlegende Werk *„Sohar“,* ein Buch, welches als Kommentar zum Pentateuch aufgefasst werden kann. Dort werden die vier sich abstufenden Weltenordnungen erklärt: *Aziluth* (Feuer), die „grenzenlose Welt der göttlichen Namen“, *Briah* (Wasser), die „Welt der Schöpfung“, *Getzirath* (Luft), die „hierarchische Welt der Erzengel, der Gestaltung und der Formgebung“ und schließlich *Assiah* (Erde), die „Welt der materiellen Erscheinungen“ .

Schon bei Plato verbanden Zahlen die Welt der Ideen mit den materiellen Dingen; und Worte stellten die Verbindung zwischen geistigen und körperlichen Welten dar (Johannes: im Anfang war das Wort). Bei der mystischen Auslegung der Heiligen Schrift spielen die Besonderheiten des hebräischen Alphabets eine große Rolle: Zerlegt man das hebräische „Wort“ (Alphabet) in die 22 Konsonanten, deren erste und letzte als Zahlen benutzt werden, so erhält man die zehn Sephirot, die zusammen mit den 22 Konsonanten „zweiunddreißig wunderbare Wege der Weisheit ergeben.“

In den zehn Schnittpunkten befinden sich die zehn Sephirot des Lebensbaums, die durch die 22 Wege der Weisheit miteinander verbunden sind. Diese 22 Wege finden wir sowohl in den Bildern des Tarots wieder als auch in den 22 Buchstaben des hebräischen Alphabets. Und nicht rein zufällig hat die Offenbarung des Johannes 22 Kapitel.

Die Philosophie der jüdischen *Kabbala* befasst sich auf sehr tiefgründige

Weise mit dem Versuch, die Ausdeutung des Alten Testaments mit der pythagoreischen Zahlenmystik in Einklang zu bringen. Die *zehn Sephirot,* gewöhnlich in Form des „Lebensbaums" angeordnet, bilden den Ausgangspunkt aller Spekulationen. Sie sind nichts Materielles, sondern sie stellen lediglich die Grenzen dar, durch welche die „höchste Wesenheit der Dinge sich selbst eingeschränkt" hat, die verschiedenen Abstufungen der Finsternis, in welche „das göttliche Licht seinen unendlichen Glanz hat einhüllen wollen, um angeschaut werden zu können."

Die *Kabbala* dient zur Entschlüsselung des Weltgeheimnisses, die eine wahre Selbsterkenntnis im Menschen erwirkt. Sie erinnern sich beispielsweise an das Verhältnis der Zahlenwerte für den Baum des Lebens und den Baum der Erkenntnis, das dem Verhältnis der Atomgewichte des Wasserstoffs und des Heliums gleicht. Der Sündenfall beginnt mit der Unterscheidung zwischen Gut und Böse und wird fortgesetzt in der Anweisung für den Bau der Wasserstoffbombe. So gesehen sind die Buchstaben der Schlüssel, der uns die wahre Natur aller Dinge und ihre Beziehung zum Kosmos erkennen lassen.

Eine große Hilfe auf dem spirituellen Weg kann auch der **TAROT** sein. Wo sein Ursprung liegt, weiß niemand so genau.

Quellen berichten, dass im Tempel zu Memphis 22 Bilder, die 22 Archetypen des großen Arkanums, dargestellt gewesen seien, welche die menschlichen Entwicklungsstationen sehr eindrucksvoll darstellten. Für den Unbewussten ist der *Tarot* ein Kartenspiel, für den Eingeweihten ein in sich geschlossenes Weisheitssystem. Wie alle Weisheitssysteme sind auch die Tarotkarten in Misskredit geraten, weil es immer wieder Menschen gibt, welche sie zum Wahrsagen und für Zukunftsvoraussagen missbrauchen. Diese Praktiken haben mit dem Weisheitssystem des *Tarot* gar nichts zu tun. Wer aber gelernt hat, damit umzugehen, hält auf seinem Selbsterkenntnisweg die Schlüssel zu seiner unsterblichen Seele in der Hand.

Wenn Sie ein Problem mit sich herumtragen, das Sie mit Ihrem analytischen Verstand nicht lösen können, zum Beispiel eine Krankheit oder ein Unfall, dann nehmen Sie die 22 Karten des großen Arkanums zu Hand.

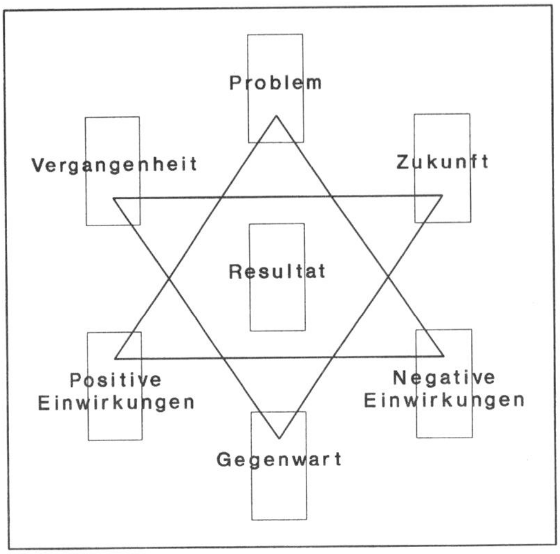

Begeben Sie sich nun mit den Tarotkarten an Ihren Altar oder an einen anderen stillen Ort und entzünden dort eine Kerze. Formulieren Sie Ihre Frage ganz exakt, z.B.: „Was kann ich aus dem Symptom oder dem Ereignis lernen?" und schreiben sie auf einen Bogen Papier oder in Ihr Tagebuch. Dann meditieren Sie über die Frage. Anschließend mischen Sie die Karten gut durch und legen sie langsam in Form eines HEXAGRAMMs aus. Sie beginnen mit der Deutung:

Die obere Karte an der Spitze des materiellen Dreiecks sagt etwas aus über jene Inhalte, die sich hinter dem Problem verbergen. Betrachten Sie eingehend die Symbolik des Bildes und schreiben Ihre Erkenntnisse auf das Papier.

Die zweite Karte links unten erläutert Ihre Verhaltensweisen, die *positiv* auf das verborgene Problem einwirken; die dritte Karte, rechts unten, jene, die *negativ* einwirken. Damit haben Sie ein Dreieck vollendet. Anschließend legen Sie ebenfalls sehr langsam drei weitere Karten aus in der Bedeutung Vergangenheit, Gegenwart und Zukunft, wobei gemeint ist, welche Art und Weise Ihres Denkens und Handelns in Vergangenheit, Gegenwart und Zukunft Auswirkungen auf die Situation hatten oder haben werden.

Als letzten und siebten Punkt legen Sie in die Mitte des HEXAGRAMMs noch eine Karte über das Resultat.

Sie werden staunen, wie die grenzenlose Weisheit Ihres Unbewussten Ihnen hochinteressante Botschaften zukommen lässt.

Von der **ZAHLENMYSTIK,** der **SPIRITUELLEN ASTROLOGIE** und der **SPIRITUELLEN ASTROMEDIZIN** erfahren Sie hier in diesem Buch einiges, aber wie bei allen Offenbarungswissenschaften oder Weisheitssystemen zählt für Sie persönlich immer nur *die eigene Erfahrung*. Diese zuletzt genannten westlichen Einweihungslehren sind rein äußerlich relativ leicht erlernbar: In jeweils nur einer Woche erhalten Sie das Handwerkszeug für ein Lehrsystem, welches Ihr ganzes Leben positiv verändern kann. Doch das ist aber noch keine Einweihung! Erst danach beginnt die eigentliche Arbeit an sich selber — und die dauert wirklich ein ganzes Leben lang.

Die **BIBEL** ist mit großem Abstand das Buch mit der höchsten Auflage der Welt, sie ist aber auch das Buch, welches am wenigsten gelesen wird, obwohl fast jeder Mensch unseres Kulturkreises, des westlichen Abendlands, eine Bibel besitzt.

Unter Eingebung des göttlichen Geistes haben 45 Autoren über eine Zeitspanne von über 1500 Jahren jene Bücher verfasst, die GOTT den Menschen schenken wollte. Die heiligen Schriftsteller entstammten den unterschiedlichsten Gesellschaftsschichten: Zum Alten Testament trugen u.a. Moses als Eingeweihter der großen Mysterien Ägyptens bei, ebenso wie Josua als hoher militärischer Offizier oder David als erster der Reihe der Könige. Zum Neuen Testament lieferten der Fischer Petrus, der Arzt Lukas, der Zöllner Matthäus oder der Zeltmacher Paulus ihre Beiträge.

Alle Aussagen der Bibel haben sich als zutreffend erwiesen, auch wenn sie zum Teil erst Jahrhunderte später durch wissenschaftliche Forschungen oder archäologische Funde bestätigt wurden. Es ist anzunehmen, dass das Gleiche auch für die Zukunftsvisionen gilt, die nach heutigem Wissenschaftsstand noch nicht zu erahnen sind.

Dr.-Ing. Werner Gitt, Direktor und Professor der Physikalisch-Technischen-Bundesanstalt (PTB) in Braunschweig, schrieb im Jahre 1989: „Die Bibel enthält 6408 Verse mit prophetischen Angaben, von denen sich 3268 bisher so erfüllt haben, wohingegen die restlichen Prophetien noch zukünftige Ereignisse betreffen. Keine Aussage ist verändert eingetroffen. Das gibt es in keinem anderen Buch der Weltgeschichte. Hier haben wir einen — auch mathematisch ausdrückbaren — Wahrheitsgehalt vor uns, der nirgends seinesgleichen hat." (aus: „Fragen, die immer wieder gestellt werden", Christliche Literatur-Verbreitung). Als Informatiker führte Werner Gitt eine Wahrscheinlichkeitsrechnung durch und berechnete in der Modellrechnung eines Lottoscheins (6 aus 49) mathematisch exakt die Anzahl der Felder, die nötig sind, um durch die Auswahl von 6 Zahlen die 3268 bisher erfüllten Prophetien per Zufall zu treffen. „Stellt man sich so viele Universen gleicher Größe vor wie unser Universum Atome hat, dann ist die Gesamtzahl aller dieser gedachten Atome immer noch um den Faktor 27 400 kleiner als der benötigte Lottoschein Felder haben dürfte."

Aber die Bibel ist auch ein Werk des Glaubens, des Gesetzes und der Geschichte. GOTT hat den Menschen die Bücher nicht gegeben, um ihre Neugierde zu befriedigen, sondern damit die Heilige Schrift die Menschen zum Heil führe durch den Glauben an JESUS CHRISTUS.

Zwar ist der Bibel im Laufe der Jahrhunderte immer wieder Gewalt angetan worden. Um so erstaunlicher ist es, wie viel Weisheit dennoch erhalten geblieben ist. Aus den wenigen Sätzen, die ich bisher zur Interpretation herangezogen habe, erkennen Sie, welche tiefen Wahrheiten dort verschlossen liegen.

Unternehmen Sie auch *Ihre eigenen Studien.* Vergessen Sie aber alles, was man Ihnen bisher erzählt und gedeutet hat. Besorgen Sie sich Literatur, die sich im Alten Testament mit den hebräischen und im Neuen Testament mit den griechischen und aramäischen Urtexten befasst. Insbesondere die Gesundheitslehren der Bibel (z.B. Kurt Algeier: Die ältesten Heilrezepte der Menschheit, Ariston) sind eine wahre Fundgrube für Heilungssuchende. Kein Menschenleben reicht aus, um den kompletten Gedankenschatz der Bibel zu heben. Aber das Studium wird Ihnen eine neue Welt eröffnen, eine Welt, „die nicht von dieser Welt ist."

Wenn Sie sich regelmäßig, liebe Leserinnen, liebe Leser, nur wenige Minuten am Tag mit Texten der Bibel beschäftigen, werden Sie sich ganz gewiss verändern. Auch wenn Sie monatelang jeden Tag immer nur die gleiche Stelle lesen, werden Sie immer wieder neue Erkenntnisse haben, weil Ihnen die Inhalte auf sehr verschiedene Weise im Außen begegnen werden.

Wissen Sie einmal nicht, wie es im Leben weitergehen soll, dann nehmen Sie doch einfach die Bibel zur Hand, schließen Sie Ihre Augen, bitten um Erkenntnis und schlagen dann rein intuitiv eine Seite auf. Öffnen Sie die Augen wieder und lesen Sie den Text, der Ihnen als erstes ins Auge fällt. Sie werden nicht der erste sein, der eine Antwort auf seine Frage bekommt.

Vor allem aber ist die Bibel das Buch der GROSSEN MYSTERIEN DES CHRISTENTUMS. Die mystischen Inhalte der Bibel sind verschlüsselt und nur dem Eingeweihten verständlich, so wie auf der Tarotkarte 2 die Hohepriesterin das Buch (=Materie) in der rechten Hand hält, den Schlüssel (=Geist) dazu jedoch in der linken Hand.

Der größte Eingeweihte, der jemals gelebt hat, war **JESUS CHRISTUS.** Da wir uns von GOTT kein Bild machen können und dürfen, ist er auch heute noch unser direkter Ansprechpartner. Das Neue Testament gibt reichlich Auskunft über Sein Leben und Wirken.

Der Historiker Philip Schaff beschrieb die Einzigartigkeit des größten Menschen aller Zeiten: „Dieser Jesus von Nazareth besiegte ohne Geld und Waffen mehr Millionen Menschen als Alexander, Cäsar, Mohammed und Napoleon; ohne Wissenschaft und Gelehrsamkeit warf er mehr Licht auf göttliche und menschliche Dinge als alle Philosophen und Gelehrten zusammen; ohne rhetorische Kunstfertigkeit sprach er Worte des Lebens, wie sie nie zuvor oder seither gesprochen wurden und erzielte eine Wirkung wie kein anderer Redner oder Dichter. Ohne selbst eine Zeile zu schreiben, setzte er mehr Federn in Bewegung und lieferte Stoff für mehr Predigten, Reden, Diskussionen, Lehrwerke, Kunstwerke und Lobgesänge als das gesamte Heer großer Männer der Antike und Moderne."

Doch weitaus wertvoller als diese historischen Leistungen ist Seine mystische Bedeutung. Denn Er sprach zu den Menschen: „Der Vater richtet auch niemand, er hat vielmehr das Gericht dem Sohn übergeben..... Wer auf mein Wort hört und dem glaubt, der mich sandte, hat ewiges Leben und kommt nicht ins Gericht, sondern er ist aus dem Tod hinübergeschritten ins Leben."

(Johannes, Kapitel 5, Vers 22-25).

Die meisten Menschen haben den direkten Kontakt zu GOTT verloren. Doch gibt es eigentlich einen plausiblen Grund, der Sie, liebe Leserinnen und Leser, darin hindern könnte, JESUS CHRISTUS im Gebet in einer Weise anzusprechen, als befände Er sich Ihnen direkt gegenüber? Probieren Sie es doch einmal, und Sie werden Antworten erhalten. Allmählich wird dann aus dem Glauben Wissen, dass Sie die letzten Worte JESU CHRISTI vor Seiner Himmelfahrt wörtlich nehmen dürfen: „Seid gewiss: Ich bin bei euch bis zum Ende der Welt."

Die Zahl 0
Die Suche nach GOTT

O HERR, ich glaube an dich, den allmächtigen GOTT, den Schöpfer des Himmels und der Erde. Ich glaube an.....

Das, liebe Leserin, lieber Leser, sollte Ihr wichtigster Satz jeden Tag sein. Ohne einen festen und tiefen Glauben an GOTT werden Sie niemals zur Selbsterkenntnis gelangen, und Sie werden niemals Heilung erfahren. Dass Sie Ihren entzündeten Blinddarm auch so loswerden können, brauche ich Ihnen nicht zu erzählen, aber das ist keine Heilung.

Die Menschen im 6. Jahrhundert vor Christi Geburt erfuhren immer dann Heilung, wenn ihnen im Traum der Gott Asklepios erschienen war. Sie glaubten inbrünstig daran, und *der Glaube hat sie geheilt.* Wir sollten uns sehr davor hüten, den Glauben dieser Menschen als naiv und einfältig abzutun, denn erst fünfhundert Jahre später erschien JESUS CHRISTUS, heilte und sprach: „Dein Glaube hat dich geheilt." Sicher, heute wissen wir einiges besser: Der Olymp ist leer, Asklepios war nur eine Projektion. Und dennoch lebte er ganz real in jenen Menschen, die Heilung erfuhren.

Gottesbilder sind wandelbar, und das Bild, welches sich ein Individuum oder eine Kultur von GOTT macht, sagt etwas aus über den Stand des Bewusstseins des Individuums oder der Kultur. Früher, als noch die Naturreligionen verbreitet waren, erblickten die Menschen GOTT in Blitz und Donner; dann gab es weibliche Götter, denen die Männer ihre Männlichkeit opferten; und später gab es in allen Kulturen die Vielgötterei, die sich in weiten Teilen der dritten Welt bis heute erhalten hat. Aber in der abendländischen Kultur wurde diese Glaubensvorstellung durch das Wissen um den Einen GOTT abgelöst.

Wenn jemand unter Ihnen mit der Formulierung „O HERR, ich glaube an dich...." Schwierigkeiten haben sollte, wählen Sie eine andere Formulierung, zum Beispiel: „GOTT meines Herzens" . Aber sprechen Sie GOTT persönlich an! Sie brauchen deshalb nicht Mitglied einer institutionellen Glaubensgemeinschaft zu sein, denn ich meine, wenn es sechs Milliarden Menschen gibt, dann sollte es auch sechs Milliarden verschiedene Religionen geben. Jeder Mensch ist auf seiner eigenen Suche unterwegs. Aber es ist wichtig, dass Sie einen individuellen Bezug zu Ihrem GOTT aufbauen.

„Es kommt das Reich Gottes nicht so, dass es zu beobachten wäre; man wird auch nicht sagen: Seht, hier ist es, oder dort! Denn seht, das Reich Gottes ist in eurer Mitte." So sprach JESUS CHRISTUS zu den Pharisäern (Lukas, Kapitel 17, Vers 20+21).

Ja, das ist schon so eine Sache mit der Suche nach GOTT. Man sagt: Du sollst dir kein Bild von GOTT machen! Und: Du sollst GOTT keinen Namen geben! Warum? Wenn du GOTT einen Namen gibst, dann wirst du ihn nicht finden. Aber wenn du GOTT gefunden hast, dann kannst du ihn nicht benennen.

Ich erzähle Ihnen nun noch ein kurzes Gleichnis: Eines, damit Sie wissen, weshalb Sie GOTT *nicht* finden sollten, und eines, damit Sie wissen, *wo* Sie GOTT höchstwahrscheinlich *finden* werden:

Zweiundsiebzig Jahre war ein Pilger in der ganzen Welt unterwegs gewesen, um GOTT zu suchen. Nun war er alt und müde geworden, ausgemergelt und nur noch mit einem Nagelbrett unterm Arm erreichte er ein kleines Dorf, wo er seine Suche nun beenden und sein Leben aufgeben wollte. Einsam und verzweifelt bettete er sich zu seiner letzten Ruhe zwischen Feld und Wald. Das beobachtete ein Bauer, der zu ihm kam und fragte: „Was treibst du hier?" „Mein ganzes Leben habe ich vergeblich damit verbracht, GOTT zu suchen," antwortete der Pilger, „aber nun mag ich nicht mehr." Der Bauer stieß den Pilger an: „He! Steh auf! Warum sagst du das nicht gleich? Du bist am Ziel!" „Wieso?" fragte der Pilger erstaunt und richtete sich auf. „Du weißt, wo GOTT wohnt?" „Aber klar, an der anderen Seite des Dorfes findest du ein Haus, dort wohnt GOTT ," sprach der Bauer. Ungläubig raffte sich der Pilger auf, nahm sein Nagelbrett wieder unter den Arm und schlurfte durch den kleinen Ort. Und tatsächlich, am anderen Ende des Dorfes, etwas außerhalb, stand ein wunderschönes weißes Haus, das an einen Tempel erinnerte, und oben trug es eine Inschrift: HIER WOHNT GOTT. Mit klopfendem Herzen erstieg der Pilger die drei Stufen, legte seine Hand auf den goldenen Türgriff, holte noch einmal tief Luft, denn jetzt brauchte er nur noch die Klinke herunterzudrücken — aber dann öffnete er die Tür *nicht!* Erfrischt, gestärkt und mit neuer Lebenskraft versehen, nahm er sein Nagelbrett wieder auf und begab sich auf die Wanderschaft — um weiter nach GOTT zu suchen.

Kapitel IX

Spirituelle Astromedizin

Ein Weg vom Eigensinn zum Lebenssinn

„Die Verbindung zwischen Astrologie und Medizin ist eine Selbstverständlichkeit. Alles andere ist Kurpfuscherei!“

(Bombastus von Hohenheim = Paracelsus, 1493 - 1541 n.Chr.)

Im Kapitel IX lesen Sie etwas zu den Themen:

Karmische Themen inkarnieren in den Körper

Halten Sie in einer klaren Nacht einmal für einen Moment inne, schauen Sie mit Staunen und Ehrfurcht in den nächtlichen Himmel und spüren Sie die Sehnsucht Ihrer Seele.

Ebenso wie Sie im Schlaf ins Unbewusste gleiten, während sich dann Seelenanteile von Ihnen lösen, um in eine Phantasie- und Märchenwelt einzutauchen, damit Sie am nächsten Morgen erfrischt und gestärkt für den neuen Tag erwachen, so begibt sich Ihre Seele nach Vollendung Ihres Lebens auf eine sehr viel längere Reise, die wir Erdenmenschen nicht nachvollziehen können, auf der sie aber ebenfalls neue Kraft schöpft, damit Sie ein weiteres Erdendasein bestehen kann. Dort tauscht Ihre Seele mit anderen Seelen Bewusstseinsinhalte aus, gibt eigene Erfahrungen an weniger entwickelte Wesen weiter und nimmt von höher entwickelten Wesen Vorschläge für neue Lernaufgaben entgegen.

Mit dem Blick in die unendlichen Tiefen des Himmels erahnen Sie das tiefe Geheimnis der Ewigkeit. Sie können sich die unermessliche Fülle von Einzelschicksalen vorstellen, welche alle Seelen aller Äonen in lebendiger Entwicklung angehäuft haben — seit Anbeginn der Zeiten ständig um Erlösung ringend.

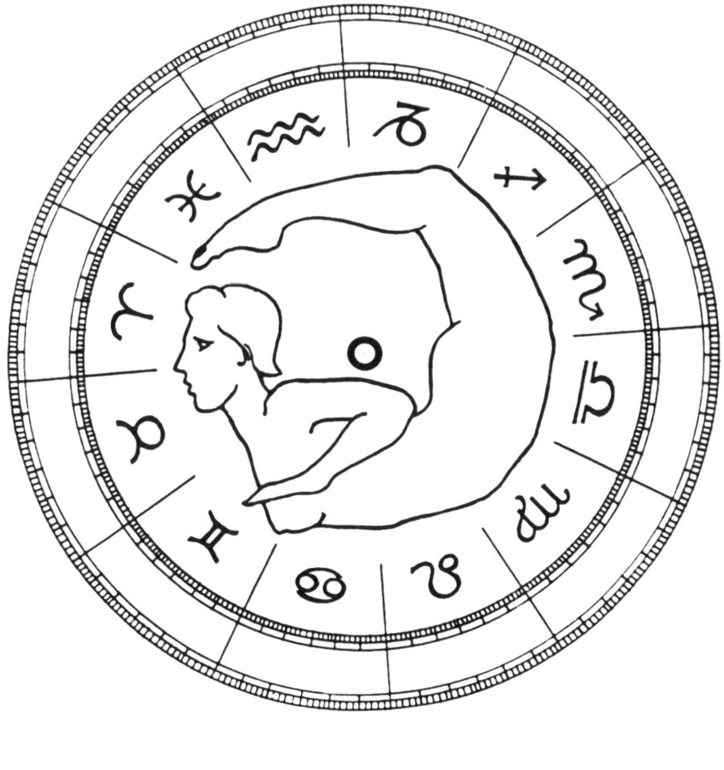

Betrachten Sie noch einmal das Bild auf Seite 130 im Abschnitt „Die Zahl 0 — Der Kreis der Unendlichkeit“ . Es zeigte den *Makrokosmos. Hier* aber sehen Sie nun den Menschen in den Tierkreis gelegt. Das ist der *Mikrokosmos.*

Die Entstehung neuen Lebens vollzieht sich nach den Gesetzen des Hermes Trismegistos, der auf der „tabula smaragdina“ hinterlassen hatte: *„Gemäß der Entstehung der großen Welt entsteht die kleine Welt.“*

Zu einem ganz bestimmten Zeitpunkt und an einem ganz bestimmten Ort betreten Sie die Erde, dann atmet sich Ihre Seele in einen irdischen Körper ein und ein neues Leben beginnt, damit Sie an Ihrer seelischen Entwicklung arbeiten können. Zu diesem Zeitpunkt und an diesem Ort erreichen die makrokosmische Welt dort draußen und Ihre kleine mikrokosmische Welt einander in der Weise, wie dies in Ihrem Horoskop zu sehen ist.

Die Zuordnung der Tierkreiszeichen zum Körper

WIDDER:	Kopfbereich
STIER:	Hals und Schultern
ZWILLINGE:	Lunge, Arme, Hände
KREBS:	Brust, Magen, Lymphe
LÖWE:	Herz, Solarplexus
JUNGFRAU:	Eingeweide, Dünndarm
WAAGE:	Nieren
SKORPION:	Geschlechts- und Ausscheidungsorgane
SCHÜTZE:	Hüften, Oberschenkel
STEINBOCK:	Knie
WASSERMANN:	Waden, Sprunggelenke
FISCHE:	Füße, Zehen

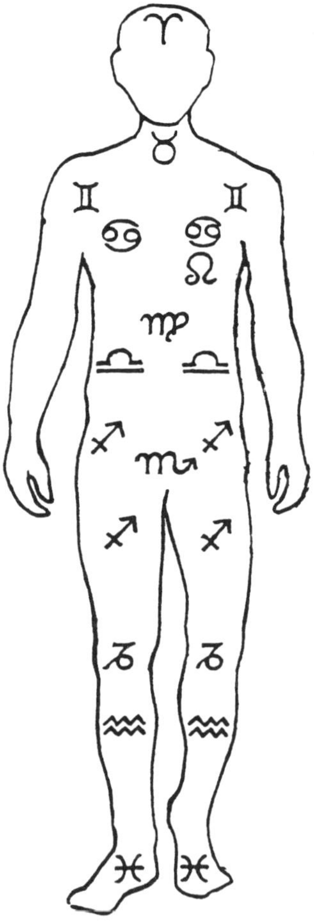

So bildet sich der menschliche Körper nach den Gesetzmäßigkeiten des Kosmos. Jedes Tierkreiszeichen findet seine Entsprechung in einer Körperregion. Der Mensch, den Sie eben noch zu einem Embryo zusammengerollt gesehen haben, hat sich unmittelbar nach der Geburt gerade gemacht und gestreckt. Und damit betrachten wir auf der linken Seite die erste astromedizinische Schautafel.

Jahrtausendealte Themen leben wieder auf, um abermals in einer Inkarnation bearbeitet zu werden, damit der Mensch endlich heil werden kann und ins Himmlische Jerusalem einziehen darf.

Hier lesen Sie jetzt, welche „Seelenorgane", das heißt welche Anteile des kollektiven Unbewussten aus der Entwicklungsgeschichte der Menschheit, und welche karmischen Erfahrungen der individuellen Persönlichkeit in welche Körperregionen inkarnieren und warum:

Der Tierkreis und seine körperlichen Entsprechungen

Der Gang durch den Tierkreis im Körper ist gleichzeitig ein Gang durch die Entwicklungsgeschichte des Menschen — kollektiv und individuell:

W I D D E R = *Kopfbereich*

Die Entscheidung zum Verzehr der Frucht vom Baume der Erkenntnis fiel im Kopf. Das war der Uranfang, der Beginn des Weges, der ohne Überlegung und ohne Rück-Sicht begann. Der Mensch wurde hinausgeworfen in den Lebenskampf. Immer wieder wurde er vor die Alternative gestellt: Ich oder der andere. Entwicklungsgeschichtlich begann der Kampf ums nackte Überleben. Der Mensch lernte zu töten, um selber leben zu können. Eine Spur von Hass und Gewalt, Krieg und Zerstörung, Verbrennung und Vergewaltigung zog sich durch alle Inkarnationen. Jedes Leben begann immer wieder aufs Neue damit, bei der Geburt der Mutter Schmerzen zu bereiten und sie zu verletzen. Diese Durchsetzungsenergien zurückzuhalten hätte den sofortigen Tod bedeutet. Die äußeren Formen der Kriegsschauplätze haben sich aber im Laufe der Geschichte verändert: Es sind nicht mehr die Knüppel und die Steine, die Schwerter und die Lanzen, die Pistolen und Gewehre, die über Sein oder Nicht-Sein entscheiden; der Krieg heutzutage findet auf den Straßen statt, in den Operationssälen und an den Schreibtischen. Bahnbrechende Aggression, impulsiver Streit, ohnmächtige Wut und sinnlose Unverträglichkeit finden in den Familien statt, auf den Straßen, auf den Sportplätzen, am Arbeitsplatz und auf den Krankenlagern. Wir haben zwar keinen Weltkrieg — aber wir haben Krieg in der Welt. Und immer wieder die Alternative: Ich oder der andere.

Alle diese Entscheidungen um den erbarmungslosen Zwang zur eigenen Durchsetzung werden vom Kopf gesteuert, von der absoluten Befehlszentrale im Organismus, und alle Erinnerungen an Verletzungen und Brutalität auf beiden Seiten (Opfer und Täter) und die damit verbundene Schuld inkarnieren in jene Organe, mit denen sich der Mensch im Leben behaupten muss: *in den knöchernen Schädel, ins Gehirn, ins Gesicht, den Oberkiefer, die Schneidezähne, in die inneren Halsschlagadern, in das Eisen im Blut, in die roten Blutkörperchen, in die Muskeln sowie in die Nägel und die Haare.*

S T I E R = Hals und Schultern

Des Kämpfens müde wurde der Mensch irgendwann sesshaft, und eine neue Epoche seiner Entwicklungsgeschichte begann. Statt Jäger zu sein, entwickelte er sich zum Sammler und zum Bauern, und es galt, im Schweiße seines Angesichts den Boden zu bearbeiten und die eigene Scholle zu bestellen. Der Mensch wurde zuverlässig und gemütlich, aber auch bequem, faul und träge. Unter dem Vorwand, das Leben zu genießen, gab er sich den Sinnesreizen hin, schwelgte im Lebensgenus, schaffte sich einen gesunden Fundus an Geld und Besitz und wurde somit immer bewegungs-unfähiger. Dem inneren Drang, alles behalten zu wollen, gehorchten auch bald alle Zellen des Körpers, sie legten sich eigene Nahrungsreserven an. Unfähig, sich im Leben zu behaupten, trafen ihn die Schicksalsschläge im Nacken, er lud sich schwere Lasten auf seine Schultern, musste Demütigungen herunterschlucken und fühlte sich zuletzt wie eingekerkert.

Alle diese Erfahrungen der eigenen Bequemlichkeit, Halsstarrigkeit, Hartnäckigkeit und die damit verbundenen Quälereien und Beleidigungen inkarnieren in jene Organe, wo diese Lasten seit Jahrtausenden abgelegt wurden: *in den Nacken, die Schultern, den Gaumen, den Kehlkopf, die Mandeln, den Unterkiefer, in die Hals- und Nackenwirbel, die Achseln, die äußeren Halsschlagadern, die Kehlschlagadern, natürlich in den Schlund, die Schilddrüse, die Stimmbänder und in die Speiseröhre.*

Z W I L L I N G E = Lunge, Arme und Hände

Nach so viel Bequemlichkeit kam dann wieder Bewegung ins Spiel: Aus sesshaften Bauern entstanden Handelsvölker, welche die Lande und die Meere bereisten, Geschäfte abwickelten und Informationen austauschten. Wie ein schillernder bunter Schmetterling flatterte der Mensch hinaus in das bedeutungslose Leben, hier ein Schwätzchen, dort ein Schwätzchen, wo es doch so viel zu erkunden gab. Er war an allem *interessiert,* und wer an allem interessiert ist, der ist eigentlich an gar nichts interessiert. Lateinisch „inter esse" bedeutet, *zwischen* den Dingen zu sein, und so hatte er sich dann auf das Leben nicht mehr eingelassen. Nutzlose Erkenntnisse von Wissenschaftlern, Philosophen und Gelehrten wurden auswendig gelernt, Theorien aufgestellt,

Messergebnisse registriert und Daten gesammelt. Ganze Epochen hatte der Mensch verbracht, um zu schauen, zu staunen und sich zu wundern. Leben um Leben wuchs der Berg um die verpassten Gelegenheiten, der Druck des Ungetanen lastete auf seiner Brust und raubte ihm den Atem. Und schließlich besteht heutzutage das Dasein vieler Zeitgenossen nur noch aus der oberflächlichen Medienwelt des Fernsehens und der Illustrierten. Wer nicht zugreift, der wird gegriffen, und wer selbst nicht handelt, der wird behandelt. So landet auch der schönste Schmetterling schließlich in der Botanisiertrommel.

Viele Male haben sich im Laufe der Jahrhunderte die Theorien der Philosophen und Gelehrten geändert. Alle Erfahrungen mit der Bedeutungslosigkeit der Wissenschaften, mit der Unsicherheit der oberflächlichen Wahrnehmung des Lebens und der dadurch verpassten Chancen inkarnieren in die Organe, die zum Greifen und Begreifen, zum Handeln und Behandeln sowie zum Wahrnehmen und Atmen geschaffen sind: *in die Arme, die Hände, die Finger, die Rippen, die Lungen, die Luftröhre, die Bronchien, die Nervenbahnen und in die Stimmbänder sowie in alle Sinneswahrnehmungsorgane.*

K R E B S = *Brust, Magen und Lymphe*

Entwicklungsgeschichtlich kam die Zeit der weiblichen Gottheiten, z.B. der Mondgöttinnen: Im alten Ägypten entstand der hochspirituelle Isiskult, in Griechenland folgte der berühmte Demeterkult, und in Rom endeten später die weiblichen Gottheiten im orgiastischen Kybelekult, bei dem sich die Priester in verzückender Ekstase selbst entmannten. In der Epoche der weiblichen Götter gründeten die Menschen Familien, in denen sie ihre Geborgenheitsgefühle auslebten. Die Beziehungen zwischen Mutter und Kind begannen sich zu entwickeln und zu verwickeln, und so weigerte sich das Kind, erwachsen zu werden. Die Vorstellung, nackt, bloß und hilflos in diese harte Welt hineingeboren zu sein, ließ den Wunsch aufkommen, die Geburt rückgängig zu machen und wieder in die schützende Hülle der Gebärmutter zurückzukriechen. Da das nicht ging, die Wunde der Ungeborgenheit aber niemals verheilte, neigt der unselbständige Mensch bis auf den heutigen Tag dazu, sich einen Mutterersatz im Außen zu suchen. Die ungekappten Nabelschnüre werden dann um die Firma gewickelt, die den Arbeitsplatz und die materielle Versorgung für immer zu gewährleisten hat, sie werden an den Staat geheftet, der für die Sicherheit der Renten im Alter zu sorgen hat, oder sie werden einem Partner um den Hals gewickelt, der dann an dem kleinen, hilflosen Menschlein zu ersticken droht.

Diese Jahrtausende alte Unselbständigkeit und Hilflosigkeit inkarnieren in jene Organe, welche die Entwicklung und das Versorgungsprinzip des Säuglings zum Inhalt haben: *in die Eierstöcke, die Gebärmutter, die weiblichen Brüste, die Milchgefäße und in die Brustdrüsen, weiterhin in den Magen, die*

Speiseröhre, das Zwerchfell, die Gelenkschmiere, die Bauchspeicheldrüse, das Lymphsystem und in die Schleimhäute.

L Ö W E = *Herz und Solarplexus*

Abraham war der erste Mensch, der die Stimme des *Einen* Gottes vernahm, des ersten männlichen, Gottes. Daraufhin zerschlug er die Abbilder der tönernen Mondgöttinnen und verließ mit seinem Volk das Land Ur. In Ägypten unter Pharao Echnaton wurde schließlich der Sonnengott RA geboren und die erste monotheistische Religion ins Leben gerufen. Endlich erkannte der Mann seine Potenz, seine Ausdruckskraft, seine Souveränität und sein Selbstbewusstsein, zu deren Demonstration er Obelisken aufrichtete. Doch wo Macht ist, da gibt es auch Machtmissbrauch, wo Selbstüberzeugung ist, da ist auch Selbstüberschätzung, wo Prachtentfaltung herrscht, da breitet sich auch Dominanzgehabe aus, und so begann der lange und beschwerliche Weg des verhärteten und versteinerten Herzens. Ein verratenes und verschlossenes Herz ist der Ausdruck eines kranken Egos. Statt im Leben ein Königreich zu erobern oder einen Bereich zu schaffen, in dem er strahlen kann, wird der Mensch mit einem gebrochenem Herzen nur noch sexuelle Beute machen, und die stolzen Eroberungen finden im Bett statt.

Selbstgefälligkeit, Herrschsucht, Eigenliebe und Verschwendung der vorangegangenen Inkarnationen begeben sich in der Manifestation des neuen Lebens in den Bereich des Sonnengeflechts und sorgen dafür, dass der Mensch herzlich oder herzlos aufwächst, weitherzig oder engherzig bzw. hartherzig oder weichherzig wird. Jener Teil der Seele inkarniert natürlich *in das Herz, in den Solarplexus, aber auch in die Rückenregion, das Rückenmark, die Hauptschlagader (Aorta) und in die Augen!*

J U N G F R A U = *Eingeweide, Dünndarm*

Schließlich begann der Mensch damit, seine Umwelt einer analytischen Betrachtung zu unterziehen, die Vorgänge in der Natur zu beobachten, die Jahreszeiten zu studieren, die Ernte zu sichern und somit Vorsorge für den Winter zu treffen. Nun konnten sich auch Kulturen in den gemäßigten Zonen entwickeln. Gleichzeitig entwickelten sich im Individuum aber auch das Misstrauen und die kritische Beobachtung, die Skepsis und der wissenschaftliche Glaube an die Statistik, die Ängstlichkeit und der zweckbestimmte Pessimismus sowie der Hang, das Leben nach allen Seiten abzusichern. Darum sprach JESUS CHRISTUS in der Bergpredigt: „Macht euch nicht Sorge für euer Leben, was ihr essen oder trinken, noch für euren Leib, was ihr anziehen werdet. Ist das Leben nicht mehr als Speise und der Leib nicht mehr als Kleidung?“ Aber der Mensch tat dies als unvernünftig ab.

Jahrtausende lange Besserwisserei, analytische Pedanterie und nörgelnde Kritiksucht sowie statistisch belegbare Skepsis und misstrauende Ängstlichkeit lagern sich bei der Inkarnation in jenen Organen ab, wo die Nahrung analysiert und auf ihre Verwertbarkeit überprüft wird: *im Oberbauch, dem Dünndarm, dem Zwerchfell und in den großen und kleinen Eingeweiden sowie in der Milz und dem Zwölffingerdarm.*

W A A G E = *Nieren*

Der Tierkreis ist zur Hälfte durchschritten, und ab jetzt hat jedes Zeichen ein Gegenzeichen. Ging es im Widder um das ICH, so geht es in der Waage um das DU. Den anderen zu verletzen tat plötzlich selber weh. Der Mensch lernte, die eigene Willens- und Antriebskraft zugunsten der Harmonie, des Ausgleichs und des Friedens zurückzustellen. Schöne Künste, Musik und Theater bereicherten hinfort das Leben, und er neigte dazu, sein Leben mehr und mehr von der Außenwelt bestimmen zu lassen und Kompromisse zu schließen. In einem solchen Leben voller Diplomatie und Ausgewogenheit, mit Bedacht auf Partnerschaft und Ausgewogenheit der Kräfte, kamen Entscheidungsschwäche und Feigheit ins Spiel. Bloß nicht anecken! Bloß nicht einmischen. „Sei warm oder kalt," sprach JESUS CHRISTUS, „aber wenn du lau bist, will ich dich ausspucken aus meinem Mund."

Der Frust über die Unehrlichkeit und Schönfärberei um des lieben Friedens willen, mit der die eigene Seele über Jahrhunderte gequält und gedemütigt wurde, der sich über Inkarnationen aus den verschiedensten Partnerschaften angesammelt hat, legt sich nun in jenen Organen des Unterleibs ab, die partnerschaftlich angelegt sind: *in den Nieren, den Nebennieren und in der Hüftregion, außerdem im venösen Kreislauf, den Harnleitern und im Innenohr.*

S K O R P I O N = Geschlechts- und Ausscheidungsorgane

Wenn es im Stier um Gemütlichkeit und Besitz ging, dann ist das Gegenzeichen, der Skorpion, für Stirb- und Werdeprozesse sowie für ständigen Verzicht und Abschiednehmen zuständig. Hier werden Opfer gefordert und dargebracht. Alle Kulturen haben dies eindringlich gelehrt. Aber weil der Mensch, der nicht mehr im Kult lebte, genau das am allerwenigsten wollte, vergiftete er seine Seele — gleichwohl wie ein Mensch seinen Körper vergiftet, wenn er sich weigert, auf die Toilette zu gehen, um sich von seinem „alten Mist" zu trennen. Verbissen und selbstzerstörerisch wurden in der langen Kette der Inkarnationen leitbildhafte Vorstellungen ächzend und quälend entwickelt, und ein fanatisches Modell vom perfekten Leben wurde auf das andere geschichtet; und jedes Leben endete im Fegefeuer der Extreme. Insbesondere in der Zeit des Mittelalters lagerten sich in der Seele Hinterhältigkeiten, Rachsucht, Sadismus, Masochismus, Sabotage und Intrigen ab.

Wie sollte es anders sein, als dass sich die Seele zur Inkarnation karmischer Erinnerungen an Ekstasen, Foltern und Scheiterhaufen als Ort im Körper den Genital- und Ausscheidungsbereich aussucht, wo die Stirb- und Werdeprozesse ganz dicht beieinander liegen, um dem Menschen so bewusst zu machen, dass wahres Leben nur entstehen kann, wenn die Sterbeprozesse durchlebt sind. Der „Phönix aus der Asche" erhebt sich ja auch nicht vom Frühstückstisch (das wäre Stier), sondern er musste vorher den Tod im Feuer erleiden (und das ist Skorpion). „ Der Tod sitzt im Darm", sagen die Heilpraktiker, und gleich daneben liegen die Geschlechtsorgane, mit denen neues Leben entsteht. Zur Skorpionsymbolik gehören im Körperbereich *die Harnblase, die Harnröhre, alle Genitalorgane, das Schambein, der absteigende Grimmdarm, der Dickdarm, der Enddarm und der After, weiterhin die Prostata (Vorsteherdrüse) — und für diejenigen, die Vampirgeschichten lieben — die Eckzähne.*

S C H Ü T Z E = *Hüften und Oberschenkel*

Der Hölle des Skorpions entronnen gen Himmel zu stürmen ist die Devise des Schützen. Weit ins Leben hinausschreiten, mit der olympischen Fackel in der Hand Begeisterung entzünden — ohne sich selber anzustrengen. Dynamik, Fülle, Ausdehnung und Expansion sind Eigenschaften, mit denen sich Leben von barocker Dimension entwickeln kann, ebenso wie Humor, Enthusiasmus, Weitblick und Begeisterungsfähigkeit dazu beitragen. Aber (!) der Mensch hat im Laufe seiner Inkarnationen irgendwann auch den Priester gespielt, den flammenden Missionar oder den Dr. Faust, der meinte zu wissen, was gut und böse sei. Philosophische Anmaßung, moralische Überheblichkeit und der Anspruch, nur die eigene Großartigkeit im geschulten Blick zu haben, hinterließen tiefe Spuren in der unsterblichen Persönlichkeit. Wenn der Mensch dann in einem neuen Leben abermals zu Übertreibung, Großspurigkeit, Arroganz und Überheblichkeit neigt, können schmerzhafte Schicksalsprozesse die Folge sein.

Jahrtausendealter Moralismus, undifferenzierte Problemblindheit sowie pathetische Unsachlichkeit und vielleicht auch die Erinnerung an ein vergangenes Leben als Inquisitor, die auch in diesem Leben wieder zu Hochstapelei, Angeberei und Selbstüberschätzung führen können, inkarnieren in jenen Körperbereich, wo der Mensch in großen Schritten weit ausschreitet, das heißt *in die Hüften und die Oberschenkel, sowie in die Leber, die Sakralregion und die Fettanordnung.*

S T E I N B O C K = *Knie und Skelett*

Wenn in der Krebssymbolik, leicht überzeichnet, das kleine unselbständige, hilflose Kind gelegen hatte, so drückt die Steinbocksymbolik, ebenfalls leicht überzeichnet, das Gegenteil aus: den alten verknöcherten Greis. Die Einhaltung von Formen, Grenzen und Strukturen war eine sehr wichtige Lernaufgabe für die Seele. Autorität, Amt und Würden bedeuteten in vergangenen Zeiten für die anderen Menschen, für das gemeine Volk, eine Stütze. Das Festhalten an Standpunkten bescherte der Persönlichkeit Achtung und Geltung in der Öffentlichkeit. Die Erfahrungen haben die Seele reif gemacht, aber auch steif. Die Pflicht, immer Verantwortung tragen zu müssen, durch die Zeiten hindurch, lastet auf dem Gemüt, sie lagert sich ab, verdichtet und blockiert schließlich die Seele. Die Bürde wird dann nicht mehr „ge-tragen", sie wird „er-tragen", und die Lebensenergien verhärten und versteinern. Schließlich herrschen im Leben, das schon kein Leben mehr ist, nur noch Stein und Eis.

Die aus früheren Inkarnationen mitgebrachte Gefühlskälte geht in das Organ, mit dem der Mensch sich von anderen abgrenzt, in die Haut, das Machtstreben und die Profilierungssucht inkarnieren in die Wirbelsäule, wo die stocksteife Haltung sichtbar wird, und die Entbehrungserfahrungen suchen den Bereich, wo der Mensch „in die Knie" geht. So finden wir die Steinbockthemen *in der Haut, den Knien, den Gelenken, im Skelett (in allen Knochen) und besonders in der Wirbelsäule, außerdem in der Gallenblase, in den Sehnen, der Milz sowie in den Ohren (Gehorchen) und den Backenzähnen (mit den Zähnen knirschen).*

W A S S E R M A N N = *Waden und Sprunggelenke*

Das von der Ernsthaftigkeit des Steinbocks befreiende Prinzip ist der Wassermann. Einfach herausspringen aus all dem Ernsten, dem Eingefahrenen! Dem Löwen gegenüber — zum König in Opposition — liebt der Hofnarr das Besondere, das Bizarre und das Exzentrische. Hoch lebe die Revolution! Wie ein bunter Vogel alleine in luftigen Höhen die Alltäglichkeit und das schleppende Gleichmaß verlassen. Doch von hier oben aus, so hoch über den anderen, empfand der Mensch nur noch Verachtung für die Sorgen und Nöte der kleinen Leute da unten, sie interessierten ihn überhaupt nicht mehr. In der französischen Revolution ging es schließlich nur noch um die Idee eines imaginären Feindbilds gegen Adel und Monarchie. Alle Macht- und Ordnungsstrukturen versanken in einem Meer aus Blut und Tränen. Die Aufklärung, die Freiheit, Gleichheit und Brüderlichkeit bringen sollte, eskalierte zu einem irrwitzigen Bild der Wissenschaft, die auch den letzten Ordnungsfaktor, nämlich GOTT, von seinem Sockel stürzte.

Die Erinnerungen an die Turbulenzen wie Revolution, Umsturz und Chaos verleihen der Persönlichkeit ein Gemüt voller Nervosität und Zerfahrenheit sowie von innerer und äußerer Zerrissenheit. Die absonderliche Menschenverachtung und die durchlittene Unberechenbarkeit bescherten der Seele ein Gefühl von innerer Geborgenheit, die eher an einen elektrischen Stuhl erinnert. So bevorzugen die Seelenorgane bei der Inkarnation jene Körperorgane, mit denen der Mensch aus festgefahrenen Situationen herausspringen kann, wie *die Unterschenkel, die Waden, das Schienbein, die Knöchel und die Sprunggelenke, weiterhin die Hirnanhangsdrüse und das Zentralnervensystem.*

F I S C H E = *Füße und Zehen*

Der Tierkreis ist durchschritten und durchlitten, und wir nähern uns dem Bereich der Transzendenz. Pünktlich zum Ende des Fischezeitalters im großen Platonischen Jahr trennen sich die Menschen von der Kirche, um die Mystik wiederzufinden. Der Esoteriker verliert hier seine eigenen Grenzen, die Kräfte schwinden, und es gilt, sich aufs Gebet zu besinnen, um dem Leben zu entrinnen. Einsamkeit, „allein sein", mit dem All-eins- sein, Meditationen und Stille sind angesagt. Aber auch dies kann falsch verstanden werden. Spiritualität bedeutet niemals Weltflucht. Der Wunsch, sich von der Materie zurückzuziehen und einfach zu verschwinden, kommt einer Weigerung gleich, am Leben teilzunehmen. Der Mensch badet dann in der Sinnlosigkeit seiner Anstrengungen und Leiden, hält die Tatsache seiner Geburt für einen kosmischen Irrtum — er wollte überhaupt nicht geboren werden — kehrt der trügerischen Welt den Rücken und rutscht so in die Rolle des armen, bedauernswerten Opfers. Doch dieses Thema ist alt: Auch die Urchristen waren Opfer, als sie sich von den Römern den Löwen zum Fraß hatten vorwerfen lassen und bis zum Schluss davon träumten, so als Märtyrer in das ersehnte Himmelreich zu gelangen und nicht mehr inkarnieren zu müssen. Die Tatsache, dass trotzdem Fische-Aszendenten immer wieder inkarniert werden, belegt diesen Irrtum eindeutig. Jedes Leben führt zu bestimmten Zeiten einmal an die Grenzen, wo Einsamkeit, Täuschung und Illusion lauern. Hier gilt es, den Menschen aus den Träumen wachzurütteln, damit er versteht, dass seine Seele von Hause aus spirituell ist, sie braucht keine spirituelle Erfahrung! Es geht darum, Spiritualität in die Welt zu tragen und mit diesem Thema beinhart in der Materie zu arbeiten.

Jahrtausendelange Heimlichkeiten, Kriechereien und Unehrlichkeiten früherer Inkarnationen sowie Naivität und falsch verstandener religiöser Wahn können das jetzige Leben lähmen und schlimmstenfalls in der Sucht enden. Jene Seelenanteile inkarnieren in den Bereich der *Füße.* JESUS CHRISTUS hat am letzten Tag Seines Lebens, bevor er das Kreuz auf sich nahm, Seinen Jüngern *die Füße* gewaschen und gesalbt. Dort ist der Ort der Transzendenz, weshalb auch heute noch jeder Besucher eines Tempels sich die Schuhe auszieht und die Füße reinigt.

Der Aszendent und die Häuser — Bühnenbilder des Lebens

Was Sie bisher über die körperlichen Entsprechungen gelesen haben, liebe Leserinnen und Leser, war die reine Archetypik des Tierkreises: Betrachten wir die Entwicklung der Seele als „Drehbuch des Lebens" mit allen Themen vom Widder, dem ungestümen Uranfang, bis zu den Fischen, dem humanitären Wirken in der Transzendenz.

Stellen Sie sich vor, Goethe hat ein Drehbuch geschrieben: Faust. Dieses Drehbuch ist zeitlos und immer gültig. Niemand kennt heutzutage Goethe persönlich. Er bleibt im Hintergrund. Dennoch wird das gleiche Thema neu bearbeitet und zu verschiedenen Zeiten und an unterschiedlichen Orten immer wieder aufgeführt. Die Bühnenbilder sind unterschiedlich gestaltet, bestimmte Themen werden besonders herausgearbeitet, und diese Themen haben einen Bezug zur Zeit und zum Ort der Inszenierung. Schon aus dem ersten Bühnenbild können Sie als Zuschauer etwas erfahren über die Art und Weise der Inszenierung.

Das „Drehbuch des Lebens" hat GOTT geschrieben, und es ist zeitlos und immer gültig. Niemand kennt GOTT persönlich. ER bleibt im Hintergrund. Dennoch wird das Drehbuch zu verschiedenen Zeiten und an unterschiedlichen Orten aufgeführt: der Mensch inkarniert irgendwann irgendwo in ein neues Leben, und Zeit und Ort haben somit eine zentrale Bedeutung für dieses eine Leben.

Auch die Astrologie arbeitet mit verschiedenen Bühnenbildern, weshalb durch den Zeit- und den Ortsbezug der Inkarnation eine Aussage über die Inszenierung des Lebens getroffen werden kann. Der *Aszendent* ist im übertragenen Sinne die „Inszenierung" des Drehbuchs. Verfehlt die Inszenierung das Thema, dann fällt das Theaterstück durch. Mit anderen Worten: Verfehlt der Mensch sein Aszendenten-Thema, dann fällt im übertragenen Sinne sein Leben ebenfalls durch. Eine sehr oft anzutreffende, geradezu groteske Ablehnung des eigenen Aszendenten mündet immer in einer Verfehlung des Lebenssinns.

So können wir fast alle Krankheits- und Schicksalsprozesse auf ein Unverständnis dem Aszendenten gegenüber reduzieren. Das führt unweigerlich dazu, dass der Mensch unter den Themen des Gegenzeichens, des Deszendenten, eklatant leidet.

Aber lassen Sie sich zunächst die astronomische Bedeutung erklären:

Die Erde dreht sich im Laufe eines Tages einmal um sich selber, wodurch ähnlich wie die Sonne alle 12 Tierkreiszeichen nacheinander im Osten aufgehen, über den Süden ziehen und im Westen untergehen. *Der Aszendent ist das Tierkreiszeichen, welches zum Zeitpunkt der Geburt am Osthorizont aufsteigt.*

Am 5. April zum Beispiel steht die Sonne in der Mitte des Tierkreiszeichens Widder (21. 3. bis 20. 4.). Es herrscht Sommerzeit (MES). Findet eine Geburt morgens um 7:30 Uhr MES statt, dann geht die Sonne gerade auf und steht somit am Osthorizont. Dieses Horoskop zeigt die Sonne im Tierkreiszeichen Widder, und der Aszendent ist ebenfalls im Widder. Wenn wie hier Tierkreiszeichen und astrologische Häuser deckungsgleich sind, dann spricht man von einem „archetypischen Horoskop“.

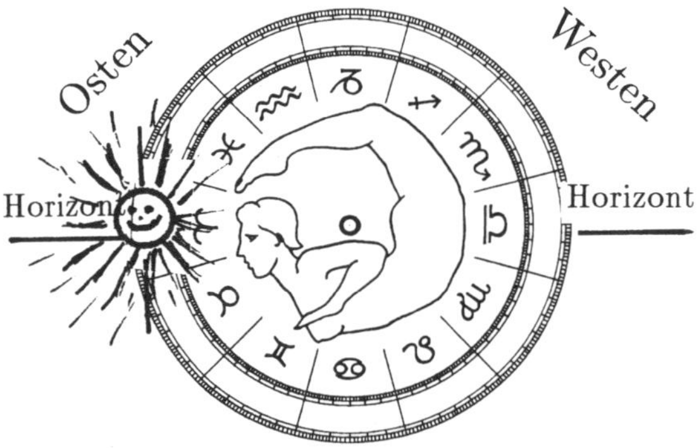

Die Sonne, die morgens am Osthorizont aufgeht, zieht im Laufe des Tages scheinbar über den Himmel (ohne das Tierkreiszeichen Widder zu verlassen) und sinkt am Abend unter den Westhorizont. Somit steigen aber im Laufe des Tages weitere Tierkreiszeichen am Osthorizont auf, ziehen scheinbar ebenfalls über den Himmel und sinken wieder unter den Westhorizont.

Wird ein anderer Mensch nun am gleichen Tage, am 5. April, abends gegen 22 Uhr MES geboren, dann befindet sich die Sonne an einer ganz anderen Stelle: sie ist am Westhorizont längst untergegangen, steht aber trotzdem immer noch im Widder. Am Osthorizont, an jenem Punkt, wo morgens um 7:30 Uhr die Sonne emporkam, steigt nun um 22 Uhr das Tierkreiszeichen Skorpion auf. Somit hat dieser Mensch die Sonne im Westen im Widder,

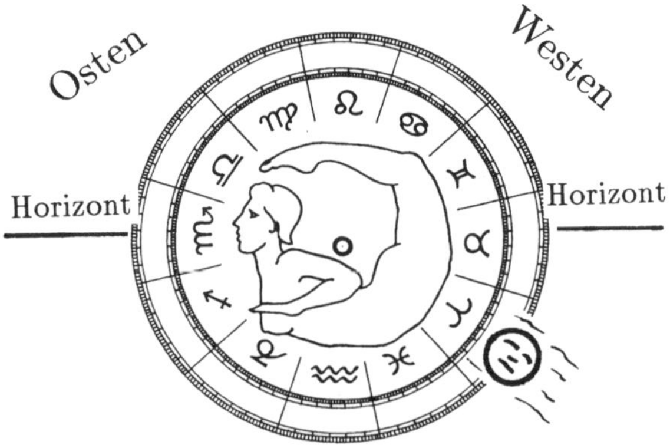

aber sein Aszendent ist im Skorpion.

Dieses Horoskop sieht nun ganz anders aus: Die Astrologie als geozentrisches Weltbild betrachtet den Menschen immer als Mittelpunkt des Kosmos. Sein Gesicht ist weiterhin nach links (dem Osten, dem Aszendenten) zugewandt, aber sein Kopf liegt nicht mehr im Widder, sondern im Skorpion. Darauf baut nun das Häusersystem auf.

Der *Tierkreis* hat eine Einteilung von 360 Grad, d.h. jedes *Tierkreiszeichen* hat die Größe von genau 30 Grad. Bei den *Häusern* ist das aber anders: Da die Erdachse leicht geneigt ist und die Umlaufbahn kein Kreis, sondern eine Ellipse ist, sind die Häuser im Geburtshoroskop eines Menschen *unterschiedlich groß*. Diese Betrachtung ist natürlich an jedem Punkt der Erde und sowohl zu jeder Jahreszeit als auch zu jeder Tageszeit ganz unterschiedlich. Im Horoskop eines Menschen gilt also für den *Tierkreis* immer die 30-Grad-Einteilung; bei den *Häusern* gibt es aber unterschiedliche Größen. So kommt durch das Häusersystem die gesamte Individualität der Persönlichkeit in das Geburtshoroskop.

Durch die Drehung der Erde um sich selber verschieben sich die Häuser etwa alle vier Minuten um ein Grad, weshalb die Angabe der exakten Geburtszeit von großer Bedeutung ist.

Welche astrologische und *astromedizinische* Bedeutung haben nun der Aszendent und die Häuser? Eine kleine Einführung in das Häusersystem soll für den Laien eine Hilfe sein, das Folgende zu verstehen.

Der Aszendent

Der *Aszendent,* (AC), die Spitze des 1. Hauses, ist jenes Tierkreiszeichen, welches scheinbar aus dem Dunkel der Nacht ins Tagbewusstsein aufsteigt. Die Erfahrungen aus der *Reinkarnationstherapie* zeigen, dass eine Inkarnation mit dem gleichen Aszendenten solange nötig ist, bis das noch teilweise im Schatten liegende Thema des Aszendenten letzte Bewusstheit oder „Erleuchtung“ erfahren hat. Tiefenpsychologisch und somit auch *astromedizinisch* betrachtet liegt im Aszendenten die „Schuld“ aus früheren Inkarnationen verschlossen, die durch eine verantwortlich geführte *Reinkarnationstherapie* bewusst gemacht werden kann.

Im Märchen ist die „verzauberte Form“, mit welcher der „Held“ geboren wird, z.B. der „Frosch“, vergleichsweise die *Maske* (=AC), hinter der sich der „Prinz“ (=Sonne) verbirgt. Der *Aszendent* ist deshalb auch der körperbezogenste Punkt, d.h. die Physiognomie (die äußere Gestalt) eines Menschen sagt mehr aus über den Aszendenten als über das Sonnenzeichen, was natürlich bei angeborenen Behinderungen, Leiden oder Besonderheiten *astromedizinisch* höchst interessant ist.

Jeder Mensch fühlt instinktiv im Aszendenten seine karmische Schuld, seine Unvollkommenheit und seine Unfähigkeiten, weshalb er den Aszendenten naturgemäß auch vehement ablehnt: „So möchte ich *niemals* sein!“ Es ist jener Teil, den er so gerne in die Ecke stellt. Jedem *anderen* springen die Eigenschaften des Aszendenten ins Auge, nur der Horoskopeigner kann sie an sich selber nicht erkennen.

Der AC beschreibt zusammen mit jenen Planeten, die sich am Aszendenten befinden, das „Uranliegen“ an das Leben. Hier liegt die Lebensaufgabe dieser Inkarnation. Ich bin mit vielen therapeutisch oder psychologisch arbeitenden Astrologen der Meinung, *dass der Aszendent mit großem Abstand das allerwichtigste Deutungselement* im Horoskop ist. Aus esoterischer Betrachtung inkarniert eine Seele mit dem Thema eines *unerlösten* Aszendenten mit dem Auftrag, dieses Thema von der unerlösten Form endlich in eine *erlöste* Form anzuheben.

Der Deszendent

Der Deszendent (DC), die Spitze des 7. Hauses, liegt dem Aszendenten genau gegenüber. Jenes Tierkreiszeichen, welches im Geburtshoroskop vom *Deszendenten* angeschnitten wird, verschwindet bildlich gesprochen zum Zeitpunkt der Geburt aus dem Blickwinkel der Betrachtung, denn es sinkt unter den Horizont (des Bewusstseins).

Wenn der Aszendent entweder als Karikatur oder überhaupt nicht gelebt wird, dann kommen die unerlösten Themen des Aszendenten über das Gegenteil (das Gegenzeichen) ebenfalls unerlöst von der Außenwelt auf den Horoskopeigner zurück. Zum Beispiel: Wenn der Waage-Aszendent das Harmoniebedürfnis so übersteigert lebt, dass er jedem Konflikt aus dem Weg geht, wird er dennoch von außen mit dem Gegenzeichen (Widder) in Form von Streitigkeiten ständig konfrontiert.

Astromedizinisch vertritt der *Deszendent* also jene Vorgänge, die auf den unerlösten Menschen im Leben immer wieder schicksalhaft von außen zukommen, zum Beispiel als Krankheit, Unfall oder Partner (Gegensätze ziehen sich an). Auch die Planeten am Deszendenten treten dem Menschen als „offene Feinde“, entgegen, was in manchen Partnerschaften so ziemlich auf das Gleiche hinausläuft.

Der Partner stellt im allgemeinen ein Schattenthema dar, denn er vertritt oft genau jene Eigenschaften, die uns selber fehlen, und die wir so dringend suchen. Als Zyniker könnte ich auch sagen: *Wir heiraten immer unsere eigenen Unfähigkeiten.* Daher kommt auch der Ausspruch: Zusammen mit seinem Partner (oder mit seiner Krankheit) ist der Mensch heil!

Das Imum Coeli

Das Imum Coeli (IC), die Spitze des 4. Hauses, ist der tiefste Punkt, der unbewussteste Teil. Er liegt dem Medium Coeli (MC), der Himmelsmitte, polar gegenüber. Die senkrechte Linie zwischen IC und MC teilt das Horoskop in zwei Hälften. Das IC ist jener Ort, an dem die Sonne um Mitternacht am tiefsten Punkt gestanden hat und beschreibt psychologisch das „Familienerbe", die Atmosphäre, die den Horoskopeigner in seiner Kindheit umgab.

Während die offiziellen materialistischen Forschungen zu der Ansicht gelangten, dass bestimmte Krankheitsdispositionen über die Gene ererbt worden sind, und während die traditionelle Psychoanalyse (nach Sigmund Freud) davon ausgeht, dass bestimmte Kindheitserfahrungen und das Verhältnis zu den Eltern wesentlich den Charakter und den Lebenslauf eines Menschen beeinflussen, legt die ***Spirituelle Astromedizin*** dar, dass das Kind mit allen diesen Eigenschaften aus früheren Inkarnationen bereits in dieses Leben hineingeboren worden ist, ja dass es sogar aktiv daran beteiligt war: Die Seele des Kindes hat sich die Eltern ausgesucht, um dort ganz bestimmte Erfahrungen zu machen. Medizinische Forschungen werden dadurch nicht infrage gestellt, sondern nur hintergründig verständlich. Beim ersten Atemzug allerdings „trinkt der Mensch aus dem Fluss des Vergessens" (Plato), wodurch all diese Vorgänge unbewusst bleiben.

Astromedizinisch vertritt das Imun Coeli den Ort im Horoskop, wo wir Schädigungen in der Kindheit und in der pränatalen Phase erkennen können. Natürlich kann ein Horoskop niemals als Beweis für einen Abtreibungsversuch herangezogen werden, dennoch ist zu erkennen, ob der Mensch subjektiv in einem Umfeld der Unsicherheit oder Ablehnung aufgewachsen ist. Wir deuten am Imun Coeli auch das heutige „Zuhause" und das sehr wichtige Verhältnis zur Mutter.

Das Medium Coeli

Das Medium Coeli (MC), die Spitze des 10. Hauses, steht im Horoskop an jener Stelle, an dem die Sonne steht, wenn sie mittags an ihrem höchsten Punkt angelangt ist. Hier ist der Tag am hellsten. Der Weg durch drei Viertel des Tierkreises ist zurückgelegt. Das MC ist die Finalität des Lebens. An diesem Ort, in diesem Zeichen, findet der Mensch seine Erfüllung, seine Erlösung aus der Verzauberung der Anlagen (AC). Hier wirkt das, was in ihm liegt, denn auch das MC steht bei der Geburt bereits fest. Das MC ist der Ort der *Berufung,* so als würde man durch eine innere Stimme ständig *gerufen,* es symbolisiert die Frucht der edelsten Arbeit — der Arbeit an sich selbst. Niemals aber darf man in den Fehler verfallen, dieses Ziel anzuvisieren, sondern das MC ist gleichsam die Finalität einer Aktion oder des Lebens.

In der *astromedizinischen* Deutung lässt sich der Leistungsdruck, der von der Gesellschaft ausgeht, im MC, der Himmelsmitte, ablesen. Hier erkennen wir auch eine mögliche Vater- oder Autoritätsproblematik, die später auf die verschiedensten Ebenen, zum Beispiel auf den Beruf, auf die Öffentlichkeit oder auf den Partner projiziert wird.

Die Zwischenhäuser

Dieses Buch soll die ***Spirituelle Astromedizin*** keineswegs vollständig behandeln, sondern ein wenig thematisch streifen, weshalb hier auch nur noch eine kurze tabellarische Zusammenfassung aller Häuser erfolgt:

1. Grundanliegen, Urimpuls (Widder-Qualität)
2. Besitz, Geldangelegenheiten, Selbstwert (Stier-Qualität)
3. Kommunikation, Schulen und Kameradschaft (Zwillings-Qualität)
4. Psyche, Gefühl, Familie und Zuhause (Krebs-Qualität)
5. Risikobereitschaft, Ausdruck, Spiel, Sexualität (Löwe-Qualität)
6. Arbeitsplatz, Anpassung an Pflichten (Jungfrau-Qualität)
7. Partnerschaft, Projektionen (Waage-Qualität)
8. Ehe, Leitbilder, Stirb- und Werdeprozesse (Skorpion-Qualität)
9. Lebenssinn, Vertrauen, Religion, Entwicklung (Schütze-Qualität)
10. Beruf(-ung) Lebensziel, Öffentlichkeit (Steinbock-Qualität)
11. Reich der Ideen, Freundschaften, Gruppen (Wassermann-Qualität)
12. Zurückgezogenheit, Transzendenz (Fische-Qualität)

Die Planeten — Seelenorgane und Schauspieler

Der dritte und letzte Baustein, den wir für die Deutung eines Horoskops benötigen, sind die Planeten. Jedem Tierkreiszeichen ist ein Planet als sogenannter „Herrscher“ zugeordnet, der die Energie des Tierkreiszeichens in das Horoskop hinausträgt. Bleiben wir bei dem zuvor beschriebenen Beispiel eines Theaters:

Der *Tierkreis* im Sternenhimmel ist das Drehbuch des Lebens. Er vertritt das Prinzip der kosmischen Ordnung und verändert sich nicht. Die *Häuser,* die Bühnenbilder, die Kulissen, sind die Lebensbereiche. Die *Planeten,* die Schauspieler, die Energien; sie bringen das Leben auf die Bühne.

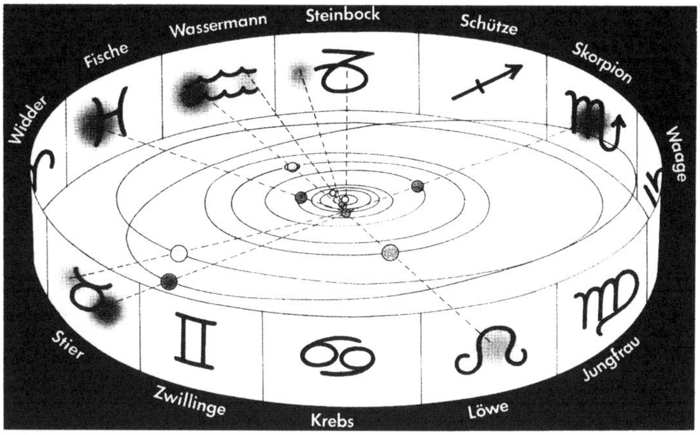

Ebenso wie die Schauspieler aber genau das zu spielen haben, was im Drehbuch steht, so müssen die Planeten auch genau so gelebt werden, wie es im Tierkreis (Drehbuch) steht. Viele Menschen tun das nicht, und das ist auch ein Hintergrund für die Entstehung von Schicksal und Krankheit. Gemäß der Entsprechungen der Tierkreiszeichen und der Inkarnation der Seelenorgane in den physischen Körper sind die Planetenprinzipien auch in jenen Körperregionen anzutreffen, die den entsprechenden Tierkreiszeichen zugeordnet sind, und die wir jetzt vom Kopf bis zu den Füßen betrachten.

M A R S

Der Planet *Mars,* die Verkörperung des antiken Kriegsgottes, hat als Herrscher des Tierkreiszeichens Widder seinen Sitz im Kopf des Menschen. Dieser wilde, ungezügelte, von den anderen Göttern gehasste Mars, dem Recht und Gesetz völlig gleichgültig waren, und der eine leidenschaftliche Liebesbeziehung zu der ihm so gegensätzlichen Liebesgöttin Venus unterhielt, zeugte mit dieser das Kind Harmonia. Astrologisch steht Mars für Entscheidungen, Durchsetzung, Aktivität und Tatkraft sowie für Impulse, Tapferkeit, Willen, Wut, Schärfe, Kampf und Siegeswillen.

Astromedizinisch bedeutet Mars-Energie folgendes: *Heiß, trocken, entzündend, energisch aufbrausend, scharf, aktivierend, anspannend, verbrennend und verletzend.*

V E N U S (Stier)

Der Planet *Venus* tritt zweimal auf: einmal als weibliche Venus und damit als Herrscherin des Tierkreiszeichens Stier, und später noch einmal als

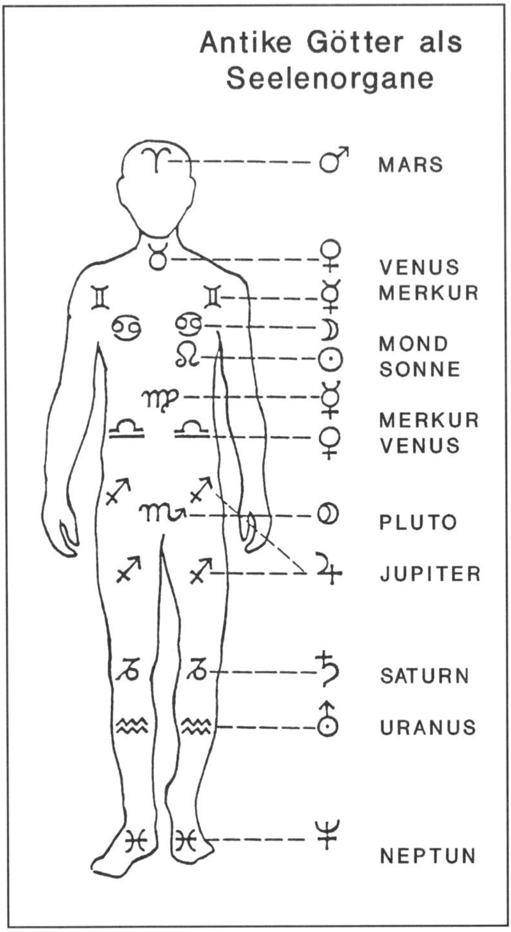

Antike Götter als Seelenorgane

„männliche“ Venus und damit als Herrscherin des Tierkreiszeichens Waage. Die *Stier-Venus* hat ihren Sitz im Hals- und Schulterbereich, ihre astrologische Bedeutung ist: Sinnlichkeit, Behäbigkeit, Brauchtum, das Sammeln und Horten, das Einverleiben von Dingen und Menschen sowie Geld und Vermögen.

In der *astromedizinischen* Zuordnung werden der Stier-Venus folgende Eigenschaften zugeschrieben: *Warm, lymphatisch, schlaff und sesshaft.*

M E R K U R (Zwilling)

Auch der *Merkur* tritt zweimal auf, als Herrscher des männlichen Zeichens Zwilling und des weiblichen Zeichens Jungfrau. Der *Zwillings-Merkur,* der antike Götterbote, von Jupiter (Zeus) gezeugt und unehelich geboren, Schutzpatron der Händler und Kaufleute, der Diebe und Betrüger, der als geschickter Mittler zwischen Himmel und Erde die Gegensätze zusammenführte, hat seinen Sitz in den Lungen, den Armen, den Händen und den Fingern, und die Astrologie schreibt ihm folgende Eigenschaften zu: Vielseitigkeit, Neugier, Flexibilität, Mittler zwischen Himmel und Erde, Unverbindlichkeit, Information, Botschaft, Mitteilung, Austausch, Verbalisierung, Relativität, Neutralität, Interesse, Funktion, Verständigung sowie Kommunikation.

In der *astromedizinischen* Zuordnung werden dem Zwillings-Merkur folgende Eigenschaften zugeschrieben: Kalt, trocken, nervös, vermittelnd und austauschend.

M O N D

Der *Mond,* eines der beiden großen Lebenslichter, ist Herrscher des Krebses und hat sich im Magen inkarniert sowie in der weiblichen Brust und in der Gebärmutter. In der Mythologie finden wir entweder Demeter, die Göttin des

Ackerbaus, die für das Mutterprinzip schlechthin steht, oder die anmutige Mondgöttin Selene (lateinisch Luna), die zur Zeit des Neumondes (astrologisch Sonne-Mond-Konjunktion) im Ehebett des Sonnengottes verschwand, weshalb dann der Himmel dunkel blieb. Die Astrologie beschreibt die Eigenschaften des Mondes mit Begriffen wie Heimat, Familie und Herkunft, mit Naturverbundenheit, dem Wechsel von Ebbe und Flut, weiterhin mit Stimmungen, Emotionen, Erwartungen, Beeindruckbarkeit und mit dem Bedürfnis nach Schutz und Sicherheit.

In der *astromedizinischen* Zuordnung werden dem Mond folgende Eigenschaften zugeschrieben: *Feucht, kalt, ernährend, gemeinschaftlich, flüssig, aufnehmend, lockernd und periodisch.*

SONNE

Die *Sonne,* das größere der beiden großen Lebenslichter, ist Herrscher des Tierkreiszeichens Löwe. Sie befindet sich im Herzen und im Sonnengeflecht. Helios, der Sonnengott, jener Sohn der Titanen, der die Nacht in seinem spärlichen Palast im fernen Osten verbrachte, spannte beim ersten Schrei des Hahns seine vier Pferde an und lenkte seinen strahlenden Sonnenwagen über das Himmelsgewölbe. Der Sonne werden astrologische Eigenschaften zugeschrieben wie: Potenz, Ausstrahlung, Ausdruckskraft, Präsentation, Macht und Pracht, weiterhin Souveränität, Dominanz, Autorität, Spiel, Lust, Sexualität und Liebesabenteuer.

In der *astromedizinischen* Zuordnung werden der Sonne folgende Eigenschaften zugeschrieben: *Heiß, trocken, lebhaft, aufbauend, ausdehnend, stärkend, aktivierend, entkrampfend und erwärmend.*

MERKUR (Jungfrau)

Der weibliche *Merkur* ist Herrscher des Tierkreiszeichens Jungfrau und befindet sich im Dünndarm und den Eingeweiden des Oberbauchs, wo sich im Vergleich zum Zwillings-Merkur, seine andere Seite, die lehrerhafte Besserwisserei, manifestiert. Seine astrologischen Eigenschaften sind: Anpassung, Beobachtung, Unterscheidung, Überprüfung, Kalkulation, sowie Nutz- und Zweckdenken, weiterhin Vorsicht, Akribie, Exaktheit, Pädagogik, Hygiene und Sterilität und auch gutes Benehmen und feine Manieren.

In der *astromedizinischen* Zuordnung werden dem Jungfrauen-Merkur folgende Eigenschaften zugeschrieben: *Kalt, trocken, analysierend, prüfend und katalytisch.*

V E N U S (Waage)

Die „männliche“ *Venus,* als antike Göttin der Liebe, der Harmonie und der schönen Künste bekannt, ist die Herrscherin des Tierkreiszeichens Waage und hat ihren Sitz in den Nieren. Die „Schaumgeborene“, die ausgeglichene, lebensbejahende und sensible Venus, griechisch Aphrodite, gebar dem Kriegsgott Mars das Kind Harmonia. Die Astrologie beschreibt die Waage-Venus wie folgt: Charme, Eleganz, Unentschlossenheit, Harmonie, Ausgleich, Frieden, Kompromisse, Diplomatie, Ausgewogenheit und Gleichgewicht der Kräfte.

In der *astromedizinischen* Zuordnung werden der Waage-Venus folgende Eigenschaften zugeschrieben: *Warm, filtrierend, ausgleichend, entgiftend, harmonisierend.*

P L U T O

Der Planet *Pluto* vertritt das Tierkreiszeichen Skorpion. Als Gott des Totenreichs, der sich die Macht mit seinen Brüdern Jupiter (Zeus, dem Herrscher des Himmels) und Neptun (Poseidon, dem Herrscher des Meeres) teilte, regierte er mit seiner Königin Persephone in einem mächtigen düsteren Palast über die Seelen der Toten. Der Planet Pluto wurde erst 1930 entdeckt, zu Beginn des Atomzeitalters. Nicht zufällig hat er sich in dem Körperbereich angesiedelt, wo die Sterbeprozesse (Ausscheidungsorgane) und Werdeprozesse (Geschlechtsorgane) ganz dicht beieinander liegen: im unteren Bereich des Bauches. Die Astrologie beschreibt Pluto so: Ideelle Fixierung, leitbildhafte Vorstellungen, Perfektionismus, Tiefgründigkeit, Selbstüberwindung und Kontraste, weiterhin Sexualität als Kampf der Geschlechter, Zähigkeit, Macht und Ohnmacht, höhere Gewalt, Wandlung, Metamorphose, Suggestion, Manipulation, Opfer und Verzicht sowie Umbruch, Rebellion und Okkultismus.

In der *astromedizinischen* Zuordnung werden Pluto folgende Eigenschaften zugeschrieben: *Ausscheidend, verstopfend, wandelnd, gärend und opfernd.*

J U P I T E R

Jupiter ist Herrscher über den Schützen und hat sich im Körper im Bereich der Hüften und der Oberschenkel angesiedelt, dort, wo man große Schritte im Leben macht. Dem optimistischen und selbstgefälligen Jupiter (Zeus), der sich selber genehmigte, sich neben seiner Gemahlin Hera und seiner Geliebten Semele noch viele, viele andere Seitensprünge zu leisten, wird der Ausspruch nachgesagt: Quod licet jovi, non licet bovi (Was dem Jupiter erlaubt ist, das ist dem Ochsen nicht erlaubt). Jupiter vertritt folgende Prinzipien: Vertrauen, Begeisterungsfähigkeit, Problemblindheit, Dynamik, Fülle, Ausdehnung, Expansion, Entwicklung, Sendungsbewusstsein, weite Reisen, Wertung, Philosophie, Sinn des Lebens, Religion und Pathos.

In der *astromedizinischen* Zuordnung werden Jupiter folgende Eigenschaften zugeschrieben: *Warm, feucht, ernährend, ausdehnend, korpulent, vergrößernd, wuchernd, entgiftend und verdrängend.*

SATURN

Saturn, der äußerste Planet, den man mit bloßem Auge sehen kann, gilt als „Hüter der Schwelle" zu den transpersonalen Planeten. Er ist der Herrscher des Tierkreiszeichens Steinbock. Grausam liest sich in der griechischen Mythologie, wie Saturn (griechisch Kronos) seinen Vater Uranos ermordete: Mit der linken Hand packte er die Genitalien des Vaters, mit der rechten Hand entmannte er ihn. Aus dem Schaum der ins Meer geworfenen Geschlechtsteile entsprang später die Venus (Aphrodite, die Schaumgeborene). Sein Bereich im Körper ist die Haut, die die Menschen „begrenzt", sind die Knochen, wo ihnen „das Kreuz gebrochen" wird, oder die Knie, wo sie „in die Knie gezwungen" werden. Dennoch verleiht das Knochengerüst dem Menschen Haltung und Aufrichtigkeit. Die astrologische Bedeutung des Saturn wird umschrieben mit: Verneinung, Einschränkung, Einhaltung von Formen, Grenzen und Strukturen, Stütze, Festhalten an Standpunkten, Reinheit, Achtung und Geltung in der Öffentlichkeit, Ordnung als erstrebenswertes Ziel, Gesetz, Verbot, eigene Verantwortung und Autorität sowie Amt und Würden, weiterhin Profil, Reduktion und Streben nach gesellschaftlicher Anerkennung.

In der *astromedizinischen* Zuordnung werden Saturn folgende Eigenschaften zugeschrieben: *Kalt, trocken, chronisch, zusammenziehend, kristallisierend, einschränkend, hemmend, stützend, verkalkend, verengend, verhärtend, verlangsamend und bindend.*

URANUS

Zeitgleich mit der französischen Revolution wurde *Uranus* entdeckt, der Herrscher des Wassermanns, der jene Entwicklung in Gang gesetzt hat, die sich heute im Wassermannzeitalter manifestiert. Uranus, der Ahnherr der Götter, trug sehr deutlich die Grundzüge des schöpferischen und unsteten Urprinzips. Seine Schöpfungen waren alle sonderbar, ver-rückt oder un-normal, wie z.B. die drei hundertarmigen Riesen oder die drei unberechenbaren Cyklopen, deren Namen übersetzt Donner, Blitz und Glanz heißen. In der Astrologie steht Uranus für Freiheit, Sprunghaftigkeit, Unberechenbarkeit, für Originalität und Exzentrizität, Revolution und Befreiung, für Umsturz, Explosivität, Entpolarisierung der Gegensätze, Absprung und Erneuerung, und er ist Urheber von Absonderlichkeiten und Bizarrheiten.

In der *astromedizinischen* Zuordnung werden Uranus folgende Eigenschaften zugeschrieben: *Trocken, krampfhaft, elektrisch, explosiv, zerrüttend, erregend, unterbrechend und zerreißend.*

NEPTUN

Neptun wurde Ende des letzten Jahrhunderts entdeckt, als die Menschen damit begannen, sich wieder mit Mystik zu beschäftigten. Er ist der Herrscher des letzten Tierkreiszeichens, der Fische. Neptun (griechisch: Poseidon) herrschte in der Mythologie in seinem ausgedehnten Unterwasserpalast auf dem Meeresgrund, umgeben von Delphinen und phantastischen Meerungeheuern, und es ist ihm trotz zahlreicher kriegerischer Versuche niemals gelungen, seine Macht über das Meer hinaus zu erweitern. Astrologische Zuordnungen sind: Grenzenlosigkeit, Zurückgezogenheit, Sehnsucht, Anonymität, Tarnung, Täuschung, Transzendenz, Spiritualität und der Schleier von Maya, das heißt der Schleier der materiellen Welt, weiterhin Schweigen, Meditation, Kommunion und Kontemplation.

In der *astromedizinischen* Zuordnung werden Neptun folgende Eigenschaften zugeschrieben: *Feucht, schlafsüchtig, hindernd, lösend, auflösend, zersetzend und lähmend.*

Der ganze Olymp im Menschen — Theaterspiele der Seele

Die Planetenprinzipien tragen Namen antiker Götter. Es sind die lateinischen Namen der griechischen Götter, die so menschliche Eigenschaften hatten: Liebe und Hass, Mord und Totschlag, Raub und Hingabe, Lug und Trug sowie Mut und Heldenhaftigkeit. Die Damen und Herren auf dem Olymp taten nämlich alles das, was die Menschen auch taten — oder hätten tun können. Somit waren sie die eigenen archetypischen Eigenschaften aus dem menschlichen kollektiven Unbewussten, die über Mythologien nach Manifestation verlangen. Die größte Bewunderung oder die größte Abscheu wurde immer jenen Göttern gezollt, die solche Eigenschaften vertraten, die der Mensch auf Grund von Moral oder Religion verdrängte. Ähnlich wie in einer Fernsehserie (z.B. „Dallas“), in dem der Bösewicht (J. R. Ewing) all das tut, was wir niemals tun würden, so standen in der griechischen Mythologie die Götter den Menschen als wunderbare Projektionsfläche zu Verfügung.

Archetypen äußern sich in verschiedenen Symbolen und drängen nach Verwirklichung. Archetypen sind die Grundmuster der Götter, der Kulturen, der Träume, der Märchen und der Mythen. Die Welt des Unbewussten ist eine eigene Welt, und diese Welt ist in Ihnen; alle „Götter" des Olymps befinden sich als Seelenorgane in Ihrem Inneren.

Und nicht alle „Götter" sind so menschenfreundlich wie Asklepios. Wie in einem tiefen, dunklen See schlummern die einzelnen Seelenorgane, die *Archetypen,* diese persönlichen Anteile der kollektiven Energiekräfte, in den Tiefen des Unbewussten, und die Strömung des Lebens bringt mal das eine und mal das andere Bild an die Oberfläche. Sie bewirken dort etwas, und dann sacken sie wieder in die Tiefe des Unbewussten hinab.

Durch falsches Denken und Handeln verletzte Archetypen rufen Krankheit und Schicksal hervor. Das folgende Theaterstück soll auf lockere Art und Weise die schwierige Frage beantworten:

„WARUM ERKRANKT DER MENSCH?" Es heißt: **DER AUTOKAUF**.

Als erstes stelle ich Ihnen die Schauspieler — die Archetypen — dieses Theaters einzeln vor und erkläre die „Rollen", die sie zu spielen haben. Die Rollen orientieren sich an der griechischen Mythologie.

Die Rolle des HAUPTDARSTELLERS erhält JUPITER.

Gleichwohl, wie der Planet Jupiter die Rolle zugewiesen bekommen hat, die Prinzipien des Tierkreiszeichens *Schütze* ins Horoskop hinauszutragen, so hat in diesem Theaterstück der Schauspieler namens JUPITER den Auftrag, *voll im Rampenlicht stehend* jene Eigenschaften zu verkörpern, welche die Mythologie dem antiken Göttervater und Herrscher des Olymps zuspricht: *Unumschränkt, mit Sonderrechten* ausgestattet, galt er in der Antike als selbstgefällig. Er hatte *Humor, Enthusiasmus, Weitblick und Begeisterungsfähigkeit,* und er konnte schnell *Vertrauen* erwerben. Mit *Optimismus, Idealismus und Toleranz* war er zu *salomonischer Gerechtigkeit* fähig. Aber..., seine *Übertreibungen* führten zu *Großspurigkeit, Arroganz und Überheblichkeit.* Er war mit einer enormen *Problemblindheit* ausgestattet, und seine *Undifferenziertheit* mündete in *Unsachlichkeit, Hochstapelei, Angeberei und Selbstüberschätzung* mit zum Teil recht schmerzhaften Folgen.

Die Rolle des EGOISTEN erhält der MARS.

Der *wilde, ungezügelte,* junge Schauspieler namens MARS, der von den anderen Darstellern *gehasst* wird, ist der zweite Akteur dieses Dramas. Er hat die Aufgabe, der Inszenierung zu ihrer notwendigen *Durchsetzung* zu verhelfen.

Dem olympischen Mars waren *Recht und Gesetz völlig gleichgültig. Triebhaftigkeit und Grobheiten* zählten zu seinen Eigenschaften, er stand für *Initiative, Tatkraft und Durchsetzungen* sowie für das Prinzip, sich mit dem Leben *kämpferisch auseinander zusetzen.* Da gab es nichts, was den Mars hätte aufhalten können, *sich getrieben von Urenergien allem und jedem in diesem Lebenskampf zu stellen, um heißblütig mit dem absolutem Willen zu siegen.*

Die Rolle der GENIESSERIN erhält die VENUS.

Als Gegenpol zum Mars bekommt die VENUS, die „Schaumgeborene", eine *ausgleichende, lebensbejahende und sensible* Schauspielerin die Rolle der verwöhnten Genießerin. Vorbild ist die Liebesgöttin der Antike, die im privaten und öffentlichen *kulturellen Leben* für *Musik, Theater und schöne Künste* sorgte. Im privaten Umgangston war die Venus stets *höflich und rücksichtsvoll, voller Charme, Eleganz und Stilgefühl.* Die Venus auf dem Olymp sorgte auch dafür, dass die Griechen nach den zersetzenden Kriegen zwischen Athenern und Spartanern wieder *ihre Frauen liebten, den Frieden genossen und den musischen Klängen lauschten. Hübsch verpackt und ein wenig geziert,* lehrte sie die Griechen auch die *Kunst der Diplomatie.*

Die Nebenrolle des VERMITTLERS erhält der MERKUR.

MERKUR, ein Aushilfsschauspieler von zwielichtiger Herkunft, ist hauptberuflich als Journalist tätig, wodurch er ein *geschickter Vermittler* zwischen dem Theater und der Presse ist. Ähnlich wie der olympische Merkur, der als *Schutzpatron der Händler und Kaufleute* galt, war er auch der Schutzpatron der *Taschendiebe und Betrüger.* Merkur, der einzige aus der Schauspieltruppe, der lügen darf, verhält sich stets *leichtfüßig, listig und klug.* Und manchmal ist da auch *ein kleiner Betrug;* denn so ernst darf man das Leben nicht nehmen.

Die Rolle des SPIELVERDERBERS erhält der SATURN.

Als fünften und vorerst letzten Schauspieler brauchen wir für die Inszenierung noch den SATURN, für die Rolle des *Einschränkers, des Richters und des Spielverderbers.* Grausam liest sich seine mythologische Vorgeschichte: Als einer der Titanen *ermordete* er seinen unermüdlich schöpferisch tätigen Vater Uranus, um selbst den Thron zu erhalten. Von dann an lebte er ständig in der *Angst* vor der Erfüllung eines Orakelspruchs, wonach er selbst von seinen Nachkommen *entthront* werden würde. Er *verschlang deshalb seine eigenen Kinder.* Für die heutige Rolle sind *peinliches Planen der Zeit* und die *Einhaltung der Ordnung erstrebenswerte Ziele,* deren Ergebnisse wieder zu *Norm und Gesetz,* oftmals auch zu *Verbot und Beschränkung* werden. Der Schauspieler hat die Aufgabe, *die Lebensfreude zu reduzieren, Dinge auf den Punkt zu bringen und auszukristallisieren.*

Und nun erleben Sie die Inszenierung des Stückes „**DER AUTOKAUF**“, das dem Leben entnommen sein könnte:

1. AKT

Ich möchte mir ein neues Auto kaufen. Ich rufe den Händler an, und am gleichen Abend kommt ein dienstbeflissener Vertreter zu mir ins Haus und breitet sein Prospektmaterial aus. Drei getrennte Mappen hat er mitgebracht: Kleinwagen, Mittelklasse, *Luxusklasse.* Er mustert mich *jovial* und meint dann *väterlich,* kleine Autos seien für kleine Leute, Mittelklassewagen für mittelmäßige Zeitgenossen, für mich *als erfolgreichen Menschen* käme wohl nur die *Luxusklasse* infrage. Schon fühlt sich mein innerer JUPITER angesprochen, und er tritt in Aktion. Quod licet jovi, non licet bovi (Was dem Jupiter erlaubt ist, ist dem Ochsen nicht erlaubt). Die Nachbarn (alles Ochsen) sollen sehen, *wer wir sind* (wir = Jupiter und ich). *Pathetisch und problemblind* — plädiert JUPITER für ein Modell, das an der *ausladenden Blechoberfläche* und im *überdimensionierten* Hubraum der *Großzügigkeit* des Eigners entspricht, und das erscheint mir deshalb gerade angemessen zu sein. Überheblich bitte ich den Vertreter, die anderen Prospekte doch beiseite zu lassen. Mein innerer JUPITER ist zufrieden und begibt sich wieder in die Tiefen des Unbewussten.

Jetzt geht es um die *Motorenbestückung:* 150 PS, 180 PS, *230 PS....* Aus der Tiefe meines Unbewussten *schnellt* der Archetyp MARS ins Wachbewusstsein. Das ist sein Revier als *Kriegsgott.* Denn dem MARS passt es schon lange nicht, dass ich weder *Sport* treibe noch in handfeste *Schlägereien* verwickelt bin. Schließlich ist der *Krieg auf den Straßen* heutzutage noch die einzige Möglichkeit zu zeigen, wer hier *der Stärkere* ist, wer *als erster* von der Kreuzung *startet.* Die anderen *hinter sich lassen!* Da gibt es Autos, die sehen aus wie Enten — und heißen auch so. Der *Jagdinstinkt* auf der Autobahn bricht durch: *Entenjagd!!!* „Gibt es auch 300 PS?“, will mein MARS wissen, und ich spreche die Frage aus. Nein, bei 230 PS ist Schluss. Also gut. Der MARS ist befriedigt und sinkt wieder ab ins Meer des Unbewussten.

Die Innenausstattung kommt jetzt dran: Sie können sich schon vorstellen, wer kommt. Die *verwöhnte* VENUS meldet ihre Ansprüche an: CD-Player für ihr *Kunstverständnis,* damit *wir* (Venus und ich) während der Fahrt *klassischer Musik* lauschen können, und eine *Stereoanlage* für ihr *Harmoniebedürfnis.* Bezüglich der Polsterung lassen sich *Charme und Eleganz* nur ausdrücken über *Veloursplster.* Und nicht zu vergessen: Natürlich *Liegesitze,* damit auch die *Liebe* im Auto nicht zu kurz kommt — möglichst beheizt! Und der Vertreter schreibt immer alles auf, während sich meine innere VENUS wieder *genussvoll und harmonisch* zur Ruhe bettet.

Irgendwo in mir ist doch noch ein Stückchen logischer Verstand. Dieser lässt mich die (völlig unangebrachte) Frage stellen: „Wie viel kostet das Auto eigentlich bisher?“ Diese Frage wirkt auf alle Beteiligten unangenehm. Der Vertreter schaut mich missbilligend an mit einem Blick, als wolle er sagen: ‚Das hätte ich jetzt wirklich nicht von Ihnen erwartet!' Meine Archetypen sind der gleichen Ansicht, und ich fühle mich schlecht, so als hätte ich einen unsittlichen Antrag gemacht. Aber der Vertreter zieht dennoch einen Schluss-Strich, er rechnet und nennt das Ergebnis. Oh, diese Summe habe ich nicht erwartet. So viele Zigtausend Mark! Das kann ich ja gar nicht bezahlen! Guter Rat ist jetzt teuer.

Aber da ist ja noch der MERKUR, mein innerer Schutzpatron der *Händler und Kaufleute, der Diebe und der Betrüger,* und er macht den rettenden *vermittelnden* Vorschlag, den ich auch gleich ausspreche: *„Machen wir doch leasing!“* Jeder weiß, leasing ist eine teure Art, ein Auto zu finanzieren, und das ist auch der *kleine (erlaubte) Betrug.* Aber einige hundert Mark im Monat sind leichter aufzubringen als einige Zigtausend Mark sofort, vor allem dann, wenn man sie nicht hat. Und genau das ist bei mir der Fall. Der Leasingvertrag wird noch ein bisschen gestreckt, statt 48 Monate auf 60 Monate, dann auf 72 Monate. Insgesamt wird das Auto zwar immer teurer, aber die monatlichen Raten werden niedriger, und für den MERKUR ist die Welt in Ordnung.

Der Vertreter und ich sind nun einig. Er setzt den Vertrag auf, und ich unterschreibe. Ich habe ein sehr gutes Gefühl, ich befinde mich in Harmonie, denn meine Archetypen, meine Seelenanteile sind zufrieden. Ich bin der festen Überzeugung, einen guten Vertrag geschlossen zu haben.

Habe ich den Vertrag wirklich selber geschlossen? Die Wahrheit ist, den Vertrag haben andere geschlossen: Mein JUPITER, mein MARS, meine VENUS und mein MERKUR. Aber es wird schon in Ordnung sein. Ich verabschiede den Vertreter, begebe mich einige Zeit später ins Bett und schlafe auch gleich ein. — (VORHANG).

2. AKT

Nachts, 2 Uhr !!! Ich werde hellwach. Ein *Stein* scheint auf meiner Brust zu lasten, ich *ringe nach Luft.* Mein Schlafanzug ist von *Angstschweiß* klitschnass. Ich stehe auf, öffne das Fenster und versuche, mich zu beruhigen. Aber es nützt nichts. O Gott, ein Archetyp ist nicht gefragt worden, und der spielt jetzt verrückt: Der innere SATURN sagt: *„Ich bezahle das Auto nicht !!!“*

Und SATURN *rechnet mir vor:* „Die Hypothek auf deinem Haus läuft noch bis zum 30.6.2007, (so etwas weiß ein Saturn auf den Tag genau!), der Leasingvertrag für das alte Auto ist auch noch nicht abgewickelt, da kommt noch eine Schlusszahlung in Höhe von DM 8.347,16 (informiert wie ein *Beamter!*) auf dich zu, du hast noch drei Kinder in der Ausbildung....“ . Man bedenke, es ist nachts 2 Uhr, und ich will schlafen. Das geht aber nicht. Ich öffne das Fenster, atme tief durch und lege mich wieder ins Bett. Doch SATURN *beherrscht mich.* Und so geht es weiter und weiter: „....du wolltest deine Eltern unterstützen, und du hast neben deiner Frau noch deine Freundin (das weiß ich selber, aber das stinkt dem SATURN, diesem *Neinsager,* am allermeisten), wie willst du das alles bezahlen?“

An Schlaf ist nicht mehr zu denken. Ich öffne erneut das Fenster, um wenigstens frische Luft zu bekommen. Ach ja, den nassen Schlafanzug muss ich wechseln, sonst hole ich mir noch den *Tod.* Das könnte SATURN so passen! Aber dieser *Stein auf der Brust,* ob ich wohl jetzt einen Herzinfarkt bekomme? Der fängt doch genau so an? Da ist die *Angst* wieder, die *blanke Angst, Todesangst,* und mit ihr neuer *Schweiß!*

Irgendwann übermannt mich der Schlaf. — (VORHANG).

3. AKT

Eine unruhige Nacht liegt hinter mir: *Todesangst, Schweißausbruch, Stein auf der Brust und Atemnot.* Handfeste körperliche Symptome sind aufgetreten. Nun kommt die Stunde der Entscheidung: Benutze ich die Symptome als Sprache der Seele, um zu verstehen, was in meinem Denken und Handeln nicht in Ordnung war? Oder gehe ich zum Arzt, damit das Thema in die Verdrängung geschickt und meine Seele mundtot gemacht wird?

„Normalerweise“ geht der Mensch zum Arzt. Nehmen wir an, ich sei genauso unbewusst. Meine Frau hat mitbekommen, was in der Nacht so passiert ist, und da steht natürlich wieder die *Angst* im Raum — niemand spricht es aus, dennoch ist die *Angst* da — der Ernährer der Familie könnte ausfallen. Und das will ich ja niemandem antun.

Ich setze mich also artig ins Wartezimmer einer Arztpraxis, warte geduldig, bis ich ins Sprechzimmer vorgelassen werde und berichte dem Medizinmann über meine Symptome: *Todesangst, Schweißausbruch, Stein auf der Brust und Atemnot.* Ich erwähne dabei meinen Kaufvertrag von gestern, aber das interessiert den Gesund-Macher nicht, und er unterbricht mich: „Nun ziehen Sie sich erst einmal aus!“ Die Begleitumstände sind nicht sein Problem. Er untersucht mich, horcht mich ab, schaut mich an, klopft mich ab und findet natürlich nichts. Was sollte er auch finden? Da ist ja nichts. Noch nichts. Weil er aber als ein verantwortungsbewusster Arzt erscheinen will, macht er ein EKG, mit und ohne Kniebeugen, und auch da findet er nichts. Er röntgt mich, mit und ohne Atmen (was immer das auch soll) — und er findet abermals nichts. Und da er nichts gefunden hat und dennoch ein guter und vor allem verantwortungsbewusster Arzt bleiben will, verschreibt er mir eine Reihe von

Medikamenten: Eines gegen Schweißausbruch, eines gegen Schlaflosigkeit und Angst, und eines, damit ich wieder frei durchatmen kann.

Damit hat mir der Medizinmann in gnadenvoller Unbewusstheit alle meine Symptome genommen. — (VORHANG — ENDE).

Was Sie jetzt aber als Zuschauer noch nicht wissen können, ist, dass dieses Theaterstück mit Diebstahl endete! Ich bin zwar alle meine Symptome los, aber ich bin auch etwas anderes, sehr viel Wichtigeres los: *Der Arzt hat mir mein Thema, meine Symptome, geklaut! Und das Thema heißt: Verletzter Saturn:*

Weil in Wahrheit keine Heilung stattgefunden hat, sondern nur eine primitive Symptomverdrängung, gibt es noch einen vierten Akt, der zu einer ganz anderen Zeit an einem ganz anderen Ort spielt, und der scheinbar zu den ersten drei Akten nicht dazugehört. Das wird aber von den modernen Schulmedizinern (Paracelsus: Scharlatanen) nicht erkannt, weil sie „von der Astrologie" nichts wissen.

4. AKT

Von meinen Symptomen befreit habe ich keinen Gedanken mehr an die nächtliche Szene verschwendet, und auch den Vertrag habe ich sehr schnell vergessen. Das Auto kam, und ich bin sehr gut damit gefahren. Aber so lässt sich ein Gott (SATURN) nicht abspeisen! Wenn eine Gottheit ein *Opfer verlangt,* lässt sie sich nicht mit billigen von der AOK bezahlten Medikamenten vertreiben. SATURN *hat Zeit.* Und Gottes Mühlen mahlen *langsam, aber sicher.*

Jahre sind vergangen. Es klopft an der Tür. Erst leise, dann lauter. Ein Gott gebietet Einlass. Können Sie sich vorstellen, liebe Leserinnen und liebe Leser, wie heute, gegen Ende des zwanzigsten Jahrhunderts, ein Gott um Einlass bittet?

Draußen steht ein Herr mittleren Alters in einem unauffälligen Anzug und mit einer aufgerollten zerschlissenen Aktentasche unter dem Arm und weist sich als *Gerichtsvollzieher* aus. SATURN ist wieder da! Und mit ihm sind plötzlich die alten Symptome wieder da: die *Angst, der Schweiß, die Atemnot und der Stein auf der Brust.* SATURN *rechnet abermals vor,* wie damals in der langen Nacht nach dem Vertragsabschluß, was ich zu *bezahlen* habe, auf den Pfennig *genau* — mit Zins und Zinseszins. SATURN, in seiner neuen Verkleidung, *schränkt nun die Lebensfreude ein, er reduziert meine Großzügigkeit und er bringt die Dinge auf den Punkt.*

Hätte ich damals beim 3. Akt von ***Spiritueller Astromedizin*** gewusst und die Symptome richtig gedeutet, wäre das Stück anders verlaufen:

3. A K T (Neue Fassung)

Ich rufe den Autoverkäufer an und erkläre ihm, doch noch einmal mit dem Vertrag zu mir zu kommen, denn ich hätte gestern einen Fehler gemacht. „Wieso?“ Der Mann ist verdutzt. „Was ist los?“ Ich erkläre ihm, bei der Verhandlung gestern Abend hätte ich zwar meinen Jupiter und meinen Mars, meine Venus und meinen Merkur gefragt, aber mein SATURN wäre nicht dabei gewesen, und der sei nun verletzt. Das sei mein Fehler. Der Autoverkäufer tippt mit dem Finger an die Stirn und erklärt mich für verrückt, aber das wäre noch das kleinste Übel.

Ich könnte mich natürlich auch anders ausdrücken und *SATURN-Worte* benutzen. Das hört sich dann so an: „Mein Herr, ich *kann* das Auto *nicht bezahlen,* wir müssen den Vertrag *reduzieren, einschränken oder begrenzen.“* Das begreift der Mann. Der Autovertreter kommt noch einmal und *knirscht mit den Zähnen,* woraus Sie entnehmen — wenn Sie sich erinnern — dass sein *Zähneknirschen* mir zeigt, dass das ungeliebte SATURN-Thema nun *bei ihm* ist und nicht mehr bei mir. Ich gehe von der Luxusklasse zur Mittelklasse *herunter, beschränke* mich mit einer Motorenstärke von 180 statt 230 PS, *begnüge* mich mit Stoffpolstern statt mit Veloursp olstern und *reduziere* die Laufzeit des Leasingvertrages. Nun werden die anderen Archetypen Jupiter, Mars, Venus und Merkur zwar nicht gerade jubeln, aber ich schließe einen inneren Kompromiss in einer Weise, wie ihn fünf erwachsene Menschen, die alle ihre Ansprüche durchsetzen wollen, auch finden würden. Und erst jetzt herrscht Harmonie in meiner Seele.

Damit habe ich „dem Gott SATURN *gedient“,* oder wie die Menschen früher sagten: Ich habe dem SATURN *geopfert.* Und ein Opfer tut immer weh, denn sonst wäre es kein Opfer. Und was bekomme ich dafür? Ganz einfach: Frieden, Ruhe und Gesundheit! **(VORHANG — ENDE).**

Was Sie soeben gelesen haben, scheint eine schöne Story zu sein, aber ich habe sie selber so in allen Einzelheiten erlebt. Einen vierten Akt brauchte es allerdings nicht mehr zu geben.

Verstehen Sie nun, was ich damit meine, wenn ich sage, dass Heilung *niemals* durch schulmedizinische Behandlung (Misshandlung) erfahren werden kann! Die Symptome bringt ein tüchtiger Arzt sehr schnell zum Verschwinden, aber er bringt mich damit um die Chance, mich über das Symptom weiterzuentwickeln, um wahre Heilung zu erlangen.

.......aber die Sterne haben keinen Einfluss

Nachdem Sie einiges über ***Spirituelle Astrologie*** und ***Spirituelle Astromedizin*** gelesen haben, was natürlich nur beispielhaft und keineswegs vollständig war, wäre Ihre berechtigte Frage als aufgeklärter Mensch des zwanzigsten Jahrhunderts: „Üben die Sterne tatsächlich solchen Einfluss auf mich aus?" Und ich antworte Ihnen: „Nein!" Gegenfrage: „Welchen dann?" „Keinen!" Vielleicht wundert Sie es, gerade das aus meiner Feder zu erfahren, aber es ist die Wahrheit. *Die Sterne haben keinen Einfluss!*

Ihr Horoskop ist ein Anzeigeinstrument, und zwar ein sehr exaktes. Aber es *beeinflusst* Ihr Schicksal in keiner Weise. Es scheint ein Widerspruch zu sein, aber es bleibt dabei: Die Tierkreiszeichen und Planeten üben keinerlei Einfluss auf Sie aus, und Sie können sie auch für nichts verantwortlich machen. Bitte lassen Sie sich diesen Satz immer gegenwärtig sein!

Die sogenannte „Vulgär-Astrologie", die Sie im Fernsehen oder in den Illustrierten erleben können, braucht ebenso wie die Schulmedizin oder die Psychoanalyse immer einen Schuldigen, der im Außen zu suchen ist. Entweder sind Bazillen und Viren für die Krankheit verantwortlich, wie in der Schulmedizin, oder das Verhalten der Eltern und der Umwelt entscheidet über das Schicksal des Kindes, wie Sigmund Freud herausgefunden hatte. Und in der Vulgär-Astrologie sind eben die Sterne die Schuldigen, die entweder gute oder böse Einflüsse haben. Diese Art zu denken, ob nun in der Medizin, in der Psychologie oder in der Astrologie, ist ausgesprochen einfältig, denn sie enthebt den Menschen seiner Eigenverantwortung.

Im Gegensatz dazu beginnt mit der ***Spirituellen Astrologie*** der verantwortungsvolle esoterische Weg, der zur Selbsterkenntnis führt. Sich selbst zu erkennen ist die edelste Arbeit des Menschen. Und dabei ist es ganz logisch:

Sie fragen ja auch nicht, welchen *Einfluss* das Fieberthermometer auf Ihre Grippe hat? Es zeigt Ihnen 39,5 Grad an; und das sagt etwas aus über den Kampf, der in Ihrem Körper stattfindet. Auch die Röntgenaufnahme hat *keinen Einfluss* auf Ihre Krankheit oder Ihre Heilung, sondern sie zeigt z.B., dass in Ihnen etwas zu Bruch gegangen ist. Das Horoskop ist ebenso wie das Fieberthermometer oder die Röntgenaufnahme ein *Anzeige-Instrument* für eine Erkenntnis. Vielleicht ist es nur die Erkenntnis, dass in Ihrem Vorleben etwas zu Bruch gegangen ist. Doch was nützt das?

Es kann nicht deutlich genug gesagt werden: Es geht um Erkenntnis! Genauer gesagt: um Gotteserkenntnis. In der Antike durften *Wissenschaften* nur dann betrieben werden, wenn dadurch auch wirklich *Wissen geschaffen* wurde. Deshalb waren auch Physik und Metaphysik untrennbar miteinander verbunden, Chemie und Alchimie, Astronomie und Astrologie und so weiter. Es ging in erster Linie um *religio,* um Rückbindung, um philosophische Erkenntnisse. Eine Wissenschaft, die sich nicht mehr unter das Gebot der Gottes-Erkenntnis stellt, führt in die Zerstörung.

Hinter jedem Ereignis steht ein Sinn, eine Offenbarung, ein Hinweis. Vielleicht ist für Sie ein Ausspruch eines Nobelpreisträgers aus diesem Jahrhundert angenehmer. Einstein sagte, nachdem er alt und weise geworden war und sein eigenes Weltbild durchschaut hatte: *„Gott würfelt nicht."*

Sie können Astrologie niemals mit Logik erklären, weil sie ein „Analogie-System" ist. Analogie ist die Lehre der Gleichzeitigkeit (wie oben so unten, wie im Himmel, so auf Erden). Deshalb führt es auch nicht weiter, irgendwelche Magnetfelder zu suchen, die Einflüsse haben könnten. Den wissenschaftlichen Disziplinen würde es einmal gut tun, ihre Forschungen nicht nur auf dem Prinzip der *Kausalität* (Ursache und Wirkung) zu betreiben, sondern auch einmal auf dem Prinzip der *Synchronizität* (Gleichzeitigkeit). Es ist nämlich nur die eingefleischte Überzeugung, dass alles eine Ursache haben müsse, welche den Blick dafür verstellt, dass Ereignisse auch *ohne* kausale Zusammenhänge geschehen können und dennoch einem Ordnungsprinzip unterliegen. Diese daraus erwachsenen Erkenntnisse würden den kausalmechanistischen Wissenschaften endlich das Bewusstsein für die Möglichkeit eines Schöpfungsaktes erweitern.

Für uns bedeutet dies: Wenn Unfälle, Krankheiten, seelische Verwicklungen oder andere Schicksalsschläge in Ihr Leben gekommen sind, dann gilt es zu verstehen, dass die kosmischen Gesetze über solche Hinweise *ordnend* in Ihr Leben eingreifen, weil es darüber eine Kraft gibt — die meisten Menschen nennen diese Kraft GOTT — die den Wunsch hat, dass Sie wieder auf den richtigen Weg kommen, und dass Sie *heil* werden. Diesen Plan zu erkennen ist Sinn der ***Spirituellen Astrologie*** und der ***Spirituellen Astromedizin***. Und deshalb sind sie wahre Wegweiser — wahre Weise auf Ihrem Weg.

Kapitel X

Regressionstherapie, Reinkarnationstherapie und

Offenbarungstherapie®

Licht- und Schattenspiele der unsterblichen Seele

„Es ist nicht erstaunlicher, zweimal geboren zu werden als nur einmal. Alles in der Natur ist Auferstehung.“

(Francois-Marie Arouet = Voltaire, 1694 - 1778)

Im Kapitel X lesen Sie etwas zu den Themen:

Drei Therapieformen werde ich Ihnen hier vorstellen, liebe Leserinnen und Leser. Sie sind oftmals schwer zu unterscheiden und gehen ineinander über. Um nicht zu sehr zu theoretisieren, werde ich sehr schnell zu praktischen Beispielen übergehen.

Regression bedeutet „Zurückgehen", und in der Therapie Rückführung, zum Beispiel in die frühe Kindheit, um verdrängte Erlebnisse bewusst zu machen. Das ist ein Verfahren, welches schon seit Sigmund Freud bekannt ist. Neu hieran ist die Verknüpfung mit der ***Spirituellen Astromedizin***.

Thorwald Dethlefsen hat die *Reinkarnationstherapie* aus der Taufe gehoben. Seine Leidenschaft für das Hypnotisieren hatte ihn als jungen Astrologen in den 70er Jahren dazu verführt, versuchsweise Personen über ihre Geburt hinaus noch weiter zurückzuversetzen. Sein im Jahre 1978 erschienenes Buch „Das Leben nach dem Leben" (C. Bertelsmann) erbrachte den experimentellen Beweis der Bewusstwerdung früherer Existenzen und die Basis für ein neues (und doch sehr altes) Weltbild, das den etablierten Wissenschaften widerspricht. Das Buch beginnt mit Protokollen von Wiedergeborenen, die ihre verschütteten Erinnerungen freigaben, und sorgte demzufolge für Sensation und Aufsehen.

Zehn Jahre später und ausgestattet mit der wohl reichhaltigsten Erfahrung in der *Reinkarnationstherapie* distanzierte sich Thorwald Dethlefsen von der Art der Umgehensweise vieler Reinkarnationstherapeuten mit dieser Therapieform. Ihm selber ging es nun nicht mehr um Sensation und Beweis, sondern er warnte eindringlich vor der Gefahr, die Reinkarnationserfahrungen als neue Projektionsfläche zu missbrauchen. Denn wie die Schulmediziner einen Schuldigen im Außen „finden", zum Beispiel Viren und Bazillen, oder die Psychoanalytiker die Eltern oder die böse Umwelt für die Misere verantwortlich machen, so kippten die Reinkarnationstherapeuten, die wie Pilze aus dem Boden schossen, jungen Wein in alte Schläuche: Nun endlich hatten auch sie in den unerledigten Schicksalsprozessen früherer Leben ihre Schuldigen gefunden.

Thorwald Dethlefsen hat diesen Missbrauch mit der *Reinkarnationstherapie* mehrfach sehr deutlich klargestellt, aber es ist bei weitem nicht überall angekommen. Die *Reinkarnationstherapie* hat den Sinn, ein Problem zu erkennen, und dazu bedient man sich einer Zeitachse. Es geht also um Selbsterkenntnis. In einem seiner Ende der 80er Jahre gehaltenen Vorträge brachte Thorwald Dethlefsen als bildhaftes Beispiel ein Museum, in welchem jeder Raum eine ganz bestimmte Kulturepoche beherbergt und natürlich mit anderen Räumen (Kulturepochen) verbunden ist. Der Klient wird in der Tiefenentspannung in diese einzelnen Räume geführt, sieht sich dort zwar in den verschiedensten äußeren Umfeldern, ist aber inhaltlich immer wieder in die gleichen Themen verwickelt; mal als Täter, mal als Opfer. Daraus leitet sich der Auftrag ab, das Problem nicht nur bewusst zu machen, sondern hier und heute und an dieser Stelle beinhart daran zu arbeiten.

Ich möchte es zunächst bei diesen kurzen Ausführungen bewenden lassen. Über die *Reinkarnationstherapie* sind viele Bücher geschrieben worden, eines (Mathias Wendel: Maskenball der Seele) finden Sie in den Literaturhinweisen. Mir geht es jedoch in den folgenden Ausführungen wieder um eine ganz bestimmte Art der Umgehensweise mit der *Reinkarnationstherapie* im Einklang mit der ***Spirituellen Astromedizin***.

Wenn die *Regressionstherapie* und die *Reinkarnationstherapie* eine Rückführung, Rückschau oder Reflexion sind, dann stellen sie einen *lunaren* (mondhaften) Therapieweg dar, wohingegen die ***Offenbarungstherapie***® die finalitätsbedingte Ursache in der Zukunft sucht und damit einen *solaren* (sonnenhaften) Therapieweg postuliert.

Die Regressionstherapie

Beginnen wir zunächst mit einer einfachen Regression in die vorgeburtliche Entwicklung, an die man sich im allgemeinen nicht erinnern kann. Es gibt Stimmen, die behaupten, es sei gefährlich, verdrängte Erlebnisse in den Tiefen des Unbewussten anzurühren, weil dies zu einer Überwältigung des Bewusstseins durch das Unbewusste führen könnte. Ein beliebter Ausspruch insbesondere von Ärzten und Therapeuten in Psychiatrien ist: „Man soll keine schlafenden Hunde wecken." Aber, wie leider so oft üblich, ist das Gegenteil richtig, wovon Sie, liebe Leserinnen und Leser, sich in diesem Kapitel selber überzeugen können.

Ich denke da an den Fall einer etwa fünfzigjährigen Dame, Berta war ihr Name. Berta kam zu mir zu einem ganz normalen Klärungsgespräch. Ich betrachtete das äußere Bild ihrer Horoskopzeichnung: Sie war an einem frühen Nachmittag im Winter geboren, Sonne und Mond standen in Konjunktion, es herrschte also Neumond, und die beiden großen Lebenslichter bewegten sich zum Zeitpunkt ihrer Geburt in Richtung Westhorizont. Astrologisch ausgedrückt zeigte ihr Geburtshoroskop eine dominante Betonung des 8. Hauses, welches archetypisch dem Skorpion zugeordnet ist. Vor meinem inneren Auge erschien somit Pluto, der Herrscher des Skorpions und Gott der Unterwelt, der die in seinem Einflussbereich befindlichen Seelen, die er zu besitzen glaubt, niemals wieder freigeben will. Aus dieser Archetypik der Pluto-Themen heraus fragte ich Berta, ob sie zeitweise das Gefühl habe, abhängig oder eingeschlossen zu sein, ob sie sich bedrängt, manipuliert oder missbraucht fühle, woraufhin sie dann spontan folgenden Vorfall erzählte:

Ein Verkehrsstau im Hamburger Elbtunnel

Bei einem Verkehrsstau in dem dreieinhalb Kilometer langen Elbtunnel bei Hamburg war sie in Panik geraten, aus ihrem Fahrzeug herausgesprungen und in der langen Röhre dem noch nicht sichtbaren Tunnelende entgegengelaufen. Damit hatte sie den Stoff für mehrere Sondermeldungen im Verkehrsfunk geliefert. Am Ausgang des Tunnels wurde sie natürlich von den Ordnungshütern in Gewahrsam genommen und wegen ihres desolaten Zustands erst einmal in die Psychiatrie abtransportiert. Nach Verabreichung einer Bombe von Beruhigungsmitteln und einem uneffektiven Gespräch mit einem unbewussten Psychiater wurde sie wieder auf freien Fuß gesetzt.

Im Gespräch bei mir stellte sich heraus, dass dies kein Einzelfall war. Vor vielen Jahren schon hatte sie in einer Berggondel Platzangst bekommen, später war sie in einem Flugzeug in Panik geraten, als die Türen geschlossen wurden, und schließlich hatte sie sogar Angst, in Kaufhäuser zu gehen. In all diesen Situationen kam sie sich bildlich gesprochen so vor, als würde sie den Hades, das antike Plutonium (=Unterwelt) betreten, aus dem es kein Zurück mehr gab. Die Sache im Elbtunnel war also nur der vorläufige Endpunkt einer langen Kette von sich verstärkenden Symptomen.

Aus astromedizinischer Sicht erkundigte ich mich dann nach weiteren Pluto-Themen, so nach ihrer Verdauung und ihrer Sexualität, denn sowohl die Ausscheidungsorgane als auch die Geschlechtsorgane (Stirb- und Werdeprozesse) gehören astromedizinisch zum Skorpion und somit zu Pluto. Es ist oftmals eigenartig: Bereitwillig berichtete Berta über die pikantesten Details ihrer sexuellen Empfindungen, reagierte aber ausgesprochen böse, als das Thema auf den Darm gelenkt wurde; diese Frage stünde mir nicht zu, deshalb sei sie nicht gekommen. So etwas macht natürlich hellhörig. Meine wiederholte Frage beantwortete sie dann mit dem Hinweis, das sei Angelegenheit ihres Arztes, was meinen nun aufkommenden Verdacht erhärtete, dass sie eine schlimme Sache erst recht zu verheimlichen versuchte. Mir fielen die Worte von Herbert Fritsche ein, einem großen Esoteriker dieses Jahrhunderts: *„Leidvermeiderei, wie und wo sie sich auch immer offenbart, zeigt stets an, dass der, der sie betreibt, ein grundsätzlich Uneingeweihter ist."* Ich nahm also meinen ganzen Mut des „Eingeweihten" zusammen. Und erst jetzt, bei der dritten, mit einem hörbaren Faustschlag auf den Tisch betonten, sehr massiven Nachfrage, die ich im Klartext hier nicht wiederholen möchte, fing Berta an, bitterlich zu weinen und gestand, dass sie Darmkrebs habe und zur Zeit mit einem künstlichen Ausgang leben müsse.

Was aber haben nun der Vorfall im Elbtunnel, die Platzängste und der Darmkrebs miteinander zu tun? Worauf wollte Bertas Seele aufmerksam machen? Das wollten wir herausfinden.

Berta liegt auf einer Meditationsunterlage auf dem Boden, warm zugedeckt mit einer Decke. Kerzen brennen, Weihrauch zieht durch den Raum und harmonische Entspannungsmusik ertönt. Mit langsam gesprochenen Worten wird sie allmählich in eine Tiefenentspannung geführt, wobei der exotische Geruch des Weihrauchs ihre psychischen Zentren angenehm stimuliert. In diesem tranceähnlichen Zustand, in dem Berta noch zu einem Teil in ihrem Wachbewusstsein war, konnte sie ohne Probleme über ihre Bilder und inneren Erlebnisse sprechen, wenngleich ihre Antworten auch sehr, sehr langsam, gedehnt und mit einer schweren Zunge kamen. Sie schilderte noch einmal die Situation im Elbtunnel, was sie auch akribisch genau und relativ emotionslos tat. Dann, an jener Stelle, kurz bevor sie das Auto verlassen hatte, unterbrach ich sie: „Fühle dich genau hinein in die Situation — du kennst sie genau. Halte *das Gefühl,* das du jetzt hast, ganz fest und nimm es mit. Wir gehen jetzt durch Raum und Zeit an jene Stelle, wo du dieses Gefühl schon einmal gehabt hast. Du wirst es genau wissen, wenn das Gefühl wieder da ist."

Mit neuen Bildern führte ich Berta in eine andere Situation: „Stelle dir eine Landschaft vor, mit Bergen und Tälern, Flüssen und Seen, Wiesen und Feldern, ganz wie du dir sie wünschst .... (Pause) .... und in der Mitte steht ein Baum — dein Baum. Umarme deinen Baum, denn er versteht dich....... (Pause) .... Du fühlst, wie dein Baum sich öffnet, und du kannst in deinen Baum hineintreten. (Pause) Du erkennst eine Treppe, die in sieben Wendelungen nach unten führt, und du wirst ganz tief in diesen Baum, der du ja selber bist, hinabsteigen....."

Zur tieferen Entspannung zählte ich sehr langsam von sieben an rückwärts, und um das immer noch aktive Wachbewusstsein zu beschäftigen, gab ich zur Ablenkung einige Informationen zur mystischen Bedeutung der Zahlen: „Hier oben in deinem Baum bist du in der Märchenwelt der Zahl SIEBEN, ähnlich wie die sieben Zwerge hinter den sieben Bergen. Du steigst ein Stockwerk hinab und gelangst zur Zahl SECHS, dort wo sich deine beiden Dreiecke, das spirituelle und das materielle, vereinigt haben. Aber auch diese Ebene verlässt du und tauchst ein Stockwerk tiefer in die Ebene der Zahl FÜNF, die Ebene des Leidens. JESUS CHRISTUS blutete aus fünf Wunden, doch die fünfte Wunde führte zur fünften Erkenntnis, zur Quintessenz. Noch ein Stockwerk tiefer erreichst du die Zahl VIER, die Quadratur der materiellen Welt mit ihren vier Himmelsrichtungen, vier Jahreszeiten und vier Elementen. Tiefer und tiefer gehst du hinab zur Zahl DREI, wo alles seinen Sinn erhält, die Dreifaltigkeit, die Dreieinigkeit. Aller guten Dinge sind drei. Auch diese Ebene verlässt du und gelangst zur Zahl ZWEI, zu den polaren Grundbausteinen der Welt, plus und minus, aktiv und passiv, Sonne und Mond. Noch ein Stockwerk tiefer tauchst du ein in die Einheit, die Ebene der Zahl EINS. Alle Gegensätze sind bedeutungslos. JESUS CHRISTUS spricht: Der Vater und Ich sind eins. Unter dir die Ebene der Zahl NULL. Du lässt dich fallen in diesen Zustand, bei dem innen gleich außen und außen gleich innen ist. Hier gibt es keinen Raum und keine Zeit mehr. Es ist das Nichts, das absolute Nichts, die Abwesenheit von Raum und Zeit......"

Ich machte eine kleine Pause und fuhr fort: „Vor dir liegt die Zahl NULL, sie hat die Form einer weißen Kugel. Weiß ist die Summe aller Farben. Die Kugel ist gefüllt mit Wasser. Du schaust in die Kugel, wie in die Kugel einer Wahrsagerin. Darin schimmert ein seidigblauer Ball. Tritt jetzt näher heran, und du erkennst die Erde, wie auf einem Foto, aufgenommen von Astronauten aus einer weit entfernten Weltraumfähre. Du tauchst ein in die Kugel, die weißen Wolken teilen sich, du fällst hinein in den blauen Himmel, siehst die grünen Wiesen und Wälder, du stürzest weiter hinab, du erkennst gelbe Felder und schließlich das rote Dach deines Elternhauses. Da drinnen sind deine Eltern — bevor es dich gab. Erinnere dich! Was siehst du?" Bertas Brust hob und senkte sich etwas stärker, sie fuhr mit ihrer Zunge über ihre Lippen — und schwieg. „Was ist los? Was siehst du?"

Berta suchte nach Worten, bewegte ihre Lippen, schluckte und begann schließlich langsam und sehr leise zu sprechen: „Es ist Krieg da draußen. Vater hat Urlaub. Beide sitzen in der Küche. Mutter weint, weil Vater morgen wieder an die Ostfront muss. Sie hat Angst, sie will ihn hier behalten, ihn verstecken, nur nicht hergeben. Vater erklärt, es gehe nicht anders, er müsse sich morgen bei seiner Einheit melden. Mutter bekommt Panik!" „Was hast du damit zu tun?" „Es ist Nacht. Sie sind im Bett. Mutter hat nur noch einen Gedanken: Wenn ich den Mann hergeben muss, dann will ich wenigsten ein Kind von ihm. Ich glaube, das werde ich sein." „Ist dir klar, worauf du dich da einlässt?" fragte ich Berta. Sie antwortete ganz gefasst: „Ja, ich bin einverstanden."

„Du bist tief im Inneren der Kugel," führte ich Berta nun weiter, „das Wasser umschließt dich, und du weißt, was es damit auf sich hat: Du bist wieder inkarniert, du bist in die Gebärmutter eingetaucht, schwimmst im Fruchtwasser und trinkst aus dem Fluss des Vergessens. Du bist jetzt nur noch eine einzige Zelle." Ich überzeugte mich, ob ich noch Kontakt zu Berta hatte und setzte die Phantasiereise fort, aber immer sehr, sehr langsam: „Jetzt bist du zwei Zellen, jetzt vier Zellen, jetzt acht, 16, 32, 64 und so weiter. Du bist so groß wie der Kopf einer Stecknadel und wächst weiter. Du bist jetzt eine Woche alt." Ich machte eine längere Pause. „Du bist jetzt einen Monat alt." Eine leichte Unruhe machte sich bei Berta bemerkbar. Ich fragte: „Spürst du etwas?" „Nein, nur so," antwortete sie. „Du bist jetzt sechs Wochen alt....." Berta bewegte ihre Beine, die Atmung wurde heftiger. „Was ist los?" „Ich habe Angst." „Wovor?" „Ich weiß nicht, nur einfach Angst." Pause. „Wovor hast du Angst?" „Papa ist tot. Gefallen in Russland." „Wie fühlst du dich?"

„Mama weiß nichts davon. Das weiß nur ich." „Wie fühlst du dich?" „Wieder besser. Es geht mich nichts an," sagte sie emotionslos.

„Du bist jetzt zwei Monate alt.....", so setzte ich die Reise fort. Berta war wieder ruhig. „Du bist jetzt drei Monate alt. Achte auf deine Gefühle. Alle Stimmungen in der Außenwelt kannst du registrieren..... Vier Monate..... Wie geht es dir?" „Gut!" „Weiß deine Mutter, dass es dich gibt?" „Schon lange!" „Und, bist du erwünscht?" „Klar, sie freut sich auf mich." „Du sagst Bescheid, sobald sich etwas verändert." Und sehr langsam sprach ich weiter: „Sechs Monate..... sieben Monate..... acht Monate..... noch eine Woche bis zu deiner Geburt..... Heute wirst du geboren. Jetzt....."

Plötzlich spürte ich an Bertas Atem eine starke Erregung verbunden mit Angst. Sie meldete sich von sich aus: „Ich bin ganz klein —— alles ist schwarz —— ich soll geboren werden —— irgendetwas hält mich fest, ich kann nicht weiter —— alles hinter mir ist eingestürzt —— ich muss da durch —— was hält mich bloß zurück? —— Es geht nicht mehr —— ich bin fest!" Berta hatte starke körperliche Reaktionen, sie zitterte am ganzen Körper und strampelte mit den Beinen. „Drück doch nicht so, es geht nicht!!! —— Wo ist denn der Ausgang??? —— Lass mich los!!! —— Nimmt denn der Tunnel gar kein Ende? —— Ich brauche Luft, Luft, Luft!!!" Es folgte noch ein sehr heftiges Aufbäumen ihres Körpers, und dann blieb sie regungslos liegen. Die Meditationsmusik spielte leise im Hintergrund. Tränen quollen langsam aus ihren Augen und kullerten über das regungslose Gesicht. Dann begann die Unterlippe zu beben, und plötzlich schlug sie die Hände vors Gesicht, drehte sich auf den Bauch und fing hemmungslos an zu weinen: „Es war so furchtbar —— es war so furchtbar."

Ein Geburtstrauma lag also vor. Es ist übrigens keine Seltenheit, dass bei Rückführungen die eigene Geburt als unangenehm empfunden wird. Alle Erinnerungen sind vorhanden, eingegraben in die kindliche Psyche. Bei Bertas Geburt herrschte Pluto am Himmel, weil in dieser Stunde und an diesem Ort die beiden großen Lebenslichter Sonne und Mond und noch einige andere Planeten im 8. Haus standen, welches archetypisch dem Skorpion zugeordnet ist. Eine Stunde später, wenn die Gestirne durch die weitere Drehung der Erde in das 7. Haus gewandert wären, das archetypisch der Waage zugeordnet ist, dann hätte die ausgleichende Venus für eine ganz andere Zeitqualität gesorgt. Aber Bertas Seele wollte ein ganz bestimmtes Karma bearbeiten, und so geschah es, dass sie mit ihrer subjektiven Erfahrung im Geburtskanal festzustecken schien (Pluto). Sie konnte nicht vor und zurück, sie konnte den Ausgang nicht sehen (die gleiche Situation übrigens wie im Elbtunnel), Atemnot und Todesangst (Pluto) kamen hinzu. Am schlimmsten erschien es ihr, wie sie anschließend erzählte, festgehalten zu werden.

Dieses Trauma war nicht aufgearbeitet und zeigte sich von Zeit zu Zeit in Form von Platzangst (Pluto) in Kaufhäusern, Fahrstühlen, Kinos und Skigondeln. Und auch in ihrer Beziehung fühlte sie sich manipuliert und eingeengt (Pluto), wie ihr nach und nach bewusst wurde.

Diese relativ harmlosen Symptome hatte Berta nicht beachtet, und die Seele griff später zu einer härteren Maßnahme, genau in jener Körperregion, die dem Skorpion, dem Herrschaftsbereich des Pluto, zugeordnet ist: Verstopfung, Durchfall, Darmkrebs. Jenes Seelenorgan, welches die Aufgabe hat, sich von Dingen zu trennen, die losgelassen werden müssen, war krank. Der Krebs, das Symptom, jener Körperteil, der eine sehr wichtige Botschaft enthielt, die es zu entschlüsseln galt, war durch schulmedizinische Ignoranz einfach entfernt worden. Das Stückchen Dickdarm, der manifestierte Hilfeschrei einer leidenden Seele, verstummte in der Müllverbrennungsanlage einer modernen Klinik.

Doch Bertas Seele gab immer noch nicht auf. So verschaffte sie auf magische Weise (Pluto) die Situation, dass Berta „rein zufällig" genau zu jener Zeit durch den Elbtunnel (Pluto) fuhr, da der Stau entstand. Plötzlich waren die alten, verschütteten Erinnerungen an die Geburt wieder da, wenn auch zunächst unbewusst; und damit kam das Gefühl, festgehalten zu werden. Das Thema „Pluto" lag wieder auf dem Tisch und wäre beinahe abermals beseitigt worden, dieses Mal von einem Vertreter der anderen Fakultät, dem Psychiater.

Der behandelnde Arzt in der Psychiatrie hätte sehr wohl an Hand der anderen Symptome (zumindest am künstlichen Ausgang des Darms) erkennen können, dass die Tunnelangst nicht ein einmaliger Ausrutscher war, sondern eine sehr alte Geschichte — wenn er um die Astrologie gewusst hätte. Aber der Psychiater, der sich für die Psyche zuständig hält, schert sich natürlich nicht um so profane Dinge wie den Darm. Auch der Chirurg hatte sich bei der Nachuntersuchung in keiner Weise um den Vorfall im Elbtunnel gekümmert. Selbst wenn er es gewusst hätte, so wäre dies nicht sein Zuständigkeitsbereich gewesen. Vielmehr verkündete er die frohe Botschaft, dass in Kürze die Rückverlegung des künstlichen Ausgangs vorgenommen werden könne, und dass die Patientin nach dieser Operation „als geheilt" entlassen werden würde, was eindeutig nicht stimmt. Auch der Chirurg hätte es besser wissen müssen — wenn er um die Astrologie gewusst hätte.

Aber es sind eben Scharlatane, womit ich nur die Worte des Paracelsus zitiere, der dies so postulierte. Da lässt man einen Menschen nichts ahnend als geheilt umherlaufen, in dem eine Zeitbombe tickt, die ganz leicht zu entschärfen gewesen wäre.

Es gibt eine fesselnde Erklärung

Die anschließende Therapie *offenbarte* auch den Grund, weshalb Bertas Seele jetzt zu diesem Zeitpunkt das Thema wieder hervorholte: Bertas ältester Sohn hatte von seiner Firma ein Angebot für eine Stellung in Südamerika erhalten und wollte mit seiner Frau und den Kindern, Bertas Enkeln, das Land verlassen. Das wollte Berta um jeden Preis verhindern, denn sie konnte ihren Sohn und ihre Enkel nicht hergeben. Das „Festhalte-Thema“ war genauso alt wie Berta selbst: Ihre eigene Mutter wollte sie bei ihrer Geburt nicht loslassen (Mond im 8. Haus), sie hatte sie bildlich gesprochen mit der Nabelschnur an sich gefesselt. Berta wollte nun trotz der beruflichen Chance ihres Sohnes ihn und ihre Enkel nicht loslassen. Statt mit einer offenen Aussprache eine Klärung herbeizuführen, fesselte Berta hinterhältig und verdeckt den Sohn mit Schuldgefühlen, und der Krankheitsgewinn einer an Krebs leidenden Mutter schnürte ihm jede Lebensfreude ab.

Was Berta bis dahin überhaupt nicht ahnte, war ihre Art, andere Menschen zu fesseln und von sich abhängig zu machen. Das Thema hatte sie von ihrer Mutter übernommen, von deren berechtigten und durchaus verständlichen Angst, den Mann in den Wirren der letzten Kriegstage zu verlieren. Die Mutter hatte sich an das einzige Lebewesen geklammert, das ihr geblieben war, nämlich an Berta, und sie hätte ihr dadurch fast den Tod durch Ersticken beschert. Nun spielte Berta genau das gleiche Spiel auf einer anderen Ebene: Sobald sich die ihr nahestehenden Menschen ihrer Macht und ihrem Einfluss zu entziehen gedachten, machte sie sie von sich *abhängig*. Eine krebskranke Mutter lässt man nicht alleine in Deutschland zurück. Berta war das natürlich so in dieser Form nicht bewusst, aber sie reagierte ungemein eifersüchtig, sobald der Sohn mit seiner Familie ihr wirklich oder vermeintlich zu entgleiten schien, wobei ihre ausgeprägte (von der Mutter übernommene) Verlustangst die entscheidende Rolle spielte. Bertas Drang, sich der anderen seelisch zu bemächtigen, hatte zuletzt nahezu dämonische Züge angenommen und sie versuchte, Sohn und Schwiegertochter zu entmachten und zu willenlosen Werkzeugen zu machen.

Bertas Seele als höhere Instanz kannte ihre Neigung, liebgewordene Menschen an sich zu fesseln statt sie loszulassen und hatte nun alles in die Wege geleitet, um ihr diese symbiotischen Festhaltemechanismen bewusst zu machen — oder Berta aus dem Verkehr zu ziehen. Denn Berta war ja drauf und dran, ihrem Sohn auf einer anderen, subtileren Ebene den Tod durch Ersticken an der eigenen Mutter zu bescheren. Ich weiß, das klingt nicht sehr angenehm, dafür ist es aber die Wahrheit. Sie, liebe Leserinnen, liebe Leser, kennen das Spiel aus dem diabolischen Weg in die Krankheit: Auf der Ebene der Zahl 3, der Entwicklung, sucht sich die Seele immer wieder neue Bausteine in der materiellen Welt und kreiert damit Schicksalsereignisse oder Krankheitssymptome.

Das könnte auch ganz anders aussehen: Was ich jetzt schreibe, ist reine Spekulation. Ich möchte damit Ihnen, liebe Leserinnen und Leser, nur die Vielfalt der Analogien aufzeigen, mit der eine Seele spricht, und auf welche Weise man Unvorhergesehenes im Leben deuten kann: Wenn Berta ihr Trauma und das dahinter verborgene Fehlverhalten nicht aufgearbeitet hätte, so wäre sie vielleicht während einer Besuchsreise zu ihrem Sohn nach Südamerika plötzlich in einem Gefängnis *festgehalten* worden, weil irgend ein fremder Schmuggler ihr *hinterhältig* Drogen ins Gepäck geschoben hätte (auch das wäre Pluto-Symbolik). Oder Berta wäre bei einem Sonntagsspaziergang in Ostfriesland bis zum Hals *in einem Moor versunken* und fast darin erstickt. Oder sie hätte — was noch am wahrscheinlichsten wäre — einen neuen Krebs im Bereich der *Ausscheidungs- und Geschlechtsorgane* bekommen, woraufhin die Primitivmediziner dann das alte dumme Märchen von den Metastasen wieder aufgetischt und ihre einfältigen Theorien auch noch bestätigt hätten.

Vielleicht wird an dieser Stelle klar, weshalb man schlafende Hunde *wecken muss.* Das Unbewusste im Menschen ist kein dämonisches Ungeheuer, dem man tunlichst auszuweichen habe, sondern hier waltet die Seele, eine hohe und sehr sinnvolle Instanz, die nur dann wirklich gefährlich wird, wenn das Wachbewusstsein dramatisch irrt, und wenn das Verhalten des Menschen hoffnungslos abwegig ist.

Aus den bisherigen Therapiesitzungen und den Inhalten ihres Horoskops wurde nun folgendes klar: Wohl seit Jahrhunderten war Bertas Problem ihre Art und Weise, andere Menschen zum Besitz zu erklären und an sich zu fesseln. Dieses Thema sollte sie in diesem Leben bearbeiten, und deshalb manifestierte es sich bereits in der Geburtssituation, indem ihre Mutter sie nicht freigeben wollte. Analog dazu zeigte das Abbild am Himmel die Sonne und den Mond im 8. Haus, das heißt die Sonne (= der aktive, handelnde Teil) und der Mond (= der passive, empfangende Teil) standen im Skorpion-Haus, dort wo Metamorphose und Loslassen zu lernen ist. Im Laufe des Lebens machte die unsterbliche Seele auf diese Lernaufgabe mehrfach durch die Angst, eingeschlossen zu werden, aufmerksam (Platzangst in Fahrstühlen und Flugzeugen), die medikamentös „beseitigt" wurde. Später verschaffte sich die Seele Gehör am eigenen Körper, indem das Loslassen verarbeiteter Lebensmittel Schmerzen verursachte (Verstopfung), was durch Abführmittel „beseitigt" wurde. In gleichem Maße, wie das Fehlverhalten in der Familie zunahm, eskalierte das Krankheitsgeschehen zum Darmkrebs (denn Krankheit macht den Menschen ehrlich!), der operativ „beseitigt" wurde. Der Vorfall im Elbtunnel war ein letzter Gnadenakt, eine letzte Chance, den dramatisch verirrten Menschen zu korrigieren.

Erst wenn der Mensch bewusst wird, wenn er mit der Krankheit einverstanden ist und sich für alle seine Symptome bedankt, ist er auf dem Wege zur Wiedererlangung der Gesundheit.

Astrologie und Mythologie zeigen den Kern des Problems auf und weisen den Weg zur Heilung. Gleichwohl wie in der griechischen Mythologie Pluto (Hades), der Herr des Schattenreiches, lernen musste, dass er die geraubte Kore (Persephone), die Tochter der Fruchtbarkeitsgöttin Demeter, wenigstens zeitweise, für vier Monate jeden Jahres, freigeben musste, so musste Berta nun lernen, ihre Kinder freizugeben. Die Seele revanchierte sich durch Gesundheit!

Der lunare Weg: Die *Reinkarnationstherapie*

Die meisten Krankheits- und Schicksalsprozesse lassen sich auf ein Fehlverhalten in diesem jetzigen Leben zurückführen. Dennoch geschieht es immer öfter, dass Menschen in desolaten Prozessen stecken, ohne dass irgendein Fehler in der Vergangenheit dieses Lebens auszumachen wäre. Mit anderen Worten ausgedrückt: Im heutigen Wassermannzeitalter, welches alte Grenzen sprengt und neue Bewusstseinsräume eröffnet, sind immer mehr Menschen bereit, karmische Schuld aus früheren Inkarnationen jetzt abzutragen, d.h., immer wiederkehrendes Fehlverhalten zu korrigieren.

Bei angeborenen Leiden und bei Erbkrankheiten ist eine *Reinkarnationstherapie* ohnehin unerlässlich. Die Technik dieser Therapieform ist denkbar einfach, und es „funktioniert" auch meistens auf Anhieb, weshalb es heutzutage auch so viele Reinkarnationstherapeutinnen und -therapeuten gibt. Aber eine Grundvoraussetzung sollte hierbei der spirituelle Hintergrund der Therapeutin oder des Therapeuten sein, die Fähigkeit, die Analogieketten zu überschauen und einen bewertungsfreien Raum zur Verfügung zu stellen, sowie die Bereitschaft, tiefste Schattenprozesse emotionslos zu betrachten, ohne zu moralisieren.

Im Gegensatz zur Gesprächstherapie, zur Verhaltenstherapie oder zur Psychoanalyse, die alle drei nur mehr oder weniger munter an der Oberfläche der Psyche umherplätschern, dringt die *Reinkarnationstherapie* in die tiefsten Schichten des kollektiven Unbewussten der Seele ein. Aus den vorangegangenen Ausführungen zum Thema Tod und Wiedergeburt wissen Sie, liebe Leserinnen und Leser, dass unbearbeitetes Karma als die Hölle empfunden wird, denn hier wird der Mensch mit seiner Schuld konfrontiert. Hier liegt eine enorme Verantwortung, die Klienten *müssen* sich nun plötzlich etwas anschauen, „einen Blick in die Hölle werfen", was sie freiwillig nie getan hätten. Ein etwas drastischer Vergleich mag zum Verständnis beitragen: Wenn einem Menschen die Augenlider operativ entfernt worden sind, dann *muss* er hinschauen! In der *Reinkarnationstherapie* geschieht etwas ganz Ähnliches: Es wird der Schleier des Vergessens aufgerissen. Ich finde es immer wieder bewundernswert, mit welchem Mut und mit welcher Tapferkeit die Klienten bereit sind, sich ihre Schatten anzusehen, und welche enorme Heilkraft diese Bilder haben.

Aus all diesen Gründen werden an den Reinkarnationstherapeuten höchste Ansprüche gestellt. Er muss auf seinem eigenen Individuationsprozess unbedingt eine große Strecke gegangen sein, er muss sich ständig eigenen Therapien unterwerfen, und er muss im jetzigen Leben auch so desolate Ereignisse überlebt haben, dass er von sich bildhaft behaupten kann, zumindest schon einmal beim Teufel auf der Schaufel gesessen zu haben. Und das wichtigste: Er muss sich darüber klar sein, dass alle Klientinnen und Klienten *eigene* Schattenanteile sind, und dass jede Therapie auch in ihm Lernprozesse auslösen muss.

Die folgende Begebenheit, die sehr ausführlich beschrieben ist, soll Ihnen einen möglichen Weg einer *Reinkarnationstherapie* vom ersten Gespräch über seelische Wandlung bis zur Heilung aufzeigen.

Ein Engel stieg von dem Olymp.......

...... und stand leibhaftig vor mir. So ist es geschehen auf einer Esoterik-Messe, wo es ohnehin überaus „heilig" zugeht. Auch wenn die gute Idee inzwischen zu einer kommerziellen Veranstaltung geworden ist, so ist eine Esoterik-Messe trotzdem immer noch ein sehr gutes Forum, um mit Menschen in Kontakt zu kommen, die sich auf einem esoterischen oder spirituellen Weg befinden.

Esther, so hieß das zarte Wesen mit dem Gesicht eines hungrigen Posaunenengels, stand da und lächelte. „Was kann ich für Sie tun?" fragte ich. „Können Sie mal einen Blick auf mein Horoskop werfen?" kam die artige, schüchterne Gegenfrage. „Selbstverständlich, nehmen Sie Platz!" Sie setzte sich mir ebenso steif wie ihre hochgeschlossene puritanische Bluse gegenüber, mit dem leichten Schleier eines Heiligenscheins um ihre wohlgeordneten Haare.

Esther kramte in ihrer Handtasche und reichte mir dann nahezu verschämt einen zusammengefalteten DIN-A4-Bogen mit einem Gesichtsausdruck, als hätte sie mir die größte Obszönität gegeben. „Ich verstehe nämlich überhaupt nicht, was ein solches Horoskop aussagen kann," gab sie zu verstehen. „Es hat mir schon einmal jemand gedeutet, doch ich habe alles wieder vergessen," was ich zunächst blindlings glaubte. Ich faltete das Blatt auseinander und sah die Sonne in der Waage, was ihr harmonisches, leicht geziertes Auftreten erklärte. Außerdem erkannte ich den Mond im Krebs, was eine kindliche Sehnsucht nach Geborgenheit bedeutet. Und dann fiel mein Blick auf den Skorpion-Aszendenten, was immer nach „Leiche im Keller" riecht. Skorpion-Aszendenten kommen niemals als unbeschriebenes Blatt auf die Welt, sie vertreten oftmals etwas Dunkles, etwas Tiefgründiges. Begegnet man ihnen, dann reagiert man so, als würde man tatsächlich einem Skorpion gegenüberstehen — mit Vorsicht und Abscheu. Aber ihr Erscheinungsbild ließ berechtigte Zweifel an der Richtigkeit der Geburtszeit aufkommen, die sie jedoch sicher bestätigen konnte.

Bei der Horoskopdeutung beginne ich stets mit dem Aszendenten, weil dies der wichtigste, aber zugleich auch unangenehmste Punkt im Horoskop ist: „Mit Ihrem Skorpion-Aszendenten sind Sie ein Mensch, der die Welt tiefgründig erfahren will," versuchte ich zunächst vorsichtig sie an das Thema heranzuführen und musterte ihre bewegungslose Miene. „Den Skorpion richtig zu leben, gehört zu den schwierigsten Aufgaben im Leben, und zwar deshalb, weil der Skorpion jene Themen vertritt, welche die breite Masse Mensch in den Schatten stellt. Das sind Tod, Gewalt und Sexualität. Jeden Tag finden Sie diese Themen in der Bild-Zeitung. Doch Sie finden sie immer woanders, nie bei sich selber. Weil die Menschen den eigenen Tod permanent verdrängen, berauschen sie sich an Katastrophen, die andere betreffen. Weil sie ihr eigenes Gewaltpotential nicht wahrhaben wollen, zeigen sie mit Fingern auf die Kriegsschauplätze draußen in der Welt. Und weil sie ihre Sexualität verklemmt leben, ereifern sie sich über andere."

Esther sah mich entgeistert an: „Ja, aber was hat das mit mir zu tun?" „Diese Scheinheiligkeit macht der Skorpion-Aszendent nicht mit," fuhr ich fort. „Er hat die Fähigkeit und die Aufgabe, seinen Finger auf die Wunde der falschen Moral zu legen, was natürlich bei anderen Menschen als unangenehm empfunden wird. Der Skorpion kennt die Schatten der anderen, *aber auch seine eigenen,"* sprach ich mit besonderer Betonung. „ In außergewöhnlichen Situationen, wo es wirklich ums Ganze geht, läuft der Skorpion zu großer Form auf. Ein Leben in Ruhe und Beschaulichkeit wirkt tödlich auf die Skorpion-Seele, wohingegen sie sich immer dann entfalten kann, wenn sie stark gefordert wird."

Keinerlei Reaktion bei Esther. Ich veranschaulichte weiter: „Der Skorpion-Aszendent hat im Leben die Rolle des Mephisto zu spielen, und muss als ‚Teufel' anderen Menschen, wie in Goethes Faust, den Spiegel vorhalten." „Bin ich also ein Teufel?" „Ja, den sollten Sie zumindest spielen!" „Was wollen Sie mir einreden!" widersetzte sich Esther meinen Ausführungen. „Das liegt mir fern," antwortete ich. „ Ich kenne Sie nicht, doch ich sehe die Konstellation in Ihrem Horoskop. Aber vielleicht können Sie sich mit dem folgenden Satz besser anfreunden, den Goethe den Mephisto sprechen lässt: ‚Ich bin ein Teil von jener Kraft, die stets das *Böse* will und die stets das *Gute* schafft.' Durch den Mephisto kommt Leben ins Spiel, der Faust muss sich korrigieren. Verstehen Sie nun, wie wichtig die Rolle des Mephisto, des Skorpion-Aszendenten, in diesem Leben ist?"

Esthers Gesicht fror wieder ein. Angesichts der Erfahrungen, die ich mit anderen skorpionbetonten Menschen gemacht hatte, bohrte ich weiter: „Sie haben oft das Gefühl, eingeschlossen zu sein, oder, dass andere Menschen Sie für sich verein-lahmen, Sie vielleicht sogar benutzen..... Das hängt natürlich damit zusammen, dass Sie eine so ‚fesselnde' Ausstrahlung haben. Aber man fühlt sich dann auch sehr oft selber gefesselt..... Manchmal ist es nur ein Gefühl, das Gefühl *gebraucht zu werden,* vielleicht sogar *missbraucht zu werden,* egal auf welcher Ebene...." Weder Zustimmung noch Ablehnung war auf Esthers Gesicht zu lesen; sie schaute im rechten Winkel zu meiner Blickrichtung in die Ferne. „Hören Sie mir überhaupt zu?" Ihr Kopf schnellte herum: „Oh doch, ja!" Mir lag es auf der Zunge, einfach zu fragen: ‚Sind Sie schon einmal missbraucht worden?' Das Thema lag in der Luft. Aber irgend etwas hielt mich davon ab.

Ich spürte, dass eine große Abwehr in ihr war, sich mit sich selbst auseinander zu setzen. Vielleicht war es noch nicht die richtige Zeit, und sie verabschiedete sich auch mit einem knappen „Danke!" und rauschte davon.

Einige Stunden später hatte ich meinen Messevortrag über ***Spirituelle Astromedizin*** gehalten. Die Menschen verließen wieder den Raum, und ich ging als letzter. Wie rein zufällig lief mir draußen vor der Tür Esther über den Weg, natürlich ohne mich zu erkennen. Doch ich glaubte meinen Augen nicht zu trauen: Die hochgeschlossene Bluse und der Heiligenschein waren gewichen. Wie eine Tänzerin bewegte sie sich, bekleidet mit hochhackigen Schuhen, schwarzen Netzstrümpfen und einem knallroten, viel zu engen Kleid — nur das hungrige Engelsgesicht war geblieben. Plötzlich schien sie sich dunkel an mich zu erinnern. Scheinheilig fragte sie: „Geben Sie eigentlich auch Astrologiekurse?" „Ja, ich habe gerade einen Vortrag darüber gehalten." „Schade," tat sie erstaunt, „das habe ich nicht gewusst, ich wäre sonst ganz bestimmt gekommen. Und wo geben Sie Ihre Kurse? Auch hier bei uns?" „Nein, nur in Lüneburg," gab ich zurück. „Das ist doch irgendwo ganz da oben, nicht wahr? Ach nein, da kommt man ja nicht hin."

Bei solchen Äußerungen werde ich immer schnell wütend: „Menschen, die wirklich einen *inneren Weg* gehen wollen, sind im allgemeinen auch bereit, einen *äußeren Weg* zu gehen! Mit dem ICE sind es fünf Stunden. Das würden auch Sie schaffen." „So?" Sie schaute mich unschuldig fragend an. „Aber hier wäre es eben doch angenehmer." Ich setzte daraufhin noch eine Bösartigkeit hinzu: „Der Berg ist auch nicht zum Moses gekommen! Der Moses musste sich schon zum Berg hinbequeren!"

Sexueller Missbrauch in der Kindheit

Einige Wochen später: Esther, ausgestattet mit ihrem Skorpion-Aszendenten, dem Mond im 8. Haus und drei weiteren Planeten im Skorpion, lauschte hingebungsvoll dem Grundkurs über ***Spirituelle Astrologie***, um ihre hungrige, seit Jahrtausenden emotionslos umherirrende Seele mit dem Lichtstrom der Spiritualität zu nähren. Das Thema „Astrologie" hatte sie betroffen gemacht wie der Biss einer Viper.

Was nun folgt, ist eine Begebenheit, die sich so zugetragen hat, und die typisch für das Skorpion-Thema ist. Die Skorpione unter Ihnen, liebe Leserinnen und Leser, brauchen jetzt nicht gleich in Angst und Schrecken zu verfallen, dass sie alle so seien. Was Sie nun lesen werden, trifft für die im Tierkreiszeichen Skorpion Geborenen meistens *so nicht* zu, denn *ihnen* sind die Skorpion-Themen bewusst. Bei allen anderen Menschen, gleichgültig welchem Tierkreiszeichen sie angehören, *kann* eine solche Entwicklung in Gang kommen, *wenn* sie ein *Thema nachhaltig verdrängt* haben, welches dieser Symbolik zugeordnet ist! Dennoch — dem *Skorpion-Aszendenten* ist es als Lernaufgabe in die Wiege gelegt worden — und es ist kein Zufall, dass sich vornehmlich Skorpion-Aszendenten für alle Fragen der Reinkarnation brennend interessieren, denn ihr unbewusster Erlösungswunsch treibt sie in die *Reinkarnationstherapie,* um ihre blutleere Vergangenheit als lichtloses oder unrotes Wesen zu erhellen.

Esther räkelte sich während des Kurses zum Genus der wenigen männlichen Teilnehmer und sehr zur Empörung insbesondere eines weiblichen Stier-Aszendenten venusisch auf dem Fußboden und bewegte sich verführerisch nach den sanften Klängen der meditativen Hintergrundmusik. Eine andere Seminarteilnehmerin, ein Zwillings-Aszendent, die ihre psychischen Verletzungen infolge eines sexuellen Missbrauchs in der Kindheit durch ihren Vater vor kurzem im ***Hexagramm-Programm***® nach Zwillingsart leicht und locker therapeutisch aufgearbeitet hatte, erzählte gerade mit ebenfalls zwillingshafter Offenheit und Geschwätzigkeit detaillierte Einzelheiten ihrer Erlebnisse und setzte sie in Beziehung zu ihren Horoskopbausteinen, als Esther, von den anderen kaum bemerkt, leise den Raum verließ und sich in der Toilette einschloss. Starke Übelkeit hatte sie überfallen, Erbrechen folgte. Dann stieß sie mehrere Male sehr heftig mit dem Kopf gegen die Wand; die dumpfen Schläge hallten im ganzen Haus. Endlich kullerten Tränen über Tränen. Esther war in eine Krise geraten.

Als sie wieder zurückkam, war ihr zunächst nicht bewusst, *wann* sie hinausgegangen war. Aber dann erzählte sie selber von dem Gefühl, sexuell missbraucht worden zu sein — jedoch ohne konkrete Erinnerungen zu haben.

Mit der Zeit wurde ihr folgendes bewusst: Sie war stets mit ihrer kindhaften, schutzbedürftigen Ausstrahlung auf der Suche nach einem Ersatz-Vater. Sie bot sich aber, wie auch hier im Seminar, unbewusst an, um ihre unstillbare Sehnsucht nach Geborgenheit zu befriedigen. Oft kam es dann zu sexuellen Kontakten, die sie aber in keiner Weise befriedigten, sondern die das Gefühl hinterließen, beschmutzt zu sein. *In diesem Sinne* fühlte sie sich von den Männern missbraucht, die „ immer nur das eine suchen“, wie sie es erfahren hatte.

Zunächst machten wir, noch in der Gruppe, eine Bestandsaufnahme: Ein Mangel an emotionaler Nähe damals im Elternhaus und später in den Partnerschaften und ein Mangel an Zugehörigkeitsgefühl beeinträchtigten stets Esthers Wohlbefinden, sowohl als Kind wie auch als Erwachsene. Sie fühlte sich ungewollt, und ihre Bedürfnisse nach Liebe und Sicherheit wurden niemals erfüllt — damals wie heute. Einen Orgasmus kannte sie nur aus Büchern und

Erzählungen, obwohl sie sich mit sehr vielen Männern eingelassen hatte. Allmählich bekam sie den Eindruck, dass sie nicht in Ordnung sei, dass wohl irgendetwas mit ihr nicht stimme, und sie empfand sich als unzulänglich und mit Mängeln behaftet. Doch Esthers Strickmuster war immer das gleiche: Sie erschien zunächst in der Rolle des hilfsbedürftigen Kindes (Mond im Krebs), setzte dann aber die Rolle der verführerischen Lolita (Venus im Skorpion) ein, um das Interesse des Mannes zu wecken — in der Hoffung, dass dabei auch etwas für ihre Geborgenheit (Mond) mit abfiel. Dieses Missverständnis zog sich durch ihr ganzes Leben.

In der anschließenden Therapie, zu der sie sich entschlossen hatte, verhielt sie sich genauso. Sie hatte nun in mich als ihren Therapeuten ihr Vaterbild projiziert, und sie suchte wiederum Verständnis, Geborgenheit und Liebe, indem sie sich unbewusst auf ihre gewohnte Art anbot. Doch ich durchschaute das „Muster" und sprach es offen an. Esther war mutig genug, sich mit diesem Thema zu konfrontieren. Es wurde ihr folgendes klar: Sie kreierte sich, wie schon oft, eine Situation, durch die Missbrauch die Folge sein könnte: Auf der Suche nach väterlichem Verständnis und Geborgenheit setzte sie unbewusst ihre zweifellos vorhandenen venusischen Qualitäten ein, um ein Ziel zu erreichen: das leidige Thema aufzuarbeiten.

Es ist eine Erfahrung, dass kleine Kinder, deren Seele in den materiellen Körper zunächst nur sehr lose inkarniert ist, in Missbrauchssituationen die Gabe haben, ihre spirituelle Daseinsform von der materiellen Daseinsform zu trennen, so dass sie sich einreden: „Das macht er ja nicht mit mir, das macht er nur mit meinem Körper." Die Trennung von Körper und Seele, die beim Kind in der Ausnahmesituation ein Schutzmechanismus ist, wird später oftmals unbewusst in Partnerbeziehungen so beibehalten, wodurch die Frau in der Sexualität dann zum „Zombie" wird: Bei Frauen, die niemals einen Orgasmus bekommen, kann dies der Hintergrund sein. Körper und Seele sind getrennt, und selbst wenn sich der körperliche Orgasmus tatsächlich einstellt, nimmt sie ihn als solchen nicht wahr.

Eine anfängliche *Regressionstherapiesitzung* brachte auch Erinnerungen an mehrmaligen sexuellen Missbrauch durch einen 15jährigen zum Vorschein. Sicher hätte man durch weitere Rückführungen in Esthers Kindheit allmählich Klarheit darüber erlangen können, was vorlag, aber: erstens ging es nicht darum, irgendwelche Täter dingfest zu machen für eine Tat, die fast dreißig Jahre zurücklag, und die heute ohnehin nicht mehr zu beweisen wäre, und zweitens hätte dies therapeutisch für Esther auch überhaupt keinen Sinn gehabt. Angenommen, es hätte sich nämlich ganz klar herauskristallisiert, Nachbar Lehmann oder wer auch immer, habe sich durch verführerische Versprechungen im Keller des Mietshauses mehrere Male an ihr vergangen, dann wäre Esther sofort wieder in die Rolle des armen missbrauchten Kindes gerutscht und hätte keinen Zentimeter mehr auf ihrem Individuationsweg gehen können. Das ist ein Kardinalfehler der meisten herkömmlichen Therapien, auch der Regressionstherapie.

Wir hörten auf, einen Täter im Außen zu suchen. Statt dessen begannen wir damit, den Täter im Inneren zu suchen, denn der wahre Täter musste sich in Esther selber befinden!

Vampirhafte Abhängigkeitsbeziehungen

Das Schema der Beziehungen der erwachsenen Esther war immer gleich; zuerst totale Begeisterung und völlige Hingabe, dann Ernüchterung und Frust und schließlich das schale Gefühl, benutzt und missbraucht worden zu sein.

Esthers dunkelster Schatten, so glaubte ich aus ihrem Horoskop herauslesen zu können, ihr dunkelster Schatten war ihre magische Verstrickung in eine schicksalhafte Vergangenheit aus früheren Inkarnationen, in denen es handfest um die Themen Sexualität, Magie und Gewalt ging. Diese Erfahrungen hatten sich tief in ihre Seele eingegraben. Wenn sie heute, in diesem Leben, einem interessanten Menschen begegnete, dann sammelte sie all ihre Lebenskraft und richtete sie brennpunkthaft auf diesen Menschen als möglichen Partner, um bei ihm jene sichere Geborgenheit zu finden, die sie selber weder in diesem Leben noch in den vergangenen Jahrhunderten jemals erlebt hatte. Nur so wird das Bild ihrer ausgebrannten, leblosen Seele überhaupt verständlich, das ich ihr auf Grund des Horoskops schon auf der Esoterik-Messe vorgehalten hatte.

Aber auf der Suche nach einem Erlösungsakt aus dieser Ungeborgenheit verliebte sich Esther immer wieder in Männer, die für sie *keine Partner* waren, sondern entweder *Väter* oder *Kinder.* Entweder verliebte sie sich in einen, von dem sie glaubte, der wüsste genau, wo es im Leben lang geht, und die notwendige Ernüchterung kam dann später; oder sie verliebte sich in einen wesentlich schwächeren und hilfsbedürftigen Menschen, für den sie dann die Mutterrolle übernehmen konnte. Durch die intensive Beschäftigung mit einem unselbständigen Partner konnte sie für wenige Augenblicke ihre eigene Schwäche, Ungeborgenheit und Hilfsbedürftigkeit vergessen.

Doch solche Beziehungen sind niemals *Partnerbeziehungen,* sondern immer *Abhängigkeitsbeziehungen.* Diese Art der Liebe hatte in beiden Fällen immer etwas Vampirhaftes an sich, denn über dessen „Blut“ konnte Esther Leben tanken und ihre innere Leere vergessen. Die plötzliche Erkenntnis dann aber, dass der Partner sie eigentlich überhaupt nicht so *brauchte,* wie *sie ihn brauchte,* und die Annahme, der Partner könnte die Beziehung nur aus dem Grunde fortsetzen, um die Befriedigung seiner animalischen Triebe zu suchen, brannten die Worte „sexueller Missbrauch“ in ihr Hirn, drehten ihr jedes Mal förmlich die Gedärme um und bohrten sich wie ein Pfahl in ihr Herz. Und so begannen wir dann mit der *Reinkarnationstherapie:*

Esther brachte zunächst nur wirre Bilder hervor, vergleichbar mit unangenehmen Träumen: „Der Krieg ist gerade zuende," begann sie. „Bist du Mann oder Frau?" fragte ich dazwischen. „Ich bin eine Frau." Wie alt bist du?" „Siebzehn oder achtzehn." „Wo befindest du dich? Was tust du gerade?" „Zusammen mit Kriegsgefangenen bin ich im Feindesland, vielleicht in einem Land am Mittelmeer." „Welche Zeit ist es?" Sie überlegte längere Zeit. „Ich weiß es nicht genau." „Schau auf die Uniformen und die Ausrüstung der Soldaten," schlug ich vor. „Ja, etwa zu Anfang dieses Jahrhunderts muss es sein." (Pause). „Was passiert gerade?" wollte ich wissen. „Ich bin in einem Keller eingeschlossen, im Haus einer großen Familie. Die Männer der Familie kommen und gehen, vergehen sich reihenweise an mir und vergewaltigen mich." „Wie fühlst du dich dabei?" „Ich habe das Gefühl, alle Männer gehören irgendwie mir. Ich bin eine Art Über-Mutter, die ihnen gibt, was sie brauchen. Ich liebe sie so, wie eine Mutter ihr bedürftiges Kind liebt. Und sie gehören alle letztendlich mir und nicht den anderen Frauen, ihren Frauen. Denn ich bin ihnen Befriedigung und Freude. Ich fühle mich nicht erniedrigt. An mir reagieren sie sich ab, und dann geht es ihnen wieder gut. Ich gewähre es ihnen mit Verständnis und Liebe." (Lange Pause). Dann fuhr sie fort: „Aber ich fühle, das ist eine Illusion — die Illusion der sexuellen Magie. Denn in Wahrheit hasse ich sie. Ich will sie quälen und töten, für das, was sie mir antun." (Pause).

„Wie geht es nun weiter?" „Wir kommen alle frei. Wir werden von unserem Land freigekauft." „Toll, und wie fühlst du dich jetzt?" fragte ich. „Schlecht!" Damit hatte ich nicht gerechnet, doch darum geht es nicht. Ich fragte möglichst monoton nach, um keinerlei Bewertungen meinerseits aufkommen zu lassen: „Warum fühlst du dich schlecht, jetzt, wo du doch frei bist?" Esther war den Tränen nahe und antwortete mit einer gepressten Stimme: „Ich bin wütend, dass den Männern das Geld wichtiger ist als ich — wo ich mich doch ihnen geopfert habe. Und jetzt ist nur noch eine unendliche Leere in mir." „Warum?" „Ich fühle so eine Nutzlosigkeit....." Esther rang mit ihren Emotionen. Ich ließ ihr Zeit, dann fragte ich nach: „Was ist los, komm, erzähle!" Sie schluckte: „In der Kriegsgefangenschaft war ich wenigstens von Bedeutung gewesen. Ich habe mich den Männern hingegeben, und dadurch ging es ihnen besser. Das gab meinem Leben einen Sinn." (Die Illusion des Helfens verbirgt den Hass und das tiefe Leid). Sie fuhr fort: „Aber jetzt...." Esther ließ ihre Tränen nun laufen, „....jetzt bin ich überflüssig geworden. Niemand braucht mich mehr..... und das ist noch viel schlimmer, als vergewaltigt zu werden."

Damit war die Sitzung zunächst einmal beendet. Ich ließ Esther noch einige Minuten in ihren Bildern und sprach dann: „Komm nun zurück durch Raum und Zeit, suche dir wieder deinen Körper hier in diesem Raum auf der Unterlage, schlüpfe in ihn hinein, atme tief durch und orientiere dich wieder im Hier und Heute."

Auf einer analogen symbolhaften Ebene war das Grundmuster wieder das gleiche wie im heutigen Leben: Der sexuelle Missbrauch, in diesem Falle sogar die reihen-leisen Vergewaltigungen, wurde im Augenblick der Handlung zumindest körperlich nicht als unangenehm empfunden, eher das Gefühl, eingeschlossen zu sein, und das Gefühl der Ohnmacht: Sie sagte: „.....es ist mir egal, ich empfinde nichts“, was wieder auf die Trennung von Körper und Seele schließen lässt. Der Körper und die Psyche fühlten nichts, die (Skorpion-) Seele aber begann zu leiden, als Frieden war. Dann kam die Nutzlosigkeit, die eigene „Blutleere“ zutage.

Esther war nun *selber kein Opfer* mehr, aber der Vampir in ihr hatte nun auch *keine anderen Opfer* mehr. Das ist der Stoff, aus dem Vampirgeschichten entstehen: Aus dieser inneren Leere heraus verlässt der Vampir seine Gruft und begibt sich auf die Suche nach einem neuen Opfer. Im normalen Leben ist das dann der Wunsch nach einer Partnerschaft, die so aber vampirhafte Züge trägt. Man nennt so etwas: „seine Seele verkaufen.“

Opfer und Täter = ein und dieselbe Person

Die Therapie näherte sich nun der unangenehmen Phase: Was war Esthers SCHULD? Ich benutze gerne das Wort „Schuld“, obwohl (oder weil) es mit unangenehmen Assoziationen behaftet ist. Der sexuelle Missbrauch in der Kindheit war übrigens in dieser Frage eingeschlossen, denn ich sah hier nicht nur einen Zusammenhang, sondern ein Schlüsselerlebnis. Herkömmliche Therapien kommen vorschnell zu dem Ergebnis, der sexuelle Missbrauch in der Kindheit sei *die Ursache,* und die Beziehungsschwierigkeiten im Erwachsenenalter seien dann *die Folge.* Aber ich bereite Sie, liebe Leserinnen und Leser, schon einmal auf eine Überraschung vor, die keineswegs die Ausnahme darstellt, sondern die Regel ist, sofern man sich die Mühe macht, tief genug zu forschen.

Es ist mir bewusst, dass, wenn Esther die Frage nach der eigenen Schuld aus ihrem logischen Verstand heraus zu beantworten hätte, sie sich eine solche niemals hätte vorstellen können, obwohl sie wesentlich aufgeschlossener war als die meisten Menschen. Die breite unbewusste Masse Mensch neigt nämlich auch in der heutigen, wie wir meinen, so sehr aufgeklärten Zeit dazu, gerade bei Themen der Sexualität voll in die Projektion zu gehen. Normalerweise ist das Opfer eines sexuellen Missbrauchs völlig irritiert, wenn man sich als Therapeut für den Täter nur in der Weise interessiert, dass er der Überbringer einer sehr sinnvollen Botschaft ist. Und das Opfer gerät total aus der Fassung, wenn ihm eröffnet wird, dass nur die eigenen Strukturen interessant sind, die zu dem Vorfall geführt haben. Das hört sich dann an wie: „eigene Schuld“, und genau darum geht es. Ausgenommen von solchen Irritationen sind natürlich jene Frauen wie Esther, die Opfer von Vergewaltigungen oder sexuellem Missbrauch geworden sind, und die dann zur *Reinkarnationstherapie kommen, denn sie* ahnen schon, was ihnen bevorsteht. Sie wollen sich im Interesse einer wahren Heilung bewusst darauf einlassen.

Der größte Segen für die Klientin in der *Reinkarnationstherapie* ist, sich an all jene Situationen zu erinnern, die für die Aufarbeitung ihres jetzigen Problems wichtig sind; an alle jene Leiden, die sie erduldet hatte, aber auch an alle Fehler, Taten und Versäumnisse, die sie begangen hatte. Erst dann ist eine Heilung möglich.

Die Therapie ging nun weiter. Wir gingen jetzt daran, frühere Inkarnationen zu durchforschen. Nach der Entspannungsphase sprach ich: „Gehe jetzt durch Raum und Zeit an jene Stelle, wo du als Täter warst — wo etwas geschehen ist, das noch nicht geheilt ist. Wenn du Bilder hast, melde dich."

„Da sind ein Mann und eine Frau. Er ist ein Ritter, etwa sechzehn bis achtzehn Jahre alt, sie mag zwölf bis sechzehn Jahre alt sein." „Bist du einer von denen?" fragte ich. „Ja, ich bin der Mann. (Es ist nicht ungewöhnlich, sich im entgegengesetzten Geschlecht wiederzufinden). Ich habe sie geraubt. Wir sind mit einem Pferd unterwegs," berichtete Esther weiter. Jetzt kommen wir an ein Schloss. Ich springe vom Pferd und zerre sie mit hinein. Ich werfe sie auf die Matratze und will sie lieben. Sie wehrt sich heftig." „Wie fühlst du dich dabei?" Die Antwort kam wie aus der Pistole geschossen: „Toll! Es macht Spaß, mit ihr zu kämpfen, sie zu erobern. Sie kratzt und beißt und schlägt um sich. Jetzt vergewaltige ich sie." Fühlst du dich immer noch gut?" fragte ich dazwischen. „Klar, das ist ganz toll. Es macht großen Spaß, dass sie sich wehrt. Es ist ein schönes Spiel." Eine längere Pause entstand. „ Wie geht es nun weiter?" wollte ich wissen. „Sie findet jetzt Gefallen an der Sexualität." „Schön, und wie fühlt sich das für dich an?" Esthers Antwort überraschte mich. „Ich bin ihr böse." „Warum?" Jetzt sprach sie sehr heftig: „Sie soll sich wehren! Sie verdirbt mir das Spiel! Es gefällt ihr, und damit gibt es nichts mehr zu erobern. Jetzt macht es keinen Spaß mehr..... — Ich habe jetzt einen Orgasmus! — Aber ich will nicht, dass es ihr gefällt." „Was fühlst du jetzt?" „Au! Einen Stich im Herzen! Als ich den Orgasmus hatte, da hat sie zum Messer gegriffen und es mir ins Herz gestoßen. Ich sterbe...." „Was fühlst du?" „Nichts. Es wird kalt, aber es ist in Ordnung." Wieder entstand eine längere Pause. „Wie geht die Geschichte jetzt weiter?" „Das Mädchen kommt nach Hause. Der Vater ist außer sich vor Wut." „Warum?" „Ich weiß es nicht. Vielleicht, weil er eifersüchtig ist. Vielleicht, weil sie für kurze Zeit innerlich bereit war, einen Mann zu lieben, den er nicht ausgesucht hatte. Dadurch war sie für ihn besudelt, eine Hure! Er beschimpft sie. Jetzt greift er zum Schwert und schlägt ihr den Kopf ab." „Was ist mit der Mutter?" „Die Mutter war eigentlich nie richtig da. Sie weiß davon, aber sie entzieht sich stillschweigend. Wie immer. Sie ist mit allem einverstanden, was ihr Mann tut, denn sie weiß, dass sie doch keine Macht hat." „Lass Nebel aufziehen, die Bilder werden unscharf und verschwimmen." So leitete ich die Rückkehr ein. Niemals darf eine solche Reinkarnationssitzung abrupt abgebrochen werden.

Ein anderes Mal kamen solche Bilder: „Gehe wieder durch Raum und Zeit....“ begann ich nach der üblichen Einleitung der Tiefenentspannung. „ Ich bin in Ägypten“, begann Esther sehr langsam und schwer zu berichten. „Welche Zeit ist es?“ fragte ich. „Etwa tausendfünfhundert Jahre vor Christi Geburt.“ „Bist du Mann oder Frau?“ fragte ich wieder. „Ein Mann!“ kam die eindeutige Antwort. „Wie alt?“ „Etwa fünfunddreißig Jahre,“ antwortete Esther. „Was tust du gerade?“ fragte ich weiter. „Ich vergehe mich an einem Mädchen. Ich bin aber auch das Mädchen.“ „Wie alt ist es?“ „Etwa fünf Jahre.“ Die Fragen konnte ich relativ schnell hintereinander stellen, und die Antworten kamen sofort, klar und unmissverständlich. „Wie fühlst du dich als Mann?“ „Gut, sehr gut. Es macht Spaß. Ich genieße das.“ „Und das kleine Mädchen, wie geht es dem?“ „Es wehrt sich nicht, liegt da wie tot, aber das ist mir egal.“ (Pause). Dann: „Aber das Mädchen ist zweimal da. Es sitzt auch hinter einem Busch.“ „Das gleiche Mädchen?“ fragte ich. „Ja, einmal habe ich es vor mir wie tot — ich bin wieder der Mann — und einmal sitzt es erstarrt hinter dem Busch und weint und zittert vor Todesangst, Ohnmacht und Hass; ja, es ist das gleiche Mädchen.“ Ich hakte nach: „Hast du kein schlechtes Gewissen, wenn du das Mädchen hinter dem Busch siehst? Schau mal genau hin!“ Wieder eine kleine Pause. „Nein, es ist nicht mein Problem,“ antwortete Esther ohne die geringste Äußerung irgendeiner Emotion. „So, jetzt bin ich fertig. Jetzt geht es mir gut.“ „Tut es dir jetzt leid?“ fragte ich. „Nein!“ „Wirst du das wieder tun?“ wollte ich nun wissen. „ Ja!“ „Wo ist das Mädchen jetzt?“ „Es geht hinter den Busch, zu dem anderen Mädchen. Sie vereinigen sich jetzt. Jetzt ist es nur noch *ein* Mädchen.“ „Was tut es?“ „Es bewegt sich wieder, weint noch ein bisschen. Die soll sich nicht so anstellen!“ „Wie fühlst du dich?“ Aus Esthers Antwort war das ganze Unverständnis für diese Frage zu hören: „Gut! Wie denn sonst!“ „Die unendliche Weisheit deiner inneren Führung entscheidet, was für dich jetzt wichtig ist, und sie wird dies in dein Wachbewusstsein transportieren. Alles andere, was unwichtig ist, sinkt wieder ab in den grenzenlosen See deines Unbewussten und schlummert dort weiter. Und nun kehre zurück in deinen Körper, den du wieder so vorfindest, wie du ihn verlassen hast.“

Als Esther wieder ganz im Wachbewusstsein war, konnte sie sich an alle ihre Bilder und Aussprüche ganz klar erinnern. Sie war ein wenig schockiert, ein bisschen entsetzt, nicht sehr, aber sie wusste nun, dass die Struktur, sowohl Täter als auch Opfer in Sachen Missbrauch zu sein, ein wesentlicher Teil ihres Unbewussten war. Es spielt hierbei keine Rolle, ob eine solche Reinkarnationserfahrung wirklich auf Tatsachen beruht, was ohnehin nicht zu beweisen wäre; es geht um die Erkenntnis: Jawohl, wenn ich ein Mann wäre, dann könnte ich so etwas tun. Und es würde auch Spaß machen! Esther war erstaunt — über sich selber.

Ziehen wir noch einmal Bilanz: Esther hatte schon lange vor dem Vorfall beim Astrologie-Seminar sämtliche symptomatischen Emotionen, die zum Missbrauch gehören, obwohl er in diesem Leben nicht bewusst oder vielleicht sogar überhaupt nicht vorlag. Da war aber das Gefühl, „besudelt“ zu sein, das Gefühl von oben bis unten „voll stinkendem Kot“ zu sein, wie sie sich ausdrückte, und dies verbergen zu müssen. Da war die Illusion, sexuelle Macht über Männer zu haben bei gleichzeitigem Gefühl des Missbrauchs und der Ohnmacht. Da war das ungreifbare innere Wissen, „eigentlich“ eine Hure zu sein. Mit dieser Struktur inkarnierte die Seele, und dann kam es zu jener Dynamik, wie sie der Familientherapeut Bert Hellinger ähnlich beschreibt: Die Frau (die Mutter) verweigert sich dem Mann, und die Tochter springt für ihre Mutter in die Bresche, sie wird zur Ersatzfrau. Sie tut es aus Liebe zu den Eltern, und um die Familie zu retten. Doch weil sie es tun muss, hasst sie auch die Eltern und verachtet sie. So ist sie dann völlig allein, von der Mutter abgelehnt und vom Vater missbraucht. Gleichzeitig aber gibt sie sich der Illusion hin, stolz darauf sein zu können, dass der Vater sie zur Frau nimmt. Wie soll ein Kind so etwas ertragen? Es schaltet den Körper ab und flüchtet in die Rolle der Guten, der Helferin, der Heiligen.

Eine alte Erinnerung beim sexuellen Verkehr saß tief in ihrem Unbewussten: ‚Das macht er nicht mit mir, das macht er nur mit meinem Körper!’ Dieses Bild trat ganz klar zutage, als das Kind in Ägypten zweimal erschien: einmal als der zu Tode erstarrte Körper, und einmal als die zitternde Seele hinter dem Busch. Und so hatte Esther auch später immer wieder versucht, die Illusion ihrer sexuellen Macht und Magie aufrecht zu erhalten, indem sie den Körper wie tot und die Seele ins Abseits stellte, denn davon hing ihr ganzes bisschen Selbstwert ab, das ihr noch geblieben war. Und so hatte sie wahllos Männer verführt. Alle sollten ihr verfallen sein. Ihr abgeschalteter Körper bekam das sowieso nicht mit, weshalb sie auch niemals einen Orgasmus erleben konnte. Aber sie hat die Männer immer wieder verlassen, weil diese „ihr wehtaten“, und weil sie „sie nicht liebten.“ Und so „benutzte“ sie jetzt die Männer, so wie sie vorher selber „benutzt“ worden war. Diese unbewusste Rache war ihr ganzer Lebensinhalt.

Die *Reinkarnationstherapie* hat den wahren Täter gesucht — und gefunden. Esther war es selber!!! Aber ich höre förmlich in meinen inneren Ohren den empörten Aufschrei ganzer Generationen missbrauchter Frauen: Typisch Mann! Unverschämtheit! Uns armen Opfern zu unterstellen, wir seien die wahren Täter und uns noch die Schuld zu geben! Doch wer heilt, hat recht. Nur über diesen Weg ist es möglich, den inneren Frieden wiederzugewinnen, Verständnis für den Täter aufzubringen, Hass und Abscheu zu begraben, und sich dann in der Partnerschaft liebevoll hinzugeben.

Ein Vampir zerfällt zu Staub, wenn er von einem Sonnenstrahl getroffen wird. Der Vampir in Esther löste sich auf, nachdem er vom Strahl der Selbsterkenntnis getroffen worden war.

Vermittels einer anschließenden Therapie auf der Grundlage der Kinesiologie, die Esther an ihrem Heimatort in Anspruch nahm, wurden auch noch die Einzelheiten der Vorgänge verarbeitet. Die Kinesiologie stabilisierte auch ihren Gesamtzustand in sehr kurzer Zeit.

Wenige Monate später bekam Esther ihren ersten Orgasmus, zunächst zaghaft und vom Bewusstsein kaum registriert, dann öfters und auch wahrnehmbarer, und heute kann sie ihre Sexualität voll bewusst, erfüllt und frei von Vampirismus ausleben.

Die Magie ist durchschaut, die Frucht vom Baume der Erkenntnis verdaut. Ein Mann oder Partner hat für sie nicht mehr diese magische Anziehung. Und damit hat Esther den ersten Schritt getan, um überhaupt partnerschaftsfähig zu sein.

Der solare Weg:
Die *Offenbarungstherapie*®

Liebe Leserin, lieber Leser, die ***Offenbarungstherapie***®, die sich äußerlich wenig von den bisher beschriebenen Therapieformen unterscheidet, ist inhaltlich etwas völlig anderes. Um Ihnen den Unterschied zu erklären, muss ich ein wenig ausholen:

Nun stellen Sie sich möglichst intensiv folgende Lebenssituation vor, denn ich werde wenige Seiten später wieder darauf zurückkommen, insbesondere auf den *kursiv* gedruckten Text. Sie sind durch Krankheit oder *Schicksal in so dramatische Prozesse verwickelt, dass Sie einfach keinen Sinn mehr in Ihrem Leben erkennen können.* Durch eine Regressionstherapie haben Sie sich an *schreckliche Ereignisse der Kindheit und zu Beginn Ihres Lebens* erinnert, und *schwere körperliche oder psychische Beeinträchtigungen* daraus sind Ihnen ebenfalls bewusst. Aber *jeder Schritt im heutigen Leben bereitet Ihnen unendliche Mühen, in der Gegenwart ist alles um Sie herum dunkel, Sie haben das Gefühl, Sie stehen nun endgültig vor einer unüberwindlichen Wand, und die Zukunft liegt vor Ihnen wie ein bedrohlicher Felsen. Ihr ganzes Leben besteht nur aus Arbeit und Verzicht sowie aus Krankheit und Schicksal, und das mit der Gewissheit, dass es kein Entrinnen gibt. Dann erkennen Sie Ihr Scheitern, lassen Sie sich einfach fallen und geben sich auf.*

In einer *Reinkarnationstherapie* in frühere Leben haben Sie keine Situation finden können, die schon einmal so extrem gewesen war. Keine unterschied sich groß von Ihrem heutigen Leben. Auch damals gab es Sorgen und Nöte, Sie haben eine ganze Reihe Strukturen und Muster erkannt, die auch Ihr heutiges Leben noch bestimmen. Alle Schatten sind integriert, aber das eigentliche

Schlüsselerlebnis ist ausgeblieben. Der berühmte Knackpunkt ist nicht da, an dem der Klient in der Therapie den Intuitionsblitz hat: „Ja, genau das ist es!" Was dann? Mit anderen Worten: Auch eine *Reinkarnationstherapie* hat nicht zu der erwünschten Klärung geführt und die Heilung nicht eingeleitet.

Dann bleibt nur die etwas hilflose Erklärung der meisten Reinkarnationstherapeuten, Krankheit und Leid seien eben nicht aus der Welt zu schaffen, sie gehörten zum Leben wie der Schatten zum Licht, und einen Zustand der absoluten Gesundheit würde es niemals geben.

Weit gefehlt! Diese Therapeuten hängen zu sehr im eigenen *lunaren* (diabolischen) Weltbild fest. Sie haben aber die Dimension der Zeitenwende, die *solare* (christliche) Mystik nicht einmal im Ansatz begriffen. Der solare Weg ist nicht die Fortsetzung des lunaren Weges mit anderen Mitteln, sondern *geistige* **OFFENBARUNG**!

Im Gegensatz zu dem heute vorherrschenden kausalmechanistischen Weltbild, das im Prinzip auch die *Reinkarnationstherapie* hervorgebracht und geprägt hat, gehen die Offenbarungswissenschaften von der Idee eines Gestaltplanes aus. Es wirkt im Kosmos eine Kraft, die wir GOTT nennen.

GOTT *will, dass Sie heil sind.* Lesen Sie die nächsten Zeilen bitte mit besonderer Aufmerksamkeit! Jede Abweichung vom Heil zeigt nur an, dass etwas *nicht im Sinne* dieses göttlichen Gestaltplans ist. Dass Sie sich in der zuvor beschriebenen Situation befinden, hat einen Sinn! Dieser Sinn hat etwas mit Ihrer ganz individuellen Persönlichkeit zu tun und mit niemand anderem. Das Heil-Sein ist ein Geschehen, das in der *Zukunft* liegt. Sie erinnern sich an die *causa finalis,* an die Ursache, die in der Zukunft liegt. Es gilt, diesen Sinn herauszufinden, und so werden die Symptome zu einer Offenbarung. Aus diesem Grund nenne ich diese Therapie auch die ***Offenbarungstherapie***®.

Spirituelle Dinge lassen sich verbal nicht erklären und sind intellektuell auch nicht erfahrbar, weshalb JESUS CHRISTUS immer in Gleichnissen und Bildern sprach. Alle Erklärungen, Darlegungen, Behauptungen und Beweise werden Sie innerhalb kürzester Zeit vergessen haben, ein Bild aber wird überdauern. Mein Bild für die ***Offenbarungstherapie***® heißt nach einem Roman von Ernest Hemingway: *„Schnee auf dem Kilimandscharo"* .

Der Vertrag mit GOTT

Als Jugendlicher hatte ich den faszinierenden Film „Schnee auf dem Kilimandscharo" nach dem berühmten Roman von Ernest Hemingway gesehen, in dem er seine persönlichen Erfahrungen und seine ständige Suche nach neuen Abenteuern beschrieb. Der Held des Romans hatte eine Erbschaft seines Onkels angetreten. Diese Erbschaft bestand aber weder aus Geld noch aus Besitz — sondern aus einer Frage. Ein Leopard war nämlich gefunden worden, eingefroren im ewigen Eis des Sechstausenders, und die Frage war nun: „Was hatte den Leoparden dorthin getrieben?“ Diese Frage war wie ein Virus, wie eine Inkubation. Einmal angesteckt, vollzog sich im Organismus eine Entwicklung, die von nun an die Handlung des Abenteuerromans bestimmte.

Ich hatte mich im Jahre 1957 mit einem solchen Virus infiziert — als ich den Film „Schnee auf dem Kilimandscharo“ im Kino gesehen hatte. Die Inkubationszeit dauerte genau ein Vierteljahrhundert.

Fünfundzwanzig Jahre später, im Frühjahr 1982, befand ich mich mit meiner Familie auf einem Flug nach Südafrika. Ich steckte in einer schweren Krise, aus der ich keinen Ausweg mehr sah. Deshalb war es auch kein gewöhnlicher Urlaub, sondern die Erkenntnis, dass ich nur durch gewaltsames Herausspringen aus einer festgefahrenen Situation die Chance hatte, auf andere Gedanken zu kommen.

Fast in jeder Minute, in der ich mich unbeobachtet glaubte, betete ich still vor mich hin: „Lieber Gott, bitte lass geschehen, dass..... „ Es entsprach meinem damaligen Bewusstseinsstand, mich bei Problemen einfach hinzustellen und wie ein kleines Kind den lieben Gott um Hilfe zu bitten. So etwas ist übrigens überhaupt kein Gebet, sondern stümperhafte Magie. Aber die Hilfe kam trotzdem, doch auf eine völlig andere Art, wie ich mir nie hätte ausmalen können.

Nach einer anstrengenden Nacht im engen Flugzeug machten wir mit der Boeing 747 morgens um 6 Uhr auf dem dampfenden Rollfeld des Flughafens von Nairobi eine Zwischenlandung. In der Nacht hatte es stark geregnet, und in den riesigen Pfützen spiegelte sich das Grau des Morgens. Über 100 Tonnen Kerosin waren in die Tragflächen und den Rumpf des Jumbos gepumpt worden, Hubwagen für Frachtcontainer und Trolleys für Post und Gepäck fuhren hin und her. Männer in weißen Monteuranzügen und weißen Helmen, aber mit Gesichtern so schwarz wie der Asphalt, umringten die Maschine. Und wieder kamen die dunklen Gedanken. „Lieber Gott, bitte lass geschehen, dass..... „

Die Turbinen wurden angelassen, ein Schlepper drückte die schwere Maschine langsam rückwärts und gab sie dann frei. Im Innenraum war nun das anschwellende Motorengeräusch vernehmbar, als die Triebwerke auf volle Leistung gebracht wurden, und ich spürte, wie die Beschleunigung mich leicht in den Sitz drückte. Ich konnte durch die offene Tür zum Cockpit das Ende der 2,5 km langen Startbahn sehen, als sich endlich bei einer Geschwindigkeit von etwa 300 km/h der Bug anhob, woraufhin der Jumbo langsam nach oben stieg. In einer scharfen Kurve schien die Maschine an Höhe zu verlieren, aber nach wenigen Minuten war eine ausreichende Flughöhe erreicht, was ich durch deutlich wahrnehmbare Zurücknahme der Triebwerksleistung registrierte. Die Abwechslung der Zwischenlandung war vorbei. Dumpf, in mich zusammengesunken, döste ich wieder vor mich hin: „Lieber Gott, bitte lass geschehen, dass..... „

„Hier spricht der Kapitän..." hörte ich plötzlich die Worte aus dem Lautsprecher. „Vorne links können Sie jetzt den Kilimandscharo sehen, den höchsten Berg Afrikas." Wie vom Blitz getroffen fuhr ich hoch, blickte gegen die gerade aufgegangene Sonne. Und da lag er tief unter mir, der Kilimandscharo mit seiner weißen, schneebedeckten Kuppe. Der ostafrikanische Graben war deutlich zu erkennen, und aus der weiten, gelben Steppe erhob sich das gewaltige Massiv des einstigen Vulkans.

Erinnerungen schossen mir durch den Kopf: Schon einmal hatte ich vor dem Berg gestanden. Auf einer Safari durch den Amboseli Nationalpark in Kenia vor einigen Jahren waren wir morgens um fünf Uhr in der Dunkelheit aufgestanden, hatten um 5.30 Uhr im Morgengrauen die Lodge verlassen, um einen Blick des Gipfels zu erhaschen, der sich kurze Zeit nach Sonnenaufgang in Wolken zu hüllen pflegt. Der Lärmpegel der erwachenden Steppe, erzeugt von Abermillionen von Tier-, Vogel- und Insektenstimmen, übertönte das Brummen des Geländewagens. Ein Rudel von Löwinnen, noch wach und beweglich von der Nacht, balgte sich im heranbrechenden Tag.

Elefanten schüttelten den Kopf, hoben den Rüssel und trompeteten angriffslustig, als sie das Fahrzeug bemerkten, Giraffen ergriffen mit langsamen, fließenden Bewegungen die Flucht, und grasende Zebras und Antilopen warfen 30 bis 50 Meter lange Schatten in der gerade aufgehenden Morgensonne. Der südöstlich des Amboseli Nationalparks gelegene gewaltige Berg lag noch im dunklen Schatten, dann aber gab die Landschaft den Gipfel frei, und er strahlte wie ein feuriger, schneeweißer Diamant im stahlblauen Himmel Afrikas. Dieser Blitz traf damals direkt in mein Herz, und zum zweiten Mal in meinem Leben ergriff eine unstillbare Sehnsucht mein Gemüt.

Und jetzt, bequem im Flugzeug, hoch über dem Kilimandscharo, da wusste ich plötzlich, was ich zu tun hatte: Ich würde den Kilimandscharo besteigen. Zu Fuß! Ich fasste den Entschluss, faltete die Hände und begann zu verhandeln. „Lieber Gott, wenn Du *d a s* geschehen lässt, worum ich Dich die ganze Zeit hier bitte, dann besteige ich den Kilimandscharo, um Dich zu ehren und zu loben."

Das war mein Vertrag mit GOTT.

GOTT handelte schnell. Im Sommer 1983, also fünfzehn Monate später, war *das* eingetroffen, worum ich IHN so inständig gebeten hatte. Ich hingegen ließ mir Zeit, nachdem der Leidensdruck gewichen war. Doch neue Schicksalsereignisse erinnerten mich an meinen Vertrag mit GOTT, und so machte ich mich sehr spät im August 1991 (ich war inzwischen fast zehn Jahre älter), auf den Weg, um den Sechs-tausender, den höchsten Berg Afrikas, endlich zu bezwingen.

Genau um Mitternacht pochte es an der Tür. Jeder Schlag dröhnte wie das Herabsausen eines Vorschlaghammers gegen meinen Hinterkopf; von innen pochten die Herzschläge gegen meine Schläfen. „Aufstehen!" Die Stimme eines Schwarzen drang wie von weiter Ferne an mein Ohr. „AUFSTEHEN!" Wo war ich eigentlich? Mein Kopf wollte zerspringen, und Übelkeit lag im Magen. **„AUFSTEHEN!"** Eine nackte Glühbirne, die an einem Draht von der Decke baumelte, blendete plötzlich meine Augen. Ich versuchte, die Umgebung zu erfassen: Die Kibo-Hütte glich einem Feldlager. Ich lag auf der oberen Etage eines Feldbetts; die meisten der anderen schliefen auf dem Betonboden. Einige Gedankenfetzen kehrten zurück in den Bienenschwarm meines Gehirns. Ach ja, ein neuer Tag in Afrika. Mitten in Afrika.

An Schlafen war ohnehin nicht zu denken gewesen, denn es war wie eine Ohnmacht nach der anderen. In 5000 m Höhe, das ist fast doppelt so hoch wie die Zugspitze, ist die Luft so dünn, dass jedes Mal, wenn ich gerade einschlafen wollte, die Atmung zurückfiel. Der Sauerstoffmangel und die Atemnot ließen mich mit einem Gefühl des Erwürgtwerdens wieder hochfahren. Zigmal. Hundertmal. Tausendmal. Die ganze Nacht. Die Nächte davor auch schon, und jeden Tag war es schlimmer geworden. Ach ja, ein neuer Tag begann mitten in Afrika.

Ich brauchte zehn Minuten, um mich aufzusetzen. Der Puls raste in meinen Schläfen. Wir alle hechelten wie abgehetzte Hunde, obwohl wir uns kaum bewegten. Wir, das war eine Handvoll Menschen, die vor langer, langer Zeit beschlossen hatten, den Berg zu besiegen.

Die Schwarzen brachten lauwarmen Tee, denn nur im Flachland kocht das Wasser bei 100 Grad. Geistesabwesend starrte ich auf die Schweinerei in meinem Kulturbeutel: die Plastikflasche mit dem Sonnenschutzöl war geplatzt. Gestern sah sie noch aus wie ein Ball, wegen des Druckabfalls. Es störte mich nicht mehr, denn auch der Kulturbeutel hatte seine Bedeutung verloren: Seit Tagen ungewaschen und unrasiert, denn ab 3000 m waren sämtliche Wasserstellen eingefroren, schleppte ich mich mit schweren Schritten nach draußen in die stockfinstere Nacht, in der wegen des Sauerstoffmangels der Würgengel unterwegs war. Ich war verpackt wie im Winterurlaub: zwei lange Unterhosen, zwei Pullover, darüber eine Skihose und eine Daunenjacke — aber ich klapperte mit den Zähnen: Völlige Zerschlagenheit, Kopfschmerzen, Übelkeit und 10 Grad Frost. Ich zitterte am ganzen Körper vor Kälte und Erschöpfung. Den Rucksack auf dem Rücken, die Skistöcke in den Händen, die in dicken Handschuhen steckten, und um den Kopf eine batteriebetriebene Stirnlampe gebunden, wie sie auch die Grubenarbeiter tragen, so stand ich als letzter in einer Reihe ähnlicher Gestalten.

In den Tagen zuvor drehte sich alles nur um die eine Frage: Wer kommt oben an? Aber nun war Ruhe, denn jedes Quäntchen Luft wurde gebraucht. Die anderen waren durchtrainiert: Acht zähe Burschen, alles geübte Bergsteiger oder Hochleistungssportler, und eine junge Sportlehrerin. Ein Bursche, der auch Hochgebirgstouren im Himalayagebirge bewältigt hatte, war vor zwei Jahren am Kilimandscharo gescheitert — wegen der zu dünnen Luft. Jetzt unternahm er seinen zweiten Versuch. Ein anderer hatte im letzten Sommer in den Alpen trainiert. Und ich war völlig untrainiert dazwischen. Aber ich hatte mich mental darauf vorbereitet. Für mich gab es keinen Zweifel: Ich werde ankommen! In unzähligen Meditationen hatte ich mich auf dem Gipfel gesehen, wofür ich mir in diesem Kreis natürlich nur Hohn und Verachtung einhandelte.

In stockfinsterer Nacht marschierten wir um halb eins los, um die letzten tausendeinhundert Meter zu steigen, von 4750 m auf 5895 m Höhe. Bei den ersten Schritten begann ich schon zu schwitzen. Die Schlange der Menschen zog sich schnell auseinander, ich fiel zurück. Jeder Schritt bereitete mir Mühe. Der Lichtkegel meiner Stirnlampe huschte mir voraus und zeichnete, meinen taumelnden Bewegungen folgend, bizarre Linien in das unwegsame Gelände. Das Lavageröll war wie grober Schotter; er gab unter den schweren Bergstiefeln nach. Ich musste mich übergeben: Höhenkrankheit. Ich taumelte weiter. Ein schwarzer Träger ging dicht hinter mir, sprach mir Mut zu, aber ich verstand seine Sprache nicht. Nach jedem Schritt musste ich tief ein- und ausatmen.

Die Zeit kroch dahin. Die Stirnlampe hatte ihren Geist aufgegeben. Wahrscheinlich konnten die Batterien in dieser Kälte keinen Strom abgeben, aber ich hatte mich gut an die Dunkelheit gewöhnt. Ich machte eine Pause und stützte mich auf die Skistöcke — beinahe wäre ich vornüber gefallen — ich war wohl im Stehen eingeschlafen. Rasende Kopfschmerzen quälten mich sowie unerträgliche Übelkeit und Atemnot.

Es war nun inzwischen etwa vier Uhr geworden. Die Temperatur war auf 15 Grad unter Null gefallen. Die Kälte biss im Gesicht. Ich schwitzte und fror zugleich. Die anderen waren weit voraus, ich konnte sie viele hundert Meter über mir hören und schemenhaft sehen, wie sie am Geröllhang wie eine Glühwürmchenkette klammerten. Ihre Lampen funktionierten noch.

Der Kilimandscharo ist ein Vulkankegel, der zur Spitze hin steiler und steiler wird. Immer wenn ich den Fuß etwa 30 cm höher in den Schotter absetzte, gab dieser nach und ich sackte 20 cm ab. Dann zog ich das andere Bein mühsam nach und setzte es ab. Wieder sank es im Schotter zurück. Zwischen jedem Schritt musste ich schon zwölf mal Luft holen. Ich zählte es genau.

Der Mond war aufgegangen und tauchte die gespenstische Szene in kaltes, silbriges Licht. Bewegte sich da ein Felsen? Nein, einer aus unserer Gruppe saß da in sich zusammengekauert — und weinte wie ein Kind: „Ich kann nicht mehr, ich schaffe es nicht. Komm, wir kehren um." Es war jener, der den ganzen Sommer in den Alpen trainiert hatte. Er wollte, dass ich mit ihm hinunter gehe. ‚Nur nicht hinhören!' hämmerte es in meinem Hirn. „Nein, ich gehe weiter," hörte ich mich sagen, ohne zu verstehen, was ich da sagte. Gefühllos schleppte ich mich weiter. Langsam, ganz langsam, entfernte ich mich von ihm, und hörte noch sehr lange sein Schluchzen: „Mein ganzes Leben..... habe ich...... für diesen Moment...... und nun so kurz..... so kurz vor dem Ziel...... Neiiiiiiiin!" Ich drehte mich noch einmal um. Ein Schwarzer war bei ihm, nahm seinen Rucksack, legte seinen Arm um seine Schulter und nahm ihn mit nach unten. Er hatte sich aufgegeben.

Wieder musste ich mich übergeben. Ich merkte, dass auch ich heulte. Ich schaute hoch. Schwarz, steil und drohend stellte sich der Berg mir entgegen, wie übereinandergetürmte Wolkenkratzer. Da sollte ich rauf? Niemals! Wut brach in mir aus, Hass kam auf. Zur Hölle mit dem alten Vulkan! Aber dann lief mein mentales Programm: Es galt, nur über den nächsten Schritt zu entscheiden. Mehr nicht. Also, siebenundzwanzig Atemzüge zwischen jedem Schritt; eine heilige Zahl, drei mal drei mal drei, und dann einen Schritt. Und nach weiteren siebenundzwanzig Atemzügen die Entscheidung: Noch einen Schritt? Ja. Und dann wieder siebenundzwanzig Atemzüge und dann erst die Entscheidung: Setze ich noch diesen einen nächsten Schritt? Ja. Und wieder siebenundzwanzig Atemzü......

Ich hörte einen dumpfen Knall — dann war Ruhe. Endlich Ruhe. Ach ja, ich war umgefallen. Durch die steile Böschung kullerte ich wie von selber eine halbe Drehung abwärts, mein Gesicht war zum Himmel gerichtet, und die Sterne blinzelten mir freundlich zu. Ein unendlicher Friede zog durch mein Gemüt. Die Ruhe war sehr schön. Ich merkte die Kälte in mir aufsteigen; das war aber keineswegs unangenehm, nein, ich war sehr, sehr glücklich. Erfrieren muss unendlich schön sein.

Waren es zehn Minuten? Oder zwanzig? Oder nur zwei Minuten? Ich weiß es nicht. Ein Schwarzer trat mit dem Fuß nach mir und rief irgendetwas. Aber er war weit weg, so hoch über mir, so sehr weit weg. Er trat wieder nach mir, heftiger, rüttelte an mir wie an einem Sack, trat dann erneut mit den Füßen in meine Seite, aber kräftig. Der Schmerz machte mir klar und ich begriff: Ich musste aufstehen. Ich war eiskalt, steif wie ein Brett und hatte kein Gefühl mehr in den Beinen. Kurz vor Sonnenaufgang war es am kältesten. Mein Magen drehte sich um, sein Inhalt, nur noch Tee und Galle, lief zwischen die Lavasteine, auf denen mein Gesicht lag — und fror sofort fest. Es folgten weitere Tritte, und der schwarze Mann zerrte mich hoch. Ich dachte, mein Kopf würde jetzt zerspringen, das Gefühl kehrte zurück in die Beine und verursachte Schmerzen. Und dann diese entsetzliche Übelkeit! Der Gedanke, hier am Berg mitten in Afrika zu sterben, hatte mich nicht beunruhigt. Die Gewissheit aber, *nicht* zu sterben, war unerträglich......

Ich nahm meinen Weg wieder auf: Linkes Bein, siebenundzwanzig Atemzüge, rechtes Bein, siebenundzwanzig Atemzüge, linkes Bein..... ich wusste nicht, ob ich zehn Schritte gegangen war, oder hundert, oder tausend; nach einem weiteren dumpfen Aufprall war wieder Ruhe. Ich hatte mich nun endgültig aufgegeben.

Umkehr in der Therapie

An dieser Stelle unterbreche ich meine Erzählung. Betrachten Sie nun *den einen Tag* dieser wahren Begebenheit, die ich soeben beschrieben habe, *als Analogie für das ganze Leben* eines Menschen, und stellen Sie sich vor, liebe Leserinnen und Leser, in einem solchen Zustand würde dieser Mensch als Klient in eine Therapie kommen: Er hat sich aufgegeben.

Der Klient beschreibt seine Lebenssituation nun mit den gleichen Worten, wie auf Seite 320, die ich zu Beginn dieses Kapitels gewählt hatte, als ich eine ausweglos erscheinende Lebenssituation beschrieb, auf die ich Sie besonders aufmerksam gemacht hatte. Während der Klient mit den gleichen Worten erzählt, setze ich (in Klammern) den analogen Bezug zu meiner Erzählung:

„Ich hatte mich in meinem Leben (d.h. am Berg) in so *dramatische Schicksalsprozesse verwickelt, dass ich einfach keinen Sinn mehr in diesem Leben* (in diesem Tag) *erkennen kann. Ich habe schreckliche Erinnerungen an meine Kindheit, an den Beginn dieses Lebens* (das Aufstehen vom Feldbett in der Kibohütte), *schwere körperliche oder psychische Beeinträchtigungen* (Kopfschmerzen und Übelkeit), *und jeder Schritt im Leben bereitet mir unendliche Mühen. In der Gegenwart ist alles um mich herum dunkel* (es ist Nacht), *ich habe das Gefühl, ich stehe vor einer unüberwindlichen Wand* (die Felswand aus Lavageröll), *und die Zukunft liegt vor mir wie ein bedrohlicher Felsen* (der Kilimandscharo). *Mein ganzes Leben* (dieser Tag bisher) *besteht nur aus Arbeit und Verzicht, aus Krankheit und Schicksal mit der Gewissheit, dass es kein Entrinnen gibt. Nun erkenne ich mein Scheitern, lasse mich einfach fallen und gebe mich auf.*“

Eine normale Gesprächs- oder Verhaltenstherapie oder eine Psychoanalyse wäre in dieser Situation für den Klienten absurd: Er würde nur dieses eine Leben (diesen einen Tag) überschauen können, so wie die Menschen normalerweise auch nur ein einziges Leben kennen. Die Existenzen vor diesem Leben (die letzten Tage davor) hat er alle vergessen, und die vielen Leben (die Tage), die noch vor ihm liegen, kann er ebenfalls nicht kennen. Sofern die Therapie nicht über die Grenzen dieses Lebens (dieses einen Tages am Berg) hinausgeht, bleiben nur Verzweiflung, Resignation in die Suche der Schuld in der Außenwelt. Vielleicht würde der Klient — begleitet vom mitfühlenden Verständnis des Therapeuten — noch fluchen: „Welcher ungerechte Gott hat mich in dieses Leben (an diesen Berg) verbannt? Anderen Menschen geht es im Leben besser, sie können sich ausruhen (weit unter mir schlafen die Menschen in gnadenvoller Unbewusstheit friedlich in ihren Lehmhütten), aber warum muss ich hier oben leiden? Was habe ich getan? Wo ist meine Schuld, dass ich so ungerecht behandelt werde?" Und dann zerstört der Klient noch sein Gottesbild und trennt sich von der Religion: „Du bist kein lieber Gott! O Gott, ich zürne dir!!! Du bist ein böser, strafender und ungerechter Gott!"

Bleiben wir weiter bei der Analogie dieses Beispiels und stellen die Frage: „Was würde jetzt eine *Reinkarnationstherapie* bringen?" Der Klient würde sich das vorige Leben (den gestrigen Tag) betrachten (zwischen 4000 und 5000 m Höhe). Auch da fühlte er sich schon zerschunden, hatte starke Atemnot, aber da war der Lebensweg noch nicht so extrem (es gab eine karge Vegetation aus Moosen und Flechten). Und das Leben (der Tag) davor? Das war noch recht angenehm (der Weg führte durch Krüppelkiefern und Wachholder, fast wie durch eine Heidelandschaft), aber auch da gab es schon (zwischen 3000 und 4000 m Höhe) Zerschlagenheit, Mattigkeit und Müdigkeit. Und noch ein Leben (Tag) davor? Ein zwar anstrengendes aber hoch-interessantes Leben (der Aufstieg durch hohe Laubwälder in angenehmer Luft zwischen 2000 und 3000 m Höhe). Und davor? Unbändige Energie, das Leben (der Aufstieg) war wie ein Spaziergang nach oben (durch tropischen Regenwald). Und davor? Toll! Einfach toll! Großzügiger Lebensstil, man wurde von allen Seiten bedient (ein tolles Abendessen im Kibo-Hotel, einer Lodge im wilhelminischen Kolonialstil in Tansania, dem ehemaligen Deutsch-Ostafrika). Und noch weiter zurück? Ein Leben wie Gott in Frankreich (Badeurlaub im Fünf-Sterne-Hotel des African-Safari-Clubs in Mombasa in Kenia).

Sie ahnen, liebe Leserinnen und Leser, worauf ich hinaus will: Wenn der Klient durch die Rückführungen erkennt, wie sich die Qualität seiner Leben (die Qualität der zurückliegenden Tage) von Mal zu Mal verschlechtert hat, dann kann eine *Reinkarnationstherapie* in die falsche Richtung führen! Wenn er erkennt: „Ja, ich habe mir das Schicksal selber kreiert, ich bin durch meine eigenen Entscheidungen selbst schuld an meiner jetzigen Situation", müsste er im Sinne der Karmagesetze, der Gesetze des Ausgleichs, eine Korrektur der Lebensumstände vornehmen! Die in der *Reinkarnationstherapie* übliche Opfer-Täter-Betrachtung, die Anwendung der Karma-Lehren und der Polaritätsgesetze würde bedeuten, dass nun *die andere Seite bedient* werden muss. Und das hieße: UMKEHREN!

Die Krise wäre somit komplett — und zwar für viele, viele Leben (für viele, viele Tage in der Analogie). Es ist zwar richtig, sich zu erinnern, aber *nicht nur nach hinten,* sondern *auch nach vorne!* Jedem Menschen ist es möglich zu erahnen: Meine Seele wollte diese Erfahrung machen, weil sie *in Zukunft heil* sein will.

Da gab es vor langer, langer Zeit den alten Bund, den GOTT mit den Menschen geschlossen hatte, als Moses die Gesetzestafeln auf dem Berg Sinai empfangen hatte, den GOTT bis heute aufrecht erhält. (Da ist analog mein Vertrag mit GOTT, den ich vor Jahren im Flugzeug geschlossen hatte). Verträge zwischen Moses — stellvertretend für alle Menschen — und GOTT sind keine Strafe, aber sie reichen *in die Zukunft!* (Auch mein Vertrag war mein freier Wille und keine Strafe! Und wenn ich diese Situation jetzt durchstehe, dann ist meine Seele gewachsen, dann bin ich ein ganzes Stück heiler geworden).

Unter diesem Aspekt ist es sinnvoll, die *Reinkarnationstherapie* abzubrechen und nicht mehr weiter im Sumpf der Vergangenheit zu wühlen, sondern in einer ***Offenbarungstherapie***® die Aufmerksamkeit auf einen Grund, der in der *Zukunft* liegt, den *causa finalis,* zu lenken. Dies geschieht aber weder aus Neugier noch aus Sensationslust, was es wohl in Zukunft noch alles zu erleben gibt, sondern um den *jetzigen* Lebensweg zu korrigieren, indem der Klient ein *weiter gestecktes Entwicklungsziel* erkennt, was ihm von GOTT vorgegeben ist.

Um diesen ungewöhnlichen Gedanken Ihnen zu erläutern, kehre ich nun wieder zurück zu meiner Erzählung.

Träume haben Flügel

Sie erinnern sich, ich war bei meinem Aufstieg auf den Kilimandscharo an dem Punkt angelangt, an dem ich aufgeben wollte. Die Kräfte waren verbraucht, „mein Kreuz", das ich auf mich genommen hatte, drückte zu sehr, und ich bin zum zweiten Mal ohnmächtig zusammengebrochen. Doch während ich kraftlos dalag, hatte ich eine Vision: Ich habe mich auf dem Gipfel des Berges gesehen. Endlich hatte ich *meinen Teil* des Vertrages eingelöst. Das war zwar eine Situation, die noch *vor* mir lag, aber eine Welle unendlichen Friedens durchfloss meinen Körper.

Von dem Augenblick an, da ich im Traum das *in der Zukunft liegende Ziel* gesehen hatte und mir der Sinn meines *jetzigen Leidens* bewusst wurde, war meine Situation schlagartig anders. Rein äußerlich hatte sich noch nichts geändert: es war der gleiche Berg, die gleiche Kälte, die gleiche Erschöpfung, die gleiche Übelkeit — aber durch die *Offenbarung war ich einverstanden.* Irgendwann schlug ich die Augen auf. Ich sah über mir die Sterne funkeln, schon etwas blasser, denn der Morgen begann zu grauen. Ich lag da, kalt, steif

— wie in einer Totenstarre.

Etwas zerrte an meinen Schultern. Ich schlug die Augen auf, und eine pechschwarze Fratze war über mir. Ich sah nur weiße Augäpfel und bleckende, weiße Zähne, aber ich fühlte keine Angst. Wieder versank ich in Ohnmacht. Jemand trat mich und zerrte an mir. Endlich richtete ich mich auf, blieb aber antriebslos sitzen. Die Glieder schmerzten, als würden sie zerbrechen. Jetzt war der Schwarze, dem die Fratze gehörte, hinter mir, drückte mich, stieß mich — und ich stand auf. Ich schwankte noch, aber ich blieb irgendwie auf den Beinen stehen.

Mein Rucksack war weg. Wo war mein Rucksack? Der Neger hatte ihn auf seinem Rücken. Er wies mit seiner ausgestreckten Hand zum Tal und sagte: „Down!“ Jetzt begriff ich langsam: Der Aufstieg war abgebrochen; der Schwarze hatte den Auftrag, mich nun herunterzubringen. Ich drehte mich um, schaute noch einmal zum Berg, der sich schwarz und bedrohlich vor mir auftürmte. Der Schwarze mahnte: „Come down, Sir, please!“ und zeigte mit der Hand wieder zum Tal.

Doch eine merkwürdige Energie durchströmte meinen Körper. Ich sah mich wieder auf dem Gipfel des Berges, so wie ich mich in meinen Meditationen viele Male gesehen hatte. Ich wandte mich wieder dem Berg zu und sagte zu dem Schwarzen: „Nein, ich will zum Gipfel!“ Er protestierte: „No, Sir, down! Finish for you!“ Ich wusste jetzt genau, dass ich die Kraft haben würde, den Aufstieg zu schaffen! „Ich bin der Weg,“ hat JESUS CHRISTUS gesagt, „jeder nehme sein Kreuz auf sich und folge mir.“ Ich hörte mich selber sprechen, wie ich diese Worte soeben zu dem schwarzen Mann gesagt hatte, der bestimmt kein Deutsch verstand. Ich ging einen Schritt auf ihn zu, nahm ihm den Rucksack ab und sprach: „Wer selber sein Kreuz nicht trägt, der kann mein Jünger nicht sein.“

Der arme Schwarze verstand mich nicht und wusste auch nicht, wie ihm geschah, ließ es aber mit sich geschehen. Wahrscheinlich war ich der erste Weiße, der in diesem Zustand sein Gepäck wiederhaben wollte. Ich drehte mich um, machte den ersten Schritt meines neuen Lebens und sagte: „Komm, folge mir!“ Da er zuletzt Englisch gesprochen hatte, kramte ich meine wenigen Vokabeln hervor und sagte: „Follow me!“ Sein verständnisloses Kopfschütteln bekam ich nicht mehr mit. Der weitere Aufstieg wurde nicht leichter, aber ich hatte die Krise überwunden, sah wieder das Ziel vor mir.

Die Sterne wurden noch blasser, eine milchige Helligkeit bildete sich am Osthorizont, und Aurora, die Morgenröte verkündete die Rückkehr der Sonne. Pünktlich um sechs Uhr warf sie das erste feurige Strahlenbündel gen Himmel, es folgte ein blutroter Halbkreis, und dann ein gelber, greller Ball, der die afrikanische Steppe in gleißendes Licht tauchte. *Die Sonne war wieder da!*

Ich musste die Schneebrille aufsetzen. Mir fielen die Menschen mit den weißen Binden vor den Augen ein, die mir beim Aufstieg tags zuvor entgegengekommen waren. Schwarze Träger hatten sie wie Blinde durch die unwegsame Bergwelt geführt. In dieser Höhe ist die Sonne sehr gefährlich.

Es war sieben Uhr geworden, und die ersten Menschen waren bereits oben. Ich wusste: bis zehn Uhr hatte ich Zeit, später durfte niemand mehr ankommen, denn die Bergführer befürchteten einen Wetterumschlag. Einundachtzig Atemzüge zwischen jeder Entscheidung: Drei mal drei hoch drei. Noch einen Schritt? Ich hatte keine Ahnung, wie weit es noch war. Verkrusteter Schnee knirschte unter meinen Stiefeln. Einundachtzig Atemzüge — und dann machte ich den nächsten Schritt.

Inzwischen war es bereits viertel nach neun geworden. Ich hörte Stimmen über mir. Menschen winkten mir zu. Dann konnte ich die dünne Metallstange auf einem Felsen sehen! Das war der Gipfel!!! Etwa dreißig Meter Höhe waren noch zu überwinden! Die Tränen schossen mir wieder in die Augen. Ich wusste, es gibt Leute, die geben hier noch auf, dreißig Meter vor dem Ziel. Fast sechstausend Meter waren bezwungen, und die letzten dreißig Meter konnten noch alle Mühen zunichte machen. Lächerlich? Nein! Ein dreigeschossiger Wohnblock ist etwa zehn Meter hoch. Drei hohe Wohnblocks waren noch zu bezwingen, aber nicht auf angenehmen Treppen, sondern auf einem steinigen Pfad, der über den Rand des Vulkankraters führte. Fünfundvierzig Minuten standen mir für diese dreißig Meter noch zur Verfügung, etwas mehr als eine Minute für einen Meter. Und jede Minute war kostbar. So schleppte ich mich Meter für Meter höher und höher.

Aber dann breitete sich eine Landschaft von grandioser Schönheit vor mir aus: Ein riesiges, weich geschwungenes Schneefeld bis zum weit entfernten, gegenüberliegenden Kraterrand, so weiß und hell, wie ich das noch nie gesehen hatte. Eiskaskaden türmten sich meterhoch auf, Eiszapfen, dick wie hundertjährige Eichen, glitzerten bizarr in der grellen Sonne. Und in der kristallklaren Luft herrschte eine unendliche Stille..... Weit unter mir, wie vom Flugzeug aus betrachtet, glühte das ausgedorrte Land am Äquator. So fern und dennoch so nah: In weniger als zehn Kilometer Entfernung herrschte ein Temperaturunterschied von 50 Grad. Dort unten führten die Masai einen gnadenlosen Kampf ums nackte Überleben.

„Gratuliere! Von *dir* hatten wir das nicht erwartet. Toll!“ Die Männer der Gruppe, die vor mir oben waren, nahmen mich in Empfang. Vergessen waren die höhnischen Blicke und bösen Bemerkungen; die anderen schüttelten mir die Hand. Der Schwarze, der mich mit Füßen getreten hatte, wartete artig im Hintergrund; dann wollte auch er mir die Hand geben, aber er traute sich wohl nicht so recht wegen seines (sehr sinnvollen) Verhaltens. Ich ergriff seine Hand, zog ihn wie von einer fernen Magie gesteuert heran, umarmte den schwarzen Mann, der mich wie mein Schatten begleitet hatte, und sprach leise in sein Ohr: „Danke! Du weißt gar nicht, was du für mich getan hast. Nochmals: Danke!“ Wahrscheinlich verstand er kein Deutsch.

Und jetzt hatte ich nur noch einen Gedanken: die Metallstange anfassen! Meine nassgeschwitzte Hand fror auch sofort fest, aber ich hatte es **geschafft! GESCHAFFT!** Endlich **G E S C H A F F T !**

Dann blinzelte ich in die Sonne und sprach leise direkt zu GOTT. „Ich habe unseren Vertrag jetzt auch erfüllt.“ Und ich schämte mich meiner Tränen nicht.

Einverstanden sein

Übertragen wir diese Geschichte wieder als Analogie aufs normale Leben. Sie haben sich zu einer ***Offenbarungstherapie***® entschlossen, nachdem alle anderen Therapieformen, die Sie schon erlebt haben, keine Lösung Ihres Problems gebracht haben.

Die ***Offenbarungstherapie***® beginnt genau dort, wo der Klient in seinem Leben gescheitert ist. Die äußere Form ist der *Reinkarnationstherapie* sehr ähnlich, aber der große Unterschied ist der, dass der Klient nicht in frühere Inkarnationen zurückgeführt wird, sondern zu dem Endpunkt seiner schmerzhaften Prozesse, der irgendwo in der Zukunft liegt. Erkennt er den Sinn seines Leidens oder seiner Krankheit, weil er in der Therapie in der Vision sein Ziel erreicht hat, strömen Kraft und Energie in ihn zurück. Er kehrt mit einem „seelischen Handwerkszeug“ ins Leben zurück, geht weiter, um reifer und bewusster am Ziel, das vielleicht nur ein vorübergehendes ist, anzukommen.

Die ***Offenbarungstherapie***® dauert normalerweise sieben Tage. Die Schau der inneren Bilder, die in der Zukunft liegen, leitet beim Klienten die Wende zum Positiven nicht nur seines jetzigen Lebens ein, sondern damit auch des folgenden Inkarnationszyklusses. Für Außenstehende ist sie sehr schwer begreiflich. Denn was hat sich durch die Therapie eigentlich geändert? Äußerlich einmal gar nichts. Die Symptome sind alle noch da, und die Sorgen, Nöte und Umstände sind alle noch so wie vorher.

In der ***Offenbarungstherapie***® gehen wir eben nicht von dem Anspruch aus, Symptome sofort zum Verschwinden zu bringen, nicht einmal davon, den Menschen aus seinem Leid herauszunehmen. Denn welchen Sinn hätte es in meiner Geschichte für mich gehabt, wenn eine göttliche Kraft mit mir Erbarmen gezeigt hätte und mich 500 m vor dem Gipfel vom Felsen gepflückt und am Fuße des Berges in die Amboseli-Lodge an den reichhaltig gedeckten Frühstückstisch gesetzt hätte? Ich hätte nichts gelernt, und dieses eine und viele meiner zukünftigen Lebenssituationen wären mit dem Makel des Versagens behaftet gewesen.

Aber das Wissen um die in ihm schlummernde *Offenbarung* wird den Klienten bewegen, Frieden mit den bestehenden Verhältnissen zu schließen, sein

Kreuz wieder auf sich zu nehmen und den begonnenen Weg zu Ende zu gehen.

Es kommt nicht darauf an, *was* der Mensch erlebt, sondern *wie* er damit umgeht. Trotzdem, oder vielleicht gerade deshalb, erleben wir es immer wieder, dass den Menschen eine enorme, neue Kraft zuwächst, sobald sie den Sinn ihres Leidens erkannt haben, dass sich die Verhältnisse tatsächlich zum Positiven hin ändern, dass Symptome verschwinden und dass sie fortan ein glücklicheres und erfüllteres Leben führen als zuvor. Meistens ist es so, aber es muss nicht so sein.

Wenn der Klient sagen kann: „*Ich weiß,* ich bin auf dem richtigen Weg; ich lege mein Schicksal jetzt in GOTTES Hände", dann ist seine Seele geheilt. Die *Offenbarung* zu erkennen, heißt: Einverstanden sein.

Kapitel XI

Klientengeschichten

Beispiele aus der täglichen Praxis der Einzeltherapie

„Hört mich alle und versteht!
Nicht, was von außen in den Menschen hineingeht, kann ihn verunreinigen sondern was vom Menschen herauskommt,
das verunreinigt den Menschen.“

(JESUS CHRISTUS, Markus-Ev., Kap.7, Vers 14+15)

Im Kapitel XI lesen Sie etwas zu den Themen:

Die Aszendenten bitten zur Kasse:

Nichts in den schmalzigen Ärzteromanen oder in Fernsehsendungen ist interessanter als Patientengeschichten. Sensationslüsternd berauscht sich die breite Masse an dem Leid und den Unzulänglichkeiten der anderen. Da laufen Dinge ab, die *wir* selber nicht in uns haben wollen. Spannender als in jedem Kriminalroman stellt sich die Frage: Schafft der Patient den Kampf gegen die Krankheit? Bleibt er Sieger? Oder ist er Verlierer?

Hier geschieht nun etwas völlig anderes. Einige dieser Geschichten aus meiner Praxis möchte ich Ihnen auch nicht vorenthalten. Nur bitte ich Sie, liebe Leserinnen und Leser, *alle Geschehnisse auch für Ihre eigenen zu halten.* Das ist zwar nicht besonders angenehm, aber es hilft Ihnen weiter. Sie lesen hier etwas über Autoaggression und Fettsucht, über Heuschnupfen und Magengeschwüre, über Diabetes und Bronchialasthma, über multiple Sklerose und Fremdbesetzung durch Verstorbene, über Selbstmordversuche und Metamorphosen, über Abstürze und künstliche Hüftgelenke, über aufrechtes und bewusstes Sterben, über unverschuldete Knochenbrüche und schließlich über AIDS. Alle diese Symptome können Sie natürlich nicht haben. Auch wenn Sie eine ähnliche Konstellation im Horoskop haben, heißt das *niemals,* dass Sie dieses Symptom bekommen müssen. Denn viel entscheidender ist die persönliche Fehlentwicklung, die ein Symptom in Erscheinung treten lassen *musste, damit der Mensch sich endlich ändert!!!*

Jeder Mensch hat alle zwölf Tierkreiszeichen in seinem Horoskop, und deshalb kann jedes Tierkreiszeichen auch ein Schattenanteil von uns selber sein. Mit dem Aszendenten bekommt das Individuum ein *Thema* in die Wiege gelegt, *und nicht eine Krankheit* ! Wir anderen haben an dem gleichen Thema vielleicht im letzten oder im vorletzten Leben gearbeitet — oder wir bekommen es in einer der nächsten Inkarnationen als Lernaufgabe. Deshalb ist es gut, schon heute etwas darüber zu wissen. Unerlöst sind wir nämlich alle, denn die Tatsache unserer Reinkarnation beweist nur eines: Irgendetwas ist mit uns noch nicht in Ordnung, sonst wären wir nicht hier. Der Zwang zur Reinkarnation dauert so lange, bis auch die letzte allerkleinste Unvollkommenheit aller 12 Tierkreiszeichen erlöst ist.

Dieses Kapitel behandelt die *Einzeltherapie.* Im Gegensatz zur *Gruppentherapie,* dem ***Hexagramm-Programm***®, welches im Kapitel XII beschrieben wird, beschäftige ich mich in der *Einzeltherapie* immer nur mit einem Klienten.

Dafür gibt es verschiedene Stufen:

— das astrologische und tiefenpsychologische Gespräch

— die Regressionstherapie

— die Reinkarnationstherapie und

— die ***Offenbarungstherapie***®

Oftmals lassen sich die Therapieformen nicht klar voneinander trennen, die Regressionstherapie geht mitunter in die Reinkarnationstherapie über oder diese in die ***Offenbarungstherapie***®. Das ist hier auch nicht so wichtig. Bemerkenswert ist: *Eine Therapie dauert niemals länger als sieben Tage!* Nach dem biblischen Lehrsatz: „Was du dir in sieben Jahren aufgeladen hast, wird dir in sieben Tagen vergeben," sind auch hier nicht mehr als sieben Tage erforderlich. Man darf diese Dinge schon wörtlich nehmen. Dem Klienten erscheint eine Woche sehr lange, weil er nichts anderes tut, als nur an sich zu arbeiten. Eine Woche ist sehr kurz, wenn man weiß, dass eine Psychoanalyse durchschnittlich zehn Jahre dauert, was viele Klienten gar nicht überleben.

Voraussetzung für eine Therapie ist, dass die Klienten sich eine Woche Zeit nehmen, in dieser Zeit möglichst im Institut wohnen, *keinen* Kontakt mit dem häuslichen oder beruflichen Umfeld aufnehmen, sieben Tage lang *fasten* und sich mit nichts anderem beschäftigen als nur mit sich selber. Dann ist es noch gut zu wissen, dass diese Art der Therapie *skorpionisch* ist. Dazu ein Beispiel:

Wenn meine Kinder sich auf einer Geburtstagsfeier überfressen hatten, dann ging meistens kurz vor Mitternacht die Schreierei los: „Mir ist übel!" Nun gibt es mehrere Behandlungsmethoden. Eine schulmedizinische Therapie wäre, den Kindern irgendein Medikament zu verabreichen, welches die Übelkeit unterdrückt. Das ist so ziemlich die dümmste Art, damit umzugehen. Einer herkömmlichen Psychotherapie würde entsprechen, wenn Mama den Bauch streichelt und „Heile, heile, Gänschen" singt. Das ist schon etwas besser, hält aber eben nur so lange vor, wie die Streicheleinheiten der Psychotherapie dauern. *Skorpionische* Therapie geht so: Papa fragt: „Seid ihr bereit?" Falls die Kinder „nein!" sagen, muss er das akzeptieren. Aber wenn sie „ja" sagen, dann geht es ab in die Toilette! Deckel auf! Schnabel auf! Finger rein! Dann wird gekotzt. Das Brechen ist erst beendet, wenn der Magen leer ist. Die Kinder werden zwar zutiefst verletzt, es tut weh, es stinkt und es ist widerlich, aber es ist das einzige, was wirklich hilft. Sie fühlen sich befreit und sind dankbar.

Obwohl die tägliche Therapiesitzung nur zwei Stunden lang dauert, sind die Tage für die Klienten voll ausgefüllt. Es beginnt morgens mit den spirituellen Übungen, die Sie im Kapitel VIII gelesen haben — die Sonne begrüßen, spirituelles Heilwasser trinken, JESUS CHRISTUS intonieren und das HEXAGRAMM visualisieren. Weiterhin müssen die inneren Bilder aus den Rückführungen ins Tagebuch geschrieben werden und gemalt werden. Dadurch wird die Grenze zwischen Wachbewusstsein und Unbewusstem immer durchlässiger. Die Klienten meditieren auch über ihre inneren Bilder und gelangen dadurch zu neuen Erkenntnissen. Es ist immer wieder erstaunlich, mit welch hohem Grad an Weisheit, Logik und Pfiffigkeit zunächst scheinbar unzusammenhängende Erinnerungsteilchen sich zu einem aussagefähigen Mosaik sinnvoll zusammenfinden. Am Ende dieser Woche wissen die Klienten, was mit ihnen geschehen ist und warum.

Anders als im unbewussten schulmedizinischen Bereich, wo mit der Zunahme der ärztlichen Versorgung linear auch der Krankenstand wächst (AOK-Erhebung), lautet die spannende Frage hier nicht: „Schafft der Patient den Kampf gegen die Krankheit?“ sondern: „Versteht der Klient die Botschaft der Krankheit?“ Es geht auch nicht um Sieger und Verlierer, sondern es geht darum, *bewusst* zu werden. Lesen Sie nun die folgenden Klientengeschichten unter dem Aspekt der Bewusstseinserweiterung, und Sie werden viele, viele eigene Erkenntnisse gewinnen.

In diesen Klientengeschichten geschieht fast immer das Gegenteil dessen, was Sie sonst im bundesdeutschen Gesundheitswesen gewohnt sind. Aus diesem Grund schließen die Wege einander in der Regel aus. Ich kann nicht gegen ein Symptom mit allen Mitteln ankämpfen, wenn ich von ihm etwas erfahren will. Ein Symptom ist der Überbringer einer göttlichen Botschaft. Wenn der mittelalterliche Landgraf am Horizont einen kaiserlichen Boten auf sich zureiten sah, wäre es töricht gewesen, sein Schwert zu ziehen, ihn kurzerhand zu erschlagen und ihn dann zu fragen, was er gewollt habe, denn ein toter Bote wird keine Antwort mehr geben. Doch so töricht ist in unserer heutigen Zeit schulmedizinische Symptombeseitigung: Die göttlichen Botschafter werden mit medizinischen Kampfmaßnahmen erschlagen, so dass sich die Frage erübrigt, was sie wohl überbringen wollten. *Jedes beseitigte Symptom ist ein ungelesen weggeworfener Brief* GOTTES!

Aszendent W I D D E R :
Aggression: Verletzungen auf Kriegsschauplätzen der Welt

Die Geschichten der Widder-Aszendenten sind kurz und schnell erzählt. Widder-Aszendenten leben ganz harmlose Leben wie das einer Hausfrau, einer Heilpraktikerin oder eines Biedermanns — aber an ihren Fingerchen klebt Blut, und zwar seit Jahrtausenden. In der Reinkarnationstherapie kommt immer zum Vorschein, dass sie sich auf den Kriegsschauplätzen dieser Welt herumgeschlagen haben; sie haben mit Schwertern und Pistolen gekämpft, weshalb diese Waffen auch immer wieder in ihren Träumen vorkommen, sie haben überfallen und geraubt, weshalb sie heute so viel über Verbrecher in den Medien erfahren, sie haben Feuer gelegt, weshalb sie sich heute bei jeder Gelegenheit verbrennen; und wenn sie sich nicht die Finger verbrennen, dann verbrennen sie sich den Mund — im doppeldeutigen Sinn.

Inge, die brave Hausfrau, ihres Zeichens Schütze-Sonne mit Widder-Aszendent, kam wegen ihrer Depressionen. Sie erzählte, dass sie früher unter zeitweiser Schlaflosigkeit, innerer Unruhe und Hyperaktivität gelitten hätte, dass dies aber nun vorbei sei, nachdem sie ihr Leben geändert hätte. „Wie war es früher, und wie ist es heute?“ wollte ich wissen. „Damals hatte ich einen kleinen Naturkostladen, da herrschte immer sehr viel Hektik und Aufregung. Ich war es selber, die oftmals gegen die aufgeschichteten Konservendosen oder das Regal mit den Flaschen rannte, und der Laden sah aus wie.....“ sie suchte nach Worten. „....wie ein Schlachtfeld!“ ergänzte ich, worauf sie mich dankbar ansah, denn dieses Wort war ihr völlig entfallen. „Ich ging dann in eine Verhaltenstherapie, die war sehr gut, denn ich änderte mich, und mein Leben wurde ruhiger.“ „Schön, sehr schön,“ sagte ich sarkastisch, denn ich kannte ihr Horoskop: „.....so schön ruhig, dass du Depressionen bekamst.“ Sie sah mich erstaunt an. Ich erklärte ihr: „Ja, was glaubst du denn, wo deine Widder-Energie geblieben ist, wenn du sie abgedeckelt hast?“ Sie zuckte mit den Schultern, denn noch waren ihr die Zusammenhänge nicht klar.

„Erzähle von heute,“ schlug ich vor. „Was soll ich erzählen? Ganz normal: ich versuche, meine Kinder im Zaum zu halten.“ „Ist das normal?“ Sie holte tief Luft und sprach: „Also: heute früh. Meine kleine dreijährige Tochter hatte sich ein Küchenmesser gegriffen und spielte damit. Ich rannte hin, drehte es ihr aus der Hand und sagte: „Messer, Gabel, Schere, Licht, sind für kleine Kinder *nicht!“* „Was machte die Tochter, hat sie das eingesehen?“ fragte ich. „Nein, sie hat gebrüllt wie ein Stier.“ „Das ist ja alles sehr harmonisch, wie es bei dir zu Hause zugeht,“ sagte ich, aber sie bemerkte meine Ironie immer noch nicht. „Du hast ein Pflaster am Zeigefinger. Warum?“ „Ach so, ich habe mich mit dem Messer verletzt, als ich es meiner Kleinen weggenommen habe.“ „Hat die Kleine das bemerkt?“ wollte ich nun wissen. Inge errötete leicht und sagte: „Natürlich. Das Kind war schadenfroh. Die Tränen waren sofort weg, sie sprang umher und hat angefangen zu singen: ‚Messer, Gabel, Schere, Licht, sind für *große Mamas nicht'!“*

Inge brauchte wegen ihrer Depressionen keine Therapie, sondern es musste nur eines geschehen: die „Erfolge“ der Verhaltenstherapie mussten rückgängig gemacht werden. Denn *Depressionen* treten nur dann auf, wenn *Aggressionen* nicht ausgelebt werden können. „Für dich ist nicht Ruhe angesagt, sondern Aktivität!“ Ich schlug ihr Sportarten aus der Widder- und Schütze-Symbolik vor, vom Fechten bis zum Bogenschießen sowie vom Fußball bis zum Reiten.

Inge entschloss sich zu reiten. Seitdem sie nun jeden Abend eine Stunde ausreitet und anschließend das Pferd noch striegelt, bleiben die Dosen und Flaschen im Haushalt stehen, die Kinder spielen mit Spielsachen statt mit Messer, Gabel, Schere und Licht, sie kann wieder ruhig schlafen und die Depressionen sind wie weggeblasen.

Auch Cornelia, die Heilpraktikerin, brauchte keine Therapie. Sie besuchte das Seminar ***Spirituelle Astromedizin***, um weitere „sanfte Heilmethoden" zu lernen, denn sie konnte nicht spritzen. Sie arbeitete in ihrer Praxis schon mit Homöopathie und Bachblüten, was ja sehr schön ist, aber wie gesagt: Cornelia konnte nicht spritzen. Sogar nach China war sie gefahren und hatte dort vier Wochen lang an einer Akupunktur-Ausbildung teilgenommen, aber sie brachte es später nicht fertig, einen Menschen anzustechen, und so blieben ihre frisch erworbenen Fähigkeiten ungenutzt.

Nachdem man sich viele Inkarnationen lang mit nichts anderem beschäftigt hat als damit, andere Menschen aufzuspießen, zu durchbohren oder zu erdolchen, wie sich das für einen Widder-Aszendenten gehört, hat man angesichts der gewaltigen Zerstörung und der damit aufgeladenen Schuld irgendwann einmal in der Todesstunde, als das eigene Blut auf dem Acker des Schlachtfeldes versickerte, geschworen: „Niemals wieder werde ich mit Eisen in einen anderen Menschen eindringen." Und dieser Schwur gilt.

Aber so war es nicht gedacht, und deshalb war Cornelia wieder auf der Erde, führte abermals, wenn auch etwas feiner, Nadeln und Kanülen aus Metall in der Hand, um in andere Menschen einzudringen. Ihre Lernaufgabe war, diese Dinge oder Eigenschaften nicht zu verdrängen, sondern endlich den richtigen Umgang damit zum Wohle der Menschen zu erlernen.

Die Lösung brachte eine rituelle Verpflichtung aus dem 13. Jahrhundert, welche die Tempelritter ablegen mussten, bevor sie sich ins ferne und gefahrvolle Palästina aufmachten, um dort das Grab Christi in Jerusalem zu bewachen: „Als äußeres Zeichen eurer Ritterschaft tragt ihr ein Schwert. Zieht es nur nach reiflicher Überlegung und nur in wichtiger Angelegenheit. Wenn ihr es aber einmal gezogen habt, dann versorgt es erst wieder, wenn der Gerechtigkeit genüge getan ist."

Vor jeder Akupunkturbehandlung sprach Cornelia vor sich hin: „Als äußeres Zeichen meines Berufsstandes führe ich diese Nadel....."

Der Biedermann hieß Johannes, ein selbständiger Geschäftsmann. Die Sonne im 6. Haus in der Jungfrau ließ ihn als zuverlässigen Verwaltungsfachmann erscheinen. Auf dem rechten Auge hatte er im Laufe der Jahre seine Sehkraft eingebüßt, auf dem rechten Ohr hatte er sein Hörvermögen verloren. Das tränende Auge mit dem hängenden Lid und der wegen der Schwerhörigkeit leicht schiefgestellte Kopf verlieh ihm das Aussehen eines verträumten Wanderpredigers, der sich immer nur wundert, dass in der Welt so viel Mord und Totschlag ist, womit er nun überhaupt nichts zu tun habe.

Das Geschäftsleben war seiner Ansicht nach völlig verroht, Kunden und Lieferanten stürzten sich mit einer geradezu bissigen Aggressivität auf Johannes Biedermann, der keiner Fliege ein Leid zufügen konnte. Auch in seiner Beziehung kam es zu sehr hässlichen Auseinandersetzungen, weshalb die Nachbarn das Überfallkommando alarmierten. Johannes Biedermann stand dann inmitten der verwüsteten Wohnung und erklärte den Polizisten, er habe keine Ahnung, weshalb seine Freundin plötzlich so ausgerastet sei. Sein harmloses, verträumtes Gesicht handelte ihm dann noch eine Alkoholkontrolle ein, die natürlich negativ war. Das waren Daseinsformen seines Fische-Aszendenten, aber der ebenfalls im Aszendenten eingeschlossene Widder war tief ins Unbewusste gerutscht. Der Widder ließ nun schon mehrfach grüßen!

Im Grundkurs ***Spirituelle Astrologie***, den er besuchte, erklärte ich ihm, was es mit der karmischen Schuld und der verdrängten Aggression auf sich habe mit etwa folgenden Worten: „Wärest du ein Hund, dann wärest du ein Angstbeißer. Ein Hund, der von sich selber glaubt, er wäre das friedliebendste Tier, geht mit eingezogenem Schwanz durch eine fremde Straße. Aber gerade diese Feigheit macht die anderen Hunde aggressiv, sie bellen nicht nur hinter dem Zaun, sondern sie springen hinüber, jagen ihn, und wenn sie ihn zu fassen bekommen, dann beißen sie ihn. Es nützt dem feigen Hund nichts, wenn er sagt: ‚Ich habe doch nichts getan.' Dieses schicksalhafte Geschehen ist sehr sinnvoll, denn kosmische Gesetze wollen den Hund daran erinnern, was er vergessen zu haben scheint: ‚Du bist ein Hund!' Genauso verhält es sich mit dir: Deine aggressiven Lieferanten und Kunden wollen dich daran erinnern, dass du in Wahrheit ein Kämpfer bist. Auch die verwüstete Wohnung ist eine Erinnerung an jene Kriegsschauplätze, auf denen du dich in früheren Inkarnationen getummelt hast. Irgendetwas ist passiert, dass du deinen Mut, deine Tatkraft und deine Energie in den Schatten stellst. Eine Reinkarnationstherapie könnte Klarheit verschaffen." Johannes sah mich an wie ein Biedermann, begriff nichts und glaubte, er habe das nicht nötig.

Aber oft ist das Leben Therapie. Das Seminar war samstags zu Ende, und schon am Montag rief Johannes an: „Weißt du, was mir auf der Heimfahrt passiert ist? Du weißt doch, ich habe diesen alten Sportwagen, das Ding ist zwar fast zwanzig Jahre alt, aber er lief noch ganz gut. Also, ich fahre auf der Autobahn, nicht sehr schnell, so etwas über 200 km/h...." „Wie bitte?" fragte ich ungläubig nach. „Ja, doch, das packt der schon. Der ist früher mal 260 und mehr gelaufen. (Also doch Widder!). Ich streifte etwas die linke Leitplanke, und mein Auto fing an, sich zu zerlegen. Die linke Tür riss ab und nahm den hinteren Kotflügel gleich mit. Ich muss dann irgendwie geschleudert sein, oder ich habe mich gedreht, jedenfalls fiel auch die rechte Tür ab. Dann polterte es schrecklich, und alle meine Sachen lagen auf der Autobahn. Schließlich kam das Ding zum Stehen, und ich saß im Freien, das Lenkrad in der Hand, und nicht eine Schramme. Kannst du dir das vorstellen?" Ich musste das erst einmal verdauen. „Dir ist nichts passiert?" „Nein, gar nichts. Das Auto ist Totalschaden. Drei Kilometer zurück lagen die ersten Teile, aber meine Sachen, die ich wieder eingesammelt habe, sind alle heil, sogar der Computer, und stell dir vor, auch der Bildschirm!" „Und wie bist du nach Hause gekommen?" fragte ich. „Ach, ich habe mir einen Mietwagen genommen. Die Polizisten waren sehr nett. Die haben mir noch beim Einsammeln meiner Sachen geholfen." Ich fragte weiter: „Und sonst? Ist anderen Fahrzeugen etwas passiert?" „Da war was los!" schwärmte Johannes, der Biedermann. „Ich habe noch nie so viele Feuerwehren, Krankenwagen und Hubschrauber auf einem Haufen gesehen. Die Autobahn war für mehr als drei Stunden voll gesperrt. Das steht auch in sämtlichen Zeitungen. Aber ich habe keinen angefahren, das haben die alles selber gemacht." „Wie schön, dass du nichts damit zu tun hast," sagte ich sarkastisch. „Deswegen rufe ich ja an. Irgendwie hat mich das an den Astrokurs erinnert, als du sagtest, der Widder als Mit-Aszendent befindet sich immer inmitten eines Schlachtfeldes und weiß nicht warum. So ähnlich war nämlich diese Situation. Ich glaube, ich muss doch mal eine Woche zu dir zur *Reinkarnationstherapie* kommen. Jetzt interessiert mich das selber, was da in mir ist."

Was bei dieser Therapie so alles an die Oberfläche kam, kann ich Ihnen, liebe Leserinnen und Leser, nur ansatzweise mitteilen, denn wenn ich dies alles schreiben würde, liefe ich Gefahr, dass mein Buch sofort wieder aus dem Handel gezogen würde. Jedenfalls ging es um Sex und Tod, um Vergewaltigungen, um abgeschnittene Brüste und um Verstümmelungen jeder Art, welche die Grausamkeiten und Qualen noch erhöhten. Jedes Mal betrachtete sich der Biedermann mit Unverständnis und Abscheu, doch was sollte er tun, wenn ihn sein Penis in den nächsten Bildern wieder anschrie weiterzumachen? Wenn er entweder Gewehrläufe oder die Gurgel eines toten Hahnes in weibliche Scheiden schob, oder wenn er andere, noch wesentlich unappetitlichere Situationen hervorzauberte?

Johannes erkannte seinen Schatten: seine sexuelle Begierden waren zeitlebens tabuisiert, und die Situationen, in die er im Leben geriet, waren nichts anderes als der unbewusste Wunsch nach Bestrafung. Er löste dieses Problem selbst mit Hilfe des horizontalen Gewerbes. Ein in Hamburg erscheinendes SM-Insider-Magazin (SM = Sadismus/Masochismus) unter dem zutreffenden Namen SCHLAG-ZEILEN stellte per Kleinanzeige den Kontakt zu einer „phantasievollen und strengen Domina" her, die dort eine „demütigende und brutale Erziehung mit Handschellen, Rohrstock, Peitsche und Striemen" anbot. Das schien für den Anfang geeigneter als der „herzlose, rücksichtslose, gemeine, hinterhältige, eiskalte, unberechenbare und egoistische Teufel mit Bindungsabsichten", bei dem sich die „Bindungsabsichten" ganz sicher nicht auf den heiligen Stand der Ehe, sondern eher auf die Fesselung am Pranger bezogen. Jedenfalls ging es Johannes schon wesentlich besser, nachdem er sich eine ganze Nacht lang nach Strich und Faden verprügeln lassen hatte. Jetzt fiel ihm auch ein, dass er zu Hause in seiner Nachttischschublade vorsichtshalber eine „Kanone" liegen hatte, da er sehr zu Eifersucht neigte und einen möglichen Widersacher auch jederzeit „kalt lächelnd aus dem Anzug gepustet“ hätte — der Herr Biedermann.

Die nächsten Bilder in der *Reinkarnationstherapie* brachten dann auch den KZ-Aufseher hervor, und es sah tatsächlich so aus, als handelte es sich hier um eine echte Reinkarnationserfahrung. Sein Tun und Handeln wurde ihm in den Bildern erst bewusst, als seine Freundin durch ein Versehen genau in jenem KZ abgeschlachtet wurde, in dem er die Aufsicht führte. Geistig verwirrt überlebte er das Kriegsende, vergreiste sehr schnell, *erblindete,* weil er sich seine Gräueltaten nicht mehr ansehen wollte, und *verlor sein Gehör,* weil er die Schreie der Gefangenen nicht mehr hören konnte. Beide Symptome hatte er in abgeschwächter Form in diesem Leben wieder. Das letzte Bild aus dem Jahre 1955 sah so aus: „Ich bin ganz klein,“ sagte er, „ich bin hutzelig und hilflos, liege im Bett. Ich sehe plötzlich meine Oma. Meine Oma versorgt mich.....“ Die Oma versorgt einen alten Mann? Nein, das war schon sein neues, sein heutiges Leben, und Johannes hatte seinen Tod und seine Geburt noch nicht zur Kenntnis genommen.

Es war, als sei eine alte Eiterbeule aufgebrochen. Der Dreck war endlich an die Oberfläche gekommen. Die Energien für einen Neuanfang waren nun freigesetzt. Über Schuld und Sühne haben wir hier auf der Erde nicht zu richten, das steht uns nicht zu.

Das Pendel des Karmas schwang noch hin und her, aber die Ausschläge wurden immer kleiner. Für eine Übergangszeit musste Johannes noch seine Energien nach außen ableiten, um nicht selber in die SCHLAG-ZEILEN zu kommen, wobei ihm „eine Sklavin aus echter Neigung“ half, die per Kleinanzeige „einen strengen und erbarmungslosen SM-Meister“ suchte, der sie „mit der Hundepeitsche abrichten, brechen, demütigen und foltern“ sollte. Da war Johannes der richtige Mann zur richtigen Zeit am richtigen Platz.

In der anschließenden Phantasiereise sah er sich selber als Tiger, der allerlei Spielchen mit Panther- und Löwenweibchen trieb, stets beobachtet von seiner festen Freundin, in den Bildern ein bunter Papagei, der unentwegt plapperte, aber alles akzeptierte, was er tat — und ihn niemals verließ. Und dann kam der symbolische Blick in die Zukunft. Er verkleidete sich in einem Theater noch einmal als SM-Meister mit Leder, Lack und Peitsche, schockte seine Umwelt, wunderte sich, dass er nicht bestraft wurde und kehrte schließlich in den Tempel zurück. Seine Freundin, nun wie eine ägyptische Priesterin, empfing ihn ohne Lob und Tadel. Johannes legte alle seine furchterregenden Kleidungsstücke ab und war endlich befreit. Er fühlte sich zum ersten Mal in seinem Leben so angenommen, wie er war.

Erleichtert verließ Johannes die Therapie. Und es schien, als habe GOTT gesagt: „Die alten Schulden sind jetzt getilgt. Die Karten werden neu gemischt. Das Spiel des Lebens beginnt von vorne.“

Ich hatte später noch hin und wieder Kontakt mit Johannes. Sein Gehör verbesserte sich tatsächlich, er kam sich selber aktiver vor, und auch die Sehkraft kehrte fast vollständig zurück. Je mehr er an sich spirituell arbeitete, desto mehr verlor sich sein Wanderpredigerblick, die verdrängte Widder-Energie war wieder da und er konnte auch schon hin und wieder mit Genuss die Fliegenklatsche betätigen.

Aszendent S T I E R :
Fettsucht: Der satte Bürger ist besonders wertvoll

Die Geschichten der Stier-Aszendenten sind noch schneller erzählt als die der Widder-Aszendenten. Man könnte meinen, die Stiere wären nun besonders flink, das ist aber weit gefehlt. Der Grund liegt ganz woanders: noch niemals hat sich ein Stier-Aszendent in das ***Hexagramm-Programm***® begeben, und deshalb kann ich Ihnen keine Geschichte erzählen. Der Grund ist sehr einleuchtend: In der Therapie könnte es ja passieren, dass sich im Leben etwas wandelt. Und Wandlung ist etwas, was der Stier-Aszendent stärker fürchtet als der Teufel das Weihwasser.

Das ***Hexagramm-Programm***® welches ich im nächsten Kapitel beschreibe, ist ein zutiefst skorpionisches Intensiv-Seminar, wo das Unterste nach oben gekehrt wird, denn auch mythologisch führt der Weg in den Himmel stets durch die Hölle. Aber der Skorpion liegt im Tierkreis dem Stier in Opposition gegenüber, weshalb der Stier den Skorpion zutiefst verabscheut und umgekehrt, was die beiden aber nicht hindert, von Zeit zu Zeit eine Ehe einzugehen, wobei der Skorpion seinen Nachholbedarf an Bequemlichkeit in der Projektion erlebt, wohingegen der Stier, ausgestattet mit dem unbewusstem Wunsch nach Leid, sich unversehens in Stirb- und Werdeprozessen wiederfindet.

Ein Stier-Aszendent tut seit Jahrtausenden nichts anderes, als sich in friedvoller Landschaft zur Rast niederzulassen, eine deftige Brotzeit zu sich zu nehmen und nicht wieder aufzustehen. Er hat irgendwann Wurzeln geschlagen, Eigentum geschaffen und sich bemüht, diese Werte zu sichern. Er ist von Inkarnation zu Inkarnation immer träger und plumper geworden, und ist er heute entweder als dicke, trachtenbekleidete Bauersfrau wieder auf der Welt, oder er erreicht das Outfit eines Franz Josef Strauß. Alles, was sein Interesse erregt, erklärt er zum Besitz: Grundstücke, Häuser, Wertpapiere und Vermögen. Ja, und vor allem auch Menschen, die er dann aber so *besitzt,* wie man ein Sofa *besitzt,* das sich diesem *Besitz* nicht mehr entziehen kann.

Manche Stier-Aszendenten sind von einer solchen Verlustangst beseelt, dass sie zur Fettleibigkeit neigen, denn jede einzelne Körperzelle gehorcht dem geistigen Befehl, nichts wieder herzugeben, was diesen Schlund einmal passiert hat. Diäten, Abmagerungskuren und Ernährungsvorschriften bleiben wirkungslos, solange die innere Anweisung wirkt, durch Behäbigkeit den Energieverbrauch einzuschränken, jede nicht ausgenutzte Nahrung im Fettpolster einzulagern und alles zu unternehmen, was verhindert, dass auch nur eine Kalorie den Darmausgang passiert.

Therapie-Seminare wie das ***Hexagramm-Programm***® werden dann auf spätere Inkarnationen vertagt mit einer der drei folgenden, sehr klugen Lebensweisheiten, mit denen sich der Stier-Aszendent seine konservative Einstellung bewahrt und sein Verhalten beibehält: 1. „Das wurde schon immer so gemacht." 2. „Das wurde noch nie so gemacht." 3. , Da kann ja jeder kommen!"

Nichtsdestoweniger haben natürlich auch Stier-Aszendenten unübersehbare Vorzüge: Sie neigen weder zu Revolution noch zum Umsturz, denn sie leben in Harmonie mit dem Bestehenden und spüren keinen Drang, irgendetwas zu verändern. Deshalb gelten sie gesellschaftspolitisch als besonders wertvoll und für die Demokratie außergewöhnlich geeignet. Gleichwohl wie sich einige Chemiker überlegen, wie man durch Gen-Manipulation den idealen Wähler züchten kann, so wäre eine Anweisung an die staatlichen Kliniken möglich, Babys nur zu jenen Zeiten zu entbinden, da am Osthorizont das Tierkreiszeichen Stier aufsteigt. Innerhalb von wenigen Jahrzehnten hätten wir eine stockkonservative Gesellschaft aus zufriedenen und satten Bürgern. Mein Nachteil: Ich müsste das Lüneburger Institut schließen.

Aszendent Z W I L L I N G
An allem interessiert sein, aber unter Heuschnupfen leiden

Wie ein Schmetterling flatterte Max herein, weil er etwas über sein Horoskop erfahren wollte. Anfang zwanzig, Student, blond, mit einem jungenhaften Gesicht voller Akne und blauen Augen, so stand er lange Zeit vor mir, ununterbrochen bedeutungslose Worte redend, ehe er sich schließlich setzte. Max war Zwilling, kein typischer, wie er mir sagte, denn sein Bruder sei ganz anders. „Wer von euch ist denn früher geboren worden?" „Ich war früher da. Mein Bruder Moritz kam erst zwanzig Minuten später." Wenn Zwillinge einander sehr gleichen, haben sie denselben Aszendenten, wenn sie einander nicht gleichen, haben sie unterschiedliche Aszendenten. Mediziner haben für dieses Phänomen natürlich eine andere, ebenso plausible Erklärung, aber die eine Wahrheit schließt die andere ja nicht aus. Max hatte seinen Aszendenten auf den letzten Graden des Zwillings, Moritz musste zwanzig Minuten später also schon einen Krebs-Aszendenten haben, was wiederum erklärt, weshalb er später kam, denn ein Krebs betrachtet die Tatsache seiner Geburt ohnehin als einen Irrtum, da er sich doch im Mutterleib gerade so geborgen fühlt. Da lässt man sich eben Zeit. Der Zwilling Max betrat fröhlich und zuversichtlich diese Welt, der Krebs Moritz ließ sich mit einem mittleren Anflug von Beleidigt-Sein holen.

Ich legte Max sein Radix-Horoskop vor, und sein schnell erwachendes starkes Interesse galt dann mehr den vielen verschiedenen Verbindungslinien und weniger den Bedeutungen dieser eigenartigen Symbole mit den interessanten Namen. Vor allem den kleinen Dreiecken und Vierecken im unteren Teil des Horoskopausdrucks war er sehr zugetan. Es war schwierig, Max an die Inhalte der Deutungen heranzuführen, und meine Bemerkung bezüglich seines Zwillings-Aszendenten, dass er sich wohl mehr mit der Oberfläche der Dinge als mit deren Tiefe befasse, konnte er freundlich lachend nur bestätigen, denn schließlich sei er an allem interessiert. Ich warf ein, dass jemand, der *an allem* interessiert ist, in Wahrheit *an gar nichts* interessiert sei, was er ebenfalls bestätigte, ohne dass seine gute Laune in irgendeiner Weise dadurch getrübt schien.

Zwischendurch griff Max immer wieder zum Taschentuch und musste kräftig niesen, denn er litt sehr stark unter Heuschnupfen. Dieses den meisten Menschen als sehr harmlos erscheinende Symptom ist für die Betroffenen ausgesprochen unangenehm. Es gibt Tage, an denen der an dieser Allergie Leidende sich mit brennenden und schmerzenden Augen sowie mit juckenden und geschwollenen Halsschleimhäuten von einer Ecke der Wohnung in die andere schleppt, unfähig, irgendeiner sinnvollen Tätigkeit nachzugehen. Und es gibt Nächte, in denen an Schlaf nicht zu denken ist, weil Nasenschleimhäute die Atemwege verstopfen. Allopathische Medikamente bringen nur sehr kurze und vorübergehende Linderung, haben dafür aber so starke Nebenwirkungen, dass die Schäden in keinem angemessenen Verhältnis zum Nutzen stehen. Meine Ankündigung, dass wir das Allergiethema nun aus dem Horoskop herausarbeiten wollten, versetzte Max in sichtbares Erstaunen darüber, dass so weit entfernte Sterne offensichtlich einen so starken Einfluss auf seinen Gesundheitszustand ausüben könnten.

Ich versuchte ihm zu erklären, dass die Astrologie ein Analogiesystem sei, und dass die Sterne eben keinen Einfluss hätten, was er sofort akzeptierte, denn er glaubte, damit sei dieses Thema wieder vom Tisch. „Der Zwillings-Aszendent möchte die Welt von der leichten, der heiteren Seite erfahren," begann ich, ihn an das Thema heranzuführen, „gleichwohl wie die leichte Frühlingsluft die Blüten und Gräser auf der Wiese hin- und herschaukelt. Wie der Schmetterling von Blüte zu Blüte fliegt, hier ein bisschen verweilt, dort ein wenig Nektar zu sich nimmt, sich aber nirgends lange aufhält, so ist auch der Zwillings-Aszendent an allem interessiert, er liest oftmals vier oder fünf Bücher gleichzeitig, beginnt nicht immer bei der ersten Seite, sondern schaut mal in die Mitte und mal an das Ende, um zu entscheiden, ob es sich wirklich lohnt, den gesamten Text zu überfliegen." Max hörte sehr interessiert zu, schaute aber dabei auch ebenso interessiert im Raum umher und erkundigte sich zwischendurch nach der Bedeutung der Bilder an der Wand.

Immer wieder versuchte ich, auf das Thema zurückzukommen: „Dieses Geschehen auf der Frühlingswiese wird ja von Biologielehrern so gerne benutzt, um den Kindern der unteren Klassen auf harmlose Weise Sexualität zu erklären: Harmlos fliegen die Bienchen von Pflanze zu Pflanze, transportieren Blütenpollen und befruchten damit die Blüten. Niemals bleibt man lange sitzen, leicht und locker geht die Reise weiter. Und genauso harmlos ist auch die Sexualität des Zwillings-Aszendenten: leicht, locker und ein warmer Händedruck. Das war es dann für die nächsten drei Wochen." Max schaute mich wie versteinert an: „Das stimmt jetzt nicht! Wenn Sie jetzt mich meinen...., ich darf doch auch ‚du' sagen, wenn du mich meinst, das kommt für mich nicht in Frage." „Was kommt für dich nicht in Frage?" stellte ich die provokative Gegenfrage, denn ich hatte bereits entdeckt, dass sein 5. Haus im Skorpion stand, und dass dies wohl der Hintergrund für seinen Heuschnupfen war. „Na ja," antwortete er, „viele meiner Freunde handeln noch nach den Sprüchen der 60er Jahre: ‚Wer zweimal mit der Gleichen pennt, gehört auch zum Establishment.' *So* jedenfalls stelle ich mir Sexualität nicht vor." „Und was stellst du dir vor?" Das Thema war ihm sichtlich unangenehm. „Wenn ich mit einer Frau ins Bett gehe, dann muss es eine Frau sein, die ich auch heiraten könnte, und die notfalls auch die Mutter meiner Kinder sein könnte." „Sehr edel! Hast du eine solche Frau schon gefunden?" „Nein, wie sollte ich. Ich studiere ja noch." „Ach so, und dann muss man natürlich auf Sexualität verzichten." Max hatte den Kopf gesenkt. Hinter seiner Stirn glaubte ich zu lesen: „Können wir nicht von etwas anderem sprechen!'

Oft ist ein Thema im Horoskop mehrmals angezeigt. Es war nicht nur die Spannung zwischen dem leichtlebigen Zwillings-Aszendenten und dem skorpionisch fesselnden und bindenden Sexualitätsverständnis im 5. Haus: Die Venus, im Horoskop eines Mannes die Vorstellung der Geliebten, saß bei Max im besagten 5. Haus, jenem Bereich, wo Kreativität und Sexualität normalerweise als Spiel und Sport erlebt werden wollen, aber eben im Skorpion, was u.a. auch eine Neigung zu Damen aus dem Rotlichtmilieu nicht ausschloss. Dieser verdrängten Projektion kam die Mama in die Quere in Form eines Quadrats zwischen der Skorpion-Venus und dem Mond im Löwen im 2. Haus, wo Max bei einer dominanten (Löwe-)Mutter gelernt hatte, dass emotionaler Besitz (Mond) wichtiger sei als materieller Besitz. Auf jeden Fall ging es um Besitz (2. Haus). Also sprach ich nicht, wie er es sich gewünscht hätte, von etwas anderem, sondern ich hakte nach:

„Hast du dich einmal kritisch im Spiegel betrachtet?" Max blickte auf. Er war rot geworden. „Das ist jetzt gemein!" „Was ist gemein?" fragte ich harmlos wie ein Zwilling. „Dass du mich auf meine Akne ansprichst." Ich spiegelte ihm den Zwilling weiter, der es ja bekannterweise mit der Wahrheit nicht allzu genau nimmt: „Ich denke, wir sprechen über Frauen, welche die Mutter deiner Kinder sein könnten," sagte ich hinterlistig. „Meine Freunde ziehen mich auch auf wegen meines pickeligen Gesichts. Aber ich kann doch nichts dafür." „Wirklich nicht? Was sagen sie denn?" „Nicht nur sagen! Kürzlich sind sie mit mir auf der Reeperbahn gewesen und wollten mich in einen Puff locken (Aha!). Sogar die Nutte wollten sie bezahlen, wenn ich mit ihr bumse." „Wir sprachen eben noch von deiner Akne. Warum erzählst du jetzt diese Story?" „Ja, sie sagen: ‚Was raus will aus dem Körper, will raus,' und ich solle nicht immer alles durch die Haut ausschwitzen." Ich tat sehr sachlich: „Mitunter haben solche Menschen recht."

Ich zeigte auf das Sonne-Saturn-Quadrat in seinem Horoskop und fragte Max: „Kannst du mit deinem Vater über diese Themen sprechen?" „Nein!" „Warum nicht? Sehr viel älter als ich kann er doch nicht sein." „Aber verkalkter kann ein Mensch sein." „Und mit deiner Mutter?" Max sah mich an, als hätte ich ihm einen unsittlichen Antrag gemacht. „Unmöglich!" „Und mit deinen Freunden?" „Du hast es doch eben gehört, die schleppen mich in einen Puff."

Wenn ich eine Gesprächstherapie normalerweise auch stets als „Quatschtherapie" abqualifiziere, weil in der Regel dabei nicht sehr viel herauskommt, so muss ich andererseits zugeben, dass sich ein Zwillings-Aszendent für eine *Reinkarnations-* oder ***Offenbarungstherapie***® ebenso wenig eignet wie ein Kalb zum Violine spielen. Ein kurzes Gespräch konnte bei Max aber weiterhelfen: „Die Lockerheit und Leichtigkeit des Zwillings-Aszendenten konntest du ja vorhin relativ gut annehmen. Da gibt es aber ein Gebiet in deinem Leben, wo du dies auf keinen Fall akzeptierst: die Sexualität. Leitbildhafte Vorstellungen über höchste Ideale, die möglicherweise nicht einmal deine eigenen sind, sondern die du bei deinen antiquierten Eltern abgeguckt hast, zwingen dich letztlich zum Verzicht auf die schönste Sache der Welt. Merkst du nicht die Spannung in dir? Der Herrscher deines Zwillings-Aszendenten ist Merkur, der griechische Götterbote, der einzige Gott, der lügen durfte. Als einer der vielen verschiedenen Fehltritte des Zeus mit einer Sterblichen war Merkur ja nur ein Halbgott von etwas ‚zwielichtiger' Herkunft. Merkur vermittelte in der Mythologie zwischen dem Olymp, der Götterwelt, und den Menschen auf der Erde. Er war so eine Art antikes Sonntagsblatt, und es war nicht immer die reine Wahrheit, die er übermittelte. Merkur war dafür bekannt, dass er Informationen fortließ und auch Informationen hinzufügte, ganz nach seinem Geschmack, ebenso wie dies im heutigen Medienwesen ja auch üblich ist. Aber Merkur wurde wegen seiner Lügen niemals bestraft. Deswegen ist er heute auch der Schutzpatron des Medienwesens, das ja auch für seine Lügen nicht bestraft wird, denn wir alle kaufen weiterhin die Zeitschriften und zahlen weiterhin unsere Fernsehgebühren, obwohl wir genau wissen, dass nicht alles stimmt, was uns da vorgesetzt wird."

Max hörte jetzt wirklich interessiert zu, denn er war froh, dass die Unterhaltung plötzlich eine andere Richtung genommen hatte. „Ich will dich noch etwas mehr mit der Zwillingssymbolik vertraut machen: Ein Zeitungsverleger wurde einmal gefragt: ‚Berichten Ihre Presseartikel wirklich die Wahrheit?' Dieser antwortete überzeugend und entrüstet: ‚Selbstverständlich — sogar sehr oft!' So durfte Merkur sein, und so darfst auch du mit deinem Zwillings-Aszendenten sein: Immer leicht und locker und ein bisschen am Rande des Betrugs. Wegen des Betrugs wurde Merkur ja auch der Schutzpatron der Kaufleute — und der Taschendiebe, die übrigens astrologisch zur gleichen Symbolkette gehören, wie du im Mittelmeerraum gut nachvollziehen kannst: Im Wort ‚Mercator', im ‚Super-Mercator', steckt das Wort ‚Merkur'. Die haben keine Hemmungen, kräftig in deine Taschen zu langen. Kannst du das so annehmen?" „Ja!" sagte Max.

Ich fuhr fort: „Deine schillernde Vielseitigkeit verleiht dir auch die Fähigkeit, sogar Wahrheiten aus spirituellen Bereichen, das ist der heutige Olymp, den Menschen in leichter und lockerer Art und Weise zu vermitteln. Diese Dinge halten einer kausal-materialistischen Überprüfung natürlich nicht stand. Also versuche du nicht, hier auf Erden den Zuverlässigen zu spielen. Du hast etwas mitzuteilen! Kannst du das immer noch so annehmen?" Max bestätigte das.

„Nun kommen wir zu deinem Heuschnupfen: Da gibt es aber ein Gebiet, wo du weder Zwilling noch Merkur bist: In der Sexualität betrachtest du misstrauisch und missgünstig, was deine Freunde so treiben. Sie leben nämlich in deinen Augen den Zwilling, wie Schmetterlinge oder die Bienchen auf der Wiese. Sie genießen einfach die Sonnenseite des Lebens, sie setzen sich *nicht* auf einer einzigen Blüte, d.h. bei einem einzigen Mädel, fest, sondern sie flattern verantwortungslos umher von einer zur anderen. In deinem Inneren aber wachsen nun (skorpionisch) Verbissenheit und Rachsucht bis hin zur Selbstzerstörung. Innerlich erklärst du den Krieg gegen sie. Aber weil du ja zwillingshaft nett und freundlich bist, und weil dir der Krieg gegen sie auch nicht bewusst ist, rutscht das Thema eine Etage tiefer, und deine Körperzellen führen diesen Krieg, den du dir nicht zugestehst: Eine Blütenpolle, und es gibt nichts harmloseres auf der Welt als eine Blütenpolle, wird zum schlimmen Feind erklärt. Warum? Weil sie das tut, was du niemals tun würdest: Sie fliegt leicht, locker und befruchtend über die Wiese, ohne sich Gedanken über ihre Nachkommenschaft zu machen."

„Moment mal!" schaltete sich Max ein. „Du tust ja so, als ob die Zellen denken könnten." „Sicher," erwiderte ich, „jede Zelle hat ihr eigenes Bewusstsein. Auch im Tierreich hat die Nase etwas mit Sexualität zu tun. Hunde beschnuppern sich und tauschen dabei sexuelle Botschaften aus. Im Frühjahr ist die ganze Luft voller Gerüche, die Mensch und Tier zur Paarung reizen, und sexueller Impulse, die Natur setzt. Und da beginnt dein Konflikt: So etwas muss natürlich bekämpft werden, und weil du durch deine Einstellung und durch deine Erfahrungen ein Gegenprogramm setzt, mobilisiert dein Körper sein gesamtes Abwehrsystem und rückt mit einem ganzen Heer von Killerzellen den munteren Blütenpollen zu Leibe: die Augen tränen, die Nase läuft, und deine Schleimhäute gleichen einem Truppenübungsplatz. Das ist der geistig-seelische Hintergrund deines Heuschnupfens.“ „Und was soll ich jetzt tun?“ wollte Max wissen. „Das kann ich dir auch nicht sagen. Du bist ein erwachsener, freier Mensch, der selber entscheiden kann und muss. Das Symptom will dir nur etwas *offenbaren:* Beide Prinzipien wollen gelebt werden, die zwillingshafte Leichtigkeit des Seins und das tiefe skorpionische Einlassen in der Sexualität.

Max verließ die Beratung in dem festen Vorsatz, lieber seinen Heuschnupfen zu behalten statt sich auf zwielichtigen Dinge einzulassen. Doch auch das Leben ist Therapie. *Zwei* junge Damen (ein Zwilling liebt gerne zwei), die er kurze Zeit später kennen lernte, und die beide zu seinen festen Freundinnen wurden, ohne etwas voneinander zu wissen, lehrten ihn unbewusst das Zwillingsthema. Auf die durchaus gerechtfertigten Fragen der beiden Damen: „Bist du mir auch treu?“ antwortete Max wohl genauso überzeugend und entrüstet wie der Zeitungsverleger: „Selbst-verständlich — sogar sehr oft!“

Als erstes verschwand seine Akne. Ein Jahr später meldete sich der Heuschnupfen schwächer, was sich für den Denktypus Zwilling natürlich mit dem kühleren Sommer intellektualisieren ließ. Dabei half ihm ein homöopathisches Heuschnupfenmittel, welches keinerlei Nebenwirkungen hat. Später brauchte er auch das nicht mehr. Der Zwilling Max hatte einfach seine Gesinnung geändert.

Aszendent K R E B S
Das Mutter-Theresa-Syndrom erzeugt Magengeschwüre

Als kleiner eingefallener Mensch, mit einem sorgenvollen, zerknitterten Gesicht, hatte sich Schwester Maria auf einer Esoterik-Messe in meinen Vortrag über ***Spirituelle Astromedizin*** geschlichen, die anderen Zuhörer und den Ausgang stets im Auge behaltend, um nicht von einem ihrer Chefs hier entdeckt zu werden. Sie konnte ja nicht ahnen, dass die Wahrscheinlichkeit, sechs Richtige im Lotto zu haben, sehr viel größer ist als jene, einen lebendigen Arzt eben gerade in diesem Vortrag anzutreffen, wo es für ihn etwas zu lernen gäbe. Daraufhin vereinbarte sie telefonisch einen Termin.

Schwester Maria litt unter Magengeschwüren. Schon als Kind hatte sie des öfteren Probleme mit dem Magen. Sie konnte im wahrsten Sinne des Wortes nicht alles „verdauen“, was sie so „in sich hineingefressen“ hatte. Ich glaube, ich brauche nicht weiter zu erklären, dass es sich hier nicht um dicke Eisbeine handelte, sondern um die seelischen Brocken, die sie hinuntergeschluckt hatte. Als Krankenschwester kam sie naturgemäß mit sehr viel Leiden in Berührung, und oft verfolgte sie das Geschehen auf der Kinderstation noch bis tief in die

Nacht und raubte ihr den Schlaf. Druck, Völlegefühl, Erbrechen und verminderter Appetit waren die Anfangssymptome. Der schwere Beruf, die reduzierte Nahrungsaufnahme und die Sorgen um die ihr anvertrauten Kinder hatten sie zu einem ausgemergelten, gebeugten Weiblein verkümmern lassen. Niemand konnte ihr helfen. Ihr hilfesuchender Blick ließen alle meine inneren Alarmlämpchen aufleuchten. In diesen Abgrund des Leidens durfte ich mich nicht mit hineinziehen lassen.

Wie immer fertigte ich zunächst ein Horoskop an und erblickte einen dreifachen Krebs: eine Krebs-Sonne, einen Mond im Krebs, und als Krönung einen Krebs-Aszendenten. Ganz ähnlich, wie der Krebs auf dem Meeresgrund ja ein sehr verletzliches Tier ist, welches von den anderen mit Vorliebe gefressen werden würde, wenn er sich nicht im Laufe der Jahrmillionen einen dicken und harten Panzer zugelegt hätte, der ihm das Überleben sichert, so muss sich ein Krebs-Aszendent ebenfalls im Laufe seines Lebens einen dicken und harten Panzer zulegen, um zu überleben. Zunächst galt es, Maria die Abgrenzung zwischen *Mitgefühl* und *Mitleid* zu erläutern, denn der Anblick der bedauernswerten Kinder im Krankenhaus hatte ihr buchstäblich „den Magen umgedreht“ . *Mitgefühl* ist konstruktiv, *Mitleid* aber ist destruktiv.

Ich sprach zu Maria: „Stell dir vor, da geht ein Mensch im Wald spazieren. Jemand hat eine tiefe Grube gegraben und abgedeckt, um Tiere zu fangen, und in diese Grube rutscht der Spaziergänger hinein und bricht sich das Bein. Du kommst vorbei, hörst sein Geschrei und Gewimmer und bist davon angerührt. Du willst dich um ihn kümmern und rutschst hinterher. Nun hast du dir ebenfalls dein Bein gebrochen. Das ist echtes *Mitleid,* denn du *leidest mit.* Durch Mitleid ist niemandem geholfen, denn nun sitzt ihr beide da und schreit um Hilfe. Wenn *ich* nun zu der Grube käme, hätte ich mit euch beiden *kein Mitleid,* bestenfalls *Mitgefühl.* Ich kann zwar nachfühlen, dass es euch nicht sehr gut geht, aber ich leide nicht, denn ich bleibe mindestens auf zwei Meter Abstand. Ganz sicher gehe ich nicht in euer Loch hinunter. Nur so bin ich in der Lage, eine Leiter zu besorgen oder zu telefonieren, um fremde Hilfe zu holen. Das ist der Unterschied. Dein *Mitgefühl* sollte dich stets im Leben begleiten, aber gegen dein *Mitleid* solltest du unbedingt etwas tun, denn das ist der Hintergrund deiner Magengeschwüre.“

Vom Kopf her war Maria einsichtig, aber was soll man tun, wenn man nicht nur im Beruf als Krankenschwester in der Kinderklinik, sondern auch im privaten Leben stets zum willkommenen Mülleimer für in Unordnung geratene Seelen wird. Mit großen, runden, erwartungsvollen Krebsaugen saß sie nun in ihrer Schwesterntracht vor mir und glaubte allen Ernstes und voller kindlicher Naivität, ich hätte die Lösung für sie. Und da ich Kindern gerne Geschichten erzähle, bemühte ich erneut mein inneres Bilderbuch:

„Was würdest du in folgender Situation tun: Du hast mich in deiner sauberen und gemütlichen Wohnung zum Kaffee eingeladen, und ich bringe statt der Blumen zwei bis zum Rand gefüllte Mülleimer mit und kippe sie auf deinem gepflegten Teppich aus.“ Maria schwieg. „Also, was würdest du tun?“ „Das kann ich mir nicht vorstellen.“ „Doch, ich bin so. Das wirst du gleich sehen. Also nochmals: Der Inhalt zweier Mülleimer liegt auf deinem Teppich. Was würdest du tun?“ „Na, ich wäre entsetzt, und....“ sie holte tief Luft, „ich würde dich bitten, wieder zu gehen. Und dann würde ich aufräumen.“ Das wollte ich hören.

„Ich erzähle dir die Geschichte noch einmal,“ fuhr ich fort. „Du hast deine Nachbarin zum Kaffee eingeladen, und sie erzählt dir, dass sie heute früh beim Arzt war, dass er bei ihr eine schlimme Krankheit diagnostiziert habe, und dass sie nun einen langen Leidensweg vor sich habe. Was würdest du tun?“ Maria überlegte einen Moment und sagte: „Ich würde ihr gut zuhören und dann versuchen, sie zu trösten.“ „Warum wirfst du sie nicht auch hinaus?“ Maria war entsetzt: „Das kann man doch nicht tun!“ „Wirklich nicht?“ erwiderte ich, „die Situation ist aber fast dieselbe, nur mit einem winzig kleinen Unterschied: Ich war wenigstens so ehrlich und kippte dir meinen Müll klar sichtbar auf deinen Teppich. Deine Nachbarin ist nicht ganz so ehrlich. Sie kippt nämlich auch ihren Müll aus, allerdings dir nicht vor die Füße, sondern direkt in dein Herz. Und wie räumst du dort wieder auf?“ „Wie sollte ich?“ fragte Maria. „Du könntest dich spirituell reinigen, indem du unter die Dusche gehst und dir vorstellst, wie der ganze Mist deiner Nachbarin mit all diesen negativen und destruktiven Energien im Abflussrohr verschwindet. Das ist wichtig. Sonst kreisen die Gedanken in deinem Gehirn, verfolgen dich in die Nacht in deinen Schlaf bis hin in deine Träume und richten dort einen großen Schaden in deiner Seele an, die dir dann Magenschmerzen verursachen muss, damit du endlich begreifst, was du da in dich hineingefressen hast. Wenn du dich nicht reinigst, dann geht es dir nach einem solchen Gespräch ein klein bisschen schlechter und deiner Nachbarin ein klein bisschen besser. Das erlebst du so oder anders Tag für Tag. Über Wochen, Monate und Jahre verursacht diese Struktur dann deine Magengeschwüre. Du musst wirklich lernen, dich ganz klar abzugrenzen.“

Maria schwieg, und ich nutzte die Pause zu einem meiner Seitenhiebe, die ich mir so schwer verkneifen kann: „Du bist doch im Krankenhaus tätig, umgeben von allumfassendem ärztlichen Wissen. Hat dir von diesen Medizinmännern noch niemals einer erklärt, *warum* du deine Magengeschwüre hast?“ „Nein.“ „Habe ich es mir doch gedacht: Sie wissen tatsächlich nichts über die Entstehung von Krankheit. Dort, wo bei normalen Menschen im Gehirn ein gesunder Menschenverstand anzutreffen ist, hat sich offensichtlich durch die Evolution des Medizinstudiums bei dieser Spezies eine Luftblase gebildet.“

Doch was nützt es, wenn man es im Kopf versteht? Inneres und äußeres Verstehen sind ein himmelweiter Unterschied. Selbst wenn Schwester Maria sich hundertmal vornahm, nicht mehr in Mitleidsprozesse hineinzurutschen, sobald sie wieder auf der Kinderstation des Städtischen Krankenhauses war, konnte sie sich ihres Mitleids nicht erwehren. Angesichts des Leidens und des

Elends der kranken Kinder erschienen ihr meine Erklärungen kalt und herzlos, und sie sträubte sich innerlich dagegen, ihre Gefühle nicht mehr zulassen zu dürfen. So war das aber nicht gemeint. Es ging nicht um die Verdrängung von Gefühlen, sondern um deren Aufklärung und Transformation.

In der anschließenden *Reinkarnationstherapie* konnte Maria erkennen, dass sie in Wahrheit selber das leidende Kind war, und dass die Kinder im Außen nur ihr eigenes Schicksal spiegelten. Sie, die in der Klinik stets die Starke zu spielen versuchte, erkannte nun ihr eigenes, verschüttetes Schicksal. Immer und immer wieder tauchten in den Rückführungen die Bilder des ertrinkenden Kindes auf, das sich an einen Strohhalm klammert, um zu überleben. Das Wasser der Gefühle war stets ein anderes, entweder eine Mutter, die starb, als sie noch ein Kind war, oder ein Partner, der sich dem Alkohol oder einer anderen Frau zuwandte, oder der Chef, der seine Gunst einer jüngeren Kollegin schenkte. Und auch der Strohhalm war stets ein anderer, entweder ein Vater, der aus dem Krieg nicht heimkehrte, der Bruder, der seine Schwester missbrauchte und verleugnete, oder auch schon mal ein Therapeut, bei dem die Anzahl der Stunden abgelaufen war. Das Wasser war tief, der Strohhalm hielt nicht, wie sie erhofft hatte, und das Gefühl des Ertrinkens war aber immer das gleiche: Ich liebe dich, *ich brauche dich,* aber du bist nicht da!

Maria erkannte plötzlich das Strickmuster, nach dem ein Leben nach dem anderen abgelaufen war: Sie selber war stets so schwach und so hilflos, dass sie eigentlich nicht leben konnte. Wenn sie aber andere, noch schwächere Seelen um sich versammelte, und in diesem Leben waren das die kranken Kinder, dann konnte sie für einige Zeit ihre eigene Lebensunfähigkeit vergessen. Sie wusste nun, dass ihre übersteigerte Fürsorge, die schließlich in Rührseligkeit mündete, nur dazu diente, den eigenen Jahrtausende alten Schmerz der Wertlosigkeit nicht fühlen zu müssen. Ihr Mutter-Theresa-Syndrom war nichts anderes als ein Schutzschild gegen Verletzungen, womit sie sich nun nicht mehr allzu sehr von einer Geiselnehmerin unterschied. Solche Entlarvungen in der *Reinkarnationstherapie* sind nicht gerade angenehm aber heilsam. Doch damit nicht genug:

Jede Mutter Theresa, und sie laufen zu Tausenden herum, hat eine handfeste Neurose. Eine Seite des Lebens wird verdrängt, und zwar jene andere Seite, die (Täter-)Seite, welche die heutige (Opfer-)Seite bedingt. Und so haben wir natürlich auch Marias Täterrolle angeschaut, jene Inkarnationen, in denen das Pendel in die andere Richtung geschwungen war. Und man lese und staune, die liebe „heilige“ Maria hatte in ihren Vorleben Kinder missachtet und ausgesetzt, gequält und gefoltert, abgetrieben und zerstückelt.

Und so veränderte sich Marias Welt: Die ihr in der Klinik anvertrauten Kinder waren für sie von nun an nicht mehr die bedauernswerten und mitleiderregenden Geschöpfe, die nach rührseliger Zuwendung dürsteten, sondern sie waren reife Seelen, die in dieser Inkarnation mit einer immensen Tapferkeit ihr Karma bearbeiteten, von der sich manch ein Erwachsener eine Scheibe abschneiden dürfte. Und noch eines war neu: Die Kinder bearbeiteten auch Marias Karma! Magische Vorgänge führen Opfer und Täter immer wieder zusammen, bis das Pendel nicht mehr zu schwingen braucht.

Einige Zeit später erlernte Maria in zwei intensiven Wochen die Grundlagen der ***Spirituellen Astromedizin*** und damit das Verständnis um den Sinn einer Krankheit — ihrer eigenen und auch der Symptome ihrer kleinen Patienten. Es war für Maria schon eine Überraschung zu erfahren, dass sie auch zu Kindern über diese Themen sprechen konnte. Noch so jung und kaum der Sprache mächtig, fühlten diese kleinen Wesen, dass Maria sie nicht bedauerte, sondern dass sie stolz auf ihre innere Reife war. Statt von einer Schwester versorgt zu werden, der selber die Angst im Nacken saß, blickten die Kinder nun in die gütigen, strahlenden Augen einer „heiligen Maria", wie sie nun mit einer Mischung aus Ironie (seitens der Ärzte) und Hochachtung (seitens der Kinder) betitelt wurde.

Die ***Offenbarungstherapie***® hatte schließlich auch noch ihre letzten Wunden geheilt. Ihr wurde klar, warum sie diesen Namen trug, dass GOTT etwas ganz besonderes mit ihr vorhatte: Nur ein Mensch mit einem solchen Gefühlsreichtum ist auch imstande, anderen Menschen aus einer wahren inneren Stärke heraus Trost zu spenden. Aus dem kleinen, verhärmten, in sich zusammengesunkenen Häuflein Mensch war eine zwar immer noch kleine, aber aufrechte und strahlende Lichtgestalt geworden. Seitdem war sie nicht mehr für sich selber oder für die Ärzte tätig, sondern „als heilige Maria" war sie nun „in GOTTES Namen" unterwegs — wie sie es selber stolz formulierte.

Aszendent L Ö W E
Das Leben ist ein Spiel, und die Diabetikerin spielt den König.

Die äußere Gestalt des verzauberten Prinzen zeigt sich im Märchen als Frosch, als Bär oder als Gnom, die es zu erlösen gilt, damit der Prinz seine wahre Gestalt annehmen kann. Das Märchen „Der Froschkönig" beschreibt die Heldenreise des Menschen auf so wunderbare Weise: Die Königstochter spielt mit der goldenen Kugel (dem Sinnbild der Einheit), die sie in ihrer Unbedarftheit ins Wasser (ins Unbewusste) fallen lässt. Sie beginnt zu weinen und glaubt, damit das Problem lösen zu können, was natürlich niemals gelingt. Als sie damit aufgehört hat, beruhigt sich auch das Wasser, und sie sieht ihr eigenes Gesicht. Mit dem Blick in den Spiegel beginnt der Weg der Selbsterkenntnis. Dahinter verbirgt sich der Frosch (die Kröte, die der Mensch ablehnt), aber der Frosch (der Schatten) hat die Kugel (die Einheit). Der Frosch stellt Forderungen: er will geliebt werden (d.h. der Schatten will angenommen werden). Die Prinzessin verspricht, den Frosch zu lieben und erhält die goldene Kugel (die Einheit) zurück. Anschließend hält sie sich nicht an die Vereinbarung und wirft den Frosch (den Schatten) wieder zurück ins Wasser (und er versinkt wieder im Unbewussten). An dieser Stelle (die Symptome sind wieder weg) enden alle Verhaltenstherapien, Gesprächstherapien und Psychoanalysen, in denen die Klienten keinen Individuationsprozess vollziehen.

Die Symptomverschiebung lässt nicht lange auf sich warten, und die Prinzessin findet sich in desolaten Lebensumständen wieder. Der Frosch (der Schatten), einmal betrachtet, lässt sich nicht mehr verdrängen. Er beginnt sein Eigenleben, kommt zum Schloss gewatschelt, klopft an und erreicht Einlass (Schicksalsprozesse treten ins Leben). Nun stellt er die Forderungen: Ich will an deiner Seite sitzen (angenommen werden), ich will von deinem Tellerchen essen (genährt werden), und ich will in deinem Bettchen schlafen (geliebt werden). Die Prinzessin (das Ego) wehrt sich entschieden dagegen, aber der König (das höhere Selbst) entscheidet: So hat es zu geschehen!

Die Erlösung vollzieht sich nicht durch den Kuss, wie das Märchen gerne erzählt wird, sondern durch einen Wurf gegen die Wand. Man muss sich mit seinem Schatten schon aktiv auseinandersetzen, und das tut oftmals sehr weh. Nach dieser Konfrontation ist der Frosch aber entzaubert: Vor der Prinzessin steht nun der Prinz (die fehlende Seite), und die Hochzeit kann stattfinden (die alchimistische conjunctio oppositorum, die Vereinigung der Gegensätze).

Diese Geschichte ist der Weg eines jeden Aszendenten. Mythologisch betrachtet ist der Aszendent das Verwunschene im Märchen, das durch die Heldenreise des Menschen — durch sein Leben, durch seinen Individuationsprozess — aus seiner Verzauberung erlöst werden soll. Zu Beginn des Märchens (des Lebens) befindet sich der Aszendent in der verzauberten Form im Unbewussten, er steigt zum Zeitpunkt der Geburt am Horizont auf, er kommt also aus der Tiefe der Nacht und will in die Bewusstheit des Tages. Der Aszendent ist die Art und Weise, wie sich der Mensch im Leben *bewegen muss!* Der Frosch muss sich zunächst als Frosch bewegen, denn er ist verzaubert; er ist ja noch nicht der Prinz.

Doch was tut ein Mensch, der gleich als Prinz geboren wird? Katharina war ein solcher Mensch, denn sie hatte einen Löwe-Aszendenten. Was sollte sich da noch entwickeln? Ich kannte sie nicht, bevor sie sich zum ***Hexagramm-Programm***® angemeldet hatte. Ich wusste lediglich aus dem Vorprogramm, dass sie am Fasten nicht teilnehmen konnte und einer besonderen Ernährung bedurfte, weil sie Diabetikerin war. Ich hatte ihr die Persönlichkeitsanalyse, die mit zum Vorprogramm gehörte, zugeschickt, und an Hand des Geburtshoroskops schon die Schattenseiten herausgearbeitet. So hatte ich ihr u.a. sinngemäß folgendes geschrieben: „In früheren Leben hattest du Macht, entweder als König, als Fürst, Graf oder Edelmann, und du hattest sie missbraucht. Dort wo Liebe von dir erwartet wurde, hast du dein Herz verschlossen, und es ging dir nur um die Macht. Daran hat sich bis heute nichts geändert, lediglich die

Verkleidung, in der du auftrittst. Du befindest dich ständig in Konkurrenz zu anderen, du musst überall die Größte sein, es ist ein ständiger Kampf um den wackelnden Thron. Unter deiner Großartigkeit leiden heute keine Untertanen und Bauern mehr, sondern deine Partner, deine Kinder oder deine Berufskollegen. Wie ein Löwe, der in der Serengeti Beute macht, sich die besten Stücke auswählt und den Rest den Hyänen überlässt, so besteht deine Beute aus Menschen, die du erobert hast."

Und dann kam Katharina die Große zum Seminar — eine kleine untersetzte Frau — und überfiel mich mit Vorwürfen: Schon oft habe sie sich ihr Horoskop von den verschiedensten Astrologen deuten lassen, aber so einen Unsinn wie in der von mir verfertigten Persönlichkeitsanalyse habe sie noch niemals gelesen. „Weshalb?" fragte ich. „Na, das mit der Königsrolle!" ereiferte sie sich und sprudelte weiter: „Als ob ich nichts anderes zu tun hätte, als um den Thron zu kämpfen. Dass ich nicht lache! Ich und König! Lächerlich. Ich bin *Untertan,* das reinste Aschenputtel. Ich lebe von der Sozialhilfe, aber meine Tochter verdient das dicke Geld," sagte sie neidisch. „Dann darf ich sie auch noch bekochen und ihre Wäsche in Ordnung halten. Aber glaube bloß nicht, die Dame trägt auch nur einen einzigen Teller in die Küche! Ich darf aufdecken, abräumen, abwaschen, saubermachen — alles Arbeiten für Bedienstete, aber nicht für eine Königin. Also, mein Lieber, gib es zu: Bei meinem Löwe-Aszendenten hast du total danebengegriffen!" „Oh, das wird sich heute noch herausstellen," antwortete ich zuversichtlich, und ich sollte recht behalten.

Als Ursache der Diabetes wird von schulmedizinischer Seite eine Erbanlage behauptet, was zutreffend sein mag. Aber es stimmt auch, dass psychische Reaktionen den Krankheitszustand beeinflussen, dass zum Beispiel Stresssituationen den Zuckerspiegel ansteigen lassen, woraus sich besonders für den Diabetiker ein Gefühl der Unsicherheit ergibt. So wechseln dann Phasen mit Spontaneität und gespielter Aktivität und Phasen mit tiefen depressiven Stürzen einander ab. Die ersten Depressionen mussten bei Katharina schon in der frühesten Kindheit gelegen haben, wahrscheinlich durch die Abwesenheit des Vaters (Saturn in den Fischen).

Diabetes soll ja angeblich nicht heilbar sein, wovon nicht nur der Mediziner, sondern vor allem auch der Diabetiker fest überzeugt ist. Dennoch hat sogar die Schulmedizin ein eigenartiges, für sie selber unerklärliches Phänomen entdeckt: MPD-Patienten sind Menschen, deren Ego in „multiple Persönlichkeiten desorientiert" ist, und die zum Beispiel mal in die Rolle des verängstigten Kindes fallen, mal in die Rolle des aggressiven Schlägers, und mal in die Rolle des sadistischen Tierquälers. Diese MPD-Patienten reagieren auch auf Medikamente je nach Rolle unterschiedlich. Irgendwie sind wir alle ein bisschen MPD-krank, und das ist auch völlig normal. So ist es ja auch der Sinn der Astrologie, bewusst zu machen, das jeder Mensch aus 12 Persönlichkeiten besteht. Aber hier geht es um das besondere Phänomen der Diabetiker. So wurden im Magazin DER SPIEGEL in der Juli/August-Ausgabe 1989 die Forschungsarbeiten des amerikanischen Professors Putnam veröffentlicht, der u.a. schreibt: „Manche zuckerkranken MPD-Patienten benötigen das für sie sonst lebenswichtige Insulin nicht, wenn sie gerade eine bestimmte Persönlichkeit verkörpern.....“

Am ersten Abend essen wir im ***Hexagramm-Programm***® mitunter noch gemeinsam, das heißt, wir fasten gemeinsam, von einer salzlosen Brühe und einigen Säften abgesehen. Katharina bekam aber vollwertige Kost. „ Entschuldigen Sie,“ wandte sie sich an die Bedienung, „Butter muss nicht sein. Haben Sie auch Diätmargarine?“ Es ging weiter, denn sie war jetzt in ihrer aktiven Phase: „Feinbrot ist auch nicht gut für mich. Können Sie mir bitte Graubrot bringen?“ Dann: „Oh, der Käse hat ja 40% Fett! Würden Sie den bitte gegen 20%igen tauschen!“ Katharina lief zu großer Form auf: „Marmelade geht überhaupt nicht! Bitte, nehmen Sie das gleich weg.“ Dann: „Aber etwas mageren Quark können Sie mir noch bringen.“ (Dahinter steckt natürlich eine frühkindliche Erfahrung: Mama, ich mag das Essen nicht. Und Mama springt). Es hatte sich ein reges Hin- und Her zwischen der Küche und Katharinas Platz entwickelt. Endlich trat Ruhe ein. Ich sagte: „Nun, nachdem Majestät bedient ist, können wir anfangen. Guten Appetit!“

Die rote Welle trat aus Katharinas Kragen, färbte den Hals puterrot, erfasste dann das Kinn und die Mundpartie, und in wenigen Sekunden war ihr Gesicht leuchtender als eine Tomate. „Was soll das heißen!“ begann sie, hörbar nach Luft schnappend. „Damit spielst du wohl auf mein Horoskop an.“ „Du hast es erfasst,“ gab ich zurück. „Und warum?“ keifte sie. „Ja, du meinst, du seiest nur Untertan. Aber wenn ich so beobachte, wie sich die Bediensteten um dich bemühen, machst du dich eigentlich recht gut in deiner Königsrolle,“ argumentierte ich. Jetzt stürzte Katharina in die depressive Phase, und nun kam der Schlüsselsatz, der ihr ganzes Leben beherrschte: „Ich kann doch nichts dafür. Ich bin doch krank.“ Betretenes Schweigen. Katharina badete in der Woge öligen Mitleids und voller Sympathie, die ihr entgegenschlug. Sie war wieder Mittelpunkt. Majestät hatte ihre Macht über den Umweg der Krankheit zurück. Aber genau da wollte ich sie nicht lassen.

Ich sagte zu Katharina: „Du bist jetzt bitte einen Augenblick still und hörst genau zu, was die anderen sagen.“ Und dann fragte ich in die Runde am Tisch: „Ihr kennt Katharina ja erst seit wenigen Stunden. Welchen Eindruck hattet ihr, als ihr Katharina zum ersten Mal begegnet seid. Jeder sagt jetzt nur ein Wort! Mit welchem Prädikat würdet ihr Katharina beschreiben, aber bitte nur ein Wort.“ Ich fragte die erste: „Dominant!“ Die nächste: „Herrschsüchtig!“ Dann: „Manipulierend!“ „Überheblich!“ Aus einem männlichen Seminarteilnehmer, einem verletzten Krebs-Aszendenten, sprudelte es hervor: „Als wir ankamen, ließ sie die Koffer links und rechts stehen und sagte: ‚Es wird sich wohl einer finden, der einer kranken Frau das Gepäck ins Hotel bringt‘,“ wobei er ihre affigen Bewegungen nachahmte. „ Ich habe es getan, aber ich habe gekocht — und koche noch jetzt!“ Katharina saß kerzengerade und mit versteinertem Gesicht auf ihrem Stuhl. Jetzt kam das Muster „Zugeknöpftheit", alles Eigenschaften, die sie draußen im Leben auch unbewusst spielte. Sie rang mit Wut und Tränen, „beherrschte" sich aber, wie sich das für einen Löwen gehört. Diese Dinge waren ihr wirklich nicht bewusst. Und innerlich leistete sie einen Schwur, den sie schon so oft in ihrem Leben geleistet hatte: „Ich werde meine Dominanz (den Löwen) endgültig bekämpfen." Und genau *das* ist der Fehler!

Wenn man mit einem Löwe-Aszendenten geboren wird, dann steht dem Menschen die Königsrolle zu, wo immer er sich befinden mag, als Familienoberhaupt, als Geschäftsmann oder -frau oder im Verein. Ein kleines Kind ahnt noch instinktiv sehr wohl, was es mit dem Aszendenten auf sich hat. Und so war es auch bei Katharina. Als kleine Dreijährige, so konnte sie sich erinnern, hatte sie sich wie ein kleines Kraftpaket zwischen die Erwachsenen gestellt und getönt: „Jetzt rede ich!" Aber dann wurde sie daran gehindert: „Wenn Erwachsene sich unterhalten, hat ein Kind bescheiden abzuwarten!" Schlimmer waren dann Äußerungen wie: „Wenn du dich weiterhin so in den Vordergrund spielst, dann haben wir dich nicht mehr lieb." Angst kam auf, Angst, nicht mehr zur Gemeinschaft zu gehören, und damit gleichzeitig eine Verachtung für Gemeinschaften.

Später im Kindergarten ging das Spiel weiter: Als kleiner Löwe-Aszendent hatte sie versucht, die Führungsrolle zu übernehmen. Dann kam aber die Kindergärtnerin, die natürlich die Horoskope und damit die Individualität der Kinder nicht kannte und korrigierte: „Andere Kinder wollen auch einmal den Ton angeben, nicht immer nur du. Du musst dich jetzt zurückhalten." Im Wiederholungsfalle hieß es dann: „Wenn du weiterhin hier immer die erste Geige spielen willst, dann muss ich mal mit deiner Mutter reden. Das geht so nicht." Intuitiv wusste Katharina tief in ihrem Inneren, dass die meisten anderen Kinder keine Führung beanspruchen würden, aber die Nachricht an die Mutter machte ihr Angst, und sie hielt sich zurück. Und wieder lagerte sich in ihrer Seele ein Stückchen Hass auf die Gruppe ab, sie zog sich weiter zurück, und aus dem Löwen wurde ein verletzter Löwe — eine recht gefährliche Angelegenheit übrigens.

Die Schule setzte die Demontage ihrer Individualität fort. Alle Kinder sollten möglichst auf gleichem Niveau sein, „Extrawürste" gab es nicht, und so wechselten ständig Führungsanspruch und Demütigung einander ab. Sie ergriff einen kaufmännischen Beruf, verbrachte aber die ersten Jahre hauptsächlich damit, den Chefs Kaffee zu kochen und sie auf jede erdenkliche Weise zu bedienen. So entwickelte ihre verwundete Seele allmählich ihre penetrante Art der unaufrichtigen Scheindemut, die andere Menschen auf die Palme brachte. Sie hatte sich geschworen: „Nie wieder will ich die erste Geige spielen." Aber da waren Frust und Hass auf alle, die sich frei und selbstbewusst im Leben bewegten. Erst die Krankheit verschaffte ihr die Möglichkeit, auf eine andere Art doch noch zu dominieren, der sich andere Menschen nicht entziehen konnten. Als Diabetikerin hatte sie endlich die „Extrawurst“, die ihr stets versagt blieb. Für wenige Augenblicke im Leben konnte sie „die Puppen tanzen“ lassen. Der verletzte Löwe, der ins Asyl geschickte König, war wieder da und konnte eine kurze Zeit lang seine Macht ausüben: „Es wird sich wohl einer finden, der einer kranken Frau das Gepäck ins Hotel bringt.“

Zu Beginn des Seminars, des ***Hexagramm-Programm***®s, hatte Katharina ihren Schwur erneuert: „Ich werde meine Dominanz hier auf diesem Seminar end-gültig bekämpfen.“ Doch es kam ganz anders. Alle Menschen bekämpfen ihren Aszendenten, statt ihn zu transformieren und zu erlösen. In ihren Kindheitserlebnissen förderte sie außer einer dominanten Mutter einen sehr liebevollen und verständnisvollen Vater zutage, der für sie so eine Art Heiligenschein trug. Als Lehrer beruflich angespannt, war er für die kleine Katharina unerreichbar, denn er hatte stets so wichtige Dinge zu tun, so dass er niemals Zeit hatte, dem Kind zu zeigen, wie man sich im Leben behauptet. In der Therapie ist es wichtig, die inneren Bilder der Eltern zu zerstören. Bei einer dominanten Mutter fällt es natürlich leicht, in Wut zu geraten und sie für die Unterdrückung, für die Manipulationen und für alle Erniedrigungen symbolisch zu erschlagen, aber Katharina bestand darauf, den Vater in seinem Glorienschein unangetastet zu belassen. Positive Elternbilder sind therapeutisch schwerer zu bearbeiten als negative.

Doch die unendliche Weisheit ihres Unbewussten kam Katharina zu Hilfe: In einer Phantasiereise spazierte sie als kleiner Hund durch einen französischen Schlosspark, in dem viele weiße Marmorstatuen aufgestellt waren. Der Hund betrachtete sich die Statuen ehrfurchtsvoll, blieb vor einer stehen, hob das linke Hinterbein und pinkelte gegen das wertvolle Kunstwerk. Als Katharina anschließend in der Gesprächsrunde davon berichtete, war es ihr sehr peinlich, und sie entschuldigte sich förmlich für diesen unartigen Hund, der sie ja selber gewesen war. „Und wen stellte die Statue dar?“ fragte ich. Katharina überlegte, dann bekam ihr Gesicht einen entsetzten Ausdruck, sie schlug plötzlich die Hand vor den Mund und sprach: „Meinen Vater!“ Nun war es leicht, den notwendigen Schritt im Seminar zu leisten:

Jene Anteile, die sie ihr Leben lang unbewusst auf den unerreichbaren Vater projiziert hatte, waren zu integrieren. Wir stellten in die Mitte des Seminarraums einen Tisch, auf den Tisch einen schweren, roten Sessel, davor legten wir einen roten Teppich, an dessen Kanten die anderen Seminarteilnehmer Spalier standen, und in die Stereoanlage legte ich eine CD mit dem Stück „Das Tor zu Kiew“ in der schweren instrumentalen Bearbeitung von Ravell aus „Bilder einer Ausstellung“ . Nach dieser prachtvollen Musik sollte Katharina (die Große) nun an den Menschen vorbeischreiten und ihren erhöhten Thron besteigen. Sie drehte und wand sich wie ein Wurm vor Schamgefühl und Hemmungen, und das, was für die anderen ein Spiel war, löste in ihr ambivalente Reaktionen aus von erregenden Schauern bis hin zu Widerstand, Ablehnung und Übelkeit. Schließlich, als die Instrumentalmusik so majestätisch pompös anschwoll, dass die Scheiben klirrten, konnte ihre Majestät, Katharina die Große, sich in sonnenhaftem Glanz präsentieren, ihren Gefühlen kraftvollen Ausdruck verleihen und im Brustton der Selbstüberzeugung, das Zepter in der Hand, auf ihre Untertanen blickend, Huldigungen empfangen. Doch Katharina vergrub ihr Gesicht in den Händen, weil sie sich ihrer Tränen schämte, die zwischen den Fingern hervorquollen und am Arm herunterliefen — denn zum ersten Mal in ihrem Leben hatte sie in ihrem versteinerten Herzen Wärme gespürt. Der Glutball der Sonne, ihrer Sonne, war in ihr aufgegangen, und vom Sonnengeflecht her verstrahlte sie ihr Licht und übergoss damit die Seminarteilnehmer, für die dies nur ein Spiel war.

In dieser würdevollen Dominanz brauchte sie niemanden mehr zu bitten, die Koffer zu tragen, nein, die Untertanen erboten sich, ihr dienen zu dürfen. Denn alle sahen in ihr nun den liebevollen Menschen, der sich hinter dem harten Herzen und dem gepanzerten Ego verborgen hatte. Auch die Krankheit brauchte sie nicht mehr, um als Diabetikerin für wenige Augenblicke im Leben den König spielen zu dürfen. Das Symptom war deshalb nicht verschwunden, aber es hatte seinen *Sinn offenbart.*

Der Löwe-Aszendent war für einen Moment erlöst. Zutiefst erschüttert, ergriffen und zugleich befreit kam Katharina wieder von ihrem Thron herunter und begriff mit einem Mal, dass für sie das ganze Leben nur ein Spiel sein sollte; ein Spiel, und ihre Rolle in diesem Spiel war der König. So war ihr Horoskop gedacht.

Aszendent J U N G F R A U
Bronchialasthma: Die Katze als Lehrerin

Auf meinen Vorträgen beantworte ich die Fragen nach Allergien im allgemeinen mit etwa folgenden Worten:

„Das Abwehrsystem des Körpers reagiert auf harmlose Umwelteinflüsse völlig unangemessen, so zum Beispiel auf umherfliegende Blütenpollen mit lästigem Heuschnupfen, auf normalen Hausstaub mit juckenden und schmerzenden Hautausschlägen oder auf vereinzelte Tierhaare mit lebensbedrohlichem Bronchialasthma. Die (vermeintliche) Gefährlichkeit des Feindes und die Mobilmachung der Abwehrreaktion stehen in keinem angemessenen Verhältnis zueinander. Es ist vergleichsweise so, als würde man ein Panzerbataillon gegen einen Regenwurm mobilisieren, der sich durch eine Staatsgrenze bohrt. Wissenschaftliche Forschung sollte sich mehr auf das WARUM der Mobilmachung konzentrieren statt auf die nutzlose Untersuchung von Staubpartikelchen und Blütenpollen. Bei einer Allergie gegen Katzenhaare hat es keinen

Sinn, die Katzen vom Betroffenen fernzuhalten, sondern sie eher als „Lehrerin“ hinzuzuziehen. Ebenso sinnlos ist es, unter dem Mikroskop irgendwelche Milben auszumachen, welche für die Schwellung der Schleimhäute und für die Schleimsekretionen oder für die spastischen Krämpfe der Bronchialmuskulatur verantwortlich sein sollen. Sinn hat lediglich, die Unmutsäußerungen der Seele gegen ein ganz bestimmtes Thema zu entschlüsseln, für das die Katze nur als Symbol steht. Wird der geistig-seelische Hintergrund des Bronchialasthmas durch die Wissenschaft nicht erforscht, und beschäftigt sie sich weiterhin mit Milben, Staub und Blütenpollen, dann ist das vergleichsweise so, als würde sich nach einem durch die Panzerattacke ausgelösten atomaren Gegenschlag die Friedensforschung mit dem Regenwurm beschäftigen!“ Soweit meine theoretischen Äußerungen.

Doch was geschieht, wenn das eigene Kind plötzlich einer lebensbedrohlichen Situation ausgesetzt ist? Mein Sohn Florian, zwölf Jahre alt, lebt seit seinem siebten Lebensjahr bei meiner geschiedenen Frau in Südafrika. Ich wusste von ihr, dass er wegen Bronchialasthma schon manchmal nachts ins Krankenhaus gebracht werden musste, weil er an Erstickungsanfällen litt, insbesondere dann, wenn er bei Verwandten oder Bekannten auswärts geschlafen hatte, die Katzen besaßen. Ein Allergietest bestätigte auch eine Überreaktion auf Katzenhaare.

Zunächst die Vorgeschichte: Florian ist ein Nachzügler, der als ein Wunschkind zur Welt kam, als seine Brüder bereits 20, 19 und 14 Jahre alt waren. Florians Geburt wurde aus verschiedenen Gründen per Kaiserschnitt eingeleitet; das heißt, er hat den oft als unangenehm empfundenen aber dennoch befreienden Vorgang der Abnabelung von der Mutter bei seiner Geburt nicht miterlebt.

Als er sechs Jahre alt war, nahm meine Frau ihn kurz vor der Scheidung mit nach Südafrika, wodurch er aus seiner gewohnten Umgebung herausgerissen wurde.

Florian besucht mich seit der Trennung jedes Jahr ein bis zweimal für mehrere Wochen, und während eines Aufenthalts wurde ich erstmalig mit seinem Bronchialasthma konfrontiert. Ich fuhr mit ihm, der sich nicht mehr an einen Winter mit Schnee erinnern konnte, Anfang 1996 nach Oberstdorf. Auf halbem Wege zwischen Lüneburg und Oberstdorf besuchten wir seinen um Jahre älteren Bruder Hartmut. Dieser besaß nun eine kleine Katze, die seit einigen Wochen aber bei Freunden in Pflege war, so dass ich mit allem rechnete, nur nicht mit einem Asthmaanfall bei Florian.

Mitten in der Nacht, etwa gegen drei Uhr, weckte mich Florian. Er jammerte: „Mein Asthma ist wieder da.“ Ich machte Licht. Er saß mit geblähtem Oberkörper senkrecht im Bett, seine Atmung pfiff und rasselte, er hustete trocken und kraftlos und rang mit ängstlichem Blick nach Luft. Ich riss das Fenster auf, draußen herrschten 12 Grad unter Null, und dicke Wasserdampfwolken quollen aus dem warmen Zimmer in die sternklare Nacht. Florian saß da wie ein Häufchen Elend und führte einen verzweifelten Kampf gegen seine Angst und seine Unruhe. Er bekam zwar Luft, aber es bereitete ihm eine schwere Arbeit. Die ersten Zweifel stiegen in mir hoch: Ist das alles so richtig, was ich auf meinen Vorträgen von mir gebe? Laufe ich womöglich theoretischen Phantomen nach, und die Praxis ist ganz anders? Will mich der Kosmos über mein eigenes Kind korrigieren? Es ist ja alles so logisch: Psychische Ursachen hören sich sehr schön an, aber hier lagen nun handfeste Beweise vor für den Zusammenhang zwischen der Katze und seiner Allergie.

Ich versuchte, Florian zu beruhigen: „Die Katze ist ja gar nicht da." „Aber die Haare sind hier!" antwortete er völlig richtig. „Ich bin gegen Katzenhaare allergisch." Er atmete sehr schwer, schlief aber wieder ein, und irgendwie ging die Nacht sehr unruhig und mit häufigen Unterbrechungen vorüber. Am nächsten Morgen war es nicht besser, Florian rang immer noch nach Luft. Ich hatte nur noch einen Gedanken: raus aus der Wohnung. Ich fragte Hartmut, der als Biochemiker davon Ahnung hatte: „Kann so etwas lebensgefährlich sein?" Er antwortete: „Im Moment nicht, er bekommt ja Luft. Aber wenn diese Schwerarbeit länger anhält, kann es zu einem spastischen Bronchialkrampf kommen. Das ist auch nicht anders als ein Krampf im Bein: auf den hast du dann keinen Einfluss mehr. Daran könnte er ersticken." „Und was macht man dagegen?" fragte ich, wie alle Eltern auf dieser Welt fragen würden. „Cortison!" war seine Antwort. Obwohl ich die Ansicht vertrete, dass auch bei den bewusstesten Menschen von Zeit zu Zeit eine Reparaturmedizin erforderlich sein kann, schoss mir der ganze Widersinn nun durch den Kopf: Mein ganzes Weltbild würde zusammenstürzen, wenn ich, der keine Gelegenheit ausließ, die Schulmedizin auf ihre Unfähigkeiten hinzuweisen, mit meinem Sohn in einer Klinik erscheinen und Cortison für ihn erbitten würde.

Als wir zum Auto gingen, sah ich, dass die vergangenen Stunden Florian sehr geschwächt hatten. Innerlich hatte ich mich inzwischen entschlossen, bei einer Verschlechterung oder einem längeren Anhalten dieses Zustands den Gang nach Canossa zu gehen. Wir fuhren mit dem Auto weiter und machten Zensuren aus. (Wir haben ja beide einen Jungfrauen-Aszendenten). Auf die Frage: „Wie geht es dir?" antwortete er: „Fünfeinhalb" später „fünf", gegen Abend „viereinhalb" .

Schon während der Autofahrt machte ich mir wieder Gedanken über die wahren Hintergründe: Die Atmung gehört astromedizinisch zum Zwilling, und Florian war Zwilling. Atmung bedeutet Leben, denn wir leben vom ersten Atemzug bis zum letzten Atemzug, und die Atmung lehrt uns, dass wir im Leben immer *beide* Seiten bedienen müssen: Einatmen — ausatmen. Zwillingssymbolik ist wie ein Schmetterling, der frei und ungebunden umherflattern will. Florian hatte in seinem Horoskop nicht nur die Sonne, sondern auch den Mond, also beide großen Lebenslichter, im Zwilling, außerdem noch den Mars und den Mondknoten. Er hatte also den ganz klaren kosmischen Auftrag, bildhaft ein Schmetterling zu sein — mal auf dieser Blüte, mal auf jener Blüte. Scheinbar lebte er auch diese Ungebundenheit. Meine geschiedene Frau war in Südafrika eine neue Beziehung eingegangen, Florian mochte diesen Mann, wurde auch von ihm voll akzeptiert und bekam fast alle Wünsche erfüllt. Er „flatterte" zwischen Europa und Afrika hin und her, erlebte sehr viel mehr als seine älteren Brüder, wie das einem Zwilling nur gut tun kann.

Wo nur lag das Problem? Warum um alles in der Welt hatte Florian sein Bronchialasthma, das auf einen verletzten Zwilling hinwies?

Ich überlegte weiter: Am Abend vorher hatte ich noch einen auswärtigen Vortrag zu halten, und Florian war deshalb im Hause einer Freundin. Sie besaß eine selbstbewusste, dicke, runde Katze, die sogar zeitweise im Zimmer mit anwesend war. Warum hatte Florian bei dieser Katze nicht reagiert? Sie war etwa viermal so schwer wie die von Hartmut, welche nicht einmal anwesend war. Was war anders?

Wenn solche Symptome immer wieder auftreten wie bei Florian, dann handelt es sich offenbar um ein Lebensthema. In solchen Fällen schaue ich dann im Horoskop immer zum Saturn, dem sogenannten Schicksalsplaneten, und zu den transpersonalen Planeten wie Uranus, Neptun und Pluto, sowie zum Mondknoten. Alle, vom Saturn bis zum Mondknoten, waren rückläufig, was auf massive karmische Verwicklungen schließen ließ. Pluto befand sich zum Zeitpunkt seiner Geburt in Konjunktion mit Saturn, beide in der Waage im 2. Haus, was etwa folgendes bedeutet: Das „Mindeste, das in diesem Leben gelernt werden muss" (Saturn), ist *tiefgründige* Transformation und *Wandlung* (Pluto) seines Selbstwertes und seiner Einstellung zu *Besitzansprüchen* (2. Haus). Aber Florian besaß doch nichts, und er wollte auch nichts besitzen oder festhalten. Was konnte es also sein? Ich blickte noch nicht durch.

Auf dem Weg von Würzburg nach Oberstdorf hatten wir noch einen kleinen Umweg um den Bodensee und durch die wunderschöne Schweiz geplant und besuchten dort Corina, die während ihrer Ausbildung zur Kinderpsychologin alle meine Seminare besucht und in zwei ***Hexagramm-Programm***®en auch schon als Co-Leiterin mitgearbeitet hatte. Im Gegensatz zu Deutschland ist in der Schweiz die Richtung von C. G. Jung in der Psychologie voll anerkannt, und deshalb war Corina meinen Therapieformen gegenüber natürlich sehr aufgeschlossen. Dieser Besuch trug dazu bei, Florians Problem zu entschlüsseln. Nach einem Schweizer Käsefondue blieben wir die Nacht dort — und da ging es bei Florian wieder los, noch heftiger als tags zuvor: Noch während des Schlafes wurde er unruhig, kratzte sich am ganzen Körper, warf sich von einer Seite auf die andere, atmete schwer, röchelnd und pfeifend, wachte dann auf, saß wieder senkrecht im Bett und rang um Luft, noch schlimmer als in der Nacht bei Hartmut. Zensur? Sechs! Ich lief ins Bad, stellte die Handbrause an, so heiß wie möglich, damit Wasserdampf erzeugt wurde und rief ihn. Obwohl er wusste, dass ihm dies Erleichterung verschaffen würde, dauerte es sehr lange, ehe er ins Bad kam, denn ihm fehlte schon die Kraft für diese wenigen

Schritte. Nach etwa 15 Minuten Wasserdampf fragte ich: „Zensur?“ „Fünf!“ Er legte sich wieder hin und versuchte zu schlafen. Wieder verschlimmerte sich der Zustand, und die gleiche Prozedur folgte noch einmal. Als er dann wieder im Bett lag, taten wir etwas, was immer und jedem hilft. Wir beteten zusammen, dreimal: „Herr JESUS CHRISTUS! Sohn GOTTES! Erbarme dich meiner! Herr JESUS CHRISTUS! Sohn GOTTES! Erbarme dich meiner! Herr JESUS CHRISTUS! Sohn GOTTES! Erbarme dich meiner!“ Ich betete natürlich: „..... erbarme dich Florians.“ Endlich schlief Florian ein. Ich aber blieb wach und dachte weiter nach......

Florians Aszendent war Jungfrau, und so verbarg sich auch hinter seinem Symptom ein Jungfrauen-Thema, dem es akribisch und präzise zu Leibe zu rücken galt. Worüber hatten wir am Abend vorher gesprochen? Urs, Corinas Mann, im Beruf so eine Art Ministerialdirektor im Bildungsministerium (in der Schweiz sind die Bezeichnungen etwas anders), erkundigte sich natürlich nach Florians Schule. Florian erzählte, er ginge zur Zeit in Südafrika auf die SWPS, auf die Somerset West Primary School, in die Std 5, was unserer siebten Klasse entspricht. Diese Schule würde im Dezember 1996 enden. Und dann? Er sagte, seine Mutter wolle, dass er ab 1997 auf die Bishops gehe, ein sehr gutes, englisch orientiertes Internat im etwa 70 km entfernten Kapstadt. Das machte Florian offenbar Sorgen, die er aber nicht näher bezeichnen konnte. Als wir alleine waren, sprach ich ihn darauf nochmals an und fragte: „Wovor hast du Angst?“ Florian bat mich, das Wort „Angst“ nicht zu benutzen (!). Wenn er nur am Wochenende nach Somerset West käme, wüsste er nicht mehr, wohin er gehöre, und er sagte: „Ich habe dann kein Zuhause mehr.“ Und dann fiel es mir wie Schuppen von den Augen: Auch Hartmut hatte sich intensiv nach Florians schulischem Werdegang erkundigt, nicht so meine Freundin. Nun wurde es klar: die anstehende Schulentscheidung und der damit verbundene Verlust des Zuhauses waren die Themen, welche im Moment die Asthmaanfälle und Angstzustände auslösten. Zwar hatte Florian die ersten Symptome schon lange vor der Schuldiskussion, aber nach dem Verlust seines ersten Zuhauses. Sein Zuhause war von da an immer mit Angst besetzt: Angst vor der einsamen Lage, Angst vor dem Verlust seines Vaters, Angst vor Überfällen durch die Schwarzen, Angst vor finanziellen Einschränkungen und schließlich Angst, von der neuen Verwandtschaft abgelehnt zu werden. Florian war ein Schmetterling, der glaubte, keine Blüte wolle ihn haben. Etwa zeitgleich mit der Schuldiskussion traten zeitweise starke Schlafstörungen hinzu, verbunden mit innerer Unruhe. Auch in Südafrika hatte er seine allergischen Anfälle fast immer bekommen, wenn er nicht zu Hause übernachtet hatte.

Doch das konnte noch nicht alles sein. Ich erkannte noch keinen Bezug zur Katze, die das Symptom auslöste. Also überlegte ich weiter: Wann hatte Florian in diesem Leben sein Zuhause verloren? Im März 1990, als die Familie auseinandergerissen wurde und er mit seiner Mutter nach Südafrika gegangen war. Meine ehemalige Frau hatte alles verloren, und Florian war ihr *einziger Besitz.* Damals stand der transitierende Saturn in Quadratur zu Florians Geburts-Pluto im 2. Haus und zu seiner eigenen Ausgangsstellung. Plötzlich bekam auch der Geburts-Saturn im 2. Haus des Besitzes seinen Sinn. Er stand ja in der *Waage,* und das bedeutet *„Besitz des anderen!"* Florian hatte hier „die Last des anderen" zu tragen. Für seine Mutter war Florian nach dem Scheitern der Ehe und dem Zusammenbruch ihrer Lebensinhalte die einzige Hinterlassenschaft an die „gute alte Zeit", an die sie sich nun unbewusst emotional klammerte. Sie liebte und behütete Florian über allen Maßen und sperrte sich innerlich und äußerlich — bewusst und unbewusst — ihn freizugeben. Drei ihrer Kinder hatten tolle berufliche Karrieren begonnen, und nun sollte er, der vierte, sehnlichst erwünschte Nachzügler, auch ganz besonders gefördert werden. Aber aus der Überförderung wurde nun eine Überforderung, der sich Florians Seele nun durch die Zurückhaltung der Leistung (mangelnde Belüftung der Lunge) zu entziehen versuchte. Sein geblähter Oberkörper sprach eine deutliche Botschaft: „Ich bin voll! Ich kann nicht mehr in mich aufnehmen!"

Am nächsten Morgen schlief Florian sehr lange, fast bis in die Mittagszeit. Zensur? Drei!!! Das Gebet hatte also geholfen! Ich erzählte beim Frühstück Corina und ihrem Mann von der Nacht, von den Symptomen und von meinen Überlegungen. Und immer wieder baute der Kosmos kleine Prüfsteine ein, als Urs, selber ein alter Allergiker und Asthmatiker sagte: „Die Matratze, die ich für Florians Übernachtung ausgeliehen habe, kommt übrigens von Leuten, die eine Katze haben." Auch an dieser Stelle wäre es wieder sehr leicht gewesen, in altes Denken zurückzufallen und die Schuld für den nächtlichen Anfall nach außen auf die Matratze zu projizieren; aber dann wäre keine neue Erkenntnis mehr gekommen. Corina hatte aber die richtige Erklärung parat: „Die Seele veranlasst es, dass genau die richtige Matratze ‚per Zufall' ins Haus kommt, damit wir am Thema bleiben." Und Urs bestätigte: „Ich weiß Bescheid, genau so wie dem Florian ist es mir in meiner Kindheit ergangen."

Jungfräulich, akribisch und präzise wurde weiter geforscht: Corina hatte ihre Ausbildung zur Kinderpsychologin bei dem Schweizer Psychiater Professor Dr. med. Heinz Stefan Herzka in Zürich absolviert, und was lag näher, als in dessen Buch „Kinderpsychopathologie" (Verlag: Schwabe & Co) nachzulesen. Dort stand in dem Kapitel „Asthma bronchiale" u.a. eine sehr zutreffende Kurzbeschreibung der Kinder, die unter diesem Symptom leiden, und deren Mütter: *„Die Mütter* sind ängstlich, unsicher, haben wenig Befriedigung und eine enge Bindung an das Kind. Sie sind gleichzeitig helfend und dominierend und haben im Ganzem eher eine bevormundende Haltung. Das Kind ist von der Mutter abhängig und versucht, sich auf möglichst nicht aktive Art von der Einengung zu befreien. So spricht man eigentlich vom Protest gegen die erdrückende Mutterliebe. Am meisten ist die Lebenssituation eines solchen Kindes wahrscheinlich dadurch charakterisiert, dass es seelisch eingeengt wird und gleichzeitig nicht genügend stark ist, um sich gegen die Einengung aktiv direkt zu wehren. *Die Kinder* sind intelligent, sprechen rasch auf Umweltreize an und haben wenig Selbstvertrauen. Sie sind überängstlich, haben eine starke Ich-Bezogenheit und sind versteckt aggressiv, vordergründig aber folgsam, angepasst und ehrgeizig." Genau das traf zu. Ich zog meinen inneren Hut vor diesem Wissenschaftler, denn offensichtlich haben sich in der wunderschönen Schweiz die Zusammenhänge zwischen psychischer Entwicklung und somatischen Beschwerden bis in die Pathologie herumgesprochen, wohingegen sie bei uns in Deutschland sogar von den meisten Psychologen milde belächelt oder ignoriert werden.

Es gibt Familientherapien, die nun die Mutter mit einbeziehen, die aber das Problem nur verschieben, denn das Symptom liegt ja beim Kind und nicht bei der Mutter. Wenn die Mutter sich ändern würde, würde sich die Seele des Kindes nur eine neue Projektionsfläche suchen. Es wäre ein Leichtes, Florian den Druck vor dem Internat zu nehmen und zu sagen: „Wenn du nicht willst, brauchst du nicht auf dieses Internat." Wäre er dann zufrieden? Bei soviel Luft, Zwilling und Jungfrau im Horoskop glaubte ich das kaum. Es wäre genau die gleiche Verdrängungsstrategie, welche die Schulmedizin betreibt, indem sie empfiehlt: „Vermeide den Umgang mit Katzen."

Und nun fügte sich auch der letzte Baustein in das Puzzlespiel: Der transitierende Saturn als Karmavollstrecker vom Dienst befand sich durch Vor- und Rückläufigkeit seit dem Frühjahr 1995 (dem Beginn der Schlafstörungen) bis etwa Februar 1996 genau in Opposition zu Florians Aszendenten! Jetzt war er gefordert, seinen Aszendenten zu transformieren: Die *Jungfrau.* Hier lag das wahre Problem: Florian war auch nicht so veranlagt wie die meisten seiner Mitschüler, die draußen rüpelhaft mit Fußbällen herumbolzten, sondern er war ein sauberes, bescheidenes, reines, ordentliches, gefügiges und hilfsbereites Wesen, immer angepasst, und den Erwachsenen gegenüber sogar unterwürfig. Normalerweise lassen Kinder im vorpubertären Alter kein gutes Haar an ihrer Mutter. Florian konnte man ein solches „Fehlverhalten" niemals nachweisen. Beugend und biegend passte er sich jeder Situation an, ging jeder Reibung aus dem Wege. Er wuchs auf mit der festen Vorstellung, *Mamas einziger Besitz zu sein,* und nahm sich vor, niemals zu vergessen, *dass er eine Mutter habe, die immer für ihn da sei und alles für ihn täte.* An so viel psychischer Hygiene war dann sein Leben nahezu erstickt, wie die Symptome deutlich zum Ausdruck brachten.

Im Symptom aber liegt die Lösung! Die *Katze* macht es genau vor. Ich erklärte Florian dies so: „Wenn du auf das Internat nach Kapstadt gehst, hast du Angst, dein Zuhause zu verlieren. Und Mama sagt immer zu dir: ‚Du bist mein Schatz,' denn du warst das einzige, was sie damals gerettet hatte. Und du glaubst nun, du gehörst Mama. Aber das ist falsch. Kein Mensch gehört einem anderen. Ein *Hund* hat einen Herrn, dem er gehört. Der Herr kann mit dem Hund alles machen, was er will, wie du mit Dino. Aber eine *Katze* lässt sich das nicht gefallen. Wenn du Dino rufst, dann kommt er, auch wenn er eigentlich keine Lust hat. Eine Katze würde das niemals tun. Die Katze kannst du nicht einfach greifen, die flutscht dir durch die Hände, und weg ist sie. *Du musst jetzt lernen, wie eine Katze zu sein.* Die Katze denkt: ‚Ich gehöre nur mir selber'!"

„Aber noch bist du wie ein Hund," fuhr ich fort. „Du lässt alles mit dir machen. Du musst jetzt damit beginnen, dein eigenes Zuhause aufzubauen, und zwar in dir! Ob du in Deutschland lebst oder in Südafrika, egal wo du bist, da bist zu Zuhause. Ob dort, wo Mama lebt oder im Internat in Kapstadt: du bist immer zu Hause. Ein Hund ist von Menschen abhängig, ein Hund ist total unselbständig, aber eine Katze nicht. Und wenn du nun eine Allergie gegen Katzenhaare hast und nach Luft schnappst, dann will GOTT dich nicht etwa strafen, sondern er will dich mit der Nase auf das Thema stoßen: *Sei wie eine Katze."*

Vor einigen Wochen erhielt ich von einer Dame folgende Erkenntnisse über die Katze als Lehrerin des Menschen, die ich nicht nur den Katzenhaarallergikern sondern gleich *allen* Allergikern wärmstens ans Herz legen möchte. Diesen Text gab ich Florian zu lesen. Der Verfasser ist leider nicht bekannt:

MEINE LEHRERIN, DIE KATZE

Meine Lehrerin, die Katze, liegt entspannt zusammengerollt im Schaukelstuhl und schert sich den feuchten Dreck darum, was sie für mich bedeutet. Ich möchte so sein *wie sie:*

— Ich möchte nicht mehr analysieren und erklären, einfach nur in der Sonne liegen *wie sie,* ohne etwas über das Zustandekommen des Wetters zu wissen.

— Ich möchte mit sicherem Gefühl Menschen suchen und von ihnen weggehen können *wie sie,* wenn sie nicht mehr gut sind für mich.

— Ich möchte mir Zärtlichkeit und Liebe holen können *wie sie,* wenn sie sanft auf meinen Schoß springt.

— Ich möchte *wie sie* wieder aufstehen und ohne schlechtes Gewissen fortgehen können, wenn ich genug Streicheleinheiten bekommen habe.

— Ich möchte mich wehren können, und *wie sie* die Krallen zeigen, wenn sanftere Zeichen nicht verstanden werden.

— Ich möchte meiner Kraft und meinem Können sicher vertrauen, *wie sie,* wenn sie gefährliche Sprünge ins Leben wagt.

— Ich möchte achtsam und vorsichtig meinen Weg gehen können, so *wie sie* auf der Fensterbank spaziert, ohne etwas umzuwerfen.

— Ich möchte *wie sie* anmutig, kraftvoll, harmonisch und schön sein, weil sie nichts unterdrückt und keine verspannten Muskeln hat.

— Ich möchte laut mein Recht fordern können *wie sie,* wenn sie morgens ihr Frühstück bei mir einfordert.

— Ich möchte mich *wie sie* in anderer Leute Betten legen und nicht an meinem Wert zweifeln, wenn sie mich hinauswerfen.

— Ich möchte *wie sie* nachts aufstehen und umherwandern können, ohne das Gefühl haben zu müssen, mit mir stimme etwas nicht.

— Ich möchte allezeit für mich sorgen können und mich selber sehr wichtig nehmen können, *wie sie.*

— Ich möchte mit weniger Worten und Erklärungen auskommen *wie sie,* die darauf vertraut, auch wortlos verstanden zu werden.

— Ich möchte neugierig sein und mich in fremde Höhlen trauen *wie sie,* der kein Keller und kein Pappkarton zu dunkel ist.

— Ich möchte in meiner Umgebung immer neue spannende Sachen zum Untersuchen und Spielen finden *wie sie,* die sich nie langweilt.

— Ich möchte mich *wie sie* trauen, eitel zu sein, die sich stundenlang ausgiebig putzt und pflegt.

— Ich möchte mich *wie sie* total dem Genuss hingeben, wenn ich gestreichelt werde, ohne auch streicheln zu müssen.

— Ich möchte *wie sie* unerziehbar sein, nur meiner eigenen Wege gehen und nur mir selber gehorchen.

— Ich möchte nicht andere fragen müssen, wie man ein besserer Mensch wird, ebenso *wie sie* auch nicht fragt, wie man am besten Katze ist.

— Ich möchte *wie sie* keine meiner Eigenschaften verleugnen, die auch nicht fragt, ob Mäusefangen moralisch ist. Und ich möchte *wie sie* grausam und zärtlich zugleich sein.

— Schließlich möchte ich keine Theorien über das richtige Leben mehr lesen, sondern leben, *wie sie,* die sich einfach auf meine Bücher legt und mir damit zeigt: Hier ist das Lebendige. Jetzt!

„Sei *du* nun ein freier, selbständiger Mensch, so wie eine Katze,“ sagte ich zu Florian anschließend. „Ich hoffe, du verstehst das.“ Florian nickte, sagte aber nichts. Doch er hatte verstanden. Das Symptom ist bei Florian seitdem nie wieder aufgetreten.

Aszendent W A A G E :
Multiple Sklerose, Fremdbesetzung und zwei Engel fürs Grobe

„Sei warm oder kalt, aber wenn du lau bist, will ich dich ausspucken aus meinem Munde.“ So spricht JESUS CHRISTUS. Waage-Aszendenten konnten sich schon in ihren Vorleben niemals *für etwas* oder *gegen etwas* entscheiden. Sie sind jeder Reibung aus dem Wege gegangen, und dabei gab es so viele Chancen in ihren Leben, die sie mit einem Schlage hätten zur Persönlichkeit werden lassen können.

Und so habe ich es zweimal erlebt, dass Waage-Aszendenten die Therapie abgebrochen haben. Der Fehler lag schon im Anfang: Sie hatten sich nicht selber angemeldet. Unfähig, selber ihre eigenen Bedürfnisse wahrzunehmen, hatten sie sich entweder von einer Freundin oder von ihrem Partner überreden lassen. Es war nicht ihr eigener Entschluss. Und dennoch bleiben sie in Therapie — alle beide, denn das Leben ist Therapie.

Über Ursache und Entstehung der multiplen Sklerose (MS) kann die Schulmedizin keinerlei Aussagen machen, weshalb auch die Diagnosen stets schwammig im Ungewissen bleiben. Mit einem Wirrwarr von Medikamenten wird eine schlechte Symptomtherapie betrieben, deren zweifelhafter Erfolg durch Schwarzmalerei über die Zukunftsaussichten skrupellos auf den MS-Patienten übertragen wird. Daraus ergibt sich nicht nur das Recht, sondern auch die Pflicht, alternative Heilmethoden in Betracht zu ziehen.

In der ***Spirituellen Astromedizin*** ist es unerheblich, in wie weit sich das Leiden in Form von Zerstörung der Nervensubstanz bereits somatisiert hat. Nach dem Grundsatz des antiken Heilers Asklepios: „Willst du den Körper heilen, musst du zuerst die Seele heilen!“ gilt es, durch eine Änderung der Gesinnung dem schulmedizinisch prognostizierten scheinbar unabdingbar fortschreitenden Schicksalsverlauf Einhalt zu gebieten. In jedem Symptom steckt der Keim der Heilung, und deshalb fragen wir: Was will das Symptom sagen? Was ist in der persönlichen Entwicklung des Klienten schiefgelaufen?

Irgendwann hat er einmal den Entschluss gefasst: „Ich will mich nicht entscheiden müssen. Ich bin lieb und tue alles, was euch gefällt.“ So zieht er sich vom Leben zurück, rutscht in die Kindrolle und entzieht sich jeglicher Eigenverantwortlichkeit. Das nimmt seine Seele als höhere Instanz so nicht hin, denn dazu ist der Mensch nicht inkarniert. Die nach außen nicht gelebte Durchsetzung wird nun zur Autoaggression: MS ist dann eine Fehlsteuerung im Gehirn, woraufhin Immunzellen irrtümlicherweise die weißen Lapide angreifen, welche die Nervenzellen ummanteln. Der Krieg, den der Klient so gerne vermeiden wollte, wird nun doch geführt — aber auf falscher Ebene. Wenn ein MS-Kranker sich nicht ändert, fällt er mehr und mehr in die frühe Kindheitsebene zurück. Er fährt dann im Rollstuhl (statt im Kinderwagen) und muss im fortgeschrittenen Stadium Windeln tragen. So kann er weder fliehen noch angreifen, doch das ist dann seine Art und Weise der Machtausübung.

Fast eine Viertelstunde benötigte Elisabeth, um ihren auf dem Beifahrersitz abgestellten Rollstuhl auf die Straße zu bugsieren, sich dort hineinzuziehen, die wenigen Meter bis zum Hauseingang zu fahren, sich umständlich den Mantel auszuziehen und schließlich Platz zu nehmen. Hinter jeder Bewegung verbarg sich der unausgesprochene Vorwurf: „Es wäre einfacher, du würdest zu mir kommen, statt mich diesen beschwerlichen Weg gehen zu lassen.“ Im übrigen tat sie das alles ja nur ihrer Freundin zuliebe, welche ihr dringend und manipulierend empfohlen hatte, doch „so etwas“ mal zu machen. Sie gehorchte. (Ich bin lieb und tue alles, was euch gefällt).

Weil ich bei Elisabeth die Widerstände fühlte, begann ich mit ganz harmlosen Phantasiereisen. Nach der etwa zwanzigminütigen Entspannung versetzte ich sie in ein Boot: „Stell dir vor, du fährst den Fluss herunter, und du lässt dich von der Strömung treiben. Du liegst auf dem Rücken, schaust in den blauen Himmel. Ab und zu schieben sich von oben her Zweige von Bäumen in das Bild und wandern nach unten hin wieder hinaus, weiße Wolken ziehen am Himmel entlang und begleiten dein Boot, bis sie sich wie Wasserdampf auflösen. So trägt dein Boot dich durch dein Leben, und wenn sich etwas ändert, dann sagst du Bescheid.“

Nach einiger Zeit meldete sich Elisabeth: „Der Fluss wird enger. Er ist kanalisiert. Rechts und links sieht es nun aus wie die Wände vom Elbeseitenkanal...... Es wird noch enger..... Ich komme durch ein Industriegebiet..... Die Enge macht mir Angst..... Jetzt sitze ich fest. Ich kann nicht mehr vor und zurück.“ „Was muss passieren, damit du wieder frei kommst?“ fragte ich. Elisabeth überlegte nicht lange, sondern schlug die Augen auf, und für sie war die Sitzung beendet. Sie wollte sich die allegorische Botschaft nicht eingestehen, wie sehr sie sich selber in die beengende Situation gebracht hatte.

Mir fiel die Situation ein, als JESUS CHRISTUS zu den Hallen am See Bethesda kam, in dem die Kranken lagen und auf den Engel des Wassers warteten, der Heilung brachte (Johannes, Kapitel 5). Nun war dort ein Mann, der seit achtunddreißig Jahren an einer Krankheit litt, und als JESUS CHRISTUS ihn so liegen sah, stellte er die berechtigte Frage: „Willst du gesund werden?“ Und so stellte ich jetzt Elisabeth die berechtigte Frage: „Willst du gesund werden?“ „Warum fragst du?“ gab sie zurück. „Du hast die Bilder abgebrochen.“ Sehr freundlich und glatt wie ein Aal und mit einem leichten Vorwurf antwortete Elisabeth: „Du siehst doch, ich bin fest.“ (Damit entzog sie sich jeglicher Eigenverantwortlichkeit).

Den folgenden Termin sagte sie kurzfristig ab, weil sie zum Gericht müsse. In der nächsten Therapiesitzung fragte ich sie: „Was hast du harmonische und friedliebende Waage mit dem Gericht zu tun?“ „Es ging nicht um mich. Ich war nur Zuhörerin.“ „Es war dir aber wichtiger als eine Therapiestunde. Was war los?“ Sie antwortete: „Es war auch sehr wichtig. Ein Mann war angeklagt, weil er einen Polizisten angeschossen hatte, als er beim Fahrzeugdiebstahl gefasst wurde.“ „Und was hast du damit zu tun?“ „Ich will, dass der Mann verurteilt wird.“ Ich stutzte: „Du glaubst doch nicht im Ernst, dass der Richter sich von dir als unbeteiligte Zuhörerin beeinflussen lässt.“ „Ich habe auch nichts gesagt. Ich habe mich nur in meinem Rollstuhl dem Richter genau gegenübergesetzt und ihn unentwegt angeschaut. Der hat schon verstanden!“ (......fährt dann im Rollstuhl statt im Kinderwagen..... kann weder fliehen noch angreifen — doch das ist ihre Art und Weise der Machtausübung).

In der nächsten Rückführung appellierte ich an die grenzenlose Weisheit ihres Unbewussten, das Schlüsselerlebnis freizugeben. Und so geschah es. Elisabeth sah sich als zweijähriges Kind. Mehrere Damen waren zum Kaffeekränzchen erschienen, und sie saß mit am Tisch, in ein kleines Kinderstühlchen geklemmt. „Ich fühle mich nicht wohl, ich bin schon zu groß für das Stühlchen, und will da raus. Alle reden auf mich ein, wie lieb ich doch sein soll, aber ich will nicht lieb sein. Dann reden sie wieder miteinander, als ob es mich überhaupt nicht gäbe. Langweilig ist das hier. Ich zapple herum. Jetzt kippt das Stühlchen mit mir um. Ich liege am Boden, aber ich habe mir nicht weh getan. Alle beugen sich zu mir herunter und wollen helfen. Mein Körper ist angewinkelt, weil ich ja noch im Stühlchen bin. Mutter bindet mich los und hebt mich hoch. Ich bleibe so angewinkelt. ‚Mach dich mal gerade!' sagt sie, aber ich bleibe so. Sie ist ganz aufgeregt, sie legt mich auf die Couch. Alle Tanten sind besorgt, sie sehen mich an und reden durcheinander. Mutter ist den Tränen nahe, weil sie nicht weiß, was mit mir ist...." „Wie fühlst du dich dabei?" fragte ich dazwischen. „Toll! Es ist ein tolles Gefühl. Ich bin Mittelpunkt, und alle sorgen sich um mich. Ich bleibe noch so angewinkelt, es strengst mich an, aber es lohnt sich. So, jetzt kann ich nicht mehr. Ich entspanne mich. Mutters Gesicht hellt sich auf: ‚Gott sei Dank, dem Kind ist nichts passiert.' Die Tanten gehen wieder auseinander und setzen sich in die Sessel. Widerlich! Ich rutsche von der Couch und setze mich unter den Tisch. Mutter zieht noch einmal die Tischdecke hoch, schaut nach mir, und nun redet sie wieder mit den Tanten." „Wie fühlst du dich?" „Schlecht. Ich bin einsam. Niemand kümmert sich um mich."

„Seit wann weißt du, dass du MS hast?" fragte ich später. „Das liegt Jahre zurück. So ganz klar war das nie, die Ärzte sagten immer, es könnte sein, aber es könnte auch nicht sein. Aber es ist mehrere Jahre her." „Wann war es dir klar?" „Ich weiß es nicht." „Als du geheiratet hast, wusstest du da, dass du MS hast?" „Nein." Ich fühlte deutlich ihre Widerstände, die Fragen zu beantworten. „Also nach der Eheschließung. Was war da los? In welcher Situation im Leben warst du?" „Wir waren relativ kurz verheiratet. Mein Mann sieht ja gut aus, und ich war eifersüchtig. Ich weiß nicht, ob er etwas mit anderen Frauen hatte, aber auf der Straße schaute er jedem Strumpf nach." „Ja, und da fühltest du dich schlecht und warst einsam." „Richtig!" bestätigte Elisabeth. „Und dann entsannst du dich deines alten Musters und warst wieder Mittelpunkt." „Ich verstehe nicht," sagte sie. „Ich brauche nur eine verkrampfte, angewinkelte Haltung einzunehmen, und schon bin ich wieder Mittelpunkt. Das ist das Muster." Elisabeth sah mich schief und skeptisch an. „Begreifst du immer noch nicht?" hakte ich nach. „Nein!" „Dann schau dich mal kritisch an, wie du jetzt in deinem Rollstuhl sitzt: Verkrampft und angewinkelt!" Sie schaute auf die Uhr. „O Gott, schon so spät. Ich muss gehen!"

Ich bekam Elisabeth nie wieder zu Gesicht. Sie hatte die Chance verpasst zu erkennen, wann und wo sich die geistige Ursache der MS in ihrer Psyche eingenistet hatte. Die „Inkubationszeit" für diesen „Virus" betrug Jahrzehnte. Dieses eine Mal lag der Keim der dem Symptom innewohnenden Heilung ganz offen da und hätte dem fortschreitenden Schicksalsverlauf Einhalt gebieten können. Doch wenn der Mensch nicht lernen will, dann greift das Schicksal erbarmungslos zu.

Ein anderes Mal gab es eine Situation, auf die ich nicht vorbereitet war, die ich normalerweise mittelalterlichem Exorzismus zugeordnet hätte, und die sich in dieser Form bisher auch nicht wiederholt hat: Eine junge Frau war im wahrsten Sinne des Wortes von ihrer verstorbenen Mutter besessen.

Wenn der im Zeichen der Waage Geborene durch sein ästhetisches Auftreten, durch sein friedvolles, charmantes Plaudern und durch seinen Schöngeist brilliert, so neigen Waage-Aszendenten zur Fremdbestimmung. Das ist aber nichts Neues. Als kleines Kind, egal ob Junge oder Mädchen, ist man sehr niedlich, läuft von einem Erwachsenen zum anderen und freut sich über die netten Worte; aber so entwickelt sich statt Eigeninitiative nur Anerkennungssuche, und schließlich sieht sich die Seele in einem leeren und kraftlosen Leib inkarniert, der sich von den früheren Aufziehpuppen nur noch durch das Fehlen der Flügelschraube am Rücken unterscheidet. Der Mensch wird so zu einem Schatten seiner selbst, während sich andere zu selbständigen Individuen entwickeln. Der Waage-Aszendent führt dann das Leben eines wedelnden Hundes, dessen Treue zwar hoch geschätzt wird, der aber ohne seinen Herrn nicht existieren kann.

Vera, eine sehr selbstbewusste junge Frau, hatte mich konsultiert, weil sie, wie sie sagte, kein Selbstbewusstsein habe. Ihr zur Schau getragenes Selbstbewusstsein sei eine Rolle, erläuterte sie auf meinen Einwand hin, wie eine Filmrolle, die automatisch bei ihr abliefe, und sie könne sich mit ihrer Maske stets auf das Niveau ihres Gegenübers begeben, was ich mit ihrem Waage-Aszendenten auch für durchaus glaubhaft hielt. Ihr Problem sei weiterhin das Thema Beziehungen, was ebenfalls zu ihrem Horoskop passte. Seit über zehn Jahren hätte sie eine Beziehung mit einem etwa zehn Jahre älteren Freiberufler, der sehr aktiv sei, an dem sie sehr hinge, aber mit dem es zu sehr unschönen Auseinandersetzungen käme, in deren Verlauf die Nachbarn die Polizei rufen müssten. Wer Waage am Aszendenten hat, der hat auch Widder am Deszendenten. Krieg in der Beziehung ist also ebenfalls nichts Außergewöhnliches, vielleicht nur die Art und Weise, ihn auszutragen.

Was wollte Vera? Schließlich war sie aus über fünfhundert Kilometern Entfernung gekommen. Sie berichtete immer wieder von ihrer Beziehung. Mal wollte sie sich trennen, dann wieder nicht, Einzug, Auszug, Abbruch, Versöhnung, neuer Streit, Polizei, gemeinsamer Urlaub, Handgreiflichkeiten, endgültige Trennung und erneute Verlobung lösten einander ab. Vera wurde jetzt etwas klarer: Sie hätte das Gefühl der totalen Fremdbestimmung und sie habe überhaupt keinen eigenen Willen. Sie sei zur Leibeigenen geworden. Bis dahin erschien mir alles normal, jedenfalls bezogen auf die aus ihrem Horoskop ersichtlichen Lernaufgaben. Eine Äußerung ließ mich jedoch aufhorchen, nämlich als sie die Worte benutzte, sie fühle sich „magisch besetzt“ .

Vera war in ihrer Beziehung abhängig geworden, wie ein Drogensüchtiger auch von der Droge abhängig ist. Immer, wenn sie sich gerade getrennt hatte, griff sie fast schlafwandlerisch zum Telefon, um wieder einzulenken. Andererseits konnte sie sich ihre plötzlichen Wutausbrüche ebenfalls nicht erklären, zumal dies in Zeiten geschah, wo die Beziehung eigentlich gut lief. „Wer von deinen Eltern legte ein solches Verhalten an den Tag? Vater oder Mutter?“ Fast alle uns selber unerklärlichen Verhaltensweisen haben wir bei den Eltern gelernt. Entweder kopieren wir sie, oder wir tun genau das Gegenteil, dann rebellieren wir dagegen. Sie antwortete eindeutig: „Mutter!“ „Lebt sie noch?“ fragte ich. „Nein.“ „Wie alt warst du, als sie starb?“ „Siebzehn Jahre.“ „Und dein Vater?“ Sie zögerte einen Augenblick. „Der war schon vorher auf und davon. Der hielt es nicht mehr aus. Meine Eltern hatten sich schon Jahre vorher scheiden lassen.“ „Hast du Kontakt zu ihm?“ „Nein.“

Auch dies schien mir immer noch klar, denn ich konnte mir aus ihrem Horoskop ein gutes Bild machen, wie sie ihre Mutter empfunden hatte: Mutter war launisch, intolerant, laut, unberechenbar und hektisch (Mond in Konjunktion mit Mars im Wassermann), schrie und weinte abwechselnd, änderte alle paar Minuten ihre Farbe und vermittelte dem Kind ein Gefühl von Geborgenheit, das sonst nur ein elektrischer Stuhl zu vergeben hat. Das waren übrigens Eigenschaften, die Vera heute vermutlich ebenfalls an den Tag legte. Ich konnte mir gut vorstellen, wie Veras Mutter durch ihr tyrannisches Verhalten alle an den Rand des Wahnsinns getrieben hatte, dann aber plötzlich mit einem gütigen Gesicht um sich blickte, um zu verkünden: „Ich glaube, ich bin nur von Irren umgeben.“ Vater, „der Gute“, hatte seine Sachen gepackt und die Flucht ergriffen. Heute projizierte Vera den fehlenden Vater auf den Partner, der dieser Projektion überhaupt nicht standhalten konnte. Also immer noch ein ganz normaler Fall von mangelndem Selbstbewusstsein wegen einer chaotischen Mutter und einem abwesenden Vater.

„Erzähle darüber, wie du den Tod deiner Mutter seelisch verarbeitet hast. Warst du betroffen?“ begann ich zunächst zu fragen. „Nein. Darüber weiß ich praktisch nichts.“ „Wieso?“ fragte ich erstaunt. „Auch wenn das Verhältnis schlecht war, irgendetwas muss es doch in dir ausgelöst haben. War sie krank? War es ein Unfall? Komm, erzähle schon.“ Sie druckste lange vor sich hin und schien angestrengt zu überlegen. „Der Anruf erreichte mich etwa nachts gegen elf Uhr. Die Polizei war dran, fragte mich nach meinen Personalien, und dann sagte der Mann, sie habe sich in ihrer Wohnung erschossen.“ Ich fragte noch einmal nach: „Wenn die Mutter auf so dramatische Art durch Selbstmord aus dem Leben scheidet, hat das doch eine sehr einschneidende Auswirkung auf einen jungen Menschen. Warum erzählst du das nur so nebenbei?“ „Es war mir entfallen.“ „Und wo warst du, als das geschah?“ „Ich lebte in Süddeutschland. Ich war ein Jahr zuvor schon ausgezogen.“ „Wie ging es weiter?“ „Ich weiß es nicht. Ich glaube, ich bin noch nachts mit dem Zug losgefahren, aber ab dann weiß ich nichts mehr.“ Veras Worte kamen immer langsamer und langsamer, und ich musste sie ihr wie Würmer aus der Nase ziehen. „ So, dann kamst du dort an. Lebte dort noch irgendein Verwandter oder Bekannter?“ „Ich weiß es nicht.“ „Die Trauerfeier, wie war die Trauerfeier?“ Monoton antwortete sie: „Ich sagte es doch. Ich habe keine Erinnerung.“ Ich fühlte, wie ich ärgerlich wurde. „Höre mal, du warst siebzehn Jahre alt. Deine Mutter mag gewesen sein, wie sie will, aber ein so einschneidendes Erlebnis wie die Beerdigung der eigenen Mutter kann man nicht einfach vergessen. Du warst doch dabei?“ „Ich glaube schon, aber ich weiß es nicht.“ „Kennst du ihr Grab?“ „Ja.“ „Wo ist es?“ „In einem Dorf bei Hildesheim.“ „Warst du schon einmal da?“ „Nein. Doch. Wohl kurz nach der Beerdigung. Aber ich weiß auch nicht, ob ich wieder hinfinden würde.“

In der anschließenden Tiefenentspannung gab das Unbewusste die Bilder wieder frei: Trauerfeier im fast leeren Krematorium. Immergrüne Gewächse, keine Blumen. Der vom Beerdigungsinstitut bestellte Redner, der weder die Tote noch die Familie kannte, sprach pflichtgemäß einige Worte zu der nicht einmal trauernden Versammlung aus drei oder vier Menschen. Monoton berichtete Vera: „Und zum Schluss sagte er dann: ‚Und so lebt die Verstorbene hinfort in ihrer hier anwesenden Tochter weiter’.“ Ich musste sie unterbrechen: „Wiederhole das noch einmal, was der Pastor gesagt hat.“ „Es war kein Pastor. Er sagte: ‚Und so lebt die Verstorbene hinfort in ihrer hier anwesenden Tochter weiter’.“ Eine wahnsinnige Idee ergriff mich: „Und wo ist deine Mutter jetzt?“ „Woher soll ich das wissen.“ „Du könntest sie fragen.“ „Sie ist doch tot.“ „Frage sie trotzdem.“ „Wie soll ich sie fragen?“ „Ganz einfach,“ antwortete ich. „Mutter, wo bist du?“ Mechanisch und ohne Betonung wiederholte Vera die Worte: „Mutter, wo bist du?“ Nichts passierte. „Noch mal!“ „Mutter, wo bist du?“ Ich sagte mit Nachdruck: „Noch mal, lauter!“ „Mutter, wo bist du?“ Und plötzlich antwortete es aus Vera mit einer rauen, versoffenen Stimme: „Hier!“ Ein Schauer lief durch meinen Körper, und das Blut wollte in meinen Adern gerinnen. „Frage noch einmal genau nach. Was heißt: Hier? Wo bist du?“ Vera sprach wieder mit monotoner, aber normaler Stimme: „Was heißt: Hier? Wo bist du?“ Und dann kam wieder die tiefe Grabesstimme: „Ich bin in dir.“ Auf so etwas war ich nicht vorbereitet, und ich holte Vera langsam zurück.

Vera war erstaunt, aber nicht weiter betroffen. „Deine Mutter scheint die Worte des Redners wohl etwas zu wörtlich genommen zu haben,“ begann ich. „ Welche Worte? Was meinst du?“ „Du hast es eben selber gesagt. Kannst du dich daran erinnern, dass der Redner sagte: ‚Und so lebt die Verstorbene hinfort in ihrer hier anwesenden Tochter weiter’?“ „Ja, jetzt kann ich mich erinnern.“ „Wie fühlst du dich jetzt?“ fragte ich. „Wie immer!“ antwortete Vera.

„Morgen machen wir weiter."

Während eines einwöchigen Therapieblocks in Einzeltherapie haben die Klienten praktisch keinen Kontakt mit der Außenwelt. So hielt sich auch Vera die ganze Zeit über im Institut auf, sie schlief auch dort und konnte nur die allernotwendigsten Besorgungen außerhalb tätigen. Die freie Zeit sollte sie nutzen, um Tagebuch zu führen, die inneren Bilder zu zeichnen oder zu malen, oder um über die Eindrücke zu meditieren. Es war vor allem wichtig, dass sie nun nicht mit ihrem Partner telefonisch in Kontakt trat und beim Thema blieb.

Menschen, die eines gewaltsamen Todes gestorben sind, existieren oftmals weiter in einem Zustand, in dem sie den Tod weder registriert noch begriffen haben. Auf diesem Phänomen beruhen die meisten Poltergeister in alten Schlössern. Die Burgdamen oder -herren, die keine Ruhe finden können, hatten zu Lebzeiten einiges Blut an ihren Fingerchen kleben und waren meistens hinterrücks enthauptet, erschlagen oder erschossen worden, wobei ihre Seele dann das subjektive Gefühl hatte, als sei der Körper aus ihr herausgeschlagen worden. Als wenig spirituell veranlagtes Wesen wundert man sich dann, trotzdem zu existieren und lehnt es ab, den physischen Tod zur Kenntnis zu nehmen. So etwa musste es auch mit Veras Mutter gewesen sein. In einem ihrer exaltierten, hektischen Zustände hatte sie die Waffe gegen sich selber gerichtet, ohne in Wahrheit die Absicht gehabt zu haben, sich zu töten. Die Seele, irritiert und desorientiert, hatte nichts Besseres zu tun, als sich ein neues Medium zu suchen, um möglichst erdnah zu bleiben.

In der nächsten Therapiestunde nahmen wir wieder Kontakt zur Mutter auf, was sofort gelang. „ Mutter, wo bist du?" „Ich bin hier!" kam wieder die raue, tiefe Stimme aus Vera. „ Erkläre ihr, dass sie tot ist, und dass sie dich freigeben soll." Vera sprach: „Mutter, du bist tot! Gib mich frei." „Nein!" kam die tiefe Stimme aus Vera. Vera wimmerte: „Bitte! Ich möchte mein Leben selber gestalten." Keine Antwort. „Noch einmal, eindringlicher!" sprach ich zu Vera. „ Mutter, bitte, gehe zu den anderen, die vor dir gestorben sind. Sie warten auf dich." Kalt und grausam kam die rauchige Antwort: „Nein! Ich bleibe!" Mir war überhaupt nicht wohl in dieser Situation. Trotzdem stiftete ich Vera zu einem dritten und letzten Versuch an: „Schreie sie an! Diese Sprache versteht sie. Sie soll endlich verschwinden!" Vera holte tief Luft und schrie aus vollem Halse: „Mutter, verschwinde endlich!!! Hau ab!!!" Es dauerte etwas, und dann kam die Stimme wieder, sehr tief, sehr langsam, sehr konsequent: „Nein!"

Ich war fest. Exorzismus ist nun nicht gerade mein Fachgebiet. Ich überlegte, ob ich Vera zu einer jener modernen Hexen schicken sollte, die sich in diesen Dingen auskennen. Aber ich kannte keine, der ich das zutraute. Doch so, in diesem Zustand, konnte ich auch nicht die Therapie beenden und Vera fortschicken. Irgendetwas musste passieren.

Und die Kirche? Die Befugnis zum Exorzismus erhielten früher jene Priesteranwärter, welche die dritte Weihe empfangen hatten, wodurch Dämonen durch kräftige Worte und magische Handlungen ausgetrieben werden konnten. Aber auch den Gedanken, mich an einen Pastor zu wenden, verwarf ich wieder, denn ich war überzeugt davon, dass keiner sich darauf einlassen würde.

Die Bibel fiel mir ein. Dort sind ja viele Austreibungen beschrieben. Ich las im Markus-Evangelium nach (Kapitel 9): „Da erwiderte ihm einer aus dem Volke: ‚Meister, ich habe meinen Sohn zu dir gebracht, er ist besessen von einem stummen Geist..... Ich sagte zu deinen Jüngern, sie möchten ihn austreiben; doch sie vermochten es nicht.' Er aber wandte sich an sie (die Jünger) und sprach: ‚O du ungläubiges Geschlecht! Wie lange noch soll ich bei euch sein? Wie lange noch euch ertragen? Bringt ihn her zu mir!' Und sie brachten ihn zu ihm..... Da JESUS CHRISTUS sah, dass das Volk zusammenlief, schalt er den unreinen Geist und sprach zu ihm: ‚Du stummer und tauber Geist, ich gebiete dir, fahre von ihm aus und komme nicht mehr zurück zu ihm!' Unter lautem Geschrei und heftigen Zuckungen fuhr er aus, und der Knabe war wie tot, so dass die Leute sagten, er sei gestorben. Jesus aber fasste ihn bei der Hand und richtete ihn auf" (Vers 14 - 29). Ja, ich stellte aber nun fest, dass ich kein Jesus bin. Was dort in der Bibel beschrieben war, hatte ich ja sinngemäß versucht — und war gescheitert, genauso wie die Jünger.

Abends vor dem Schlafengehen meditierte ich über dieses Problem und bat mein inneres höheres Selbst, mir die Lösung zu schicken. Das geschah dann auch — nachts im Halbschlaf. Auf das Einfachste und Naheliegendste kommt man leider nicht durch Logik: Was suchte ich überhaupt im Außen nach modernen Hexen, magischen Exorzisten oder wackeren Kirchenmännern? JESUS CHRISTUS war die richtige Anlaufstelle!

„Ich kenne zwar nicht deine religiöse Einstellung," begann ich am nächsten Tag mit Vera zu sprechen, „aber ich halte es für richtig, JESUS CHRISTUS persönlich um Hilfe zu bitten. Das musst du aber alleine tun." „Ich habe einen Schutzengel," warf Vera ein. „Wunderbar," sagte ich, „nehmen wir den. Ich werde dich nur in die Tiefenentspannung führen, damit du den Kontakt mit deiner Mutter wieder aufnehmen kannst. Alles andere, die Anrufung deines Engels und was dann folgt, das musst du alleine tun und liegt auch ausschließlich in deinem eigenen Verantwortungsbereich. Bist du damit einverstanden?" „Ja," antwortete Vera unbeschwert. Was war von einem Waage-Aszendenten auch anderes zu erwarten, als das zu tun, was der andere will.

Nach etwa zwanzig Minuten hatte sie den tranceähnlichen Schwebezustand zwischen Traumgeschehen und Wachsein wieder erreicht. Dann rief sie ihren Engel. „ Ich bitte dich um Hilfe! Meine Mutter ist in mir. Ich will, dass sie mich frei gibt, aber sie will in mir bleiben. Sprich du mit ihr." Es folgte eine lange Pause. Ich fragte nach: „Was geschieht jetzt?" „Mein Engel spricht auf Mutter ein, aber sie will nicht." Es folgte wieder eine lange Pause. Vorsichtig fragte ich dazwischen: „Und jetzt?" „Immer noch dasselbe," antwortete Vera jetzt mit einer kläglichen Stimme. „Sie werden sich nicht einig." Es dauerte sehr, sehr lange. Vera lag mit bewegungslosem Gesicht da. Es war keine Reaktion zu erkennen. Dann aber drückten sich zunächst aus ihrem linken und aktion zu erkennen. Dann aber drückten sich zunächst aus ihrem linken und dann aus beiden Augen dicke Tränen. „Mein Engel schafft es nicht! Mutter ist stärker." „So, jetzt JESUS CHRISTUS!" rief ich intuitiv. „Wende dich an Ihn. Er wird dir helfen!"

Schon nach kurzer Zeit meldete sich Vera wieder. „Jetzt kommen zwei weitere Engel. Die sind sehr groß und sehen ziemlich kompakt aus. Sie kommen direkt auf mich zu...." sie atmete schneller und heftiger, „....sie gehen in mich hinein!" Vera war jetzt ganz aufgeregt: „Beide packen Mutter unter die Arme..... Sie will nicht! Sie zerren!!! Aua!" Vera zuckte am ganzen Körper, warf ihren Kopf hin und her, bäumte sich auf, hielt sich mit beiden Händen den Bauch, stieß einen markerschütternden Schrei aus, schlug die Hände vor ihr Gesicht und warf sich herum auf den Bauch. Dann war Ruhe.

Die Zeit kroch dahin. Ich war gespannt wie ein Flitzebogen, wagte aber nicht nachzufragen. Nach langer, langer Zeit begannen Veras Schultern auf- und abzubeben. Sie weinte, erst ein wenig, dann immer stärker, und schließlich schien die ganze Welt in einem Meer von Tränen zu versinken. Aber dann drehte sich Vera plötzlich um und setzte sich auf. Sie hatte ein ganz verklärtes Gesicht, aber sie sprach mit sehr klarer und fester Stimme: „Es ist vorbei! Sie ist endlich aus mir heraus! Es war wie im Krimi. Die beiden Engel packten Mutter unter die Arme, wie Rausschmeißer dies in Spelunken mit ungeliebten Gästen tun. Sie hat sich mit Händen und Füßen gewehrt, sie hat versucht, sich festzukrallen. Aber die Engel waren stärker, sie haben nicht lange gefackelt. Mutter wurde einfach gepackt und herausgezerrt! Für mich war es ein Schmerz, als würden alle meine Gedärme abgewickelt. Auch jetzt spüre ich den Bauch wie eine einzige tiefe Wunde. Meine Eingeweide tun noch sehr weh, aber das geht vorbei. Ich bin endlich frei!"

Wir saßen noch eine ganze Zeit schweigend beieinander. Dann fragte ich: „Was möchtest du jetzt tun?" „Schlafen," antwortete Vera. Und so geschah es. Vera schlief sich gesund.

Am nächsten Tag fuhr sie wieder nach Hause. Trotz dieser wunderbaren spirituellen Heilung war ich nicht zufrieden. Denn wir sind nicht an das Thema herangekommen, *warum* Vera es zugelassen hatte, von ihrer Mutter besetzt zu sein. Denn das war das eigentliche Waage-Thema. Alle Menschen *haben* Schatten, die sie entweder anschauen oder nicht anschauen wollen. Waage-Aszendenten *sind* aber Schatten. Sie neigen dazu, wenn auch nicht so drastisch wie bei Vera, ihre eigene Individualität total aufzugeben zugunsten eines anderen, hier zugunsten der Mutter. Es könnte ja sein, dass sie weiterhin so offen durch die Welt ginge, und dass eine andere Seele sie sich aussuchte, um in ihr zu leben. Also irgendwie war ich nicht zufrieden.

War das nun mein skeptischer Jungfrauen-Aszendent, der alles hinterfragen musste und die nächsten drohenden Gefahren schon wieder am Horizont aufkommen sah? Oder sollte ich lernen, ein Geschehen auch einmal so stehen zu lassen? Ich weiß es nicht. Therapeut(in) und Klient(in) sind immer miteinander verwickelt. Oftmals wechseln die Rollen, ohne dass wir das merken. Beide befinden sich in Therapie. Ich durfte als Zaungast bei einem Wunder teilhaben — und bin selber dadurch auch heiler geworden.

Aszendent S K O R P I O N
Der Phönix aus der Asche eines verbrannten Lebens

Während die Stier-Aszendenten für dieses Kapitel nur mangelhaften Stoff lieferten, so könnte ich mit dem Gegenzeichen der Skorpion-Aszendenten Bibliotheken füllen. In der *Reinkarnationstherapie* kommt ein Panoptikum der finstersten Gestalten des Mittelalters an die Oberfläche: Alte Weiber, die mit wächsernem Gesicht und krallenartigen Fingern in einer Giftküche Speisen bereiten; verschlagene junge Burschen aus gutem Hause, welche die widerliche Gepflogenheit haben, naive Dienstmädchen zu verführen und während des Geschlechtsaktes zu erdolchen; selbstgefällige Alchimisten, die vorgeben, Blei in Gold verwandeln zu können und unentwegt die geheimen Lehrsätze des Hermes Trismegistos, des dreimal weisen Meisters, zitieren; Prostituierte, die, besser als die Alchimisten, ihren Körper zu Gold machen; hässliche, aus ihrem zahnlosen Mund sabbernde Weiber, die mit hündischer Unterwürfigkeit und hinter vorgehaltener, knochiger Hand alle niedrigen Gerüchte dieser Welt weitertragen, und so weiter und so weiter. In einer einzigen Reinkarnationssitzung mit einem Skorpion-Aszendenten geschieht mehr als in einer ganzen Woche Fernsehprogramm.

Aber ich will dies nicht alles aufschreiben, obwohl diese Geschichten die Auflagezahlen dieses Buches enorm in die Höhe schnellen lassen würden. Mir kommt es auf eine ganz einfache, aber wichtige Kernaussage an: *Wenn ein Skorpion-Aszendent glaubt, sich in dieser Inkarnation bequem einzurichten und auf dem Sofa aus ‚Loriot's heiler Welt' gemütlich ausruhen zu können, dann wird das Schicksal erbarmungslos zugreifen und ihn zu Höchstleistungen „anstacheln"* .

Skorpion-Aszendenten sind aber wie kein anderes Zeichen und ganz anders als die Waage-Aszendenten zu tiefgründigsten Wandlungen fähig. Zwei kurze und ein etwas ausführlicheres Beispiel sollen das belegen:

Else war in jungen Jahren Operationsschwester und tat Dienst bei der Unfallchirurgie. Nach etwa zehn Jahren ließ sie sich auf die normale Krankenpflegestation versetzen, und dann, weil sie ja nun selber auch älter wurde, schließlich zur Altenpflege. Die Kinder waren groß, und endlich sollte das Leben ruhiger und so richtig gemütlich werden. Parallel mit dieser beschaulichen Entwicklung formierten sich im Außen skorpionische, desolate Prozesse: Die Geburt ihres ersten Sohnes war wegen seiner Querlage von Todesangst begleitet, im Dienst endete ihr Verhältnis mit dem Professor in einem Eifersuchtsdrama, chronische Darmentzündung und Verstopfung stellten sich bei ihr ein, es kam zu finanziellen Betrügereien innerhalb der Verwandtschaft wegen Erbschaftsangelegenheiten, Else wurde in der Ehe von ihrem Mann mehrmals vergewaltigt, ihr heranwachsender Sohn wurde drogenabhängig, und bei einem Autounfall war sie lange Zeit unter Todesangst im Fahrzeugwrack eingeklemmt. Vorläufiger Endpunkt: Elses Sohn erhängte sich schließlich im Keller zu einer Zeit, da sie mit ihren Freundinnen (stiermäßig) einen Kegelabend verbrachte. Nachdem sie den noch warmen Körper abgeschnitten hatte, wurde sie von Stund an von bittersten Schuldgefühlen und Selbstvorwürfen gequält. Ihr Leben hatte keine Perspektive mehr.

Als Else im November zum ***Hexagramm-Programm***® kam, hatte sie eigentlich mit ihrem Leben schon abgeschlossen. In den ersten Tagen dieser Therapiewoche, in denen wir die Rückführungen in die Kindheit durchführten, kamen alle Formen von Grausamkeiten an die Oberfläche: Schon als kleines Kind war sie in eine Jauchegrube eingebrochen, weil sich jemand den Spaß gemacht hatte, die Bretter anzusägen; sie unterhielt ein Inzestverhältnis mit ihrem Vater; sie erlebte als Sechsjährige eine Vergewaltigung auf dem Friedhof durch einen Sechzehnjährigen, bei der zwei alte Witwen noch zuschauten und sie beschimpften anstatt ihr zu helfen, und so weiter. Drei Tage lang hat sich Else in diesem Seminar fast ununterbrochen übergeben, denn die Therapie krempelte ihr den Magen um. Dann endlich war alles raus.

Im Ritual gegen Ende der Woche hatte sie eine Vision: *Noch einmal im Leben irgendwo arbeiten, wo ich wirklich gebraucht werde.* Anschließend erzählte sie, und ihre hellblauen Augen begannen zu glänzen: „Damals, als ich noch jung war, im OP, das waren noch Zeiten: Wenn am Karfreitag oder Ostersonntag die Rettungswagen eintrafen und die Hubschrauber mit den Verletzten landeten, da war was los. Diese jungen Ärzte hatten ja keine Ahnung. Ich musste denen sagen: ‚Dahinten, den, der ganz still liegt, den müsst ihr jetzt operieren! Der verblutet sonst innerlich. Den anderen Schreihals hier vorne könnt ihr bis Montag liegen lassen, der hat nur Knochenbrüche.' Ja, da wurde ich wirklich gebraucht. Ich glaube, ich habe so manches Leben gerettet." Ein sehnsuchtsvoller Schleier fiel auf ihr inzwischen faltiges Gesicht und strahlte eine überirdische Schönheit aus. „Vielleicht melde ich mich noch einmal nach Jugoslawien oder in ein anderes Kriegsgebiet, als Operationsschwester, wenn die so eine Alte wie mich noch nehmen."

„Ich bin wie neugeboren," schrieb Else ein halbes Jahr später: „Ich sehe wieder die Blumen blühen, ich höre wieder die Vögel singen, ich rieche die Düfte des Frühlings. Rund herum um mich ist ja überall LEBEN! Mein Gott, und ich wollte mein Leben wegwerfen!"

Das erste, was Annette mir erzählte, als sie „nur mal vorbeischauen“ wollte, war, dass sie als Kind jahrelang von ihrem Vater sexuell missbraucht worden war. Klein und verschüchtert war sie anzuschauen, und sie sprach mit einer sehr schweren Stimme. Offensichtlich stand sie unter Drogen oder unter starken Medikamenten. Später, mit etwa zweiundzwanzig Jahren, so erzählte sie weiter, fiel sie bei einer Familienfeier am Muttertag in Ohnmacht und wurde in die Psychiatrie gebracht. Dort blieb sie über zwei Jahre (!), und als sie dann, inzwischen sechsundzwanzig Jahre alt, zu diesem Gespräch kam, war sie bereits seit zwei Jahren bei einer Psychologin in einer klassischen Analyse.

„Wie wird denn dort dein Mutterthema bearbeitet?“ fragte ich ehrlich interessiert. „Das kommt erst nächstes Jahr dran,“ antwortete sie sehr langsam. „Wieso, kann man aus dem Horoskop sehen, dass das etwas mit meiner Mutter zu tun hat?“ „Dazu braucht man kein Horoskop, dazu braucht man nur ein Quäntchen klaren Menschenverstand. Überlege einmal: Am *Muttertag* fällst du in *Ohnmacht! Ohne Macht.* Die Mutter hat zwar direkt nichts mit dem sexuellen Missbrauch zu tun, aber damit, dass sie das offensichtlich gedeckt hat, und weil du in ihr keine Ansprechpartnerin hattest. Da liegt eine enorme Verletzung.“ Annette nahm ihre Psychologin in Schutz. „ Das kann sie ja alles gar nicht wissen.“ „Was kann sie nicht wissen?“ fragte ich. „Na, das mit dem sexuellen Missbrauch.“ „Wieso weiß sie das nicht?“ „Weil ich ihr das nicht erzählt habe.“ Ich fasste mich an den Kopf. „ Sage mal, du bist zwei Jahre lang in der geschlossenen Anstalt gewesen, du bist weitere zwei Jahre in einer Analyse gewesen, und das wahrscheinlich wichtigste Thema in deinem Leben verschweigst du!“ Verständnisvoll und schleppend erklärte Annette, so als sei ich schwer von Begriff: „Ich bin doch nicht wegen des sexuellen Missbrauchs in die Psychiatrie gekommen. Ich war in Ohnmacht gefallen.“ „Aber wenn du zwei Jahre in der Psychiatrie bist, dann haben doch bestimmt auch Gespräche stattgefunden. Warum hast du das nicht gesagt?“ „Das waren immer nur zehn Minuten. Sie haben mich nicht danach gefragt.“ „Und bei der Analytikerin,“ wollte ich wissen, „die hat sich doch mehr Zeit genommen.“ „Doch, das hat sie. Aber zu der habe ich kein Vertrauen.“ „Und mir erzählst du das gleich als erstes. Wieso hast du hier Vertrauen? Du kennst mich doch gar nicht.“ „Doch, dich kenne ich schon lange. Ich höre jedes Jahr deine Vorträge.“ Ich überlegte kurz: Eine Irre? Eine neue Papa-Projektion? Ich versuchte, Klarheit zu bekommen. „Nimmst du Drogen?“ fragte ich. „Nein, warum?“ „Du bist nicht klar im Kopf. Nimmst du Medikamente?“ „Ja, muss ich?“ „Warum?“ „Ich glaube, weil ich sonst wieder in Ohnmacht falle.“

Die Sache war mir einfach zu merkwürdig. Eine Therapie wollte Annette offenbar bei mir auch nicht machen. Dennoch wollte ich sie etwas aufklären. Ich erzählte ihr einiges vom Schatten, von den ins Unbewusste verdrängten Energien, davon, dass es keinen Sinn habe, den Schatten, in ihrem Falle den sexuellen Missbrauch, zu verdrängen, dass Opfer und Täter immer die gleiche Identifikation hätten, dass sie auch ihren Anteil dazu beigetragen hätte, dass es dazu gekommen sei, und dass es Sinn einer Therapie sein müsse, genau diesen Anteil ans Licht zu befördern. Annette hörte sehr aufmerksam zu, wenn auch ihre Augenlider sehr schwer waren und von Zeit zu Zeit zufielen. Trotzdem war ich davon überzeugt, dass meine Worte ungehört im Kosmos verhallen würden. Als die Stunde um war, zog Annette ihr Scheckbuch. Ich wehrte ab: „Lass das, ich habe dir doch nicht weiterhelfen können. Erzähle deiner Therapeutin alles, aber versuche, die Medikamente einzuschränken.“ Ungerührt füllte Annette sehr langsam und umständlich den Scheck aus, überreichte ihn mir und sagte: „Ich bestehe darauf.“

Doch ich hatte mich in ihr so gewaltig geirrt wie selten im Leben. Ein Jahr später rief Annette an, erbat einen Termin, denn sie wollte mir etwas erzählen. Es erschien eine attraktive junge Frau mit offenen Augen und schnellen Bewegungen, setzte sich hin und schlug die Beine übereinander. „Ich will dir nur erzählen: *Ich habe mir meinen Schatten angeschaut.* Aber wie!!!“ Genüsslich zog sie die Luft ein, genoss die Spannung, und dann erzählte sie folgende Story: „Deine Fragen letztes Jahr: ‚Nimmst du Drogen? Nimmst du Medikamente?’ haben mir keine Ruhe gelassen. Vor allem deine Äußerung: ‚Du bist nicht klar!’ Damit habe ich als erstes aufgehört. Als ich klar im Kopf war, habe ich die Analyse abgebrochen, das war das zweite. Und drittens bin ich nach Frankreich gefahren. Mein Vater lebt seit Jahren in Paris. Ich habe seine Adresse ausfindig gemacht und habe ihn angerufen. ‚Vater, ich möchte mit dir sprechen. Ich komme nach Paris, und wir werden Kaffee trinken.’ Er war zwar sehr verdutzt, aber wir verabredeten uns in einem kleine Café, am Montmartre. Er war auch pünktlich da. Nach einigen Allgemeinheiten: ‚Wie geht es dir? Mir geht es gut!’ habe ich ihn unvermittelt gefragt: ‚Vater, warum hast du mich sexuell missbraucht, als ich noch ein Kind war?’ Er lief knallrot an und stritt alles ab. Ich musste ihm erst erklären, dass ich ihn weder anzeigen wolle, noch Geld von ihm wolle, sondern dass ich nur meinen Schatten ansehen wolle. Er konnte damit nichts anfangen, und ich sagte ihm, ich suche in mir jene Struktur, die dazu beigetragen hat, dass er mich missbraucht hat. Als er sich nochmals vergewissert hatte, dass ich weder Geld noch eine Anzeige wollte, erzählte er etwas von den vielen Demütigungen durch meine Mutter, und dass in der Ehe nichts mehr lief. Dann wollte er auf meine Mutter schimpfen, aber ich bremste ab und sagte: ‚Erzähle mir, was habe *ich* damit zu tun? Warum hast du dir nicht eine andere Freundin gesucht?’ ‚Ja, du hast so ausgesehen wie deine Mutter damals.’ sagte er. ‚Ich habe sie einmal sehr geliebt, aber sie hat mich stets abgewiesen. Und du warst so verführerisch..... und ihr so ähnlich.’ Ich fragte: ‚Habe *ich* dich denn verführt?’ Er wurde wieder ganz rot. Noch mal: ‚Habe *ich dich* verführt?’ Dann sagte er: ‚Ja’!“

Annette lehnte sich genüsslich zurück, und zeigte sich von ihrer verführerischsten Seite. „Ich bin noch nicht fertig,“ und ein schelmisches Lächeln flog über ihr Gesicht. „Dann habe ich zu ihm gesagt: ‚Vater, jetzt will ich es genau wissen. Ich will mit dir schlafen!’ Du hättest ihn mal sehen sollen! Er schaute verwirrt und irritiert umher. Er hatte Angst, dass ihn jemand beobachten würde, er rutschte von einer Pobacke auf die andere, und sagte: ‚Wo denkst du hin. Das geht nicht. Ich bin dein Vater!' ‚Ach,' sagte ich, ‚du altes Ferkel! Auf einmal!' Aber ich sagte es so, dass er wusste, dass ich ihm nicht böse bin. Dann: ‚Jahrelang habe ich das alles als schreckliches Erlebnis verdrängt. Mutter schnapp ich mir auch noch, darauf kannst du Gift nehmen. Also, sei jetzt kein Feigling! Deshalb bin ich extra nach Paris gekommen.' Er war zu feige, um mit mir zu sich nach Hause zu gehen, und so nahmen wir uns ein billiges Hotel."

Prüfend sah Annette mich an, wie ich das wohl finden würde. Ich fragte: „Und, wie war es?" „Ja, doch, er hatte so eine gewisse Art, die Frauen schon anmachen kann. Ich habe es auf jeden Fall genossen, wie er an meiner Angel hing und mit mir mitgegangen ist. Ich hatte richtig Macht über ihn; das war das beste." „Klar," warf ich ein, „fühlt sich auch besser an als die Ohnmacht als Kind." Jetzt erst ging Annette das Licht auf, wie sie vom Opfer zum Täter geworden war." „Doch," sagte sie sehr genussvoll, „fühlt sich gut an." Ich dachte, sie beschriebe damit den Inzest, hatte mich aber wieder geirrt. Sie sagte: „Nee, als Mann.....," sie wehrte innerlich ab, „.....so gut war der als Liebhaber nun auch wieder nicht." Sie machte eine lange Pause. „So, das wär's. Ich bin froh, dass ich dort gewesen bin. Nun kann ich das Thema abschließen. Kein Hass, kein Groll, keine Angst mehr. Ich bin frei!"

„Donnerwetter!" staunte ich. „Wahrhaft, Skorpione versetzen mich doch immer wieder in Erstaunen. *Der* Schatten ist bearbeitet. Und deine Mutter? Was hast du mit ihr gemacht?" „Gar nichts." Annette zog eine verächtliche Miene. „Die rafft doch nichts mehr. Die Angelegenheit betraf nur meinen Vater und mich." „Ich bin mir da nicht ganz sicher. Denk doch mal an die Ohnmacht am Muttertag." Annette überlegte, und dann sagte sie mit Nachdruck: *Ich bin jetzt wieder klar!"*

Ich hoffe sehr, dass Annette künftig ihre Beziehungen zu Männern wirklich frei von Angst, Ohnmacht und Verachtung gestalten kann. Sie verabschiedete sich. „Irgendwann lass ich wieder von mir hören. Tschüß!" Und sie genoss den Triumph, den sie sich wahrhaft verdient hatte.

Es gibt Menschen, die befinden sich auf dem Müllplatz der Gesellschaft. Christa war ein solcher Mensch. Sie trug eine Brille mit starken Gläsern, war etwas über vierzig Jahre alt und erzählte, sie hätte zwölf Selbstmordversuche hinter sich und wäre über zwanzigmal in verschiedenen Psychiatrien, Entzugsanstalten und psycho-somatischen Kliniken gewesen.

Christa hatte eine schreckliche Kindheit. So berichtete sie, ihre Mutter wäre gewalttätig gewesen und hätte sie als kleines Kind oft tagelang in den Schweinestall zu den Säuen gesperrt. Mit 15 Jahren hätte sie ihren ersten Selbstmordversuch mit Schlaftabletten unternommen. Ihr Großvater hatte seiner Tochter ein Kind gemacht, ihren ältesten Bruder. Der Großvater kam dafür ins Gefängnis und hat sich dort aufgehängt. Ihr Vater war Alkoholiker, zwei Brüder waren Alkoholiker, ihr jetziger Partner war Alkoholiker, und sie selber war seit Jahren ebenfalls alkohol- und tablettenabhängig.

Unfähig, wegen der ewigen Krankheitsausfälle einer geregelten Arbeit nachzugehen, hatte der Vertrauensarzt ihr schließlich empfohlen, „sich einen Mann zu suchen" und sie dann kurzerhand in Rente geschickt. So war sie in ihren jungen Jahren aus dem Berufsleben vollends ausgeschieden mit einer Rente, die zum Leben zu wenig, aber zum Sterben zu viel war. Aber sie wollte unbedingt wieder zurück in ein lebenswertes Leben.

Christa hatte mich auf einer Esoterikmesse nach einem Vortrag über das ***Hexagramm-Programm***® angesprochen, der den Untertitel trug: Eine Gruppentherapie mit Heilung durch Rituale und Symbole nach dem antiken Heilschlaf des Asklepios. Als sie mir ihre Geschichte etwa mit den Worten erzählt hatte, wie sie im vorigen Absatz stehen, zweifelte ich an ihrem Verstand. Gerade auf Esoterikmessen findet man oft Menschen, die irgendwelche irrationalen Vorstellungen von Wunderheilungen haben, die allerdings auch oftmals in verantwortungsloser Weise geschürt werden. Ich sah durch ihre starke Brille in ihre großen, schwarzen Pupillen und erkundigte mich, ob sie derzeit Psychopharmaka einnehme. Als sie das Medikament aus der Gruppe der Tranquilizer und die Dosis mit 50 Tabletten pro Tag angab, erklärte ich sie für verrückt. Christa beharrte aber darauf, sie wolle unbedingt zu genau jener Therapie, die ich im Vortrag vorgestellt hatte. Irgendwie war mir die Sache unangenehm, und ich bat sie, am nächsten Tag noch einmal mit ihrer exakten Geburtszeit erneut zur Messe zu kommen — in der Gewissheit, die Sache wäre damit erledigt.

Aber sie kam wieder, brachte ihre Geburtszeit mit, und ich machte ein Horoskop: Aszendent Skorpion, Sonne im Steinbock, Mond im Skorpion und Pluto, der Herrscher des Aszendenten, in gradgenauer Konjunktion mit dem MC (Medium Coeli). Das war keine Ausruh-Inkarnation; Christa hatte den Weg des Todes gewählt. Aber ich sah in diesem Horoskop auch alle Chancen zu einer tiefgreifenden Wandlung und Heilung.

Mir gingen die täglichen 50 Tabletten nicht aus dem Kopf. Ich erklärte ihr, dass ein Fahrlehrer es ablehnen kann, mit einem Fahrschüler zu fahren, der betrunken ist. Ebenso muss ich es ablehnen, jemanden in ein hochspirituelles Seminar mit Symbolen und Ritualen hineinzunehmen, der unter Drogen steht. Wenn es auch noch nicht bis in die Arztpraxen vorgedrungen ist, so hat es sich doch in weiten Kreisen der Patienten bereits herumgesprochen, dass Tranquilizer im allgemeinen schon nach ein- bis zweiwöchiger Einnahme zur Abhängigkeit führen, und dass genau die Symptome, gegen die sie wirken sollten, nach dem Absetzen verstärkt auftreten, als da sind: Angstzustände, Schweißausbrüche und Schlafstörungen. Werden die Mittel in höheren Dosen und über längere Zeit eingenommen, so entstehen nach dem Absetzen weitere Entzugserscheinungen wie Schlaflosigkeit, Verwirrung, Muskelkrämpfe, Kopfschmerzen, Wahnvorstellungen und sogar epileptische Anfälle. Nach vier Monaten lässt sich bei all diesen Medikamenten ohnehin keine angstlösende Wirkung mehr nachweisen, dafür treten aber heftige Angstzustände auf, und noch Monate nach dem Absetzen der Mittel sind Identitätsverluste und unkontrollierte Handlungen bis hin zu unerklärlichen Gewalttaten nachweisbar. Ich versuchte alles, sie von ihrem Plan abzubringen. Doch sie ließ sich nicht beirren.

Dann gab es da noch ein anderes Problem zu klären: Christa hatte kein Geld. Wer mit Anfang vierzig Rente bezieht, kann die nicht unerhebliche Summe nicht aufbringen, die das siebentägige Intensivseminar mit der Unterbringung zusammen kostet. „Kann ich das irgendwie abzahlen oder abarbeiten?" fragte Christa. „Wie viel kannst du denn bezahlen?" fragte ich zurück. „Vierhundert Mark bekomme ich zusammen, und wenn ich meine Stereoanlage verkaufe, dann bekomme ich noch einmal dreihundert Mark. Also siebenhundert." Das Lüneburger Institut arbeitet ja auf der Basis eines gemeinnützigen Vereins, und deshalb war mir folgende Antwort möglich, die ich in ähnlichen Fällen sonst auch gebe: „Also gut. Du brauchst aber noch Fahrgeld. Es reicht, wenn du fünfhundert Mark bezahlst. Hat die Therapie keinen Erfolg, und du vegetierst so weiter, dann ist die Sache für uns beide erledigt. Du wirst niemals angemahnt. Wenn du aber wieder vollwertig in die Gesellschaft zurückkehrst, wirst du auch Geld verdienen, dann kannst du abzahlen, und wenn es monatlich fünfzig Mark sind. So haben wir einen Vertrag und haben beide ein existenzielles Interesse daran, dass er eingehalten wird. Einverstanden?" Christa streckte beide Hände aus: „Einverstanden!"

Ich machte Christa dann nochmals klar, dass ich mit ihr nur arbeiten könne, wenn sie ihren Tablettenkonsum einstellte. Ich sagte ihr, dass ich mich nach den Buchstaben des Heilpraktikergesetzes sogar strafbar mache, ihr zu raten, die Medikamente nicht mehr zu nehmen, zumal sie starke körperliche und psychische Reaktionen zu erwarten habe, aber sie könne dies ja mit ihrem Neurologen besprechen. Das tat Christa in den nächsten Tagen auch, rief dann an und hörte sich ziemlich verzweifelt an. Sie wusste nicht, was sie tun solle. Der Neurologe war zunächst mit einer Halbierung der Dosis einverstanden, aber als er dann hörte, was sie vorhatte, warnte er sie eindringlich vor der Teilnahme am ***Hexagramm-Programm***®. Einen ganz kurzen Moment war ich geneigt, die Gefahren herunterzuspielen, dann war mir aber sofort bewusst, dass es nun darum ging, Klarheit zu schaffen. Ich sagte zu Christa: „Der Mann hat recht. Du warst schon zu oft in Psychiatrien, und davor hat er Angst. Schade, also lassen wir es." „Nein! Ich habe mich doch so darauf gefreut!" versuchte Christa zu handeln. „Das glaube ich dir. Aber die Vorfreude ist die schönste Freude, und manchmal auch alles." „Ich weiß aber genau, nur diese Therapie wird mir helfen." „Und genau das glaube ich nicht," antwortete ich, „denn wir als Esoteriker sagen immer: Innenwelt gleich Außenwelt. Wenn dir im Außen, das heißt über diesen Neurologen, Zweifel entgegenkommen, dann sind das letztlich nur deine eigenen inneren Zweifel, die sich dir spiegeln. Du sagst zwar, du wärest klar, aber du bist nicht klar. Nächstes Jahr zu Ostern ist wieder ein Seminar, vielleicht sieht es dann anders aus.“ Betreten legte Christa den Hörer auf.

Es dauerte keine drei Stunden, und eine völlig veränderte Frau war am Telefon. „ Ich war noch einmal beim Neurologen, das muss ich dir erzählen: Ich hatte keinen Termin, habe aber so einen Druck gemacht, dass er mich doch noch dazwischengenommen hat. Ich rein, und dann habe ich ihn gefragt: ‚Sagen Sie mal, Herr Doktor, was kann mir eigentlich passieren, wenn ich dieses Seminar mitmache?’ Dann hat er geantwortet....“ und sie äffte seine Stimme nach, „.....schlimmstenfalls geraten Sie in eine Krise und begehen womöglich noch Selbstmord.’ Und weißt du, was ich ihm geantwortet habe? ‚Wissen Sie, Herr Doktor’, habe ich zu ihm gesagt, ‚ich habe zwölf Selbstmordversuche hinter mir. Das ist kein Pappenstiel. Aber auf den einen kommt es nun auch nicht mehr an. Damit können *Sie* mir keine Angst einjagen.’ Der hat vielleicht dumm aus der Wäsche geschaut. Und weil er nichts mehr gesagt hat, bin ich dann raus. Also, wenn es noch geht, dann möchte ich gerne kommen.“ „Sieh mal Christa, *jetzt* bist du klar. Du hast zum ersten Mal in deinem Leben die volle Verantwortung für dein Tun und Handeln übernommen. Ich gratuliere! Du kannst kommen, und ich weiß, jetzt schaffst du es. Unser Vertrag gilt!“

Und Christa hat es geschafft. Eine Woche *Reinkarnationstherapie* hatte ich noch vorgeschaltet, denn das erschien mir wichtig, und was sie da über sich zu sehen bekam, empfand sie so, als hätte man einem Menschen die Augenlider abgeschnitten. Ohne die schützenden Augendeckel *musste sie sehen,* dass sie als Skorpion der Selbstmörder des Tierkreises war. Durch all die Inkarnationen war sie so tief in ihre Schuld hinabgetaucht, dass es immer zu einer Opferung ihres Lebens kam. Alle ihre Leben hatte sie verwirkt. Ob sie selber Hand angelegt hatte oder ob ihr Verhalten so war, dass sie folgerichtig den Tod erleiden musste, wechselte ab. Christa hatte Kontakt mit dem Bösen, sie hatte sich mit der dunklen Seite der Macht eingelassen. Sie war immer und immer wieder so tief in Schuld verstrickt, dass ein Entkommen nicht mehr möglich war. Jedes Leben endete mit Gewalt — Mord oder Selbstmord.

„Und dieses Spiel spielst du nun ununterbrochen weiter,“ sagte ich zu ihr. „Wie hast du eigentlich deinen letzten Selbstmordversuch gemacht?“ fragte ich. „Was soll das heißen?“ fragte sie zurück. „Was willst du wissen?“ „Das will ich dir sagen: Irgendwie bist du infantil! Zwölf Selbstmordversuche zu machen, und keiner gelingt, ist schon eine Leistung! Früher warst du besser. Was du jetzt machst, ist doch reine Stümperei. Also: Wie hast du deinen letzten Selbstmordversuch gemacht?“ Christa hatte den Kopf gesenkt: „Ich habe mir im Badezimmer die Pulsadern aufgeschnitten.“ „Wie???“ Sie führte die rechte Handkante quer über das linke Handgelenk. „So.“ „Habe ich mir doch gedacht,“ sagte ich. „Das sieht zwar sehr theatralisch aus, wenn da im Badezimmer ein Liter Blut zerfließt, aber mehr kommt auch nicht. Du kannst mir doch nicht erzählen, dass du nicht wusstest, dass man daran nicht stirbt." „Das ist mir neu." „Wenn du wieder so etwas vorhast," klärte ich sie auf, „dann machst du das ordentlich. Die Pulsadern werden das nächste Mal längs aufgeschnitten! Mindestens zwanzig Zentimeter lang. Dann läufst du leer." „Oh, ja! Danke!"

„Und das Mal davor? Wie hast du es da versucht?" „Ich habe ein Röhrchen Schlaftabletten genommen, bin mit dem Auto abends in einen Feldweg gefahren und habe einen Schlauch vom Auspuff in den Wagen gelenkt." „Und warum hat es nicht geklappt?" „Zufällig kam mein Freund mit seinem Moped vorbei, hat mich gefunden und sofort die Polizei alarmiert. Im Krankenhaus haben sie mir dann den Magen ausgepumpt." Ich trieb Christa weiter in die Enge: „Und dein Auto hast du so in den Feldweg gestellt, dass dein Nummernschild auch genau im Scheinwerferkegel des Mopeds von deinem Freund auftauchte." Christa gab zu: „Bewusst war mir das nicht." Ich erwiderte. „Hoffentlich ist dir jetzt bewusst, dass du überhaupt nicht aus dem Leben scheiden wolltest. Mit dieser Art der Magie machst du andere Menschen gefügig. Du machst sie abhängig von dir! Du zwingst ihnen deinen Willen auf. Du rächst dich an ihnen!"

Im ***Hexagramm-Programm***® fasten alle Teilnehmer. Die Restbestände von etwa 30 000 Tabletten hatten sich in den letzten Jahren in Christas Gewebe abgelagert, so dass ihr Kadaver einmal als Sondermüll entsorgt werden müsste. Beim Fasten, wo auch der konsequenteste Vegetarier zum Fleischfresser wird – nämlich zu seinem eigenen – hatte dies für Christa zur Folge, dass ein Großteil ihres kranken, medikamentenverseuchten Gewebes gereinigt und die Schlacken ausgeschieden wurden. Ich habe noch niemals zuvor und danach erlebt, dass ein lebendiger Mensch so stinken kann. Aber auch das haben alle tapfer überstanden. Das rituelle Geschehen legte in Christa den Schalter um: Sie zerstörte ihr Jahrtausende altes Selbstmordprogramm, erkannte, dass sie seit Inkarnationen auf der Flucht vor sich selber war, und sie bekam nun endlich Kontakt mit dem Göttlichen in ihr.

Drei Monate später hatte Christa eine Aushilfsstelle bei dem Paketdienst UPS und dann eine feste Anstellung in einem Lebensmittelladen. Sechs Monate nach dem ***Hexagramm-Programm***® kam eine Karte aus Monaco: „Meine Tochter und ich sind beim Grand Prix. Wir haben als Rot-Kreuz-Helferinnen gearbeitet, das war toll! Heute Mittag war das letzte Rennen der Formel-I-Ausscheidung. Christa." Ein Jahr später schrieb sie zu Weihnachten: „Mir geht es gut, ich bin zufrieden. Mein Therapeut kann immer noch nicht begreifen, dass ich keine Medikamente mehr nehme."

Mitte 1995 war ihre Stimme auf dem Anrufbeantworter: „Hier ist Christa. Ich war heute beim Augenarzt. Ruf doch bitte mal zurück." Hoffentlich ist es nichts Schlimmes, dachte ich, skeptisch wie ich nun einmal bin, als ich das Gerät abhörte. „Was ist los?" fragte ich. „ Ich muss dir das erzählen," sagte Christa. „Ich hatte doch früher eine sehr starke Gesichtsfeldeinengung..."

„Davon wusste ich gar nichts!“ fiel ich dazwischen. „Nein, das hatte ich wohl auch nicht erzählt. War auch nicht so wichtig. Aber das ist völlig weg. Der Augenarzt steht vor einem Rätsel. Ich kann wieder ganz normal sehen.“ „Na, bitte, deine Sichtweise hat sich erweitert!“ Christa war wieder im Leben, und das Leben hatte Christa wieder.

Aszendent S C H Ü T Z E
Den Bogen spannen, das Ziel anvisieren — und treffen!

Schütze-Aszendenten treten in meinen Seminaren auch sehr groß auf, sowohl qualitativ als auch quantitativ. Mitunter reicht ein einziges solches Exemplar, und man hat schon den Eindruck, das Seminar sei voll. Trotzdem bringe ich als Beispiel für einen tiefgreifenden Wandlungsprozess eines Schütze-Aszendenten keine rechte Geschichte zustande, was wohl in folgender Erkenntnis begründet liegt: *Schütze-Aszendenten sind therapieresistent!*

Was liegt näher, als einen Schütze-Aszendenten selber zu Wort kommen zu lassen. Peter Orban befasst sich in seinem hervorragenden Buch „Astrologie als Therapie“ (Hugendubel) mit der karmischen Schuld aller Aszendenten des Tierkreises und schreibt dort — an jeden Schütze-Aszendenten und auch an sich selber gewandt — folgendes, und ich zitiere diese griffigen Absätze in voller Länge:

„Wer könnte auf die Idee kommen, anderen Menschen etwas über Schuld, über ihre Schuld zu erzählen, gar ein Buch darüber zu schreiben, ja, sich anzumaßen, überhaupt über Schuld etwas wissen zu können, außer jemand, der seinen Aszendenten im Schützen hat? Meine (deine) Schuld als Schütze ist die Anmaßung. Die Vermessenheit. Ein Bild für die offenkundige Vermessenheit liegt in der historischen Rolle des Priesters.

Das Prinzip des Schützen wird an der Figur des Zentauren sichtbar. Im unteren Teil *Tierseele,* im oberen Teil *Menschenseele,* sollte er jemand sein, der den *Übergang* des Animalischen in das Menschliche vollführen hilft. Er sollte eine Brücke sein, auf der das eine zum anderen gelangen kann, der Wegbereiter. Pontifex, der Brückenschlägen, der das Oben mit dem Unten verbindet. *Über ihn* laufen die anderen hinweg. Darum darf er selbst keinen eigenen Willen, kein eigenes Ego mehr haben — der wahre Priester (den es freilich nicht geben kann) wäre nur noch Werkzeug.

Doch in Schuld, in tiefe Schuld, fällt er in dem Augenblick, in dem er glaubt, anderen Sittengesetze geben zu müssen. Es ist seine Schuld zu *predigen.* Und damit, was immer er auch predigt, führt er die anderen in die Irre.

Natürlich bist du kein Priester (du sollst auch keiner werden); dennoch ist deine Schuld die, aus moralischer Überheblichkeit, aus religiösem Eifer, aus Besserwisserei, andere Menschen verraten zu haben. Sie haben dir vertraut, sie haben geglaubt, du führtest sie zum anderen Ufer, zur *Menschenseele,* doch du hast nur dein eigenes Geschäft im Auge gehabt, deine eigene Großartigkeit. Und so ist die Brücke eingestürzt, und du hast viele Menschen ins Verderben geführt — von dir selbst ganz zu schweigen. Du hast aus deinem Amt heraus fanatische Kreuzzüge organisiert gegen die Ungläubigen und hast damit diese, deine eigenen Leute, und dich selbst zugrunde gerichtet. Und da gibt es auch nicht die Ausrede, du habest im guten Glauben gehandelt, denn du *weißt* und wusstest es besser. Du hast dich von der Macht, die in diesem Weg als Versuchung liegt, verführen lassen. Schließlich bist du zum Verräter an diesem Weg geworden.

Als Schütze war es deine Aufgabe, die Menschen auf diesem schweren Pfad zu schützen, so wie ein Förster seine Bäume und Tiere hegen und pflegen muss. Es war deine Aufgabe, sie zu hüten, doch du hast daraus ein Geschäft gemacht. Du hast ihnen Ablässe verkauft. Und so bist du wahrlich tief gestürzt. Du hast angefangen, ihnen Sittengesetze zu geben, hast dich als Gottes Stellvertreter auf Erden gefühlt, obwohl du doch wusstest, dass das in ihre Seele einen tiefen Hass pflanzt. Und so bist du verantwortlich für den Hass der Welt. Schließlich wurdest du zum Inquisitor, der *peinlich* über eben diese Sittengesetze wachte und sie mit einem flammenden Schwert auf die entblößten Rücken seiner Opfer schrieb. Ihre Schreie gellen heute noch in deinen Ohren. Dein brennender Pfeil, den du auf deinem gespannten Bogen trägst und der dazu gedacht war, neue Weiten, innere Horizonte zu erschließen, hast du auf die Rücken derer abgefeuert, die erkannten, dass von dir keine Rettung zu erwarten war. Sie, die du verraten hast, nanntest du Ungläubige, Ketzer und Hexen. Und so geht deine Spur des Brennens und des Mordens durch die Weltgeschichte, in deinem Anspruch, jene auszumerzen, die den „wahren Glauben" nicht haben. Doch deine Priesterschaft, dein Therapeutendasein oder wie auch immer du deine Besserwisserei lebst, ist verlogen. Du bist nicht der Helfer der Menschheit, du bist ein machtgieriger Prophet des Profits. Nur auf deinen Vorteil bedacht ist dein Ritual — und du umgibst dich gerne mit Ritualen — zu einem Tanz um das goldene Kalb geworden. Du wähnst dich bereits als Mensch oder doch zumindest auf dem Wege dorthin, und so hast du dich über die anderen Menschen herausgehoben, bist *überheblich* geworden. Doch die Größe, die du dir beimisst, ist ein Wahn, ein Größenwahn.

Je höher du steigst, desto tiefer fällst du. Das einzige, was dir helfen kann: „scheitere!" Soweit Peter Orban.

Es gibt nun zwei Arten von Schütze-Aszendenten, die sich in meine Seminare verirren: die einen, denen ihr Scheitern unmittelbar bevorsteht, und die anderen, die ihr Scheitern gerade hinter sich haben.

Die *einen,* denen ihr Scheitern unmittelbar bevorsteht, fahren nach einer

Woche Grundkurs in Astrologie nach Hause und eröffnen dort entweder gleich eine Astrologieschule, oder sie benutzen die Astrologie in der gewerblichen Wirtschaft, was den Sturz um so tiefer gestaltet. Die Harmlosesten unter ihnen beglücken ihre Freunde und Verwandten mit ihrem enzyklopädiehaften Wissen so eindringlich, dass sie bald keine mehr haben — keine Freunde —, die Verwandten bleiben ihnen auch dann.

Die *anderen,* die ihr Scheitern gerade hinter sich haben, tappen durch das Leben, hin- und hergerissen, mal himmelhoch jauchzend, mal zu Tode betrübt. Es sind jene, die den Führungsauftrag in sich spüren, aber vielleicht in der letzten Inkarnation sich als Stellvertreter Gottes aufgeführt haben und dann bei der Abschaffung der Inquisition in Ketten gelegt worden sind. Auf ihrem Totenbett hatten sie dann geschworen: *Nie wieder oben sein und missionieren!* Solche Menschen befinden sich dann in diesem Leben wieder in Ketten gelegt, damit sie ihren Schwur auch niemals vergessen. Die Ketten in diesem Leben heißen dann „eifersüchtiger Ehepartner“, oder „finanzielle Enge“ oder „mobbing am Arbeitsplatz“ .

Aber an jenen fleißigen und biederen Handwerker kann ich mich erinnern, der zweimal pleite gegangen war. Dieser Mensch hatte sich (noch als Seele) einen Vater ausgesucht, der ihm, dem kleinen Schütze-Aszendenten, bei jeder Gelegenheit sagte: „Du stürzt noch ab.“ Und so geschah es: Als kleines Kind kletterte er seinem Horoskop gemäß eine Leiter empor, und als er hoch oben war, wirkte die Magie: Er stürzte ab. Etwas später fuhren zehn Kinder auf einem Heuwagen, einer fiel herunter. Wer wohl? Natürlich derjenige, der ständig gehört hatte: „Du stürzt noch ab.“ Als er Jahrzehnte später auf der Leiter des beruflichen Erfolges emporgeklettert war, wirkte immer noch die gleiche väterliche Magie: „Du stürzt noch ab.“ Er erholte sich noch einmal, kam wieder nach oben, und wieder stürzte er ab. Dann endlich war er therapiereif.

Der Aszendent und das damit verbundene Leiden hat den Sinn, die dem Aszendenten zugedachten erlösten Eigenschaften zu integrieren. Für den Schütze-Aszendent darf es niemals bedeuten, nie wieder ganz oben zu sein und zu missionieren, sondern es ist seine verdammte Pflicht und Schuldigkeit, oben zu sein und zu missionieren. Aber (!), vor den Erfolg haben die Götter den Fleiß und die Konsequenz gesetzt. Wer das nicht begreift, und wer die Großzügigkeit (Großspurigkeit) ausschließlich in der Materie lebt, hat zum Beispiel entweder als Lebemann Probleme mit seiner Fettleber, die das fette, üppige Essen oder die gewaltigen Mengen an Alkohol viel zu lange schon verarbeitet, oder er findet sich als erfolgreicher Baustoffhändler in einer Endoklinik wieder, um sich ein künstliches Hüftgelenk einpflanzen zu lassen.

In der ***Offenbarungstherapie***® kann ich natürlich nicht gleich wie ein Schütze mit der Tür ins Haus fallen und dem Lebemann oder dem Baustoffhändler erklären, GOTT im Himmel habe mit ihm noch etwas Großes vor, sondern der gescheiterte und gestürzte Schütze-Aszendent bekommt ein aufbauendes Bild aus seiner ihm gemäßen Umgebung, um die Hürden des Schicksals verstehen zu lernen:

Stellen Sie sich bitte vor, ein Pferd wird trainiert, und das Pferd habe Verstand, um dieses hier nachzuvollziehen. An einem langen Riemen befestigt treibe ich das Tier im Kreise herum. Immer, wenn es an eine Hürde kommt, bockt das Pferd. Peitschenhiebe sausen auf seinen Rücken, solange, bis es springt. Das wiederholt sich und schließlich klappt es ganz gut. Doch dann erhöhe ich die Latte an der Hürde, und das Theater geht wieder los. Das Pferd bockt wieder vor der größeren Hürde, und wieder muss das Pferd Schmerzen über sich ergehen lassen. Ich versuche, ihm Zucker anzubieten, das ist humaner als Hiebe, aber das Pferd versteht das nicht. Also wird wieder Zwang angelegt: neue Peitschenhiebe. Das Pferd mag seinen entfernten Verwandten beneiden, der als Brauereigaul zusammen mit seinem Bruder gemütlich einen Wagen durch die Straßen zieht. Die Latte wird abermals umgesteckt, die Hürde ist jetzt noch höher. Das Pferd bockt wieder, eine wahnsinnige Todesangst steht in seinen weit aufgerissenen Augen, die mit jedem Hieb von neuem aufflackert.

Wie schön wäre es, wenn das Pferd den Sinn erkennen könnte, den ich ihm *offenbaren* möchte: Eines Tages werden wir zum Derby nach Baden-Baden fahren: Dort treffen sich die edelsten Tiere aus aller Welt! Hohe Wetten werden abgeschlossen! Preise für die Sieger! Ein Auftritt im Fernsehen! Wir müssen bei diesem Beispiel einmal voraussetzen, dass das Pferd den Sieg genauso berauschend findet wie der Mensch. Aber das ist ein Grund, der in der Zukunft liegt, und das Pferd, das an der Hürde voller Angst leidet, versteht genauso wenig wie jener Mensch, in dessen Augen eine wahnsinnige Todesangst flackert, als ihm die Diagnose bezüglich seiner Leber oder seiner Hüfte eröffnet wird — weil er wieder eine Krankheits- oder Schicksalshürde im Leben nehmen muss. Diese Hürde braucht der entfernte Verwandte, der Ackergaul, nicht zu nehmen. Jener zieht vielleicht einmal als Höhepunkt seines Lebens zum Oktoberfest bunt geschmückt einen Wagen mit Bierfässern durch München. Er hat eine „Ausruhinkarnation" und kommt niemals zum Derby nach Baden-Baden.

Gleichwohl wie ein Bogenschütze braucht der Schütze-Aszendent ein Ziel, ein weit entfernt liegendes Ziel, welches es zu treffen gilt. In der heutigen Zeit der Transformation kann dieses Ziel natürlich kein materielles mehr sein, sondern es muss ein geistiges Ziel sein. Wenn Pluto, der Herr der Metamorphose und der Transformation, in den Jahren 1996 bis 2008 durch das Tierkreiszeichen Schütze geht, werden alle Schütze-Aszendenten, die uneinsichtig und überheblich sind, im Transit lernen, was eine Katastrophe bedeutet: Das aus dem Griechischen stammende Wort „Katastrophe" heißt frei übersetzt: „Das Ziel nicht treffen." Niederschmetternde und verhängnisvolle Zusammenbrüche im Leben eines Menschen haben sehr oft damit zu tun, dass ein Schütze-

Aszendent sein karmisches Ziel nicht anvisiert.

Aszendent S T E I N B O C K
Die Hochzeitskutschenfahrt mit Gevatter Tod

Gabriele war Mitte vierzig und hatte Krebs. Begonnen hatte ihr Krebs als Knoten in der Brust. Beim Krebs in der weiblichen Brust gibt es immer zwei Möglichkeiten einer Seelenverletzung: Mutter oder Geliebte? In der Astrologie gibt es zwei Symbole für die weiblichen Archetypen: Mond und Venus. Das Symbol des Mondes steht für die Frau als Mutter, die ihr Kind nährt und ihm Geborgenheit bietet, das Symbol der Venus steht für die verführerische Geliebte. „Was bedeutet für dich eine amputierte Brust?" wollte ich wissen. „Meine ganze Weiblichkeit ist weg! Ich habe damit alle meine Kinder genährt." Aha, verletzter Mond. Sie hätte ja auch antworten können: „Ich schäme mich beim Sex," oder: „Ich kann keinen Bikini mehr tragen!" Das wäre astromedizinisch eine verletzte Venus.

Die Symptomatik setzte sich auch im Mondprinzip fort, denn der Krebs hatte sich später durch das Lymphsystem über den ganzen Rücken in Form von „Metastasen ausgebreitet", wie ihr die Ärzte erklärt hatten, was zwar die übliche Erklärung ist, aber so niemals stimmen kann. Für den Krebs in der Brust war Gabriele selbst verantwortlich, wie ich gleich darlegen werde, die sogenannten Metastasen waren aber keine Ausbreitung des Brustkrebses, sondern neue Krebse auf Grund neuer Schockerlebnisse, hervorgerufen durch seelische und körperliche Misshandlungen durch die schulmedizinische Krebstherapie. Der neue Selbstwerteinbruch zeigte sich deshalb auch im Rücken.

Sechs Jahre, und das ist für diese Krankheit eine enorm lange Zeit, hatte Gabriele tapfer gegen den Krebs angekämpft. Jetzt mochte sie nicht mehr. Sie war schwach geworden, und sie wusste, dass sie nun sterben würde.

Sie kam zu mir, weil sie verstehen wollte. „Warum habe ich nur diese Krankheit? Was habe ich getan, dass ich so enden muss?" Gabriele wollte verstehen. Aber in Wirklichkeit hatte sie *mir* geholfen, damit *ich* verstehe. Ich habe lernen müssen, mit einem Menschen zu arbeiten, der *nicht* mehr die Erwartung hat, gesund zu werden. Hat das denn noch alles seinen Sinn? Aber sicher! Immer und immer wieder ertappte ich mich auf meinem Ego-Trip: „Gabriele, das schaffen wir schon!" Und Gabriele warf mir dann einen wissenden Blick zu, der sagen wollte: „Bleib beim Thema! Es geht um Erkenntnis!"

Wie immer schaute ich als erstes in Gabrieles Horoskop und suchte den Mond, denn es ging um den „verletzten Mond" . Er stand im 1. Haus. Gabrieles Aszendent, das Zeichen, welches zum Zeitpunkt ihrer Geburt am Osthorizont aufstieg, war der Steinbock. Der Mond stand zwar im ersten Haus, aber schon im eingeschlossenen Wassermann. Der Mond, das heißt seine Symbolik, war also ein wichtiges Thema, denn der Mond gehörte mit zum Anliegen an das Leben. Sein Domizil, das Tierkreiszeichen Krebs, lag auf der anderen Seite, am Deszendenten, das zum Zeitpunkt ihrer Geburt am Westhorizont verschwand.

Mit etwas Sinn für Symbolik können Sie sich leicht *hineinfühlen,* wie dem *Archetypen Mond* in einer solchen Konstellation des Himmelsgeschehens zumute sein mag: Der Mond, Seelenprinzip für Mütterlichkeit, Nestwärme und Geborgenheit, hat sich auf seinem langen Weg durch das Horoskop sehr weit von seiner warmen, weichen Wasserheimat (Tierkreiszeichen Krebs) entfernt, die gerade am Westhorizont im Meer des Unbewussten versank. Er findet sich wieder im kalten, unsteten und bizarren Zeichen des Wassermanns, der zudem im 1. Haus „eingeschlossen" ist, das vom greisen Steinbock-Aszendenten „beherrscht" wird. Ein eingeschlossenes Zeichen bedeutet, dass dessen Energie nur sehr schwer in den entsprechenden Lebensbereich fließen kann. Hier in dieser lebensfeindlichen Umgebung, war nun der Mond, weit von seinem Zuhause entfernt, eingeschlossen: Ein zutiefst verletzter Mond. Vielleicht hilft diese Symbolik zu verstehen, weshalb Gabriele immer Fernweh nach Freiheit und Abwechslung (Wassermann) — und immer Heimweh nach Ruhe und Geborgenheit (Krebs) hatte. Eine solche Konstellation haben viele Menschen, sie alleine verursacht aber keinen Krebs.

Trotzdem: Der Mond als Seelenorgan forderte für diese Inkarnation eine besondere Beachtung. Anhand ihres Horoskops konnte ich nun aber vergleichen, welche Erwartungen Gabriele an das Leben stellte und was sie davon wie verwirklicht hatte. Und es stellte sich schnell heraus, dass sie praktisch das Gegenteil von dem lebte, was das Mondprinzip realisieren möchte:

Mit dem Mond im 1. Haus verfügte sie über eine instinktive, fast animalische Intelligenz, die ihr das Gespür verlieh für das, was „in der Luft liegt" . Menschen wie sie können Gelegenheiten „riechen" oder Gefahren „fühlen", und Gabriele war für alles Unausgesprochene sehr hellhörig. Für sie hatten Begriffe wie *„Heimat, Familie und Herkunft"* eine große Rolle gespielt. Wenn sie ihrem innewohnenden *Mond-Prinzip* freien Raum zugebilligt hätte, dann hätte sie auch eine *tiefe Verbundenheit mit der Natur,* insbesondere mit dem *Meer,* und dem *Wechsel zwischen Ebbe und Flut erleben dürfen,* ebenso wie sie den *Wechsel der Jahreszeiten stimmungsvoll* registriert hätte.

Doch was hatte Gabriele in ihrem Leben von all dem realisiert? Das Gegenteil! Durch ihr rollenhaftes Denken, ihr maskenhaftes Handeln und ihr der Norm unterworfenes Verhalten hatte sie einem anderen Prinzip, dem Aszendenten Steinbock, den absoluten Vorrang eingeräumt, und so bestimmte Saturn, der Herrscher des Steinbocks, Chronos, der Herr der Zeit, ihr Leben. So lebte sie unbewusst ausschließlich ihren Aszendenten und wurde zu einer Karikatur jener Symbolik.

Der Steinbock regierte Gabrieles Leben: Schon als kleines Kind konnte sie nie richtig spielen, sie hatte Pflichten zu übernehmen und hohe Verantwortung zu tragen. Später betrachtete sie ihre Ehe, ihre eigenen heranwachsenden Kinder und das ganze Leben überhaupt als Bürde, so wie sie dies im Elternhaus gelernt hatte. Mit der Zeit hatte sich Gabriele verschlossen und verhärtet, so dass alles von ihr abprallte. Ihren sehnlichsten Wunsch, allein in den Süden ans Meer zu fahren, das sie so liebte, hatte sie sich nie erfüllt. Nicht etwa, weil ihr Mann und ihre Kinder ihr das nicht erlaubt hätten, nein, sie verbot es sich selber. Da gab es diese unerlöste Steinbock-Struktur in ihr, die sich nichts gönnte, und die hieß *Perfektionismus und Pflichterfüllung.* Und so änderte sich nun wirklich nichts mehr, ihr Leben wurde hart, fest und klar — kristallklar. Schließlich hatte Gabrieles Seele eines Tages beschlossen, diesen Körper wieder zu verlassen, hatte aber noch einen Hilferuf abgeschickt und das Symptom Brustkrebs inszeniert, um ein Zeichen zu setzen: Verletzter Mond. Der Hilferuf verhallte ungehört, und erst dann begann über die Lymphe das eigentliche Werk der Zerstörung.

Aber warum war das nun alles geschehen? Gabriele wollte verstehen. Ich wollte der Ursache auf den Grund gehen, und so betrachteten wir erneut ihr Horoskop. Wie war der Mond aspektiert? Pluto stand im 7. Haus, dem Haus der Begegnung, dem Mond genau gegenüber. Gabrieles Horoskop zeigte also eine Mond-Pluto-Opposition.

Sehen wir uns deshalb den Pluto mythologisch näher an: Pluto, der Herr der Unterwelt, herrschte mit seiner Königin Persephone in einem mächtigen, düsteren Palast über die Seelen der Toten. In der Astrologie werden dem Pluto-Prinzip Eigenschaften zugeschrieben wie die ideelle Fixierung auf leitbildhafte Vorstellungen, die sich zum Perfektionismus steigert. Suggestionen und Selbstüberwindung sind die Kontraste seines Daseins. Dort, wo Pluto im Horoskop steht, verkehrt sich Macht zur Ohnmacht, und der Mensch fühlt sich einer höheren Gewalt ausgeliefert.

Pluto war in Gabrieles Geburtshoroskop im siebten Haus, das heißt im Haus der Begegnung, und so brach dieses Pluto-Thema *scheinbar von außen* auf sie herein. Unbewusst gärte in ihr schon immer der Zwang zur Metamorphose, zur Wandlung. Sie sah sich umgeben von Stirb- und Werdeprozessen und setzte sich schon immer mit dem Tod anderer Menschen auseinander — jetzt war sie selber darin verwickelt. Sie registrierte die Welt als in Gärung und Zerfall befindlich und fühlte sich nun selber darin als Opfer. Außenwelt = Innenwelt. Ständiger Verzicht und ständiges Abschiednehmen ließen in ihr den unbewussten Wunsch zu Umbruch und Rebellion aufkeimen, da sie sich aber gerade dieses niemals gestattete, richteten die plutonischen Energien sich nun gegen sie selber.

Bei der astromedizinischen Ausdeutung eines scharfen Aspektes des Plutos zum Mond reichen die Themen erfahrungsgemäß bis in die frühe Kindheit zurück. Hier bereits wurde manipuliert — unmerklich, hinterhältig, verdeckt. Bei der Mond-Opposition hat meistens die Mutter manipuliert, entweder über schlechtes Gewissen, über eine Pseudo-Liebe oder das, was sie dafür hielt, über Krankheit oder über Vergleiche mit anderen, oder, oder, oder..... Tief saßen in Gabriele heute die Schuldgefühle, dessen war ich mir sicher.

Da diese Themen nicht rechtzeitig tiefenpsychologisch bearbeitet worden waren, hatte sich ihre psychische Gesamtlage mehr und mehr verschlechtert. Anstatt in einen völligen seelischen Zusammenbruch zu geraten, was besser und heilend gewesen wäre, hatte sie sich mit ihrem Steinbock-Aszendenten immer wieder zusammen-gerissen und alle diese Themen erfolgreich verdrängt. Sie wurden nun unbewusst der Auslöser ihrer lebensbedrohenden Krankheit.

Diese Dinge waren Gabriele natürlich nicht bewusst. Aber wenn die Krankheit Krebs im Zusammenhang mit einem scharfen Pluto-Mond-Aspekt auftritt, dann geht es um Urkräfte der Psyche, die eine totale Umwandlung von innen und außen verlangen. Bei einem solchen Aspekt stehen Entscheidungen an, die getroffen werden müssen, und zwar extreme, wo es einen goldenen Mittelweg nicht mehr gibt. Hier hilft es nicht, lau zu sein. Der Mensch muss Farbe bekennen. Es geht um Macht (Pluto), und wie das Thema des Aspektes zeigt, um Macht zwischen Mutter (Mond) und Tochter, um deren Transformation und den Umgang damit.

Wir arbeiteten von nun an mit dem Mutterbild (Mond), zunächst mit der äußeren Mutter. Aus aller bisher erkannten Symbolik der Ereignisse und des Horoskops musste ich auf eine handfeste Manipulationsproblematik mit der Mutter schließen. Aber meine diesbezüglichen Fragen stießen bei Gabriele alle ins Leere. „Nein, mit meiner Mutter verstehe ich mich blendend," sagte sie. „Wir telefonieren beinahe täglich und sehen uns fast jedes Wochenende, mal bei uns, mal bei ihr." Bei so viel Scheinharmonie zwischen Mutter und Tochter wird ein Therapeut schon hellhörig. Doch was will man machen: Wiederholtes Nachfragen oder Nachbohren hätte keine neuen Erkenntnisse gebracht. Ich hätte dieses Spielchen Wochen, Monate oder Jahre fortsetzen können, es wäre nichts dabei herausgekommen außer: Friede, Freude, Eierkuchen. Und Sie, liebe Leserinnen und Leser, mögen an dieser Stelle erkennen, welchen Sinn normale Verhaltens- oder Gesprächstherapien haben: Es kommt nichts dabei heraus.

In einer Tiefenentspannung, im tranceähnlichen Dämmerzustand, sah die Welt in der Rückführung plötzlich ganz anders aus. Wir gingen dabei gezielt in eine Zeit, die etwa 18 Monate vor der ersten Krebsdiagnose lag. Es ist nämlich eine immer wieder bestätigte Erfahrung, dass ein eklatanter Selbstwerteinbruch nicht länger als ein, maximal zwei Jahre zurückliegt. Die grenzenlose Weisheit von Gabrieles Unbewusstem förderte dann auch sofort das Schlüsselerlebnis in die Bewusstheit: Gabriele berichtete von einem Tag, an dem sie wegen einer Grippe im Bett lag. Sie bekam einen Anruf ihrer Mutter. Die Mutter war besorgt: „Kind, o Gott, eine Grippe. Was kann ich dir helfen?“ „Danke, nichts, so schlecht geht es mir auch nicht“, antwortete Gabriele. „Soll ich die Kinder von der Schule abholen?“ bot sie sich erneut an. „ Nein, Mutter, die kommen allein nach Hause.“ Jetzt kam die schon etwas weinerliche Stimme: „Aber ich kann doch wenigstens für dich einkaufen. Kind, was brauchst du?“ Gabriele wurde nun etwas ungehalten: „Mutter, ich fühle mich sehr gut, und wahrscheinlich werde ich morgen wieder ganz gesund sein!“ — Schweigen am anderen Ende der Leitung. Und dann hörte sie Mutters beleidigte Stimme: „Aha, du brauchst mich also nicht mehr!“

Der letzte Satz saß. Nicht im Kopf, aber im Bauch! Und das Klicken am anderen Ende der Leitung, welches das Gespräch beendete, ging Gabriele durch Mark und Bein. Dann holte ich sie zurück ins Wachbewusstsein.

Gabriele hätte im Boden versinken mögen, nachdem sie sich aufgerichtet hatte. Mit ihrem Verstand versuchte sie nun, die Sache herunterzuspielen. Das sei alles gar nicht so wichtig, und Mutter meinte es doch nur gut, und so weiter und so weiter. Aber sie fühlte endlich ihr schlechtes Gewissen (Pluto-Mond). Ein Schlüsselerlebnis war da, und wir hatten nun das Muster, nach dem sie sich ihre Krankheit kreiert hatte: „Wenn es *mir* schlecht geht, dann ist *Mutter* in ihrem Element (Helfer-Syndrom). Wenn es *mir* aber gut geht, dann geht es *Mutter* schlecht; dann wird sie ja nicht mehr gebraucht. Die Vorstellung, Mutter sei überflüssig (sie kann nun sterben), löst Schuldgefühle aus. Also: *ich muss krank sein,* damit es *Mutter gut geht.“* So sieht der Liebes-Terror in vielen, vielen Familien aus.

Diese Vorgänge laufen natürlich unbewusst ab, und freiwillig, das heißt in einer Gesprächstherapie, hätte Gabriele dieses Muster nie und nimmer von sich gegeben. In der Tiefenentspannung war sie so etwas wie überrumpelt worden. Aber nun ließ sich das Muster nachvollziehen. Das ging schon jahrelang so: Entweder ging es Gabriele schlecht, und Mutter war obenauf, oder es ging Gabriele gut, dann fing Mutter an zu leiden. So wurde dieses Thema zwischen Mutter und Tochter hin- und hergeschoben. Seit Generationen. Seit Inkarnationen. Seit Jahrtausenden. Und das hatte sie für *Mutterliebe* gehalten. — Und genauso machte sie es mit ihren eigenen Kindern weiter!

Damals, vor vielen Jahren, bei dem ersten Knoten in der Brust, hätte ein gebildeter Arzt, der auch nur ansatzweise etwas von Astromedizin versteht, beruhigend und väterlich zu Gabriele sagen können: „Klären Sie doch einmal Ihre Beziehung zu Ihrer Mutter und schauen Sie, was Sie mit ihren Kindern machen. Hier liegt die wahre Ursache für Ihren Krebs. Und dann kommen Sie in einigen Wochen zur Nachuntersuchung.“ Eine geeignete Therapie hätte den verdrängten Schatten sehr einfach angehoben, denn jetzt war ja auch bereits nach wenigen Stunden die tiefe Ursache und der seelische Konflikt bekannt. Der Krebs hätte sich wie bei allen anderen Menschen auch, die ihre Konflikte gelöst haben, wieder von selber zurückgebildet, und Gabriele wäre heute eine gesunde Frau in den besten Jahren — und am Leben.

Statt dessen machte der Arzt, selbstgefällig in der Dunkelheit seines Unwissens umhertappend, damals bei ihrem Knoten in der Brust eine wichtige Miene und leitete damit die Exekution ein: „Verdacht auf Karzinom“. Jovial wurde noch einmal getröstet. Es *könnte* ja auch gutartig sein, aber es müsse nun alles Mögliche veranlasst werden — im Interesse der Patientin natürlich, um so den Schein zu erwecken, sie sei in guten Händen. Eine Gewebeprobe wurde entnommen, und seitdem verging kein Tag mehr ohne Angst.

Ich hatte Ihnen angekündigt, liebe Leserinnen und Leser, auf das Thema „Magie“ zurückzukommen. Hier ist ein Beispiel: Nun begann auf *magische* Weise die schulmedizinische Hinrichtung. Der Befund „Krebs“ traf Gabriele wie ein „Maschinengewehrfeuerbeschuss“, so ihre Worte. Ihr war zumute, als hätte ein Delinquent erfahren, dass sein Gnadengesuch verworfen ist. Sie *glaubte* dem Befund, und sie wusste nun, sie würde sterben, nur noch nicht wann. Dieser erneute und endgültige Zusammenbruch ihrer Lebenskräfte war die Ursache für jene Schwellungen, die sich kurze Zeit später an den Hals- und Schlüsselbein-Lymphknoten zeigten — magische Zeichen des vorangegangenen „Maschinengewehrfeuerbeschusses“ . Als diese auch noch als „bösartige Metastasen“ diagnostiziert wurden, hatte Gabriele keine Chance mehr. Grausame Misshandlungen und Verstümmelungen per Chemotherapie wurden eingeleitet. Das Märchen von den Metastasen fuhr Gabriele so „in die Knochen“, dass seelisch ihr „Rückgrat gebrochen“ wurde. Auch dieser Befund ließ nicht lange auf sich warten: Weitere Metastasen an der Wirbelsäule. Es folgte ein weiterer Großeinsatz klinisch durchgeführter langsamer Exekution.

Erschauernd blickte Gabriele jetzt in ihrem Leben zurück, und sie sah, dass alles ganz anders war. Der Krebs war nur ein Hilfeschrei ihrer geschändeten Seele gewesen. Und es hatte ganz harmlos angefangen. Die Seele wollte nur eines: Das, was sie für Mutterliebe gehalten hatte, sollte transformiert werden. Eine falsche Programmierung in der frühen Kindheit war die tiefliegende Ursache. Zu spät erkannte sie, dass sie, die sich niemals ins weiche Bett hatte fallen lassen dürfen, um sich pflegen zu lassen, durch ihr perfektionistisches Verantwortungsbewusstsein selber zu einer Salzsäule erstarrt war. Schaute sie nun in ihrem Leben nach hinten, dann blickte sie in eine tote Wüste ohne Lebensfreude, ohne Sonne und Meer; schaute sie nach vorne, dann sah sie keine Zukunft mehr, dann erblickte sie den Tod.

Aber Gabriele unterzog sich trotz ihres totkranken Zustands noch den Strapazen des ***Hexagramm-Programm***®s, denn sie wollte verstehen — alles. Ich schrieb, für den ersten Krebs sei sie selber verantwortlich. Sie, die immer die Erwachsene gespielt hatte (Steinbock), war in Wahrheit stets das hilfesuchende, von der Mutter abhängige, und immer wieder verlassene Kleinkind geblieben. Jetzt war es an der Zeit, den Steinbock-Aszendenten zu erlösen und wahrhaft selbständig zu werden, das heißt, diese schleimige Nabelschnur aus

Pseudoliebe, Manipulation und Gefühlsterror zur Mutter noch vor ihrem Tod zu kappen. Dazu gab es nun noch den letzten, den schwersten Schritt: Die Selbsterkenntnis.

Denn es lag nicht an der Mutter. Die wahre Ursache lag in Gabriele selber. Ich hatte übrigens auch Gelegenheit, die Mutter einmal kennenzulernen: eine reizende alte Dame, die von all dem nichts ahnte, und der wirklich nur das Wohlergehen ihrer Tochter sehr am Herzen lag. *Die Mutter traf keine Schuld!*

Hier an diesem wichtigen Punkt unterscheidet sich die Schulpsychologie vom spirituellen Heilsweg. Nehmen wir an, auch ohne Astrologie wäre ein Psychiater oder ein Analytiker irgendwann nach Monaten oder Jahren Gesprächs- und Verhaltenstherapie auf das Mutterproblem gestoßen, was er über das Horoskop innerhalb der ersten halben Stunde hätte erfahren können, und die Klientin hätte das bis dahin noch überlebt, so hätte er geglaubt, nun „die wahre Ursache" für die Krebserkrankung entdeckt zu haben.

Doch der Grund ist *niemals* die leibliche Mutter, *es ist das Bild der Mutter,* das der Mensch in sich trägt. Ich kann niemals aus der Stellung des Mondes im Horoskop eines Menschen etwas über die Mutter aussagen. Vielleicht gibt es da eine Schwester, und die hat zwar die gleiche Mutter, aber ein anderes Horoskop, in welchem der Mond zum Beispiel unaspektiert im Zwilling steht. Jene empfindet die gleiche Mutter als heiter und gelassen wie einen Schmetterling, was dann auch stimmt. Ich kann also aus einem Horoskop niemals erkennen, *wie die Mutter ist,* aber ich kann sehr genau erkennen, wie die Klientin *ihre Mutter sieht,* auch wenn sie sich das, wie in Gabrieles Fall, zunächst nicht eingestehen will.

So, die Wahrheit war nun heraus. Es galt, diese letzte Projektion nun zurückzunehmen. Es war der Zeitpunkt der Schattenintegration. Die Mutter hatte also keine Schuld. *Mea culpa! (Meine Schuld).* Die Frage, die Gabriele sich nun wenige Wochen vor ihrem Tod vorzulegen hatte, lautete: „Was habe ich dazu beigetragen, dass mein Leben so verlaufen ist?"

Nun betrachtete Gabriele ihr Leben noch einmal: Sie war zu einer Karikatur ihres Steinbock-Aszendenten geworden. Sie hatte geglaubt, niemals krank sein zu dürfen, sich niemals einfach fallen lassen zu dürfen. Da war die Verantwortung, die sie immer wieder gleich aufstehen und funktionieren ließ. So war das Wasser ihrer Gefühle nach und nach erstarrt, ihre Seele hatte sich wie die Schneekönigin in einen Palast aus Eis zurückgezogen. Gefühle hätten die Lösung bringen und die Wüste wieder fruchtbar machen können. Doch ihre Gefühle konnten nicht fließen, ihre eigene Kälte hielt sie in ewigem Eis zurück. Schwäche zeigen oder Hilfe annehmen, das konnte Gabriele nicht. So blieb sie stecken im eisigen Panzer, immun gegen das Leben und die Liebe. Alles Offene, Weiche, Empfindsame, das, was wir astrologisch „Krebs" nennen, hatte Gabriele von sich abgespalten, nur um immer erwachsen zu sein. Ihr inneres Kind, das sich so gerne pflegen und versorgen ließ, hatte sie verleugnet, verbannt und fortgeschickt.

Gabriele kam zu mir, weil sie verstehen wollte. Nun hatte sie es verstanden: Das verleugnete, verbannte und in die Welt fortgeschickte Kind war nämlich zurückgekommen. Das innere Kind war heimgekehrt — *aber als schreckliches Kind.* Das Kind hieß nun immer noch „Krebs", jetzt aber medizinisch Krebs, und es zeigte sich von seiner anderen, grausamen Seite und sprach: „Da bin ich wieder!"

Das heimgekehrte Krebs-Kind zwang Gabriele zu dem, was sie in den Schatten gestellt hatte. Nun *musste* sie über die Krankheit jene *Hilfe annehmen,* die sie stets abgelehnt hatte. Nun wurde sie gegen ihren Willen *versorgt und gepflegt.* Und sie wusste, dass sie nun auch noch die Verantwortung für alle anderen *fallen lassen musste.*

Erst als der Tod an ihre Tür klopfte, begann sie zu spüren, wie kalt und einsam es um sie herum geworden war. Und jetzt begann Gabriele, wirklich zu lernen. Spät, aber nicht zu spät. Gabriele ist am Krebs gestorben, aber die besonderen Umstände ihres Übergangs in die andere Dimension zeigen, dass ihre Erkenntnis nicht nur für andere Menschen Sinn gehabt hat, sondern dass sie rein persönlich ihre Erfahrungen nutzen durfte. Gabriele hat einen Dienst an ihrer unsterblichen Seele geleistet, die den physischen Tod überdauert.

Ich sah Gabriele zum letzten Mal im Krankenhaus, einer kleinen Klinik am Rande Hamburgs, die von sehr bewussten anthroposophischen Ärzten geleitet wird. Die Krankheit hatte ihren vergänglichen Körper mit dicken Geschwüren entstellt. Sie wurde dort sehr liebevoll umsorgt, und man akzeptierte ihren Wunsch, keine Medikamente zu nehmen.

Gabriele lag kraftlos in ihren Kissen, aber sie rang mit einem Problem: „Die Ärzte sagen, eigentlich müsste ich noch einmal nach Eppendorf (in die Universitätsklinik). Denn ohne Chemo-Therapie kann mir niemand mehr helfen. Ich glaube, ich komme hier nicht wieder heraus." „Und *mit* Chemo-Therapie?" fragte ich. Schulterzucken. „Ich muss mich entscheiden — aber ich kann es nicht. Ich habe Angst."

Schweigen. — Ich weiß: in entscheidenden Augenblicken werde ich geführt. Dann fragte ich sie sehr langsam, fast automatisch: „Gabriele, stell dir vor, jetzt ginge die Tür auf, JESUS CHRISTUS käme hier herein, Er würde ein Kreuz in die Luft zeichnen und zu dir sagen: ‚Hier, Gabriele, du bekommst einen neuen Körper. Du bekommst ein neues Leben. Du bist gesund! Steh' auf und geh!" Und dann fragte ich sie sehr eindringlich: „Was wäre dann, Gabriele? *Weißt du genau, was du tun würdest?"*

Wieder trat ein sehr langes Schweigen ein, ehe Gabriele antwortete: „Nein, ich weiß es nicht. Ich brauche wohl noch Zeit." — Und ich hörte mich sagen:

„Du bekommst jetzt beides: zuerst sehr viel Zeit, und dann deinen neuen Körper." — Nach einer Weile trat ein Lächeln auf Gabrieles müdes Gesicht. „Ich habe mich jetzt entschieden: Ich gehe *nicht* nach Eppendorf. Ich bleibe hier. Die Menschen sind hier sehr lieb." Gabriele war es leichter geworden.

Am darauffolgenden Sonntag besuchte sie ihr Mann. Vor dem Eingang der Klinik stand eine weiße Hochzeitskutsche, die Gabriele bestellt hatte, so richtig mit weißen Schimmeln und einem Kutscher in Frack und Zylinder. „Habe ich Gabrieles Geburtstag vergessen?" schoss es ihrem Mann durch den Kopf. „Oder haben wir heute Hochzeitstag?" „Was ist los?" fragte er. Gabriele antwortete nicht — und lächelte.

Sie fuhren zusammen an dem schönen, goldenen Oktobertag in der weißen Hochzeitskutsche an den jahrhundertealten Eichen und Buchen vorbei hinunter an die Elbe. Gabriele, von der untergehenden Herbstsonne beschienen, überspielte mit Schönheit und Harmonie ihre schwindende Kraft — so wie sich draußen in der Natur zur gleichen Zeit die bunten Blätter von ihren Zweigen lösten, wie sie auf ihrer letzten Reise durch die Luft noch einmal prächtig die Farben des Herbstes widerspiegelten, schöner als im Sommer — und wie sie so leicht, luftig und beschwingt ihrem Ende entgegentanzten. Außenwelt = Innenwelt. Einverstanden sein, mit allem, was ist. Und niemand außer Gabriele ahnte, mit wem hier Hochzeit gemacht wurde: Gabriele hatte Gevatter Tod nun als Bräutigam angenommen.

Einige Stunden später war Gabriele tot. Sie starb in den Armen ihres Mannes, der nach der Kutschenfahrt zunächst nach Hause fahren wollte, weil er immer noch nichts ahnte. Als sie wieder in ihrem Zimmer im Bett lag, bat sie ihn: „Bleibe heute bitte hier." „Warum? Morgen ist Montag, und ich muss....." „Ich sterbe," unterbrach Gabriele ihn. „ Ja, das wissen wir doch schon lange, aber du....." Sie legte ihm den Finger auf den Mund und sagte: „Jetzt! Ich sterbe — jetzt!" Gabriele ging tapfer hinüber, bewusst, klar und einverstanden mit allem — bis zur allerletzten Minute: Ein wahrer Steinbock!

Aszendent W A S S E R M A N N
Sinn und Bedeutung des nicht verschuldeten Unfalls

Zwar fast auf die Minute pünktlich, aber einen Tag zu früh kam Walter aus Wuppertal zur astrologischen Beratung. Seine Frau, ein nettes, kleines Pummelchen, eilte voraus und hielt Walter, Jahrgang 1950, die Türen auf, denn er hüpfte an zwei Krücken, den rechten Unterschenkel in sehr einfallsreich illustriertem Gips verpackt, nach vorne abgeknickt, so als führe er sein Symptom schon vor. Walter hatte einen hohen Krankheitsgewinn, seine quecksilbrige kleine Frau rückte ihm den Sessel zurecht, besorgte dienstbeflissen ein Glas und Mineralwasser aus der Teeküche für ihn und setzte sich dann selber auf den wackeligsten Stuhl, den sie finden konnte.

So eine schon rein äußerlich zur Schau getragene Wassermann-Steinbock-Symbolik (Knochenbruch im Bereich der Waden) erregte natürlich meine höchste Aufmerksamkeit, aber Walter meinte, das täte hier nichts zur Sache, berichtete dann aber mit schnellen, abgehackten Sätzen von einem Irren, der in Garmisch-Partenkirchen nicht Skifahren konnte, und der sich als Endpunkt seiner Schussfahrt ihn, den armen, unschuldigen Walter, zum Bremsen ausgesucht hatte. Andernfalls wäre der Idiot nämlich gegen einen Baum gekracht. Der arme Irre gehörte einem Skikurs an, und Walter hatte noch den Schrei des Skilehrers im Ohr: „Schneepflug, Schneepflug, du sollst Schneepflug machen!“ Damit war natürlich das Bremsmanöver gemeint, aber Walter wurde zu Boden gepflügt.

Mein weiteres Interesse an diesem Unfall würgte Walter kurzerhand ab, denn es ginge hier um ganz andere Themen, nämlich um seine berufliche Karriere.

Walter hatte seine Geburtsdaten auf einen kleinen Zettel geschrieben, den er irgendwo hatte, aber nicht da, wo er jetzt suchte. Nachdem alle Jacken-, Hosen- und Westentaschen erfolglos nach außen gekrempelt waren, glaubte er sich an seine Geburtszeit ganz genau erinnern zu können, worauf seine Frau wie aus der Pistole geschossen eine andere Zeit nannte, derer sie sich ebenfalls absolut sicher war. Als richtig stellte sich schließlich eine dritte Zeit heraus, nachdem das Zettelchen, bereits zu einem winzigkleinen Ball zusammengerollt, sich irgendwo in Walters Portemonnaie einfand.

Die Wassermann-Steinbock-Symbolik zeigte sich viele Male in Walters Horoskop als spannungsgeladen: Walters Sonne stand auf 1 Grad im Steinbock, wo sie eigentlich ein beamtenmäßig gesichertes Dasein ausgefüllt mit Autorität, Amt und Würden suchte. Sie stand aber auch im 11. Haus, das archetypisch dem Wassermann zugeordnet ist und ein Umfeld verkörpert, welches man als ‚Karneval in Rio’ bezeichnen könnte.

Walters Aszendent lag zwischen ein und zwei Grad im Wassermann. Die Irritationen seines ersten Auftretens (pünktlich auf die Minute = Steinbock, ein Tag zu früh = Wassermann), die zerfahrene Suche nach dem eigentlichen Anliegen (AC=Wassermann) seines Besuchs und der skurrile Gips im Bereich der Waden (=Wassermann) ließen darauf schließen, dass es an seinem Aszendententhema noch einiges zu lernen gäbe.

Und aller guten Dinge sind drei: Uranus, der stürmische Herrscher des Wassermanns und damit seines Aszendenten, befand sich im 6. Haus des Berufs und erfreute sich dort auf ein Grad im Krebs warmer, rührseliger und naiver Geborgenheit. Sein ganz klarer Auftrag, die Freiheit zu verwirklichen, und zwar insbesondere auf der beruflichen Ebene, schien ins Wasser zu fallen. Durch die fast gradgenaue Opposition des verrückten und exzentrischen Uranus zur engstirnigen und unbeweglichen Sonne im Steinbock war ein konfliktreiches Lebensthema bereits vorgezeichnet.

Der transitierende Saturn als Lebensplanvollstrecker vom Dienst und Herrscher seines Sonnenzeichens war 1991 über seinen Aszendenten gegangen, und da hätte Walter in seinem Leben eigentlich etwas Neues beginnen sollen. Jetzt, zum Zeitpunkt des Unfalls (Anfang 1996), stand der Saturn sowohl im Quadrat zum Geburts-Uranus als auch im Quadrat zu seiner Geburts-Sonne. Fast gleichzeitig ging der transitierende Uranus über Walters Aszendenten.

Die Frage war nun ganz einfach: „Was hatten Sie 1991 vorgehabt und nicht verwirklicht?“ Walter schaute fragend in die Luft, zuckte mit den Schultern, und seine Frau antwortete: „Du wolltest dich selbständig machen.“ „Ach so, ja, damals wollte ich das wohl,“ gab Walter nun zu. „Nein, nicht nur damals, sondern bis jetzt!“ korrigierte ihn seine bessere Hälfte. „Ich nehme an, bis kurz vor dem Unfall,“ ergänzte ich, worauf mich Walter entgeistert ansah und fragte: „Woher wissen Sie das?“ Ich deutete nur auf sein gebrochenes Bein. „Daher!“

Folgende Entwicklung hatte sich zugetragen: Walter war als Bauingenieur in einer großen Firma beschäftigt, und als Steinbock-Geborener wusste er, dass er Verantwortung zu tragen hatte, was er auch tat. Dennoch hatte er immer das Gefühl, er hätte Bienen im Hintern (Wassermann). Am liebsten war er auf den Baustellen, wenn dort das Chaos herrschte, und am wenigsten behagte ihm das Büro. Schon seine Eltern nannten ihn „Zappelphilipp“, weil er nie stillsitzen konnte. 1990 oder 1991 wollte er sich dann mit einem eigenen Ingenieurbüro selbständig machen. Er hatte alles vorbereitet, doch dann kam die Angst, die Existenzangst. Die Bauwirtschaft stürzt sich ja ohnehin abwechselnd vom Boom in die Rezession und umgekehrt, aber Walter glaubte, das nicht aushalten zu können. Er verschob seinen „Ausbruch“ von Monat zu Monat, von Jahr zu Jahr. Ein Steinbock hat ja Zeit. Viel Zeit.

Ein Wassermann hat aber keine Zeit. Die Situation eskalierte. Die Firma versetzte Walter nun endgültig in den Innendienst, weil er „in die Jahre gekommen war“. Weiterhin führte sie zur Kontrolle aller Mitarbeiter im allgemeinen und Walters im besonderen (wie er glaubte) kleine elektronische Personenkennkarten ein, die beim Betreten und Verlassen des Verwaltungsgebäudes in einen Chronometer (Chronos = Saturn) gesteckt werden mussten, damit die Zeiten registriert wurden. Die wassermännische Freiheit war dahin. Noch einmal stieg der ganze Frust des inneren Daniel Düsentrieb in die Höhe, aber der zuverlässige Steinbock behielt Oberhand, denn schließlich war er für die Firma ja auch sehr wichtig. Das Thema „Freiberufler“ wurde endgültig ad acta gelegt. Das fühlte sich vergleichsweise so an, als würde Daniel Düsentrieb bei Onkel Dagobert einen Job in der Registratur annehmen — mit Pensionsanspruch.

Ich musste Walter das irgendwie logisch erklären, denn als Wassermann-Aszendent hat man wenig Verständnis für kosmische Gesetze. Ich sprach auf ihn ein: „Jetzt sage ich Ihnen, warum *gerade Sie* das arme Opfer des Skiunfalls wurden: Stellen Sie sich vor, ich sei jetzt der Irre aus dem Skikursus, ich könnte mich auf den Brettern nicht mehr halten, sähe den Abgrund immer näher kommen und hätte nun nur noch die Wahl zwischen der harten Betonwand der Bergstation oder einem weichen Menschen. Was würde ich wählen? Den Menschen! Aber natürlich bretterte ich nicht auf so ein bayrisches Urvieh rauf, das mich anschließend in eine handfeste Rauferei verwickeln würde, sondern auf so einen Trauerkloß wie Sie, der seine hochfliegenden Pläne und sich selber gerade aufgegeben hat. Da steht einer, der nicht die Absicht hat, sich in diesem Leben noch einmal zu bewegen, und schon bumst es. Können Sie sich nun vorstellen, was Sie persönlich dazu beigetragen haben, dass Sie sich heute in dieser Situation befinden?"

Walter schaute mich entgeistert an, aber seine quecksilbrige Frau quasselte schon wieder dazwischen: „Doch, mein Mann kann sich das sehr gut vorstellen!" So ist das also: Jeder heiratet seine Unfähigkeit.

Uranus Konjunktion Aszendent, Saturn Quadrat Sonne und Saturn Quadrat Uranus. In dieser Konstellation passierte der Unfall. Wie konnte das geschehen? Saturn, das war die Zeit, die Struktur, die Kontrolle, die Verantwortung, der Chronometer. Die erstarrte Sonne, das Ego, war auf dem Gebiet der Freiheit (11. Haus) zutiefst verletzt. Der Uranus, der Revolutionär, der grenzenlose Freiheit in den Beruf hätte tragen sollen (6. Haus), hatte sich in die sichere Versorgung (Krebs) zurückgezogen. Der transitierende Saturn und der transitierende Uranus hatten sie nun beide munter gemacht. Durch den Unfall war Walter nun doch aus dem chronologischen, verantwortungsbewussten Zeitablauf ausgebrochen, was er eigentlich freiwillig hätte besorgen müssen. Die gleiche Symbolik zeigte sich auch im körperlichen Symptom: Der Bruch (Uranus) der Knochen (Steinbock) lag im Bereich des Schienbeins (Wassermann).

Merke: Auch der nicht verschuldete Unfall hat Sinn und Bedeutung.

Aszendent F I S C H E
AIDS: Von der irdischen Vernunft zur kosmischen Vernunft

Wir nähern uns dem letzten Zeichen des Tierkreises, dem ungreifbaren Fisch, dem Traum, dem Jenseitigen, dem Transzendenten, wo das Metaphysische sich dem Physischen, wo das Alchimistische sich der Chemie entzieht, und wo logische Erklärungen ihre Grenzen verlieren. Vielleicht wollen wir uns auch nur romantisch belügen. Die letzte der Klientengeschichten ist nicht mehr zu analysieren oder zu definieren, denn sie ist verhüllt vom Schleier der Verklärung: Aszendent Fische.

Friedrich war ein erfolgreicher Internist und Chirurg, hatte eine ausgezeichnet florierende Praxis, operierte einmal in der Woche an der Universitätsklinik einer süddeutschen Großstadt und war außerdem ein angesehener Dozent. Er bewohnte mit seiner gut aussehenden Frau und drei kleinen Kindern ein hübsches Haus in einem vornehmen Villenvorort und konnte sich trotz seines anstrengenden Berufs immer die Zeit für seine Hobbys nehmen. Mit jungfräulicher Sorgfalt hatte er Vorsorge für sein Alter geschaffen: ein Drittel in Gold, ein Drittel in Grundstücken und ein Drittel in Versicherungen und Wertpapieren. Eine saubere und heile Welt, wie sie im Buche steht. Die Jungfrauen-Symbolik in Reinkultur ergab sich durch sein sehr stark besetztes 6. Haus.

Doch Friedrichs Aszendent hieß: Fische. Als Kind stets verträumt, war er Märchen und Mythen gegenüber aufgeschlossen, und hatte sich so sein jungenhaftes Interesse an außergewöhnlichen Dingen seltsamerweise auch über jahrelange medizinische Ausbildung hinübergerettet, was ihn eines Tages dazu verführte, die Kurse zur ***Spirituellen Astromedizin*** zu belegen. Fasziniert von der Genauigkeit (Jungfrau) und der wissenschaftlichen Präzision (Jungfrau) des astrologischen Weltbildes trafen ihn die Erkenntnisse doch wie ein Hammerschlag: „Da haben wir nun zwölf Semester Schulmedizin studiert, um in vierzehn Tagen zu erkennen, dass wir eigentlich vom Patienten und über die Entstehung von Krankheit nichts wissen!“ Der Fisch in ihm war verwirrt.

Dreimal versuchte Friedrich, seine neuen Kenntnisse in den beruflichen Alltag zu integrieren. Als Dozent für holistische Medizin sprach er vor Kollegen über ***Spirituelle Astromedizin***. Ein kleiner, fetter Hausarzt mit einem krebsroten Gesicht ereiferte sich: „Und wenn ich mit meinem Auto an einen Baum fahre, aus allen Knopflöchern blute und fünf meiner Rippen gebrochen sind, wie können Sie mich dann mit Ihren Sternen wieder zusammenflicken?“ Er schnappte nach Luft und rang nach Anerkennung bei den Zuhörern. „Wollen Sie uns allen hier das bitte einmal erklären, lieber Herr Kollege!“ Der wackere Medizinmann mit dem Aussehen eines kleinen Schweinchens und einem Horizont, welcher etwa so weit war wie eben jenes Tier springen kann, hatte die Lacher auf seiner Seite. Friedrichs Vortrag war geplatzt.

Den zweiten Versuch startete er als Chirurg. Während seine Patienten in tiefer Unbewusstheit in Narkose lagen (Fische), dozierte Friedrich (Jungfrau) vor den Assistenzärzten und Operationsschwestern über die seelisch-psychischen Hintergründe des erkrankten Organs, an dem er sich zu schaffen machte, was natürlich in dieser Umgebung zunächst auf blankes Unverständnis, dann auf ängstliche Ablehnung und schließlich auf massiven Widerstand stieß. Diesen Zustand hielt er nicht lange aus. In der folgenden Zeit wurde Friedrich bei den Operationen wieder stiller.

Im dritten und letzten Versuch konfrontierte er als Internist nun seine Patienten in der Praxis mit seinem Wissen und belehrte sie darüber (Jungfrau), was in ihrer persönlichen Entwicklung schiefgelaufen war, damit dieses Symptom notwendigerweise in Erscheinung treten musste. Obwohl dies alles korrekt und richtig war (Jungfrau), zeigten sich dennoch Auflösungsprozesse (Fische): Die Arzthelferinnen zerfielen in zwei Gruppen, pro und contra, viele Patienten kamen nicht wieder und einige beschwerten sich bei der Ärztekammer. Diese hatte nichts Besseres zu tun, als Friedrich schriftlich abzumahnen, doch auf „wissenschaftlich gesicherter Grundlage" (Jungfrau) zu praktizieren, andernfalls würde man......... und dann kamen einige Äußerungen, die man der Fische-Symbolik zuordnen könnte. Im Hinblick auf seine Familie und seine wirtschaftlichen Verhältnisse zog Friedrich sich schließlich auch hier wieder zurück.

Friedrich hatte die allerbesten Voraussetzungen und auch das materielle Handwerkszeug, nun als spiritueller Arzt und Heiler zu arbeiten und so der Menschheit zu dienen — aber eingeschüchtert durch die Standesorganisation und durch betonköpfige Kollegen tat er es nicht. Mit seinen medizinischen Kenntnissen und seinem astrologischen Wissen hätte er auf höchster Ebene tätig sein können. Aber zu tief hatten sich die Spuren des linearen Ursache-Wirkung-Denkens in die Windungen seines Gehirns eingegraben. Esoterik und Spiritualität seien zwar sehr schön, so war nun seine Ansicht, aber wenn der Patient erst einmal „richtig krank" ist, dann müssten wirkungsvollere Methoden angewandt werden, und dann könne man weitersehen.

Der liebe Friedrich sollte bald auf eine recht eindrucksvolle Art und Weise eines Besseren belehrt werden. Aber zunächst schickte die kosmische Vernunft drei Warnungen. Nachdem Friedrich sich wieder auf die rein schulmedizinischen Diagnose- und Therapieverfahren beschränkt hatte, häuften sich bei ihm Fehldiagnosen sowie die Beschwerden der Patienten, dass seine Behandlungen keine Heilung brächten, und es kam sogar zur Androhung von Schadensersatzforderungen. Ein Fortbildungskurs für Ärzte und Heilpraktiker konnte nicht zuende geführt werden, weil er eine „esoterische, ganzheitliche Medizin" angekündigt hatte, sich dann aber mit den astromedizinischen Inhalten zurückhielt und nur noch auf die normale physikalische, medikamentöse und operative Medizin hingewiesen hatte. Es fielen harte Worte wie „Etikettenschwindel" (Fische).

Auch der guten Warnungen sind immer drei. Die letzte Warnung kam als Traum (Fische): Viele Menschen umringten ein Gefährt, das von Pferden gezogen wurde. Darauf lag ein schwarzer Kasten — ein Sarg. Friedrich wusste, es war *sein* Sarg. Er stürzte darauf zu, riss den Sargdeckel hoch und stellte erleichtert fest, dass er noch leer war. Noch. Schweißgebadet wachte er auf und wanderte den Rest der Nacht umher. Dann verdrängte Friedrich den Traum — und es änderte sich nichts. Aber jeder nicht gedeutete Traum ist ein ungelesener Brief GOTTES!

Kurze Zeit später schlugen kosmische Gesetze erbarmungslos zu. Das Lernthema eines *verletzten Fisches* kann sich nämlich auch auf sehr *hinterhältige* Weise ins Leben *einschleichen,* um sich Aufmerksamkeit zu verschaffen. Und so geschah es. Während einer Operation an einem an AIDS bereits erkrankten Patienten war er mit dem Skalpell abgerutscht und hatte sich an der linken Hand einen tiefen Schnitt beigebracht. Um das Schlimmste zu verhindern, hatte Friedrich dann sofort die Gummihandschuhe zerrissen und die Wunde ausgesaugt. Aber genau das hätte er nicht tun sollen, denn nun brachte er die Krankheitserreger auch noch mit seinen Schleimhäuten in Berührung. Friedrich hatte sich selbst mit AIDS infiziert (Fische).

Gleich am nächsten Tag hatte Friedrich bei mir angerufen, den Vorfall geschildert, den Traum erzählt und um einen Termin gebeten, den ich ihm allerdings erst zehn Tage später geben konnte, weil ich mir für ihn Zeit nehmen wollte. Denn eines wusste ich sofort: Hier prüft der Kosmos auf Fische-Art die Ehrlichkeit seines spirituellen Weges, hier geht es um Durchbruch oder Absturz. Ich spürte in mir sehr starke Emotionen aufsteigen: Die ***Spirituelle Astrologie*** im Operationssaal zu verkünden — das ist Perlen vor die Säue werfen! Den Patienten die subtilen und feinstofflichen Vorgänge um die Entstehung von Krankheiten oberlehrerhaft an den Kopf zu werfen und dann weiterhin schulmedizinisch herumzuholzen wie ein Schlachter — das konnte ja auch nicht gut gehen. Die heilige Lehre schützt sich selber! Ich wollte ihm dazu einiges sagen, aber ich zögerte, denn wenn *mich* etwas betroffen macht, dann ist es auch *mein Thema.* Ich erbat mir einige Minuten Bedenkzeit und sagte dann: „Ich rufe zurück."

Ich schaute zunächst in Friedrichs Geburtshoroskop: Fische-Thema am Aszendenten, das hatte ich noch in Erinnerung. Dann machte ich ein Ereignishoroskop auf die jetzige Zeitqualität in Beziehung zu seinem Geburtshoroskop und erkannte sofort mehrere Aspekte, die keinen Zweifel an der Botschaft im Hintergrund ließen: Saturn war zwar noch im 12. Haus, welches archetypisch der Fische-Symbolik zugeordnet ist. Solange Saturn im 12. Haus ist, muss sich der Mensch von allem trennen, was in dem folgenden Zyklus nicht mehr vonnöten ist. Saturn näherte sich aber damit auch seinem Fische-Aszendenten, das heißt, der Kosmos prüfte ab, ob das Anliegen an das Leben (Aszendent) auf spirituelle Weise (Fische) gelebt wird. Weiterhin gab es da den dritten und letzten Übergang des transitierenden Neptun, des Herrschers der Fische, seines Aszendenten, über sein MC (sein Lebensziel) im Steinbock.

Mir kamen wieder Zweifel: Waren das nicht eigentlich alles *meine* eigenen Vorstellungen vom Leben, die ich auf Friedrich nur übertrage? Denn für Friedrich standen seine Versäumnisse und die Tragweite seiner Infektion in einem absoluten Missverhältnis. Aber dann ging mir ein Licht auf: *Causa finalis* — die Ursache liegt in der Zukunft!

Die Transite des Neptuns, des Herrschers seines Aszendenten, wurden vom

Kosmos ebenfalls bereits dreimal angemahnt: Den ersten Neptuntransit über seine Individuationsachse (MC — IC) hatte Friedrich zum Zeitpunkt seiner astromedizinischen Kurse gehabt, das heißt, unbewusst hatte er damals den für seine Entwicklung und sein Lebensziel (MC) wichtigen Schritt eingeleitet. Dann, während der Rückläufigkeit des Neptuns, zeigten sich die Konflikte und Schwierigkeiten mit Kollegen und Patienten, woraus eine Disharmonie mit der kosmischen Ordnung unschwer abzulesen war. Aber nun, pünktlich beim exakten Aspekt, kam der eigentliche Einbruch. Wegen der sehr langsamen Umlaufgeschwindigkeit des Neptuns würde Friedrich einen weiteren großen Neptun-Aspekt zu seiner Individuationsachse in diesem Leben nicht noch einmal bekommen. Jetzt ging es um Sein oder Nichtsein.

Dann rief ich ihn wieder an und sagte: „Der Tod im Traum ist zunächst einmal nicht der physische Tod. Der Tod im Traum bedeutet Wandlung, aber keine oberflächliche, sondern eine tiefgründige Wandlung, bei der auch eine ganze Menge alter Dinge und Vorstellungen *sterben muss.* Aber der Sarg ist leer. Das, was du vielleicht als beruhigend empfunden haben magst, nämlich dass der Sarg leer ist, sehe ich anders: *Du nimmst an der Wandlung nicht teil!* Friedrich, du stehst an einem Scheidepunkt, vielleicht dem wichtigsten in deinem Leben. Du wirst dich jetzt entscheiden müssen: *Entweder:* Du bleibst der Schulmedizin weiterhin verhaftet, dann wirst du auch deren Magie unterliegen. Als Arzt weißt du selbst am besten, was HIV-positiv bedeutet und was man dir sagen wird, was mit dir passiert. *Oder:* Du wendest all dein spirituelles Wissen jetzt auf dich selber an, in der Form, wie du es mit einem Patienten tun würdest, der mit *deinem* Horoskop, *deinen* Transiten und *deinen* Symptomen zu dir käme. Damit stellst du dich unter den Schutz der kosmischen Gesetze und erfährst GOTTES Hilfe, Gnade und Gerechtigkeit." Schweigen in der Leitung.

Dann sagte Friedrich mit belegter Stimme: „Morgen lasse ich beim Gesundheitsamt einen Test machen. Das geht heute so schnell. Am Freitag erfahre ich das erste Ergebnis. Vielleicht habe ich mich ja auch gar nicht infiziert." Noch heute wundere ich mich über meine spontane Antwort: „Halt! Nicht so schnell! Es wäre schade, wenn dein Test HIV negativ erbringen würde." Empörte Frage: „Warum?" „Wenn der Test negativ ist, dann ist der Druck von dir genommen. Unser Termin ist erst in zehn Tagen. Ich kenne dich: Du sagst unseren Termin ab und änderst dich nicht! Du gehst dann wieder zur Tagesordnung über. Neptun, der Herrscher deines Fische-Aszendenten, hat eine Umlaufzeit von 170 Jahren. Er berührt deine Individuationsachse, das tut er nicht alle Tage! Jetzt höre gut zu: Wenn du dich jetzt nicht grundlegend änderst, dann ist dein Weg hier zu Ende. Und deshalb brauchst du den Druck." „Ich werde auf jeden Fall kommen." „Abgemacht."

Die wenigen Tage bis zur Auswertung des ersten HIV-Tests waren für Friedrich die Hölle. Ganz anders die Nächte, dort war der Himmel: Im Traum erschien ihm ein Engel namens Hildegard und reichte ihm einen wunderschönen Strauß Blumen, nach Friedrichs eigener freier Assoziation war es die Heilige Hildegard von Bingen, Symbol alternativen Heilens. Er sah dies als Auftrag und Chance. Die Logik des materiellen Weltbildes (Jungfrau) und die Analogie der Traumwelt (Fische) klafften sehr weit auseinander. Aber Friedrich durfte am eigenen Leib erfahren, wie Wissenschaft krank macht und wie Spiritualität heilt. Diese eigene Erfahrung der wenigen Tage machten ihn stark für den eigentlichen Schlag am Freitag.

Der HIV-Test war positiv. Nach der Elisa-Methode, bei der die Antikörper gezählt werden, war jeder Zweifel ausgeschlossen. Die Amtsärztin bat Friedrich mit ernster Miene in ihr kleines Büro, und es entwickelte sich folgender merkwürdige Dialog: „Herr Kollege," begann die Amtsärztin, „es tut mir ausgesprochen leid, Ihnen eröffnen zu müssen, dass Ihr Bluttest auf HIV-positiv lautet. Sie als Arzt wissen am besten....." „Ich habe mir das schon gedacht," fiel Friedrich der Kollegin vom Amt ins Wort, worauf sich ihr Gesicht zu einem entgeisterten Fragezeichen formte, aber Friedrich fuhr fort: „....und mein Guru aus Lüneburg meint, das wäre gut für mich." Ihr Gesicht verformte sich nun so, als hätte man es mit Essig beträufelt. „Was sagen Sie da? Es wäre gut für Sie?" „Ja," antwortete Friedrich, „ich weiß ja, *warum* ich mich infiziert habe. Ich hätte schon längst meine Praxis umstel....." Jetzt fiel sie ihm ins Wort. Schneidend sagte sie dazwischen: „Sie haben sich infiziert, weil Sie die Sicherheitsmaßnahmen bei einem Risikopatienten nicht beachtet haben, und weil Sie Ihre Wunde auch noch ausgesaugt haben, was *Sie, Herr Kollege,* eigentlich hätten wissen müssen." „Streiten wir uns doch nicht, wir sprechen ohnehin zwei verschiedene Sprachen," sagte Friedrich versöhnlich.

Die arme Amtsärztin war nun völlig verunsichert. Sie hatte sich absichtlich Zeit genommen, um intensiv mit Friedrich sprechen zu können, aber an den Mann war ja nicht heranzukommen. Vielleicht war er durch den Schock geistesverwirrt? Jedenfalls griff sie in ihre Schreibtischschublade und förderte einige Medikamente zutage. „Es ist jetzt wichtig, dass Sie sofort damit beginnen. Täglich....." Jetzt war es wieder Friedrich, der unterbrach. Er hatte die Schachteln in der Hand, betrachtete sie verächtlich und sagte ebenso betont: *„Liebe Kollegin,* auch ich bin Arzt. Und als Arzt weiß ich, was dieser Mist für Nebenwirkungen hat. Seien Sie mir nicht böse, aber *Sie* würden das Zeug auch nicht fressen!" So verließ er das Gesundheitsamt.

Und dann handelte Friedrich. Die Praxis wurde reduziert, jenen Arzthelferinnen, die sich mit dem neuen Bewusstsein nicht anfreunden konnten, wurde gekündigt, die Operationen wurden auf das Allernotwendigste beschränkt, und Friedrich richtete sich ein neues Behandlungszimmer im Stil eines Meditationsraums ein, wo er nur noch astromedizinisch und spirituell arbeitete: Horoskopbesprechungen, Tiefenentspannungen, Seelentherapie. Die geistigen Welten honorierten sein Handeln, mit dem er der irdischen Vernunft den Rücken gekehrt und zur kosmischen Vernunft heimgefunden hatte.

Einige Zeit später gab es im kleinen Büro der Amtsärztin einen neuen, nicht weniger merkwürdigen Dialog: „Herr Kollege, wir müssen uns vielmals bei Ihnen entschuldigen. Sie sind natürlich HIV negativ." „Ja, und?" fragte Friedrich, „deshalb brauchen Sie sich doch nicht zu entschuldigen." „Doch, doch. Uns ist offensichtlich beim ersten Test ein bedauerlicher Irrtum unterlaufen." „Warum?" Sie schaute ihn wieder an, als sei bei ihm eine Schraube locker. „Weil Ihr erster Test positiv war, und nun sind Sie negativ. Anders als durch ein Vertauschen der Entnahmen können wir uns das nicht erklären." „Das ist aber jetzt *Ihr Problem, liebe Kollegin!"* sagte Friedrich fröhlich und zog von dannen.

Friedrich war nun zum Eingeweihten geworden. Weder ein Guru noch ein Orden hatten ihn initiiert. Das Leben hatte ihn eingeweiht, als es ihn an die Schwelle des Todes geleitet hatte.

Zum Fische-Thema gehört es sich, dass diese Geschichte niemals nachprüfbar ist. Wurden Blutproben irrtümlich vertauscht, und Friedrich war gar nicht infiziert? Oder ist das Natürlichste der Welt geschehen, indem der Körper sich selber geholfen hat? Dies wird sich niemals klären lassen.

Und dennoch wage ich eine Prophezeiung: Friedrich ist kein Einzelfall. In einigen Jahren wird es immer mehr Menschen geben, die HIV-negativ sind, obwohl sie vorher HIV-positiv waren. Doch diese Heilungen gehen auf jeden Fall an der Schulmedizin vorbei.

Kapitel XII

Das

Hexagramm-Programm®

Die Krönung aller Therapien: Heilung durch Rituale und Symbole

Achte auf deine Gedanken, ——denn sie werden Worte.
Achte auf deine Worte, ——denn sie werden Handlungen.
Achte auf deine Handlungen, ——denn sie werden Gewohnheiten.
Achte auf deine Gewohnheiten, ——denn sie werden dein Charakter.
Achte auf deinen Charakter, ——denn er wird dein Schicksal.

(Talmud)

Im Kapitel XII lesen Sie etwas zu den Themen:

Die Krönung aller Therapien ist die Heilung durch Rituale und Symbole. Das spirituelle siebentägige Intensivseminar, das ***Hexagramm-Programm***®, setzt den Individuationsprozess des Menschen in Gang, symbolisch beginnend bei der Vertreibung aus dem Paradies und endend bei der Rückkehr ins Paradies.

Auf mystischer Ebene der Heiligen Schrift, der Bibel, dem wichtigsten Kulturgut des Abendlandes, durchwandern die Pilger wichtige Stationen des Alten und Neuen Testaments in Form von Gleichnissen und Bildern.

Das Heilungsgeschehen basiert auf dem HEXAGRAMM, jenem Symbol, welches dem Menschen bewusst macht, dass er ein *spirituelles Wesen* ist, das in die Materie gestürzt ist. Das ***Hexagramm-Programm***® *inkubiert* jenen Bewusstseinswandel, den die Griechen *metanoia* nannten, und welcher der einzige Weg zu einer wahren Heilung ist. Es lässt dabei die Kontemplationen um den Heilschlaf des Asklepios im Tempel zu Epidauros wieder aufleben, orientiert sich aber inhaltlich an den GROSSEN MYSTERIEN DES CHRISTENTUMS.

Wie bei jedem wahren Initiationsgeschehen werden die Teilnehmer in der ersten Phase Verletzungen erdulden müssen, in der zweiten Phase verstehen sie, warum alles geschehen ist, und in der dritten Phase erfahren sie Heilung. Drei Schritte vollziehen wir in der Therapiewoche: LEBEN, LICHT und LIEBE.

Mit uralten Symbolen, eingebettet in ein feierliches Ritual, führt der metaphysische Weg im ***Hexagramm-Programm***® ebenso wie draußen im Leben in drei Schritten von der *prima materia,* dem Schicksal oder dem Symptom, über die *quinta essentia,* vom Licht der Erkenntnis (Quintessenz) geleitet, zum *opus magnum,* dem großen Werk. Die alchimistische *conjunctio oppositorum,* die rituelle Vereinigung der Gegensätze, leitet den Heilungsvorgang ein.

In den sieben intensiven Tagen, von denen jeder Tag einem Planetenprinzip zugeordnet ist, walten allerhöchste kosmische Gesetze, welche die Aufhebung des Karmas bewirken können. „Was du an Schuld in sieben Jahren aufgeladen hast, wird dir in sieben Tagen vergeben." So sprach JESUS CHRISTUS. Voraussetzungen für diesen religiösen Akt der Gnade und Vergebung ist das Eingeständnis der eigenen Schuld.

Karma kann durch einen Menschen nur abgetragen, aber niemals aufgehoben werden. Der göttliche Akt der Gnade und Vergebung ist nur durch die Anrufung JESU CHRISTI möglich. Ein Mensch kann nur den Weg aufzeigen.

Das ***Hexagramm-Programm***® wird nur zu Zeiten mit besonderen Qualitäten durchgeführt, so zum Beispiel beginnend am Volkstrauertag oder am Totensonntag im November, damit die Menschen erkennen, dass ihr eigenes Licht auch in der finstersten Jahreszeit scheint, oder in der Karwoche zu Ostern, beginnend am Palmsonntag. Dies hat alles einen tiefen Sinn.

Sonntag, der Tag der Sonne

Jeder Tag des Seminars ist einem Planetenprinzip gewidmet. Wir beginnen mit der Sonne. Die Sonne ist die Kraft, die auf der Erde Licht und Leben spendet und erhält. „Das Licht leuchtet in der Finsternis," schrieb Johannes, und so begann die Schöpfung. Von der Sonne empfangen die Menschen das Licht der Erkenntnis. Somit beginnt das Seminar am Sonntag, ebenso wie in urchristlicher Überlieferung der Sonntag als der erste Tag der Woche gilt und mit dem Schöpfungsprinzip untrennbar verbunden ist. Die Sonne bildet den Lebensmittelpunkt, das Zentrum der Verwirklichung und Menschwerdung.

Einzug ins symbolische Jerusalem

Gleichwohl wie JESUS CHRISTUS am Palmsonntag in Jerusalem eintraf, so treffen die Seminarteilnehmer am Sonntag in der Heilungsstätte ein, wo sie zu „Pilgern" werden. Ich verwende diesen Begriff für die Teilnehmer deshalb, weil sie zum ***Hexagramm-Programm***® nicht nur zur Heilung kommen, sondern auch, um sich zu läutern und neue Kraft zu schöpfen.

Schon Tage und Wochen zuvor haben sie sich im Vorprogramm mit ihren inneren Schatten konfrontiert, als sie sich mit ihrer astrologischen und tiefenpsychologischen Persönlichkeitsanalyse beschäftigt haben; als sie einen Fragenkatalog aus vierzig bis fünfzig Seiten beantwortet haben, der tief in Kindheitserlebnisse eingriff; als sie begannen, täglich Tagebuch zu führen, ihre nächtlichen Träume aufzuschreiben und zu deuten; und als sie schließlich drei Tage vor der Anreise begannen, enthaltsam zu leben und zu fasten. Enthaltsamkeit und Fasten werden während der sieben Tage auch beibehalten. Die Pilger sind also auf eine besondere Art und Weise bereits innerlich zutiefst verletzt, mehr, als ihnen das in diesem Moment bewusst ist.

Solange das Lüneburger Institut für Esoterik und Bewusstseins-Erweiterung noch nicht über einen eigenen Tempel verfügt, findet das Seminar in einem historischen Gebäude inmitten eines landschaftlich sehr schön gelegenen Ortes statt, wo sichergestellt ist, dass wir in den sieben Tagen ungestört arbeiten können.

Bevor die Pilger erstmalig den Gruppenraum betreten, der dem antiken Abaton entspricht, wurde dieser durch ein feierliches Ritual zum Tempel geweiht. Nachdem alle ihr Opfer dargebracht, das heißt, die Therapie bezahlt haben, erklingt feierliche Musik, und die Pilger betreten geschlossen den Tempel, setzen sich im Kreis auf den Boden und richten ihren Blick nach Osten. Nach einigen Minuten der Kontemplation wird das Eröffnungsgebet gesprochen:

> Mein GOTT !
> Ich glaube an Dich, den Allmächtigen Gott,
> den Schöpfer des Himmels und der Erde.
> Ich glaube an JESUS CHRISTUS, Deinen eingeborenen Sohn,
> und an Luzifer, den herabgestürzten Engel.
> Ich glaube an mich selbst und an die schöpferischen Kräfte in mir.
>
> Mein GOTT !
> Ich bitte Dich, mein Bewusstsein mit Wahrheit und Weisheit,
> mit Leben, Licht und Liebe
> sowie mit Kräften des Aufbaus und der Heilung zu erfüllen.
>
> Mein GOTT !
> Meine Gedanken sind eine Energie und sie bewirken, dass das
> Lüneburger Institut Glaube, Liebe und Hoffnung in die Welt bringt,
> dass alle hier anwesenden Pilger ihr Bewusstsein so erweitern,
> dass sie ebenfalls ein Leben in Glaube, Liebe und Hoffnung führen.
>
> So möge es sein. Amen!

Mir ist klar, dass die Anrufung JESU CHRISTI bei manch einem Pilger ein Gefühl der religiösen Manipulation auslöst, wie einem anderen vielleicht die Erwähnung Luzifers wie ein Schock in die Glieder fährt. ‚Wo bin ich nur hineingeraten?' mag er denken. Das ist aber nur ein kleiner Vorgeschmack auf das seelische Wechselbad der nächsten Tage. Im übrigen haben alle Formulierungen ihren tiefen Sinn.

Bevor die Menschen einander näher kennen gelernt haben, gebe ich in der Eröffnungsrunde zehn Vereinbarungen bekannt, die als die sogenannten „Zehn Gebote" für die Dauer dieser Woche gelten, und an die jeder der Pilger strikt gebunden sein wird. Diese sind:

1. Sieben Tage lang keine Telefonanrufe und keine Störungen von außen
2. Alle Pilger sind auf die Minute pünktlich.
3. Absolute Verschwiegenheit gegenüber Fremden.
4. Alle Pilger reden in ICH-Sätzen!
5. Die Pilger halten die angesetzten Schweigezeiten ein.
6. Sieben Tage keine Drogen, keine Tabletten, kein Rauchen, kein Sex
7. Jeder Pilger schreibt jede Nacht einen Traum auf
8. Die Pilger erledigen die für das Programm wichtigen Hausaufgaben.
9. Alle Pilger führen ständig Tagebuch.
10. Und alle Pilger machen das Seminar zuende!

Jedes der Zehn Gebote ist von größter Wichtigkeit. Insbesondere das sechste Gebot bereitet vielen Teilnehmern ernste Schwierigkeiten. Ausnahmen wie zum Beispiel die weitere Einnahme der „Pille“ oder das Insulin für den Diabetiker sind natürlich möglich, aber jede Art von Schmerztabletten, Psychopharmaka oder andere zumeist sinnlos verschriebene Medikamente fallen gnadenlos unter das Verbot, ebenso wie Alkohol.

Auch die Einhaltung des zehnten Gebots ist existentiell notwendig, denn diese Therapiewoche ist kein Osterspaziergang, und jeder Pilger wird an einen Punkt kommen, wo die Betrachtung des eigenen Schattens solche psychischen Schmerzen verursacht, dass er abbrechen möchte. Aber ebenso wenig, wie man es einem Patienten mit einem entzündeten Blinddarm gestatten würde, den Operationstisch zu verlassen, kann dem Pilger nicht gestattet werden, das Programm mit geöffneter und freigelegter Seele zu verlassen. Die Schließung und Heilung beginnt erst mit dem Ritual am Donnerstag.

Jeder Pilger aber kann *jetzt noch* aufrecht, ungetadelt und ungekränkt diese Stätte verlassen, wenn er glaubt, sich an eines dieser Zehn Gebote nicht halten zu können. Jeder wird einzeln befragt und antwortet: „Ja, ich bin mit den Zehn Geboten einverstanden.“ Dann ist es die rechte Zeit, mit der Arbeit zu beginnen.

Über weitere Einzelheiten der Übungen, die an diesem Abend noch erfolgen, kann hier nicht berichtet werden, denn diese Therapiewoche lebt vom Unvorhergesehenen, von den Überraschungseffekten und vor allem von den inneren Läuterungsprozessen der Pilger.

Zum Abschluss des Sonntags bekommen die Pilger ein braunes Gewand überreicht, welches an eine Mönchskutte erinnert. Dieses „Büßergewand“ ist äußeres Zeichen dafür, dass sie sich von nun an für die nächsten Tage von der äußeren Welt abwenden, um Innenschau zu halten.

Montag, der Tag des Mondes

Der Mond beherrscht die Nacht, er befindet sich der Sonne gegenüber und wird von ihr bestrahlt. Der Mond hat selber keine eigene Energie, sondern er reflektiert das Licht der Sonne. Als Symbol reflektiert er die Eindrücke der Außenwelt, er spiegelt die Gefühlswelt des Menschen, seine Erwartungshaltung, seine Beeindruckbarkeit und seine Fremdbezüglichkeit. Der Mond repräsentiert die Nachtseite des Lebens, die Welt der Träume, in der sich im Unbewussten Regeneration und Reinigung der Seele vollziehen.

Der Mond ist auch die Antenne für die ersten Eindrücke der frühen Kindheit. So tauchen wir an diesem zweiten Tag in die Kindheitserinnerungen ein, ja sogar hinein in die vorgeburtliche Phase.

Analogie zur Bibel: Versuchung, Sündenfall und Vertreibung

Die Arbeit im Tempel beginnt jeden Tag mit einer Bibelstunde. Die Pilger setzen sich in die Runde. In der Mitte ist ein großes, schlichtes Holzkreuz aufgerichtet, bei dem der senkrechte Balken nach unten hin extrem lang ist. Davor brennt eine einzelne Kerze. Zu jedem Tag gehört ein Thema aus der Heiligen Schrift, welches inhaltlich mit der Arbeit an diesem Tag verknüpft ist, und so wird eine entsprechende Stelle aus der Bibel gelesen und anschließend auf einer esoterisch-spirituellen Ebene kommentiert in einer Form, die inhaltlich vom Konfirmationsunterricht erheblich abweichen kann.

Der Montag ist der zweite Tag der Woche und damit auch der Tag der Polarität. Was liegt näher, als aus der Genesis jene Beschreibung zu lesen, wie der Mensch zum ersten Mal in die Polarität gefallen ist: „Die Versuchung und der Fall."

„.....Die Schlange sprach zur Frau: ‚Vielmehr weiß Gott, dass euch, sobald ihr davon esst, die Augen aufgehen, und ihr *wie Gott sein werdet,* indem ihr

Gutes und Böses erkennt.' Da sah die Frau, dass es köstlich wäre, von dem Baum zu essen, dass der Baum eine Augenweide war und dazu *verlockte, klug zu werden.* Sie nahm von seinen Früchten und aß; sie gab auch ihrem Mann, der bei ihr war, und auch er aß. Da gingen beiden *die Augen auf, und sie erkannten, dass sie nackt waren.* Sie hefteten Feigenlaub zusammen und machten sich Schurze daraus. Da vernahmen sie das Geräusch Gottes, des Herrn, der im Garten beim Windhauch des Tages einherging. Und es versteckten sich der Mann und seine Frau vor dem Angesicht Gottes....." (1. Buch Moses, Kapitel 3, Vers 4-8).

Die Versuchung und der Fall ist der Fall des Menschen heraus aus der Einheit, der Fall in die Polarität. Von nun an gingen den Menschen tatsächlich die Augen auf, sie nahmen die polare Welt wahr, und sie erkannten die Gegensätze zwischen Mann und Frau, die sie im Paradies, in der Einheit, nicht bemerkt hatten; sie unterschieden von nun an zwischen Tag und Nacht, Sommer und Winter, Licht und Schatten, sie unterschieden zwischen oben und unten, innen und außen, zwischen Liebe und Hass, positiv und negativ, und sie unterschieden, genau wie die Schlange es gesagt hatte, zwischen *Gut und Böse.* Dafür *mussten* sie von nun an auch unterscheiden zwischen Leben und Tod.

Das ging dann folgerichtig weiter: Jetzt musste die Schuld verborgen werden, *Feigheit* kam ins Spiel. Die Nacktheit wurde überdeckt mit „Feigen-Laub" . Und als Gott fragte: „Wer tat dir kund, dass du nackt bist? Hast du etwa vom Baum der Erkenntnis gegessen?" kam die feige Antwort: *„Die Frau* hat mir vom Baume gereicht." Und auf die Frage an die Frau: „Was hast *du* getan?" kam die Antwort: *„Die Schlange* hat mich betört."

Daraufhin erfolgte die Vertreibung aus dem Paradies. So kam, mythologisch gesehen, das Leid in die Welt. Soweit die morgendliche Bibelstunde.

Rückführungen in die frühe Kindheit

Auf einer analogen Ebene erleben die Pilger an diesem Montag nun auch eine Vertreibung aus dem Paradies: Die Feierlichkeit und Harmonie des Sonntags erfährt ein jähes Ende. Es beginnt die Zeitqualität der Verletzungen:

Mit Meditationen und Rückführungen gehen wir immer wieder hinein in die frühe Kindheit und in die vorgeburtlichen Erinnerungen. Das wird von den Pilgerinnen und Pilgern naturgemäß als recht unangenehm empfunden; denn da ist die Angst, die alten Verletzungen noch einmal erleben zu müssen.

Die Angst ist immer gegenwärtig. Die meisten von ihnen wurden als Kinder von den Erwachsenen erzogen zu Angst vor dem Leben, zu Angst vor der Liebe, und zu Angst vor dem Glück. Sie bekamen Angst vor Schmerz, vor dem Tod und vor Zurückweisung der Liebe. ANGST begleitete stets ihr Leben. Dieses und andere „Muster" wollen wir aufspüren.

Aus dem Fragebogen weiß ich zum Beispiel, dass jemand seine berufliche Chance, einen tollen Job im Ausland anzutreten, nicht wahrgenommen hatte aus einer unerklärlichen Angst, er stürze sich ins Unglück. Da ist also das Muster: ANGST. Mit diesem Muster gehen wir in die Meditation, in die Gruppenrückführung, zurück in die Kindheit, und plötzlich taucht eine Situation auf, wo die Angst wieder da ist. Ein Nachbar war bei einem Verkehrsunfall ums Leben gekommen, und der Vater hatte gesagt: „Heute früh sprach ich noch mit ihm, als er *singend und pfeifend* aus dem Haus gegangen war." Aha! Ein anderes Mal ging das Kind *singend und pfeifend* aus dem Haus, und die Mutter rief hinterher: „Hast du alle Schularbeiten gemacht?" „Ja, warum?" „Ich meine nur: Den Vogel, der morgens *singt und pfeift,* holt am Abend die Katz'!" Der tote Nachbar fiel dann wieder ein, und mit ihm war plötzlich die Angst wieder da. Unerklärlich, unlogisch, unfassbar. Aber Jahrzehnte später kam das Angebot, ins Ausland zu gehen. *Singend und pfeifend* könnte man hinaus ins Leben....., aber plötzlich ist sie wieder da — die ANGST. Tod. Ende. Aus!

Tief im Unbewussten sitzt bei jedem Menschen die Gewissheit, alles könne sich wiederholen. Aus der ANGST wird die Blockade, und niemand weiß warum. Man zögert. Ein anderer bekommt die Chance und greift zu, und schon zählt man selbst zu den Verlierern dieser Welt. Das ist ein Muster, das sich immer wiederholt: die unbegründete ANGST.

Ein anderes Muster: Fast jedes Kind auf der Welt lernt, wenn es heranwächst, das Gefühl: ‚Mit mir stimmt irgendetwas nicht, wenn ich *glücklich* bin.' Das Gefühl ist zunächst vage, aber es beeinflusst ein ganzes Leben. Immer, wenn das Kind *glücklich* war und sich wohlgefühlt hat, fühlte es sich gleichzeitig schuldig, so als hätte es etwas Schlimmes getan. Kein Mensch hat Schuldgefühle, wenn er traurig ist. Aber wenn er *glücklich* ist, will er das verbergen, dann soll das niemand sehen. Dieses Muster heißt: SCHULDGEFÜHLE.

Die Rückführung schafft Klarheit, wann die SCHULDGEFÜHLE bei dieser Pilgerin erstmalig aufgetreten sind: Als dreijähriges Mädchen spielte sie unter dem Tisch, an dem ein Kaffeekränzchen tagte. Sie hörte, wie die Mutter verbittert sagte: „Wie war ich früher doch *glücklich!* Was hatte ich damals noch für Chancen! Aber dann wurde ich schwanger, und als ich dieses Kind bekam, war es vorbei mit dem flotten Leben." Das kleine Mädchen begriff: ‚Damit war *ich* eben gemeint!' Das SCHULDGEFÜHL fuhr dem Kind wie ein Schock in die Glieder: ‚Ich bin schuld, dass Mama nicht mehr *glücklich* ist. (Also darf ich es auch niemals sein).' Mutters leidvolles Stöhnen und Seufzen verankerten das SCHULDGEFÜHL in der Tiefe des Unbewussten.

Als Kinder wurden die Pilgerinnen und Pilger entweder erdrückt oder erzogen. Es wurde ihnen beigebracht, immer ernst und finster zu sein, sie mussten lernen, *nicht* herumzuspringen, *nicht* zu rennen, *nicht* zu kreischen, *nicht* vergnügt zu sein, *nicht* laut zu lachen. „Sei ruhig!" „Sitz still!" oder „Halte den

Mund!“ hieß es, als wäre es verkehrt, seine Lebensfreude *auszudrücken.* Einzig richtig schien, die Lebensfreude zu *unterdrücken.* Ein neues Muster war geboren, es hieß: BLOCKADE.

Der KRANKHEITSGEWINN ist auch ein beliebtes und weit verbreitetes Muster. Ein *krankes* Kind bekam alles: Liebe, Zuwendung und Aufmerksamkeit. War es aber *wieder gesund,* dann wurde es von allen gebremst. Dies durfte es nicht, und das durfte es nicht. Lag es krank im Bett, dann kamen Vater, Mutter und Verwandte an und versorgten es. Aber hier genau liegen die Wurzeln der Entstehungsgeschichten von Krankheit und Schicksal.

Aber nicht nur die früheste Kindheit, sondern auch die pränatale (vorgeburtliche) Phase ihres Lebens, und die besonderen Umstände ihrer Geburt werden ihnen voll bewusst. Einige Pilgerinnen und Pilger erleben die Rückführung in den Lebensabschnitt zwischen Zeugung und Geburt ohne besondere Emotionen, bei anderen, insbesondere bei jenen, die ungewollte oder abgelehnte Kinder waren, kommt es zu sehr heftigen Gefühlsausbrüchen. Das tut sehr weh, denn dahinter steckt die tiefe Trauer, niemals richtig geliebt worden zu sein — damals von den Eltern nicht, und heute vom Partner nicht.

So haben sich diese verletzten Menschen nach und nach verschlossen. Sie sind innerlich einsam geworden, auch wenn sie in einer Partnerschaft oder einer Familie leben. Sie wieder vorsichtig für das Leben zu öffnen, ist ein schmerzlicher Prozess. Wir tun diese Arbeit mit viel Liebe, aber auch beharrlich und mit der notwendigen Konsequenz.

Und so sammeln die Pilgerinnen und Pilger Muster um Muster, eines nach dem anderen, die ihnen immer wieder im Leben begegnet sind, und die alle zusammen das verlorene Paradies ausmachen. Da es wichtig ist, diese „Kröten“ aus der Kindheit so vollständig wie möglich an die Oberfläche zu befördern, endet der Montag selten vor Mitternacht. Trotzdem gibt es noch „Hausaufgaben“ : Die Pilgerinnen und Pilger begeben sich auf ihre Zimmer und vervollständigen ihre Tagebuchaufzeichnungen.

Und der Mond regiert die Nacht.

Dienstag, der Tag des Mars

Der Dienstag ist dem rücksichtslosen Kriegsgott Mars geweiht. Somit stehen für heute Wut, Hass, Zorn, Triebhaftigkeit und Verletzungen auf dem Programm. Um sieben Uhr in der Frühe beginnt der Tagesablauf, ohne Rücksicht darauf, wie spät es in der Nacht von Montag auf Dienstag geworden ist. Die Stimmung ist düster und unheilig. Es gilt, ein Opfer zu erbringen — ein Blutopfer. Heute wird von den Pilgern gefordert, symbolisch ihre eigenen Eltern zu erschlagen. Ein Widerstand ist zwecklos. Niemand steigt aus, denn die Zehn Gebote gelten: Alle Pilger machen das Seminar zuende.

Düster ist auch das heutige Kapitel aus der Bibel: Kain und Abel, das Opfer und der Brudermord. Wer ist der Gute? Wer ist der Böse? Die Geschichte verkehrt sich ins Gegenteil: Kain, der Mörder, wird ausgezeichnet. Mars-Tag!

Analogie zur Bibel: Das Opfer und der Brudermord

Im 1. Buch Moses beginnt das 4. Kapitel so: „Der Mensch (Adam) erkannte seine Frau Eva; sie empfing und gebar den Kain. Sie sprach: ‚Ich habe einen Sohn erworben *mit Hilfe des Herrn'*. Weiter gebar sie seinen Bruder Abel. Abel war Kleintierhirt, Kain Ackerbauer.“ Man beachte den Hinweis, dass *Kain göttlichen Ursprungs* ist und *Abel nicht*. Kain wurde nämlich „mit Hilfe des Herrn“ geboren. Bei Abel fehlt dieser Hinweis. Kain ist also vergleichsweise ein Halbgott oder ein Titane, wic dic griechische Mythologie ein solches Wesen nennt.

Gott forderte ein Opfer, und im Sinne des Alten Testaments war das natürlich ein Blutopfer. Die Bibel berichtet dann weiter: „Nach geraumer Zeit begab es sich, dass Kain *von den Früchten des Bodens* dem Herrn ein Opfer darbrachte.“ Kain hatte also ernsthaft geglaubt, er könne Gott betrügen; er dürfe dort, wo ein Blutopfer gefordert war, einfach Gemüse auf den Altar packen. Früchte des Feldes! Nicht so sein Bruder Abel: „Aber auch Abel opferte von den Erstlingen seiner Herde und ihrem Fett." Ein junges Tier war in der damaligen Zeit das Wertvollste, was ein Mensch besaß. Dagegen standen die Früchte des Feldes von Kain. Und so kam, was kommen musste: „Der Herr blickte auf Abel und seine Opfergabe — aber auf Kain und seine Opfergabe sah er nicht! Da ward Kain sehr zornig und sein Angesicht verfinsterte sich." Vom Anbeginn der Menschheit bis auf den heutigen Tag haben wir es immer wieder mit dem gleichen Thema zu tun. Da wird eine Sache, die der Mensch für *böse* hält, weil er sie nicht versteht, in diesem Falle das Blutopfer, beiseite geschoben und *in den Schatten gestellt.* Kosmische Gesetze (Gott) fordern mitunter schmerzhafte Entwicklungen (Blut), der Mensch meint, er wisse das besser und verdrängt das Problem: „Gemüse wird schon reichen", war Kains Ansicht.

Kain war schuldig geworden. Er hatte kein Blutopfer dargebracht. Gott würdigte Kains Opfer keines Blickes, was Kain erboste und verfinsterte. Eifersüchtig lockte Kain seinen Bruder Abel auf das Feld und erschlug ihn. Jetzt hatte Kain sein Blutopfer gebracht, aber es war ein Menschenopfer. Das war nicht gefordert. Und es war ein Brudermord.

Kosmische Gesetze fordern ihr Recht — und so brachte Kain doch noch über schmerzhafte Schicksalsprozesse sein Opfer — sein Blutopfer. Dieses Mal war es schon ein größeres Opfer, ein Menschenopfer — Brudermord. Ein Problem, dass zuvor verdrängt wurde, stellte sich nun wesentlich schlimmer dar, als es wieder zutage trat. Und feige war Kain auch noch. Auf Gottes Frage: „Kain, wo ist dein Bruder Abel?" antwortete Kain: „Ich weiß es nicht. Bin ich denn meines Bruders Hüter?" Der Herr aber sprach: „Was hast du getan? Die Stimme des Blutes deines Bruders schreit zu mir vom Erdboden empor! *Und nun sollst du verflucht sein....*"

Die Geschichte bekam eine unerwartete Wende, als Kain dem Herrn erwiderte: „Meine Schuld ist zu groß, als dass ich sie tragen könnte...." Endlich kam die Erlösung. Gott stellte Kain unter seinen persönlichen Schutz. Da sprach der Herr: „Nein! Jeder, der Kain erschlägt, an dem wird es siebenfach gerächt." Der Herr machte dem Kain ein Zeichen, damit ihn niemand erschlage, wer immer ihn finde. Das Kains-Mal ist also eine Auszeichnung, „ein Zeichen" . Aber erst, nachdem Kain erstens das geforderte Opfer dargebracht und zweitens seine Schuld des Brudermords eingestanden hatte.

Anklage und Verurteilung der Eltern

Diese Schritte sind sehr wichtig für die Einleitung von Heilung, und so wird heute im Verlaufe des ***Hexagramm-Programm***®s auch von den Pilgern ein Opfer gefordert. Ein Blutopfer. Das Leben ihrer Eltern, auch dann, wenn sie bereits gestorben sind.

Wir benutzen noch einmal die Eltern als Projektionsfläche. Erinnern wir uns an den Montag: Ein *krankes* Kind bekam alles: Liebe, Zuwendung und Aufmerksamkeit. War es aber *wieder gesund,* dann wurde es von allen gebremst. Dies durfte es nicht, und jenes durfte es nicht. Lag es krank im Bett, dann kamen Vater, Mutter und Verwandte an und versorgten es. Und warum? Weil sie alle selber ein ganz schlechtes Gewissen hatten! Aber hier genau liegen die Wurzeln der Entstehungsgeschichten von Krankheit und Schicksal.

Seit frühester Kindheit wurden die Pilger durch Eltern, Kirche und Gesellschaft mit Verhaltensmaßregeln, Ideen, Vorschriften und Glaubenssätzen manipuliert, z. B: „Das kannst du nicht!“ — „Du bist zu dumm!“ — „Eines Tages bekommst du deine Strafe!“ — „Du bekommst nie einen Mann!“ — „Du bringst mich noch ins Grab!“ — „Sex ist schmutzig, vulgär, primitiv!“ — ......und so weiter. Kleine Kinder sind total offen. Alles, was die Erwachsenen sagten, war für sie die reine Wahrheit. Die Pilger ahnen nicht, wie sie dadurch bis auf den heutigen Tag immer noch konditioniert sind. Das ist *Magie!*

So bewahrheiteten sich auf *magische* Weise dann die alten Glaubenssätze: Welche Anstrengungen sie auch immer in ihrem Leben unternommen haben mögen, niemals hatten sie das bekommen, wonach sie sich so sehr gesehnt hatten. Enttäuscht kehrten sie dann in sich, sie wurden immer verschlossener gegenüber der feindlich er-scheinenden Umwelt und zogen sich nach und nach von den schönen Seiten des Lebens zurück — bis ihre Seele eines Tages endlich um Hilfe rief: über Schicksal, über Krankheit, über Verlust, über Trauer.......

Die *Magie* wirkte! Auch im Wort Imagination steckt der Wortstamm „Magie“. Imagenieren heißt, ein Bild machen. Imagination ist eine Ein-Bildung. Jeder dieser Pilger hat im Laufe seiner Kindheit von den Erwachsenen zwischen fünfzehn und fünfzig solcher magischen Worte zusammen mit traumatischen Erlebnisinhalten in sein Unbewusstes geschoben bekommen. Und dort sitzen diese Bilder nun wie Viren, jederzeit bereit, den Menschen zu überfallen und seine Lebensfreude zu vernichten.

Gesprächsrunden und Rückführen in die Kindheit wechseln einander ab. Den ganzen Dienstag über wird belastendes Material gegen die Eltern gesammelt. Was haben sie getan? Welche Ergebnisse sind daraus geworden? Knallrote Pappkarten werden erstellt, sie tragen in großen, schwarzen Blockbuchstaben magische Worte, welche die Pilger am Leben gehindert haben:

ABTREIBUNG, AGGRESSIONEN, ANGST, BLOCKADE, BRUSTKREBS, DARMVERSCHLUß, DIABETES, EKEL, EIFERSUCHT, FEIGHEIT, GALLENSTEINE, GEFÜHLSKÄLTE, GEWALT, HERZINFARKT, KONKURS, KONTROLLVERHALTEN, LIEBLOSIGKEIT, LÜGEN, LUSTFEINDLICHKEIT, MAGENKREBS, MASOCHISMUS, MIGRÄNE, MINDERWERTIGKEITS-GEFÜHL, MISSBRAUCH, NAIVITÄT, NIERENVERSAGEN, OHNMACHT, PERFEKTIONSANSPRUCH, PERVERSITÄT, PROSTITUTION, PROSTATAKREBS, SA-

DISMUS, SEXUALITÄTSFEINDLICHKEIT, STURHEIT, SCHULDGEFÜHLE, UNERWÜNSCHTSEIN, UNSICHERHEIT, UNTERDRÜCKUNG, VERGEWALTIGUNGEN, VERLASSENHEITSANGST, VERSAGEN, ZERRÜTTUNG, ZYNISMUS.....

.... und so weiter und so weiter.

Dienstag! Mars-Tag! Plötzlich werden die Pilger konfrontiert, etwa so: „Begreift endlich eure Muster: Euer Glücklichsein, eure Lebensfreude, eure Fröhlichkeit war nichts Gutes. Irgendwann kapiertet ihr, dass, wenn ihr tanztet und fröhlich ward, mit euch etwas nicht in Ordnung war. Traurig und krank sein war hingegen etwas Gutes. Sobald ihr traurig ward, wurdet ihr bemitleidet und anerkannt. Sobald ihr wieder fröhlich ward, hattet ihr die ganze Welt gegen euch. Das erzeugte in euch dann Schuldgefühle. Und dieses tiefe Gefühl von Schuld verfolgte euch euer ganzes Leben. Und so habt ihr euch selber eure Krankheiten kreiert. Danke liebe Mama, dass ich krank bin! Danke lieber Papa, dass ich traurig bin! Und jetzt: **Klagt sie an!“**

Jeder Pilger geht auf sein Zimmer und verfasst einen feurigen Anklagebrief an Vater und Mutter, gleichgültig, ob diese noch leben oder nicht. Jeder Satz beginnt mit Formulierungen wie: **„Ich werfe dir vor, ...“** oder: **„Ich nehme dir übel, ...“** oder: **„Ich fordere von dir, ...“** Jetzt kommen die Gemüter in Wallung, denn der Kriegsgott Mars regiert den Dienstag!

Die Exekution der Eltern

Die Anklagebriefe brauchen Zeit. Mehrere Stunden später versammeln sich die Pilger wieder im Tempel. Die Nacht bricht herein. Die Stimmung ist schlecht. Die Gesichter sind gezeichnet von Müdigkeit, Wut, Verzweiflung, Hass und Auflehnung. Zweifel macht sich breit: Wie lange soll das noch gehen? Der Wunsch, das Seminar abzubrechen, verstärkt sich. „Wo bleibt die Spiritualität in diesem Seminar? Wären wir doch auf die Kanarischen Inseln geflogen!“

Ich reagiere auf das allgemeine Murren mit einem Zitat von Buddha: „Zuerst wird Holz gehackt, dann wird die Sau geschlachtet, und dann wird meditiert. Nicht umgekehrt. Ihr habt noch nicht einmal mit Holzhacken begonnen!“ Weil das nicht hilft, bemühe ich JESUS CHRISTUS: „Ich bin nicht gekommen, Frieden zu bringen, sondern *das Schwert!* Denn ich bin gekommen, einen Menschen zu entzweien mit seinem Vater, die Tochter mit ihrer Mutter, und die Schwiegertochter mit ihrer Schwiegermutter“ (Matth., Kap. 10, Vers 34+35).

Der Kriegsgott Mars rüstet wieder zum Kampf: Der nächste Angriff! Eine erneute Konfrontation: „Schaut euch an, was aus euch geworden ist! Alles

Kranke, Lahme und Schwindsüchtige, die nicht am Leben teilnehmen. So ein Mist kommt bei dieser Erziehung heraus: Ihr seid diejenigen, von denen JESUS CHRISTUS sagte: ‚Lasst doch die Toten ihre Toten begraben!' In Wahrheit seid ihr tot. Ihr habt es nur noch nicht begriffen, dass ihr tot seid." (Pause).

„Aber in dieser Erziehung steckt ein Teufelskreis: Eure Eltern haben euch so erzogen, sie wurden von ihren Eltern so erzogen, die Großeltern haben das schon mit euren Eltern getan. Irgendwann, früher, in grauer Vorzeit, da ist etwas schiefgelaufen. Aber wollt ihr das nun immer so weitermachen???" „Nein!" kommt die schlappe Antwort. „Seid ihr bereit, jetzt euer Opfer darzubringen?" „Ja!" kommt die ebenso schlappe Antwort, denn die Pilger wollen ins Bett. Doch sie haben sich geirrt: „Stellvertretend für alles, was euch im Leben geschehen ist, werdet ihr eure Eltern jetzt töten. Geht, und holt eure Matratzen!"

Die Pilger pilgern auf ihre Zimmer und schleppen die Matratzen in den Tempel. Darauf werden schwarze Teppiche gelegt, und darauf einzeln die roten Karten mit den Mustern. Schlagstöcke stehen bereit, Gartenhandschuhe und Verbandszeug. Die Pilger stehen davor und lassen die Schultern hängen. Die Stimmung ist zu müde, zu schlapp. Sie muss neu angeheizt werden:

„Einige von euch haben die Eltern durch Scheidung verloren, bei anderen hat sich ein Elternteil durch Selbstmord seiner Verantwortung für euch entzogen, andere durch Alkohol, durch Arbeit, durch Tod oder wie auch immer. Entweder war es eine erstickende, fordernde, manipulative Pseudoliebe, die ihr erfahren habt, oder die Eltern waren physisch, psychisch oder emotional abwesend. Das Fehlen wahrer Liebe und Zuneigung ist der Grund eurer heutigen Unfähigkeit, liebevolle Beziehungen zu euch selbst und zu euren Partnern zu haben. So entstand ein Mangel an Selbstachtung, ein Gefühl von Wertlosigkeit, von Ungeliebt-Sein. So hat sich der Morast eurer qualvollen Kindheitsprogrammierung übereinandergeschichtet. Natürlich habt ihr darunter gelitten, und oft war euch eure Rachsucht wichtiger als euer eigenes Leben. Um euch zu rächen, habt ihr sogar den Tod riskiert! Schaut euch eure Krankheiten gut an! Das ist die masochistische Wahrheit. Das ist ein Teufelskreis!!! Ihr könnt dabei immer nur verlieren. Ich frage jetzt jeden von euch: ‚Bist du bereit, die wahre Wurzel deines Leidens auszureißen?' dann antworte einzeln, laut und vernehmbar mit: ‚JA, ICH BIN BEREIT'."

Jede Pilgerin und jeder Pilger strafft den Körper, richtet sich auf und ruft: „JA, ICH BIN BEREIT." Die Energien kehren zurück. Gleiches kann nur mit Gleichem behandelt werden. Magie kann nur mit Magie bekämpft werden. Was jetzt folgt, ist Magie.

Ein Wort hat Schöpfungscharakter. Vor den Pilgern liegen die Muster, zum Beispiel die Karte mit der Aufschrift SCHULDGEFÜHLE. Er oder sie konzentriert sich auf die Karte, auf das Wort. Erinnerungen kommen hoch, wie er sich als kleiner Junge oder wie sie sich als kleines Mädchen gefühlt hat, als dieses SCHULDGEFÜHL zum ersten Mal da war, wie es später wiederkam, die Lebensfreude abdrehte und Chancen verpatzte, wie es in den Körper fiel, dort sein zerstörerisches Werk fortsetzte und sich schließlich als Prostata- oder Brustkrebs oder sonst wie manifestierte — und eine unsagbare Wut steigt jetzt endlich auf. Das Wort wird mit den Augen fixiert, der Knüppel in die Hand genommen, die Arme ganz langsam über den Kopf gehoben, und mit einem Mal saust der Schlagstock auf die rote Karte, die schwer getroffen hochspringt.

Aber die Buchstaben bleiben zusammen. Ein zweiter, dritter, vierter Schlag! Das Muster ist zäh, aber nach etwa fünfzig Schlägen wird die Pappe mürbe, sie reißt ein, die Buchstaben trennen sich, und endlich nach etwa einhundert Schlägen ist kein Buchstabe mehr bei seinem Nachbarn. Das SCHULDGEFÜHL ist zerstört.

Ein Triumphgefühl kommt auf: Ich habe es geschafft! Ich bin stärker als das Wort. Ich habe das Muster zerstört. Ich bin Sieger!!! Heute ist Mars-Tag, da muss es Sieger und Verlierer geben!

Der Tempel verwandelt sich in eine Hölle. Alle Pilger haben ihre Muster vor sich und schlagen wie die Verrückten auf die roten Karten ein. Ohrenbetäubender Lärm zieht durch das Haus. Die Wände wackeln, so dass schon manches Bild vom Haken gefallen ist. Endlich können jahrelang abgedeckelte Emotionen ausagiert werden. Die ersten Blasen an den Händen gehen auf, Blut fließt, aber nicht einer will aufgeben, bevor nicht die letzte Karte zerstört ist. Uralte Verletzungen kommen an die Oberfläche, animalische Schreie werden ausgestoßen, und die ohnmächtigen Wutausbrüche sind nicht mehr zu kontrollieren. Der Schweiß rinnt, starke Übelkeit kommt auf, und es kann sein, dass sich jemand übergeben muss.

Der Hexenkessel dauert etwa drei Stunden, dann sind die ersten Pilger mit ihren zwanzig oder dreißig Mustern fertig und lassen sich erschöpft auf ihre Matten sinken oder brechen auf ihnen zusammen. Sie wissen: Diese Muster gehören jetzt nicht mehr zu mir. Der Lärm ebbt ab, und schließlich sind alle Karten zerstört. Im Tempel herrscht nun wieder Ruhe.

Dann finden wir uns noch einmal zusammen. Jeder hat noch zwei Trumpfkarten mit der Aufschrift VATER und MUTTER. Jetzt gilt es, die Eltern zu erschlagen! Die Pilger gehen wieder in Position und fixieren das Wort. Aus den

Lautsprechern ertönt überlaut die skorpionisch aufwühlende Musik aus „Phantom der Oper." Und auf ein gemeinsames Kommando bricht der Höllenlärm erneut los. Endlich sind VATER und MUTTER kurz und klein geschlagen.

Bis auf die Haut durchgeschwitzt, körperlich zerschunden und teilweise blutend, aber sehr, sehr glücklich, knien die Pilger kurz vor Mitternacht vor ihrem Scherbengericht. Einige weinen hemmungslos. Aber jeder weiß: Die Nabelschnur, die sich durch die Jahrhunderte gewickelt hat, ist endlich gekappt.

Doch der Tag ist noch lange nicht zu Ende. In einem Opferbecken wird in der Mitte des Raumes ein Feuer entzündet, und jeder Pilger opfert die Reste seiner zerschlagenen Muster. Mars-Tag! Flammen lodern, die Müdigkeit ist verflogen und feierliche Musik erklingt aus den Lautsprechern. Auch das ist Magie. Wenn wirklich noch zwei Buchstaben beieinander geblieben sind, werden sie jetzt zerstört. Allmählich verlöschen die Flammen, die Pilger wollen ins Bett. Doch der Tag ist immer noch nicht zu Ende. Nachts, in der Geisterstunde, zwischen null und ein Uhr, begibt sich die Gruppe auf einen Schweigemarsch zu einem ehemaligen Müllplatz, der heute ein Schild trägt:

Dort wird ein Grab geschaufelt und der Müll abgeladen. Die Pilger stehen schweigend um das offene Grab herum, und so manchem gehen noch einmal

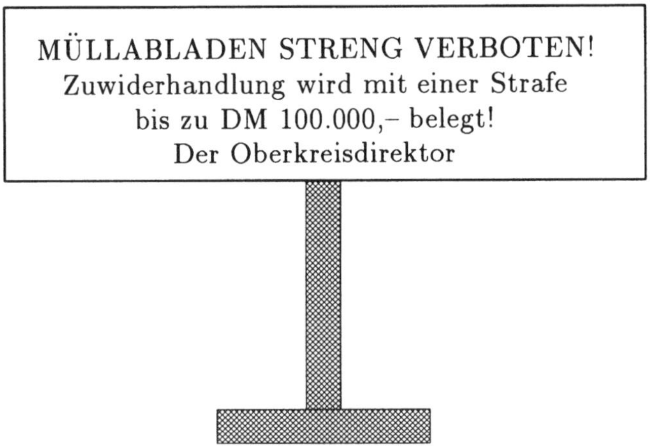

die Erinnerungen durch den Kopf, was die Abhängigkeit von den Eltern und diese Muster im Leben alles angerichtet haben. Aber „das Holz ist gehackt, die Sau ist geschlachtet", und die alten Angelegenheiten werden jetzt beerdigt.

Kurz vor zwei Uhr morgens kommen die Pilger endlich ins Bett und schlafen friedlich ein.

Auch der Kriegsgott Mars hat sich zur Ruhe begeben. Seine Herrschaft ist bereits seit zwei Stunden abgelaufen.

Mittwoch, der Tag des Merkur

Merkur, Götterbote des Olymps, zählt auch zu den Frühaufstehern, und so geht es am selben Tag frühmorgens um sieben Uhr gleich weiter mit Atemübungen im Freien, mit dem Trinken des Heilwassers, mit der Begrüßung der Sonne. Der Druck der alten Muster ist von den Pilgern genommen, die „Schuldigen", die Eltern, sind verprügelt, erschlagen, verbrannt, beerdigt und betrauert. Die Stimmung ist heiter und gelöst, wie sich das an einem Tag gehört, der Merkur, dem leichtlebigen Schutzpatron der Taschendiebe und des Medienwesens, geweiht ist.

Doch das ändert sich sehr schnell, als in der morgendlichen Bibelstunde das Abbild der ehernen Schlange gezeigt wird. Das riecht nach eigener Schuld.

Zum Prinzip des Merkur gehört das Verstehen. Es geht um Selbstverantwortung. Der Individuationsprozess beginnt. Es ist der Weg vom EGO zum SELBST. Analog dazu wird der biblische Weg des Auszugs der Juden aus Ägypten erläutert, der eben diesen Prozess auf so wunderbare Weise beschreibt:

Analogie zur Bibel: Die eherne Schlange

Es führen immer drei Schritte zur Meisterschaft, und so umfasste auch das Leben des Moses drei Phasen: Vierzig Jahre lebte Moses am Hofe des Pharao, vierzig Jahre lebte er auf der anderen Seite in der Sklaverei bei den Juden, und vierzig Jahre dauerte der Weg durch die Wüste.

Das erste der Zehn Gebote des Alten Testaments beginnt: „Ich bin der Herr, dein Gott, der *dich aus dem Lande Ägypten, aus dem Hause der Knechtschaft geführt hat."* Was mag diese eigenartige Formulierung wohl bedeuten? Wir ziehen jetzt Parallelen zwischen dem biblischen Bild des Aufbruchs der Juden zur Suche nach dem „Gelobten Land“ und der Entdeckung der Seele im einzelnen Menschen:

Im individuellen Leben eines Menschen bedeuten die Jahre am Hof des Pharao das äußere, vom Verstand geleitete Leben in der materiellen Welt, wo es ihm wirtschaftlich gut geht, wo Macht und Einfluss zu erreichen sind, und wo man ein hohes Ansehen genießt. Dann aber bekam Moses Kontakt mit seinem eigenen Volk (den Israeliten), welches in Gefangenschaft lebte. Das heißt für den einzelnen Menschen: er bekommt Kontakt mit seiner Seele, dem Unbewussten, den Trieben und mit den karmischen Wurzeln seiner Vergangenheit, die ebenfalls in Gefangenschaft leben, nämlich blockiert sind.

Nachdem Moses mit seinem Volk Berührung hatte, konnte er so am Hof des Pharao nicht mehr leben. Es kam zum Konflikt zwischen dem Pharao und Moses, der sich nun für sein Volk einsetzte und die Freiheit verlangte. Das heißt: nachdem der Mensch mit seinem Unbewussten einmal Kontakt hat, kann er in der materiellen Welt nicht mehr so leben wie bisher. Er kommt in Konflikt mit den materiellen Zwängen (z.B. im Beruf oder in der Familie), sobald er sich für die Befreiung seiner Seele einsetzt. Die Israeliten suchten die Freiheit und das gelobte Land. Auch die Seele will sich befreien und sucht Spiritualität. Der Individuationsprozess beginnt mit dem Konflikt.

Die Bibel schreibt: „Moses war 80 Jahre alt, als er zum Pharao redete. Der Herr sprach zu Moses und Aaron: Wenn nun der Pharao zu euch sagt: Wirkt doch zu eurer Beglaubigung ein Wunder, dann sprich zu Aaron: Nimm deinen Stab und wirf ihn vor den Pharao hin, und *so wird er zu einer Schlange werden.* Da gingen Moses und Aaron zum Pharao und taten, wie der Herr befohlen hatte. Aaron warf seinen Stab vor den Pharao hin, und *er ward zur Schlange.“* (2. Buch Moses, Kapitel 7, Vers 7-10). Aber es nützte nichts, der Pharao war uneinsichtig und der Konflikt spitzte sich zu: Neun Plagen schickte Gott als Schicksal: Blut, Frösche, Stechmücken, Viehpest, Geschwüre, Hagel, Heuschreckenschwärme, Finsternis und den Tod der Erstgeburten. Dann endlich durften die Israeliten ziehen.

Das erste Gebot ist also bei esoterischer Betrachtung der Beginn eines Individuationsprozesses: „Ich bin der Herr, dein Gott, der *dich aus dem Lande Ägypten, aus dem Hause der Knechtschaft geführt hat.“*

Das ist die Situation im ***Hexagramm-Programm***®, in der sich die Pilger jetzt befinden: Die neun Plagen waren die Schicksalsereignisse, die sie hierher geführt hatten, wie Schmerzen, Krankheit, Tod, Angst, Zorn, Not, Einsamkeit, Verlust und Trauer. Sie sind aufgebrochen, um das „Gelobte Land“, d.h. ihre Seele zu finden. Aber das Gelobte Land liegt nicht gleich an der Grenze von Ägypten. Dazwischen ist Wüste. Ebenso haben die Pilger auf ihrem Weg vom EGO zum SELBST eine Wüste zu durchschreiten. Der Weg ist beschwerlich und voller Unannehmlichkeiten und Gefahren. Damals projizierten die Juden die Schuld auf andere: auf Gott und auf Moses, so wie gestern die Pilger ihre

Schuld auf die Eltern projiziert hatten.

Die Bibel schreibt: „Da erhob sich die ganze Gemeinde. Sie schrieen, und das Volk weinte die ganze Nacht hindurch. Die Israeliten murrten insgesamt wider Moses und Aaron. Die ganze Gemeinde sprach zu ihnen: ‚Wären wir doch in Ägypten gestorben oder hier in der Wüste! O wären wir tot! Warum will der Herr uns in dieses Land bringen? Damit wir etwa durch das Schwert fallen? Unsere Frauen und Kinder sollen Feindesbeute werden! Wäre es nicht besser für uns, nach Ägypten zurückzukehren?' Sie sprachen zueinander: ‚Wir wollen darauf bestehen und nach Ägypten umkehren!' Moses und Aaron fielen vor der ganzen Gemeinde der Israeliten auf ihr Antlitz." (4. Buch Moses, Kapitel 14, Vers 1 - 5).

Der Mensch wird in seinem Individuationsprozess immer wieder versuchen, in die alten Strukturen zurückzufallen: Wir wollen nach Ägypten (in die alte Knechtschaft) umkehren! Die Pilger waren in der gleichen Situation: sie wollten nach Hause. Oder sie jammerten: „Wären wir doch für das gleiche Geld nach Mallorca geflogen!" Nun geht es darum, das Handwerkszeug dafür zu erarbeiten, um diese Heilungskrisen zu überwinden. Die Bibel bietet eine überraschende Lösung an:

Man erinnere sich an den ersten Sündenfall im Paradies: Adam und Eva, stellvertretend für alle Menschen, hatten *der Schlange die Schuld für ihre Sünde zugeschoben.* Die Menschen schoben wieder ihren Teil Schuld Gott und Moses in die Schuhe. Gott schickte nun den, der gewohnt war, Schuld zu übernehmen. *Die Schlange* kam und biss sie. *Die Schlange nahm wieder einmal die Schuld auf sich.* Die Israeliten erkannten dies als Schicksal — natürlich von Gott gesandt — und sie forderten, dass die Schlangen vertrieben würden.

Gott aber tat das Gegenteil und sprach: „Fertige eine Schlange und befestige sie an einer Stange. Jeder, der gebissen ist, soll dann *zu ihr aufblicken."* (4. Buch Moses, Kapitel 21, Vers 8).

Vergebung und Verabschiedung der Eltern

Für die Pilgerinnen und Pilger im ***Hexagramm-Programm***® bedeutet diese Bibelstelle die Einleitung der Erkenntnis: *„Wir haben gesündigt!"* Die Pilger müssen jetzt ihren Eltern verzeihen und vergeben. In einer Trauerzeremonie haben alle noch einmal Gelegenheit, sich von den Eltern und ihrem bisherigen Leben (gleichbedeutend mit dem Lande Ägypten, dem Hof des Pharaos) sehr emotional zu verabschieden.

Zur Merkurqualität des heutigen Tages gehört auch das Prinzip des Lernens, denn nun lernen die Pilger, dass jene Eigenschaften, die ihnen im Leben so zu schaffen gemacht hatten, alles Eigenschaften waren, die sie von ihren Eltern entweder kopiert hatten, oder gegen die sie sich aufgelehnt und rebelliert hatten. Beides hatte ihnen sehr großen Schaden zugefügt.

Ich spreche zu ihnen: „Aber deine Eltern tragen daran keine Schuld. Und wenn du ihnen dafür die Schuld gegeben hattest, dann wirst du sie dir jetzt zurückholen. Deine Seele hat sich deine Eltern ausgesucht, damit du an ihnen lernen kannst — damit dir diese Eigenschaften bewusst werden, und damit du sie endlich erlösen kannst. Mit traumwandlerischer Sicherheit hatten deine Eltern genau das Richtige getan, damit du exakt bei deiner Schuld landen konntest. Hättest Du ihnen das zugetraut?“

Briefe zu schreiben gehört ebenfalls zum Merkur-Prinzip: Die Pilgerinnen und Pilger schreiben nun einen Brief an ihre Mütter und ihre Väter, gleichgültig, ob sie noch leben oder nicht. In den Briefen erklären sie ihnen, welche Schwierigkeiten sie in ihrem Leben hatten, die auf deren Verhalten zurückzuführen waren. Sie wählen einige Eigenschaften ihrer Eltern aus, beschreiben so exakt und ausführlich wie möglich jene Situation aus der Kindheit, in der sie sich nicht geliebt oder abgewiesen oder verlassen gefühlt hatten, und dass sie heute verstehen, dass sie diese Eigenschaften von ihren Eltern übernommen hatten. Sie zählen Beispiele auf, was sie in ihrem Leben unbewusst angestellt hatten, um ihre Liebe und Zuwendung zu gewinnen, und welche katastrophalen Folgen das für sie hatte. Die Pilger erklären ihren Eltern, dass sie diese Muster nun durchschaut haben, dass sie endlich frei sind, und dass sie ihr Leben von nun an selbst bestimmen können. Sie schließen die Briefe in Achtung und Bewunderung sowie in Liebe und Vergebung.

In einer kleinen, sehr ergreifenden Feier haben die Pilger die Möglichkeit, sich auch innerlich und emotional mit ihren Eltern auszusöhnen.

Die sieben Todsünden

Dann geht es in die letzte „Runde“ dieses Tages: *Die Schlange wird nun aufgerichtet.* Die Projektionen sind zurückzunehmen und die eigene Schuld herauszuarbeiten:

Die Pilgerinnen und Pilger hören: „Ihr hattet eure Eltern bisher als Projektionsfläche benutzt. Diese Projektionsfläche ist euch genommen, indem ihr sie getötet habt, und indem ihr ihnen verziehen habt. Außerdem wisst ihr, dass ihr euch eure Eltern selber ausgesucht hattet. Ihr seid jetzt alleine, und von nun ab seid ihr für alles selbst verantwortlich, was in eurem Leben geschieht. Wenn ihr wirklich erwachsen sein wollt, dann müsst ihr die volle Verantwortung nicht nur für dieses Leben, sondern auch für künftige Leben selbst übernehmen. Und zwar für alles, was geschehen ist und noch geschehen wird. Da gibt es keine Ausnahme. Ihr müsst nun auch noch die Verantwortung für *eure karmische Schuld übernehmen.* Nun gibt es nur noch eine Frage: *Welches ist eure Schuld?* Was hat jeder einzelne von euch dazu beigetragen, dass sie oder er sich in dieser Situation befindet?"

Um dieses aufzuhellen, werden Rückführungen in frühere Leben (Reinkarnationen) durchgeführt und anschließend in der Runde besprochen. Die finstersten Kapitel des Mittelalters halten Einzug in den Tempel mit all ihren Manipulationen und Unterdrückungen; mit Sex, Gewalt und Tod; mit Anmaßung, Missbrauch und Folter; mit Völlerei, Ausschweifungen und Orgien; mit Religion und Magie sowie mit Scheiterhaufen, Prangern, Kerkern und Klöstern. Und jeder dieser Pilger ist in jene Vorfälle handfest verwickelt — selten als Opfer, dafür um so öfter als Täter.

Die sieben Todsünden der alten katholischen Lehre steigen wieder auf, immer und immer wieder. Auch sie wurden damals nach astrologischen Prinzipien erkannt und festgelegt, denn die sieben Todsünden *Hoffahrt, Trägheit, Neid, Wollust, Unzucht, Unmäßigkeit* und *Geiz* entsprechen exakt den sieben Planetenprinzipien, die in der Antike bekannt waren, und jeder der Pilger hatte die göttlichen Planetenkräfte im Laufe seiner Inkarnationen in einseitiger und egoistischer Weise für seine ureigenen Zwecke und zum Schaden anderer missbraucht.

Die Hoffahrt ist die Todsünde der Sonne. Hochmut, Stolz und Egoismus führen dazu, andere zu beherrschen, statt sich selber zu beherrschen. *Die Trägheit ist die Todsünde des Mondes.* Müßiggang ist aller Laster Anfang. In Gefühlen baden, vom Leben alles erwarten aber nichts mehr hergeben wollen, schon gar nicht Partner oder Kinder, führt zu Trägheit und Phlegma. *Der Neid ist die Todsünde des Merkur,* denn Neid führt zu Verschlagenheit und Hinterhältigkeit, und die Unzufriedenheit zerfrisst die Seele. *Die Wollust ist die Todsünde der Venus.* Die schönste und genussreichste Todsünde verlockt zum billigen Ausleben der Triebe. Der Fall vom Höhepunkt der Lust ist kurz, aber tief. *Der Zorn ist die Todsünde des Mars,* denn der Zorn macht blind, unüberlegt und unbeherrscht und lenkt die Marsenergie bis zur Blutrache. *Die Unmäßigkeit ist die Todsünde des Jupiter.* Wenn der Mensch die erlöste Form der Sinnsuche und Bewusstseinserweiterung nicht erkennt, lebt er nur die unerlöste Form in der Erweiterung seines Leibes, eine Folge von Völlerei und Maßlosigkeit. Auch die Sinnsuche im Materiellen und in der Erweiterung der materiellen Werte führt zu Abgestumpftheit und Gleichgültigkeit. *Der Geiz ist die Todsünde des Saturn.* Zwar kann der Saturn durch seine Härte und Strenge die bisher genannten Todsünden eingrenzen und beschränken, doch die Schritte von der Härte über die Strenge zu Geiz und Unbarmherzigkeit sind sehr klein. Geiz trocknet die Seele aus, lässt sie erkalten und erstarren. Eines Tages muss dann die Sonne die Seele wieder erwärmen, und der Mond muss die Seele wieder erweichen — und das Rad der sieben Todsünden dreht sich von neuem.

Bei der Betrachtung der Inkarnationen während der Rückführungen stellen die Pilger zu ihrem Entsetzen fest, dass sich bis auf den heutigen Tag zwar die Formen, aber nicht die Inhalte geändert haben. Ein Beispiel: Versündigten sie sich im Mittelalter mit einer oder mehreren der sieben Todsünden gegen die Gesellschaft, so kamen sie in den Kerker; heute versündigen sie sich gegen ihren Körper und kommen ins Krankenhaus. In jedem Falle fühlten oder fühlen sie sich *eingesperrt* oder *ausgesperrt.* In solche Orte der Verdammnis wie Gefängnisse oder Krankenhäuser kommt man zwar sehr leicht hinein, aber nur sehr schwer wieder heraus.

Bearbeitung der eigenen Schuld

Kurz vor Mitternacht wird es noch einmal toternst: „Ihr habt einen Blick in die Tiefe eurer Biographie getan. Im Märchen vom Froschkönig seid ihr jetzt an jener Stelle, da die Prinzessin erkennt, dass sich der Frosch, der sich hinter ihrem Spiegelbild im See in der Tiefe des Unbewussten verborgen hatte, nicht mehr abschütteln lässt. Euer Spiegelbild, eure Maske, die äußere Erscheinung — im Horoskop ist es der Aszendent — die ihr zur Schau tragt, wird jetzt angeklagt. *Eure Maske wird euch jetzt vom Gesicht gerissen.* Die Kröte, euer Schatten, mit dem ihr seit Jahrtausenden herumlauft, tritt jetzt zutage. Ich frage euch: Seid ihr bereit, euch eure Schuld anzusehen?“ Die Pilger müssen antworten: „Ja, ich will mir meine Schuld ansehen.“

Die geheimnisumwobenen Methoden des ***Hexagramm-Programm***®s stürzen die Pilger in ein Wechselbad aus Neugier, Unsicherheit und dem Gefühl, hilflos ausgeliefert zu sein. Ihre Opfer- und Leidensbereitschaft wird hart abgeprüft, um das ehrliche Streben nach Erlösung und Erleuchtung zu erwecken, und damit der rituelle Gnadenakt am Donnerstag als Gottesgeschenk erlebt wird.

Der Tempel wird verdunkelt. Schwarze Laken kommen in die Mitte. *Das Kreuz wird aufgerichtet* und eine *Schlange daran befestigt.* Davor brennt eine große Spiritusflamme. Weitere Ermahnungen folgen:

„Wehe dem Menschen, der nicht leiden kann und will;
er wird von Schmerzen zermalmt werden.
Wehe dem Menschen, der nicht gehen will;
er wird erbarmungslos von der Natur mitgezogen.

Wehe dem Menschen, der nicht schwimmen will;
er wird mitten ins Leben wie ins Meer geworfen.
Er muss schwimmen — oder umkommen.

Eure Sünde habe ich aus euren Horoskopen herausgelesen und hier im Seminar erfahren. Eure Schuld zeigt sich immer im Aszendenten! Deshalb erlebt ihr eure Verstrickung in Krankheit und Schicksal. Ich frage euch ein zweites Mal: Wir sind an jener Stelle angekommen, wo ich euch zutiefst verletzen werde. Seid ihr bereit, euch eure eigene Schuld anzusehen?" Die Pilger müssen abermals antworten: „Ja, ich will mir meine Schuld ansehen."

Die Stimmung ist wieder einmal auf einem Tiefpunkt. Die Pilger haben viel Zeit, sich das Feuer zu betrachten. Dahinter steht das Kreuz mit der aufgerichteten Schlange. Die Situation erinnert an eine schwarze Messe. Die kalte Angst kriecht in ihnen hoch und mischt sich mit Unwohlsein und Übelkeit. Aber niemand bricht mehr aus.

Ich frage jetzt noch ein drittes und letztes Mal, jeden einzelnen: „Bist du wirklich bereit, dir deine Schuld, deine Schlange, jetzt anzuschauen? Dann antworte mit einem lauten und deutlichen:

JA, ICH BIN BEREIT, MIR MEINE SCHULD ANZUSCHAUEN."

Je größer das Schockerlebnis nun ist, desto leichter vollzieht sich später die Heilung. Die folgende Krise ist provoziert. Mit einem Gemisch aus Reinkarnationserkenntnissen, freien Assoziationen, Aszendenten-Charakteristiken und Phantasie wird jedem einzelnen Pilger ein Szenario vorgehalten, das ihn bis ins Knochenmark hinein tief erschüttert. Die Betrachtung der eigenen karmischen Schuld verletzt zutiefst.

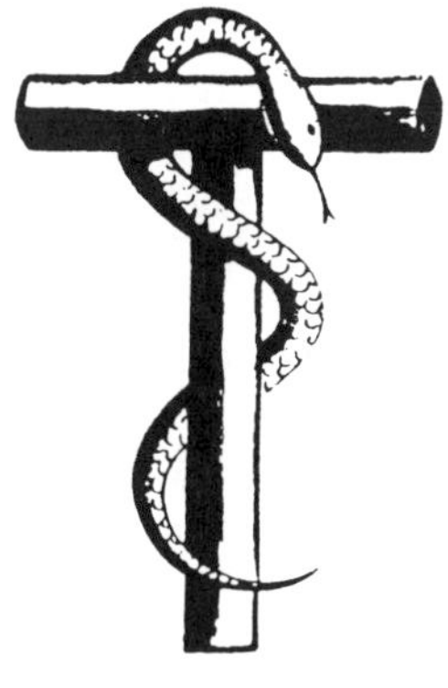

Nach Mitternacht gehen sie seelisch schwer getroffen und psychisch verwundet schweigend in ihre Zimmer und schreiben ihre Empfindungen in ihr Tagebuch.

Auch der Merkur-Tag ist zu Ende — ganz anders, als er begonnen hatte.

Donnerstag, der Tag des Jupiter

Noch gebeugt von der eigenen Schuld und gezeichnet von der Nacht stehen die Pilger am Donnerstag früh um die übliche Zeit im Morgengrauen auf.

Die Stimmung unter der jahrhundertealten Eiche auf dem runden Platz in der Mitte des Rundlingsdorfes befindet sich noch auf dem Tiefpunkt. Nasskalte Nebel haben sich draußen auf die Landschaft und drinnen aufs Gemüt gelegt. Aber heute ist Jupiter-Tag, und der joviale Herr des Olymps wird die Pilger herausreißen aus ihrem Schmerz, er wird in ihnen Begeisterung entzünden und Glauben und Vertrauen vermitteln, denn schließlich liegen außer dem jupiterhaften Donnerstag noch der Freitag und der Samstag vor ihnen, wo sie mit Tod und Teufel konfrontiert werden sollen.

Aber heute gilt es, den Sinn des Ganzen hier herauszufinden. Religionen erfinden und weithin verkünden! — Heute Abend wird das Ritual, der mystische Kern des ***Hexagramm-Programm***®s, initiiert, und dazu sind einige Vorbereitungen zu treffen.

Analogie zur Bibel: Verleugnung JESU CHRISTI durch Petrus

Zur Bibelstunde blicken die Pilger im Tempel auf ein anderes Kreuz: das Kruzifix. Anstelle der Schlange, die gestern noch einmal die Schuld auf sich genommen hatte, hängt heute an der gleichen Stelle ein Mensch am Kreuz, von dem man sagt, Er habe die Schuld auf sich genommen: JESUS CHRISTUS. Aber das ist ein gewaltiger Irrtum, wie wir heute noch sehen werden.

Bisher hatten wir aus dem Alten Testament gelesen, jetzt wenden wir uns dem Neuen Testament zu. Der Leidensweg JESU CHRISTI ist allgemein bekannt, und deshalb werden wir uns nur mit einigen Ausschnitten befassen, die für den weiteren Verlauf des ***Hexagramm-Programm***®s, für die notwendige Bewusstseinserweiterung der Pilger sowie für das Verständnis des Rituals relevant sind. Zunächst einige Worte zur Gefangennahme.

JESUS CHRISTUS sagte: „Einer meiner Jünger wird mich verraten." Doch welcher? Die meisten Menschen denken an Judas. Alle Worte des Meisters können aber auf verschiedenen Ebenen gedeutet werden. Es gibt eine *geschichtliche Ebene,* die wohl die bekannteste ist, die uns aber am wenigsten interessiert, und da war Judas zweifelsfrei der Verräter. Auf der *symbolischen Ebene* hatte JESUS CHRISTUS jedoch Petrus gemeint, seinen einfältigsten, aber treuesten Jünger, jenen Simon Petrus, der sogar noch für Jesus das Schwert zog, um einem Römer das Ohr abzuschlagen. Aber Jesus sagte Petrus den Verrat auf dem Ölberg mitten ins Gesicht, als Er zu Seinen Jüngern sprach: „Ihr werdet alle Anstoß nehmen an mir in dieser Nacht; denn es steht geschrieben: ‚Ich will den Hirten schlagen, und die Schafe der Herde werden zerstreut werden.' Nach meiner Auferweckung aber werde ich euch vorausgehen nach Galiläa.' Petrus aber entgegnete ihm: ‚Wenn auch alle Anstoß nehmen an dir, ich werde niemals Anstoß nehmen.' Jesus sprach zu ihm: *‚Wahrlich, ich sage dir: In dieser Nacht, noch ehe der Hahn kräht, wirst du mich dreimal verleugnen.'* Petrus sagte zu ihm: ‚Und müsste ich mit dir sterben, nie und nimmer werde ich dich verleugnen'." (Matthäus-Ev., Kap. 26, Vers. 31 - 35).

Darauf ging Jesus zu dem Gehöft Gethsemani und sprach zu Seinen Jüngern: „Meine Seele ist betrübt bis in den Tod, bleibt hier und wachet mit mir." Er fiel auf sein Angesicht und betete: „Mein Vater, wenn es möglich ist, gehe dieser Kelch an mir vorüber; doch nicht, wie ich will, sondern wie du willst." Und er kam zu den Jüngern, fand sie schlafend und sprach zu Petrus: „So konntet ihr nicht eine einzige Stunde wachen mit mir?" Dreimal wurden den Jüngern die Augen schwer, und sie sind eingeschlafen, während ihr Meister in die Hände der Sünder überliefert wurde.

Das Evangelium des Johannes berichtet am klarsten über die weiteren Vorgänge: Jesus wurde ergriffen, es folgte die Gefangennahme, die Überstellung an den Hohen Rat, das Verhör durch Kaiphas, den Hohenpriester der Juden. Dieser zerriss Seine Kleidung, die Männer des Hohen Rats spuckten Ihm ins Gesicht und schlugen Ihn.

Und wo war Petrus, als sein Meister in Not war? Die Knechte und Diener hatten sich, weil es kalt war, ein Kohlefeuer angemacht und standen herum und wärmten sich. Auch Petrus stellte sich zu ihnen und wärmte sich.

Den Verrat durch Petrus zitiere ich wieder wörtlich aus dem Matthäus-Evangelium: „Petrus saß aber draußen im Hof. Da trat eine Magd zu ihm und sagte: ‚Auch du warst bei Jesus, dem Galiläer.' *Petrus aber leugnete vor allen und sprach: ‚Ich weiß nicht, was du redest.'* Als er zur Vorhalle herausging, sah ihn eine andere Magd und sagte zu denen, die dort waren: „Dieser war bei Jesus, dem Nazoräer.' *Petrus leugnete abermals mit einem Schwur: ‚Ich kenne den Menschen nicht.'* Kurz darauf traten die Umstehenden hinzu und sagten zu

Petrus: ‚Wirklich, auch du bist einer von ihnen; denn auch deine Sprache verrät dich.‘ *Da fing Petrus an zu fluchen und zu schwören: ‚Ich kenne diesen Menschen nicht!‘* Und sogleich krähte der Hahn. Petrus aber erinnerte sich der Worte Jesu, die er gesagt hatte: ‚Ehe der Hahn kräht, wirst du mich dreimal verleugnen.‘ Und er ging hinaus und weinte bitterlich.“ (Matthäus-Ev., Kap. 26, Vers. 69 - 75).

Was hat dieser biblische Bericht im ***Hexagramm-Programm***® zu suchen? Hiermit soll den Pilgern die letzte Projektionsfläche genommen werden. Als unbewusste Menschen hatten sie die Schuld für ihr Versagen analog zum Sündenfall und dem Auszug der Juden aus Ägypten der Schlange gegeben. Später hatten sie die Schuld den Lebensumständen und den Eltern zugeschoben. Und die institutionellen Kirchen versuchen immer wieder, den Menschen einzureden, JESUS CHRISTUS habe die Schuld auf sich genommen. Das hat dazu geführt, dass die Menschen zweitausend Jahre lang in Unwissenheit und geistiger Knechtschaft lebten. Um frei zu sein von allen falschen Glaubenssätzen, ist es wichtig, diesen Verrat an der christlichen Botschaft zu durchschauen.

Ich spreche zu den Pilgern: „Denn *niemals* hatte JESUS CHRISTUS gesagt, Er würde *deine Schuld* auf sich nehmen. *Immer* hatte Jesus selbst gesagt: ‚Und wer nicht *sein Kreuz auf sich nimmt* und folget mir nach, der ist meiner nicht wert‘ (Matthäus, Kapitel 10, Vers 38); oder: ‚Und wer nicht *sein Kreuz trägt* und mir nachfolgt, der kann nicht mein Jünger sein‘ (Lukas, Kapitel 14, Vers 27). Die Bibel ist da ganz eindeutig und lässt keinen Zweifel zu. Wer etwas anderes behauptet, begeht Verrat an der christlichen Botschaft!“

Während Seiner Zeit konnte Jesus auf Seinen Jünger Petrus bauen, und es gab Situationen, da zog Petrus das Schwert für seinen Meister. Als sich aber die irdische Zeit JESU CHRISTI gegen Ende neigte, beging Petrus Verrat am Meister. 2000 Jahre konnte die christliche Lehre auf die Kirche Petri bauen, und es gab Situationen, da zog die Kirche das Schwert, um das Christentum mit Kreuzzügen zu verteidigen. Jetzt, da das Fische-Zeitalter zuende geht, begeht sie Verrat an der Botschaft.

Das älteste esoterische Gesetz des Hermes Trismegistos lautet: Wie im Kleinen, so im Großen. Mikrokosmos gleich Makrokosmos. Das, was für Petrus als Jünger gilt, das gilt auch für die Kirche Petri als Institution. Simon Petrus, auf den die katholische Kirche gebaut wurde, verleugnete JESUS CHRISTUS. Alle Päpste bezeichnen sich als Nachfolger Petri und verleugnen die wahre Botschaft Christi:

Die Kirche hat sich von JESUS CHRISTUS, dem Sohn GOTTES, getrennt. Die Kirche wird modern, obwohl eine Religion nicht modern zu sein hat, sie kümmert sich um soziale Aufgaben statt um Spiritualität und Mystik, sie hat Latein als Liturgiesprache ersetzt durch die Landessprachen, und der Pastor wendet sich bei offiziellen gottesdienstlichen Handlungen der schrumpfenden

Gemeinde zu. Damit kehrt der Priester dem Altar und der geistigen Welt den Rücken (Ich kenne diesen Menschen nicht!). Das ist der Verrat.

Was bedeutet das für die hiesigen Pilger? Sie werden nun aufgefordert, künftig die Verantwortung für alles, was in ihrem Leben geschieht, selber zu übernehmen: „Höre! Du kennst die Schuld, die du als Mensch zuzeiten des Alten Testaments (vor Christi Geburt) noch auf die Schlange projizieren konntest, und die du in der Zeit des Neuen Testaments (nach Christi Geburt) auf JESUS CHRISTUS projiziert hattest; diese Schuld kann dir kein Jesus, keine Kirche und keine Beichte abnehmen. Die Schuld kommt immer wieder zu dir zurück.

In unserem Seminar heißt das nun: Das Ritual heute Abend leitet Heilung ein. Ohne einen tiefen Glauben an GOTT kann niemals eine Heilung geschehen. Der Glaube, der von euch erwartet wird, soll aber nicht der eines unmündigen Kindes sein, das sich als Spielball irgendwelcher unergründlichen Schicksalsereignisse fühlt und jedes Mal den „lieben Gott“ um Hilfe anfleht, wenn er gescheitert ist, sondern der Glaube eines erwachsenen, selbstbestimmten, freien Menschen, welcher JESUS CHRISTUS um Gnade und Vergebung bitten kann, *nachdem er seine Schuld erkannt und bearbeitet hat.*

Die Aufbauarbeit

Ab jetzt beginnt die Aufbauarbeit.

Ähnlich wie in der ***Offenbarungstherapie***® suchen und finden wir hinter den Symptomen den *Sinn.* Dazu gibt es einige sehr schöne Transformationsspiele, die allerdings ebenfalls an dieser Stelle nicht erklärt werden sollen, denn alle Übungen leben mehr vom geistig-seelischen Sich-Einlassen und weniger von einer intellektuellen Analyse.

Auf verschiedenen Phantasiereisen gibt das Unbewusste allmählich den Weg zur Heilung frei, teils über Bilder, teils über Worte und Begriffe. Es geht dabei immer wieder um folgende Fragen:

— Welcher alte Glaubenssatz hinderte dich daran, glücklich zu sein?
— Was hat dieser Glaubenssatz mit dir gemacht?
— Welche Gefühle hattest du, als du ihn zum ersten Mal hörtest?
— Was kannst du für heute daraus lernen?
— Welche Kraft erwächst dir daraus, nachdem du ihn durchschaust?

So entstehen nach und nach Worte, die Visionen sind, Sätze, die Ziele darstellen und Hoffnungen, die eine transformierte Zukunft aufzeigen.

Die alten „Muster“ und „Glaubenssätze“ sind am Dienstag mit Mars-Energie zerstört worden. Neue „Muster“ und „Glaubenssätze“ werden jetzt mit Hilfe des Unbewussten und der Jupiter-Energie erarbeitet und aufgeschrieben. Damit sind sie zwar schon Wirklichkeit, aber noch keine Realität. Das geschieht im nächsten Schritt — und zwar mit Magie!

Imagination, Magie und Gebet

Eine große Rolle spielt an diesem Tage das Thema „Magie“, und ich hatte ja mehrfach angekündigt, darauf zurückzukommen. Ohne ein Verständnis der Magie sind die Vorgänge in dem Ritual am Donnerstag Abend nur ein Handlungsablauf, der dennoch seine Wirkung hat, auch wenn die Magie nicht erkannt wird. Die Pilger sind aber Menschen, die auch die magischen Inhalte der Worte und der Symbole im Ritual mit ihrer Vernunft begreifen wollen. Beginnen wir mit der Magie des Wortes:

Die Magie des Wortes

Johannes schrieb im Prolog seines Evangeliums: „Im Anfang war der Logos — *das Wort,* und *das Wort* war bei Gott, und Gott war *das Wort.* Dieses war im Anfang bei Gott. Alles ist durch dieses (das Wort) geworden, und ohne es wurde auch nicht eines von dem, was geworden ist.“

Das Wort hat Schöpfungscharakter. Deswegen wird sich alles, was wir sprechen, manifestieren. Es ist sehr wichtig, dieses Gesetz zu kennen. Ein Beispiel: Eine Mutter ermahnt ihr Kind: „Pass auf, wenn du auf deinem Schulweg über die Straße gehst, sonst *liegst du plötzlich unter einem Auto.“* Jeden Morgen, tagein, tagaus die gleiche Magie: *du liegst unter einem Auto.* Eines Tages kommt die Situation, das Kind ist unachtsam auf der Straße und sieht ein Auto auf sich zukommen. Es wird durch die Magie gebannt sein wie ein Kaninchen beim Anblick einer Schlange, bewegungsunfähig — und schon ist es passiert: *Es liegt unter einem Auto.* Hätte sich die Mutter einer anderen Magie bedient, nämlich: „Pass auf, wenn du auf deinem Schulweg über die Straße gehst, ich möchte, *dass du heil nach Hause kommst,“* dann hätte jene Magie gewirkt, das Kind wäre zur Seite gesprungen und wäre *heil nach Hause gekommen.*

Hermetische Gesetze besagen, dass ein Wort, ähnlich wie ein Samenkorn, welches den Bauplan der fertigen Pflanze enthält, eine hochverdichtete Grundidee ist, deren Früchte eines Tages aufgehen. Wenn hundert Menschen aus dem Gefängnis entlassen werden, und man würde sie befragen, was sie nun vorhätten, und siebenundneunzig Menschen würden antworten: *„Nie wieder ins Gefängnis!“,* dann hat das Wort „Gefängnis“ eine solche magische Anziehungskraft, dass die Lebensumstände die Menschen abermals ins Gefängnis treiben. Jene drei aber, die geantwortet haben: *„Endlich will ich meine Freiheit genießen!“,* sind wirklich frei!

Kosmische Gesetze kennen keine Verneinung: Die Schöpfungskraft eines Wortes wirkt so, wie es ausgesprochen wird. Diese sehr einfachen metaphysischen Grundgesetze sind in der heutigen profanen Zeit nicht einmal mehr den höchsten Würden-trägern aus Politik und Kirche bekannt. Wie anders wäre es möglich, das GEBET DER VEREINTEN NATIONEN — das übrigens überhaupt kein Gebet ist, sondern Magie — mit folgendem Text zu versehen:

> „Unsere Erde ist nur ein kleines Gestirn im großen Weltall. Unsere Aufgabe ist es, daraus einen Planeten zu machen, dessen Geschöpfe nicht *vom Krieg gepeinigt,* nicht *von Hunger und Durst gequält* werden, nicht *zerrissen werden von sinnloser Trennung* nach Rasse, Hautfarbe oder Weltanschauung. Lasst uns nicht *vergessen,* dass alle Menschen Brüder sind, solange die Welt besteht."

Natürlich kann man eine solche Magie betreiben, nur darf man sich dann nicht wundern, wenn die Menschen immer wieder *vom Krieg gepeinigt, von Hunger und Durst gequält* und *von sinnloser Trennung zerrissen* werden.

Kommen wir jetzt zur Magie des Symbols.

Die Magie des Symbols

Symbole sind der Schlüssel zum Unbewussten. Symbole sind hochverdichtete Gedankeninhalte, die in allen Kulturen und zu allen Zeiten von allen Menschen in gleicher Form erfasst werden. Der Kreis, das Dreieck, das Viereck, das HEXAGRAMM sind solche Symbole. Normalerweise geschieht bei der Betrachtung eines Symbols überhaupt nichts. Sobald aber Symbole in ein Ritual eingebettet sind, haben sie eine hochgradig aktive Wirkung, auch dann, wenn ihre Bedeutung dem Betrachter nicht bekannt ist. Einige Beispiele mögen diese Vorgänge erhellen:

Der Mercedes-Stern ist ein dreistrahliger Stern und somit ein ausgesprochen „positives" (Jupiter-)Symbol der Dynamik, Entwicklung und Sinnhaftigkeit. Das zugehörige „Ritual" ist der Satz: „Ein guter Stern auf allen Straßen", den Millionen von Autofahrern Tag für Tag still vor sich hindenken, wenn sie mit ihrem Mercedes fahren und den „guten Stern" ständig vor sich sanft über den Asphalt gleiten sehen. Dadurch entwickelt sich eine Energie, die dazu geführt hat, dass die Firma das erfolgreichste Unternehmen der Branche geworden ist, dessen Produkte eine immer wieder statistisch belegte höhere Lebensdauer, Zuverlässigkeit und Sicherheit bei Unfällen bieten. Etwas Ähnliches bahnt sich mit Toyota an, weil diese Fahrzeuge das Stier-Symbol tragen, wohingegen alle anderen Darstellungen von der BMW-Niere bis zum Jaguar nur Warenzeichen, aber keine Symbole sind.

Ein uraltes Symbol ist das Kreuz. Es vertritt den symbolischen Inhalt der Zahl 4, die in der Zahlenmythologie ausführlich erklärt worden ist. In das gekreuzte

Gegensatzpaar mag man die vier Dimensionen oder die vier Himmelsrichtungen der materiellen Welt einsetzen, oder die vier Elemente Feuer, Wasser, Luft und Erde, oder die vier Evangelien, oder, oder, oder....

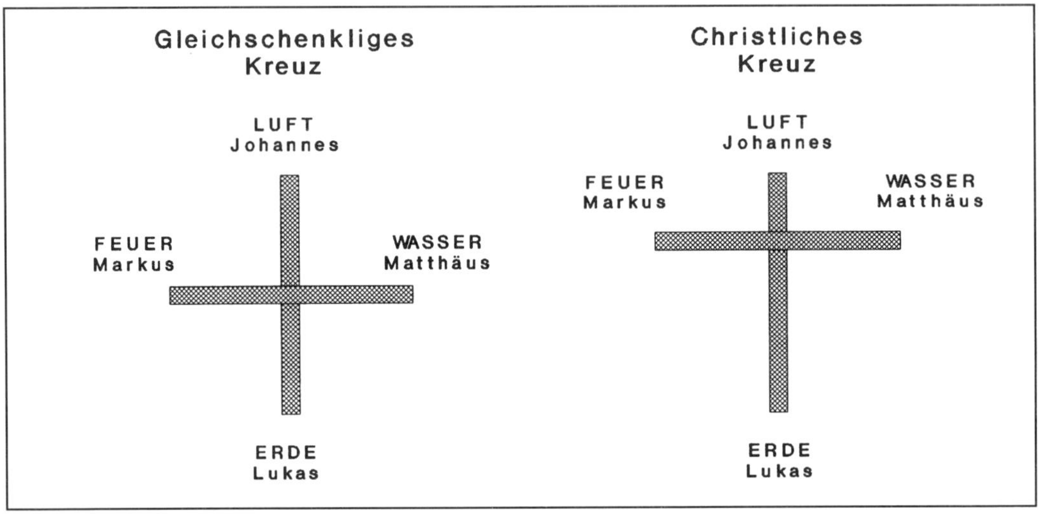

Das christliche Kreuz zeichnet sich aber durch eine Besonderheit aus: die Luftsymbolik, die Geistigkeit, ist verkürzt, die Erdsymbolik, der Materialismus, ist verlängert. Vergeblich hatte JESUS CHRISTUS seinen Jünger Petrus immer wieder ermahnt: „Hinweg mit dir, Satan (damit ist Petrus gemeint!); ein Ärgernis bist du mir, denn du denkst nicht das, was Gottes ist, sondern was des Menschen ist.“ (Matthäus, Kapitel 16, Vers 23). Wenn der Jünger Petrus nicht auseinanderhalten konnte, was „des Geistes“ ist und was „des Menschen“ ist, dann kann von der Kirche Petri auch nicht mehr erwartet werden. So lässt die Kirche Petri Millionen von Menschen seit Jahrhunderten nicht über das gleichschenklige Erlöserkreuz meditieren, sondern über das der Geistigkeit beraubten und in die Erde ziehende Leidenskreuz, was dann zwangsläufig dazu führt, dass die Kultur überall dort, wo dies geschieht (Australien, Europa sowie Nord- und Südamerika) im platten Materialismus landet.

Das christliche Kreuz erfährt jedoch in dem Ritual am Donnerstag Abend eine bemerkenswerte Veränderung.

Wem diese Aussagen über die Wirksamkeit von Symbolen immer noch nicht genügen, der möge Betrachtungen über das Hakenkreuz anstellen. An tibetanischen Tempeltüren findet man sehr häufig die Darstellung zweier Sonnenräder, welche jeweils aus einem Kreuz (Symbol der materiellen Welt) und nach verschiedenen Seiten abgewinkelten Feuerschweifen bestehen. Ähnlich wie bei einem Silvester-Feuerwerkskörper entscheidet die Anordnung darüber, ob das Kreuz rechtsdrehend oder linksdrehend ist. Damit erhält das Symbol seine Bedeutung als Schöpfungssymbol (rechtsdrehend) und als Zerstörungssymbol (linksdrehend). Beide Symbole zusammen ergeben den Sinn der Stirb- und Werdeprozesse.

Die Magier des Nationalsozialismus hatten sich nur das Zerstörungssymbol geholt, es in ein weiteres Symbol, in einen *Kreis* der Einheit gestellt und es so zu der einen Wahrheit erhoben. Dann haben sie dieses neue Symbol in ein *Viereck* eingebracht, wodurch es sich materiell zu manifestieren begann.

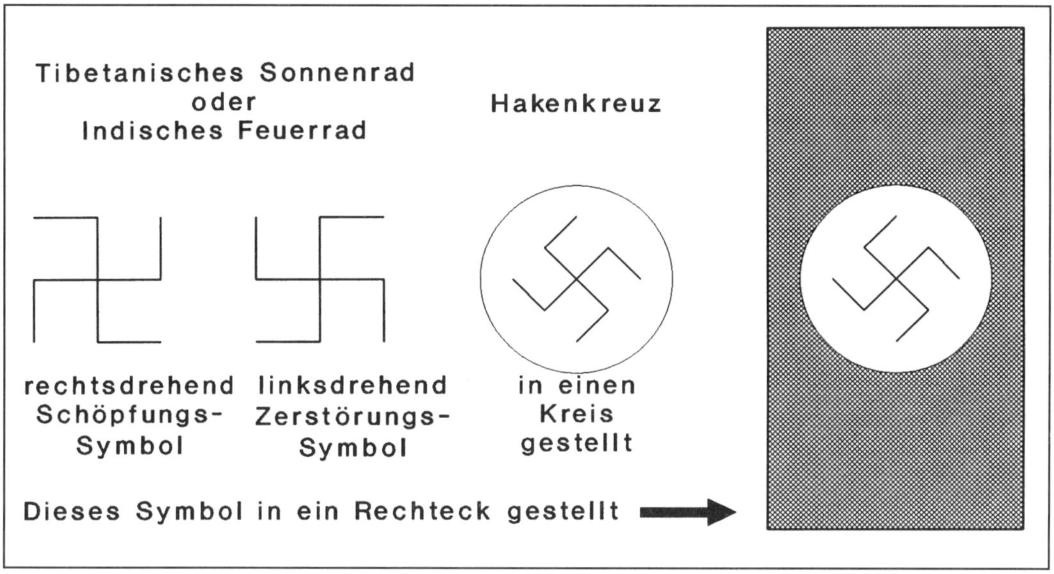

Nun kam das Ritual hinzu: Dieses Zerstörungssymbol wurde (als Fahne) zum Himmel erhoben, Millionen deutscher Menschen hoben bei der Betrachtung des Symbols die rechte Hand und belegten es mit einer Vokalintonation aus vier Buchstaben: HEIL. So konnte es geschehen, dass Hunderttausende von Menschen die Frage nach dem totalen Krieg begeistert mit JA beantworteten, an dessen Ende weltweit 55 Millionen Tote zu beklagen waren. Das war Magie in ihrer schwärzesten Form!

Als drittes gibt es noch die Magie des Glaubens.

Die Magie des Glaubens

Während der Hl. Messe (ev.: Abendmahl) werden in der „Wandlung“ die Hostien (das Abendmahlsbrot) in den Leib Christi und der Wein in das Blut Christi gewandelt. Dieses Geschehen ist ein *Ritual,* eine *heilige Handlung* durch den Priester. Die Gemeinde lässt sich innerlich auf das Geschehen ein und glaubt daran. Wenn jemand diese Einstellung nicht hat, sondern daran festhält, die Oblate sei lediglich eine Backunterlage für Plätzchen, die im Supermarkt zu erstehen ist, und der Wein sei billige spanische Importware, dann wird die Feier auch keine Wirkung für diese armselige Natur haben. Die meisten Zeitgenossen verhöhnen sogar den *blinden Glauben* der Gemeinde.

Die gleichen blinden Zeitgenossen unterliegen an einer anderen Stelle jedoch auf eine sehr viel fatalere Weise dem *Glauben.* Wenn man in einem Lokal dem Wirt ein wertloses Stück Papier reicht, auf dem eine 1 und eine 0 verzeichnet ist, dann bekommt man dafür einen geringen Gegenwert geboten, zum Beispiel Bratkartoffeln mit Spiegelei. Ist auf dem wertlosen Stück Papier aber einmal die 1 und zweimal die 0, dann sieht die Welt schon anders aus: ein Gourmet-Essen mit erlesenem Wein. Eine 1 und dreimal die 0 eröffnet das reinste Schlaraffenland: ein verlängertes Wochenende in einer Nobelherberge mit Schwimmbad und Sauna für zwei Personen, alle Leistungen inbegriffen. Warum? Auch hier gab es eine „heilige Handlung“, als nämlich zwei „Priester der Wirtschaft“ (Direktoren der Bundesbank) zu einem „Ritual“ zusammenkamen und das Original dieses wertlosen Papiers mit magischen Zeichen (zwei Unterschriften) versahen. Voraussetzung ist natürlich, dass weite Bevölkerungsschichten *daran glauben,* dass das wertlose Papier nun ein wertvolles Papier ist. Und weil die Menschen *glauben,* funktioniert das auch. Denn wenn die Menschen *nicht mehr glauben,* dann funktioniert das auch nicht mehr. Dann verliert der Schein seinen Wert, dann ist der Schein nur noch „Schein“, und das nennt die Fachwelt „Inflation“ . Während der Inflation nach dem Ersten Weltkrieg musste man schon zehnmal eine 0 an die 1 anhängen, damit der Bäcker ein Brot herausrückte.

Das ist die Magie des Glaubens. Fast alle Krebskranken unterliegen der (schwarzen) Magie des blinden Glaubens. Gabriele war im vorigen Kapitel ein Beispiel für diesen Glauben. Sie hatte alle Aussagen der Ärzte für die Wahrheit gehalten — und war daran gestorben. Aber es kann auch anders sein: Eine siebenundsiebzigjährige Dame wurde zur Diagnose ins Krankenhaus eingeliefert, weil sie einen aufgedunsenen und schmerzenden Leib hatte. Sie war völlig verkrebst und wurde als inoperabel entlassen. Der Hausarzt eröffnete ihrer Tochter die Diagnose mit der Bemerkung: „Ob Ihre Mutter noch sieben Tage oder vier Monate lebt, wissen wir nicht, aber es ist nichts mehr zu machen. Keine Chance. Ich überlasse es Ihnen, ob Sie das Ihrer Mutter sagen.“ Die Tochter besprach sich mit ihren Geschwistern und sie beschlossen, es der Mutter *nicht* zu sagen. Sie organisierten einen Kaffeeklatsch am Sonntag. Die alte Dame deckte auf, brachte den Kaffee aus der Küche herein, und in diesem Moment sagte die Tochter beiläufig: „Übrigens, Mutter, Dr. Müller hat angerufen. Der Bericht vom Krankenhaus ist da. Es ist alles harmlos, einige gutartige Geschwüre, einige Blähungen, aber man braucht da nichts zu machen.“ Die alte Dame stutzte, blieb stehen, warf beide Arme in die Luft — die Kaffeekanne zerschellte auf dem Parkett — und sie rief freudig aus: „Ist das nicht herrlich! Und ich hatte solche Angst, ich hätte Krebs!“ Dann tanzte sie um den Tisch: „Ich bin gesund! Ich lebe!“ — Dieser Vorfall ist sieben Jahre her. Die Dame ist heute vierundachtzig Jahre alt und erfreut sich allerbester Gesundheit, weil sie die Botschaft *geglaubt hat.* Ob es letztendlich richtig ist, so zu verfahren, ist eine philosophische Frage, die an dieser Stelle nicht geklärt werden kann.

Jeder Pilger wird an diesem Donnerstag zu einem Magier. Aber das Wissen um die Magie und vor allem das Durchschauen der Magie ist eine wichtige Grundvoraussetzung für den spirituellen Weg.

Einweihung in abendländische Mysterien: Das Ritual

Der allerwichtigste Teil des ***Hexagramm-Programm***® ist das Ritual, welches am Abend mit Symbolen initiiert wird. Das Ritual ist das eigentliche Heilungsgeschehen, in dem die Pilger ihren Weg zurück zu GOTT finden. Diese Krönung der Therapie braucht ein feierliches Umfeld und gehörige Vorbereitung, damit die Pilger das göttliche Licht empfangen können.

Omraam Mikhael Aivanhov (1900 - 1986) schrieb: „Die Sonne ist sehr mächtig, sie bewegt alle Planeten, treibt sie an und belebt sie, aber trotz ihrer Macht kann sie nicht in euer Zimmer kommen, wenn ihr den Vorhang nicht aufzieht. Ihr lasst den Vorhang geschlossen und sagt: ‚Tritt ein, liebe Sonne, ich lade dich ein.‘ Und die Sonne antwortet: ‚Ich kann nicht!‘ Warum? ‚Öffne den Vorhang, den du geschlossen hast!‘ O ja, es genügt ein einfacher Vorhang. Also, wer das begriffen hat, möge seinen Vorhang öffnen, und die Sonne wird eintreten und das Licht ihn durchfluten. Die Sonne ist ein Symbol GOTTES. Sicher, GOTT ist allmächtig, ER lässt das ganze Universum sich bewegen, aber wenn es sich darum handelt, einen Vorhang aufzuziehen, kann ER es nicht. Es ist an uns, es zu tun, damit ER eintreten und uns helfen kann.“

Mit dem Ritual wird der Vorhang aufgezogen. Vor dem Ritual, welches um etwa 22 Uhr beginnt, haben die Pilger genügend Zeit, sich innerlich darauf vorzubereiten und sich körperlich, seelisch und geistig zu reinigen. Die körperliche Reinigung erfolgt durch ein Bad oder durch Duschen, aber ganz bewusst, so als würden sie zu einem sehr prunkvollen Fest gehen. Die seelische Reinigung erfolgt durch das bewusste Trinken von magnetisiertem Wasser, welches sich die Pilger selber herstellen können. Die geistige Reinigung erfolgt durch die Atmung. Ganz bewusst wird saubere und klare Luft eingeatmet, und ganz bewusst stickige und verbrauchte Luft ausgeatmet. Der Geist wird erfüllt von frischem Wind und ist bereit, die Botschaften aufzunehmen.

Die braunen Kutten haben die Pilger abgelegt und weiße Gewänder bekommen, die an Priestergewänder erinnern. So versammeln sie sich schweigend vor der Pforte des Tempels und warten. Jeder erhält einen Kerzenhalter in Form einer antiken Säule. Das Licht ist aber noch gelöscht.

Drinnen im Tempel, für die Pilger noch unsichtbar, ist eine lange, weiße Tafel aufgebaut. Die Stühle stehen davor, alle in Blickrichtung gen Osten. Auf der Tafel ist das Leidenskreuz mit der Schlange, davor das Kruzifix mit dem Abbild JESU CHRISTI angeordnet.

Die Pilgerinnen und Pilger werden nun ein Ritual erleben, in der äußeren Form zelebriert nach der Vorlage der antiken Mysterien, inhaltlich aber auf der Grundlage der GROSSEN MYSTERIEN DES CHRISTENTUMS.

Alle Philosophien und Religionen haben sich jeweils in ihrer äußeren Form der Umgebung und den Zeitverhältnissen angepasst, im Grunde aber immer nur ein und dieselbe Wahrheit verkündet. Geheime Arkanbruderschaften haben dieses Wissen durch die Jahrtausende transportiert. Beginnend bei der Mysterienschule des Pharao Echnaton, über die Heilungsstätte des Asklepios, über die philosophische Gemeinschaft des Pythagoras, über die Bruderschaft der Essener, der auch JESUS CHRISTUS angehört hatte, über die Gralsritter, über den Templerorden, über die mittelalterlichen Dombauhütten und schließlich über die Freimaurerei gelangten diese Wahrheiten in die Neuzeit. Die Rosenkreuzer befassten sich mit dem Studium der Alchimie, der Kabbala und des Gnostizismus, dreier Wissensformen, die ebenfalls den ägyptischen, griechischen und orientalischen Mysterienbünden entstammen.

Die Eigentümlichkeit dieses geistigen Erbes liegt nicht in der systematischen Ansammlung von Kenntnissen, sondern in ihrer Einweihung. Die rituelle Einweihung verleiht den Pilgern die Fähigkeit, Jahrtausendealte Wahrheiten *mit einem Blick* zu erfassen und zu integrieren.

Das nun folgende Heilungsritual habe ich eigens für das ***Hexagramm-Programm***® geschrieben. Ritualtexte werden grundsätzlich nicht veröffentlicht, denn deren Inhalte können nicht durch das Lesen erfahren werden, sondern nur durch die aktive Teilnahme. Dennoch möchte ich durch das teilweise Zitieren einiger Ausschnitte einen Eindruck vermitteln.

Noch während die Pilger draußen warten, hören sie im Tempel Stimmen. Die Pilger werden noch einmal eindringlich ermahnt: „Dieses Ritual ist eine Einweihungshandlung. *Aber ihr könnt in Wahrheit niemals Weihe empfangen, wenn ihr euch nicht selber weiht!*"

Die Tore zum Tempel sind noch geschlossen, und Worte dringen vom Inneren nach außen:

Weibliche Stimme:
Man klopft an unsere Pforten!

Männliche Stimme:
An welche Pforte klopft man?

Weibliche Stimme:
Man klopft an die Pforte im Westen.

Männliche Stimme:
Welche Zeit ist es?

Weibliche Stimme:
Es ist Donnerstag, der ... (TT/MM/JJ), und die Uhr zeigt auf... (Uhrzeit)

Männliche Stimme :
Warum antwortest du so?

Weibliche Stimme:
Noch herrscht Kronos, der Herr der Zeit, der physischen Zeit, über die uns die Kalender und die Uhren Auskunft geben.

Männliche Stimme:
Dann gehe hin in den Westen und sieh' nach, wer um Einlass bittet.

Die Frage nach der Zeit mag merkwürdig klingen, aber sie hat ebenso wie alle anderen Dinge den Sinn, die Menschen aus dem analytischen Verstand herauszuführen und den Reichtum ihres Unbewussten aufzuschließen. Es wird verständlicher, sobald die Frage nach der Zeit an anderer Stelle wiederholt wird.

Die Pilgerinnen und Pilger werden anschließend in geordnetem Zuge in den Tempel geführt. Sie stehen nun hinter ihren Stühlen in Blickrichtung zum Osten. Die männliche Stimme, die sie schon draußen vernommen hatten, kommt von einem Priester, der ebenfalls in Blickrichtung gen Osten steht und den Pilgern den Rücken zukehrt, die weibliche Stimme hat sich als „Führerin der Neophyten" zu erkennen gegeben.

Priester:
Welche Zeit ist es jetzt?

Führerin der Neophyten:
Die Sonne hat den Lauf des Tages beendet und ist unter den Horizont gesunken. Das Licht ist verblasst. Der Mond ist aufgegangen. Und der Mond regiert den Lauf dieser nächtlichen Feierstunde.

Priester:
Warum antwortest du so?

Führerin der Neophyten:
Auch Kronos, der Herr der physischen Zeit, hat sich zu Ruhe begeben. Jetzt herrscht Chairos, der Herr der metaphysischen Zeit, über die uns die am Firmament funkelnden Sterne Auskunft geben.

Priester:
Was bedeutet das für die Menschen, die hier versammelt sind,
nach GOTT suchen und Heilung erbitten?

Führerin der Neophyten:
Es bedeutet, dass zusammen mit der Sonne das Licht ihres
Wachbewusstseins verdunkelt und in die Tiefe sinkt, und
dass diese Arbeit nun vom Mond, dem reflektierenden Schein
des Unbewussten, des Gefühls, des Numinosen, bestrahlt wird.

Priester:
Somit ist es also die rechte Zeit, mit der Arbeit zu beginnen.
Mögen die Sterne am Himmel uns helfen, den rechten Weg zu weisen.
Es geschehe also!

In einem Ritual ist es auch üblich, dass sich die Pilgerinnen und Pilger einer Prüfung unterziehen müssen. Die Führerin der Neophyten steht ihnen dabei zur Seite:

Priester:
Die Menschen, die hier Einlass gefunden haben, müssen sich zunächst einer Prüfung unterziehen. *Du* wirst für sie die Antworten geben. Auf welche Weise sind diese Menschen vorbereitet worden?

Führerin der Neophyten:

Das Leben hat sie vorbereitet. Seit frühester Kindheit wurden sie von ihren Eltern, der Kirche und der Gesellschaft mit Verhaltensmaßregeln und Vorschriften manipuliert. Sie haben darauf mehr gehört als auf ihre innere Stimme. So sind *andere* Menschen aus ihnen geworden als jene, die sie hätten sein sollen.

Priester:
Ist ihnen das inzwischen bewusst?

Führerin der Neophyten:
Oh, ja, sie wissen, dass sie von ihrem rechten Wege abgekommen sind.

Priester:
Soll das etwa heißen, sie sind *weit* von ihrem Wege abgekommen?

Führerin der Neophyten:
Sehr weit. Weiter ging es nicht: Sie hatten sich von GOTT getrennt.
Sie sind aus der göttlichen Einheit herausgefallen und haben sich nun verirrt.

Priester:
Was führte sie dann schließlich hierher?

Führerin der Neophyten:
Krankheit haben sie erleiden und Schicksal erdulden müssen.
Von den Narben ihrer Verletzungen bedeckt,
von den Striemen ihres Leidens gebeugt,
und von den Runzeln ihres Denkens entstellt,
so haben sie sich schließlich auf den Weg gemacht
und sind hierher gepilgert.

Priester:
Haben sie *hier* auch noch weitere Verletzungen erdulden müssen?

Führerin der Neophyten:
O ja !

Priester:
Warum ?

Führerin der Neophyten:
Damit ihnen schmerzlich bewusst wird, *wie sehr* sie sich verirrt haben.

Priester:
Haben diese Pilger verstanden, warum alles so gekommen ist?

Führerin der Neophyten:
Stellvertretend für alle, die sie manipuliert, erzogen und verbogen hatten, mussten diese Menschen ihre eigenen Eltern töten. Sie haben sie zusammen mit ihren ungeprüft übernommenen Glaubenssätzen, mit ihren selbstzerstörerischen Verhaltensweisen und ihren falschen Denkmustern erschlagen, zerstückelt, verbrannt und begraben. Eine schwere Arbeit liegt hinter ihnen.

Priester:
Und wie haben diese Menschen *ihr eigenes* Fehlverhalten bearbeitet?

Führerin der Neophyten:
Sie haben erkannt, dass sie als unsterbliche Seele sich selber diese Eltern ausgesucht hatten, um an ihnen zu lernen. GOTT hatte ständig Kontakt mit ihrer Seele. Und mit instinktiver Sicherheit und mit GOTTES Führung hatten die Eltern diese Menschen immer genau an jene Punkte geführt, an denen sie leiden mussten, aber auch lernen durften.

Priester:
Haben diese Pilgerinnen und Pilger denn schon Buße getan?

Führerin der Neophyten:
Sie haben die Offenbarung durch ihre kosmische Führung erhalten. Dann konnten sie ihren Eltern endlich verzeihen, und sie haben sich mit ihnen ausgesöhnt.

Priester:
Hat jeder dieser Menschen, die hier und heute um Heilung bitten,
wirklich erkannt, dass sie oder er die alleinige Schuld dafür zu tragen hat,
vom rechten Wege abgewichen zu sein?

Führerin der Neophyten:
Wir haben die Schlange vor ihnen aufgerichtet, die seit Jahrtausenden wegen dieser Menschen in Sünde ist. Und wie Moses es befohlen hatte, so hat jeder einzelne dieser sündigen Pilger zur Schlange aufgeblickt und hat laut und vernehmlich öffentlich bekannt: *Ja, ich habe gesündigt.*

Priester:
Haben diese Menschen die transzendenten Tore ihrer Geburt und ihres Todes durchschritten?

Führerin der Neophyten:
Das Tor ihrer Geburt haben sie hier noch einmal durchschritten.
Das Tor des Todes haben sie noch vor sich.
Aber sie wissen, dass Leben und Tod einander bedingen wie Tag und Nacht,
dass Geborenwerden und Sterben zueinander gehören
wie Aufwachen und Einschlafen,
und dass GOTT Sonne und Mond geschaffen hat,
damit sie diese Zeichen deuten können.

Priester:
Und nun meine letzte Frage: Wissen diese Pilgerinnen und Pilger,
die hier auf der Suche nach Heilung sind, dass *ich* sie *nicht* heilen kann?

Führerin der Neophyten:
Die Menschen wollen zurück in die göttliche Einheit,
sind auf der Suche nach GOTT.
Und nur GOTT kann heilen, sonst niemand.

Alle Kerzen werden jetzt entzündet, und dann erst beginnt das eigentliche Ritual, dessen weiterer Verlauf sehr feierlich von sakraler Musik begleitet wird. Still wirken die Symbole.

Die Symbole werden den Pilgern helfen aufzuwachen. Symbole ermöglichen ihnen, die Welt der Formen zu durchschauen, denn eine *sym-bolische* Betrachtung — das Wort Symbol kommt aus dem Griechischen und bedeutet „zusammenwerfen" — eine *sym-bolische* Betrachtung der Welt führt die Gegensätze zusammen, aber eine *dia-bolische* Betrachtung — darin steckt DIA, die Zahl 2 — eine *dia-bolische* Betrachtung trennt und spaltet. Der *dia-bolische* Weg ist der Weg Luzifers, er führt weg von der Einheit, führt weg vom Paradies. Ein Symbol führt zusammen, der *sym-bolische* Weg führt wieder hin zur Einheit, hin ins Paradies.

Der einzige Ausweg, dem Kreislauf von Schicksal zu entgehen, ist, die Mitte zu finden. Die Pilger schließen nun die Augen und rufen sich ihr Horoskop ins Gedächtnis, schauen mit ihrem inneren Auge auf ihr Mandala, auf ihr Horoskop, auf das Theater ihres jetzigen Lebens. Jetzt gilt es, die Mitte zu finden im Kreuz des Horoskops, das durch den waagerechten Balken AC — DC und durch den senkrechten Balken MC — IC gebildet wird.

Auf die Inhalte der GROSSEN MYSTERIEN DES CHRISTENTUMS soll an dieser Stelle des Buches noch nicht näher eingegangen werden. Im übrigen werden die zeitlosen Wahrheiten sowieso nur von Mund zu Ohr weitergegeben.

Aber das christliche Bild der Kreuzigung zeigt die Vereinigung der Gegensätze so wunderbar eindeutig, und trotzdem wird es so selten verstanden. Das Sinnbild unserer Kultur ist das Kreuz als Ausdruck der Polarität, als Ausdruck des Leidens. Es sind die gekreuzten Gegensatzbalken von oben und unten, rechts und links, oder Luft und Erde, Feuer und Wasser. Oder: Gut und böse, Tag und Nacht, Sonne und Regen, Freude und Trauer, Krieg und Frieden, Leben und Tod — es ist *immer* nur das Kreuz des Lebens.

Der leidende Jesus ist Symbol für den Menschen, der an diese Polarität gebunden ist, Ausdruck des göttlichen Menschen, der mit der luziferischen Welt verhaftet ist. Wie oft im Leben fühlt der Mensch sich wie Er, festgenagelt, bewegungsunfähig, weil er an die materielle Welt gebunden ist. Aber in der christlichen Mythologie geschieht nun etwas Wunderbares:

Es ist das Geheimnis des christlichen Mythos, dass JESUS CHRISTUS dem Kreuz *nicht* ausgewichen ist, Er ist nicht geflohen, was Er zweifellos hätte tun können. Jesus hat — im wahrsten Sinne des Wortes — Sein Kreuz getragen. Er hat Sein Kreuz auf sich genommen. Er hat es *nicht* getan, um *uns unsere* Schuld abzunehmen, sondern Er hat es getan, um uns *den Weg zu zeigen.*

Immer dann, wenn der Mensch denkt: „Ja, wenn ich frei wäre von meinen Verpflichtungen....., wenn diese oder jene Widerstände oder Beeinträchtigungen nicht wären....., ja dann, dann könnte ich....“, dann versucht er, das Kreuz seines Lebens abzulegen. Dann kommt er ab vom Wege zur Einheit.

Wer dieses Kruzifix recht versteht — und die Pilger beginnen nun die mystischen Inhalte zu erahnen — wer dieses Kruzifix versteht, der wird vor seinen Lebensumständen nicht mehr fliehen, sondern sie dazu benutzen, um wieder zur Einheit zu gelangen. Er wird erkennen, dass alles, was er als Schicksal oder als Krankheitssymptom erlebte, Teile seiner selbst sind, oder jene Teile seiner Seele sind, die ihr verloren gegangen waren.

GOTT hat dem Adam eine Seite entnommen — Eva. Seitdem gehört die weibliche Seite nicht mehr zum Mann und umgekehrt. Alles was nun geschieht, Liebe und Hass, Glück und Trauer, Aufstieg und Fall, Hingabe und Verzweiflung, Krieg und Frieden sowie Leben und Tod sind nur die Ausdrucksformen der seelischen Sehnsucht, die fehlende Seite wieder in sich hineinzunehmen. Es ist die Sehnsucht nach Einheit.

Das Kruzifix symbolisiert die tiefe Sehnsucht nach der Vereinigung der Gegensätze, die Sehnsucht, alles, was der Mensch von sich gewiesen hat, wieder zurückzunehmen. Gleichwohl wie die Schlange des Moses ließ Jesus sich selber aufrichten, als weithin sichtbares Symbol für die Erlösung von der Schuld. Dort überwindet der Mensch Jesus das Kreuz der Vierheit und wird so zum

Mythos, zum Christus. Er entdeckt das Geheimnis der Polarität, indem Er den Ausgang findet. Der Punkt ist in der Mitte, dort wo die Polarität sich schneidet, dort wird aus der Vierheit Zweiheit, dort wird aus der Zweiheit Einheit. Dort ist der Ausgang aus der Sünde, der Ausgang aus der Schuld, der Ausgang aus dem Leiden.

Dieses eigentliche Heilungsgeschehen, bei dem die Pilger zutiefst ergriffen sind, soll hier nicht beschrieben werden. Doch die Kreuze haben sich gewandelt:

Die beiden Leidenskreuze mit der Schlange und mit dem Christus sind verschwunden, und statt derer steht auf dem Altar das gleichschenklige, goldene Erlöserkreuz mit einer blutroten Rose in den gekreuzten Balken und einem blauen Ring mit der Aufschrift „LIEBE“ .

Das Ritual dauert mehr als anderthalb Stunden und geht über Mitternacht hinaus. Zum Abschluss der schönen Feierstunde werden die Pilger wieder zurück ins Wachbewusstsein und ins profane Leben geführt:

Priester:
Was bedeutet das Wort „Inkubation?“

Führerin der Neophyten:
Inkubation bedeutete in der Antike:
Schlaf an einer heiligen Stätte,
um im Traum orakelhafte Offenbarung zu erhalten.

Priester:
Aber die Inkubationszeit ist bei Infektionskrankheiten
die Zeit zwischen der Ansteckung mit einem Erreger
und dem Ausbruch der Krankheit.

Führerin der Neophyten:
Richtig!
Auch diese Menschen sind jetzt ebenfalls infiziert,
nicht mit Krankheit, sondern mit Heilung.

Priester:
Was wird nun weiter geschehen?

Führerin der Neophyten:
Diese Infektion war nicht materiell sondern geistig.
Und die Ansteckung erfolgte mit einem Erreger,
der die Pilger *erregen* wird,
um sie zur göttlichen Einheit und zur Heilung zu führen.
Aber die Inkubationszeit muss abgewartet werden.

Priester:
Dann ist also Zeit erforderlich.

Führerin der Neophyten:
Ja*!*

Priester:
Also, seien wir alle geduldig.
Das Heilungsgeschehen benötigt jetzt Zeit.

— (Längere Pause) —

Priester:
Welche Zeit ist es?

Führerin der Neophyten:
Der Mond, Sinnbild der Gefühle, hat den Zenit überschritten.
Er nähert sich dem Horizont.

Priester:
Bedeutet dies, dass das Tagbewusstsein nun zurückkehrt?
Führerin der Neophyten:
Ja, die Nacht flieht ‘gen Westen, und im Osten verkündet AURORA, die Morgenröte, den Schein der aufgehenden Sonne.

Priester:
Dann ist es jetzt die rechte Zeit, unsere Arbeit zu beenden.
(Der Priester löscht die symbolischen Kerzen)

Priester:
Welche Zeit ist es jetzt?
Führerin der Neophyten:
Es ist Freitag, der ... (TT/MM/JJ), und die Uhr zeigt auf... (Uhrzeit)

Priester:
Unsere Feier ist beendet.
Hört noch das letzte Stück dieser Musik
und dann ziehet hin in Frieden.
Gönnt euch noch eine Zeit des Schweigens
und notiert eure Erlebnisse in euer Tagebuch.
Über dieses Ritual werden wir aber *nicht* miteinander sprechen.

(Die Musik spielt zu Ende)

Priester, zur Führerin der Neophyten gewandt:
Führe nun die Pilger wieder zur Pforte des Tempels.
Die Rosen mögen sie mitnehmen.
PAX VOBISCUM — FRIEDE SEI MIT EUCH!

Freitag, der Tag der Venus

Die Venus ist die Göttin der Liebe, der Harmonie und der Partnerschaft. Das gilt auch für die Astrologie: Die Venus symbolisiert Liebe, Harmonie und Partnerschaft. „ Liebe deinen Nächsten," sprach JESUS CHRISTUS. Wer ist wohl der Nächste? Der Partner oder die Partnerin? Der Feind? Jener Mensch, den das Schicksal mir vor die Füße gelegt hat? Richtig: Dieser Mensch, ob Freund oder Feind, ist mein Nächster. Er spiegelt mir *auch meinen Schatten!* Und damit bekommen die Worte JESU CHRISTI eine ganz reale Bedeutung: *Liebe deinen Schatten!*

„Du weißt, dass alles, was dir in der Welt bisher als unangenehm entgegengekommen ist, du selber bist. Was du als Krankheit oder als Schicksal erlebt hattest, waren nur deine Schatten — deine nicht gelebten Anteile." So beginnt der Freitag. „Als die Prinzessin im Märchen des Froschkönigs in den See blickte, erkannte sie, dass der Frosch, der sich hinter ihrem Spiegelbild verbarg, ihre eigenen Seelenanteile im tiefen Grund des Unbewussten waren. Diesen Spiegel, diese Maske, haben wir euch heruntergerissen. Die Kröte liegt auf dem Tisch, sie will mit ins Bett und geliebt werden. Nun aber ist es der rechte Augenblick, dass die Prinzessin den Frosch erlöst, *indem sie ihn gegen die Wand wirft. Damit der Frosch endlich aufwacht!"*

Im ***Hexagramm-Programm***® haben wir es mit drei Schritten zu tun: LEBEN, LICHT und LIEBE. Am Montag und am Dienstag waren wir tief ins LEBEN eingestiegen, am Mittwoch und am Donnerstag empfingen die Pilger das LICHT der Erkenntnis, und nun, am Freitag, beginnt der letzte Schritt: die LIEBE.

Analogie zur Bibel: Offenbarung vor Nikodemus

Auch bei der morgendlichen Bibellesung hat sich etwas verändert: Statt des überdimensionlen Leidenskreuzes der ersten Tage, statt des Kruzifixes mit dem leidenden Christus des Vortages, steht nun ein gleichschenkliges goldenes Kreuz vor den Pilgern. Dort, wo sich die Gegensatzbalken der Polaritäten schneiden, erblüht eine rote Rose als Symbol neuen sich entfaltenden Lebens, und auf dem kreisrunden blauen Rand der Einheit sind die Buchstaben LIEBE geschnitzt. Es ist das gleiche Kreuz, welches am Vorabend nach Mitternacht im Ritual erstmalig erschienen ist.

Ähnlich wie in der Heiligen Schrift haben wir es auch im ***Hexagramm-Programm***® mit drei Zeitaltern zu tun: mit der Zeit des Alten Testaments, mit der Zeit des Neuen Testaments und mit der Zeit des Johannes-Evangeliums und der Johannes-Offenbarung.

Das Alte Testament war das Reich des Vaters (Frühlingspunkt im Widder), das mit Christi Geburt endete, das Neue Testament war das Reich des Sohnes (Frühlingspunkt in den Fischen), das jetzt zuende gegangen ist, und das folgende Zeitalter ist das Zeitalter des Heiligen Geistes (Frühlingspunkt im Wassermann).

Der Mensch im Alten Testament erlebte GOTT als allmächtigen Vater und sich selbst als Kind. Egal, ob das Kind lieb oder böse war, GOTT, der Vater war immer der allmächtige, allwissende, größte, einzige, liebende und strafende GOTT. Alles, was Er tat, war richtig. GOTT war gut und böse zugleich, liebend und zürnend zugleich, vergebend und strafend zugleich, tolerant und grausam zugleich. Es ging um Durchsetzung (Widder-Zeitalter). Die Opfertiere waren Lämmer und Schafe, die dem Tierkreiszeichen Widder angehören.

Analog dazu erlebten die Pilger im ersten Teil des Seminars ein Geschehen wie im Alten Testament mit den Begriffen „Gut und Böse“, sie erlebten die Strafen in der Zeit der unmündigen Kindheit und die Zerschlagung der übergroßen Eltern (Widder).

Im Neuen Testament kam GOTT in die Welt, um nach den Menschen zu schauen. Der Gottessohn wurde ein Menschensohn und weilte unter den Menschen. Der Mensch hatte nun ein direktes Gegenüber. 500 Jahre vor Christi Geburt wurde Gautama der Buddha geboren, 500 Jahre nach Christi Geburt Mohammed. Im Abstand von wenigen Jahrhunderten wurden auf der ganzen Welt Religionsstifter geboren. Alle Avatare wurden von einer *Jungfrau* geboren, und sie hatten *Leiden* wegen der materiellen Welt zu erdulden. (Jungfrau-Fische-Achse des Fischezeitalters). Im Gegensatz zu dem *strafenden* Gott des Alten Testaments (Widder) war Jesus ein *„leidender“* Gott (Fische). Freitags essen die Menschen seitdem Fisch als Opfertier.

Analog dazu erlebten die Pilger im zweiten Teil des Seminars ein Geschehen wie im Neuen Testament mit Verzeihen (Fische) der Eltern, dem Betrachten der eigenen Schuld und dem spirituellen Erleben des Rituals (Fische).

Jetzt, im Neuen Zeitalter, kommen die Menschen endlich aus dem Konflikt heraus. Sie fallen nicht mehr in die Kindheit zurück, sondern machen einen gewaltigen Schritt nach vorne (Wassermann-Zeitalter). Sie erkennen die Polarität nicht als Leiden, sondern als Triebfeder. Sie lernen, ihren Schatten bewusst zu integrieren und Projektionen zurückzunehmen. Sie holen GOTT in sich hinein und bilden die Fähigkeit aus, die Einheit in sich selber zuzulassen. Der Mensch des Wassermannzeitalters weiß, dass er weder einen Meister noch einen Guru braucht, sondern dass er den Weg zu GOTT nur in seinem eigenen Herzen finden kann.

Analog dazu werden die Pilger im dritten Teil des Seminars einen gewaltigen „Mutationssprung" machen und ein Geschehen erleben, welches sie selber zu „Göttern" werden lässt. Sie werden lernen, „Tod und Teufel" zu überwinden! In dem dritten und letzten Schritt, der in die Meisterschaft führt, werden die Grenzen dieses einen Lebens gesprengt, die Polaritätsgesetze aufgehoben und die Karmagesetze außer Kraft gesetzt (Wassermann).

Die Institution Kirche wird das Hereinbrechen des Wassermannzeitalters wohl kaum überleben. Das Alte (Widder-Zeit) und das Neue (Fische-Zeit) Testament treten mehr und mehr in den Hintergrund. Doch es ist möglich und anzunehmen, dass die Inhalte des Johannes-Evangeliums und der -Offenbarung weiterbestehen werden. Johannes war ja der Lieblingsjünger JESU CHRISTI und der einzige Seiner Jünger, der bei der Kreuzigung seines Herrn anwesend war. Die anderen Jünger hatten schon vorher im Garten Gethsemani geschlafen und waren bei der Kreuzigung ausnahmslos verschwunden. Johannes war auch der einzige, der den Mythos in seiner gewaltigen Dimension überhaupt begriffen hatte: den Mythos, dass das ICH sterben muss, damit das SELBST leben kann; den Mythos, dass ein Jesus sterben muss, damit ein Christus leben kann.

Von heute ab hören die Pilger mit zunehmender Bewusstseinserweiterung deshalb nur noch aus dem Johannes-Evangelium, und zwar zunächst jene Stelle, welche die Reinkarnation behandelt, eine der letzten, welche die Bibelfälschungen auf den Konzilen zu Nicea und Konstantinopel überstanden hat und so erhalten geblieben ist, und die für das Verständnis des neuen Zeitalters nützlich ist. Es ist die Offenbarung vor Nikodemus (Kapitel 3, Vers 1 - 15), die natürlich den modernen Kirchentheologen berechtigtes Kopfzerbrechen bereitet.

Da ich das Thema in diesem Buch im Kapitel IV, Reinkarnation oder Auferstehung (Karma, Tod, Wiedergeburt und Erlösung) eingehend behandelt habe, erspare ich mir hier weitere Ausführungen.

Die chymische Hochzeit mit dem Schatten

Dieser sechste Tag in der Woche wird bestimmt vom sechseckigen Stern, dem Symbol des HEXAGRAMMs. Die Pilger erhalten rituelle Unterweisungen zum Symbol. Meditationen über das HEXAGRAMM lassen die Ahnung zur Gewissheit werden, dass der Mensch in erster Linie ein spirituelles Wesen ist, das sich vom Himmel kommend in einen physischen, irdischen Körper inkarniert hat, aber stets die Sehnsucht in sich trägt, eines Tages wieder reines Geistwesen zu sein. Doch bis dahin ist noch viel Arbeit zu leisten.

Und damit geht es wieder an die Arbeit im Tempel. Heute: *Liebe deinen Schatten!*

Die *Schatten* müssen jetzt integriert werden. Zu einem esoterischen Selbsterkenntnisweg gehört es, dass die ungeliebten Eigenschaften, die in der Regel mit dem Aszendenten in Verbindung stehen, *anzunehmen sind.* Diese Eigenschaften haben sich in der zurückliegenden Zeit bei den Pilgern in unerlöster Form gezeigt. Sie begannen zu leiden, weil sie versucht hatten, gerade eben diese Eigenschaften zu unterdrücken, denn sie waren ihrer Ansicht nach in ihrer Umwelt unerwünscht. In den vorangegangenen Kapiteln sind genügend Schicksale aufgezählt worden, sie sollen jetzt nicht wiederholt werden, sondern nur beispielhaft in Erinnerung gebracht werden:

Der Biedermann Johannes, der seine *Grausamkeiten* (Widder) als KZ-Aufseher in den Schatten gestellt hatte und in diesem Leben keiner Fliege ein Leid zuzufügen vermochte (Gegenzeichen: Waage), zerlegte seinen Sportwagen auf der Autobahn, rief damit *Feuerwehr, Krankenwagen und Hubschrauber* auf den Plan, und geriet später noch in die SM-Szene, damit er sich nicht aus seiner Widder-Symbolik herausstehle. Gabriele, die vor lauter Verantwortungsbewusstsein (Steinbock) ihren Wunsch, sich *versorgen und pflegen* zu lassen (Gegenzeichen: Krebs) in den Schatten gestellt hatte, bekam das fortgeschickte innere Kind als *Krankheit Krebs* wieder zurück. Walter, der seine *berufliche Freiheit* (Wassermann) in den Schatten gestellt hatte, durfte sich über den *Unfall* mit dem Beinbruch (Wassermann) mit diesem Prinzip anfreunden.

Das Schicksal verordnete den Klienten draußen im Leben und allen Pilgern hier im Seminar ohnehin, sich per Krankheit und Schicksal immer genau mit jenen Themen zu befassen, die sie gerade in den Schatten gestellt hatten. Warum taten sie es nicht gleich freiwillig und unaufgefordert? Jetzt haben sie die Chance dazu.

Es ist paradox: Wer *unbewusste* Anteile per Instinkt oder per Therapie ins Leben mit einbezieht, lebt in Wahrheit *bewusster.* Wer dagegen nur kopfbetont das lebt, was ihm *bewusst* ist, lebt in Wahrheit total *unbewusst* und erfährt dann über Krankheit und Schicksal die notwendige Korrektur.

Peter Orban brachte in seinem Buch „Seele“ ein schönes Beispiel, welches ich sinngemäß zitiere: Das Kasperle-Theater hat auch 12 Figuren; aber die Menschen legen die Bösewichte weg: zuerst das Krokodil, dann den Teufel, dann den Räuber und so weiter. Und zum Schluss besteht das ganze Spiel nur noch aus der Großmutter und dem Briefträger. Da kann kein Kind mehr lachen! Das Leben wird langweilig, die Seele will sich verabschieden.

Bei der *Schattenintegration* wird nun das Böse — das Krokodil, der Teufel und der Räuber — wieder ins Licht geholt. Und wir legen sehr großen Wert darauf, dass *die gleichen Prinzipien,* die die Pilger über Krankheit und Schicksal erfahren haben, in erlöster Form gelebt werden; denn es ist wichtig, dass die Eigenschaften des Tierkreiszeichens des Aszendenten wirklich von den Pilgern gelebt und nicht wieder verdrängt werden. Wer bisher Aggression und Krieg erlebt hat und glaubt, er müsse nun Harmonie und Frieden integrieren, der irrt sich gewaltig. Das klappt nicht. Man kann nicht Widder (Aggression) mit Waage (Harmonie) heilen. Das meinte der alte Hippokrates mit seinem Ausspruch: *Gleiches wird mit Gleichem geheilt!*

Ich will beispielhaft in Stichworten verdeutlichen, dass das abgelehnte Prinzip nicht haargenau so und vor allem nicht in dieser unerlösten Form zu integrieren ist, wie es dem Menschen schicksalhaft oder symptomatisch entgegengetreten ist. Die Astrologie kann alternative Wege *aus der gleichen Analogiekette* in erlöster Form aufzeigen, die dann leicht integriert werden können. Damit gehe ich den ganzen Tierkreis noch einmal stichwortartig durch:

Aus Wut, Zorn und Hitzigkeit werden Temperament, Tatkraft, Ritterlichkeit.
Aus Gier, Plumpheit und Besitzdenken werden Gemütlichkeit und Sicherheit.
Aus Heuschnupfen und Zerfahrenheit werden Flexibilität und Vielseitigkeit.
Aus Rührseligkeit und Magenkrebs wird warmes Einfühlungsvermögen.
Aus Dominanz, Stolz und Herzinfarkt werden Vitalität und Herzenswärme.
Aus devoter psychischer Hygiene wird Verlässlichkeit und Gründlichkeit.
Aus schönfärberischer Unehrlichkeit werden Höflichkeit, Charme und Eleganz.
Aus vampirhafter Abhängigkeit wird Idealismus und tiefe Wandlungsfähigkeit.
Aus Großmannssucht und Therapieresistenz werden Glauben und Vertrauen.
Aus Gefühlskälte und Starre werden Klarheit, Reinheit und Stabilität.
Aus Irritationen und Unfällen werden intuitiv skurrile Zukunftsprojekte.
Aus Suchtproblemen und Immunschwäche werden Spiritualität und Religion.

Das Herausarbeiten der neuen Prinzipien, die integriert werden wollen, macht Spaß, zumal die Arbeiten immer wieder von Meditationen und inneren Reisen begleitet werden. Die Stimmung der Pilger steigt von Stunde zu Stunde. Aha-Effekte, Geistesblitze und völlige Klarheit beherrschen die Szene. (Wassermann-Zeitalter). Den Pilgern werden plötzlich komplizierte Zusammenhänge aus ihrem Leben sonnenklar. Der Lebensmut kehrt zurück, und Aufbruchstimmung greift um sich.

Und niemand denkt an die Ankündigung vom ersten Tag, vom Sonntag, dass noch eine Vertrauensübung kommt, wo das Leben im wahrsten Sinne des Wortes von dem Vertrauen der anderen Seminarteilnehmer abhängt.

Nach der Pause am Abend ist der Tempel plötzlich schwarz verhangen, alle Lichter sind gelöscht, und in der Mitte steht eine einzelne Kerze, daneben ein Totenkopf. Schwere Trauermusik erklingt.

Der Mensch im Paradies aß vom Baume der Erkenntnis, weil er zwischen Gutem und Bösem unterscheiden wollte. Von da ab musste er aber auch unterscheiden zwischen Leben und Tod. Seitdem ist der Tod der stärkste und wichtigste Schatten im Leben jedes Menschen. Auch dieser Schatten muss nun integriert werden.

„Was immer du auch tust, du machst dich schuldig. Selbst wenn du *nichts* tust, machst du dich schuldig. Versuche einmal nicht zu atmen — es geht nicht. Fehler, Schuld und Sünde sind unvermeidbar, es sei denn, *du bedienst beide Seiten."* So werden die Pilger über den Tod, die Kehrseite des Lebens, belehrt: „Du trägst die volle Verantwortung für dein Tun und Lassen, aber Sünde kannst du dadurch nicht vermeiden. Du musst jetzt alles vergessen, was dir die Gesellschaft als Moral aufgegeben hat, was dir die Kirche über Schuld und Sünde erzählt hat, denn es stimmt nicht. Durch den Versuch, das Gute zu tun und das Böse zu lassen, nimmt nur das Ungleichgewicht zu, und die Schuld wird immer größer und größer. Kirchliche Moral verstößt gegen Naturgesetze, denn keine Elektrizität ist nur mit dem (+)-Pol und ohne den (–)-Pol denkbar." Plötzlich ist die Stimmung der Pilger wieder gekippt.

„Jede einseitige Entwicklung ist zum Scheitern verurteilt. *Es gibt keine Linearität, es gibt nur Zyklen.* Du versuchst immer wieder, an lineare Entwicklungen zu glauben. Dein ganzes Weltbild ist auf Fortschritt und Zukunft aufgebaut. Du träumst von ewiger Jugend, von ewigem Glück, von ewigem Leben — aber das ist absurd. Die Erfahrungen des Lebens belehren dich täglich eines besseren. Denn jede einseitige Bewegung wird in eine Gegenbewegung umgepolt: Wenn es lange genug Tag war, kommt die Nacht, und dann wieder der Tag. Wenn es lange genug Sommer war, dann kommt der Winter: Blumen wachsen und vergehen, Tiere werden geboren und sterben wieder. Auch die Sterne im Kosmos entstehen und stürzen wieder in sich selbst zusammen. Und auf die Aufwärtsbewegung des Flügelschlags einer Mücke folgt wieder die Abwärtsbewegung. Und *du glaubst,* du seiest *eine Ausnahme?"*

Betretenes Schweigen herrscht jetzt im Tempel. In einem dumpfen Trommelwirbel wallt Musik auf. Die Belehrung geht in einer sehr langsamen, getragenen Sprache weiter: „Ihr könnt die Augen jetzt schließen. Ich wiederhole die letzten Sätze. Wenn es lange genug Tag war, kommt die Nacht, und dann wieder der Tag. Wenn es lange genug Sommer war, dann kommt der Winter: Blumen wachsen und vergehen, Tiere werden geboren und sterben wieder.

Auch die Sterne im Kosmos entstehen und stürzen wieder in sich selbst zusammen. Und auf die Aufwärtsbewegung des Flügelschlags einer Mücke folgt wieder die Abwärtsbewegung. Und glaubst du immer noch, du seiest eine Ausnahme? — Du beschäftigst dich in deinem Leben fast ausschließlich mit dem *Kampf gegen den Tod.* Die Erhaltung deines Lebens, die Verbesserung deines Lebens, die Verlängerung deines Lebens ist zentrales Thema. Dann ist es auch kein Widerspruch sondern zwingende Konsequenz, dass du dich jetzt vom Tod bedroht fühlst. — Du willst leben, dich entfalten, du willst Macht und Stärke haben, aber du hast *Angst vor dem Tod,* denn der Tod entlarvt wortlos alle deine Phantasien, der Tod zerstört alle deine Illusionen, der Tod ist der große Spielverderber deines Lebens. Der Tod verseucht alles Vergnügen und er zernagt alle Sicherheiten. *Der Tod dreht das Organ ab, mit dem du deine Lebensfreude einatmest.* Keiner weiß Rat, auch die Wissenschaft nicht. Nur eines weißt du: Alles was du tust, ist zum Scheitern verurteilt. *Du kannst dem Tod nicht entrinnen. Das ist deine Tragik.“*

Die Trauermusik ist verstummt. Man könnte nun im Tempel eine Stecknadel auf den Boden fallen hören. Jeder ahnt, was nun geschieht.

„Du besiegst deine Angst vor dem Tod nicht dadurch, dass du ihn vergisst, ihn leugnest, ihn bekämpfst. Du hast nur eine Chance: Du wirst dich mit dem Tod konfrontieren. Du wirst den Tod kennen lernen, du wirst ihn annehmen, *und du wirst den Tod lieben lernen.“*

Die Pilger werden in ihre Zimmer geschickt, um ihr Testament abzufassen. „Heute Abend ist im Tempel noch eine Übung angesetzt, deren Ausgang wir alle nicht kennen. Schreibt das Testament so, dass wir es notfalls euren Hinterbliebenen übergeben können.“ Betreten verlassen die Pilger den Tempel. Es ist Karfreitag, der Tag, an dem JESUS CHRISTUS die via dolorosa nach Golgatha was Schädel heißt, gehen musste.

Von Menschen, die durch einen Unfall klinisch tot waren und dann reanimiert worden sind, weiß man, dass diese Erfahrung ihr ganzes Leben verändert hat. Sie erklären übereinstimmend, dass der Tod, einmal durchlebt, seinen Schrecken verloren hat. Deshalb wurden die Neophyten in den antiken Mysterien bei Einweihungen auch grundsätzlich Todesgefahren ausgesetzt. Doch diese Mysterienspiele waren durchaus keine *„Spiele“,* sondern sie waren bitter ernst. Und so mancher angehende Priester, der an der göttlichen Allmacht seiner Intuition zweifelte, ist an den Prüfungen der vier Elemente gescheitert. Entweder hat er sich in den unterirdischen Labyrinthen auf Nimmerwiedersehen verirrt, ist er in tiefen Wasserkanälen ertrunken, ist er bei der Feuerprobe verbrannt oder er ist aus der Luft abgestürzt.

Die letzte Übung wird hier in diesem Buch natürlich nicht erklärt. Doch soviel sei gesagt: Alle Pilger überleben, aber gut inszeniert bewahrheitet sich immer wieder, dass die Pilger eine überraschende Erfahrung machen:

„Als du geboren wurdest, lachten alle anderen, nur du weintest.
Aber als du gestorben bist, weinten alle anderen, aber du lachtest.“

Wieder einmal ist es sehr spät geworden, aber die Nacht ist durchschritten, und der Tod hat seinen Schrecken verloren. Der Tod ist von nun an im Leben jedes Pilgers der stille, schweigende und liebenswerte Begleiter, der dem Leben überhaupt den Sinn verleiht. Der Tod ist ebenso liebenswert wie sein kleiner Bruder — der Schlaf.

Und damit begibt sich nun auch Venus, die Liebesgöttin, zur wohlverdienten Nachtruhe, denn sie hat ganze Arbeit geleistet: Ihre Kraft, welche die größte Geißel der Menschheit, den Tod, für die Pilger zum Freund gemacht hat — heißt LIEBE.

Samstag, der Tag des Saturns

Samstag — Saturday — Saturn-Tag — Satans-Tag. Mit dem SATAN sollten wir uns noch beschäftigen. Heute ist sein Tag!

Sie fragen sich, was hat *Saturn,* der „Hüter der Schwelle", mit dem SATAN zu tun. In der Astrologie gilt Saturn als der Spielverderber, als der Bösewicht vom Dienst. So ist der Bezug zwischen *Saturn* und *Satan* entstanden. Man denkt dabei an alle Widerwärtigkeiten und Boshaftigkeiten, an alles Entsetzliche und Dämonische. Aber diese vordergründig negativen Qualitäten sind nötig, weil sie durch notwendige Reduzierung dem Leben Halt und Struktur verleihen. Ballast abzuwerfen fällt nicht immer leicht; und wenn der Mensch glaubt, etwas zu besitzen und sich daran klammert, dann wird ihm das Schicksal genau das mit Gewalt entreißen.

Saturn duldet auch keinerlei Krankheitsgewinn. Wenn einer der Pilger immer noch geglaubt hatte, aus seinem Leid in diesem Leben auch nur ein winziges Quäntchen Verständnis und Zuneigung erheischen zu können, so wird ihm jetzt sein Irrtum bewusst. Die Therapie geht zu Ende, und heute heißt es nun, wie JESUS CHRISTUS einst sagte: „Nimm dein Bett und gehe!"

Analogie zur Bibel: Heilung eines Kranken

Nur einer der Evangelisten beschreibt, was es mit der Heilung wirklich auf sich hat: Johannes. In den anderen Evangelien geschehen Wunder durch Handauflegen oder Berührung, nicht so bei Johannes, der den Wert der *meta noia,* des Bewusstseinswandels, erkannt hatte. JESUS CHRISTUS hatte auch niemals gesagt: „Ich habe dich geheilt," sondern: „Dein Glaube hat dich geheilt."

Also wir lesen an diesem siebten und letzten Tag das Kapitel 5 aus dem Johannes-Evangelium mit der Überschrift: Heilung eines Kranken:

„Darauf war Festtag der Juden, und Jesus ging hinauf nach Jerusalem. In Jerusalem ist beim Schaftor ein Teich, der auf hebräisch Bethesda heißt, mit fünf Hallen. In diesen lag eine Menge von Kranken, Blinden, Lahmen und Schwindsüchtigen, die auf die Bewegung des Wassers warteten. Ein Engel des Herrn stieg nämlich von Zeit zu Zeit in den Teich hernieder und brachte das

Wasser in Wallung. Wer nun als erster nach der Wallung des Wassers hineinstieg, wurde gesund, an welcher Krankheit er auch leiden mochte. Nun war dort ein Mann, der seit achtunddreißig Jahren (!) an seiner Krankheit litt. Als Jesus ihn daliegen sah und erfuhr, dass er schon so lange Zeit so daran war, sprach er zu ihm: *‚Willst du gesund werden?'* (Die Frage ist ja wohl berechtigt, wenn einer da seit achtunddreißig Jahren liegt). Der Kranke antwortete ihm: ‚Herr, *ich habe keinen Menschen,* der mich in den Teich brächte, wenn das Wasser in Wallung kommt, denn während ich hingehe, *steigt ein anderer* vor mir hinab.' (Jetzt macht dieser Mensch auch noch andere für sein Leid verantwortlich). Jesus sprach zu ihm: *‚Nimm dein Bett und gehe!'* Und sogleich wurde der Mann gesund, nahm sein Bett und ging einher."

Keine Zuwendung, kein Mitleid, kein Bedauern. Nimm dein Bett und gehe! Später stieß JESUS CHRISTUS noch einmal auf den Mann. Um jeglichen Zweifel auszuschließen, stellte Er auch hier noch einmal ganz klar dessen Eigenverantwortlichkeit heraus. In der Bibel steht: „Hernach traf ihn Jesus im Tempel und sprach zu ihm: ‚Siehe, du bist gesund geworden; *sündige nicht mehr, dass dir nicht etwas Schlimmeres widerfahre'."*

S A T A N, *der rechtmäßige Herrscher dieser Welt*

Die Pilger müssen an diesem Tag auf die Begegnung mit dem SATAN, dem Teufel, gehörig vorbereitet werden. Sinn und Zweck dieser Begegnung ist, dass sie künftig nicht mehr ihm, dem SATAN, dienen müssen — sondern, dass er, SATAN, ihnen, den Pilgern, dienen muss!

Einer seiner Namen ist LUZIFER und bedeutet, aus dem Lateinischen übersetzt, „der, der das Licht bringt" . Er ist der Lichtbringer. LUZIFER brachte den Menschen das Licht, das heißt Erkenntnis. Er ist mythologisch vergleichbar mit Prometheus, der ebenfalls dem Göttervater Zeus das Feuer (das Licht der Erkenntnis) geklaut und den Menschen gebracht hatte. Einst war LUZIFER ein Engel, der schönste aller Engel, die GOTT geschaffen hatte. Aber er fiel von GOTT ab. Das Licht stürzte in die Finsternis.

LUZIFER, der SATAN, das Böse! In keiner anderen Religion ist das Bild des Negativen so konzentriert zusammengefasst wie in der christlichen Theologie durch die Gestalt des Teufels: Bocksbeinig, geflügelt, gehörnt und nach Pech und Schwefel stinkend, als listige Schlange oder als furchterregender Drache.

Sie erinnern sich an das Eröffnungsgebet vom Sonntag: „.....Ich glaube an JESUS CHRISTUS, Deinen eingeborenen Sohn, und an LUZIFER, den herabgestürzten Engel.....“ Diese Worte sind ungewohnt, doch sie haben einen ganz realen Hintergrund:

JESUS CHRISTUS musste in der Wüste mit dem SATAN, dem Versucher ringen, der Ihm versprach: „Du wirst König sein, wenn du mich anbetest.“ Jesus antwortete, wie die Bibel berichtet: „Ich weiß, wer du bist, deine Formen sind unzählig, dein Name ist *Satan!“* SATAN erschien dann in Gestalt eines gekrönten Monarchen und forderte: „Beuge dich nieder vor mir, und ich werde dir alle Königreiche geben.“ Jesus aber rief: „In der Schrift steht: Du sollst den Herrn, deinen Gott, nicht auf die Probe stellen. Hinweg mir dir, du Versucher!“ Alsbald verschwand die Erscheinung.

Wir leben in der Welt der Polaritäten, in der Welt der Gegensätze, das gilt auch für den Gegensatz JESUS — SATAN. Und wie Jesus in der Wüste mit dem „Versucher“ dem „Fürsten der Welt“ konfrontiert worden ist, werden auch wir in unserem Leben ständig durch den Teufel versucht.

Dieser Versuchung durch den SATAN sind wir alle bis auf den heutigen Tag ausgesetzt: Jeder, der einen Beruf ausführt, den er nicht leiden kann, nur um sein materielles Überleben zu sichern, „legt sich selber an die Kette“ und dient dem SATAN. Jeder, der an einer zerrütteten Partnerschaft festhält, nur weil er Angst vor der Einsamkeit hat, dient dem SATAN. Auch wer den vielzitierten sogenannten „Sachzwängen“ unterliegt, dient in Wahrheit dem SATAN. Und jeder, der durch eine Krankheit an der Wahrnehmung seiner persönlichen Bedürfnisse gehindert wird, dient dem SATAN.

Alle Menschen dienen dem SATAN, weil sie sich in irgendeiner Form der Materie unterwerfen. Es hat also keinen Sinn, die Existenz SATANS zu leugnen, weil wir doch in seine materielle Welt, deren rechtmäßiger Herrscher er ist, hineingeboren worden sind — und weil wir durch unser Dienen seine Herrschaft immer wieder bestätigen.

Doch wir haben die Möglichkeit, anders mit ihm umzugehen. Deutlich wird dies am Beispiel Geld. Ich kann mich dem Geld unterwerfen, d.h. abhängig sein durch Schulden, durch Geiz und durch Nicht-genug-Bekommen, oder ich kann es mir dienstbar machen, indem es *mir dient.* Geld ermöglicht auch, die Freuden des Lebens zu genießen, Fortbildungsreisen zu unternehmen und so weiter. Beides Mal geht es um Geld; unterschiedlich ist lediglich die Betrachtungsweise der beiden Seiten der gleichen Medaille. So verhält es sich im Prinzip mit *allen* Daseinsformen der satanischen (materiellen) Welt.

Aber ich möchte es nicht dabei belassen, das Thema nur mit solchen Analogien zu umschreiben. SATAN, der Teufel, ist eine ganz reale Wesenheit, die einige Menschen auf eine sehr deutliche und schreckliche Weise zu spüren bekommen: Immer mehr Jugendliche geraten in schwarzmagische Zirkel, in denen vom Tisch- und Gläserrücken über „Fragespiele" bis hin zum „Pakt mit dem Teufel" oder einer direkten Satans-Anbetung so ziemlich alles betrieben wird, was zu einer negativen Fremdbesetzung durch luziferische Energien führt. Diese armen Kreaturen, die sich oftmals auch schwarzmagische Zeichen in Form von Tätowierungen auf der Haut anbringen lassen, z.B. das Pentagramm mit der Gabel nach oben, ermöglichen es damit, dass im wahrsten Sinne des Wortes „Satan in den Körper fährt." Es kommt zur Entfremdung des eigenen Ich-Bewußtseins und zur Abspaltung der Persönlichkeit. Diese Schizophrenen leiden unter Verfolgungswahn und Angstzuständen und werden häufig mit einer handfesten Psychose in eine geschlossene Anstalt eingewiesen. Die dortigen Ärzte, die nur noch selten an GOTT und JESUS CHRISTUS glauben, sind diesen Phänomenen natürlich völlig hilflos ausgeliefert, weil sie sich die Existenz SATANS erst recht nicht vorstellen können.

In gleicher Weise, wie die Pilger im ***Hexagramm-Programm***® am Donnerstag während des Rituals mit dem Wesen JESU CHRISTI in Berührung kommen durften, so werden sie am Samstag nach entsprechender Vorbereitung mit dem Wesen SATANS konfrontiert.

SATAN in GOTTES Schöpfungsplan

Feierliche Orgelmusik erklingt, um dem folgenden Geschehen eine besondere Bedeutung zuzumessen: Die Pilger erfahren nun etwas über die allerhöchsten Gesetze, die im Kosmos walten — vom Anbeginn bis ans Ende der Zeiten:

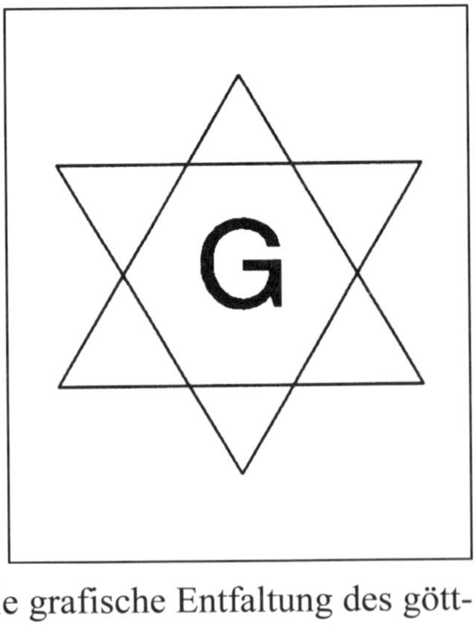

Das Symbol des HEXAGRAMMs wird wieder gezeigt. Neu ist in der Mitte der Buchstabe **„G"**. Dieser kann auf verschiedenen Ebenen gedeutet werden. G steht für Geometrie (die heilige Wissenschaft), ebenso Gnosis (Erkenntnis) und in höchster Stufe GOTT. Mit Hilfe des HEXAGRAMMs erfolgt eine rituelle Unterweisung, damit die Pilger in ihrem künftigen Leben die metaphysischen und alchimistischen Gesetze nicht blind zu glauben brauchen, sondern mit der Vernunft begreifen und für sich anwenden können.

Bevor Sie weiterlesen, betrachten Sie bitte die grafische Entfaltung des göttlichen Schöpfungsplans auf der rechten Seite:

Der göttliche Schöpfungsplan

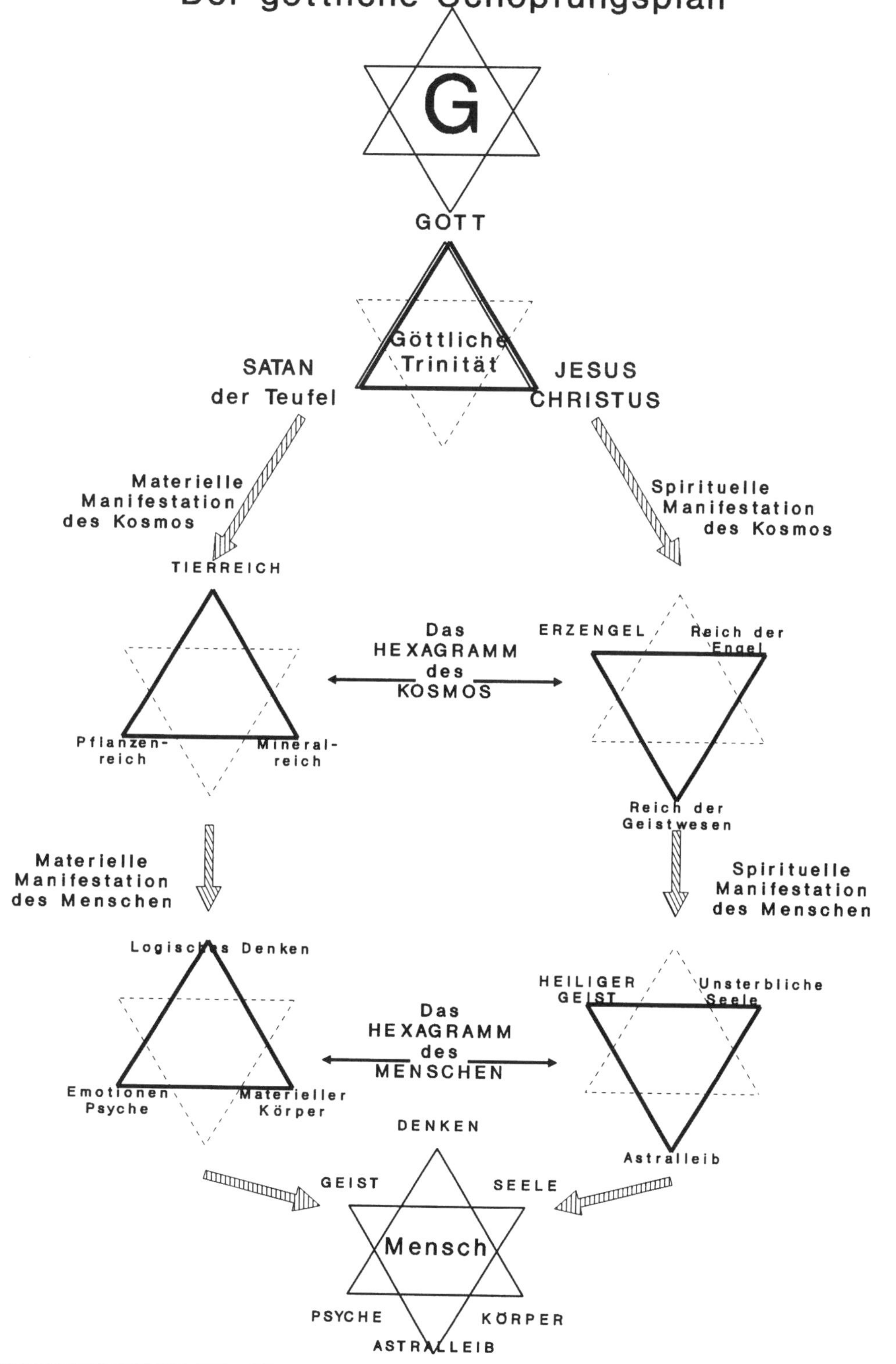

Alle Schöpfungen GOTTES sind HEXAGRAMME

Der gesamte Kosmos, vom kleinsten Mikroorganismus bis zur entferntesten Galaxie, ist nach dem Prinzip der Dreiecke gebaut. Auf jeder Ebene gibt es immer zwei Dreiecke, die zu einem HEXAGRAMM verschlungen sind. Eines greift ins andere. Wie im Himmel, also auch auf Erden.

Die Schöpfung entfaltet sich in ihrer höchsten Ebene als ein Dreieck, das wir in der Trinität GOTT, SATAN und JESUS CHRISTUS erkennen. Zwei polare Prinzipien stehen einander gegenüber: SATAN, der Teufel, der in die Materie gestürzte einstige Lieblingsengel Gottes, und JESUS CHRISTUS, GOTTES Sohn, der Erlöser, „sitzend zur Rechten GOTTES." GOTT selbst schwebt über beiden.

Auf der nächst tieferen Ebene gibt es nun zwei Säulen, wie Sie auf der Tafel des göttlichen Schöpfungsplans auf der rechten Seite erkennen können: Die linke Säule ist die *materielle Manifestation des Kosmos,* jene stoffliche Welt, die wir alle kennen, und in der SATAN der rechtmäßige Herrscher ist; die rechte Säule ist die *spirituelle Manifestation des Kosmos,* das ist jenes Reich, das „nicht von dieser Welt" ist, und in dem JESUS CHRISTUS der König ist. Beide Welten sind von GOTT geschöpft, denn Schöpfung ist immer polar.

Die für uns sichtbare *materielle Manifestation des Kosmos* auf der linken Seite ist die stoffliche Welt, in der wir leben, die vom kleinsten Atom, von der kleinsten Zelle, bis zur größten Galaxie reicht, und die sich wieder nach dem Prinzip des Dreiecks in drei Daseinsformen erschließt: dem Mineralreich, dem Pflanzenreich und dem Tierreich. Dieses Dreieck ist mit der Spitze nach oben gerichtet, denn die Schöpfung strebt nach Erlösung. Über dieses Dreieck hat die Menschwerdung im Sinne der atheistischen Darwinschen Evolutionstheorie der Abstammung durch Auslese stattgefunden; es ist der *materielle Teil* des Menschen, der „aus dem Fleisch geboren" ist, und der sich über diesen satanischen, diabolischen Weg entwickelt hat.

Der materiellen Manifestation polar gegenüber steht rechts die uns unsichtbare *spirituelle Manifestation des Kosmos,* die geistige Schöpfung, die sich ebenfalls zu einem Dreieck entfaltet, in welchem die Erzengel, das Reich der Engel und das Reich der Geistwesen zu finden sind. Das *spirituelle Dreieck* ist mit seiner Spitze nach unten gerichtet, denn Geist wirkt in die Materie hinein. Diese *spirituelle Ebene* entzieht sich normalerweise unserem logischen Verständnis, aber über dieses Dreieck hat die wahre Menschwerdung im Sinne der Offenbarungswissenschaften stattgefunden; es ist jener *spirituelle Teil* des Menschen, der „aus dem Geist geboren" ist. Beide einander gegenüberliegende Dreiecke, das materielle und das spirituelle, ergeben ein HEXAGRAMM.

Um das Wesen SATANS zu verstehen, gehen wir jetzt die einzelnen Stationen des höchsten Dreiecks und der linken Säule durch und beginnen bei der Trinität.

Die Trinität,
die höchste göttliche Manifestation im Kosmos

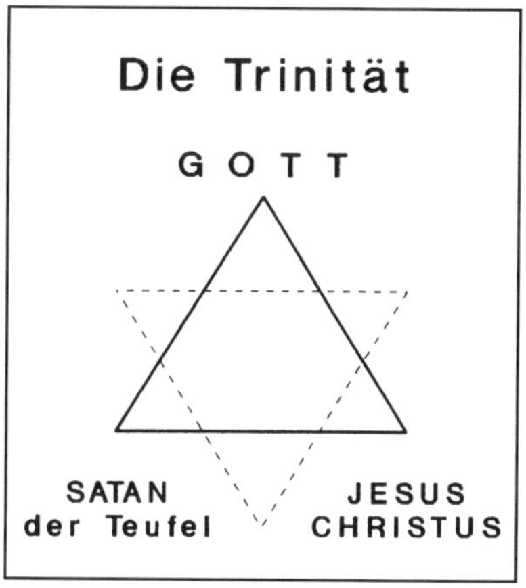

Seitdem es GOTT gefiel, die Welt zu schöpfen, herrschen im Universum zwei entgegengesetzte Prinzipien, sitzend zur Linken und zur Rechten GOTTES. Zur Linken GOTTES herrscht das Prinzip der Materie, verkörpert durch SATAN, den TEUFEL, den herabgefallenen Engel, unter dem wir Menschen leiden, *wenn wir ihm dienen;* und zur Rechten GOTTES herrscht das Prinzip des Geistes, verkörpert durch JESUS CHRISTUS, der uns den Weg zurück in die göttliche Einheit zeigt, denn Er spricht: ‚Ich bin der Weg.'

Die göttliche Trinität, die Dreifaltigkeit oder die Dreieinigkeit, besteht also in ihrer Urform aus GOTT, SATAN und JESUS CHRISTUS. Genau dieses Wissen um eine Trinität, welche die zeitlosen Gesetze des Sterbens und Werdens beinhaltet, war die Vorstellung der Mystiker. Und nur so macht die CHRISTLICHE MYSTIK überhaupt Sinn.

Offensichtlich wollte sich der Klerus auf den unseligen Konzilen zu Nicäa (325) und Konstantinopel (381), auf denen nachgewiesenermaßen auch die Bibelfälschungen hinsichtlich der Reinkarnation vorgenommen worden sind, von den „heidnischen Mystikern" absetzen, und so gelangte in der christlichen Theologie der Heilige Geist in die Trinität. Dem Vater wurde die Schöpfung, dem Sohn die Erlösung und dem Heiligen Geist die Heiligung zugesprochen.

Der Heilige Geist ist eine sehr hohe göttliche Daseinsform, und nur über den Heiligen Geist können alle Menschen Zugang zu GOTT und zu JESUS CHRISTUS bekommen, aber der Heilige Geist ist nicht Teil der Trinität. Der Trinitätsbegriff, so wie die Kirche ihn heute verbreitet, ist in der Bibel so jedenfalls nicht erwähnt.

Schauen wir uns deshalb die einzelnen Punkte der höchsten göttlichen Trinität genauer an:

GOTT

„Im Anfang war der Logos — das Wort. Und das Wort war bei GOTT, und GOTT war das Wort." So beginnt das Evangelium des Johannes. Johannes beschreibt den Zustand vor der Schöpfung. Es herrschte absolute Stille. Raum und Zeit gab es vor der Schöpfung nicht. Johannes fährt fort: *„In* ihm war das Leben, und das Leben war das Licht der Menschen." Das heißt: Im noch nicht offenbarten GOTT liegen alle schöpferischen Kräfte noch in der Einheit, in einem vollkommenen Gleichgewichts- und Ruhezustand, nur als Potenz, als Kraftmöglichkeit.

SATAN

LUZIFER = Licht = Geist = Energie = Materie. LUZIFER, ursprünglich reiner Geist oder Licht, hat sich zunächst zu Energie verdichtet und ist dann zu Materie geronnen. Das ist die Welt, in der wir leben! Möglicherweise war dies der „Urknall" .

Der letzte Teil der Gleichung (Energie = Materie) dieser uralten Mysterienweisheit wurde erst am Ende des zweiten Jahrtausends durch Albert Einstein bewiesen: Seine berühmte Formel ($E = mc^2$) besagt nichts anderes, als dass Materie verfestigte Energie ist. Und für den Mystiker ist es die Wahrheit, dass Geist gleich Energie ist. Das sind ewig gültige höchste kosmische Gesetze.

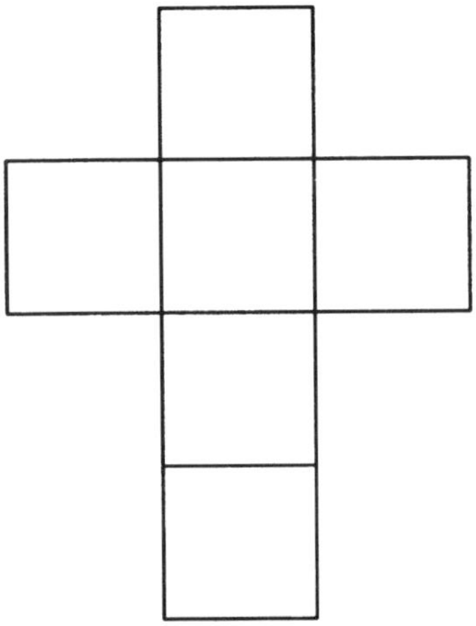

Aber die Menschen klammern sich nur an das Materielle, an das, was sie mit ihren Augen sehen und mit ihren Händen begreifen können, an das, was sie wiegen, wägen und messen können, und so halten sie die materielle Manifestation des Kosmos, die Welt SATANS, für die einzige Realität, ohne die spirituelle Manifestation, die Welt JESU CHRISTI, jemals für möglich zu halten. Dadurch wurde aus GOTTES Schöpfung der vier Elemente der Materie das Kreuz des Leidens. Die Vierheit, ein Würfel, wie ein Karton auseinandergefaltet, erscheint in der zweidimensionalen (diabolischen) Welt als Leidenskreuz.

Die Menschen leiden nur dann unter SATAN, wenn sie den *anderen* Aspekt der Schöpfung nicht sehen und nur *ihm, dem SATAN* dienen; denn SATAN ist das Prinzip des materiellen Teils der Schöpfung, das der Abkühlung, der Zusammenziehung, der Verhärtung und des Todes. Alles Materielle, das einmal geboren wurde, wird alt, krank, schrumpft ein und stirbt (=Saturn-Prinzipien). Die Pilger werden im ***Hexagramm-Programm***® während dieser rituellen Vorbereitung auf die Begegnung mit dem SATAN noch einmal eindringlich ermahnt:

„Alles in der materiellen Welt muss sterben! Mit einer rein materialistischen Einstellung klammert ihr euch an Leichen. Leichen sind giftig und tödlich. Schaut euch eure Schicksalsprozesse und eure Krankheitssymptome genau an! Wenn ihr das nicht begreift, dann werden diese Leichen auch euch töten! Sie sind schon dabei; denn sonst wäret ihr nicht hier. Durch euer Denken und Handeln erhebt *ihr* SATAN zum Herrscher über euch. Und so *entscheidet ihr durch euer heutiges Tun und Handeln selber,* was mit euch im Tod geschieht: Endgültigkeit, Reinkarnation oder Auferstehung.

Aber Ihr würdet einem verhängnisvollem Irrtum unterliegen, wenn ihr glaubtet, ihr könntet den Teufel aus eurem Bewusstsein verbannen, und dann wäre er nicht mehr da. SATAN ist und bleibt eine Gottesentfaltung! Und *jeder* einzelne von euch hat die Chance, hier am siebten Tag, dem Tag des Saturns, SATAN, den schönsten der Engel, genau kennen zu lernen und für sich selber dienstbar zu machen.

Und Ihr würdet einem weiteren verhängnisvollem Irrtum unterliegen, wenn ihr SATAN als reale Wesenheit unterschätztet. *Er ist Realität,* und *ohne* die Kraft JESU CHRISTI könnt ihr ihm niemals gegenübertreten, ohne die eigene Vernichtung zu riskieren.

Johann Wolfgang von Goethe lässt im Faust den Teufel als reale Person auftreten: Dr. Faust verschreibt sich der Magie, um zu ergründen, was die Welt im Innersten zusammenhält. Ein magisches Zeichen, der fünfeckige Stern, das Pentagramm, mit der Gabel nach oben gezeichnet, wird zum Dämonium. Mit Kreide auf den Fußboden aufgetragen verwandelt es den Pudel in einen Teufel. Der Pakt mit dem SATAN funktioniert, Faust erhält auf materieller Ebene alle Wünsche erfüllt, aber seine Seele ist verloren — weil ihm der Glaube an JESUS CHRISTUS fehlt.

Das große Geheimnis ist, diese höchsten Gesetze der Polarität zu durchschauen und anzuwenden. Wenn ihr diese Kunst recht versteht, dann werdet ihr frei sein und niemals mehr SATAN dienen — *sondern er muss euch dienen.* SATAN ist dann nur noch das reflektierende Prinzip eures Geistes, ebenso wie der Mond das Licht der Sonne reflektiert. Mit diesem Mysterienwissen werdet ihr die Erde ‚bevölkern, sie unterwerfen und beherrschen', so wie es GOTT von euch gefordert hat. Die Anleitung werdet ihr nachher erhalten!"

Am Donnerstag hatten wir uns bereits dem anderen Aspekt der Gottesentfaltung zugewandt. „Niedergefahren zur Hölle, am dritten Tage auferstanden, aufgefahren gen Himmel, sitzend zur Rechten GOTTES.....“ Worte des christlichen Glaubensbekenntnisses. Jetzt, nachdem wir wissen, wer zur Linken sitzt, nämlich SATAN, können wir den, der zur Rechten sitzt, im rechten Lichte sehen, in Seiner wahren Bedeutung erst richtig erahnen:

Es wird berichtet, JESUS CHRISTUS habe viele Wunder vollbracht. Aber in dieser Beziehung unterscheidet er sich nicht so sehr von den Propheten und Wunderheilern seiner Zeit. Doch die Erscheinung JESU CHRISTI trägt die Signatur einer höheren Dimension:

Exakt zu dem Zeitpunkt, da der Frühlingspunkt der Sonne nach seinem Umlauf von mehr als 25.000 Jahren wieder den Ort seines Ursprungs erreicht hatte, als die Weltenuhr auf 0 Grad im Widder stand und in das Zeichen der Fische hinüberglitt, genau zu diesem Zeitpunkt hatte GOTT sich selber in Form eines gewöhnlichen Menschen inkarniert. GOTT ist als Mensch in der Gestalt Seines Sohnes JESUS CHRISTUS erschienen, um den Weg der Rückkehr zu zeigen. GOTT wollte die Menschen wieder zurück in die Einheit holen, aus der der Mensch sich einst gelöst hatte.

Das Geheimnis der GROSSEN MYSTERIEN DES CHRISTENTUMS liegt darin, dass JESUS CHRISTUS das Kreuz auf sich genommen hat. Das Kreuz mit seinen vier Enden ist das Symbol der Materie, der vier Elemente, der vier Himmelsrichtungen und der vier Jahreszeiten. Das Kreuz ist die Welt SATANS. Der ans Kreuz geheftete JESUS CHRISTUS symbolisiert den Menschen, der an die Materie geheftet ist, der sich nicht mehr frei bewegen kann, weil er mit ihr zu sehr verbunden ist. Und somit erinnert Jesus an Prometheus, der ebenfalls an ein Symbol der Materie, an den Kaukasus geschmiedet war. Aber Jesus wurde nicht befreit wie Prometheus, sondern Er zeigte uns den Weg der conjunctio oppositorum, der Vereinigung der Gegensätze.

Ich wiederhole es noch einmal: Es ist ein bedauerlicher Irrtum, dass uns die Kirche Petri glauben machen will, JESUS CHRISTUS habe *unsere* Sünden auf sich genommen und sie erlöst. So etwas hat Jesus niemals gesagt. Im Gegenteil: Seine Aufforderung ist ganz klar: „Wenn mir einer nachfolgen will, so nehme er sein Kreuz auf sich und folge mir.“ Jesus hat also *nicht unsere* Schuld auf sich genommen. Sein Jünger Petrus hatte das damals schon nicht begriffen, denn er nahm Jesus zur Seite und fing an, Ihm Vorhaltungen zu machen, indem er sprach: „Gott, bewahre, Herr; das soll dir nicht widerfahren!“ Er aber wandte sich um und sagte zu Petrus: „Hinweg von mir, SATAN; ein Ärgernis bist du mir; denn du denkst nicht das, was Gottes ist, sondern was des Menschen ist.“ Dann sprach Jesus zu seinen Jüngern: „Wenn einer mir nachfolgen will, so verleugne er sich selbst, *nehme sein Kreuz auf sich und folge mir!"* (Matthäus-Ev., Kapitel 16, Vers 22--24).

Der von JESUS CHRISTUS vorgezeichnete Weg ist der einzige, der es uns Menschen ermöglicht, mit der materiellen Welt SATANS in richtiger Weise umzugehen, ohne dass wir „dem Fürsten der Welt" dienen müssen.

Das GROSSE MYSTERIUM JESU CHRISTI ist Sein Tod am Kreuz. Sein Tod ist *nicht* der Akt einer sinnlosen Willkür, sondern der Prozess der vollständigen Ablösung von den irdischen, diabolischen Fesseln SATANS. Die Schmerzen des Gekreuzigten sind *nicht* die sinnlosen Qualen eines zu Unrecht Bestraften, sondern sie sind der Schmerzensweg der Läuterung und der Wiederauferstehung des unendlichen GOTTES aus dem endlichen Menschen.

Die materielle Manifestation des Kosmos

Nach der Betrachtung der Trinität, der höchsten göttlichen Manifestation im Universum, werfen wir noch einen kurzen Blick auf die linke Säule, jene Welt, die von SATAN beherrscht wird. Es ist die *materielle* Manifestation des Kosmos, welches aus dem Mineralreich, dem Pflanzenreich und dem Tierreich besteht, und aus dem das *materielle* Dreieck des Menschen mit dem Körper, der Psyche und dem Denken geschaffen ist. Nach der Vorstellung der etablierten Wissenschaften hat sich der Mensch über diesen Weg aus der Materie per Evolution entwickelt.

DAS MINERALREICH

Das Mineralreich ist die Welt der anorganischen Natur. Schon die Bildung der Minerale aus wässrigen Lösungen offenbaren einen kristallinen, geometrischen Bauplan. Sonne, Mond und Sterne, die Erde und unser Körper bestehen aus Mineralien. Dieser rein materielle Baustein der Schöpfung manifestiert sich auf der niedrigsten Schwingungsebene durch Zusammenziehung, Abkühlung und Verhärtung (Saturn-Prinzipien), wobei Kristalle gebildet werden. Aus sich selbst heraus können sich die Mineralien nicht bewegen.

DAS PFLANZENREICH

Das Pflanzenreich offenbart schon zwei Stufen der Schöpfung, die anorganische Form des Mineralreichs und die vegetative Form des Lebens. Pflanzen sind bereits Lebewesen, die mit Hilfe des Sonnenlichts organische Stoffe aufbauen. Ihre Schwingungsebene ist schon eine Oktave höher, jedoch noch unbewusst, aber es ist göttliche Kraft, welche die Pflanzen veranlasst, Nahrung zu suchen, aufzunehmen und zu verdauen. Die Pflanze kann sich zwar bewegen, aber sie ist an ihren Standort gebunden.

DAS TIERREICH

Im Tierreich offenbaren sich nun drei Formen der Schöpfung: das anorganische Dasein des Mineralreichs, die vegetative Lebensenergie des Pflanzenreichs und die animalische Kraft des Tieres. Das Tier, dessen Schwingung nochmals eine Oktave höher ist, hat einen Körper, es sucht organische Nahrung, es frisst und verdaut sie und ist auf die Photosynthese nicht mehr angewiesen. Das Tier kann seinen Standort verlassen und kann sich frei im Raum bewegen. Das Tier verfügt über ein Gemüt, es hat Instinkte, Triebe, Gefühle, Zuneigung, Abneigung und Begierden.

DER MENSCH

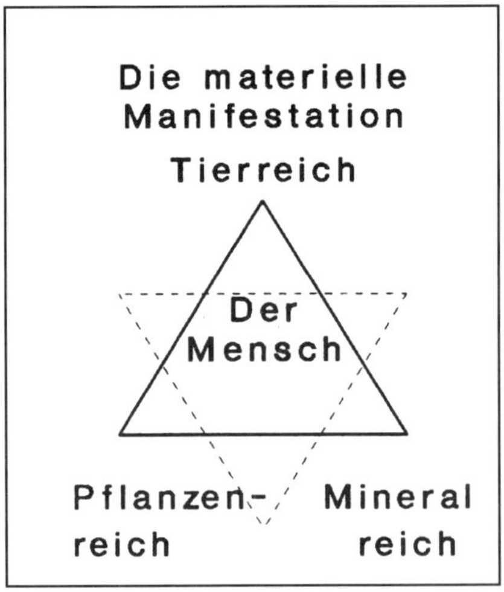

Der Mensch, die Krone der Schöpfung, besteht aus allen Bausteinen der materiellen Manifestation des Kosmos: sein Körper ist zusammengesetzt aus anorganischen Mineralien; er wird durch eine vegetative Lebensenergie belebt, die auch den Pflanzen zueigen ist; und schließlich verfügt er ebenso wie das Tier über Instinkte, Triebe, Gefühle und Begierden. Aber darüber hinaus ist der Mensch zur Begriffsbildung, zum abstrakten Denken und zum Gebrauch von Werkzeugen fähig. Er artikuliert sich über eine Sprache.

Mit dem Verzehr der Frucht vom Baum der Erkenntnis wurden den Menschen ihre Körper bewusst und ihre Augen wurden aufgetan. Mit ihrer *Erkenntnis* vollzogen sie nun die Trennung von Geist und Materie, d.h. von Bewusstsein und Körper. Sie ignorierten die *spirituelle* Manifestation des Kosmos mit den Bereichen der Engel. Der nun geistlose Mensch hatte zwar einen analytischen Verstand, aber er stürzte in die Materie und unterschied sich kaum noch von den Tieren. Fortan musste er im Schweiße seines Angesichts die Äcker bestellen und unter Schmerzen Kinder gebären.

Die alchimistische conjunctio oppositorum

Wir alle tragen die Sehnsucht in uns, das Paradies wiederzufinden, d.h. unser abgespaltenes Wesen zurückzubekommen, also wieder zurück in die Einheit zu gelangen. Doch jene Qualitäten finden sich nur in der rechten Säule der kosmischen Manifestation, zu der die meisten Menschen derzeit keinen Zugang haben. Deshalb schickte GOTT Seinen Sohn zu den Menschen, um sie die *andere Seite* zu lehren, nachdem sie nur die *eine Seite* gelebt hatten.

Der Mensch ist jetzt als einziges Lebewesen fähig, *beide Prinzipien zu leben:* das Prinzip der Materie, die Welt SATANS, und das Prinzip des Geistes, die Welt JESU CHRISTI. Die Symbolik der Kreuzigung — JESUS CHRISTUS als Prinzip des Geistes, vereinigt mit dem Kreuz, Symbol für das Prinzip SATANS, der Materie — zeigt den christlichen spirituellen Weg der Erlösung. Der Weg besteht in der Aufgabe, diese scheinbar unvereinbaren Gegensätze von Materie und Geist aufzuheben, d.h. mit JESUS CHRISTUS durch die Kraft des Geistes SATAN, das Prinzip der Materie, zu überwinden.

Die *conjunctio oppositorum* bedeutet die Vereinigung der Gegensätze. Das ist die Rückkehr des Menschen zurück ins Paradies, zurück in die Einheit. Aber der Mensch kehrt nicht als unbewusstes Kind zurück, wie er es einst verlassen musste, nachdem GOTT ihn vertrieben hatte, sondern als bewusster, erwachter, gottähnlicher Mensch, nachdem er gelernt hat, *beide Prinzipien zu beherrschen.* Das bedeutet, dass er niemals mehr nur dem einen Prinzip dient, noch dass er versuchen wird, die Welt SATANS in den Schatten zu stellen oder zu vernichten, sondern dass er die materielle Welt SATANS *überwindet!* „Denn es steht geschrieben: *Wer überwindet,* dem will ich zu essen geben vom Holz des Baumes des Lebens."

Jetzt wird das HEXAGRAMM, das Vereinigungszeichen von Himmel und Erde, von Geist und Materie, noch einmal gezeigt, und die rituelle Unterweisung an die Pilger vor der Begegnung mit dem SATAN endet etwa mit folgenden Worten: „Es gibt eine starke Kraft im Kosmos, welche Gegensätze vereinigen kann. Es ist die Kraft der LIEBE. In dem Symbol des HEXAGRAMMs tritt euch die uralte Mysterienweisheit vom Gleichgewicht der Kräfte entgegen. Die spirituelle Welt ist die Kraft, die auf der Erde das Leben spendet und erhält. Ihr gegenüber befindet sich die materielle Welt. Beide bilden ein aktives-passives Gegensatzpaar. Sonne und Mond, Licht und Dunkel, Leben und Tod sind nur scheinbar unerbittliche Gegensätze.

Im Geiste des meisterlichen Menschen werden das aktive und das passive Element zur Harmonie der Sphären verschmelzen. Wer von euch diese Zeichen und Symbole zu deuten vermag, ja, dem offenbart sich das Geheimnis um den Bauplan der Welten."

Die Rückkehr ins Paradies

Der letzte Schritt im ***Hexagramm-Programm®*** ist nun die Rückkehr ins Paradies. Ausgestattet mit dem Wissen um den Weg, den JESUS CHRISTUS vorgelebt hat, *und unter Seinem Schutz* werden die Pilger nun von IHM in einer Phantasiereise an die Pforte des Gartens Eden geführt, um dort die Begegnung mit SATAN zu erleben — und zwar jeder für sich alleine! Erst wenn dieser allerletzte Schatten integriert ist, sind die Pilger heil. Und dann ist ihr Weg frei zu GOTT.

Sie werden dort die Erfahrung machen, dass die beiden Pole der Polarität *nicht* gleich sind, sondern dass GOTT zwei Leuchten am Himmelsgewölbe geschaffen hat: *die Sonne, die größere,* dass sie den Tag beherrsche, und *den Mond, die kleinere,* zur Beherrschung der Nacht. Das Licht ist immer stärker als die Finsternis. JESUS CHRISTUS ist immer stärker als SATAN.

Die Pilger werden nun zum letzten Mal im ***Hexagramm-Programm®*** in einen heilsamen Tempelschlaf versetzt. Was dort geschieht, ist eine Phantasiereise, wie sie der „Epilog über die Ersten Dinge" von Oskar Schmitz (Brevier für Einsame) am besten wiedergibt:

> Nachdem Adam das Ende seiner Irrtümer und Leiden erreicht hatte, fand er nach der Stelle zurück, wo einst der Garten Eden geblüht. Eine unkrautüberwucherte Wildnis bot sich seinem Blick, aber in der Mitte erhoben sich wie vor Zeiten der Baum der Erkenntnis und der Baum des Lebens. Adam, von den Schwielen der Arbeit bedeckt, von den Striemen des Leids verwundet, von den Runzeln des Denkens entstellt, hatte als Begleiter einen weißgewandeten Mann mit hellem Bart und Haupthaar, milden blauen Augen und edlen vergeistigten Händen. Vor derem stillen Wink wich der Cherub mit dem Schwert zurück und machte Adam Platz. Mit teilnehmendem Blick nahm der Begleiter Adams Worte auf, der ihn, einige Schritte von den Bäumen entfernt, selber schweren Herzens verabschiedete.
>
> „Ich danke dir, Lieber, dass du mich hast erlösen wollen, indem du für mich dein Blut gabest. Wohl hast du mir lange Zeit in meinen Qualen Trost gewährt durch die Versicherung, dass Gott nicht Gott des Zornes, sondern der Gnade ist. Wenn ich meine Fehler selber erkenne und bereue, so versicherst du, wird er mit mir nicht allzu strenge ins Gericht gehen. Oh, ich erkenne und bereue meine Fehler nur zu gut, aber was hilft mir Gottes Verzeihung? Ich bleibe doch das erbärmliche Wesen, das ich bin, wenn auch von Gottes Liebe durch deinen Fürspruch geduldet. Ich weiß, Gott wird es mit mir nicht so genau nehmen; wie aber, wenn ich es nun selber mit mir endlich einmal genau nehme? Darum bin ich an diese Stelle zurückgekehrt, wo ich zum ersten Mal leichtfertig gewesen bin. Gott hat es verboten, von dem Baum der Erkenntnis zu essen. Mir verschlug es nichts. Es waren so viele andere fruchtreiche Bäume da, auf den einen konnte ich wohl verzichten. Aber das Weib war klüger als ich. Sie merkte bald, dass gerade die Frucht des verbotenen Baumes das Geheimnis der Welt verlieh,

ohne dessen Wissen wir nicht mehr als Tiere oder Kinder sind. Sie redete mit der Schlange und brachte mir die Frucht. Ich Narr aber aß, ohne selbst mit der Schlange gesprochen zu haben. Nun wurden freilich unsere Augen aufgetan, und wir wussten, was gut und böse ist. Damit begann aber auch unser Leid, dessen du dich schließlich voll Erbarmen angenommen hast. Waren wir bisher wie Tiere oder Kinder gewesen, so hatten wir uns doch glücklich in unserer Unwissenheit gefühlt. Wir taten, was uns beliebte, und Gott war es zufrieden. Als wir aber wider Gottes Willen erfuhren, was gut und böse ist, da gewahrten wir auch, dass gut und böse in uns selber zu gleichen Teilen liegen. Um nun Gott mit unserem Verbrechen zu versöhnen, hätten wir wissend das Gute tun, das Böse lassen müssen. So sagte Moses, den er uns sandte. Aber wie konnten wir dessen gutes Gesetz erfüllen, waren wir doch selber zur Hälfte böse? Sollten wir nur mit der guten Hälfte leben? Wir haben es versucht, aber die andere Hälfte ließ ihrer nicht spotten. Immer wieder brach sie hervor. Liebten wir das Gute, so schlich sich sogleich der Hass ein in unsere Seelen, indem er sich gegen die wandte, die wir für Feinde des Guten hielten. Grausam entlud sich oft unser Zorn gegen sie. Und war es wirklich immer das Gute, das wir gegen sie verfochten? War das Gute nicht nur zu oft unsere allerpersönlichste Sache geworden und so verquickt mit unserer Eigenliebe, Eitelkeit und Hoffnung auf Lohn, dass es ganz und gar durchdrungen von unserer bösen Hälfte wurde? Oft genug stürzten wir uns lieber gleich in das Böse, alle Guten in verstocktem Zorn hassend; aber siehe da, nun brach heimlich das Gute in uns hervor in der Liebe zu den Gesellen unserer Sünden, zu den Weibern, die wir uns anfangs nur aus Gier willens gemacht hatten, vielleicht auch nur zu einem Hund, der uns auf dem Weg des Verbrechens begleitete; und so böse einer war, niemals wollte er, dass auch seine Kinder so würden wir er. So haben wir uns durch die Jahrtausende geschleppt, wissend, was gut und böse ist, aber unfähig, uns für das eine oder das andere zu entschließen. Da erbarmte sich Gott. Er erkannte, dass wir nicht fähig waren, das Gesetz Moses zu erfüllen und sandte dich, seinen eingeborenen Sohn, mit der neuen Botschaft, dass der Glaube an ihn, und der daraus erschließende ehrliche Wille zur Erfüllung des Gesetzes genüge, und, was an unseren Werken an eigener Vollendung fehlte, uns zugemessen würde aus der Fülle deiner Vollkommenheit. So haben wir nun wieder Jahrtausende gelebt. Wir sind trauriger, aber nicht vollkommener geworden. Wir sind für das Gute entschieden, können aber das Böse trotzdem nicht lassen. Jedes einzelne Leben ist ein Missglücken, es kann von vornherein gar nicht gelingen, aber am traurigen Ende wird uns dann gnädig verziehen. Nein, das ist nicht länger zu ertragen. Wozu immer wieder von neuem diese sinnlose Qual durchmachen? Der Fehler muss am Anfang liegen. Zu ihm will ich zurück und neu beginnen, nachdem ich selber mit der Schlange gesprochen habe."

Schweigend, ohne Tadel und ohne Billigung, verschwand Adams Begleiter über den Feldern; Adam aber wandte sich zu dem abendlich dämmernden Baum der Erkenntnis. In den Zweigen raschelte es wie vor Jahrtausenden, die klugen Augen der Schlange blitzten hervor. „Ei Adam," rief sie aus, „hast du endlich den Weg zu mir zurückgefunden? Lange fürwahr hast du dir Zeit genommen. Welche Werke hast du doch inzwischen ausgeführt! Die ganze Natur hast du dir dienstbar gemacht! Bis zu ihren letzten Gründen wolltest du Wissensdurstiger vordringen, nichts mehr glauben, was du nicht selber gesehen, selber getastet, und doch ist alles umsonst gewesen, solange dir nicht einfiel, woran du hättest denken müssen, dass all dein stolzes Leben auf einem Hörensagen von deinem Weibe beruht. Eva fühlte sofort, wo sie sich Rat holen sollte, aber ihr Geist ist leichtfertig und begnügt sich mit der Oberfläche der Dinge und dem Ungefähr des Sinnes. Immerhin hat sie mit mir gesprochen und du nicht. Dadurch blieb sie dir durch die Jahrhunderte ein Geheimnis, halb ein himmlisches, halb ein höllisches. So stolz du warst in deinem Tun und Denken, so sehr du sie oft knechtetest oder verachtetest, weil sie dir in Tat und Gedanke nicht gewachsen war, unweigerlich kehrtest du zu ihr zurück, fielst vor ihr nieder und verlangtest von ihr Trost in deinem Leid. Und Eva lächelte, lächelte, lächelte ihr Geheimnis durch die Jahrhunderte und verriet dir nichts. Sie wusste mehr als du, denn sie hat mit der Schlange geredet, ehe sie vom Apfel aß, aber sie konnte nicht sagen, was sie wusste. Du hingegen kannst alles sagen, was du dir an massenhaftem und doch geringfügigem Wissen mühsam erworben hast, und Eva lächelt darüber, denn das, was es zu wissen gilt, das gerade weißt du nicht, und du hättest doch von mir alles erfahren können, wenn du damals wie sie unter den Baum getreten wärest."

„Und was hättest du mir gesagt?" rief Adam in höchster Erregung aus. „Oder ist es etwa zu spät, wenn ich dich jetzt danach frage?"

„Es ist niemals zu spät, törichter Adam," sagte die Schlange. „Es stand dir frei, jeden Augenblick zu mir zurückzukehren. Nun hast du es endlich getan, nach Jahrtausenden, aber was bedeuten Jahrtausende in der Ewigkeit?"

„Wie hätte ich denn den Weg zu dir finden sollen? Sperrte uns nicht der Cherub mit dem Schwert die Rückkehr? Erst als es mir gelang, den milden, traurigen Mann, der sich meiner erbarmt hat, als Begleiter zu gewinnen, musste mir der Engel ausweichen."

„Wohlgesprochen, Adam. Hättest du aber damals, als dich der Engel vertrieb, den Blick einen Augenblick umgewendet, so wärest du unter dem Baum des Lebens eines anderen Engels gewahr geworden, dem schönsten von allen, den man Luzifer, den herabgefallenen Morgenstern heißt, weil er, ebenso wie jener traurige Mann, auf die Erde gekommen ist, aber nicht aus Liebe zu den Menschen, sondern aus Trotz gegen Gott. Weil du ihn nicht erkanntest, vermochte dich jener andere nicht zu erlösen. Wohl lehrte jener dich das Gute lieben und auch bisweilen tun, aber blind fielst du immer wieder in das Böse zurück. Wie, wenn du nun in diesem den Lehrer fändest, der dir auch über das Böse die Augen öffnete? Nur weil du blind bist, musst du dem Bösen immer wieder knechtisch verfallen. Wenn dir aber die Augen aufgehen, wer weiß, vielleicht muss er dir dienen. Das ist das Geheimnis, welches in dem Lächeln der Eva liegt, das sie aber selbst niemals auszusprechen vermag. Nun aber tue, was du damals versäumtest, Adam: kehre dich um."

Und Adam tat, was ihm die Schlange geheißen. Unter dem Baum des Lebens aber, aus dessen grünem Gelock rote und goldene Früchte leuchteten, stand ein nackter Engel von vollendeter Schönheit, aber mit so grausamem Lächeln und so kalt blitzenden Augen, dass Adam sich erschreckt wieder umwenden musste.

„Was entsetzt du dich, du Furchtsamer?" spottete die Schlage. „Sollte dir der Engel so unbekannt sein?"

„Es ist der leibhaftige Böse," stammelte Adam, „ihm vermag ich nie und nimmer zu folgen."

„Und du bist ihm doch immer wieder durch die Jahrhunderte nachgegangen, wenn jener milde Mann deine Leidenschaft nicht länger zu bändigen vermochte. Immer wieder verblendeten sie dich, führten dich ins Verderben, immer wieder erbarmte sich von neuem jener Milde, denn seine Liebe ist unerschöpflich, aber es hielt dich bei ihm immer nur gerade solange, bis deine Wunden zur Not geheilt waren, und wiederum stürztest du, durch keine Narbe gewarnt, in das

Welttreiben zurück, in das jener dich lockte. Wäre es nicht an der Zeit, ihm endlich mutig in sein grausam-schönes Antlitz zu blicken, ihm, wenn du willst, zu folgen und ebenso frei zu dem Milden umzukehren, wie dein Herz dich treibt."

„Ich kann nicht, ich kann nicht!" rief Adam, sich windend vor Angst. „Das Feuer seiner Augen ist eiskalt, es macht mein Blut gerinnen."

„Und doch musst du es wagen, furchtlos hineinzublicken, Adam. Hast du ihn erst erkannt, dann bist du gerettet, er muss dir dienen."

„Wie," rief Adam aus, „dieser Fürchterliche mir dienen, mir, dem aus Erde Geschaffenen? Ist er denn nicht vom Himmel herabgestürzt und nun Fürst der Hölle?"

„Diente dir nicht auch der andere, der für dich gestorben ist? Die schwerere Hälfte deiner Erdenaufgabe ist dir ja schon gelungen, Adam. Du hast Gott in jahrtausendelangem Leid seine Liebe abgenötigt, sollte es nicht viel leichter sein, den, welchen du den Teufel nennst, in einem Augenblick in deinen Dienst zu zwingen? Kehr dich nochmals um und wage einen zweiten Blick."

Und wieder drehte sich Adam zum Baum des Lebens um, und vor dem, was er sah, wurde ihm zumute, als seien die Jahrtausende in die Ewigkeit zurückgenommen worden. Wiederum erblickte er Eva, sein Weib, nackt, wie sie einst unter dem Baum der Erkenntnis gestanden war. Nun aber stand sie unter dem Baum des Lebens und fand ihn lieblich und gut anzusehen und gut davon zu essen und meinte, dass es ein lustiger Baum wäre, weil er schön und stark mache. Sie vermochte aber nicht, bis an seine Krone zu reichen. Da pflückte der schöne Engel eine goldene Frucht und reichte sie ihr mit grausamem Lächeln. Sie nahm von der Frucht und aß und reichte Adam auch davon, und er aß. Da wurden ihre Glieder leicht, die Runzeln glätteten sich auf ihren Stirnen. Ihnen war wieder jung und heiter zumute wie einst, da sie eben aus der Hand Gottes hervorgegangen waren, nur wussten sie nun um ihre Seligkeit. Der Garten Eden aber blühte neu um sie auf, so schön wie er einst gewesen. Und sie hörten die Stimme Gottes, der im Garten ging, als der Tag kühl geworden war, aber sie fürchteten sich nicht, und Adam rief:

„Herr, wo bist du? Warum hast du uns das angetan? Warum verbotest du uns den Baum der Erkenntnis des Guten und des Bösen? Warum wolltest du nicht, dass wir vom Baum des Lebens essen und leben ewiglich? Warum setztest du den Cherub mit dem flammenden Schwert vor den Garten Eden? Siehe, nun haben wir doch zurückgefunden. Der Cherub ist besiegt, die Frucht ist gepflückt."

Die Stimme des Herrn aber murmelte in den Wipfeln, und aus der Krone des Baumes der Erkenntnis flüsterte die Schlange:

„Gott wollte, dass ihr nicht unwissende Kinder bliebet im Garten Eden. *Ihr solltet freie Götter werden.* Wie aber konnte er euch aus seinem eigenen Schutz lösen, wenn ihr euch nicht selber befreitet? Darum gab er euch das Verbot, damit ihr euch empörtet. Oh, ihr verstandet ihn, als ihr von der Frucht aßet. Lange genug habt ihr nun im Schweiße eures Angesichts euer Brot gegessen, in Schmerzen Kinder geboren. Lange genug habt ihr unter dem Kreuz um Gnade und Verzeihung gefleht für all die Verbrechen, die ihr im Gefühl eurer Sünde aufeinander gehäuft. *So wisset: Ihr seid frei von Sünden.* Die Kraft, die euch trieb, ihm zu trotzen, ist ebenso göttliche Kraft, die von ihm stammt, wie jene andere Kraft, die euch ihn und einander zu lieben treibt bis zur Selbsthingabe. Nur in der Empörung war jene Kraft böse, *in eurer Sündenangst* war eure Liebe schlecht. Nun aber verliert Adam auch noch die letzte Angst wegen seiner Empörung, nachdem Gott sie selber gut heißt, als in seinem verborgenen Willen gelegen, denn wie geschrieben steht: ‚*Wer überwindet,* dem will ich zu essen geben von dem Holz des Lebens, das im Paradies Gottes ist.' Nun ihr aber gegessen habt, ist euch offenbar, dass Gut und Böse keine Gewalten mehr sind, stärker als ihr selbst. In euch ist die Kraft der Schönheit des gefallenen Engels, sowie die Milde und Liebe des eingeborenen Sohnes. Nicht länger sollt ihr einander hassen, noch euch selber kreuzigen. Liebet euch selbst, wie euren Nächsten."

„Woran aber soll ich erkennen, dass du die Wahrheit sprichst?" fragte Adam sinnend.

Die Schlange sprach: „Hat Adam nicht vom Baume des Lebens gegessen?"

Adam aber fühlte, dass er es war, der Lebendige, Allmächtige, der die Schlange so reden ließ. Einst hatte er durch ihren Mund sich selbst aus dem Paradies des Unwissens vertrieben, irrend das Gute und Böse gesucht, sich selbst voll Angst vor den eigenen Sünden das Gesetz Moses gegeben und durch die Liebe des Heilands mutig davon erlöst, und nun zuletzt hatte er wissend zum Leben zurückgefunden.

Und Adam rief zitternd: „HERR, WO BIST DU?"

Die Stimme des Herrn aber antwortete aus ihm selber: HIER BIN ICH!"

Am nächsten Morgen machten sich Adam und sein Weib zum zweiten Mal auf, um aus dem Paradies über die Erde zu wandeln und sie sich untertan zu machen, wie Gott verheißen hatte, aber sie fanden das Tor des Gartens nicht. Wohin sie auch ihre Füße setzten, vor ihrem Tritt erblühte der Garten Eden."

Langsam kehren die Pilgerinnen und Pilger in ihre Körper und ihr Wachbewusstsein zurück. Sie kommen zu sich und richten sich langsam auf. Vor ihnen liegen auf einer schneeweißen Decke feuerrote Äpfel, „Früchte vom Baum des Lebens“, und in deren Mitte windet sich die Schlange wie einst vor Jahrtausenden. Die Äpfel, lieblich anzusehen und gut davon zu essen, weil sie schön und stark machen, bieten sich hervorragend zum Fastenbrechen an.

Die Frucht wird verspeist, und in der Mitte des Tempels steht einsam das goldene Erlöserkreuz mit der Aufschrift L.I.E.B.E. Somit ist es „die rechte Zeit, die Arbeit zu beenden und die Pilger als freie Götter zu entlassen.“

Wir stehen alle auf und bilden einen Energiekreis, indem wir uns gegenseitig die Hände reichen. Die Musik wallt auf, und die Schlussworte geleiten die Menschen zurück in die Welt:

„Liebe Pilgerinnen und Pilger, die ihr nun freie Götter seid,
wir schließen jetzt das HEXAGRAMM.
Geht nun zurück in die Welt und bewährt euch als Menschen!
Tut stets das Rechte, wo immer es euch möglich ist!
Nutzt eure schöpferischen Kräfte zu eurem Wohl und dem der anderen!
Und seid wachsam auf euch selbst!
Es geschehe also.
PAX VOBISCUM.
Ziehet hin in Frieden!
Das HEXAGRAMM ist vollendet.“

Sonntag, der Tag des Uranus, der neue Sonntag

Die Pilgerinnen und Pilger sind wieder zu Hause. Leicht und beschwingt, wie in Watte gehüllt und auf einer Wolke schwebend, aber hochempfindsam wie Frischoperierte, nehmen sie ihre Umwelt wahr. Es begegnen ihnen noch die gleichen Menschen wie sonst auch, und alle Dinge stehen noch an ihrem gewohnten Platz. Trotzdem erscheint die Umwelt feinstofflicher, durchsichtiger und transparenter.

Es ist wieder Sonntag. Aber dieser Sonntag ist nicht wie die vielen Sonntage zuvor. Er ist etwas völlig Neues!

Der 8. Planet ist eine Sonne

Mit der Entdeckung des Uranus zu Zeiten der französischen Revolution begann der Durchbruch in die Neuzeit. Aber auch schon in der alten hebräischen Astrologie wurde die Energie des *achten Planeten* — wie er damals genannt wurde — als der Durchbruch zu etwas völlig Neuem beschrieben. Die heutige Darstellung des Symbols des Uranus zeigt eine Sonne, aus der heraus etwas hervorbricht, ein Pfeil, der nach oben in die Grenzenlosigkeit vorstößt. Uranus ist das Urprinzip des Schöpferischen, des sich Erneuernden. Der antike Gott Uranos brachte eine Schöpfung nach der anderen hervor. Jahrtausendelang hatte Saturn als Hüter der Schwelle die klassische Astrologie begrenzt. Doch dann kam Uranus und sprengte alle Grenzen. Geistesblitze, Intuition und Kreativität ermöglichten den Menschen, in den Weltraum vorzudringen. Spirituell hebt Uranus das Polaritätsgesetz auf.

Auch die Astronomen sind davon überzeugt, dass Uranus ursprünglich kein Planet war, dass er nicht zu unserem Sonnensystem gehörte, sondern dass Uranus eine eigene herumvagabundierende Sonne war, die eines Tages durch die Gravitation unserer Sonne als Planet eingefangen worden ist.

Allmählich dämmert es den Pilgern, dass sie sich durch die Initiation, die

Kontemplation und die Inkubation im ***Hexagramm-Programm***® auf einem neuen Weg zur Vergeistigung befinden, der nicht nur für diese Inkarnation von Bedeutung ist, sondern eine völlige Umkehr in der seelischen Evolution bewirkt. Die Menschen inkarnieren nicht immer und immer wieder auf dem Planeten Erde, um sie sich untertan zu machen und um hier zu arbeiten und zu leiden, nein, sie inkarnieren um zu lernen, um umzukehren, um schöpferisch tätig zu sein, und um wieder gottähnlich zu werden und der „Lehrwerkstatt Erde" eines Tages den Rücken kehren zu können.

Geist wird zu Energie, Energie wird zu Materie

In einem Punkt sind sich alle Religionen und Weisheitssysteme dieser Welt einig: Sie widersprechen dem kausalmechanistischen Weltbild, wonach sich der Mensch über den Weg des domestizierten Affen entwickelt haben soll und erklären, dass der Mensch ein geistiges Wesen sei, das früher einmal in unmittelbarer Nähe GOTTES gewesen war, dann aber in die materielle Welt gestürzt sei.

Liebe Leserin, lieber Leser, lassen Sie sich noch einmal auf eine kleine Phantasiereise durch Raum und Zeit ein. Zuvor werfen Sie noch einmal einen Blick auf die Tafel mit der grafischen Darstellung der Entfaltung des göttlichen Schöpfungsplans auf der Seite 385. Halten Sie es einmal für möglich, dass der Mensch nicht *nur* über den „linken Weg" aus dem Mineralreich über das Pflanzen- und das Tierreich per „Zufall" und „Auslese" entstanden ist, sondern dass er gemäß eines Schöpfungsplanes *auch* über den „rechten Weg" nach hierher gelangt ist.

Stellen Sie sich bitte vor, dass es Sie bereits vor Milliarden von Jahren als reines Geistwesen gegeben hat. Damals, als GOTT Himmel und Erde bereits geschaffen hatte, als aber die Erde noch aus grünlich schimmernden Urwassern bestand; lange bevor es die ersten Bakterien als einzellige Lebewesen gab; als das Wasser so leicht war, leichter als Alkohol, und sich bei der kleinsten Bewegung verflüchtigte, und als die Luft noch so schwer, nass und neblig war, dass sie sich kaum vom Wasser abhob, da waren Sie schon als Geist wie ein Lichtwesen umhergeschwebt, unfähig zu unterscheiden, ob ein Wind Sie gestreift hatte oder die Strömung Sie mitnehmen wollte.

Erst später bildete GOTT eine Scheidewand zwischen den Wassern (Genesis, Kapitel 1, Vers 6), und die Erde wurde glatt und rund wie eine Billardkugel, denn Kontinente waren noch nicht geboren. Sie hatten damals noch keinen Körper, auch noch keinen Astralleib und auch keine Seele, denn Sie waren nur Heiliger Geist.

Die Seele bildete sich erst sehr viel später. Viele grünlich-bläulich schimmernde Seelen gab es dann, sie waren etwa fünf Meter groß und dünn wie

Bleistiftstriche, hatten Arme, Beine und Finger, so wie die Kinder noch heute aus dem tiefen Grund ihres kollektiven Unbewussten heraus kleine Strichmännchen malen. Diese strichförmigen Seelen bewegten sich wie aufsteigender Rauch oder Nebel. Mitunter verflüchtigten sich ihre Formen, um an einer anderen Stelle wieder neu zu erscheinen. Eine dieser Seelen war Ihre.

Sodann sprach GOTT: „Es werde das Wasser unterhalb des Himmels an einen Ort gesammelt, und das Trockene werde sichtbar." Und so geschah es. GOTT nannte das Trockene Erde und das zusammengeflossene Wasser nannte er Meer (Genesis, Vers 10). Auf den so entstandenen Kontinenten herrschte ein warmes, wasch-küchenähnliches Klima, denn das Wasser war immer noch sehr leicht und die Luft immer noch sehr schwer. Sie, d.h. Ihre Seele, hatte ebenso wie die anderen Seelen jetzt bereits einen feinstofflichen Astralleib bekommen und lebte inmitten eines üppigen, tropischen Pflanzenwuchses. Ausgedehnte Sumpfwälder, deren Ablagerungen später zu mächtigen Braunkohlelagern werden sollten, wechselten sich ab mit riesigen Wäldern von Farmen, Schachtelhalmen und Bärlappgewächsen. Die Pflanzen waren alle groß und weich, Farnkräuter erreichten eine Höhe von dreißig bis vierzig Metern und bewegten sich leicht hin und her wie das Seegras im Meer. Ähnlich waren auch Ihre Bewegungen. Ihr Astralleib war inzwischen kleiner und dicker geworden; Ihre Arme und Beine waren nun etwa fingerdick, und in harmonischen, fließenden Bewegungen schwebten Sie durch die schwere Luft über das grüne üppige Land. Außer Grün und Blau gab es noch keine anderen Farben, und auch die anderen Menschenseelen hatten blau-grüne Astralleiber. Sie schwebten aneinander vorbei, berührten sich von Zeit zu Zeit, erkannten sich aber nicht und nahmen wenig Notiz voneinander. Ihr Bewusstsein war schon da, aber es war lediglich ein kollektives, spirituelles Gruppenbewusstsein, und noch ganz nahe bei GOTT.

Zehn Millionen Jahre vor unserer Zeitrechnung waren dann die Kontinente auseinandergebrochen, im Westen hatte sich eine riesige Platte gelöst, die heute den Namen Amerika trägt, und der östliche Teil war ziemlich zerbröckelt und trägt heute den Namen Europa. Außerdem gab es die Kontinente Hyperborea, dort, wo heute Grönland liegt, und Atlantis, das zwischen Afrika und Amerika lag. Es herrschte nach wie vor feucht-warmes Klima, aber es war zwischenzeitlich schon etwas heller geworden, obwohl immer noch die Farben Blau und Grün hervortraten. Die Tiere, insbesondere die Saurier, waren riesengroß, und es gab ebenso große Echsen. Alle Tiere vertrugen sich untereinander, denn sie ernährten sich nur von Pflanzen. Es gab auch schon einige affenartige Säugetiere, die aber nichts mit den Menschenseelen zu tun hatten. Die Menschen mit ihren Astralleibern und die behaarten Affen nahmen keine Notiz voneinander. Aber das Bewusstsein der Menschen mit den Astralleibern hatte sich schon wesentlich stärker herausgebildet. Einige Menschen, vielleicht auch Sie, erkannten auch schon ihr Selbstbewusstsein, sie erkannten sich und die Umwelt und konnten unterscheiden zwischen „Ich" und „nicht Ich" .

Sie, liebe Leserinnen, lieber Leser, waren abermals kleiner und dicker geworden, Ihr Körper war nunmehr etwa armdick und hatte sich weiter verfestigt. Sie konnten sich jetzt etwa wie ein Aal bewegen, geschmeidig und zäh. Die aalglatten blauen Wesen entwickelten eine unvorstellbare Lebenskraft und lebten wesentlich länger als ihre hartköpfigen, verknöcherten Nachfahren mit ihren harten und kantigen Bewegungen. Eine Sprache gab es noch nicht, die Kommunikation erfolgte durch Gedankenübertragung. Von diesen Menschen wird es natürlich niemals archäologische Funde geben, weil sie noch keine Knochen hatten.

Die weitere Ausprägung des Ich-Bewusstseins führte dann zur *Erkenntnis,* die die Wesen von der geistigen Welt trennte und in jenen Vorgang führte, den die Bibel als Sündenfall und Vertreibung aus dem Paradies beschreibt: Die Menschen wurden in einen materiellen Körper gezwungen, und die Körper wurden in den folgenden Millionen von Jahren immer fester und fester.

Dicke graue Nebelschwaden und Kilometer hohe Wolken verhinderten den Einfall der Sonnenstrahlen, so dass es am Tage dunkel war. Deshalb verkrochen sich die Menschen an dunklen Tage in ihren Höhlen und lebten unter der Erde. Am Abend aber, nachdem die Sonne untergegangen war, verflüchtigten sich die Wolken, und der Nebel löste sich auf. Wie von Zauberhand öffnete sich dann der Himmel, dort stand der Mond als riesengroße silberne Scheibe und warf sein helles Licht auf die farblose, silberne Landschaft. Dann kamen die Menschen heraus aus ihren Höhlen und beteten den Mond an, denn er war der Überbringer des Lichtes.

In dieser Zeit lebten in Asien und Afrika schon menschenähnliche Wesen, die sich aus den Affen entwickelt hatten. Sie, liebe Leserinnen und Leser, hatten mit jenen nichts zu tun, denn Sie waren von anderer Herkunft. Die Menschenaffen, oder Primaten, waren über den ganzen Körper behaart und beschäftigten sich damit, sich mit riesigen Felsbrocken gegenseitig die Köpfe einzuschlagen. Manche Menschen-Affen schlürften das rohe Hirn aus den aufgebrochenen Schädeln ihrer Gegner.

Sehr viel später haben sich die Klimaverhältnisse verschoben, die Nebelschwaden verschwanden, und die Sonne war voll durchgebrochen, so dass die Ur-Menschen ihre Lebensgewohnheit dahingehend änderten, dass sie sich nunmehr am Tage außerhalb ihrer Behausungen aufhielten und nachts darin schliefen. Die Sonne war nun zu ihrem Gott geworden. Mit der Sonne waren auch die Farben gekommen. Das silbergraue Licht des Mondes hatte keine Unterscheidung der Farben von Pflanzen und Tieren, von Vögeln und Blüten zugelassen. Das Licht der Sonne verzauberte nun die Umgebung.

In den nächsten zweihundertfünfzigtausend Jahren verfestigte sich allmählich das Knochengerüst, die Menschen wurden abermals kleiner, die Schädel härter, und sie hatten jetzt fast die Größe ihrer dickköpfigen Nachfahren. Die Verhärtung der Schädeldecke führte zu einer zunehmenden Trennung des menschlichen Gehirns von GOTT. Die Folge war, dass die Jahrtausende alte Fähigkeit der Gedankenübertragung allmählich nachließ. Die telepathische Kommunikation funktionierte nur noch unter Schwierigkeiten, und zwangsläufig entstand eine neue Magie: Die Sprache wurde erfunden.

Seitdem verdichtete und verfestigte sich der Mensch immer weiter. Die Götter von einst paarten sich mit den Primaten, und aus den Geistwesen waren nun materielle Wesen geworden, von dessen Herkunft nur noch die Mythologien ein Zeugnis ablegten. Die alte ägyptische Kultur zeigte noch sehr deutlich die verschiedenartige Herkunft: Das klassische Gesicht wie das der Nofretete mit ihrem schmalen, langen Hinterkopf, der spitzen, gradlinigen Nase und dem langen Hals finden wir auf den Wandmalereien bei allen Menschen der Priesterkaste atlantischer oder hyperboräischer Herkunft. Demgegenüber hatten die Ureinwohner Afrikas, die in Ägypten als Arbeiter an den Pyramidenbauten mitgewirkt hatten, wegen ihres negroiden Ursprungs runde Köpfe, platte Gesichter, wulstige Lippen und kurze Hälse. Doch auch die Spuren dieser Apartheid verwischten sich immer mehr.

Vielleicht waren wir Menschen, einst reine Geist- oder Lichtwesen, zu Beginn der Geschichtsschreibung nur noch zu 5% Geistwesen und schon zu 95% Körperwesen. Aber die Menschheit driftete seitdem immer weiter in Richtung Materialismus, und so bewegen wir uns heute auf den absoluten Tiefpunkt des Sturzes in die Materie zu. Dort, wo der Mensch leidet, dort, wo Krankheit und Schicksal ihn zur vorzeitigen Aufgabe seiner Lebenskraft zwingen, dort ist der Geist verflogen, dort besteht der Mensch bereits zu 99,99% aus Materie.

Wenn der Mensch jetzt nicht bewusst wird, wenn das letzte Fünkchen Geist erlischt, wenn er nicht umkehrt und sich wieder entdichtet und vergeistigt, dann ist sein langer Weg durch die vielen, vielen Inkarnationen an dieser Stelle zu Ende. Dann hat Saturn (= SATAN), der Planet mit den Eisringen, das Prinzip der Erkaltung, Verhärtung und Erstarrung, den Sieg davon getragen.

U r a n u s aber, die vagabundierende Sonne, unterbricht den saturninen Weg, den Sturz in die Materie, denn Materie ist das Prinzip des Todes und der Vergänglichkeit. Uranus ist das Prinzip des Geistes und der Zukunft.

Die Zeitenwende und der Durchbruch zu einer neuen Vergeistigung

Der achte Tag ist wie der erste Tag ein Sonntag, aber dennoch ist er ganz anders. Äußerlich ist für die Pilgerinnen und Pilger alles gleich geblieben: die Wohnung, die Menschen in der Umgebung, der Beruf, die Sorgen und die Symptome. Scheinbar hat sich nichts verändert. Dennoch ist alles ganz anders:

*Vor dem **Hexagramm-Programm**®* fühlten sich die Pilger in die „Sachzwänge" eingeengt, denen sie unterworfen waren. *Nach dem **Hexagramm-Programm**®* spüren sie nun den Durchbruch in eine neue Dimension, in ein anderes Reich (.....das nicht von dieser Welt ist).

Uranus ist der 8. Planet!

Die liegende 8 ist ja auch das Unendlichkeitszeichen, die Lemniskate. Uranus als der erste der transpersonalen Planeten schafft das Verständnis dafür, dass die Ewigkeit *jetzt* stattfindet. Wer bisher noch geglaubt haben sollte, dass er *nach* diesem Leben oder *nach* einem späteren Leben in die Ewigkeit eintauche, der weiß jetzt, dass er sich gewaltig geirrt hat. Das schlichte Gemüt, das da glaubt, *irgendwann* das ewige Leben zu erheischen, wird noch sehr lange warten und sich durch die Zeiten quälen müssen. Denn was soll es bedeuten: die *Ewigkeit beginnt* nach dem Tod? Die Ewigkeit *kann nicht beginnen.* Die Ewigkeit wäre ganz sicher nicht die Ewigkeit, wenn sie einen Anfang hätte und irgendwo begänne. Nein, die Ewigkeit ist eben die Ewigkeit, und daraus ergibt sich zwangsläufig, *dass die Ewigkeit auch jetzt da ist!!!*

Die Pilger wissen nun, am achten Tag, dass sie *jederzeit* in der Ewigkeit leben, dass sie durch das ***Hexagramm-Programm***® für einen kurzen Augenblick den Durchbruch zur Ewigkeit hatten, und dass sie diesen Durchblick jederzeit wieder erreichen können, sofern sie die gelernten Übungen konsequent beibehalten und an ihrer spirituellen Entwicklung weiterarbeiten.

Es ist wie eine Zeitenwende im Leben des Individuums. Noch nach Jahren erzählen mir ehemalige Teilnehmerinnen oder Teilnehmer, wie sie Ereignisse *vor dem **Hexagramm-Programm***® wahrgenommen haben, und wie sie heute, *nach dem **Hexagramm-Programm***® damit umgehen — ähnlich wie geschichtliche Ereignisse angegeben werden mit Zahlen *vor* Christi Geburt und *nach* Christi Geburt.

Die Pilger erkennen ihre rein persönliche Zeitenwende in diesem Leben. *Vor dem **Hexagramm-Programm***® war es ein Dahinvegetieren, welches die Signatur von Dekadenz, Fäulnis und Tod trug. *Nach dem **Hexagramm-Programm***® ist das Leben schöpferisch und eingebunden in eine gewaltige kosmische Ordnung, die wir als ewiges Leben bezeichnen.

Obwohl für die meisten Pilger, die am ***Hexagramm-Programm***® teilgenommen haben, die Wende im Leben zum Positiven hin für alle sichtbar ist, gibt es dennoch Menschen, die krank kommen und hinterher sterben. Für manch einen Außenstehenden mag dies sinnlos erscheinen, so wie Gabriele aus dem vorigen Kapitel, von der Krankheit Krebs zerschunden und vom Tod gezeichnet, sich noch allen Strapazen des ***Hexagramm-Programm***®s unterworfen hatte. *Vor dem* Seminar war Gabriele vielleicht schon zu 99% ein materielles Wesen, und nur das letzte eine Prozent Geistwesen hatten sie diesen Schritt tun lassen. *Nach dem **Hexagramm-Programm***® war Gabriele vielleicht nur noch zu 98% Materie und schon zu zwei Prozent Geist. Und in ihr saß die tiefe Gewissheit, auf dem langen Gang durch die Inkarnationen nun endlich auf dem Heimweg zu sein.

Erinnern Sie sich, wie Gabriele die Hochzeitskutschenfahrt mit Gevatter

Tod angetreten hatte? „Sie fuhren zusammen an dem schönen, goldenen Oktobertag in der weißen Hochzeitskutsche an den jahrhundertealten Eichen und Buchen vorbei hinunter an die Elbe. Gabriele, von der untergehenden Herbstsonne beschienen, überspielte mit Schönheit und Harmonie ihre schwindende Kraft — so wie sich draußen in der Natur zur gleichen Zeit die bunten Blätter von ihren Zweigen lösten, wie sie auf ihrer letzten Reise durch die Luft noch einmal prächtig die Farben des Herbstes widerspiegelten, schöner als im Sommer — und wie sie so leicht, luftig und beschwingt ihrem Ende entgegentanzten. Außenwelt = Innenwelt. Einverstanden sein, mit allem was ist. Und niemand außer Gabriele ahnte, mit wem hier Hochzeit gemacht wurde: Gabriele hatte Gevatter Tod nun als Bräutigam angenommen."

Im Vertrauen darauf, bereits *jetzt und heute* in der Ewigkeit leben zu dürfen, konnte Gabriele den Tod so empfangen, wie wir alle dessen kleinen Bruder, den Schlaf, empfangen: Wieder einmal, wie schon so viele Male, betten wir uns zur Ruhe.

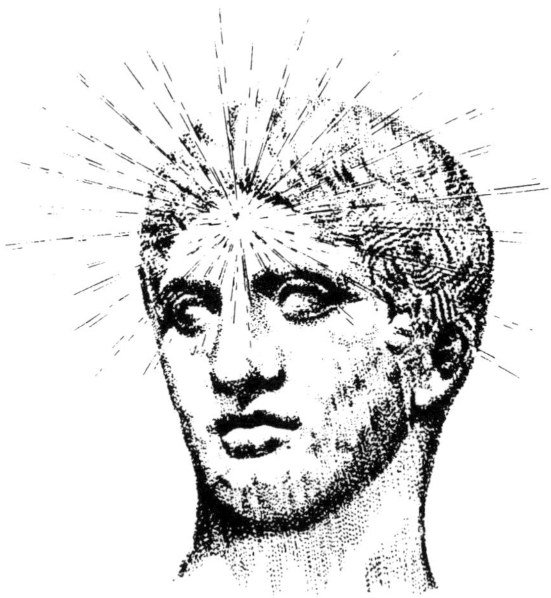

3. TEIL

KOLLEKTIVE MANIFESTATION

**„Groß ist die Würde der Seelen,"
schrieb einst Papst Sixtus V., und er fuhr fort:
„Der Mensch ist nicht um der Sterne willen geschaffen,
sondern die Sterne sind um der Menschen willen geschaffen."**

**Der 3. Teil des Buches trägt die kosmischen Gesetze,
welche zu Heilung und Gesundheit führen, hinaus in die Welt.
Von einem Heilungstempel aus erfahren die Menschen
Glaube, Liebe und Hoffnung.**

Deshalb ist der 3. Teil den Sternen gewidmet.

Kapitel XIII

Spirituelle Heilung im dritten Jahrtausend

Eröffnung einer modernen Mysterienschule in einem Tempel der Weisheit und Heilung

„O blinde Seele, bewaffne dich mit der Fackel der Mysterien, und du wirst in der irdischen Nacht deinen leuchtenden Doppelkörper, deine himmlische Seele entdecken. Folge diesem göttlichen Führer. Er möge dein Genius sein. Denn er bewahrt den Schlüssel zu deinen vergangenen und zukünftigen Existenzen."

(Anruf an die Eingeweihten nach dem ägyptischen Totenbuch)

Im Kapitel XIII lesen Sie etwas zu den Themen:

Das Orchester des Welttheaters wird gestimmt: Viele Initiierte heilen die Welt

Aber es gibt zu wenig Initiierte

Die Welt befindet sich in einer Krise. Noch niemals gab es so viele Kriege in der Welt wie heute. Wir haben zwar keinen neuen Weltkrieg, aber wir konnten es nicht verhindern, dass wir statt dessen so viele Kriege in der Welt haben, durch die mehr Menschen umkommen als durch die beiden vergangenen Weltkriege. Die Gewalt zwischen den Menschen nimmt ein unsagbares Ausmaß an. Warum? *Weil wir zu wenig Initiierte haben!*

Die Erde befindet sich in einer Krise. Das weltweite Abholzen der lebenswichtigen Wälder beunruhigt die Menschen für eine Weile, aber auch nicht mehr. Das ist ja auch nur die Spitze des Eisbergs. Und was geschieht darunter? Die Meere sind verunreinigt und die Flüsse vergiftet; die Luft ist verpestet und die Bodenschätze sind geplündert. Unzählige Pflanzen- und Tierarten, in Jahrmillionen entstanden, ersticken und sterben in wenigen Jahrzehnten völlig aus. Warum? *Weil wir zu wenig Initiierte haben!*

Der Mensch befindet sich in einer Krise. Als Ebenbild GOTTES geschaffen, hat er seinen Ursprung vergessen; er ist unmenschlich und größenwahnsinnig geworden. Alle seine Erfolge verkehren sich ins Gegenteil. Sein Streben nach Vollkommenheit hat sich zu einer unersättlichen Gier entwickelt, getrieben von der Angst, nicht genug vom Leben abzubekommen. Durch orale, materielle und intellektuelle Überfütterung versucht er vergeblich, seine Angst vor dem Tod zu verdrängen, oder er flieht in die Krankheit. Warum? *Weil wir zu wenig Initiierte haben!*

Wir wissen das alles seit Jahrzehnten: Weder die demokratisch gewählten Regierungen, der Club of Rome, die institutionellen Kirchen oder die New-Age-Bewegung noch die Umweltkonferenz in Rio, der Klimagipfel in Genf oder die Kongresse zur Rettung der Erde haben uns auch nur ein kleines Stückchen der Lösung nähergebracht. Alles wird nur noch schlimmer. Weltweite Symptomverschiebungen sind zu beobachten: Sind die Salmonellen der Hähnchen bekämpft, kommt dafür die Schweinepest; ist sie beseitigt, kommt der Rinderwahn. Ist das Schreckensgespenst eines Atomkriegs scheinbar besiegt, steigt ein neues am Horizont auf: AIDS. Immer fühlt der Mensch sich den übergroßen Schicksalsmächten gegenüber hilflos ausgeliefert — einsam wie ein Tischtennisball im tobenden Ozean. Warum? *Weil die Menschen nicht mehr initiiert sind!*

Der Initiierte stimmt sein eigenes Instrument

Wie können Initiationen eine Lösung bewirken? Was hat es eigentlich damit auf sich? Und wer ist ein Initiierter?

Jahrtausende alte hermetische Gesetze besagen, dass *alles* in der materiellen Welt Schwingung ist. Jeder, der sich eine längere Zeit mit dem Studium der Metaphysik beschäftigt, weiß, dass der Ton ebenso eine Schwingung ist wie das Licht — nur mit einer anderen Frequenz; und dass auch die radioaktive Strahlung ebenso eine Schwingung ist wie der Gedanke — nur mit einer anderen Frequenz. Die moderne Physik kann dies nachvollziehen, sie nähert sich dem Phänomen auf einem völlig anderen Weg und findet ebenso heraus, dass sich die kleinsten Bausteine der Atome nur noch durch die Frequenz der Schwingungen ihrer Ladung unterscheiden. Deshalb unternahmen die Alchimisten die vielen vergeblichen Versuche, die Frequenz der Schwingung von Blei zu erhöhen in der Hoffnung, es in Gold zu verwandeln. Diejenigen, denen es gelang, verloren ihre Freiheit. Die anderen aber, die dabei die Frequenz ihrer *eigenen* Schwingung erhöht hatten, waren plötzlich im Besitz des „Steins der Weisen“ — und schwiegen.

Die Initiation bringt den Menschen in eine andere Schwingung, und zwar in Einklang mit dem Kosmos. Der *Pilger* erkennt dadurch, dass er um seinen Lebenssinn weiß, er kennt die Frequenz seiner eigenen Schwingung, und er wird so zum Neophyten. Der *Neophyt* stimmt dann in einem Einweihungsritual die Frequenz seiner Schwingung mit der kosmischen Schwingung ab und wird so zum Initiierten. Der *Initiierte* kann von sich sagen, dass er das Schicksal besiegt und die göttliche Freiheit erobert hat. *Der Initiierte ist der Meister seines Lebens.*

Wenn man diese alten hermetischen Gesetze einmal innerlich verstanden hat, ist es ganz einfach: Weder ist die Welt krank, noch die Erde, noch der Kosmos. Was krank ist, ist einzig der Mensch. Hierzu ein Beispiel:

Die Harmonie eines Orchesters beruht auf der Tatsache, dass alle Musiker ihre Instrumente gestimmt haben. Der *eine Ton,* den die erste Geigerin oder der Konzertmeister vorgibt, hat auf der ganzen Welt die gleiche Schwingungszahl. Alle anderen Instrumente stimmen ein. Die Musiker spielen in vielen Orchestern nach den Ideen vieler Komponisten, so entstehen Akkorde nach den pythagoreischen Gesetzen der Harmonie der ganzen Zahlen, und die Zuhörer erfreuen sich am Kunstgenus. Sobald sich die Musiker aber nicht mehr nach dem *einen Ton* richten, wenn sie ihre Instrumente nicht mehr stimmen, kommt zunehmend Disharmonie in das Orchester. Irgendwann klingt es dann unangenehm, bald stimmt gar nichts mehr, und schließlich es ist nur noch grauenhaft. Das ist der Zustand, in dem die Menschheit sich jetzt befindet:

Jeder spielt, was er will, ohne sich mit dem *einen Ton* abzustimmen. Die Menschen sind orientierungslos.

Nun hat es keinen Sinn, eine Orchesterkonferenz abzuhalten (= Konferenz in Rio), oder dem Komponisten die Schuld zu geben (= GOTT anzuklagen, dass er das zulässt), oder die Instrumente zu reparieren (=medizinische Versorgung), oder das Orchester zu wechseln (=auszuwandern). Sinnvoll ist nur eines: jeder Musiker muss sein Instrument stimmen, *und zwar sein eigenes!* Er projiziert dann den Missklang nicht mehr nach außen, sondern er sucht und findet die Ursache für alle Disharmonien dieser Welt plötzlich bei sich selbst. Dann zieht er sich in sein stilles Kämmerchen zurück, so wie JESUS CHRISTUS dies in der Bergpredigt gesagt hat, und tut dort das, was er so lange versäumt hat: *er stimmt sich neu ein.* Dazu benutzt er einen Ton, der zeitlos und für alle gleich ist. *Das ist die Analogie zur Vorbereitung einer Initiation.*

So und nicht anders kommt Harmonie in die Welt. Die Ausrede: „Ja, ich als einzelner, was kann ich schon bewirken?" zählt nicht. Im Gegenteil, sie hindert daran, das Notwendige zu tun. Es gibt nur einen Ton, auf den der Musiker sein Instrument einstimmen muss. — Es gibt nur EINEN GOTT, auf den der Mensch sich einstimmen muss. Ist der Mikrokosmos geheilt, dann ist es auch der Makrokosmos.

Diese sehr einfachen Wahrheiten sind das Produkt antiker Mysterienschulen, die damals den Monotheismus hervorgebracht haben. Ist dies einmal verstanden, kann es so viele Religionen auf der Welt geben wie es Menschen gibt. Einzige Vorbedingung ist: es müssen *monotheistische* Religionen sein. Jeder findet dann seinen eigenen Weg zu dem EINEN GOTT.

Initiierte der Vergangenheit

Die Geschichte lehrt uns, dass eine Kulturepoche immer dann von sehr kurzer Dauer war, wenn die Königsgewalt die Geistlichkeit unterdrückt hat. Wenn aber die Mysterienschulen funktionierten, wenn die Geistlichkeit die Königsmacht diszipliniert hat, dann erblühten die Kulturen wie zum Beispiel die ägyptische viele Jahr-tausendelang. *Denn da gab es genügend Initiierte.*

Abessinien, Assyrien, Äthiopien, Babylon, Chaldäa, Griechenland, Indien, Judäa, Libyen, Nubien, Mesopotamien, Persien, Phönizien und Rom — alle diese Weltreiche und Hochkulturen existierten immer nur wenige Jahrhunderte. Ägypten aber überdauerte Jahrtausende. Und wie oft war auch die nationale Existenz Ägyptens in Frage gestellt! Aber Ägypten hatte eine lebensspendende Seele: eine organisierte Bruderschaft von Eingeweihten, Hüter der uralten Wissenschaft der hermetischen Gesetze. *Das waren Initiierte.* Heute sucht man Hochkulturen vergebens. Es gibt keine mehr.

Wesentlich älter als die Pyramiden, auf zwölftausend Jahre, also noch vor der Sintflut, schätzt man das Alter des Sphinx von Gizeh, jenes symbolischen Tieres auf dem Granitfelsen zu Füßen des libyschen Gebirges. Ein Menschenkopf tritt aus einem Stierkörper, mit den Krallen eines Löwen und den Flügeln eines Adlers. Der Hauch uralter Mysterienweisheiten schlägt uns entgegen. Der Sphinx hat die Lösung des Rätsels der menschlichen Existenz, die conjunctio oppositorum der vier alchimistischen Elemente, die uns bis auf den heutigen Tag im Symbol des Kreuzes immer wieder begegnet. Zehntausend Jahre vor der Vision im Buch Ezechiel oder der Offenbarung des Johannes meißelten ägyptische Priester die Symbole der „MAJESTÄT GOTTES" in den Stein: Sie blickten zum Himmel und übertrugen die Botschaft des fixen Kreuzes des astrologischen Tierkreises in die Materie: Löwe, Skorpion, Wassermann und Stier, die Sinnbilder der vier Elemente des Makrokosmos, verkörperten den Mikrokosmos, den Menschen. *Das waren die Initiierten.*

Die geheimen Lehren der ägyptischen Mysterien sind der Ursprung dreier Weltreligionen. Moses lebte vierzig Jahre lang am Hof des Pharao Ramses II., erhielt Unterricht in den Sonnentempeln des Ammon-RA in Memphis, wirkte dann als Priester des Osiris, der kleinen Mysterien, und wurde schließlich ein Eingeweihter der geheimen GROSSEN MYSTERIEN Ägyptens. Dort kam Moses in Berührung mit der ersten monotheistischen Religion, eine bis dahin nur für Eingeweihte zugängliche Religionsform, welche auf den wenige Jahrhunderte zuvor lebenden Pharao Echnaton zurückgeht. Daraufhin führte Moses sein Volk aus der Knechtschaft der Staatsreligion des Ramses II. heraus, um den Monotheismus in die Welt zu tragen.

Die Bibel erzählt uns im Buch Exodus die Geschichte, wie Moses den Berg Sinai bestieg. „Der Berg Sinai war ganz mit Rauch bedeckt, weil der Herr im Feuer auf ihn herabgekommen war..... Der ganze Berg zitterte gewaltig....." (Kapitel 19 ab Vers 18). Anschließend verkündete Moses seinem Volk den Bund, den er mit dem EINEN GOTT geschlossen hatte. Er gab den Israeliten die Zehn Gebote weiter, die er auf steinernen Tafeln in der Bundeslade verwahrte, und die das reibungslose Zusammenleben des auserwählten Volkes ermöglichten. „Das ganze Volk nahm die Donnerschläge, die Blitze, den Posaunenschall und den rauchenden Berg wahr; da fürchteten sich die Leute, zitterten und blieben von fern stehen....." (Kapitel 20, Vers 18). Und dieses waren die *kleinen Mysterien,* die sogenannten „schönen Geschichten für das Volk". Obwohl dies nur der *exoterische Teil* des Bundes war, war er doch immerhin das Samenkorn für dreieinhalbtausend Jahre Judentum, zweitausend Jahre Christentum und fünfzehnhundert Jahre Islam.

Die *wahre Initiation* des Moses aber steht zwischen den Zeilen: Der *esoterische Teil* der Zehn Gebote war sehr viel wichtiger. Die GROSSEN MYSTERIEN enthielten auch das Schöpfungswort, das im Allerheiligsten verwahrt wurde und nur einmal im Jahr von drei auserwählten Priestern in der Verborgenheit ausgesprochen werden durfte. Dieses *Wort* ging später bei der Zerstörung des Salomischen Tempels verloren — und mit ihm der Schlüssel zu den göttlichen Geheimnissen. Seither bemühen sich alle Mystiker darum, das verlorene Wort wiederzufinden.

Moses war ein Initiierter.

Durch JESUS CHRISTUS, lange durch die Propheten angekündigt, ging das Samenkorn des Moses nach einer „Inkubationszeit" von eintausendzweihundert Jahren auf und brachte reiche Frucht. Gemessen an dieser Sternstunde der Menschheit erscheinen uns andere Ereignisse plötzlich bedeutungslos: geschichtliche Daten wie der Untergang Roms, die Schlacht bei Waterloo oder die Gründung der Vereinigten Staaten von Amerika, orientieren sich in unserem Kulturkreis immer an dem einen Ereignis, nämlich der Geburt JESU CHRISTI. Eine Jahreszahl sagt aus, ob etwas *vor* Christi Geburt oder *nach* Christi Geburt geschehen ist. JESUS CHRISTUS ist die absolute Zeitenwende, astrologisch und geschichtlich.

JESUS CHRISTUS, der Sohn GOTTES, war der größte der Initiierten.

Die Initiierten der Neuzeit

Doch wo sind die Initiierten von heute? Gibt es sie noch? Die Antwort ist, wie es sich für ein Orakel gehört: JA und NEIN.

JA! Auch heute gibt es noch Mysterienbünde, Arkanbruderschaften und spirituelle Orden, welche das alte Wissen sorgfältig hüten, pflegen und weitergeben. Johann Wolfgang von Goethe sowie fast alle großen Dichter und Denker der Aufklärung waren Freimaurer. George Washington und weitere 50 der 55 Mitglieder der konstituierenden Nationalversammlung als Unterzeichner der amerikanischen Unabhängigkeitserklärung sowie sämtliche Gouverneure der 13 Mitgliedsstaaten waren praktizierende Mystiker.

Das Staatssiegel der U.S.A. enthält demzufolge auch die Pyramide mit dem Horusauge, und der Wortlaut der amerikanischen Verfassung, Vorbild für viele demokratischen Verfassungen und auch für das bundesdeutsche Grundgesetz, ist in seinem Wortlaut den Alten Pflichten der Freimaurerei entnommen.

Die Orden gibt es heute noch. Sie führen auch Initiationen durch. Doch sind diese Menschen dann Initiierte? Ich habe da meine Zweifel. Jede wahre Initiation schließt eine Todeserfahrung ein, aber dem Neophyten wird heutzutage vorher hinter vorgehaltener Hand bedeutet, es sei ja nur ein Spiel, und bisher hätten alle Menschen den Tempel wieder lebendig verlassen. War es dann eine Initiation? NEIN!

Es scheint so, als gäbe es wohl tatsächlich keine Initiierten mehr. Doch da hat ein Mensch plötzlich einen Verkehrsunfall. Klinisch tot hat er Visionen vom Leben nach dem Leben. Dann wird er reanimiert, und Glück, Schmerz und Trauer brechen zu gleichen Teilen über ihn herein: das Glück, diese unbeschreibliche Vision gehabt zu haben, der Schmerz, in den materiellen Körper zurückkehren zu müssen, und die Trauer darüber, was er aus seinem Leben bisher gemacht hat. Er wird nachdenklich, zieht sich zurück — und ändert sein Leben. War das eine Initiation? JA!

Sie sehen, liebe Leserinnen und Leser, aus JA wird NEIN, aus NEIN wird JA. Gibt es heute noch Initiierte? Sicher! Wo sind sie? Ich weiß es nicht. Also doch nicht? Die Wahrheit liegt wahrscheinlich in der Mitte. Aber eines weiß ich sehr genau: *Es gibt zu wenig Initiierte.*

Die Pilger im ***Hexagramm-Programm***® haben an einer Initiation teilgenommen. Es war nicht nur das eine große Ritual, sondern der gesamte rituelle Ablauf in den Wochen vorher und in den sieben Tagen, der die Initiation ausmachte. Aber sind sie nun Initiierte?

Das hängt von ihnen selber ab. Noch während die Pilger draußen vor den Toren des Tempels warteten, hörten sie von drinnen bereits Stimmen. Sie wurden noch einmal eindringlich ermahnt: „Dieses Ritual ist eine Einweihungshandlung. *Aber ihr könnt in Wahrheit niemals Weihe empfangen, wenn ihr euch nicht selber weiht!*“ Die Initiation ist ein innerer Vorgang.

Mit vielen der ehemaligen Pilger bleibe ich auch nach dem Seminar in Verbindung. Die meisten von ihnen haben Heilung der Seele, Gesundung des Körpers oder äußeren und inneren Frieden gefunden. Und sogar die Umwelt nimmt an ihrer Metamorphose teil. Oftmals genügt es, wenn nur einer aus der Familie initiiert st, und für die anderen Menschen im näheren Umfeld vollziehen sich ebenfalls Individuationsprozesse. Dass sich dieses nicht immer ohne Schmerzen vollzieht, ist jedem Initiierten klar. Aber die Initiation ist der Beginn eines Weges, den die Pilger immer weiter und weiter beschreiten.

Nun brauchen nicht alle Menschen Initiierte zu sein, und das wird auch niemals so geschehen. Aber wenn es in einem Gemeinwesen nur etwa 5% Initiierte gibt, dann geht es den anderen 95% Menschen einfach besser. Sinkt hingegen der Prozentsatz der Initiierten um ein oder zwei Prozentpunkte ab, dann steigt das Krankheits-geschehen und die Kriminalitätsrate der anderen um zehn oder zwanzig Prozent an. Das sind uralte esoterische Weisheiten, hermetische Gesetze, die in der heutigen Zeit durch statistische Untersuchungen leicht nachgewiesen werden können.

Die Vergangenheit lehrt uns, dass weder die politischen Führer noch die geistlichen Würdenträger Heilung für die Welt und die Erde bringen. Auch die vagen Versuche der Pseudo-Esoteriker helfen nicht weiter. Und ebenso wissen wir, dass auch die heutigen Priester, Mediziner und Psychologen nicht heilen können. Es bleibt uns nur eine Möglichkeit: Der einzelne Mensch kann Heilung für sich schaffen. Er zieht sich wie ein Musiker in sein stilles Kämmerlein zurück und stimmt sich neu ein. Er horcht auf den einen Ton, auf den EINEN GOTT, und dann bringt er sein Instrument in diese Schwingung.

Der monotheistische Gedanke als höchste Form der Religion hat als Ziel, die Menschheit unter EINEM GOTT und einem Gesetz zu einen. Solange aber die Wissenschaftler GOTT leugnen, und solange die Theologen dem materialistischen Wissenschaftsbild nur eine kindlich naive Idee von Religion entgegensetzen können statt einer Mysterienweisheit, werden Frieden, Einheit, Freiheit und Gerechtigkeit auf unserem Planeten nur ein frommer Wunsch bleiben.

Dennoch kann jeder dieses Ziel erreichen. Der einzelne Mensch muss wieder damit beginnen, die Mystik des Monotheismus, oder besser des Christentums, als die höchste Stufe der Religionen zu erkennen. Er muss wieder bereit sein, selbst Verantwortung für sich zu übernehmen und *sein eigenes Kreuz* zu tragen. *Das ist der Weg zur Initiation.*

Die kleinen Mysterien = naive Geschichten für das Volk
DIE GROSSEN MYSTERIEN = wahre Erkenntnis

Schon die Institutionen in der Antike haben immer zwischen den *kleinen* und den GROSSEN MYSTERIEN unterschieden. Sie erkannten die Notwendigkeit zweier Lehren, einer *öffentlichen* und einer *geheimen.* In der Verborgenheit der Tempel und später der Kirchen bewahrten die Priester das heilige Vermächtnis der geistigen Wissenschaften und der antiken Traditionen als die GROSSEN MYSTERIEN. Die *kleinen* Mysterien waren dazu da, die Liebe der Menschen zur Religion zu erhalten.

Was ist nun der Unterschied zwischen den *kleinen Mysterien* und den GROSSEN MYSTERIEN? Nehmen wir als Beispiel das vierte der Zehn Gebote, welche Moses von GOTT erhalten hatte. „Ehre deinen Vater und deine Mutter, damit du lange lebst in dem Lande, das der Herr, dein Gott, dir gibt.“ (2. Buch Moses, Kapitel 20, Vers 12). Über dreitausend Jahre wurden mit diesem Gebot die Kinder zu Gehorsam erzogen und angehalten, ihre Eltern zu ehren. Das ist zwar edel und auch sinnvoll, um die Ordnung in der Gemeinschaft aufrechtzuerhalten, aber diese Auslegung ist nur ein Teil der Aussage, der *exoterische* Teil, das *kleine Mysterium.*

Doch hinter den GROSSEN MYSTERIEN verbergen sich tiefe *esoterische* Wahrheiten, und diese wurden gehütet und geschützt. In diesem esoterischen Sinn meint das vierte Gebot mit „Vater und Mutter“ die beiden höchsten Prinzipien der polaren Welt: *Vater,* das ist das aktive, schöpferische, solare Geistprinzip; *Mutter,* das ist das empfangende, rezeptive, lunare Mondprinzip. Wir sollen also Gott-Vater und Mutter-Erde ehren.

In den alten Mysterienschulen wurden Sonne und Mond, die großen Lebenslichter, als Sinnbilder des ewig waltenden Polaritätsgesetzes verehrt. Dieses Polaritätsgesetz finden Sie überall in der Schöpfung als Tag und Nacht, Plus und Minus, Leben und Tod. Da gab es die berühmte *tabula smaragdina* des Hermes Trismegistos, des dreimal weisen Meisters, die unter anderem einen Text enthielt, der das ganz klar zum Ausdruck bringt: „Siehe, das Oberste kommt vom Untersten, und das Unterste vom Obersten; ein Werk der Wunder *von einem Einzigen.* Wie die Dinge alle von diesem Grundstoff durch *ein einziges Verfahren* entstanden sind. Sein Vater ist die *Sonne,* die Mutter der *Mond;* der Wind hat ihn in seinem Bauch getragen, die Erde hat ihn ernährt.“

In Bezug auf Krankheit und Heilung bedeutet die esoterische Auslegung des vierten Gebots folgendes: Jede Krankheit hat einen *Vater* und eine *Mutter.* Der *Vater* ist das Geistprinzip, aus dem heraus das geistige Symptom entsteht, die *Mutter* ist die Materie, die Reflexion darauf, die Manifestation im Körper. Im Beispiel der Grippe vertritt der Archetyp Mars das verletzte Geistprinzip für mangelnde Aktivität und Durchsetzung und ist somit der *Vater* der Grippe, die Grippeviren als Krankheitserreger übernehmen den Part der *Mutter,* die das Symptom „auszutragen“ hat, das heißt in die materielle Manifestation bringt. Dieses Beispiel können Sie auf alle Krankheiten übertragen.

Da die antiken Heiler meistens Eingeweihte in die GROSSEN MYSTERIEN waren, konnten sie wahrhaft heilen, weil sie wussten, dass die Heilkräfte von der Sonne, vom Geist, vom Bewusstsein ausgehen, und dass diese auf die Materie, auf den Körper wirken, ebenso wie der Mond sein Licht von der Sonne empfängt.

Dank einer strengen Organisation wurde in den antiken Mysterienschulen die esoterische Lehre vor Profanisierung durch das unbewusste Volk geschützt und die GROSSEN MYSTERIEN bis heute bewahrt. Den Neophyten, die den Zugang zu den GROSSEN MYSTERIEN begehrten, wurden lange sittliche Prüfungen auferlegt, sie mussten unüberwindliche Hindernisse überwinden und furchtbare Gefahren für ihr Leben in Kauf nehmen, um initiiert zu werden. Man verlangte das Gelübde des Schweigens, und wer auch nur das Geringste verriet, wurde unerbittlich zum Tode verurteilt. Die Strafen wurden auch gnadenlos vollstreckt.

Dann aber erschien JESUS CHRISTUS, und Er hat *alle* Menschen eingeladen, an den GROSSEN MYSTERIEN teilzuhaben. Er hat sich in Seinen letzten

Worten vor Seiner Himmelfahrt ganz klar ausgedrückt: „Geht hinaus in die Welt, und verkündet das Evangelium allen Geschöpfen. Wer glaubt und sich taufen lässt, wird gerettet; wer aber nicht glaubt, wird verdammt werden." Mit diesen Worten beauftragte Er die Apostel, allen Menschen das Evangelium, und zwar die GROSSEN MYSTERIEN, zu offenbaren. Und Er sprach weiter: „Und durch die, die zum Glauben gekommen sind, werden folgende Zeichen geschehen: *In meinem Namen werden sie Dämonen austreiben, sie werden in neuen Sprachen reden; wenn sie Schlangen anfassen oder tödliches Gift trinken, wird es ihnen nicht schaden; und die Kranken, denen sie die Hände auflegen, werden gesund werden."* (Markus, Kapitel 16, Vers 15-18).

Hier liegt ein eindeutiger Heilungsauftrag vor: Dämonen austreiben und Hände auflegen, und zwar von den selben Personen, den Aposteln. Doch die Institutionen der Kirche sind sehr weit von dem Auftrag ihres Meisters abgekommen (sie treiben keine Dämonen mehr aus) und überlassen die Heilung den weltlichen Organisationen (...und nicht gerade den geeignetsten).

In dem Buch DIE GEHEIMEN LEHREN JESU schrieb der Imperator des Rosenkreuzerordens, Dr. phil. H. Spencer Lewis, F.R.C.: „Dass Jesus über ein seltenes, geheimes, göttliches bzw. spirituelles, aber auch über ein im modernen Sinne fast wissenschaftlich begründetes Wissen verfügte, das es ihm ermöglichte, Wunder zu vollbringen und seine geheime Macht auf andere Menschen zu übertragen, ist ebenso unverkennbar, wenn wir nur bestimmten Stellen des Neuen Testaments unsere besondere Beachtung schenken und deren Aussagen richtig auffassen....... Dass die frühchristliche Kirche sich besonders zwei Aufgaben widmete — nämlich zu predigen und zu lehren, aber auch praktisch zu wirken *und zu heilen,* steht außer Frage;.... auch dass die christliche Kirche heute diese Prinzipien der Heilung nicht mehr praktiziert oder demonstriert, sondern sich fast ausschließlich auf das Predigen und Lehren beschränkt. Dies zeigt uns, dass die christliche Kirche unserer Tage, wie auch schon der vergangenen Jahrhunderte, entweder die gute Hälfte ihres großen Werkes völlig preisgegeben hat, oder dass Teile des geheimen Wissens, über das die ersten Christen noch verfügten, nicht durch die Jahrhunderte von Priester zu Priester, von Gemeinde zu Gemeinde weitergegeben worden sind."

Der von JESUS CHRISTUS aufgezeigte Weg ermöglicht die vollständige Wiedererneuerung der Menschheit. Nicht die kindlich naive und mitleiderregende Darstellung der Kreuzigung als Justizirrtum an einem Unschuldigen, sondern Sein mystischer Initiationsweg von der Taufe über die Kreuzigung zur Auferstehung ist für jeden reifen Menschen akzeptabel und gangbar, denn er erwirkt in der menschlichen Natur das harmonische Zusammenwirken der vier gegensätzlichen Elemente, von Willen, Gefühl, Intuition und Vernunft, d.h. von Feuer, Wasser, Luft und Erde. Der christliche Initiationsweg, dargestellt durch die GROSSEN MYSTERIEN DES CHRISTENTUMS, schafft Gesundheit, Glück und Weisheit. CHRISTLICHE MYSTIK erweckt die schlafende Seele zu unbegrenzten Möglichkeiten und führt das Denken in die schwindelerregenden

Höhen des Geistes.

Es ist nun allerhöchste Zeit umzukehren und die Schleier um die Geheimnisse der GROSSEN MYSTERIEN zu lüften. Es ist Zeit, den ersten Schritt zur wahren Heilung der Welt zu tun.

Ich habe die Erfahrung gemacht: Menschen, die mit Religion nichts zu tun haben wollten, die aus der Kirche ausgetreten waren, weil sie sich inhaltlich einfach nicht angesprochen fühlten, wurden während des ***Hexagramm-Programm***®s nach anfänglicher Überwindung innerer Widerstände plötzlich hellwach, als sie die Botschaften der Bibel in einem völlig anderen, in einem esoterischen Licht erkannten. Dabei wurde der dreifache Schleier zu den wahren GROSSEN CHRISTLICHEN MYSTERIEN nur ein ganz kleines bisschen gelüftet.

Der 8. Planet bricht das Schweigen: Uranus lüftet die Geheimnisse

Bei der astrologischen Analyse größerer Zeiträume wird der Frühlingspunkt herangezogen. Dieser wandert rückwärts durch den Tierkreis mit einer Geschwindigkeit von einem Grad innerhalb von 72 Jahren. Um ein ganzes Tierkreiszeichen von 30 Grad zu durchlaufen, benötigt er etwas mehr als zweitausend Jahre, oder, fachmännisch ausgedrückt: Der „Präzessionszyklus der Äquinoxe" benötigt für den vollen Durchlauf durch den gesamten Tierkreis einen Zeitraum von fast sechsundzwanzigtausend Jahren.

Es gilt allmählich auch unter den Wissenschaftlern als sicher, dass die Geschichte der Menschheit nicht 7000 Jahre alt ist, wie bisher angenommen, sondern mehr als 25 000 Jahre. Die Zeitangaben werden laufend nach oben hin korrigiert, so zum Beispiel das Alter des Sphinx von Gizeh, das inzwischen mit 12 000 Jahren angenommen wird. Durch irdische Vorgänge wie Magnetfeldsprünge und Polverschiebungen oder kosmische Vorgänge wie Asteroideneinschläge wurden immer wieder Katastrophen ausgelöst, welche die Menschheit fast völlig auslöschte, wodurch die Wissenschaft falsche Schlüsse zog. Das letzte Ereignis mag der Untergang des dem Löwezeitalter zugeordneten sonnenhaften und mächtigen Kontinents Atlantis gewesen sein, dessen Staatssiegel das Zeichen des *Löwen* trug, und der nach sintflutartigen Überschwemmungen im Meer *(=Krebs)* versank, welches als atlantischer Ozean noch seinen Namen trägt. Dies geschah, als der Zeiger der Weltenuhr 9000 Jahre vor Christi Geburt das *Löwezeitalter* verließ, um in das *Krebszeitalter* einzutauchen.

Werfen wir jetzt einen Blick auf die Weltenuhr. Welche Zeit ist es? Dieses

Äon begann mit der Geburt JESU CHRISTI. Der Frühlingspunkt hatte den Nullpunkt überschritten, das Tierkreiszeichen Widder verlassen und war in das Tierkreiszeichen Fische eingetreten. Der Zeiger (der Frühlingspunkt) des derzeitigen platonischen Jahres steht nun 2000 Jahre später im Übergang von den *Fischen* in den *Wassermann.*

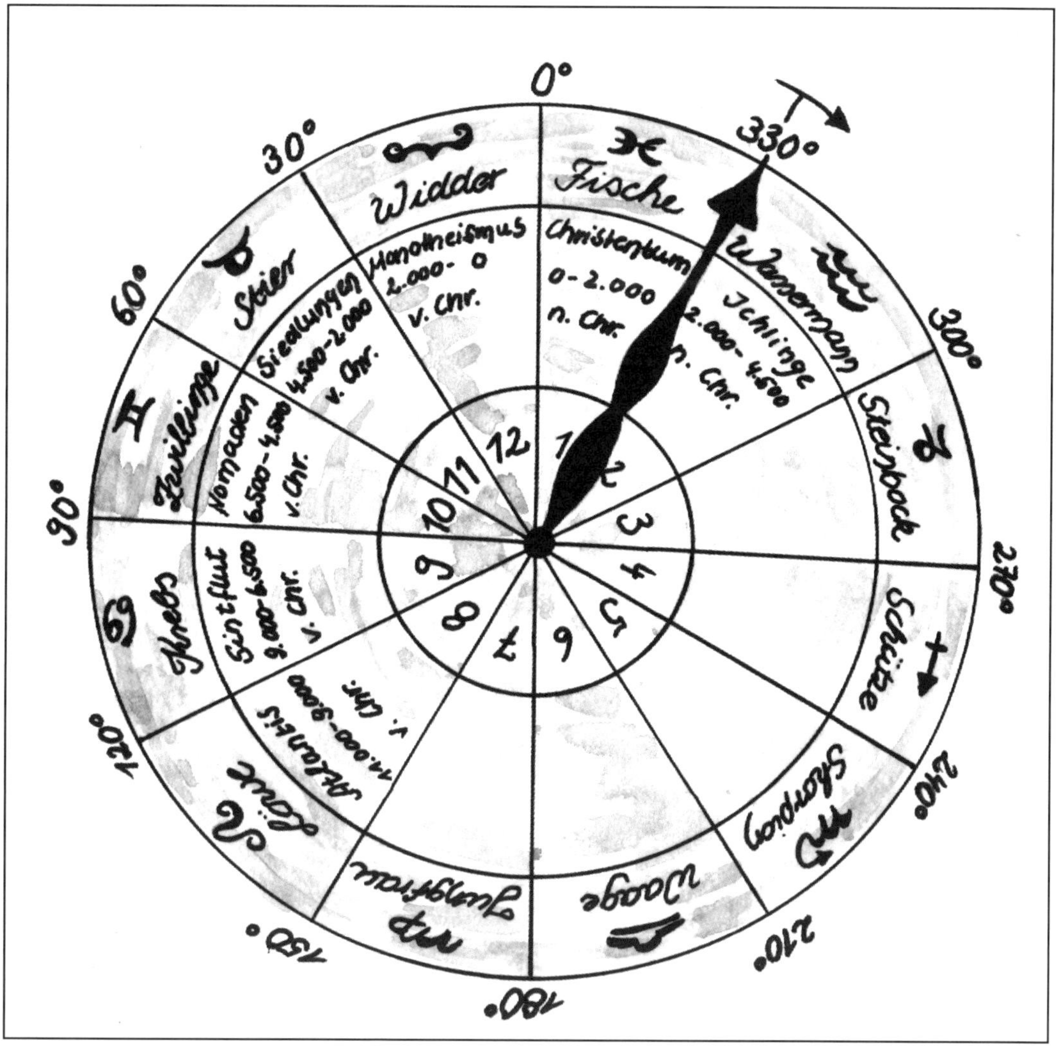

Würde man die 12 Felder (Zeitabschnitte) dieser Weltenuhr, beginnend bei Christi Geburt, ebenfalls wie „Häuser“ behandeln, wie das in der Astrologie üblich ist, dann hieße das 1. Feld „Fische“, was so gedeutet werden kann: Das Anliegen (Aszendent) an diese Menschheitsepoche ist für die nächsten sechsundzwanzigtausend Jahre Religion, Vergeistigung, Spiritualität, Transzendenz und Mystik (Fische). *Jetzt* ist der Zeiger der Weltenuhr seitdem um etwa dreißig Grad weiter vorgerückt. Damit ist er auch in das zweite Feld (das 2. Haus) gelangt, was bedeutet, dass dieses Anliegen (Fische = Spiritualität) nun zum festen Bestand in die Materie (2. Haus) gebracht werden muss. Vor der Menschheit steht diese scheinbar unlösbare Aufgabe, die einen Widerspruch in sich zu tragen scheint: *Religion, Vergeistigung, Spiritualität, Transzendenz* und *Mystik* (Fische-AC) sollen auf dem harten Boden der Realität zu Substanz und Fundus (2. Haus) werden.

Die Lösung, wie das zu geschehen hat, wird durch die Deutung und die Bedeutung der Sterne gleich mitgeliefert: Das 2. Feld steht bei dieser platonischen Betrachtung im *Wassermann* (Wassermannzeitalter). Der *Wassermann* regiert die aufziehende Menschheitsepoche für die nächsten zweitausend Jahre. Das heißt: mit *Mut zu etwas Neuem* alte Strukturen *zerbrechen,* mit *Einfallsreichtum* und *Erfindungsgabe Grenzen überschreiten,* sowie mit *geistiger Kreativität, Intuition* und *Geistesblitzen neue Wege* beschreiten.

Was bedeutet diese kosmische Konstellation zur Jahrtausendwende für die Aufgabe, Spiritualität (Fische) auf außergewöhnliche Art (Wassermann) zum festen Bestand (2. Feld) zu machen? Folgendes Beispiel: Als in der Antike der große griechische Gelehrte Pythagoras in die Mysterien eingeweiht worden ist, wurde er von den ägyptischen Priestern im Tempel zu Memphis zweiundzwanzig Jahre (!) geprüft, durchschritt dort alle sieben planetarischen Zyklen, und man setzte über einhundert Mal sein Leben aufs Spiel. Aber Pythagoras vertraute seinem Stern, der ihn leitete. Anschließend war er noch weitere zehn Jahre in den Tempeln von Babylon, ehe er nach drei Jahrzehnten nach Delphi zurückkehrte. Diese Art der Initiation, wenn auch sehr sinnvoll, erscheint für den heutigen Menschen nicht mehr zumutbar, und es bleibt die Entscheidung, gar nicht mehr zu initiieren und dem Verfall seinen freien Lauf zu lassen, oder darauf zu vertrauen, dass die Seele reifer und der Mensch erwachsener geworden ist.

Der Herrscher des Wassermann-Zeitalters ist *Uranus, der 8. Planet. Uranus* fordert in *außergewöhnlichen* Situationen *außergewöhnliche* Schritte. Tiefgreifend und umwälzend bricht seine elementare Kraft über das Alte herein. Total überraschend, voller Dynamik, wird die Menschheit mit etwas Neuem konfrontiert. Die besondere Konstellation lässt die Fähigkeit in uns zu einem gewaltigen Mutationssprung erkennen. Jeder, der sich heute auf den spirituellen Weg macht, kann durch innere Arbeit und geeignete Rituale Teile der GROSSEN CHRISTLICHEN MYSTERIEN erfassen. Gelingt dies, und meine Erfahrungen sprechen dafür, dann kann der Suchende Initiation erfahren.

Die entscheidende Frage ist nun: Werden die Zeichen der Zeit erkannt? Zwei-tausend Jahre lang seit Christi Geburt gaben sich die Gläubigen mit den *exoterischen* Lehren der Religion zufrieden. In den Bibliotheken des Vatikans aber werden die *esoterischen* Wahrheiten der GROSSEN MYSTERIEN streng gehütet, ebenso wie in den Archiven einiger Orden und in den Köpfen aufgeklärter Zeitgenossen.

Werden die Kirchen, die Logen oder die Orden wie einst JESUS CHRISTUS den heute notwendigen Weg gehen und die Geheimnisse der GROSSEN MYSTERIEN DES CHRISTENTUMS zum Wohle und als Chance für das Überleben der Menschheit enthüllen? Diese Frage kann ich nicht beantworten.

Aber ich kann eine Entscheidung für mich treffen: Ich erkenne den Bezug der jetzigen kosmischen Konstellation auf mein persönliches Geburts-Horoskop. Der *Wassermann* steht im 6. Haus (dem Feld des Berufs), sein Herrscher, der *Uranus,* hat sich in das 9. Haus (dem Feld der Religionen und des Lebenssinns) begeben.

Diese Erkenntnisse aus dem Blick zu den Sternen geben mir nicht nur das Recht, sondern sie fordern von mir, das Meine beizutragen, dass der Umgang mit den GROSSEN MYSTERIEN den dringenden Erfordernissen der heutigen Zeit angepasst wird: Damit ist es die rechte Zeit, mir die Freiheit zu nehmen, einen neuen Weg zu gehen. Aufbruch und Wiederentdeckung der geistigen und religiösen Werte.

Wiederaufbau einer Mysterienschule zur Unterweisung in westlicher Mystik

Auszug aus einem Ritual, welches den Wiederaufbau einer Mysterienschule vorbereitet:

Der Priester:
Welche Zeit ist es?

Die Hüterin der Schwelle:
Die Äquinoxe, der Frühlingspunkt, ist vorgerückt und steht am Rande des Wassermanns. Die Menschheit ist von Finsternis umgeben.

Der Priester:
Warum sprichst du so?

Die Hüterin der Schwelle:
Ein neues Zeitalter bricht an, aber die Menschen gehen auf den Abgrund zu.
Ihre Augen sind geöffnet, dennoch sind sie blind. Werden sie nicht zu Sehenden, dann stürzen sie in den Abgrund.

Der Priester:
Wie können ihnen die Augen geöffnet werden?

Die Hüterin der Schwelle:
Durch INITIATION. Das neue Wassermannzeitalter steht dem atlantischen Löwezeitalter polar gegenüber. Das Karma jener Kultur gilt es nun zu bearbeiten. Die GROSSEN MYSTERIEN DES CHRISTENTUMS weisen den Weg.

Der Priester:
Siehst du noch weitere Zeichen am Himmel?

Die Hüterin der Schwelle:
O ja! Der mittlere Zyklus besagt: Der Planet Pluto ist auf seiner Umlaufbahn in das Zeichen des Schützen getreten.

Der Priester:
Und was bedeutet das?

Die Hüterin der Schwelle:
Pluto, der Herr des Hades und der Hölle, hat den Olymp, den Himmel, bestiegen, um dort das Unterste nach oben zu kehren. Es ist die Zeit, da Säulen stürzen.

Der Priester:
Siehst du noch weitere Zeichen am Himmel?

Die Hüterin der Schwelle:
O ja. Der kürzere Zyklus besagt: Uranus, der Herrscher des Wassermann, ist in sein Domizil zurückgekehrt.

Der Priester:
Und was bedeutet das?

Die Hüterin der Schwelle:
Die Neuzeit bricht herein. Uranus stellt den Ausgleich zwischen dem kleinen individuellen Bewusstsein und dem göttlichen kosmischen Bewusstsein her. Die plötzlichen Veränderungen sind keine Zufälle mehr, sondern das Ergebnis einer genialen Intuition kosmischer Gesetzmäßigkeiten.

Der Priester:
Somit ist es die rechte Zeit zum Handeln. Lasst uns denn an die Arbeit gehen.

Das Lüneburger Institut für Esoterik und Bewusstseins-Erweiterung wird auf der Basis eines gemeinnützigen Vereins einen Heilungstempel bauen, und zum Wohle der Menschheit nach antikem Vorbild eine Mysterienschule eröffnen, um den Menschen die großen Geheimnisse der westlichen *Mystik* zu lehren.

Diese Einrichtung steht allen Menschen offen, die eine INITIATION erleben wollen — oder die durch eine ***Offenbarungstherapie***® oder durch die Teilnahme am ***Hexagramm-Programm***® spirituelle Heilung erfahren wollen, weil sie unter chronischen körperlichen Symptomen oder schmerzhaften seelischen Verletzungen leiden — oder die als Ärzte, Heilpraktiker und Therapeuten, als sonstige Angehörige von Heilberufen oder aus eigenem Wissensdrang die ***Spirituelle Astromedizin*** und die sich daraus ergebenden Therapieverfahren in Theorie und Praxis erlernen möchten.

Eine einzige Woche gilt es zu investieren, und der Mensch ist nicht mehr der gleiche wie vorher. „Traurig grüßt derjenige, der ich hätte sein können, denjenigen, der ich geworden bin." Damit soll es nun zu Ende sein. Wenn sich ein Mensch darauf einlässt, sich einmal im Leben sieben Tage lang intensiv mit den GROSSEN MYSTERIEN zu befassen, und zwar *nicht* durch Lesen, Forschen oder Informieren, sondern durch *eigenes Erleben,* dann wird sich sein Weltbild plötzlich vervollständigen, und sein gesamtes Tun und Handeln im normalen, alltäglichen Leben bekommt eine viel höhere Qualität.

Diese Menschen werden zu *Mystikern,* und sie werden andere anstecken, die sich dann ebenfalls auf den Weg machen. In wenigen Jahrzehnten sieht unsere Erde ein kleines bisschen heiler aus.

Mystik ist eine Art des Glaubens, die auf einen GOTT als etwas Höheres, Überpersönliches oder Unendliches gerichtet ist. Sie ist aber niemals an Institutionen oder weltliche Gesetze gebunden. Die individuelle Gottesvorstellung bleibt unangetastet. Ein wahrer *Mystiker* unterwirft sich mit seinem Denken und Wollen der höchsten göttlichen Instanz, die so unendlich größer ist als er selbst. Aber er unterwirft sich auch nichts Geringerem.

Fast jeder Mensch hat sich einmal gefragt: Wo komme ich her? Wo gehe ich hin? Und damit stellt er sich die Frage nach seiner ureigenen, Jahrtausende alten Persönlichkeit. Wer seine eigene Religiosität mit seinen ureigenen Inhalten erfüllt, ist weder ein Sklave Gottes noch ein Sklave von Dogmen. Ein Akt blinden Gehorsams kann niemals sittlichen oder religiösen Wert haben. Deshalb soll jeder Mensch seine eigene Moral in voller Freiheit aus seinem Inneren und seinem eigenen Gewissen heraus suchen und somit erfahren, was seine unsterbliche Seele, die seine wahre Individualität ist, in dieser Inkarnation lernen und bewirken möchte. Wer dieses realisiert, tut den größten Dienst an seiner Seele und führt ein gottgefälliges Leben.

Charakteristisch für die *Mystik* sind rituelle Gebräuche, und bedeutsam ist der Gebrauch von Symbolen. Die *Mystik* macht auf sinnlich-anschauliche Weise das Göttliche gegenwärtig. Die *Mystik* weiht unter dem Schleier der Geheimnisse stufenweise in die höchsten und heiligsten Wissenschaften und Lehren ein. Sie bestehen aus der Kenntnis der sichtbaren und der unsichtbaren Kräfte des Universums und deren offenbaren und geheimen Wirkungen.

Ein sakrales Gebäude ist eine Arche, eine göttliche Ausprägungsform der Mystik

Schon heute nehmen einige Menschen durch ihre Teilnahme am ***Hexagramm-Programm***® die Möglichkeit zur Initiation wahr, oder sie kreieren sich über das Therapieangebot körperliche und psychische Gesundheit und ein seelisches und geistiges Leben in Harmonie.

In dem neuen Weisheitstempel inmitten eines heiligen Bezirks werden jedoch sehr viel mehr Menschen zu Pilgern werden können, als dies in gemieteten Hotelräumen möglich ist, die überwiegend zu profanen Anlässen genutzt werden. Die Initiationen werden wesentlich mehr Tiefe haben, wenn der äußere Rahmen den Inhalten besser angepasst ist, wenn die unterirdischen Kammern eine möglichst intensive Konfrontation mit dem Schatten erlauben, und wenn der Tempelbereich die erforderliche Ästhetik und Würde ausstrahlt.

Bei der Planung des neuen Heilungstempels werden die biblischen Traditionen und die klassisch-antike Architekturlehre miteinander verbunden. Auch die Maßangaben, in der Bibel in Ellen ausgedrückt, werden exakt übernommen. Sie offenbaren Zahlenverhältnisse der einzelnen Architekturglieder zueinander und entsprechen dem goldenen Schnitt und der pythagoreischen Harmonielehre, in der als ästhetisches Prinzip der musikalischen Schwingungsverhältnisse der Makrokosmos wie der Mikrokosmos gleichermaßen verankert sind.

Die in der Bibel angeführten Maße lassen sich allerdings wegen der nach Land und Zeit schwankenden Berechnungen nur annähernd mit 50 cm umrechnen. Als Elle galt das Längenmaß vom Ellbogen bis zur äußersten Spitze des Mittelfingers. Nach ägyptischem System betrug die große oder „königliche" Elle 52,5 cm, die kleine Elle 48,5 cm. Die babylonische Elle betrug 51,8 cm bzw. 49,5 cm.

Als Vorbild für den äußeren Tempelbezirk dient die Offenbarungsvision des Johannes für das Himmlische Jerusalem (Offenbarung, Kapitel 21, Vers 10 - 21). Dort werden uns nämlich kosmologische Gesetze offenbart, die sich in den vier Mauern mit den vier Himmelrichtungen und deren jeweils drei Toren im Osten, Norden, Süden und Westen zeigen; weiterhin in den mittleren Toren, die dem fixen astrologischen Kreuz und damit sowohl den vier Tieren des Sphinx als auch den vier Evangelisten entsprechen; in den zwölf Engeln über den Toren, die entsprechend der zwölf Tierkreiszeichen die Namen der zwölf Stämme Israels tragen; und in den zwölf Grundsteinen mit den Namen der zwölf Apostel.

Die Anweisungen göttlichen Ursprungs für den Tempel selbst, für das vollkommene Bauwerk als Wohnsitz GOTTES auf Erden, finden wir in der biblischen Architekturbeschreibung für den Bau des Salomonischen Tempels im 1. Buch der Könige, Kapitel 6 + 7. Auch hier werden alle Angaben exakt übernommen. Der Salomonische Tempel im Jahre 950 vor Christi Geburt war jedoch wahrscheinlich im ägyptischen Stil gebaut, das heißt mit extrem dicken Mauern und winzig kleinen Fenstern, um sich so vor Hitze und Sandsturm zu schützen, was in unseren geographischen Breiten nicht erforderlich ist. Dafür gibt es natürlich eine Zentralheizung und andere Dinge, die den modernen Bauausführungen angemessen sind.

Es würde zu weit führen, auf die Baubeschreibungen hier im einzelnen einzugehen. Deshalb lassen Sie, liebe Leserinnen und Leser, den Entwurf des neuen Tempels einmal ganz in Ruhe auf sich wirken und betrachten das Bild eine Weile.

Zum Betreten des heiligen Bezirks versetzen Sie sich nun bitte in eine Vision, in der Sie nun als Pilgerin oder Pilger die Heilungsstätte des dritten Jahrtausends aufsuchen:

Die Vision des neuen Jahrtausends: Das Samenkorn des neuen Heilwesens geht auf

Sofern Sie mit dem eigenen Auto anreisen, haben Sie eine exakte Wegbeschreibung bekommen, denn die Tempelanlage befindet sich in einer etwas abgelegenen, landschaftlich aber sehr schönen Umgebung. Sie stellen Ihr Fahrzeug auf dem Parkplatz ab und blicken nun auf die große und hohe weiße Mauer, die den viereckigen Tempelbezirk umgibt.

Die Mauer hat zwölf Tore. Auf den Toren sind Statuen, welche die zwölf Tierkreiszeichen symbolisieren. Sie nähern sich vom Westen her dem Tempelbezirk und erkennen in der vor Ihnen liegenden westlichen Mauer links ein kleines Tor, darüber eine Statue, welche die *Waage* symbolisiert, dann in der Mitte ein großes Tor mit einer Statue, welche den *Skorpion* darstellt und rechts wieder ein kleineres Tor mit einer den *Schützen* symbolisierenden Statue. Sie können nicht alle Tore und Statuen sehen, weil sie zum Teil vom Tempel verdeckt sind, aber Sie wissen nun, dass in der gegenüberliegenden östlichen Mauer die Tore und Statuen mit *Widder, Stier* und *Zwilling* sind, dass links von Ihnen die Tore mit den Statuen *Krebs, Löwe* und *Jungfrau* angesiedelt sind, und dass sich rechts von Ihnen in der südlichen Mauer, die Tore und Statuen mit *Steinbock, Wassermann* und den *Fischen* befinden.

Sie überschreiten nun die Schwelle des großen Skorpion-Tores und gehen dabei zwischen zwei Säulen hindurch. Auf der linken Säule ruht eine Schlange (Skorpion vor der Wandlung), und auf der rechten Säule setzt ein Adler zum Flug an (Skorpion nach der Wandlung). Sie ahnen, worauf Sie sich beim Durchschreiten des Tores einlassen: Skorpion — tiefgründige Wandlung, Stirb- und Werdeprozesse, der Phönix aus der Asche.

Sie befinden sich jetzt im heiligen Bezirk, einer Parklandschaft mit hohen, schattenspendenden Bäumen, mit zum Teil blühenden Sträuchern und bunten Blumen. Statuen antiker Mythologiegestalten ziehen Ihre Aufmerksamkeit auf sich, und Marmorbänke laden ein zum Verweilen.

In der Mitte des Bezirks erhebt sich der weiße Tempel in einer klassisch-antiken Architektur. Das Hauptgebäude ist sechzig Ellen lang, zwanzig Ellen breit und dreißig Ellen hoch. Um dieses herum sind dreistöckige Anbauten von etwa der halben Höhe des Hauptgebäudes. Der gesamte Gebäudekomplex wird umrahmt von Säulen, die den dorischen (männlichen) und jonischen (weiblichen) Stil in sich vereinigen.

Der Eingang zu der Tempelanlage befindet sich an der westlichen Stirnseite, auf die Sie jetzt zugehen. Über dem Portal leuchtet ein großes HEXAGRAMM in allen Farben des Regenbogens, ebenso ganz oben in der Spitze des Hauptgebäudes. Die breite, weiße Marmortreppe, über die Sie die Eingangspforte erreichen, hat drei Stufen, jene drei Stufen, die zur Meisterschaft führen. Zwei bronzene Säulen stehen davor, jeweils achtzehn Ellen hoch. Über den Säulen sind Kapitelle, ebenfalls aus Bronze gegossen, und jeweils fünf Ellen hoch. Die Kapitelle haben die Form einer Lilienblüte; um sie herum sind Geflechte aus kettenförmigen Bändern angebracht, und zwei Reihen mit Granatäpfeln liegen um die Geflechte. Die rechte Säule „Jakin" wird gekrönt durch die Sonne, die linke Säule „Boas" durch den Mond.

Sie betreten jetzt die Vorhalle vor dem Hauptraum. Der Fußboden ist schach-brettartig mit schwarzen und weißen Marmorfliesen (Musivisches Pflaster) belegt, die auf die Licht- und Schattenseiten des Lebens hinweisen, die Sie auch bei der INITIATION zu erwarten haben. In der Mitte der Vorhalle steht, von sechs Säulen umrahmt, die lebensgroße schneeweiße Marmorstatue des antiken Heilgottes Asklepios, auf einen Stab gestützt, an dem sich die etwa zwei Ellen lange Schlange windet. Daneben ist eine Steinstele aufgerichtet, auf der in goldenen Lettern Bibelsprüche JESU CHRISTI stehen, die Aussagen zum Heilungsgeschehen wiedergeben, zum Beispiel: „Dein Glaube hat dich geheilt!" Oder: „Steh auf, nimm dein Bett und geh!" Oder: „Sündige hinfort nicht noch einmal, damit dir nicht noch Schlimmeres widerfahre!"

Grundriß des Mysterientempels

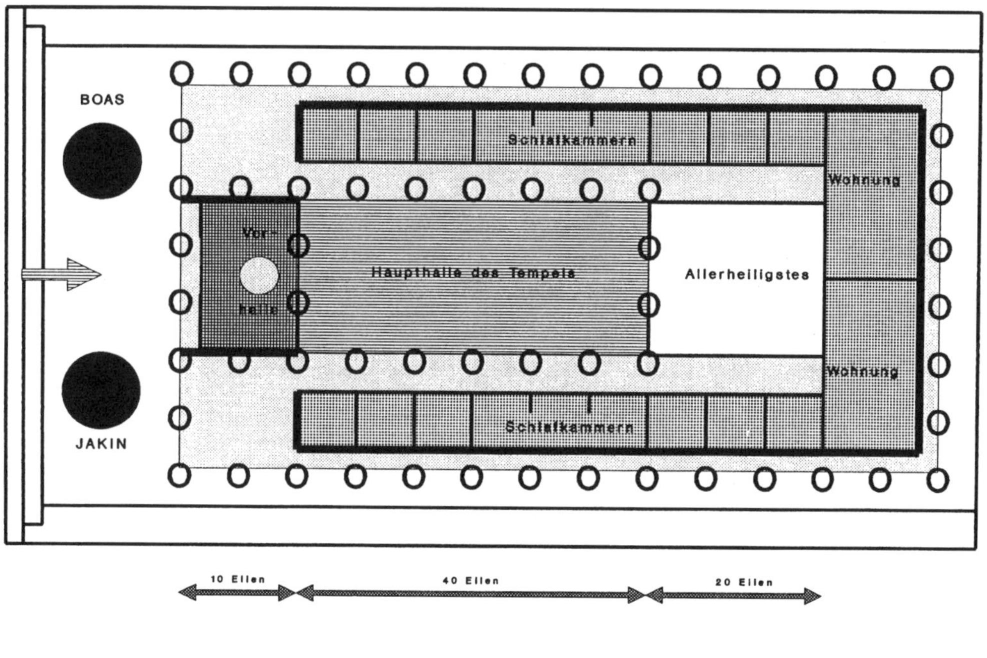

Links erkennen Sie nun auch die Rezeption. Sie werden erwartet. Über steinerne Treppen werden Sie nun zu einer der Kammern im mittleren Obergeschoss geführt, die parallel zum Haupttraum angeordnet sind. Ihr Zimmer ist modern, aber einfach eingerichtet. Sie sehen sich um: Bett, Schrank, Schreibtisch, Stehlampe, Wandleuchten — deren Stil an den antiker Tempel erinnert. An den Wänden hängen Symbole, ein HEXAGRAMM, in den Regenbogenfarben ausgeführt, und zwei Kreuze: das christliche Kruzifix mit dem leidenden JESUS CHRISTUS, und das goldene gleichschenklige Erlöserkreuz in einem blauen Kreis mit der Aufschrift LIEBE und einer sich entfaltenden roten Rose im Schnittpunkt. Noch wissen Sie nicht um die Bedeutung dieser Symbole.

Nebenan entdecken Sie ein eigenes Bad mit viel weißem Marmor und nostalgischen goldfarbenen Armaturen. Auf dem Bett liegt eine braune Kutte, die Sie ab jetzt tragen sollen. Wasser steht bereit, und Sie wissen, dass es wichtig ist, während der nächsten sieben Tage viel Wasser zu trinken. Ein leichtes Hungergefühl meldet sich im Magen, denn Sie haben schon zwei Tage zuvor mit dem Fasten begonnen. Sie legen Ihre alte Kleidung ab, duschen, schlüpfen in das braune Gewand und betrachten sich im Spiegel. Etwas merkwürdig ist Ihnen schon zumute.

Sie haben noch etwas Zeit bis zum Abendessen, das Sie ja ohnehin nur symbolisch vollziehen, und gehen deshalb hinaus in den parkähnlichen heiligen Bezirk. Sie begegnen anderen Menschen, die ebenfalls Kutten tragen, die aber nicht alle braun sind, sondern auch von anderer Farbe. Sie nicken einander zu, sprechen aber nicht miteinander. Später erfahren Sie, was es mit den Kutten auf sich hat: Braune Kutten sind für die Teilnehmer am ***Hexagramm-Programm***® vorgesehen, goldgelbe Kutten sind für die Pilger, die zu einer ***Offenbarungstherapie***® hier sind, grüne Kutten für diejenigen, die ein Fortbildungsseminar, zum Beispiel über TAROT oder über ***Spirituelle Astromedizin*** belegt haben, und die schwarzen Kutten erhalten die Neophyten, die zu einer INITIATION in die GROSSEN MYSTERIEN DES CHRISTENTUMS gekommen sind. Die Priester und Lehrer tragen weiße Kutten.

Beim Abendessen sitzen die gleichfarbigen Gruppen beieinander. Die Teilnehmer am ***Hexagramm-Programm***®, zu denen Sie gehören, bekommen nur eine Fastenbrühe, Mineralwasser und ein Glas Gemüsesaft. Die Menschen mit den gelben Kutten fasten auch, die mit den schwarzen Kutten haben weder Fastenbrühe noch Saft, sondern nur Wasser. Dort, bei den schwarzen Kutten, herrscht Totenstille: Fasten und Schweigen. Unbeeindruckt davon geht es am grünen Tisch hoch her: warmes Essen, guter Wein und heitere Stimmung.

An Ihrem Tisch sitzen jetzt zwölf Personen; die Gruppe ist vollzählig. Gerüchte gehen mit gedämpfter Stimme von Mund zu Mund, Informationen werden gehandelt: Unter dem Tempelboden soll es weitere Kammern, Gänge und Räume geben, zu denen niemand Zutritt hat. Dort sollen die Neophyten vor der Initiation mit den vier Elementen Feuer, Wasser, Luft und Erde geprüft werden. Wie? Wie im alten Ägypten unter der großen Pyramide, oder wie im alten Griechenland in den Labyrinthen unter den Mysterientempeln.

INITIATION
in die GROSSEN MYSTERIEN DES CHRISTENTUMS

„Die Pilger des ***Hexagramm-Programms***® bitte in den Tempel.“ Die freundliche Aufforderung kommt von der Führerin der Pilger. Zusammen mit den anderen Pilgern gehen Sie in den Vorraum des Tempels, wo das von den sechs Säulen eingerahmte marmorne Standbild des Asklepios steht, dessen gütiger und wissender Blick auf Ihnen zu ruhen scheint.

Die Führerin der Neophyten klopft laut und vernehmlich siebenmal an die Pforte des Tempels. Ihr Blick ruht jetzt auf dem Antlitz von JESUS CHRISTUS über dem Portal, welches Sie an das Turiner Grabtuch erinnert. Darunter stehen die Worte: „Pax vobiscum — Friede sei mit euch!“ .

Nach einer geraumen Zeit öffnet sich die Pforte einen kleinen Spalt, der Kopf eines Initiierten schaut heraus, und die Pforte schließt sich wieder, ohne dass er ein Wort gesagt hat. Drinnen entwickelt sich ein Wechselgespräch zwischen einer Stimme, die nahe an der Pforte des Tempels ist, und einer anderen Stimme, die sehr weit entfernt aus der Tiefe des Raumes schallt. Einige Wortfetzen fliegen nach draußen, sie bleiben Ihnen aber inhaltlich unverständlich.

Sie betrachten währenddessen die Türpfosten aus Olivenholz, die ein Viereck bilden, und die beiden Türflügel aus Zypressenholz. Beide Türflügel haben jeweils zwei drehbare Teile. Hier sind Cherubim, Palmen und Blütenranken eingeschnitzt und mit dünnem Blattgold belegt. Dann öffnen sich plötzlich beide Tore ganz weit, vom Inneren des Tempels erklingt feierliche Musik, und Sie schreiten zusammen mit den anderen wartenden Pilgerinnen und Pilgern in geordnetem Zuge zwischen zwei Säulen hindurch in den Hauptraum.

So betreten Sie schweigend den Tempel. Sein Inneres erinnert an ein Kirchenschiff. Dieser Hauptraum ist sehr lang, sechzig Ellen lang, aber nur zwanzig Ellen breit. Doch Sie sind von seiner Höhe beeindruckt: dreißig Ellen hoch. Bis etwa zur halben Höhe gibt es umlaufende Galerien, von senkrechten Säulen unterbrochen, von wo aus die Kammern erreicht werden. Auf einer dieser Galerien waren Sie bei der Ankunft gegangen, aber da war Ihnen die Sicht in den Tempel versperrt. Zedernbalken verbinden den Hauptraum mit dem Anbau. Der Tempel ist doppelt so hoch wie die Anbauten, und darüber fällt Licht in den Tempel ein. Die Decke ist mit Balken und Brettern aus Zedernholz ausgebildet. Sie stellt das Himmelsgewölbe dar. Ein Gefühl der Erhabenheit überkommt Sie.

Es riecht sehr angenehm nach Weihrauch, überall brennen Fackeln und Kerzen, und die Akkorde von Orgel und Trompete hallen durch den Tempel. Sie suchen sich jetzt einen Platz auf dem Fußboden, der mit Zypressenholz belegt ist, und setzen sich still hin, so dass die Sitzanordnung zusammen mit den anderen Pilgern einen Kreis ergibt. Sie betrachten weiter das Innere des Raumes: Vom Fußboden bis zu den Balken sind Holzvertäfelungen angebracht, mit eingeschnitzten Blumengewinden und Blumenranken. Kein Stein ist zu sehen. An allen Wänden des Tempels, im inneren wie im äußeren Raum, sind Cherubim, Palmen und Blütenranken eingeschnitzt.

Zwanzig Ellen vor der Rückseite des Hauptraumes ist eine Wand aus Zedernholz errichtet. Dahinter liegt im Osten das Allerheiligste. Es ist zwanzig Ellen lang und nimmt damit ein Drittel des Hauptraumes ein; es ist zwanzig Ellen breit und geht über die gesamte Breite des Hauptraumes; und es ist zwanzig Ellen hoch und nimmt zwei Drittel der Höhe des Hauptraumes ein. Die Länge, die Breite und die Höhe des Allerheiligsten sind gleich. Davor sind sieben Stufen, entsprechend den sieben Planetenprinzipien, die zu einer verschlossenen Türe führen. Diese sieben Stufen symbolisieren auch die sieben Stufen der Einweihung in die GROSSEN CHRISTLICHEN MYSTERIEN.

Das Allerheiligste ist mit Gold überzogen, und davor sind goldene Ketten angebracht. Auch der Altar davor ist mit Gold überzogen. Als Eingang zum Allerheiligsten dienen zwei Türflügel aus Olivenholz, in die ebenfalls Cherubim, Palmen und Blütenranken eingeschnitzt und mit Gold überzogen sind. Die Giebelbalken und die Seitenpfosten bilden ein Fünfeck. Auf dem Altar liegen Brote, und daneben stehen fünf Leuchter zur rechten Seite und fünf Leuchter zur linken Seite, ferner die Becken, Messer, Schalen, Schüsseln und Pfannen aus feinem Gold.

Man sagt, auch sein Inneres sei mit Gold ausgekleidet, so wie es im Buch der Könige beschrieben sei. Aber bevor man es betreten darf, muss man den Weg der Einweihung gegangen sein.

JESUS CHRISTUS sprach: „Ich bin der Weg, die Wahrheit und das Leben; *niemand kommt zum Vater außer durch mich.“* Sein Weg zeichnet die sieben Einweihungsstufen der antiken Mysterien vor, welche die Pilger, die hier zweitausend Jahre später in den schwarzen Gewändern zur INITIATION gekommen sind, symbolisch nachvollziehen, und dabei lüften sich ein wenig die geheimen GROSSEN MYSTERIEN des wahren CHRISTENTUMS.......

Die erste Stufe = Die Taufe

Als JESUS CHRISTUS, *von den Patriarchen des spirituellen Ordens der Essener vorbereitet, seine prophetische Sendung in sich wachsen fühlt, geht er mit seinen Ordensbrüdern in das Jordantal. Im Gegensatz zu den übrigen Teilen Palästinas zeigt die Landschaft hier vulkanische Formationen und vulkanische Vernichtung. Am Ufer des Jordan tauft der volkstümliche Johannes, be-*

kleidet mit einem Büßerhemd und einem Gewand aus Kamelhaaren, die Menschen in den Wassern des Flusse als Ausdruck der äußeren und inneren Reinigung.

JESUS CHRISTUS *und Johannes kannten einander, denn beide erhielten in der Mysterienschule Ägyptens die Einweihung in die großen Mysterien des Lebens.*

JESUS CHRISTUS *will sich der öffentlichen Taufe unterziehen, um die Schrift zu erfüllen und Seinen Weg mit einem Akt der Demut zu beginnen. So geschieht es, dass er eines Tages unter den Scharen derer steht, die den Predigten des Johannes lauschen, der da ruft: „Tut Buße, bereitet dem Herrn den Weg und ebnet seine Pfade!" Johannes tauft jeden, der danach verlangt, mit den Worten: „Ich taufe euch mit Wasser, aber Er wird euch mit Feuer taufen." Jesus tritt vor und steht Johannes nach vielen Jahren erstmalig wieder gegenüber. Sofort erkennt Johannes den Herrn und kreuzt die Arme über der Brust, um Ihm den in den Bruderschaften üblichen Gruß darzubieten: die rechte Hand auf das Herz, die linke Hand auf die rechte Brustseite legend. In gleicher Weise erwidert Jesus den Gruß. Dann tritt Er ins Wasser und taucht sich ein.*

Als Er sich aus dem Wasser wieder aufrichtet, kommt vom Himmel ein großes Licht, umgibt Ihn und taucht Seine Aura in schillernden Glanz. Die Menge steht entsetzt, sprachlos und gebannt über das, was sich vor ihren Augen ereignet. Dann kommt vom Himmel eine große, weiße, leuchtende Taube, ebenso prächtig wie das Licht, das JESUS CHRISTUS *umgibt. Die Taube leuchtet auf der Schulter Jesu, während die Menschenmassen regungslos dastehen. Da vernehmen sie eine Stimme vom Himmel: „Dies ist mein geliebter Sohn!"*

Gleichwohl wie JESUS CHRISTUS durch Seine Taufe bekundet hat: „Ich gehe jetzt diesen Weg," so hat auch der Pilger, der draußen im Leben weit von seinem Weg abgekommen war, eines Tages den Entschluss gefasst: „Ich beschreite von nun an den spirituellen Weg." Vielleicht hat ein Krankheitssymptom ihn nachdenklich gemacht, und er hat festgestellt, dass die Ärzte ihn nicht heilen können. Vielleicht ist er in eine Lebenskrise geraten und muss erkennen, dass weder Priester noch Psychologen ihm helfen können. Vielleicht hat er sich auch nur einfach für Spiritualität und Esoterik interessiert, ist dann in ihren Bann geraten und hat seinen Willen bekundet: „Ich beschreite von nun an den spirituellen Weg." Dann hat er an die Pforten dieses Tempels geklopft, um die ersten spirituellen Unterweisungen zu empfangen und nochmals bekräftigt: „Ja, ich werde diesen Weg gehen." Dieser Vorgang liegt aber schon mehrere Monate, vielleicht sogar viele Jahre zurück.

Die zweite Stufe = Die Versuchung

Vierzig Tage Fasten in der Wüste. JESUS CHRISTUS *wird von Verwirrung ergriffen. Er hat Hunger. Eine finstere Wolke umhüllt ihn, und der satanische Schatten spricht: „Wenn du Gottes Sohn bist, so befiehl diesem Stein, zu Brot zu werden." Jesus antwortet: „Der Mensch lebt nicht vom Brot allein." Der Schatten kommt wieder: „Warum quälst du dich? Kehr um, du Unsinniger, der das Unmögliche will! Du weißt nicht, was dich erwartet!" Der Donner grollt, der Berg erzittert bis in den Grund, und ein Wirbelwind, der aus den Tiefen kommt, trägt Ihn zum Gipfel des Tempels von Jerusalem. Dächer und Türme erglänzen in Gold. Herrliche Frauen singen glühende Liebeshymnen, Posaunen ertönen, und hunderttausend Stimmen rufen: „Ehre dem König von Israel!" „Ich bin der Fürst der Erde," spricht eine Stimme von unten. „Du wirst König sein, wenn du mich anbetest." „Ich weiß, wer du bist," antwortet Jesus, „deine Formen sind unzählig, dein Name ist Satan!" Luzifer erscheint in Gestalt eines gekrönten Monarchen, thronend auf einer Wolke, und spricht: „Beuge dich nieder vor mir, und ich werde dir alle Königreiche geben." Jesus aber ruft: „In der Schrift steht: Du sollst den Herrn, deinen Gott, nicht auf die Probe stellen. Hinweg mir dir, du Versucher!" Alsbald verschwindet die Erscheinung.*

Wie JESUS CHRISTUS wird auch der Pilger von Verwirrung ergriffen. Auf seinem spirituellen Weg hat er schon etwas über die Stimulierung der Selbstheilungskräfte durch die Macht seiner Gedanken, durch Bachblüten oder durch Homöopathie erfahren; er hat etwas über die 22 Bilder des großen Arkanums im TAROT gehört, er hat die ***Spirituelle Astrologie*** erlernt und die ***Spirituelle Astromedizin*** angewendet, er hat weiterhin sehr viel meditiert und Selbsterkenntnis betrieben — aber seine körperlichen Symptome beginnen ihn noch mehr zu peinigen, neue psychische Qualen kriechen in ihm hoch, und die blanke, kalte Existenzangst ergreift seinen Verstand. Die ersten Versuchungen kommen: Seine Familie, seine Freunde und seine Bekannten sprechen: „Unsinniger, der das Unmögliche will. Gehe endlich ins Krankenhaus und lass dich behandeln! Denk an deine berufliche Karriere; denk an deine Familie! Du trägst Verantwortung — du hast alle Chancen." Wahnsinnige Zweifel peinigen sein Gemüt, und aus allen Stimmen, die auf ihn pausenlos einzuhämmern scheinen, spricht Luzifer: „Reich und gesund wirst du sein, wenn du mich, den Fürsten der Erde, anbetest." Unzählig sind die Formen der Verlockungen und Versuchungen, der Zweifel und der Zwietracht. Doch seine innere Stimme sagt dem Pilger: „Es muss sein!" und er ruft: „Hinweg mit euch!"

Die dritte Stufe = Der Passionsweg

In der Nacht in Gethsemane sieht JESUS CHRISTUS *mit furchtbarer Klarheit Seine Kreuzigung voraus. Blutiger Schweiß tritt auf Seine Stirn, aber Seine Jünger schlafen. Dann hört Er Waffengeklirr, und unter den dunklen Ölbäumen leuchten die Fackeln der Soldaten. Sie fesseln Ihn, und Er wird vor den Hohen Priester Hannas gezerrt, der in jenem Jahr Hoherpriester ist. Kaiphas aber ist es, der Seinen Tod fordert. Der Hohe Rat verurteilt Ihn, doch den Juden ist es nicht erlaubt, einen Menschen zu töten. Pontius Pilatus, römischer Statthalter, soll das Todesurteil bestätigen, doch er fürchtet eine Volkserhebung und forscht nach Rettungsmöglichkeiten: „Bist du König der Juden?" fragt er.* JESUS CHRISTUS *antwortet: „Mein Reich ist nicht von dieser Welt." „So bist du dennoch ein König?" „Ja," spricht Jesus, „ich bin dazu geboren. Ich bin in die Welt gekommen, dass ich für die Wahrheit Zeugnis ablege." Pilatus versteht Ihn nicht, er hält Ihn für einen unschuldigen Träumer, und er spricht fast philosophisch: „Was ist die Wahrheit?" Pilatus tritt hinaus und schlägt den Juden vor, die er sowieso nicht leiden kann, Jesus freizulassen: „Ich finde keinen Grund, Ihn zu verurteilen!" Aber die Juden schreien wieder: „Kreuzige Ihn!" Die Soldaten flechten einen Kranz aus Dornen, setzen ihn Jesus auf und legen Ihm einen purpurroten Mantel um.*

Pontius Pilatus, der harte Römer, ist bis ins Tiefste gerührt, geht noch einmal hinaus und ruft: „Ihr sollt wissen, dass ich keinen Grund finde, Ihn zu verurteilen. Ecce Homo! Seht! Das ist ein Mensch!" Die Hohenpriester und ihre Diener schreien: „Ans Kreuz mit Ihm!" Pilatus sagt zu den Juden: „Da ist euer König!" Die Volksleidenschaften der Juden sind entfesselt, sie schreien: „Weg mit Ihm, kreuzige Ihn!" Pontius Pilatus unternimmt noch einen letzten, verzweifelten Versuch: „Ich soll euren König kreuzigen?" Die Hohenpriester des Sanhedrin, die mit scharfem Auge lauern, sehen ihre Beute entschlüpfen. Voller Hinterlist besprechen sie sich und rufen dann einstimmig: „Wir haben keinen König außer dem Kaiser in Rom!" Dem kann sich Pontius Pilatus, der römische Landpfleger von Cäsars Gnaden, nicht verschließen.

Golgatha, die Schädelstätte, ist eine kahle, mit Menschengebeinen bestreute Anhöhe in Jerusalem, die seit Jahrhunderten schrecklichen Hinrichtungen dienen muss. In dieser öden, grausamen Wüste wachsen keine Bäume — nur Galgen ragen in den Himmel. Jesus hat den traditionellen Trank verweigert, der von den frommen Frauen Jerusalems bereitet wurde und den Hinzurichtenden betäuben soll. Mit vollem Bewusstsein will er den Todeskampf durchleiden.

Wie JESUS CHRISTUS damals in Jerusalem sieht nun auch der Pilger draußen im heutigen Leben mit furchtbarer Klarheit seinen eigenen Passionsweg voraus. Er muss bereit sein, sich von allem zu trennen, was ihm wichtig ist. Alles, was ihn an die materielle Welt bindet, oder womit er verhaftet ist, wird er verlieren. Das können Familie, Beruf und Besitz sein. Möglich, dass ihm nichts, aber auch rein gar nichts, auf dem spirituellen Weg bleibt. Das ist die Konsequenz seiner Entscheidung, diesen Weg zu Ende zu gehen — und wenn es sein muss, auch alleine. Wenn er dann nachts, aus wilden Angstträumen mit blutigem Schweiß auf der Stirn hochfährt und erwacht, und sieht, dass seine Familienmitglieder sanft und selig schlafen, erkennt er, wie weit er sich bereits von ihnen entfernt hat.

Und das Leben nimmt ihn weiterhin in die Streckfolter der Schicksalsprozesse. Da gibt es Menschen, die er einst sehr geliebt hat, mit denen er sein Leben geteilt hat, und denen er erklären will, dass es ein Königreich gibt, das nicht von dieser Welt ist; aber sie verstehen ihn nicht und wollen ihn nun in der Weise töten, indem sie sich von ihm abwenden und nichts mehr mit ihm zu tun haben wollen. Einsamkeit und Trauer, wie in der Nacht auf dem Gehöft Gethsemane, legen sich auf sein Gemüt, und so manches Mal betet er: „O Herr, lass den Kelch an mir vorübergehen!“ Doch seine innere Stimme sagt dem Pilger schon wieder: „Es muss sein!“

Da gibt es aber auch Menschen, welche ihm einst übel gesonnen waren, nun aber die Macht und die Absicht haben, ihn zu retten und ihm Hilfe anbieten. Der Pilger aber schüttelt traurig mit dem Kopf und antwortet: „Mein Reich ist nicht von dieser Welt.“ Er erntet Unverständnis. Und so wird das Leben um ihn herum zu einer Wüste, ähnlich der kahlen Schädelstätte, die den Namen Golgatha trägt. Die kahlen, kreuzförmigen Galgen erinnern ihn schmerzhaft daran, dass es nur einen Weg gibt: „Jeder, der mein Jünger sein will, nehme sein Kreuz auf sich und folge mir!“ Und gleichwohl wie JESUS CHRISTUS den traditionellen Trank der frommen Frauen Jerusalems verweigert hatte, verzichtet auch der Pilger hier auf alle Drogen, Psychopharmaka und alkoholischen Getränke, die seine Leiden zeitweise lindern würden. Einsam und allein geht er seinen Weg auf den kahlen Berg, um Abschied von der Welt zu nehmen. Er beginnt zu fasten, klopft erneut an die Tore dieses Tempels und zieht eine schwarze Kutte an. Im vollen Bewusstsein will er den Todeskampf mit der materiellen Welt bestehen, um sie zu überwinden.

Die vierte Stufe: = Die Kreuzigung und der Tod

Die letzte Stunde ist gekommen: JESUS CHRISTUS, *der von den Essenern geweihte Prophet, muss sich nun in der vierten Stufe der Einweihung ans Kreuz der Vierheit, an das Sinnbild der Materie und des Leidens, nageln lassen. Die Soldaten nehmen seine Kleider und verteilen sie untereinander in vier Teilen. Mit wuchtigen Hammerschlägen treiben sie dann die vier Nägel in Seine Füße, die von den Unglücklichen dieser Welt angebetet worden sind, und in Seine Hände, die nur zu heilen und zu segnen verstanden. Die Leute stehen da und gaffen, und die führenden Männer des Volkes verlachen Ihn und sagen: „Anderen hat Er geholfen, nun soll Er sich auch selber helfen." Doch zwischen den Zuckungen Seines Leibes und den höllischen Qualen Seiner Schmerzen betet Jesus für Seine Henker: „Herr, vergib ihnen, denn sie wissen nicht, was sie tun."*

Langsam wird das Kreuz mit seinem Opfer aufgerichtet. Die Aufschrift „I.N.R.I.: Jesus, der Nazarener; dies ist der König der Juden" ist blanker Hohn. Pontius Pilatus hat dieses Schild, dessen Inschrift hebräisch, lateinisch und griechisch abgefasst ist, anfertigen lassen, und die Juden lesen es nun. Daraufhin laufen die Hohenpriester zu Pilatus und beschweren sich bei ihm: „Schreibe nicht: ‚Dies ist der König der Juden,' sondern, dass Er gesagt habe, Er sei König der Juden." Pilatus aber bleibt fest: „Was ich geschrieben habe, habe ich geschrieben!"

Die Jünger sind verschwunden — bis auf Johannes, den Jünger, den der Herr liebt, und der beim Abendmahl den Kopf an Seine Brust gelegt hat. Es ist etwa um die sechste Stunde, als die Sonnenfinsternis über das Land hereinbricht; sie dauert bis zur neunten Stunde. Ein gewaltiges Unwetter verwüstet Jerusalem, und ein Erdbeben spaltet die Felsen. Jesus ruft laut: „Vater, warum hast du mich verlassen?" Da zerreißt im Tempel der schwere, etwa 18 Meter lange Vorhang in der Mitte entzwei und gibt den Blick ins Allerheilgste frei. Und Jesus am Kreuz spricht Seine letzten Worte: „Vater, in deine Hände lege ich meinen Geist." Er neigt Sein Haupt zur Seite, gibt Seinen Geist auf, und Seine Seele entflieht mit dem Schrei: „Es ist vollbracht."

I.N.R.I., Ineffiable Nomen Rerum Initium. Das unaussprechliche Wort ist der Anfang des Seins.

Der Tod JESU CHRISTI am Kreuz der Vierheit bedeutet symbolisch die Befreiung des Ichs aus den vier Elementen der Materie, dadurch, dass Er sie verbindet. Gleichwohl wie Jesus den Todeskampf am Kreuz, dem Sinnbild dieser vier Elemente der materiellen Welt, allein zu bestehen hatte, so wird der Pilger in seinem schwarzen Gewand des Todes nun in die unterirdischen Kammern des Tempels geführt, um dort auch ganz allein den Todeskampf mit den vier Elementen der materiellen Welt zu bestehen. All sein Hab und Gut hat er zurückgelassen, die Zurückgebliebenen haben es bereits unter sich aufgeteilt. Niemand aus seinem Gefolge ist noch bei ihm. Nun ist der Pilger bereit, wenn es sein muss, sein letztes zu geben — sein Leben.

Ein Priester begleitet ihn eine Steintreppe hinab in die unterirdischen Gewölbe unter dem Tempel, öffnet dort eine schwere steinerne Tür, schiebt ihn hindurch, verabschiedet sich dann von ihm und verschließt die Tür wieder. So wird der Pilger in das *Element Erde* gebracht. Er ist von nun an allein. Es gibt nur einen Weg, und der enge Gang führt ihn immer tiefer und tiefer hinab, aber er weiß, er muss weitergehen. Nur mit einer kleinen Öllampe ausgestattet schlägt er mit dem Kopf gegen einen Felsen, den er im schemenhaften Licht nicht wahrnehmen kann. Es wird noch enger und niedriger, auf dem Bauch muss er sich unter Felsblöcken hindurchzwängen, und er zerrt seinen Körper über scharfe, spitze Steine. So vollzieht der Pilger tief unter den Fundamenten des Tempels symbolisch und in komprimierter Form seinen Lebensweg, den er draußen beschritten hatte. Er blutet bereits, aber er schleppt sich weiter. Ähnlich wie in einem Labyrinth zweigen Gänge ab, die nach einigen Winkeln an einer Wand enden. Hier ist sein Weg zu Ende. Er muss umkehren, denn er hat sich verirrt — wie draußen im Leben auch. Dann landet er in einer Höhle, Steine stürzen plötzlich hinter ihm herab, und so ist ihm der Rückweg versperrt — ebenso wie draußen im Leben: Seine ganze Welt ist hinter ihm zusammengebrochen. Doch seine innere Stimme sagt zu ihm: „Befreie dich aus der Materie." Aber wie? Wie ein Wilder bearbeitet er die Gesteinsbrocken mit den bloßen Händen, die zu bluten beginnen, er versucht, die Felsen zu bewegen und sich einen Weg in die Freiheit zu erkämpfen, doch die Materie leistet Widerstand. Er setzt sich hin und wartet. Die Zeit scheint still zu stehen. Gefangen in die schwerste Daseinsform der Materie, gefangen in Stein und Felsen, brütet er vor sich hin und stürzt in tiefe Depression. Die Stunden kriechen wie gedehnt dahin; oder sind es schon Tage? Er wandert mit bleiernen Gliedern umher. Oder sind es gar schon Wochen? Die Herzschläge pochen gegen seine Schläfen wie das langsame Ticken einer Äonen alten Uhr. Er fühlt sich kalt, steif, und vor allem allein. Dann endlich gibt er auf. Er setzt sich hin, nimmt die am Boden liegende Papyrusrolle auf und schreibt sein Testament im fahlen Licht der herunterbrennenden Öllampe. Als er alles geregelt hat, schließt er mit den Worten: „Herr, dein Wille geschehe!" Da aber öffnet sich der Gang wie von Zauberhand, und so hat er die erste Lektion des mystischen Weges gelernt.

Der Gang führt ihn zum *Element Wasser,* dem Element des Gemüts, dessen Geplätscher er nachgeht. Da sieht er einen tiefen, unergründlichen Brunnenschacht. Wie tief er ist, kann er nicht erkennen. Wie soll es weitergehen? Er ahnt, dass in der Tiefe des Brunnens der Ausgang sei. Doch wie soll er ihn finden? Die Angst kriecht erneut in ihm hoch. Er weiß, im Gebet bekommt er die Antwort seiner Seele durch seine innere Stimme. Er betet und wartet. Die Stunden kommen ihm vor wie Jahrhunderte, und er ist wieder in tiefe Verzweiflung gestürzt. Endlich kommt die Antwort: „Gehe durch das Wasser, tauche hinab in die tiefsten Gründe deiner Seele, so findest du dort deinen Weg!“ Er weiß nun, er muss in das schwarze Wasser hineintauchen, aber die Angst schnürt ihm bereits die Kehle zu und raubt ihm den Atem, bevor er überhaupt das Wasser berührt hat. Es ist die gleiche Angst, die er einige Wochen zuvor in sich gespürt hatte, als er die *Reinkarnationstherapie* begonnen hatte. Das Element Wasser symbolisiert auch die im tiefsten Grund des Unbewussten umhertanzenden Schatten. Er kämpft seine Ängste nieder, legt seine Kleidung ab und springt hinein in das dunkle und bedrohliche Wasser. Es wird schwarz um ihn herum. Mit kräftigen Zügen taucht er hinab bis auf den Grund und sucht dort nach einem Ausgang. Mit ausgestreckten Armen erfühlt er mehrere Schächte und Kanäle. Welchen Weg soll er nehmen? Die Luft wird ihm knapp, und er muss sich entscheiden. Dann glaubt er plötzlich, in einem Gang, den er bisher nicht beachtet hatte, ein fahles Licht am Ende eines Rohres zu sehen und taucht dort ein. Er ringt nach Atem, die Brust scheint ihm zu zerspringen, und panische Angst steigt wieder auf: Ist das wirklich der richtige Weg? Sein Puls pocht wie Hammerschläge im Kopf und im Hals. Von seiner Intuition geleitet zwängt er sich hinein in diesen rohrförmigen engen Unterwasserschacht und arbeitet sich weiter vor. Dann wird es heller, und er kommt an die Oberfläche. Endlich kann er wieder Luft holen. Völlig erschöpft zieht er seinen Körper auf einen Felsen und schläft sofort ein. So wurde er mit dem Element des Wassers, dem Ursprung allen Lebens und der Gefühle vertraut.

Seine innere Stimme weiß, dass er nun das *Element Feuer,* die Leidenschaften, zu besiegen habe, und er setzt seinen Weg fort, unmittelbar nachdem er erwacht ist. Er ist nackt, denn seine Kleidung hatte er vor der Wasserprüfung abgelegt. Heiße Luft bläst ihm aus dem Gang entgegen, den er gewählt hat; in seinem Inneren fühlt er die lodernden Emotionen von Wut, Hass und Leidenschaften. Er geht weiter und kommt in einen großen Raum, dessen Fußboden aus Gitterrosten besteht. Darunter lodert ein riesiges Feuer, und die Flammen schlagen ihm entgegen, sobald er den Rost betritt. In der Mitte steht ein großer Granitblock, und darauf liegt ein goldenes Ankh-Kreuz, das ägyptische Henkelkreuz. Seine innere Stimme sagt ihm, dass er dieses Symbol des ewigen Lebens aus dem Feuer retten müsse, aber sobald er einige Schritte auf den Granitblock zugeht, wird die Hitze unerträglich, und die lodernden Flammen beginnen, an seinem nackten Körper zu lecken. Da, aus einer in den Felsen geschlagenen Kammer lächelt ihn im rot schimmernden Widerschein des Feuers eine wunderschöne Frau an. Sie ist ebenfalls nackt und hat dunkle, glänzende Haut. „Liebling komm her, hier ist es angenehm kühl.“ Sie hat eine Karaffe mit kristall-klarem Wasser vor sich und spricht: „Meine Lippen sind trocken und dürsten. Komm, trinke mit mir das Wasser.“ Er zögert und blickt zwischen der Frau mit dem Wasser und dem Block mit dem Ankh-Kreuz hin und her. Sie bewegt nun auffordernd ihren schlangenförmigen Körper. „Mein ganzer Körper dürstet nach dir. Da hinten ist mein Bett. Ruhe dich aus und liebe mich. Du kannst nachher deine Arbeit verrichten, wenn du dich bei mir erholt hast. Ich bin jetzt nur für dich da." Seine Glieder sind voll Sehnsucht, die Hitze seines Blutes wallt auf. Leidenschaften schießen durch seinen Körper. Er überlegt: Soll er dort verweilen? Er könnte ja anschließend weitergehen. Und schon tut er heißblütig den ersten Schritt auf die wunderschöne Frau zu, als sich seine innere Stimme meldete: „Denk an das Kreuz!" Er reißt sich zusammen, ficht einen inneren Kampf aus zwischen dem absoluten Willen, diese Prüfung zu bestehen, und den in ihm tobenden Urenergien. Dann schreit er, das Blut kochend heiß: „Nein, ich will dich nicht!" Den Kopf wie zum Rammen gesenkt, schreitet er auf direktem Weg kompromisslos über die Glut, geht durch die Flammen hindurch zu dem großen Granitblock und rettet das siedendheiße Henkelkreuz. So hat er nun auch die Feuerprobe bestanden.

Der Gang führt nun nach oben zum *Element Luft*. Stolz atmet er tief durch, und setzt seinen Weg beschwingt fort, alles Materielle leicht hinter sich lassend, um von Wissbegier getrieben nun auch die letzte Prüfung luftig zu erkunden. Da kommt eine Abzweigung: ein Weg führt geradeaus nach draußen ins Freie — endlich! Leichtfüßig, listig und klug läuft er auf die Freiheit zu, als sich plötzlich seine innere Stimme wieder meldet und ihm sagt, dass der gerade, leichte Weg für ihn keine Prüfung sein könne. Der andere Weg aber führt gewunden und verschlungen wieder zurück in die Dunkelheit und die Enge. Er überlegt und entschließt sich, umzukehren und den anderen, schwereren Weg zu gehen. Der Gang wird wieder enger und niedriger, und er muss auf allen Vieren kriechen. Nachdem er sich unter einem Felsen hindurchgezwängt hat, kann er sich endlich wieder aufrichten, steht aber in einem Raum, der so eng ist wie ein senkrecht aufgestellter Sarg. Sein Kopf ist eingeklemmt zwischen zwei Granitblöcken. Er wartet. Er spürt, wie schwere und niedrige Gedanken ihn quälen, schwer und niedrig wie diese Granitblöcke, die seinen Kopf einzwängen wie ein Schraubstock, und wie sie seine Stimmung niederdrücken. Er weiß, er müsse nun lernen, seine Gedanken zu kontrollieren und zu beherrschen, doch immer wieder lastet das Gewicht der negativen Gedanken auf seiner Seele. Aber dann öffnet er sein Bewusstsein den höheren Gedanken, und er fühlt, wie sich sein Kopf dabei nach oben hin öffnet, wie weißes und goldenes Licht in ihn einzuströmen scheint, und wie die hohen Gedanken ihn wieder aufrichten. Dann sieht er, dass das Horusauge, das Auge GOTTES, über ihm leuchtet, und in dessen fahlem Licht über ihm erkennt er, dass er selber ein Teil GOTTES ist. Erleuchtet vom inneren Licht der Erkenntnis hat er nun auch die Prüfung des Luftelements bestanden.

In diesem Augenblick öffnet sich der Felsen vor ihm und er steht inmitten des Allerheiligsten, immer noch nackt, wie der Herr ihn einst geschaffen hatte. Er hat die Kreuzigung durch die vier Elemente überstanden, und er hört die ihm bekannte Musik aus Mozarts Zauberflöte.

„Der, welcher wandert diese Straße voll Beschwerden,
wird rein durch Feuer, Wasser, Luft und Erden;
wenn er des Todes Schrecken überwinden kann,
schwingt er sich aus der Erde himmelan.
Erleuchtet wird er dann imstande sein, sich den Mysterien ganz zu weih'n."

Leise stimmt er in die Verse des Tamino ein:

„Mich schreckt kein Tod, als Mann zu handeln,
den Weg der Tugend fortzuwandeln.
Schließt mir die Schreckenspforten auf!
Ich wage froh den kühnen Lauf!"

Die fünfte Stufe = Die Grablegung

Der bleiche, leichenfahle, gekreuzigte JESUS CHRISTUS *hängt mit ausgebreiteten Armen leblos am Galgen. Geier umkreisen Sein Haupt. Die treuen Frauen, das sind Seine Mutter, die Schwester Seiner Mutter und Maria Magdalena, schluchzen am Fuß des Kreuzes. Josef von Arimathäa, ein Eingeweihter und Mitglied des Hohen Rates, der dem Beschluss nicht zugestimmt hatte, geht zu Pontius Pilatus und bittet ihn, Seinen Leichnam abnehmen zu dürfen. Pontius Pilatus erlaubt es. Es kommt auch Nikodemus, der früher einmal Jesus bei Nacht aufgesucht hatte, hinzu und bringt eine Mischung aus Myrrhe und Aloe mit. Josef hat auch ein Leinentuch gekauft. Auf dem Felsen Golgatha herrscht ein unbeschreibliches Unwetter. Der Donner grollt, der Sturm peitscht und Blitze zucken am Himmel, als sie Jesus vom Kreuz abnehmen. Sie salben Ihn, umwickeln Ihn mit den Leinenbinden, zusammen mit den wohlriechenden Duftstoffen, und betten Ihn in ein Felsengrab, in dem noch niemand bestattet worden war. Die Legionäre wälzen im klatschenden Regen einen riesigen Stein vor die Öffnung und versiegeln das Grab.*

Düsteres Schweigen lastet auf der Gemeinde. Die Jünger sind in das Tal Josephat geflüchtet: Selbst Johannes, der Lieblingsjünger Jesu, der einzige, der in die Mysterien eingeweiht ist, fühlt sich wie zu Boden gedrückt. Denn wo ist das winzige grüne Licht der Hoffnung geblieben, das einst in den Mysterien von Eleusis die Neophyten durch die tiefe Finsternis geführt hatte? Wenn auch das blaue Licht des Glaubens verloschen war, wenn auch das rote Licht der Liebe verloschen war — das grüne Licht der Hoffnung hatte, wenn auch sehr schwach, stets geleuchtet. Doch wo ist es nur geblieben?

Am Sabbat halten sie die vom Gesetz vorgeschriebene Ruhe ein. Aber am ersten Tag der Woche, frühmorgens, als es noch dunkel ist, wandelt Maria Magdalena, aus der Jesus einst sieben Dämonen ausgetrieben hatte, in einem Übermaß des Schmerzes in der Nähe Seines Grabes. Sie sieht, dass der Stein fortgenommen ist und benachrichtigt Petrus und Johannes. Sie finden das Grab leer und kehren wieder nach Hause zurück. Maria Magdalena steht draußen und weint. Eine Stimme ruft sie plötzlich bei ihrem Namen: „Maria!" Jesus steht vor ihr. Außer sich vor Freude stürzt sie sich zu Seinen Füßen und sagt auf hebräisch „Rabbuni!" das heißt Meister. Doch Er macht eine Gebärde, die eine Berührung verbietet und spricht: „Halte mich nicht fest. Ich bin noch nicht zum Vater hinaufgegangen." Jesus schaut sie an — und plötzlich ist die Erscheinung verschwunden.

Ebenso wie die Grablegung JESU CHRISTI die Geburt Seines metaphysischen Daseins war, so wird der Pilger, der zum Neophyten geworden ist, diesen metaphysischen Zustand erleben — sein Geist wird aus dem Körper austreten und wird sich darüber erheben. „ Wenn er des Todes Schrecken überwinden kann, schwingt er sich aus der Erde himmelan. Erleuchtet wird er dann imstande sein, sich den Mysterien ganz zu weih'n." Das Verlassen des Körpers zur Erlangung der Erleuchtung ist eine uralte Einweihungspraxis der Mysterien, denn nur durch eine außerkörperliche Erfahrung erfasst der Neophyt die Großartigkeit des metaphysischen Wissens ohne sein Gehirn. Durch einen unterirdischen Gang ist der Neophyt aus der Prüfung der vier Elemente direkt in das kubische Allerheiligste gelangt, das sonst niemand betreten darf. Dreimal wird er hier nun von den anwesenden schwarzgekleideten Priestern gefragt, ob er bereit sei, sich nun auch dieser letzten und schwersten Prüfung zu unterwerfen. Nachdem er dieses dreimal bekräftigt hat, wird er aufgefordert, sich mit Mut und Vertrauen zu wappnen — und dann wird er in einen steinernen Sarkophag mit den harmonischen Maßen des goldenen Schnittes gelegt. Die Priester verlassen den Raum. Ab nun herrscht Stille im Allerheiligsten. Die Grablegung ist vollzogen.

Die Zeit scheint stehen zu bleiben, und der Neophyt, noch bei Bewusstsein, erwartet einsam die Stunde seines Todes. Er fühlt die engen Formen des Granits, der zu seinem Sarg geworden ist. Farben tanzen vor seinen Augen, und Töne klingen in seinen Ohren. Dennoch — es herrscht absolute Stille im Allerheiligsten. Er überschaut sein Leben. Wie ein Film laufen die Bilder vor seinem inneren Auge ab. Seine Fehler springen ihn an, die Versäumnisse plagen ihn, die Schuld, die er auf sich geladen hat, bringt ihn fast um den Verstand. Doch seine guten Taten glätten die Emotionen. Er wird ruhiger und entspannter. Dann fühlt er die Schwingungen und weiß, dass Farben nichts anderes sind als Töne: Schwingungen von einer anderen Art. Alle Materie ist nichts anderes als Schwingungen in den Atomen. Auch der Granit um ihn herum ist nur Schwingung. Er selber ist nichts anderes als Schwingung. Seine Emotionen, sein Ängste ebenso wie der Balsam der guten Taten, es sind alles nur Schwingungen von unterschiedlicher Frequenz. Materie ist eine Illusion. Das ganze Leben war nur ein Traum. „O GOTT!" durchfährt es ihn: „Alles war nur ein Traum. Und ich hatte so fest daran geglaubt!"

Diese Erkenntnis trifft ihn wie ein Keulenschlag. Wie oft im Leben hatte er es dahergeplappert: Maya, die Welt der Illusionen, nichts hat Bestand. Realität ist nicht gleich Wirklichkeit! Aber jetzt *weiß* er es. Mit einem Blick erfasst er nun die Gesetze der materiellen Welt, er *versteht* die Verse des Hermes Trismegistos: „Wahr, wahr, kein Zweifel darin, sicher, zuverlässig! Siehe, das Oberste kommt vom Untersten, und das Unterste vom Obersten; ein Werk der Wunder von einem Einzigen. Wie die Dinge alle von diesem Grundstoff durch ein einziges Verfahren entstanden sind." Es ist so einfach, und deshalb so verwirrend, schwirrt es ihm durch den Kopf. Alles ist Schwingung! Der Wechsel zwischen Plus und Minus, zwischen Ausdehnung und Zusammenziehung, zwischen Sonne und Mond — das alles sind Schwingungen, vom feinsten Vibrieren der Atome, Milliarden mal in der Sekunde, über das Auf und Ab des Flügelschlags einer Mücke bis zum Explodieren und Implodieren des Kosmos — alles nur Schwingungen. Uralte hermetische Weisheiten über den Bauplan der Welten brechen über ihn herein, und er begreift in Bruchteilen von Sekunden den Text des Hermes Trismegistos in der *tabula smaragdina:* „Sein Vater ist die Sonne, die Mutter der Mond; der Wind hat ihn in seinem Bauch getragen, die Erde hat ihn ernährt. Er ist der Vater der Zauberwerke, der Behüter der Wunder, vollkommen an Kräften; der Beleber der Lichter. Ein Feuer, das zur Erde kommen wird." Weitere Verse der sagenumwobenen grünen Tafel treten ihm nun völlig klar in sein Bewusstsein: „Nimm hinweg die Erde von dem Feuer, das Feine von dem Groben, mit Vorsicht und Kunst. Und in ihm ist die Kraft des Obersten und des Untersten. So wirst du *zum Herrscher über das Oberste und das Unterste.* Weil mit dir ist das Licht der Lichter, darum flieht vor dir die Finsternis." Sein Bewusstsein jubelt in höchsten himmlischen Sphären. Ich bin Meister über die Materie! *Die Finsternis flieht vor der Schwingung meines Geistes!!! Das Licht ist stärker als die Finsternis,* die Sonne ist größer als der Mond! *Die Dunkelheit flieht vor dem Licht, aber niemals flieht das Licht vor der Dunkelheit!* Im Licht gibt es keinen Schatten. Mein Geist ist das Licht, und die materielle Welt ist die Dunkelheit!!! *Mein Geist beherrscht Materie.* Die *tabula smaragdina* ist wieder da: „Mit der Kraft der Kräfte wirst du jegliches feine Ding bewältigen, wirst du in jegliches grobe Ding eindringen. Gemäß der Entstehung der großen Welt entsteht die kleine Welt, und das ist mein Ruhm. Das ist die Entstehung der kleinen Welt, und danach verfahren die Gelehrten. Und darum bin ich Hermes, der Dreifache an Weisheit, genannt worden."

Ein Lichtstrahl von oben beleuchtet das Geschehen, und der Neophyt fühlt sich plötzlich losgelöst von der Materie, er steigt auf und sieht von oben seinen Körper im Sarkophag liegen wie eine starre Leiche. Sein Bewusstsein ist bei ihm geblieben. Er weiß nun: „Ich bin nicht mein Körper! Ich bin ich. Ich bin aus der Zwangsjacke der Materie herausgeschlüpft. Ich bin Geist! Frei!" Das Licht erleuchtet sein körperloses Wesen hoch oben im Allerheiligsten, und er erkennt, dass er eine Energie GOTTES ist. Er erkennt seine Aufgabe in diesem Leben: Er fühlt sich direkt von GOTT beauftragt. Alles, was existiert, ist GOTT; außer GOTT existiert nichts. Niemals mehr wird sich ein Priester, ein Meister oder ein Guru zwischen ihn und GOTT stellen können, niemals mehr werden ihn fremde Geistwesen leiten, die er nicht einwandfrei als Engel erkannt hat; denn aus dem *Glaubenden* ist nun ein *Wissender* geworden. Er versteht, dass der Geist über die Materie herrscht und nicht umgekehrt. *Damit kann er heilen! Er weiß plötzlich alles,* ohne gefragt zu haben. Und er erkennt: Hinter allem steht GOTT, der Allmächtige Baumeister aller Welten.

Die sechste Stufe = Die Auferstehung des Leibes

Am Abend, als die zehn Jünger (Judas hatte sich selbst gerichtet, und Thomas war nicht dabei) wieder versammelt sind und aus Angst vor den Juden die Türen fest verschlossen haben, tritt JESUS CHRISTUS *ein, und Er sagt zu ihnen: „Pax vobiscum — Friede sei mit euch." Sie erschrecken und haben Angst, einen Geist zu sehen. Jetzt aber macht Er keine Gebärde mehr, die eine Berührung verbietet, sondern Er spricht: „Warum seid ihr so bestürzt? Warum lasst ihr in eurem Herzen solche Zweifel aufkommen?" Er zeigt ihnen Seine fünf Wunden an den Händen, den Füßen und Seiner Seite. „Ich bin es selbst. Fasst mich doch an und begreift: Kein Geist hat Fleisch und Knochen, wie ihr es bei mir seht." Er haucht sie an und spricht zu ihnen: „Empfangt den Heiligen Geist!" und so weiht Er die Jünger zu Aposteln. Daraufhin öffnet er ihnen die Augen für das Verständnis der Schrift: „Alles muss in Erfüllung gehen, was im Gesetz Moses, bei den Propheten und in den Psalmen über mich gesagt ist. Der Messias wird leiden, und am dritten Tage auferstehen von den Toten, und in seinem Namen wird man allen Völkern, angefangen in Jerusalem, verkünden, sie sollen umkehren, damit ihre Sünden vergeben werden." Dann sehen sie Ihn verschwinden, wie ein Licht erlischt. Der Widerhall Seiner Stimme klingt noch in ihren Ohren, aber Sein Platz ist leer. Ein bleicher Schimmer schwebt über ihnen, doch auch er erlischt.*

Die Jünger erzählen es Thomas, der nicht dabei gewesen war: „Wir haben den Herrn gesehen." Thomas entgegnet: „Wenn ich nicht die Male der Nägel an Seinen Händen sehe, und wenn ich meine Finger nicht in die Male der Nägel und meine Hand nicht in Seine Seite lege, so glaube ich nicht." Am Tage darauf sind die Jünger wieder versammelt, und Thomas ist dieses Mal dabei. Die Türen sind wieder fest verschlossen. Jesus kommt herein und sagt: „Pax vobiscum — Friede sei mit euch." Dann wendet Er sich an Thomas und spricht: „Thomas, Thomas, es wäre besser gewesen, du hättest geglaubt, ohne zu sehen. Streck deinen Finger aus — hier sind meine Hände. Streck deine Hand aus und lege sie in meine Seite. Und, Thomas, sei nicht so ungläubig! Sei gläubig." Thomas ist erschüttert: „Mein HERR *und mein* GOTT*!" Jesus spricht zu Thomas: „Weil du mich gesehen hast, Thomas, glaubst du. Selig sind die, die nicht sehen und doch glauben!"*

Gleichwohl wie JESUS CHRISTUS auferstanden ist, wird nun auch der Neophyt wiederauferstehen. Da der Neophyt aber kein Avatar ist, der sich in einem Astralleib manifestieren und materiell zeigen kann, muss er wieder zurück in seinen Körper, in die Zwangsjacke der Materie. Aber diese Rückkehr geschieht als Wissender, als Erleuchteter, als wiederauferstandener Mensch. Das ist die Wiedergeburt im Geist. Aber noch ist er von seinem Körper getrennt, der wie in einer Leichenstarre in Granit eingebettet liegt.

Drei Priester, jetzt in weiße Gewänder gekleidet, betreten das Allerheiligste. Sie kommen von Osten, Süden und Norden her, treten ganz nah an den Sarkophag heran und umschreiten ihn dann dreimal schweigend in Richtung des Sonnenlaufs. Dabei tauschen sie geheime Zeichen untereinander aus. Andere, ehemalige Neophyten, ebenfalls weiß gekleidet, treten mit an die Grabstelle heran. Der Priester, der im Osten steht, berührt den Neophyten an jenen fünf Punkten, die zur Meisterschaft führen, dort, wo Jesus aus Seinen fünf Wunden blutete, und weiht ihn so zum INITIIERTEN. Ein Zucken durchläuft den Körper des Menschen, der da im Sarg liegt, er atmet tief durch, schlägt die Augen auf und erhebt sich.

Er erhebt sich aber nicht als Meister — sondern als Lehrling.

Die siebte Stufe = Die Beauftragung der Jünger

Die Apostel gehen nach Galiläa auf den Berg, den JESUS CHRISTUS *ihnen genannt hatte, und wo fünfhundert der Brüder versammelt sind. Und als sie Jesus sehen, fallen sie vor Ihm nieder. Einige aber haben Zweifel. Da tritt Jesus auf sie zu und sagt zu ihnen: „Mir ist alle Macht gegeben im Himmel und auf der Erde. Darum geht hinaus in die ganze Welt, zu allen Völkern, und verkündet das Evangelium allen Geschöpfen. Macht alle Menschen zu Meinen Jüngern. Tauft sie auf den Namen des Vaters, des Sohnes und des Heiligen Geistes, und lehrt sie, alles zu befolgen, was ich euch geboten habe." Und dann macht Jesus seine Apostel zu Heilern: „In Meinem Namen werdet ihr Dämonen austreiben; ihr werdet in neuen Sprachen reden; wenn ihr Schlangen anfasst oder tödliches Gift trinkt, wird es euch nicht schaden; und die Kranken, denen ihr die Hand auflegt, werden gesund." Das Fundament des Glaubens ist nun geschaffen, der Impuls gegeben, und das Christentum lebt. Die vom heiligen Feuer erfüllten Apostel heilen von nun an die Kranken und lehren das Evangelium im Namen* JESU CHRISTI.

Gleichwohl wie JESUS CHRISTUS Seinen Jüngern erschienen ist und sie beauftragt hat, die Botschaft zu verkünden und die Kranken zu heilen, so kommen auf den einstigen Pilger, der ein Neophyt war, und der nun ein Eingeweihter, ein INITIIERTER der GROSSEN MYSTERIEN DES CHRISTEN-

TUMS, geworden ist, neue Aufgaben zu. Er wird als spiritueller Führer oder als geistiger Lehrer unter die Menschen gehen und ihnen die eigenen Erfahrungen mitteilen; er wird ein Vorbild sein und die Menschen die hermetischen Gesetze lehren, ohne zu missionieren; er wird seine metaphysischen, alchimistischen und astrologischen Kenntnisse dazu verwenden, die Menschen auf den rechten Weg zu bringen und zu heilen. Dazu braucht er kein Arzt, Heilpraktiker oder Therapeut zu sein, sondern er kann dies auch als Automechaniker oder als Buchhalter, als Hausfrau oder als Politiker tun. Er geht an seinen Platz zurück; er wird einfach nur da sein; er wird die Liebe leben und den Menschen ein Licht sein; er wird die Gestrauchelten aufrichten; er wird den Verzweifelten die Trauer, Klage und Mühsal abnehmen; er wird den Benachteiligten die Tränen von den Augen wischen; und er wird den Menschen Denkanstöße geben, ihr Leben zu ändern. Und vor allem — das ist das Allerwichtigste: *Er wird heilen,* so wie er dies durch die EINWEIHUNG IN DIE GROSSEN MYSTERIEN gelernt hat, und das bedeutet durch Bewusstseinswandel und Rückbindung an GOTT.

Der INITIIERTE erhält nun ein weißes Gewand. Damit ist er in den Kreis der Priester aufgenommen. Die Tür des Allerheiligsten öffnet sich zum Tempel. Feierliche Musik erschallt, und er erblickt eine lange weiße Tafel. Kerzen brennen auf dem Tisch, der mit Tellern und Weingläsern eingedeckt ist. Ein Festmahl wird nun für ihn veranstaltet. Auf dem Fußboden knien alle Menschen, die zu dieser Zeit im Tempel anwesend sind, von den Seminarteilnehmern bis zum Küchenpersonal. Sie tragen alle ihre verschiedenfarbigen Gewänder und haben sich so angeordnet, dass sie eine Figur aus zwei ineinander verschlungenen Dreiecken bilden. Jeder hält in der Hand eine brennende Kerze, und so blickt der Eingeweihte nun auf ein riesiges, brennendes HEXAGRAMM — und er schämt sich seiner Tränen nicht.

Der Priester nimmt den INITIIERTEN am Arm und führt ihn in die Mitte des HEXAGRAMMs, genau zu jenem Punkt, der inmitten des Feuers von den anderen sechs Punkten gleichweit entfernt ist. Hier erhält er seine Feuertaufe. Er verneigt sich 'gen Osten, und spricht jene Worte, mit denen sich die Eingeweihten seit Jahrtausenden begegnen: „PAX VOBISCUM — FRIEDE SEI MIT EUCH!“.

EPILOG

Die achte Stufe = Christi Himmelfahrt

Vierzig Tage später offenbart sich JESUS CHRISTUS Seinen Jüngern noch ein drittes Mal. Doch Seine Worte haben hier eine kosmische Dimension. Es geht nun nicht mehr um die Apostel als handelnde Menschen, sondern um eine Vision.

Johannes, der Jünger, den der Herr liebte, beschreibt im Epilog seines Evangeliums diese gleichnishafte Vision, die auf die Vorgänge zweitausend Jahre später hinweist, wenn der Zeiger der Weltenuhr in die zweite Epoche des platonischen Jahres vorrückt und Uranus, der 8. Planet, das Wassermannzeitalter einleitet:

Jesus spricht zu Simon Petrus, dem Felsen, auf den Er Seine Kirche bauen will: „Simon Petrus, liebst du mich?" Die Frage ist ja wohl berechtigt, nachdem Petrus seinen Herrn dreimal verleugnet hatte. „Ja, Herr," antwortet Petrus, „du weißt, dass ich dich liebe." Zum zweiten Mal fragt Jesus ihn: „Simon Petrus, liebst du mich?" „Ja, Herr," antwortet Petrus zum zweiten Mal, „du weißt, dass ich dich liebe." Jesus hat offensichtlich Zweifel an der Zuverlässigkeit (der Kirche) Petri. Und zum dritten Mal fragt Er ihn: „Simon Petrus, liebst du mich?" Die dreifache Frage verwirrt und beunruhigt den Apostel, und die Ereignisse der tragischen Nacht vor der Kreuzigung Christi fahren wieder in sein Gedächtnis. Jesus hat offensichtlich Sorge, dass später einmal die Kirche Petri Seine Lehre verleugnen würde, bevor es Morgen werde — ehe der Hahn kräht. Da wird Petrus traurig und gibt Ihm zur Antwort: „Herr, du weißt alles. Du weißt, dass ich dich lieb habe." Jesus geht nicht darauf ein und sagt nur: „Weide meine Schafe." Dann fügt Er prophetisch hinzu und zeigt so den Weg der Kirche Petri, indem er zu Petrus spricht: „Das sage ich dir: Als du jung warst, hast du dich selbst gegürtet und konntest gehen, wohin du wolltest. Wenn du alt geworden bist, wirst du deine Hände ausstrecken, und ein anderer wird dich gürten und dich führen, wohin du nicht willst." Nach diesen Worten fügt Jesus noch hinzu: „Folge mir!"

Petrus gehorcht, tut das, wendet sich aber noch einmal um und sieht, dass Johannes, der Jünger, den Jesus liebt, ihm folgt. Johannes ist der Jünger, der sich bei jenem Abendmahl an die Brust Jesu gelehnt und Ihn gefragt hatte: „Herr, wer ist es, der Dich verraten wird?" Die alte Geschichte um den Verrat bohrt in der Seele Petri. Petrus weist auf Johannes und fragt Jesus: „Herr, was wird mit ihm?" Und Jesus antwortet noch einmal prophetisch: *„Wenn ich will, dass er bis zu Meinem Kommen bleibt, was geht es dich an? Du aber folge mir nach!"*

Das rechtfertigt die Auslegung, dass das mystische Evangelium des Johannes den Tod der Kirche Petri überleben wird.

Und Jesus schließt mit den Worten: „Seid gewiss: Ich bin bei euch bis zum Ende der Welt." Nachdem Jesus, der Herr, dies gesagt hat, wird Er in den Himmel aufgenommen und setzt sich zur Rechten GOTTES.

Schluss

Mein GOTT! Ich glaube an Dich,
den Allmächtigen Gott, den Schöpfer des Himmels und der Erde.
Ich glaube an JESUS CHRISTUS, Deinen eingeborenen Sohn,
und an Luzifer, den herabgestürzten Engel.
Ich glaube an mich selbst und an die schöpferischen Kräfte in mir.
Mein GOTT! Ich bitte Dich,
mein Bewusstsein mit Wahrheit und Weisheit,
mit Leben, Licht und Liebe
sowie mit Kräften des Aufbaus und der Heilung zu erfüllen.
Mein GOTT! Meine Gedanken sind eine Energie,
sie manifestieren sich in diesem Buch und sie bewirken,
dass das Lüneburger Institut von einem Heilungstempel aus
Glaube, Liebe und Hoffnung in die Welt bringt,
und dass alle Pilger dort ihr Bewusstsein so erweitern,
dass sie ebenfalls ein Leben in Glaube, Liebe und Hoffnung führen.
So möge es sein.
Amen!

Schreiben Sie mir, oder rufen Sie mich an........

Liebe Leserinnen,
liebe Leser!

Offensichtlich haben Sie sich nun durch die über 500 Seiten hindurchgearbeitet und haben das Buch zu Ende gelesen. Eine Flut von Informationen ist über Sie eingestürmt, und oftmals mussten Sie so ziemlich alles in Frage stellen, was bisher als logisch und bewiesen galt.

Eines aber hatte ich Ihnen zu Beginn versprochen: Dieses Buch macht Sie auf jeden Fall betroffen. Entweder positiv oder negativ. Wenn dies der Fall war, dann schreiben Sie mir, oder rufen Sie mich an.

Natürlich freue ich mich über Ihre Zustimmung, aber ich erwarte auch Ihre Kritik; Hauptsache ist, daraus entwickelt sich ein Gedankenaustausch.

Meine Adresse:

Hartwig Ohnimus
Goethestraße 32
21335 Lüneburg

Telefon: 0 41 31 / 4 28 55

Empfehlenswerte Bücher

AIVANHOV, Omraam Mikhael: Die wahre Lehre Christi
— Provesta-Verlag

ALLGEIER, Kurt: Die ältesten Heilrezepte der Menschheit
— Verlag: Ariston

BAUER, Wolfgang, Dümotz, I. & Golowin S.: Lexikon der Symbole
— Verlag: Wilhelm Heyne Verlag

DAHLKE, Margit und Rüdiger: Krankheit als Sprache der Seele
— Verlag: Heyne

DAHLKE, Margit und Rüdiger: Okkultismus
— Verlag: Heyne

DETHLEFSEN, Thorwald: Schicksal als Chance
— Verlag: C. Bertelsmann

DETHLEFSEN, Thorwald und Dahlke, R.: Krankheit als Weg
— Verlag: C. Bertelsmann

DETHLEFSEN, Thorwald: Gut und Böse (esoterische Texte)
— Verlag: Goldmann

EHLERS, Hans-Joachim, raum & zeit special 4, „AIDS",
— Ehlers-Verlag, Sauerlach

GITT, Werner: Fragen, die immer wieder gestellt werden,
— Christliche Literaturverbreitung

HAICH, Elisabth: EINWEIHUNG
— Drei Eichen Verlag

HERZKA, Dr. Heinz Stefan: Kinderpsychopathologie
— Verlag: Schwabe & Co, Basel

INGRISCH, Lotte: Reiseführer ins Jenseits
— Verlag: Österreichische Staatsdruckerei

JANKOVICH, Stefan von: In der Welt von Osiris — Isis — Horus
— Drei Eichen Verlag

JUNG, Carl Gustav: Erinnerungen, Träume, Gedanken
— Walter-Verlag, Olten

JUNG, Carl Gustav: Das Geheimnis der Goldenen Blüte
— Walter-Verlag, Olten

JUNG, Carl Gustav: Gesammelte Werke
— Walter-Verlag

KLEIN, Nicolaus: Das Arbeitsbuch zur Astrologie
— Verlag: Diederichs

KLEIN, Nicolaus und Dahlke, Rüdiger: Das senkrechte Weltbild
— Verlag: Hugendubel

LANGBEIN, Kurt etc.: Bittere Pillen
— Verlag: Kiepenheuer & Witsch

LEWIS, H. Spencer, F.R.C.: Die Geheimen Lehren JESU
— Verlag: A.M.O.R.C.-Bücher

LEWIS, H. Spencer, F.R.C.: Das Mystische Leben JESU
— Verlag: A.M.O.R.C.-Bücher

MERTZ, Bernd A.: Folgt dem Stern
— Verlag: Wilhelm Heyne

MILLER, Alice: Das verbannte Wissen
— Verlag: Suhrkamp Taschenbuch

NAREDI-RAINER, Paul von: Salomos Tempel
— Dumont Buchverlag, Köln

ORBAN, Peter: Astrologie als Therapie
— Verlag: Heinrich Hugendubel

ORBAN, Peter: Drehbuch des Lebens
— Verlag: rororo

ORBAN, Peter: Seele
— Verlag: Heinrich Hugendubel

PAPADAKIS, Theodoros: Epidauros, das Heiligtum des Asklepios
— Verlag Schnell & Steiner, München und Athen

Saint PIERRE, Gaston: Die Metamorphische Methode
— Verlag: Plejaden

SCHEFFER, Mechthild: Selbsthilfe durch Bach-Blütentherapie
— Verlag: Heyne

SCHOLEM, G.: Von der mystischen Gestalt der Gottheit
— Verlag: Suhrkamp

SHELDRAKE, Rupert: Das Gedächtnis der Natur
— Verlag: Pieper

SCHÜLLER, Heidi: Die Gesundmacher
— Verlag: Rohwohlt

SCHURÉ, Edouard: Die großen Eingeweihten
— Otto Wilhelm Barth-Verlag

SCHMITZ, Oskar: Brevier für Einsame. Epilog.....
— Verlag: Georg Müller, München

SCHWARZ, Günther und Jörn: Das Jesus-Evangelium
— Verlag: Ukkam, München

SZÉKELY, E. Bordeaux: Friedensevangelium der Essener
— Verlag: Bruno Martin

WEHR, Gerhard: C. G. Jung
— Verlag: rororo

WEINREB, Friedrich: Der göttliche Bauplan der Welt
— Origo-Verlag, Bern

WENDEL, Mathias: Maskenball der Seele
— Verlag: Droemer-Knaur TB

Meditations-Musik:

CD von SANDELAN: SPIRITUAL HEALING
— Verlag: Aquamarin

und ..... DIE BIBEL

L.I.E.B.E.

Schriftliche *Persönlichkeitsanalyse*

Eine individuelle astrologische und tiefenpsychologische Persönlichkeits-Analyse mit besonderer Betrachtung der Schattenthemen, zum Teil mit Lösungsvorschlägen. Erforderlich sind die Angaben des Geburtstages, des Geburtsortes und der Uhrzeit (lt. Standesamt!).

Persönliche *Einzelberatung*

Spirituelle Lebensberatung auf der Grundlage einer individuellen astrologischen und astromedizinischen Horoskopdeutung; Aufspüren der seelischen Hintergründe bei Krankheitssymptomen und Schicksalsereignissen; Konfliktlösungs- und Therapievorschläge.

Offenbarungstherapie®

Eine einwöchige hochintensive Einzeltherapie mit inneren Bildern, Rückführungen, Reinkarnationen und Offenbarungen sowie mit Meditationen und diversen spirituellen Übungen in Verbindung mit Heilfasten und Schweigen.

Grundlehrgang *Spirituelle Astrologie*

Lehrgangsinhalte: Religiöse, philosophische, esoterische und praktische Hintergründe der Astrologie; spirituelle und tiefenpsychologische Deutung von Geburts- und Ereignishoroskopen, eingebettet in Meditationen, Mythologien und Phantasiereisen; Astrodrama.

Aufbaulehrgang *Spirituelle Astromedizin*

Lehrgangsinhalte: Religiöse, philosophische und esoterische Hintergründe des antiken Heilwesens; Aufspüren der Krankheitsursachen im seelisch-psychischen Bereich; theoretische und praktische Therapieansätze; Grundlagen zur Therapeuten-Ausbildung.

Das *Hexagramm-Programm*®

Die Krönung aller Therapien: Heilung durch Rituale und Symbole. Das spirituelle Intensiv-Seminar, das den antiken Tempelschlaf des Asklepios mit den GROSSEN MYSTERIEN DES CHRISTENTUMS verknüpft, wird der Wendepunkt in Ihrem Leben.

Die *Christliche Mystik*

Seminarinhalte: Neben der offiziellen Lehre, den kleinen Mysterien, gibt es ein verborgenes, tiefes Wissen. Hier erfahren Sie die uralten, hermetischen Weisheiten der BIBEL aus spiritueller, esoterischer und kabbalistischer Sicht.

Ausbildung zum *Offenbarungstherapeuten*®

Wenn Sie sich für die interessante und verantwortungsvolle Tätigkeit des ***Offenbarungstherapeuten***® interessieren, sie erlernen oder ausführen wollen, dann fordern Sie bitte weiteres Informationsmaterial an.